U0907038

山东地方史志年鉴

SHANDONG DIFANG SHIZHI NIANJIAN

2015

山东省地方史志办公室　编

中国文史出版社

图书在版编目（CIP）数据

山东地方史志年鉴．2015 / 山东省地方史志办公室编．-- 北京 ：中国文史出版社，2015.12

ISBN 978-7-5034-7287-9

Ⅰ．①山… Ⅱ．①山… Ⅲ．①山东省—地方志—2015—年鉴 Ⅳ．①K295.2-54

中国版本图书馆 CIP 数据核字（2015）第 308298 号

责任编辑：蔡晓欧
封面设计：李　峰

出版发行：中国文史出版社
网　　址：www.chinawenshi.net
社　　址：北京市西城区太平桥大街 23 号　邮编：100811
电　　话：010-66173572　66168268　66192736（发行部）
传　　真：010-66192703
印　　装：济南黄氏印务有限公司印刷（0531-88711234）
经　　销：全国新华书店
开　　本：1/16
印　　张：29.5　　字数：550 千字
版　　次：2015 年 12 月第 1 版
印　　次：2015 年 12 月第 1 次印刷
定　　价：300.00 元

编辑说明

一、《山东地方史志年鉴》是山东省地方史志办公室编纂的专业性年鉴，2015年创刊。主要反映全省地方史志工作的发展现状，展示全省史志系统的精神风貌，为社会各界了解山东史志工作提供系统权威的信息。

二、《山东地方史志年鉴》2015卷，坚持以邓小平理论、“三个代表”重要思想、科学发展观为指导，深入贯彻习近平总书记系列重要讲话和视察山东重要讲话精神，全面客观地记述2014年度全省史志工作的基本情况和取得的丰硕成果，更好地推动全省史志事业科学发展。

三、《山东地方史志年鉴》2015卷设特载、2014年大事记、全省史志工作、志书编纂与出版、旧志整理与出版、年鉴编纂与出版、信息化建设、方志馆建设、地方志资源开发与利用、学术交流与活动、法制化建设、工作机构与队伍、史志人物、附录等14个栏目。主体内容一般划分为栏目、分目、条目，以条目为主体。

四、本卷年鉴稿件由省、市、县（市、区）三级史志工作机构和省史志办各处（馆）提供。部分资料由本刊编辑部辑录整理。由于是首部年鉴，为保持某一事件的连续性和完整性，个别内容适当上溯。

五、为方便读者查阅，在卷首设目录，卷末配有综合主题索引。

六、本卷年鉴的编纂出版工作得到了全省各级史志工作机构的大力支持和通力合作，谨此致谢。由于时间仓促，水平有限，书中疏漏与不足之处，恳请广大读者批评指正。

2015年12月

中共中央总书记、国家主席、中央军委主席习近平考察首都博物馆时强调

搞历史博物展览，为的是见证历史、以史鉴今、启迪后人。要在展览的同时高度重视修史修志，让文物说话、把历史智慧告诉人们，激发我们的民族自豪感和自信心，坚定全体人民振兴中华、实现中国梦的信心和决心。

（2014 年 2 月 25 日）

中共中央政治局常委、国务院总理李克强对地方志工作作出重要批示

地方志是传承中华文明、发掘历史智慧的重要载体，存史、育人、资政，做好编修工作十分重要。五年来，全国广大地方志工作者执着守望、辛勤耕耘，地方志工作成绩斐然，这项事业呈现良好发展势头。谨向同志们致以诚挚问候！修志问道，以启未来。希望你们继续秉持崇高信念，以更加饱满的热情、以求真存实的作风进一步做好地方志编纂、管理和开发利用工作，为弘扬优秀传统文化、服务经济社会发展作出新的贡献。

（2014 年 4 月 16 日）

中共山东省委副书记、省长郭树清对全省史志工作作出重要批示

编史修志是传承文明、垂鉴后世的事业，对于弘扬社会主义核心价值观，彰显齐鲁文化魅力，提高中华文化软实力，增强文化自觉和文化自信具有非常重要的意义。多年来，全省广大史志工作者辛勤耕耘、无私奉献，编纂出版了一大批具有重要价值的方志文献，为建设经济文化强省做出了直接的贡献。希望你们发扬成绩，改革创新，编修更多经得起历史检验的精品佳志，搞好史志成果普及和史志资源开发利用，更好地服务改革发展大局。修志是国家行政管理的必要组成部分，各级政府要把发展史志事业作为重要职责，纳入经济社会发展规划，确保各项工作落实到位，不断推进全省史志工作跨上新的台阶。

（2014 年 5 月 26 日）

中共中央候补委员、中国社会科学院副院长、中国地方志指导小组常务副组长李培林对山东史志工作作出重要批示

山东地方志工作成就突出，在加强依法修志的同时，在指导村镇志、编纂特色志方面也充分发挥了主动性，表现出大局意识、责任意识、担当意识和工作热情。向山东省地方志工作者表示敬意。

（2015 年 1 月 14 日）

全省史志工作电视会议

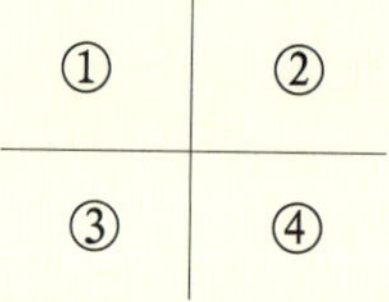

① 副省长王随莲讲话

② 省政府办公厅党组成员、省史志办主任刘爱军讲话

③ 省政府办公厅副巡视员卢杰主持会议

④ 省人力资源社会保障厅副厅长夏鲁青宣读全省史志系统先进集体和先进个人表彰通报

主会场

◎ 2014年6月5日，全省史志工作电视会议在济南召开。会议传达了第五次全国地方志工作会议及省政府主要领导对史志工作的重要批示精神，表彰了全省史志工作先进集体、先进个人和优秀史志成果，总结交流了工作，安排部署了下步任务。副省长王随莲出席会议并作重要讲话，对近年来全省史志系统所作的工作和取得的成绩给予充分肯定。省政府办公厅党组成员、省史志办主任刘爱军宣读了郭树清省长对全省史志工作的重要批示，传达了第五次全国地方志工作会议精神，通报了当前全省史志工作情况和下步工作安排。

省政府办公厅副巡视员卢杰主持会议并宣读山东省优秀史志成果奖通报，省人力资源社会保障厅副厅长夏鲁青宣读全省史志系统先进集体和先进个人表彰通报，省经济信息化委、淄博市人民政府、青岛市崂山区人民政府、临朐县人民政府分管负责人作典型发言。《山东省志》承编单位分管负责人、史志办主任，先进集体和先进个人代表在主会场参加会议。各市、县（市、区）政府分管负责人、史志办主任及有关部门、单位负责人参加了分会场的会议。参会总人数近5000人。

⑤ ⑥ ⑦ ⑧

⑤ 省经济信息化委副巡视员王兆春作典型发言

⑥ 淄博市人民政府副市长张庆盈作典型发言

⑦ 青岛市崂山区人民政府副区长于鹏作典型发言

⑧ 临朐县人民政府副县长赵同祥作典型发言

◎ 2014年9月17日，中国社会科学院院长、中国地方志指导小组组长王伟光，中国社会科学院副院长、中国地方志指导小组常务副组长李培林一行，到山东调研史志工作，并在威海市召开座谈会。副省长季缃绮出席座谈会并讲话，省政府办公厅党组成员、省史志办主任刘爱军主持座谈会并汇报了全省史志工作情况。座谈会结束后，全体人员合影留念

◎ 王伟光（前排左五），李培林（前排左六），季缃绮（前排左四），中国地方志指导小组办公室党组书记田嘉（前排左三），中国地方志指导小组秘书长兼办公室主任李富强（前排右三），中国社会科学院办公厅副主任王卫东（前排左一），方志出版社社长、总编辑冀祥德（前排右一），刘爱军（前排左二），威海市委书记、市人大常委会主任孙述涛（前排右四），威海市委常委、宣传部长王亮（前排右二）

◎ 2014年4月19日，第五次全国地方志工作会议在北京召开，副省长王随莲参加会议

◎ 2014年6月18日，副省长王随莲（右三）到菏泽市方志馆调研。省政府办公厅党组成员、省史志办主任刘爱军（左二），省政府办公厅副巡视员卢杰（左三），菏泽市委副书记、市长孙爱军（右二），菏泽市副市长黄秀玲（右一）等陪同调研

◎ 2014年10月16日，全国政协委员、中央文史馆馆员、首都师范大学教授、博士生及博士后导师、中国书法文化研究院名誉院长、中国艺术研究院戏曲专业博士生导师、山东省方志馆名誉馆长欧阳中石（右）在山东省方志馆举行“中华文化与书法”讲座。省政府办公厅党组成员、省史志办主任刘爱军（左）主持讲座

◎ 2014年12月16日，由中共山东省委宣传部、省文化厅、省文联、省档案局、省史志办、首都师范大学联合主办的欧阳中石书中华美德古训展开幕式在省美术馆举行。省政府办公厅党组成员、省史志办主任刘爱军主持开幕式

◎ 2014年5月16日，《高密市志》（1986—2008）志稿评审会议在高密市召开。中国地方志指导小组秘书长兼办公室主任李富强（右四），省政府办公厅党组成员、省史志办主任刘爱军（右三）出席会议并讲话，中国地方志指导小组办公室方志期刊指导处处长、《中国地方志》主编于伟平（右五），省修志业务专家咨询组有关成员，潍坊市及各县（市、区）史志办主任参加会议

◎ 2014年7月2—3日，《济南市志（1986—2010）》教科卫体分册志稿评议会召开。省政府办公厅党组成员、省史志办主任刘爱军（右四）出席会议并讲话，济南市史志办党组书记、主任翟旭东（右三）致辞

◎ 2014年11月26日，莱芜市召开新修《莱芜市志》出版发行会议。省政府办公厅党组成员、省史志办主任刘爱军（右三），莱芜市委副书记、市长王磊（左三）出席会议并讲话，莱芜市副市长岳隆杰（左二）主持会议

◎ 2014年6月6日，《山东省志·交通志》志稿评议会召开。省政府办公厅党组成员、省史志办主任刘爱军（右二）出席会议并讲话，省史志办副主任刘娟（右一）参加会议。省交通运输厅党组书记、厅长张传亭（左四）致辞

◎ 2014年6月20—21日，《第十届中国艺术节志》志稿评议会在济南召开。省政府办公厅党组成员、省史志办主任刘爱军（左三）出席会议并讲话，省史志办副主任翟世林（左四）主持会议并介绍《第十届中国艺术节志》的编纂情况。省财政厅、省文化厅等单位的专家和省修志业务专家咨询组部分成员参加会议

◎ 2014年7月21日，全省第四期修志业务培训班在济南开班。中国地方志指导小组办公室副主任邱新立（左三），省政府办公厅党组成员、省史志办主任刘爱军（右二），省史志办副主任刘娟（左二）、翟世林（右一）、郭永生（左一），部分市、县（市、区）史志办分管业务的主任、主编及部分省志承编单位的修志人员等150余人参加

◎ 2014年7月31日，全省史志办主任座谈会在青岛召开。省政府办公厅党组成员、省史志办主任刘爱军(中)，省史志办副主任刘娟（左二）、翟世林（右一）、郭永生（左一），各市史志办主任，省史志办各处馆负责人参加。青岛市政府特邀咨询张振川（右二）出席会议并致辞

◎ 2014年7月31日，全省史志办主任座谈会召开期间，与会人员参观青岛市崂山区方志馆

◎ 2014年9月26日，《山东年鉴》编纂工作座谈会在济南召开。省政府办公厅党组成员、省史志办主任刘爱军（左三）主持会议并讲话，省史志办副主任郭永生（左四），省政府办公厅、省政府研究室、省统计局等单位的年鉴工作负责人，济南、淄博、泰安、德州市和东营市河口区史志办的相关负责人，省史志办年鉴工作处全体人员参加会议

◎ 2014年4月19日，省政府办公厅党组成员、省史志办主任刘爱军（中）参加第五次全国地方志工作会议，参观北京市方志馆

◎ 2014年3月28日，省政府办公厅党组成员、省史志办主任刘爱军（右三）到聊城市调研史志工作。聊城市委书记、市人大常委会主任林峰海（右二），副市长马丽红（左二）等陪同调研

◎ 省政府办公厅党组成员、省史志办主任刘爱军（左）与北京市地方志办公室主任王铁鹏（右）互赠史志成果

◎ 2014年9月24日，北京市地方志办公室主任王铁鹏一行18人到山东考察交流史志工作，在省政府第四会议室召开座谈会。省政府办公厅党组成员、省史志办主任刘爱军，省史志办副主任刘娟、翟世林、郭永生和部分处馆负责人参加了座谈会

（本栏目照片由省史志办人事秘书处提供）

目录

特 载

王伟光在山东省史志工作座谈会上的讲话 …… 1
李培林在山东省史志工作座谈会上的讲话 …… 5
季缃绮在山东省史志工作座谈会上的致辞 …… 7
王随莲在全省史志工作电视会议上的讲话 …… 8
刘爱军在全省史志工作电视会议上的讲话 …… 11

2014 年大事记

1 月 …… 17
2 月 …… 17
3 月 …… 18
4 月 …… 19
5 月 …… 20
6 月 …… 21
7 月 …… 22
8 月 …… 25
9 月 …… 26
10 月 …… 28
11 月 …… 29
12 月 …… 30

全省史志工作

综 述 …… 33
全省史志工作概况 …… 33
副省长王随莲听取省史志办工作汇报 …… 35
省史志办机关建设 …… 36
各市史志工作 …… 36
济南市史志工作概况 …… 36
青岛市史志工作概况 …… 37
淄博市史志工作概况 …… 39
枣庄市史志工作概况 …… 39
东营市史志工作概况 …… 40
烟台市史志工作概况 …… 41
潍坊市史志工作概况 …… 42
济宁市史志工作概况 …… 44
泰安市史志工作概况 …… 46
威海市史志工作概况 …… 47
日照市史志工作概况 …… 49
莱芜市史志工作概况 …… 50
临沂市史志工作概况 …… 51
德州市史志工作概况 …… 53
聊城市史志工作概况 …… 54
滨州市史志工作概况 …… 56
菏泽市史志工作概况 …… 56

志书编纂与出版

综 述 …… 59
概况 …… 59
省志编纂与出版 …… 59

概况 ……………………………………………59
省政府督查省志承编单位史志工作 ……61
省志编审处与承编单位“互动”推动分志编纂工作开展 ……………………61
《全省第二轮修志倒排工期计划表》印发 ……………………………………………62
《关于调整续修〈山东省志（1986—2005）〉志目设置与分工的通知》印发 ………62
《〈山东省志（1986—2005）〉编纂通则》等5项规章制度印发 ………………………63
《山东省志·外事志》总纂工作座谈会召开 ……………………………………………63
《山东省志》续修工作第二协作组座谈会召开 ……………………………………………63
《山东省志》部分承编单位修志工作座谈会召开 ……………………………………………63
《山东省志·工业志》业务工作座谈会召开 ……………………………………………64
《山东省志·盐业志》评议会召开 ………65
《山东省志·工会志》评议会召开 ………65
《山东省志·交通志》评议会召开 ………65
《山东省志·工业志·一轻工业篇》评议会召开 ……………………………………………66
《山东省志·测绘志》评议会召开 ………67
《山东省志·大事记》评议会召开 ………67
《山东省志·电力工业志》评议会召开 …68
《山东省志·物价志》评议会召开 ………68
《山东省志·保险志》首发式举行 ………69
《山东省志·劳动和社会保障志（1986—2005）》出版 …………………69
《山东省志·地震志（1986—2005）》出版 ……………………………………………70
《山东省志·外事志（1986—2005）》出版 ……………………………………………70
《山东省志·档案志（1991—2005）》出版 ……………………………………………71
《山东省志·民主党派工商联志（1998—2005）》出版 …………………71
《山东省志·农业志（1991—2005）》出版 ……………………………………………72
《山东省志·国土资源志（1949—2005）》出版 ……………………………………………73
《山东省志·人口和计划生育志（1989—2005）》出版 …………………73
市志编纂与出版 ……………………………74
概况 ……………………………………………74
《济南市志（1986—2010）》编纂情况 …75
《济南市志（1986—2010）》第六册（政治分册）评议会召开 ………………75
《济南市志（1986—2010）》第六册出版 ……………………………………………76
《济南市志（1986—2010）》第七册出版 ……………………………………………76
《青岛市志（1978—2005）》编纂情况 …76
《青岛市志（1978—2005）》各卷编纂出版情况统计表 ………………………76
《枣庄市志（1986—2005）》编纂概况 …77
《东营市志》编纂情况 ……………………78
《烟台市志（1978—2002）》编纂情况 …78
《济宁市志（1991—2010）》编纂概况 …79
《威海市志》编纂情况 ……………………79
《日照市志》编纂情况 ……………………80
《莱芜市志》出版 …………………………80
《临沂市志（1995—2010）》编纂情况 …81
《德州市志（1986—2011）》编纂情况 …83
聊城市志编纂概况 …………………………83
《滨州简明通志（1840—2014）》编纂工作启动 ……………………………………84
《菏泽市志（1986—2005）》编纂情况 …84
县级志书编纂与出版 ……………………85
概况 ……………………………………………85
济南市史志办召开全市、县（市）、区修志业务培训会议 ……………………85

《历下区志（1986—2005）》编纂情况 …85
《天桥区志（1991—2012）》编纂情况 …86
《历城区志（1986—2007）》出版 ………86
《长清区志（1986—2008）》出版 ………87
《商河县志（1991—2010）》编纂情况 …87
青岛市县级志书编纂出版概况 …………88
青岛市各区市志编纂出版情况表 ………88
淄博市县级志书编纂出版概况 …………89
《峄城区志（1991—2010）》编纂情况 …89
续修《薛城区志》工作动员暨培训会议 89
东营市县级志书出版概况 ………………90
东营市各县区第一、第二轮志书编纂出版情况表 ……………………………90
烟台市县级志书编纂出版概况 …………90
《蓬莱市志》出版 ………………………91
《莱阳市志（1978—2005）》编纂情况 …91
《烟台经济技术开发区志（1984—2003）》编纂情况 ……………………………91
《寒亭区志（1989—2003）》编纂情况 …92
《寿光市志（1991—2010）》编纂情况 …92
《安丘市志（1986—2013）》编纂情况 …92
《高密市志（1986—2008）》出版 ………93
《昌邑市志（1986—2005）》编纂情况 …93
《临朐县志（2000—2014）》编纂情况 …93
济宁市县级志书编纂出版概况 …………94
济宁市县级志书出版情况表 ……………94
《济宁市市中区志（1996—2013）》编纂情况 ……………………………………94
《任城区志》续志编纂情况 ……………94
《曲阜市志（1991—2015）》修志工作全面启动 ……………………………………95
《徂徕山志》评审会 ……………………95
《泰安市岱岳区志（1985—2013）》编纂情况 ……………………………………95
《文登市志（1991—2013）》编修工作全面启动 ……………………………………95
《荣成市志（1996—2015）》编纂情况 …95
收集整理《乳山市志》续修资料 ………96
《威海火炬高技术产业开发区志》编纂情况 ……………………………………96
《日照市岚山区志》编纂情况 …………96
《莒县志（1997—2010）》编纂情况 ……97
《莱芜市钢城区志（1993—2005）》编纂情况 ……………………………………97
临沂市各县区志编纂与出版概况 ………97
《临沭县志（1986—2007）》出版 ………98
《苍山县志（1840—2010）》进入精修阶段 ……………………………………………98
《费县志（1986—2010）》完成评议稿 …98
《禹城市志（1986—2010）》广泛征求意见 ……………………………………………99
《武城县志（1986—2014）》编纂情况 …99
《续补冠县志》出版 ……………………99
菏泽市县级志书编纂与出版概况 ………99
《曹县志（1986—2009）》出版 ……… 100
《巨野县志（1986—2005）》出版 …… 100
《单县志（1986—2010）》编纂情况 … 101
《鄄城县志（1995—2010）》编纂情况 ……………………………………………101
乡镇村志、街道社区志编纂与出版……… 102
概况 …………………………………… 102
全省乡镇村志、街道社区志出版情况统计表 …………………………………… 102
《分水岭村史》出版 ………………… 104
平阴县平阴镇街志编纂工作 ………… 104
青岛市乡镇村志编纂与出版概况 …… 105
《惜福镇街道志》出版 ……………… 105
《东韩村志》出版 …………………… 105
《岭西村志》出版 …………………… 105
《大石·龙泉村志》出版 …………… 106
《江家土寨村志》出版 ……………… 106
《雕龙嘴村志》出版 ………………… 106
《华阳村志》出版 …………………… 106
《高家村志》出版 …………………… 106

《东流亭社区志》出版 …………………… 106
《东宅子头社区志》出版 ……………… 106
《杨家村社区志》出版 ………………… 107
《小庄社区志》出版 …………………… 107
淄博市镇村志出版概况 ……………… 107
《林家村志》出版 ……………………… 107
《东陈村志》出版 ……………………… 107
《西孙村志》出版 ……………………… 108
《吴家村志》出版 ……………………… 108
东营市乡镇村志编纂与出版概况 …… 108
东营市已出版乡镇（街道）志情况表 ……………………………………… 109
东营市在编乡镇（街道）志情况表 … 109
东营市已出版村（居）志情况表 …… 110
东营市在编村（居）志情况表 ……… 111
《义和镇志》出版 ……………………… 112
《河口街道新建村志》出版 ………… 112
《古现东村志》出版 …………………… 112
《八角村志》出版 ……………………… 112
《崔家村志》出版 ……………………… 113
《东镇沂山志》编纂情况 …………… 113
《友谊村志》出版 ……………………… 113
肥城市乡镇村志编纂与出版概况 …… 113
《朱庄村志（1852—2014）》出版 …… 114
宁阳县乡镇村志编纂与出版概况 …… 114
《宁阳镇志》出版 ……………………… 114
《东疏镇志》编纂情况 ………………… 115
东平县乡镇村志编纂与出版概况 …… 115
《草庙子镇志》启动编修工作 ……… 115
日照乡镇村志出版概况 ……………… 115
莱芜市乡镇村志出版概况 …………… 116
临沂市乡镇村志编纂与出版概况 …… 116
《祝阿镇志》 ………………………… 116
《赵官镇志》 ………………………… 116
《张秋镇志》出版 ……………………… 116
《北关村志》出版 ……………………… 116
菏泽市乡镇村志编纂与出版概况 …… 116
《曹口村志》出版 ……………………… 117
《巨野村镇志略》编纂情况 ………… 117
《定陶县乡村志》编纂情况 ………… 117
专业（部门、行业）志编纂与出版……… 117
东营市部门志出版情况 ……………… 117
东营市部门（单位、行业）志出版情况表 ……………………………… 118
《东营市政协志》出版 ………………… 119
东营市各县区专业志编纂出版情况 … 120
《河口区地方史志志》出版 ………… 120
《河口农村商业银行志》 …………… 120
《利津县城市管理志》出版 ………… 121
《广饶农村商业银行志》出版 ……… 121
《垦利县油区志》出版 ………………… 121
肥城市专业志编纂与出版概况 ……… 121
《肥城地方税务志》出版 …………… 122
宁阳县专业志编纂与出版概况 ……… 122
宁阳县专业（部门、行业）志编纂与出版情况表 …………………… 122
威海市专业志编纂概况 ……………… 123
莱芜市专业志编纂与出版概况 ……… 123
《蒙阴县人民医院志（1948—2012）》出版 ……………………………… 123
《常林集团志（1943—2013）》出版 … 123
《临邑县教育志（2008—2014）》出版 124
《齐河县人口和计划生育志》出版 …… 124
《齐河县环境保护志》出版 ………… 124
《齐河县农业志》出版 ………………… 124
《齐河县粮食志》出版 ………………… 124
《齐河县广播电视志》出版 ………… 124
《齐河县民政志》出版 ………………… 124
《齐河县卫生志》出版 ………………… 124
《平原县审计志（1984—2013）》出版 … 125
《东昌府区人民代表大会志》出版 …… 125
特色志编纂与出版……………………… 125
概况 ……………………………………… 125
《第十届中国艺术节志》 …………… 126

《欧阳中石》 …………………………… 126
青岛市特色志出版概况 ……………… 126
2002 年—2014 年青岛市特色志出版
情况表 ……………………………… 127
《崂山区图志 · 青岛国际啤酒节卷》
出版 ………………………………… 128
《青岛经济技术开发区图志》出版 …… 128
《即墨市海洋与海岛志》出版 ………… 129
《东营图志》出版 …………………… 129
《潍坊人居环境志》出版 …………… 130
《临朐姓氏志》编纂情况 …………… 130
《莲花山志》出版 …………………… 130
《柳下惠志》编纂情况 ……………… 131
《向阳山抗战史》编纂情况 ………… 131
《威海临港区民俗志》编纂情况 ……… 131
临沂特色志编纂概况 ………………… 131
《滨州简明图志》出版 ……………… 131

旧志整理与出版

综 述……………………………………… 132
概况 ………………………………… 132
整理与出版………………………………… 133
影印清宣统版《山东通志》出版 …… 133
济南市旧志整理与出版概况 ………… 134
平阴县旧志整理情况 ………………… 134
青岛市旧志整理与出版概况 ………… 135
青岛市旧志整理与出版情况表 ……… 135
《〈崂山志〉校注》出版 ……………… 135
淄博市旧志整理与出版概况 ………… 136
《博山旧志集成》出版 ……………… 136
清乾隆《博山县志（校勘本）》出版 … 136
枣庄市旧志整理与出版概况 ………… 137
《滕县乡土志》（清光绪三十三年）
（影印本）出版 …………………… 137
清乾隆《峄县志》（点注本）出版 …… 137
东营市旧志整理与出版概况 ………… 138
广饶县旧志整理与出版情况 ………… 138
《广饶旧志集成（点校本）》出版 …… 138
利津县旧志整理与出版情况 ………… 140
《利津旧志》（五册本）整理情况 …… 140
烟台市旧志整理与出版概况 ………… 140
《牟平县志》（1936 年版）影印出版 … 140
潍坊市旧志整理与出版概况 ………… 141
诸城市旧志整理情况 ………………… 141
《安丘古志集成》出版 ……………… 141
济宁市旧志整理与出版概况 ………… 142
清光绪版《泗水县志》出版 ………… 142
《汶上县旧志集成》出版 …………… 143
泰安市旧志整理与出版概况 ………… 143
威海市旧志整理与出版概况 ………… 144
日照市旧志整理与出版概况 ………… 144
点注清光绪十二年《日照县志》情况
…………………………………………… 144
整理点校清雍正《莒州志》………… 144
整理影印《重修莒志》……………… 145
莱芜市旧志整理与出版概况 ………… 145
明嘉靖《莱芜县志》（影印本）出版 … 145
临沂市旧志整理与出版概况 ………… 146
整理《临沂县志》…………………… 146
《重修莒志》出版 …………………… 146
《郯城县志》出版 …………………… 146
康熙《费县志》出版 ………………… 147
德州市旧志整理与出版概况 ………… 147
清嘉庆和民国《庆云县志》出版 …… 148
清光绪《德平县志》（影印本）、民国
《德平县志续》（影印本）出版 …… 148
清乾隆《平原县志》、民国
《续修平原县志》点校本出版 ……… 148
聊城市旧志整理与出版概况 ………… 149
明万历三十七年《冠县志》整理情况 … 149
清康熙三十七年《冠县志》整理情况 … 149
清光绪《冠县志》整理情况 ………… 149
清光绪《冠县乡土志》（下册）

整理情况 …………………………… 149
明正德十年《莘县志》整理情况 …… 150
清道光九年《东阿县志》出版 ……… 150
清光绪三十二年《东阿县乡土志》出版 …………………………………… 151
民国二十三年《东阿县志》出版 …… 151
民国二十三年《续修东阿县志》出版 … 151
清康熙五十四年《东阿县志》整理情况 151
清康熙十二年《高唐州志》出版 …… 151
清光绪三十二年《高唐州乡土志》整理情况 …………………………… 152
民国《高唐县志稿》出版 ………… 152
旧《滨州志》整理与出版 ………… 152
咸丰版《滨州志》整理出版 ………… 153
清康熙《海丰县志》4册、清宣统《海丰乡土志抄存》1册、民国《无棣县志》6册影印出版 … 153
菏泽市旧志整理与出版概况 ……… 153
清乾隆二十一年《曹州府志》整理情况… 153
清光绪十一年《新修菏泽县志》整理出版 …………………………… 154
清康熙四十七年版《巨野县志》再版 ………………………………… 154
《明清郓城县志（点校本）》出版 …… 155

年鉴编纂与出版

综　述……………………………………… 156
概况 ……………………………………… 156
《山东省年鉴编纂业务管理办法（试行）》出台 ………………………………… 157
全省年鉴编纂工作座谈会召开 ……… 157
全省多部年鉴获全国奖项 ………… 157
《山东年鉴》编纂与出版 ………………… 158
概况 ……………………………………… 158
《山东年鉴》2014卷出版……………… 159
省史志办年鉴工作处总结年鉴编纂经验 …………………………………… 160
《山东年鉴》编纂研讨会召开 ………… 160
《山东年鉴》编纂工作座谈会召开 …… 161
《山东年鉴》2015卷市县组稿培训会议召开 …………………………… 161
《山东年鉴》2015卷省直部门组稿培训会议召开 ………………………… 162
市级综合年鉴编纂与出版……………… 162
概况 ……………………………………… 162
《济南年鉴》2014卷出版……………… 163
济南市史志办举办《济南年鉴》新任撰稿人培训班 ………………… 163
济南市史志办召开县（市、区）年鉴撰稿人培训会 ……………………… 164
《青岛年鉴》2014卷出版……………… 164
青岛市年鉴工作会议召开 ………… 164
《淄博年鉴》2014卷出版……………… 164
淄博市史志办召开年鉴工作调度会 … 165
《枣庄年鉴》2014卷出版……………… 165
《东营年鉴》2014卷出版……………… 165
《烟台年鉴》2014卷出版……………… 166
《潍坊年鉴》2014卷出版……………… 167
潍坊市召开年鉴工作会议 ………… 167
《济宁年鉴》2014卷出版……………… 167
济宁市史志办部署年鉴工作 …… 168
《泰安年鉴》2014卷出版……………… 168
《威海年鉴》2014卷出版……………… 168
《日照年鉴》2014卷出版……………… 169
《莱芜年鉴》2014卷出版……………… 170
《临沂年鉴》2014卷出版……………… 170
《德州年鉴》2014卷出版……………… 171
《聊城年鉴》2014卷出版……………… 171
《滨州年鉴》2014卷出版……………… 171
《菏泽年鉴》2014卷出版……………… 172
县级综合年鉴编纂与出版……………… 172

概况 …………………………………… 172
《历下年鉴》创刊 ………………………… 176
《天桥年鉴》2011—2013 卷出版……… 176
《市南年鉴》2014 卷出版……………… 176
《市北年鉴》2013 卷出版……………… 177
《黄岛年鉴》2014 卷出版……………… 177
《崂山年鉴》2014 卷出版……………… 177
《李沧年鉴》2014 卷出版……………… 178
《城阳年鉴》2014 卷出版……………… 178
《胶州年鉴》2014 卷出版……………… 178
《即墨年鉴》2014 卷出版……………… 178
《平度年鉴》2014 卷出版……………… 179
《莱西年鉴》2014 卷出版……………… 179
《淄川年鉴》创刊 ………………………… 179
《博山年鉴》2014 卷出版……………… 180
《临淄年鉴》2014 卷出版……………… 180
《周村年鉴》2014 卷出版……………… 180
《桓台年鉴》2011—2012 卷出版……… 181
《高青年鉴》2013 卷出版……………… 181
《沂源年鉴》2007—2013 卷编纂情况… 181
《枣庄市中年鉴》2011—2012 卷出版… 181
《峄城年鉴》2012—2013 卷编纂完成… 182
《台儿庄年鉴》2012—2013 卷出版…… 182
《山亭年鉴》2014 卷出版……………… 182
《滕州年鉴》2014 卷出版……………… 182
《东营区年鉴》2014 卷出版…………… 183
东营市东营区史志办开展年鉴编纂专题学习研讨 ………………………… 183
《河口年鉴》2014 卷出版……………… 183
《垦利年鉴》2014 卷出版……………… 184
《利津年鉴》2014 卷出版……………… 184
《广饶年鉴》2014 卷出版……………… 185
《诸城年鉴》2008—2014 卷编纂情况… 185
《兖州年鉴》2013 卷编纂情况………… 185
《曲阜年鉴》2012—2013 卷编纂情况… 185
《微山年鉴》2011—2012 卷编纂情况… 186
《泗水年鉴》2014 卷出版……………… 186
《环翠年鉴》创刊 ………………………… 186
《文登年鉴》2013 卷出版……………… 187
《乳山年鉴》2014 卷出版……………… 187
《威海经济技术开发区年鉴》2014 卷出版 …………………………… 187
《五莲年鉴》2014 卷出版……………… 188
《莱城年鉴》2013 卷出版……………… 188
《钢城年鉴》2014 卷出版……………… 188
《兰山年鉴》2013 卷出版……………… 189
《沂南年鉴》2011—2012 卷出版……… 189
《沂水年鉴》2013 卷出版……………… 189
《苍山年鉴》2007—2012 卷出版……… 189
《费县年鉴》2014 卷出版……………… 190
《莒南年鉴》2014 卷出版……………… 190
《临沭年鉴》2013 卷出版……………… 190
《乐陵年鉴》2014 卷出版……………… 190
乐陵市党史史志办开展年鉴业务培训 … 191
《齐河年鉴》2013 卷出版……………… 191
聊城市东昌府区召开全区史志年鉴工作会议 ………………………………… 191
聊城市东昌府区举办史志年鉴业务培训班 …………………………………… 191
《滨城年鉴》2008—2012 卷出版……… 192
《无棣年鉴》2008—2011 卷出版……… 192
《曹县年鉴》创刊 ………………………… 192
《成武年鉴》2014 卷出版……………… 192
《巨野年鉴》2014 卷出版……………… 193
《鄄城年鉴》2014 卷出版……………… 193
《东明年鉴》2014 卷出版……………… 193
专业年鉴编纂与出版……………………… 194
《中共山东年鉴》2014 卷出版………… 194
《山东档案年鉴》2014 卷出版………… 194
《山东教育年鉴》2013 卷出版………… 194
《山东科技年鉴》2013 卷出版………… 195
《山东人力资源和社会保障年鉴》2014 卷出版 ……………………………… 195
《山东国土资源年鉴》2014 卷出版…… 196

《山东建设年鉴》2014 卷出版………… 196
《山东水利年鉴》2013 卷出版………… 197
《山东商务年鉴》2014 卷出版………… 197
《山东地税年鉴》2014 卷出版………… 197
《山东广播电视年鉴》2014 卷出版…… 198
《山东统计年鉴》2014 卷出版………… 198
《山东工会年鉴》2014 卷出版………… 199
《山东社会科学年鉴》2014 卷出版…… 199
《山东金融年鉴》2014 卷出版………… 199
《济南铁路局年鉴》2013 卷出版……… 200
《胜利油田年鉴》2014 卷出版………… 200
《山钢年鉴》2014 卷出版 201
《济钢年鉴》2014 卷出版……………… 201
《莱钢年鉴》2014 卷出版……………… 202
《曲阜师范大学年鉴》2014 卷出版…… 202
《山东理工大学年鉴》2014 卷出版…… 203
《山东农业大学年鉴》2013 卷出版…… 203
《青岛科技大学年鉴》2013 卷出版…… 203
《山东交通学院年鉴》2013 卷出版…… 203
《中共淄博年鉴》2014 卷出版………… 204
《淄博财政年鉴》2014 卷出版………… 204
《周村统计年鉴》2013 卷印行………… 204
《高青统计年鉴》2014 卷印行………… 204
《沂源统计年鉴》2014 卷印行………… 205
《东营统计年鉴》2014 卷印行………… 205
《东营区统计年鉴》2014 卷印行……… 205
《河口统计年鉴》2014 卷印行………… 205
《利津统计年鉴》2014 卷印行………… 205
《广饶统计年鉴》2014 卷印行………… 205
《烟台市莱山区统计年鉴》2013 卷
印行 ……………………………… 206
《潍坊人物年鉴》2014 卷出版………… 206
《中共潍城年鉴》2014 卷出版………… 206
《济宁人力资源和社会保障年鉴》
2014 卷印行 ……………………… 206
《微山县财政税务年鉴》2013 卷印行… 207
《泰安统计年鉴》2014 卷印行………… 207
《肥城市统计年鉴》2013 卷印行……… 207
《肥城交通年鉴》创刊 ……………… 207
《石特年鉴》2011—2012 卷出版……… 208
《乳山市统计年鉴》2013 卷印行……… 208
《莱芜统计年鉴》2014 卷印行………… 208
《鲁矿集团年鉴》印行 ……………… 208
《莱城区统计年鉴》印行 …………… 208
《德州统计年鉴》2014 卷印行………… 208
《聊城统计年鉴》2014 卷印行………… 209
《中共定陶年鉴》2014 卷印行………… 209
《东明县统计年鉴》2014 卷印行……… 209

信息化建设

综　述…………………………………… 210
概况 ………………………………… 210
《山东省地情网站管理规定》出台 …… 211
山东省地情网站改版工作座谈会召开 … 211
“沂蒙史志”微信开通 ……………… 212
乳山英文市情网 …………………… 212
省级信息化建设…………………………… 213
概况 ………………………………… 213
山东省情网发展历程 ……………… 214
创办中共十八届四中全会专题 ……… 215
创办欧阳中石专栏 ………………… 215
山东省情网域名更换 ……………… 216
市级信息化建设…………………………… 216
概况 ………………………………… 216
济南市信息化建设 ………………… 217
青岛市信息化建设 ………………… 217
淄博市信息化建设 ………………… 218
枣庄市信息化建设 ………………… 218
东营市信息化建设 ………………… 219
烟台市信息化建设 ………………… 220
潍坊市信息化建设 ………………… 220
济宁市信息化建设 ………………… 220
泰安市信息化建设 ………………… 220

威海市信息化建设 …… 221
日照市信息化建设 …… 221
莱芜市信息化建设 …… 222
临沂市信息化建设 …… 222
德州市信息化建设 …… 222
聊城市信息化建设 …… 223
滨州市信息化建设 …… 223
菏泽市信息化建设 …… 223

县级信息化建设…… 224

概况 …… 224
历下区情网 …… 229
市中区情网 …… 229
槐荫区情网 …… 229
天桥区情网 …… 229
历城区情网 …… 229
长清区情网 …… 230
章丘市情网 …… 230
平阴县情网 …… 230
济阳县情网 …… 230
商河县情网 …… 230
青岛市各区（市）地情网站建设情况表 …… 231
淄川区情网 …… 233
张店区情网 …… 233
博山区情网 …… 233
临淄区情网 …… 233
周村区情网 …… 233
桓台县情网 …… 234
高青县情网 …… 234
沂源县情网 …… 234
枣庄市中区情网 …… 234
薛城区情网 …… 234
峄城区情网 …… 235
台儿庄区情网 …… 235
山亭区地情网 …… 235
滕州市情网 …… 235
东营区情网 …… 235
河口区情网 …… 235
垦利县情网 …… 236
利津县情网 …… 236
广饶县情网 …… 236
烟台市各县（市、区）地情网站建设情况统计表 …… 237
潍城区情网 …… 237
寒亭区情网 …… 237
坊子区情网 …… 237
奎文区情网 …… 238
青州市情网 …… 238
诸城市情网 …… 238
寿光市情网 …… 238
安丘市情网 …… 238
高密市情网 …… 238
昌邑市情网 …… 238
临朐县情网 …… 238
昌乐县情网 …… 239
任城区情网 …… 239
兖州区情网 …… 239
曲阜市情网 …… 239
邹城市情网 …… 239
微山县情网 …… 240
鱼台县情网 …… 240
金乡县情网 …… 240
嘉祥县情网 …… 240
汶上县情网 …… 240
泗水县情网 …… 240
梁山县情网 …… 240
泰山区情网 …… 240
岱岳区情网 …… 241
新泰市情网 …… 241
肥城市情网 …… 241
宁阳县情网 …… 241
东平县情网 …… 241
环翠区情网 …… 241
文登区情网 …… 242

荣成市情网 …… 242
乳山市情网 …… 242
东港党史网 …… 242
岚山区情网 …… 242
五莲党史（史志）网 …… 242
莒县县情网 …… 243
莱城区情网 …… 243
钢城区情网 …… 243
临沂市各区、县地情网站建设
情况表 …… 243
德城区情网 …… 244
陵城区情网 …… 244
乐陵市情网 …… 244
禹城市情网 …… 244
宁津县情网 …… 244
庆云县情网 …… 244
临邑县情网 …… 244
齐河县情网 …… 245
平原县情网 …… 245
夏津县情网 …… 245
武城县情网 …… 245
聊城市各县（市、区）地情网站建设
情况表 …… 246
滨城区情网 …… 246
沾化区情网 …… 246
惠民县情网 …… 247
阳信县情网 …… 247
无棣县情网 …… 247
博兴县情网 …… 247
邹平县情网 …… 247
牡丹区情网 …… 247
曹县县情网 …… 247
单县县情网 …… 247
成武县情网 …… 247
巨野县情网 …… 248
郓城县情网 …… 248
鄄城县地情网 …… 248
定陶县情网 …… 248
东明县情网 …… 248

方志馆建设

综　述 …… 249
概况 …… 249
山东省方志馆 …… 249
市、县（市、区）方志馆建设 …… 252
济南市方志馆 …… 252
济南市历下区方志室 …… 252
济南市槐荫区方志室 …… 252
济南市长清区方志馆 …… 252
章丘市方志馆 …… 253
平阴县方志室 …… 253
商河县方志馆 …… 253
青岛市方志馆 …… 254
青岛市各区（市）方志馆建设
情况一览表 …… 254
青岛市崂山区方志馆 …… 255
淄博市方志馆 …… 255
淄博市淄川区方志馆 …… 256
桓台县方志馆 …… 256
高青县方志馆 …… 256
沂源县方志馆 …… 256
枣庄市方志馆 …… 257
枣庄市市中区方志馆 …… 257
枣庄市台儿庄区方志室 …… 257
东营市方志馆 …… 257
东营市东营区方志馆 …… 259
东营市河口区方志馆 …… 260
垦利县方志馆 …… 260
利津县方志室 …… 261
广饶县方志馆 …… 261
烟台市方志馆 …… 262
烟台市各县（市、区）方志馆建设
情况一览表 …… 262

潍坊市方志馆 …… 263
潍坊市坊子区方志馆 …… 263
潍坊市寒亭区方志馆 …… 263
青州市方志馆 …… 263
诸城市方志馆 …… 264
寿光市方志馆 …… 264
安丘市方志馆 …… 264
济宁市方志馆 …… 264
济宁市任城区方志馆 …… 264
曲阜市方志馆 …… 264
邹城市方志馆 …… 265
鱼台县方志馆 …… 265
泗水县方志馆 …… 265
梁山县方志室 …… 265
泰安市方志馆 …… 265
泰安市泰山区方志馆 …… 266
泰安市岱岳区方志室 …… 266
肥城市方志馆 …… 266
宁阳县方志馆 …… 266
东平县方志馆 …… 266
威海市方志馆 …… 267
威海市环翠区方志馆 …… 267
威海市文登区方志馆 …… 267
荣成市方志馆 …… 267
乳山市方志馆 …… 268
威海经济技术开发区方志馆 …… 268
威海火炬高技术开发区方志馆 …… 268
日照市方志馆 …… 268
五莲县方志馆 …… 269
莒县方志馆 …… 269
莱芜市方志馆 …… 270
莱芜市钢城区方志馆 …… 270
临沂市方志馆 …… 270
临沂市兰山区方志馆 …… 271
临沂市罗庄区方志馆 …… 271
临沂市河东区方志馆 …… 271
郯城县方志馆 …… 271
沂水县方志馆 …… 272
沂南县方志馆 …… 272
费县方志馆 …… 272
蒙阴县方志馆 …… 272
莒南县方志馆 …… 272
德州市方志馆 …… 273
禹城市方志馆 …… 273
临邑县方志馆 …… 273
齐河县方志馆 …… 273
聊城市方志馆 …… 274
聊城市东昌府区方志馆 …… 274
临清市方志馆 …… 274
阳谷县方志馆 …… 275
莘县方志馆 …… 275
茌平县方志家谱馆 …… 275
东阿县方志馆 …… 276
冠县方志馆 …… 276
高唐县方志馆 …… 276
滨州市方志馆 …… 276
滨州市滨城区方志馆 …… 277
滨州市沾化区方志馆 …… 277
阳信县方志馆 …… 277
邹平县方志馆 …… 277
菏泽市方志馆 …… 277
菏泽市各县（区）方志馆（室）建设情况一览表 …… 278

地方志资源开发与利用

地情书编写与出版…… 279
《齐鲁历史名人传略》丛书编纂工作座谈会召开 …… 279
《山东省历史地图集（远古至清）· 古地图》等两部分册出版 …… 279
《欧阳中石》出版 …… 280
济南市地情书编写与出版概况 …… 281
《济南历代著述考》专家审定会召开 … 281

《济南历代著述考》出版 …………………… 281
《济南市槐荫区村庄概览》出版 ……… 282
《济阳艾氏族谱》出版 ………………………… 282
青岛市地情书编写与出版概况 ……… 282
《党的群众路线档案展览图册》印制 … 283
《市北区大事记（2004.6—2012.12）》
印制 ……………………………………… 283
《记忆中的市北（第五辑）》出版 …… 283
《档案纪实 · 人物篇》出版 …………… 284
《崂山方志文化系列丛书 · 乡情民俗》
出版 ……………………………………… 284
《崂山方志文化系列丛书 · 游崂闻人补录》
出版 ……………………………………… 284
《城阳之光——荣誉档案专辑》出版 … 285
《城阳人物专辑》出版 ………………… 285
《即墨掌故》出版 ………………………… 285
《即墨市村落姓氏概况》（第 1 辑）
印刷 ……………………………………… 285
平度市《草民的抗战——国共两党地方
武装鲜为人知的抗日真相》出版 … 286
平度市《胶东战事》出版 ……………… 286
《故乡红色印记》出版 ………………… 286
《源远流长的东莱文明》出版 ………… 286
淄博市地情书编写与出版概况 ……… 287
《淄博市情手册（2014）》出版 ……… 287
《影像淄川（1949—2013）》出版 …… 287
《新编天南地北高青人》发行 ………… 288
《博山山水》编纂情况 ………………… 288
枣庄市地情书编写与出版概况 ……… 288
东营市地情书编写与出版概况 ……… 289
东营市东营区地情书编写与
出版概况 ……………………………… 289
《河口区大事记（1984—2013）》
出版 ……………………………………… 290
《沧海桑田黄河口》出版 ……………… 290
利津县地情书编写与出版概况 ……… 290
《利津史略》出版 ……………………… 290
《广饶历史文化通鉴》出版 …………… 291
烟台市地情书编写与出版概况 ……… 291
《改革时代烟台大事记》出版 ………… 291
《胶东红色人物志》印行 ……………… 291
《烟台美食　丹桂记忆》出版 ………… 291
《郭寿生纪念图文集》出版 …………… 291
《芝罘史海撷英》出版 ………………… 292
潍坊市地情书编写与出版概况 ……… 292
《潍坊年鉴》（2014 · 袖珍本）出版 … 293
《潍县民俗史料》出版 ………………… 293
济宁市地情书编写与出版概况 ……… 293
泰安市地情书编写与出版概况 ……… 293
《泰安年鉴（2014 · 袖珍本）》出版 … 294
威海市地情书编写与出版概况 ……… 294
《环翠区大事记（1993—2013）》出版 … 294
《环翠要事月报》印发 ………………… 295
《中共威海环翠历史（第一卷）》评议会
召开 ……………………………………… 295
《〈废铎呓〉点校译释》出版 ………… 295
《荣成籍著名人物》出版 ……………… 295
充实整理《乳山籍人物》……………… 296
编写新版《市情博览——走进乳山》… 296
日照市地情书编写与出版概况 ……… 296
莱芜市地情书编写与出版概况 ……… 296
《中共莱城区历史大事记》（2008—2013）
……………………………………………… 297
临沂市地情书编写与出版概况 ……… 297
《沂蒙革命根据地志》出版 …………… 297
德州市地情书编写与出版概况 ……… 298
《德州往事》出版 ……………………… 298
《德州概览》出版 ……………………… 298
《2014 德州年鉴简明手册》出版……… 298
《夏津历史文化概览》出版 …………… 299
聊城市地情书编写与出版概况 ……… 299
《聊城地方史研究》（第一辑）
完成组稿 ………………………………… 299
《东昌府区情手册（2014）》出版 …… 300

《东阿人物》（中）出版 ………………… 300
滨州市地情书编写与出版概况 ……… 300
《滨州百家诗歌词曲》出版 …………… 300
《滨州杜氏家族故事》出版 …………… 301
菏泽市地情书编写与出版概况 ……… 301
《商都亳研究——兼论商代第一都
在曹县合理性》出版 ………………… 301
《烽火岁月》——“东明人民
抗日斗争专集” 出版 ………………… 302
为现实服务…………………………………… 302
欧阳中石谈史志工作 ………………… 302
欧阳中石“中华文化与逻辑”讲座
在省方志馆举行 ……………………… 303
欧阳中石“中华文化与书法”讲座
在省方志馆举行 ……………………… 303
《山东通志》（宣统版）赠书仪式举行 … 304
欧阳中石书中华美德古训展
在省美术馆开幕 ……………………… 304
平阴县史志办开展党史史志
进社区活动 …………………………… 305
平阴县史志办推进历史文化进课堂 … 305
商河县史志办向县实验小学赠送书籍 … 306
青岛市崂山区成立20周年图片展 …… 306
青岛市城阳区开展“区情知识进课堂”
活动 …………………………………… 306
淄博市周村区史志办举办纪念周村
开埠110周年书画摄影展 ………… 307
淄博市周村区史志办在《今日周村》
开辟专栏纪念周村开埠110周年 … 307
沂源县史志办利用史志资源
为现实服务 …………………………… 307
枣庄市史志办为抗战胜利70周年
纪念书籍供稿 ………………………… 308
枣庄市薛城区史志办参与临山阁
布展工作 ……………………………… 308
东营市史志办启动建市初老领导
李晔有关资料征集工作 …………… 308
河北省枣强县政协移民研究会到东营
查阅移民资料 ………………………… 308
东营市东营区史志办利用史志资源
为现实服务 …………………………… 308
利津县史志办利用史志资源
为现实服务 …………………………… 309
广饶县部署史志“采风”工作 ……… 309
烟台市史志办协助拍摄制作的
《胶东烽火》在中央电视台播出 …… 309
《烟台大事记》受权全文刊发大型电视
纪录片《烟台开埠》脚本 ………… 309
潍坊市寒亭区举办“党史·国史”
教育图片展 …………………………… 310
安丘市史志办利用史志资源
服务群众 ……………………………… 310
安丘市地情资料搜集工作 …………… 311
临朐县史志办为第二届中国沂山
文化节提供资料 ……………………… 311
济宁市史志办利用史志资源
为现实服务 …………………………… 311
微山县史志办与县新闻中心等单位
联合举办摄影大赛 ………………… 311
微山县史志办利用史志资源
为现实服务 …………………………… 312
泗水县史志办利用史志资源
为现实服务 …………………………… 312
泰安市泰山区举办“泰山地方党组织
发展史”历史图片展 ……………… 312
新泰市史志办探索读志用志新途径 … 312
肥城市史志办利用史志资源
为现实服务 …………………………… 312
宁阳县史志办利用史志资源
为现实服务 …………………………… 313
威海市史志办开展志书“六进”
活动 …………………………………… 313
威海市文登区史志办利用史志资源
为现实服务 …………………………… 313

荣成市史志办为拍摄谷牧宣传片提供资料 …… 313
乳山市党史市志办公室利用史志资源为现实服务 …… 313
乳山市史志办为济南军区总医院到乳山寻根提供资料 …… 314
日照市史志办利用史志资源为现实服务 …… 314
莱芜市史志办利用史志资源为现实服务 …… 315
德州市史志办利用史志资源为现实服务 …… 315
德州市史志办联合市公安局启动族系图绘制工作 …… 316
平原县史志办向全县中小学赠送志书 …… 316
聊城市史志办利用史志资源为现实服务 …… 316
临清市协助“古县神韵”摄制组完成资料汇编 …… 316
滨州市史志办主任柴德杰接受《滨州日报》专访 …… 316
菏泽市史志办利用史志资源为现实服务 …… 317
菏泽市史志办乔方辉登上市电视台《百姓讲坛》 …… 317
曹县史志办利用史志资源为现实服务 …… 318
郓城史志办配合做好郓城历史陈列馆布展工作 …… 318

学术交流与活动

学会活动 …… 319
山东省地方志学会 …… 319
山东省年鉴学会 …… 320
山东省地方志学会第四届会员代表大会召开 …… 321
山东省年鉴学会第五届会员代表大会召开 …… 322
即墨市谱牒研究会 …… 322
东营市地方史志学会 …… 323
烟台市地方史志学会 …… 323
泰安市市情研究会 …… 323
威海市地方史志学会 …… 323
莱芜市年鉴学会 …… 324
临沂市地方志学会 …… 324
临沂市首家地方历史学会在莒南成立 …… 324
临沂市望族文化研究会 …… 325
评奖活动 …… 325
山东省优秀史志成果奖 …… 325
2014年度“山东省优秀史志成果奖”名单 …… 325
第五届全省优秀年鉴评奖活动 …… 326
第五届全省优秀年鉴评奖结果 …… 327
理论研讨 …… 328
全省方志理论研讨会暨方志期刊座谈会召开 …… 328
淄博市地方史志办公室学术交流活动 …… 329
枣庄市业务理论“一人一讲”活动 …… 329
潍坊市史志办理论研讨活动 …… 329
济宁市史志办理论研讨及业务培训活动 …… 329
临沂市理论研讨及业务培训 …… 330
聊城市续志理论研讨会 …… 330
理论文章与著述 …… 330
2014年全省史志系统在《中国地方志》期刊发表的理论文章 …… 330
2014年全省史志系统在《山东史志》期刊发表的理论文章 …… 331
利津县理论著述 …… 332

泰安市理论文章 …………………………… 333
东平县理论文章与著述 ………………… 333
《威海史志文集》出版 ………………… 333
德州市理论文章撰写 …………………… 333
聊城市理论文章 ………………………… 334
期刊出版…………………………………… 334
概况 ……………………………………… 334
《山东史志》……………………………… 334
欧阳中石为《山东史志》题写刊名 …………………………………… 335
《济南史志》……………………………… 335
《史鉴》…………………………………… 336
《淄博史志》……………………………… 336
东营市地方史志学会成为《石油纵横》主管单位 ……………………………… 337
《烟台大事记》…………………………… 337
《沂蒙史志》……………………………… 337
《崂山春秋》……………………………… 338
《城阳纵横》……………………………… 338
《即墨古今》……………………………… 338
《周村史志之窗》………………………… 338
《芝罘历史文化丛刊》…………………… 338
《乡情》…………………………………… 339

法制化建设

综 述……………………………………… 340
山东省史志工作法规体系在全国率先实现“全覆盖”……………………… 340
各市法制化建设…………………………… 341
济南市法制化建设概况 ………………… 341
济南市各县（市、区）史志工作法制化建设情况表 ……………………………… 342
青岛市法制化建设概况 ………………… 342
青岛市各区市史志工作法制化建设情况表 ……………………………… 343
淄博市法制化建设概况 ………………… 343
淄博市各区县史志工作法制化建设情况表 ……………………………… 344
枣庄市法制化建设概况 ………………… 344
枣庄市各区市史志工作法制化建设情况表 ……………………………… 344
东营市法制化建设概况 ………………… 345
东营市各区县史志工作法制化建设情况表 ……………………………… 345
烟台市法制化建设概况 ………………… 345
烟台市各县（市、区）史志工作管理办法颁布情况表 ………………… 345
潍坊市法制化建设概况 ………………… 346
潍坊市各县（市、区）史志工作法制化建设情况表 …………………… 346
济宁市法制化建设概况 ………………… 347
济宁市各县（市、区）史志工作法制化建设情况表 …………………… 347
泰安市法制化建设概况 ………………… 347
泰安市各县（市、区）史志工作法制化建设情况表 …………………… 348
威海市法制化建设概况 ………………… 348
威海市各区（市）史志工作法制化建设情况表 ……………………………… 349
日照市法制化建设概况 ………………… 349
日照市各县（区）史志工作法制化建设情况表 ……………………………… 349
莱芜市法制化建设概况 ………………… 350
莱芜市各区地方史志工作管理办法颁布情况表 ……………………………… 350
临沂市法制化建设概况 ………………… 350
临沂市各区、县史志工作法制化建设情况表 ……………………………… 351
德州市法制化建设概况 ………………… 352
德州市各县（市、区）史志工作法制化建设情况表 …………………… 353
聊城市法制化建设概况 ………………… 353

聊城市各县（市、区）史志工作法制化建设情况表 …………………… 353
滨州市法制化建设概况 ……………… 354
滨州市各县（区）史志工作法制化建设情况表 ………………………… 354
菏泽市法制化建设概况 ……………… 355
菏泽市各县（区）史志工作法制化建设情况表 ………………………… 355

工作机构与队伍

综　述 …………………………………… 356
概况 ……………………………………… 356
全省地方史志工作人员情况统计表 … 356
山东省地方史志办公室机构与队伍……… 356
概况 ……………………………………… 356
行政权力基本信息表 ………………… 358
济南市史志机构与队伍…………………… 359
济南市史志办公室 …………………… 359
济南市历下区史志办公室 …………… 359
济南市市中区史志办公室 …………… 359
济南市槐荫区史志办公室 …………… 360
济南市天桥区区志办公室 …………… 360
济南市历城区史志办公室 …………… 360
济南市长清区史志办公室 …………… 360
章丘市史志办公室 …………………… 360
平阴县史志办公室 …………………… 360
济阳县史志办公室 …………………… 361
商河县史志办公室 …………………… 361
青岛市史志机构与队伍…………………… 361
青岛市史志办公室 …………………… 361
青岛市地方志工作人员情况统计表 … 362
淄博市史志机构与队伍…………………… 362
淄博市地方史志办公室 ……………… 362
淄博市张店区史志办公室 …………… 363
淄博市淄川区史志办公室 …………… 363
淄博市博山区地方史志办公室 ……… 363
淄博市临淄区史志办公室 …………… 363
淄博市周村区史志办公室 …………… 364
桓台县史志办公室 …………………… 364
高青县史志办公室 …………………… 364
沂源县史志办公室 …………………… 364
枣庄市史志机构与队伍…………………… 364
枣庄市地方史志办公室 ……………… 364
枣庄市市中区史志办公室 …………… 364
枣庄市薛城区史志办公室 …………… 365
枣庄市峄城区史志办公室 …………… 365
枣庄市台儿庄区史志办公室 ………… 365
枣庄市山亭区史志办公室 …………… 365
滕州市史志办公室 …………………… 365
东营市史志机构与队伍…………………… 366
东营市史志办公室 …………………… 366
东营市东营区地方史志办公室 ……… 367
东营市河口区地方史志办公室 ……… 367
垦利县党史史志办公室 ……………… 367
利津县史志办公室 …………………… 367
广饶县史志办公室 …………………… 367
烟台市史志机构与队伍…………………… 368
烟台市地方史志办公室 ……………… 368
烟台市芝罘区地方史志办公室 ……… 368
烟台市福山区史志办公室 …………… 369
烟台市牟平区史志工作办公室 ……… 369
烟台市莱山区史志办公室 …………… 369
龙口市史志办公室 …………………… 369
莱阳市史志办公室 …………………… 369
莱州市史志办公室 …………………… 369
蓬莱市史志编纂科 …………………… 370
招远市地方史志办公室 ……………… 370
栖霞市地方史志办公室 ……………… 370
海阳市党史方志办公室 ……………… 370
长岛县地方史志办公室 ……………… 370
潍坊市史志机构与队伍…………………… 370
潍坊市地方史志办公室 ……………… 370
潍坊市潍城区史志办公室 …………… 371

潍坊市寒亭区史志办公室 …………… 371
潍坊市坊子区史志办公室 …………… 371
潍坊市奎文区史志办公室 …………… 371
青州市史志办公室 …………………… 371
诸城市史志办公室 …………………… 372
寿光市史志办公室 …………………… 372
安丘市史志办公室 …………………… 372
高密市史志办公室 …………………… 372
昌邑市史志办公室 …………………… 372
临朐县史志办公室 …………………… 372
昌乐县地方史志办公室 ……………… 372
济宁市史志机构与队伍…………………… 372
济宁市地方史志办公室 ……………… 372
济宁市任城区史志办公室 …………… 373
济宁市兖州区史志办公室 …………… 373
曲阜市史志办公室 …………………… 373
邹城市史志办公室 …………………… 374
微山县地方史志办公室 ……………… 374
鱼台县地方史志办公室 ……………… 374
金乡县地方史志办公室 ……………… 374
嘉祥县史志办公室 …………………… 374
汶上县县志办公室 …………………… 374
泗水县地方史志办公室 ……………… 374
梁山县地方史志办公室 ……………… 374
泰安市史志机构与队伍…………………… 375
泰安市地方史志办公室 ……………… 375
泰安市泰山区史志办公室 …………… 375
泰安市岱岳区党史史志工作办公室 … 375
新泰市史志办公室 …………………… 376
肥城市地方史志办公室 ……………… 376
宁阳县党史史志办公室 ……………… 376
东平县党史史志办公室 ……………… 376
威海市史志机构与队伍…………………… 377
威海市地方史志办公室 ……………… 377
威海市环翠区地方史志办公室 ……… 377
威海市文登区地方史志办公室 ……… 377
荣成市地方史志办公室 ……………… 378
乳山市党史市志办公室 ……………… 378
日照市史志机构与队伍…………………… 378
日照市地方史志办公室 ……………… 378
日照市东港区区委党史研究室 ……… 379
日照市岚山区史志办公室 …………… 379
五莲县党史（史志）办公室 ………… 379
莒县地方史志办公室 ………………… 380
莱芜市史志机构与队伍…………………… 380
莱芜市地方史志办公室 ……………… 380
莱芜市莱城区党史史志办公室 ……… 380
莱芜市钢城区地方史志办公室 ……… 380
临沂市史志机构与队伍…………………… 381
临沂市地方史志办公室 ……………… 381
临沂市各区、县史志工作机构
情况统计表 ………………………… 381
临沂市各区、县史志工作人员
情况统计表 ………………………… 382
德州市史志机构与队伍…………………… 383
德州市地方史志办公室 ……………… 383
德州市德城区史志办公室 …………… 383
德州市陵城区史志办公室 …………… 383
乐陵市党史史志办公室 ……………… 384
禹城市史志办公室 …………………… 384
宁津县史志办公室 …………………… 384
庆云县地方史志办公室 ……………… 384
临邑县史志办公室 …………………… 384
齐河县地方史志办公室 ……………… 384
平原县史志办公室 …………………… 384
夏津县史志办公室 …………………… 384
武城县党史史志办公室 ……………… 384
聊城市史志机构与队伍…………………… 385
聊城市地方史志办公室 ……………… 385
聊城市东昌府区史志办公室 ………… 385
临清市史志办公室 …………………… 385
阳谷县史志办公室 …………………… 385
莘县史志办公室 ……………………… 385
茌平县史志办公室 …………………… 386

东阿县地方史志办公室 …………………… 386
冠县史志办公室 ……………………………… 386
高唐县地方史志办公室 …………………… 386
滨州市史志机构与队伍……………………… 386
滨州市地方史志办公室 …………………… 386
滨州市滨城区史志办公室 ………………… 387
滨州市沾化区地方史志办公室 …………… 387
惠民县史志办公室 ………………………… 387
阳信县地方史志办公室 …………………… 387
无棣县地方史志办公室 …………………… 387
博兴县地方史志办公室 …………………… 387
邹平县地方史志办公室 …………………… 387
菏泽市史志机构与队伍……………………… 388
菏泽市地方史志办公室 …………………… 388
菏泽市牡丹区史志办公室 ………………… 388
曹县地方志办公室 ………………………… 388
单县地方史志办公室 ……………………… 389
成武县史志办公室 ………………………… 389
巨野县地方史志办公室 …………………… 389
郓城县史志办公室 ………………………… 389
鄄城县史志办公室 ………………………… 389
定陶县史志办公室 ………………………… 389
东明县史志办公室 ………………………… 389

史志人物

张敬忠 ………………………………………… 390
王文恒 ………………………………………… 390
温洪镭 ………………………………………… 391
于清泉 ………………………………………… 391
郭建群 ………………………………………… 392
段祥泰 ………………………………………… 393
张新清 ………………………………………… 393
杨　慧 ………………………………………… 394
李德辉 ………………………………………… 394
吕福堂 ………………………………………… 394
杜书乐 ………………………………………… 395
邵鸿志 ………………………………………… 396
高兴学 ………………………………………… 396
毕吉玲 ………………………………………… 397
李世恩 ………………………………………… 397
刘少波 ………………………………………… 398
张明诗 ………………………………………… 398
郝德禄 ………………………………………… 399
齐保柱 ………………………………………… 400
吕宪章 ………………………………………… 400
卞文成 ………………………………………… 400

附　录

法规规章……………………………………… 402
地方志工作条例 …………………………… 402
山东省地方史志工作条例 ………………… 404
重要文件……………………………………… 406
地方志书质量规定 ………………………… 406
地方综合年鉴编纂出版规定（试行）… 410
山东省地方史志事业“十二五”
发展规划 ………………………………… 412
山东省志书质量管理规定 ………………… 416
关于调整续修《山东省志（1986–2005）》
志目设置与分工的通知 ………………… 419
关于印发《全省第二轮修志倒排工期
计划表》的通知 ………………………… 422
山东省市县级志书审查验收规定 …… 428
关于做好乡镇村志编修工作的意见 … 430
山东省年鉴编纂业务管理办法
（试行） ………………………………… 432
山东省地情网站管理规定 ………………… 434
关于加快方志馆建设的若干意见 …… 436

索　引

主题索引 ……………………………………… 438

特载

在山东省史志工作座谈会上的讲话

（2014 年 9 月 17 日，根据录音整理）

王伟光

同志们：

今天下午在威海召开山东省史志工作座谈会，山东省委、省政府和威海市委、市政府高度重视，副省长季缃绮和威海市委书记孙述涛同志专门参加会议并作了讲话。在此，向山东省委、省政府，向威海市委、市政府表示衷心感谢。刚才听了省史志办主任刘爱军和 8 个市县的史志办主任的发言，很有感触，听到了不少活生生的第一手的地方志工作情况，对进一步了解地方志工作规律提高了认识。借此机会，也通过在座的各位史志办主任，向山东全省广大地方志工作者表示崇高的敬意和诚挚的问候。

我经常和培林同志讲，我们两个人虽然是中国地方志指导小组的组长和常务副组长，但同时也是地方志工作的新兵。虽然在担任中国社科院常务副院长期间也接触了中国地方志指导小组办公室的一些工作，但了解还是不够深入具体。在座的各位是老兵新传，我和培林同志是新兵新传，所以必须加强调研。不到一年的时间，我们走了十几个省市区，了解了很多实实在在的情况，收获很大。听中国地方志指导小组办公室的同志讲，山东省地方志工作一直走在全国前列，是方志强省。今天听了，感到实至名归。

刚才大家介绍了很多新鲜、管用的经验。济南市在前期进度较慢的情况下，第二轮修志迎头赶上，进度很快，质量建设也抓得很实。青岛市采取建立总编室制度、专家库制度、“五轮十校”制度和专家带课题、专家带徒弟制度等四项措施，在志书编纂过程中树立精品意识。威海、临沂做到机构到位、编制到位，这充分体现了威海、临沂市委、市政府领导对地方志工作的高度重视。我在北京市调研时讲过，1958 年大办民兵时毛泽东提出民兵工作“三落实”，第一是组织落实，第二是政治落实，第三是军事落实。地方志工作首先得有机构、有编制、有人员、有经费，才能开展起来。威海、临沂地方志工作做得好，首先就是做到组织落实。潍坊市也介绍了很多好的经验，其中有一条叫“深入挖掘历史文化资源，服务潍坊经济社会发展，紧紧围绕中心服务大局”。特别是听了临朐的经验介绍，感触很深。“临朐经验”我看最重要的是要有一个坚定的信念，要有一个好的思路，要有一个好的带头人，要有一支好的队伍。一个县级地方志工作机构有 23 人，会员有 131 人，这是很不错的。另外还谈到要有一种奉献精神。冷板凳要坐得长，最重要的支撑还是信念——要热爱这个事业，要有为这个事业做奉献的决心和恒心。西汉的司马迁编出了《史记》，鲁迅称之为“史家之绝唱，无韵之离骚”。但司马迁是受了腐刑，忍着奇耻大辱编出《史记》来的。如果没有信念的支撑，我看是编不出来。我到江苏调研时讲过，从古至今做大官的有之，挣大钱的有之，但是真正留下名声的是给老百姓干了好事、文章写得好、留下思想、留下文字的。像李白，后世记住他更多的是因为他是“斗酒诗百篇”的文豪，留下了千古传诵的诗篇，而不是他做了多大的官。修志人留下了字，留下了志书，虽然默默无闻，却留下了名字。所以地方志工作虽然坐冷板凳，但是光荣的。地方志工作除了上级重视、群众支持，还要靠地方志工作者坚韧不拔、甘坐冷板凳的奉献精神。司马迁写《史记》的时候可不是为了解决级别、不是为了课题费，靠的是一种意志， 种思想，一种决心，一种信仰。当代的修志人，更需要一种奉献精神，一条能编出好志书的路子，一股开拓创新的精神，一个好的体制机制。临朐的经验山东要好好总结推广，点燃一盏灯，照亮一大片。烟台市史志办配合市委、市政府中心工作，全力参与文化事业发展，做了不少工作。还有东营，提出“跳出来审视自我、走出去开阔视野、坐下来用心干事、融进去共铸和谐”的工作理念。思路决定出路，作为决定地位，一个地市史志办获得了 22 项各个级别的表彰，就足以证明工作成绩很大。其他的地方也有很多很好的经验做法，我就不一一列举。

山东省地方志工作能够走在全国的前列，有几个表现：第一，领导高度重视。省委书记姜异康亲自担任省史志编委会名誉主任，省长郭树清担任主任，分管副省长王随莲担任副主任，季缃绮副省长等其他省领导也很关心支持。另外，各市、县（市、区）普遍建立党委书记任名誉主任、政府主要领导任主任、副主任的史志工作领导机构；最近，省编办发文明确省史志办不参加这次事业单位分类改革，各级政府都依法将史志工作经费纳入财政预算并足额拨付等，表明山东各级党委、政府、各部门对地方志工作是高度重视的。第二，志鉴编纂工作成绩显著。按照全省统一部署，山东将在 2018 年完成第二轮修志，年鉴编纂实现全省覆盖和基本达到一年一鉴，专职地方志工作人员有 1500 人左右，部门志、行业志、乡镇村志编纂逐渐铺开，在全国还是比较突出的。第三，法治化、制度化建设全国领先。山东省对地方志法治化、制度化建设十分重视，全省 17 个市、137 个县（市、区），已经有 16 个市、125 个县（市、区）颁布实施史志工作的法规、规章或规范性文件，剩下的 1 个市、12 个县（市、区）也将在今年底前全部颁布实施。从省、到市、到县都出台地方志法规、规章或规范性文件，在全国就山东一个省。第四，基础设施建设稳步推进。山东在全国率先全面建成省、市、县三级地情资料库和地情网站并实现联网，信息化建设被省政府纳入“全省文化信息资源共享工程”。“山东省情网”访问量达到1100多万人次，各市县史志机构通过开通官方微信、微博、英文版市情网站等，拓展了史志信息传播范围。2003年省方志馆就建成投入使用，现在建成的市级方志馆（室）有14家、县级方志馆（室）有80家，基础设施建设取得很大的进展。第五，开发利用发挥了重要影响。省史志办组织翻印了《山东革命历史档案资料选编》丛书，编纂《中国历代简史》《世界史概要》《山东地方史概要》供省领导参阅，起草了《关于推动京杭运河通水复航的建议》等十余篇资政文章，参与举办了“文化齐鲁大讲堂”“孙子兵法与文化创意产业高层论坛”。东营市史志办开展“老照片及其背后的故事”有奖征集，菏泽市史志办开展古村探源征文大赛等文化活动，枣庄市编辑出版了《枣庄古代清官廉吏史话》领导干部廉政读本，菏泽市编辑出版了《可爱的菏泽》中小学教材等，都是很好的实例，让地方志成果的社会效益得到了充分发挥。

结合同志们讲的情况，我提几点要求：

第一，充分认清新形势下地方志工作的重要性，提高做好地方志工作的自觉性。地方志工作和事业发展在实现“两个百年”奋斗目标和中华民族伟大复兴中国梦进程中具有不可代替的地位和作用，包括：存史——记录历史，传承——传承文明，资政——服务当代，教化——启示后人。做好地方志工作，有几个需要：一是保存、继承、发扬光大中华优秀传统文化的需要。地方志凝聚着中华民族的优秀文化，是中华民族重要的文化符号。没有修志人从古到今甘坐冷板凳，就不会有今天中华民族灿烂夺目的方志文化积累。要继承和发扬中华优秀传统文化，就应该重视地方志工作。二是培育践行社会主义核心价值观的需要。地方志凝聚了大量的宝贵的传统文化信息和优秀的道德思想、人物事迹。弘扬社会主义核心价值观不是空洞的，而是要在优秀传统文化中汲取营养。“修身、齐家、治国、平天下”，先修身、齐家，后才能治国、平天下。“欲修其身者，先正其心”，要用地方志记载的优秀人物事迹来感召人，用地方志蕴含的优秀道德思想来鼓舞人。三是加强社会主义先进文化建设的需要。我们国家不仅要成为经济大国、军事大国，同时也要成为文化大国，要有文化软实力。就像山东不仅是经济大省、人口大省，更是文化大省，是孔孟之乡，产生了众多的中华文化、中华文明精品。大家一提到山东，就知道出了孔子、孟子，很向往，这就是文化软实力。文化软实力可不是就是一台戏、一部电影这么简单，而是文化和意识形态吸引力体现出来的力量。作为中国独有的优秀文化传统，发展和加强社会主义文化建设同样需要地方志。四是发展中国特色社会主义的需要。资政、育人、教化，通过地方志总结历史经验，对于推进中国特色社会主义的道路自信、制度自信、理论自信，坚定不移地走中国特色社会主义道路是非常有必要的。

第二，要认真学习领会习近平总书记系列重要讲话和中央领导同志关于地方志工作的重要批示、讲话精神，加强地方志队伍人员素质能力建设。习近平总书记关于要高度重视修史修志等系列重要讲话、李克强总理的重要批示、刘延东副总理在第五次全国地方志工作会议前与部分代表座谈时的重要讲话，我们必须认真学习领会、认真贯彻落实。要贯彻落实好，我多次强调关键还是在人。做好人的工作，关键在不断提高人的思想认识水平和能力水平。首先是认识到位，要让大家知道什么是地方志工作、什么是地方志事业、为什么从事地方志工作、从事地方志工作有什么意义、地方志事业发展了对国家建设有什么意义等问题。把这些问题搞清楚了，认识到位了，才能安下心来做好工作。其次是要有适应岗位的能力水平和执行力。地方志工作可不是召之即来，来了就能战的工作，而是有专业要求，有知识要求的。不懂得地方志编纂、不懂得组织管理、执行力不强，干不好地方志工作。所以，山东在贯彻落实中央领导重要讲话、批示时，要把人抓好，加强理论学习，加强人才培养，加强人员培训。

第三，集中力量贯彻落实第五次全国地方志工作会议精神，大力推进地方志工作上新的台阶。第五次全国地方志工作会议精神内容很多，主要精神就是要做到“一纳入，八到位”，要把地方志工作纳入到国民经济和社会发展规划、文化事业发展规划和各级政府工作任务之中，切实做到认识到位、领导到位、机构到位、编制到位、经费到位、设施到位、规划到位、工作到位。我们到保定调研时，保定市长马誉峰就说：“我走到哪儿都有个地方志观念”“地方志工作稍微关注一下，积极性就起来了，能做不少事情”“地方志办是给点阳光就灿烂，给点雨露就旺盛成长的部门”。也正是市长重视了，保定的地方志工作从原来河北省最后，几年的时间就走到了河北的前列。除了做好“一纳入，八到位”外，还要积极推动地方志事业的全面发展。现在提到地方志事业全面发展，有的同志说是要“十业并举”，有的说是要“九业并举”，有的说是要“八业并举”，各有各的道理。通过十几次的调研学习，我认为要构筑好地方志事业，有七个方面是必须做好的——志、鉴、库、馆、网、开发利用、理论研究。志、鉴，就是要在精心组织编纂好综合志书、综合年鉴的同时，组织和指导好部门志、行业志、乡镇村志、部门年鉴、行业年鉴等的编修，构建地方志的组织编修体系和成果体系。库、馆、网，就是要建好地方志数据库、方志馆、地情网站，打造公共文化服务平台。开发利用，就是要做好“资政、传承、教化”工作，为领导决策服务、为经济建设服务、为社会发展服务、为文化建设服务、为普通老百姓服务。理论研究，就是要搞好学科建设，为地方志工作和事业发展提供智力支持。

第四，围绕中心，服务大局，地方志工作要为地方经济社会发展服务。地方志工作不能脱离党的中心工作，不能脱离地方的工作大局，要时刻想到地方志工作要为现实服务。地方志可不能当老古董藏起来、挂起来，而是要走进社会、走入寻常百姓家。当然，不是说拿点志书、年鉴发一发、宣传宣传就行了。志书、年鉴部头那么大，省志好几千万字，市志好几百万字，县志一二百万字，要让书记、省长、市长、县长读完，可能比较难。地方志的优势在什么地方？就是有系统、权威的地情资料。围绕中心，服务大局，就是要考虑怎么发挥优势，做好地方志文化资源的开发利用。地情资料是严谨的，但是开发利用的方式应该是生动活泼的。刚才大家在介绍的时候就提到，省史志办写了不少资政的建议，有些市县史志办开了微信、微博，拍了电视片、上了报纸等，这些都是很好的方式。只有服务到位了、工作到位了、有为了，才能有位。干出事来了，书记、省长、市长、县长才能重视你。

第五，加强对地方志工作的组织领导和督办检查，推动地方志工作法治化、规范化、制度化和科学化。山东在这方面已经有了很多很好的做法和经验，年底省、市、县三级就能实现地方志法规、规章和规范性文件的全覆盖。要把这些法规、规章和规范性文件汇编起来，提供给中国地方志指导小组及其办公室。法治化建设是地方志工作规范化、制度化、科学化建设的核心。要依法加强对地方志工作的组织领导，各级地方志工作机构要依法履行职责。另外，地方志的组织编纂需要有管理规范，志书编纂需要有编纂规范，年鉴编纂应该有编纂规范，方志馆建设应该有建设标准，这些都要不断探讨、完善，形成制度，工作的科学性才能不断提高。希望同志们要不断研究出现的问题，不断通过规范化、制度化建设，争取领导重视，依法修志和加强督促检查，按制度办事，实行科学化管理。

就说这么多，说得不对的地方，请大家批评指正。

在山东省史志工作座谈会上的讲话

（2014 年 9 月 17 日，根据录音整理）

李培林

同志们：

王伟光院长自担任中国地方志指导小组组长以来，高度重视到各地调研。全国 31 个省市区，不到一年之内我们已经走了十几个。一方面是为了推动各地的地方志工作，另一方面是了解一下基层的具体情况，检查贯彻落实第五次全国地方志工作会议精神情况等，以便对指导小组的工作有所借鉴、参考、帮助。这次座谈会，听了大家的介绍，收获很大。

山东是方志大省，地方志工作一直走在全国前列，有几个标志：一是省委、省政府高度重视。第五次全国地方志工作会议召开后，就以省政府名义高规格召开了全省史志工作电视会议贯彻落实会议精神，郭树清省长专门作出批示，王随莲副省长出席会议并讲话。这次我们到山东调研，季缃绮副省长专门参加今天的座谈会。这些都可以看出，山东省委、省政府高度重视地方志工作。二是依法修志取得重大突破。国务院《地方志工作条例》是我们安身立命的法律依据，即将召开的十八届四中全会的主题就是依法治国。连绵不断编修地方志是中国独特的文化基因，是我国独有的文化特色和优良的文化传统，要依法传承和发扬。山东在2005年底就出台了《山东省地方史志工作条例》，2012年又出台了《关于加强史志工作法规体系建设的意见》，目前已有16个市、125个县（市、区）颁布实施史志工作法规、规章或规范性文件，法治化建设走在全国前列。另外，在依法推动第二轮修志方面，山东取得了很大的成绩，2018年将全面完成，比全国计划的2020年全面完成提前了两年。三是旧志整理和特色志编纂方兴未艾。我们调研去过的十几个省市区，广东、河南是由省政府拿出2000多万，把现存的本省的旧志整理出版。山东省制定出台了《关于开展旧志整理工作的意见》，全省累计整理出版旧志有162种，宣统版《山东通志》影印工作已经完成，还计划通过5年的时间把山东现存的647种旧志搜集齐全、影印出版。这是个庞大的工程，也是一个意义重大的工程，功德无量。此外，山东还全面铺开了乡镇村志的编修。编修乡镇村志不在《地方志工作条例》规定的各级地方志工作机构的职责之内，是我们的自选动作。目前，由省里发文全面启动全省的乡镇村志的编修，我们了解到的就河南和山东。山东已经出版了727部，青岛市崂山区、肥城市、平阴县等开展了“村村修志”工程，青州、高密、临朐出版了“村镇大观”“村庄大典”“村镇志略”等。这些，对于传承和保护乡村文化起到了重要作用。

山东是孔孟之乡、文化大省，对于地方志工作应该有更高的要求。不但要多出志书，还得出高水平、高质量的志书。地方志书横陈百科、纵述历史，横不能缺项，纵不能断线，体例严谨，内容丰富。但是，也存在一个问题，就是部头比较大。一部志书放在领导案头，让他有时间从头到尾看一遍很难。伟光同志提出要“修志、传志、读志、用志”协调发展，山东在这方面要探索经验，开展理论研究。比如怎么对志书编纂进行继承和发展，如何创新传志、读志、用志方式和路径等。现在，方志学科建设还处于摸索阶段，山东在理论研究方面应该走在前面，出人才、出成果。要调动各种社会力量参与到地方志工作中来。现在，闭门修志已经适应不了形势发展需要了，要把各部门、行业、大学、科研机构、社会团体、民间力量等吸引到地方志工作当中来。大学可以作为培养地方志人才的基地，可以与科研机构合作出一些高水平、高层次的成果，可以通过调动部门、行业修志打造志书组织编修体系和成果体系，等等。要不断总结推广好经验。你们在汇报的时候介绍了“临朐模式”，我看也可以叫“临朐经验”。“临朐经验”很重要的一条是从事地方志工作的同志要有精神气，有奉献精神。从事地方志工作，首先认识要到位，得有安贫乐道的精神，没有这种精神，再好的待遇也干不好工作。临朐史志办主任刘建国同志从刚开始到史志办的不理解、想不通，到现在不想走，靠的就是这种精神气。还有，县史志办历时4年发动上万人参与，完成了10卷本500多万字的《临朐村镇志略》的编修工作，为1335个村建立了“村庄档案”；围绕建设“文化强县”，收集整理临朐籍历代名人书画作品200余幅编印《骈邑遗墨》；与电视台合作拍摄《话说沂山》系列专题片，促进旅游业发展；大力推进地情网、资料库建设，用网上视频、电子地图等手段全方位展示临朐的地情、地貌，成为了解宣传临朐的一个重要窗口；开展了口述史研究，抢救性录制口述资料上百部；制作了10集电视专题片等。一个县史志办，能做这么多工作，是很不容易的。这些都是很好的经验做法，你们要提炼总结好，在全省推广，在全国推广。

在山东省史志工作座谈会上的致辞

（2014年9月17日）

李缃绮

尊敬的王伟光组长，李培林常务副组长，各位领导，同志们：

大家下午好！

这次中国地方志指导小组来山东调研史志工作，是对我省工作的极大支持和鞭策。在此，我谨代表山东省政府，对各位领导的到来表示热烈的欢迎！对中指组长期以来对山东工作的关心支持表示衷心的感谢！

山东地处我国东部沿海，陆域面积15.7万平方公里，人口9733万，辖17个市、137个县（市、区）。山东历史悠久，文化灿烂，是中华文明的重要发祥地之一，素有“孔孟之乡，礼仪之邦”的美誉。山东自然资源丰富，经济基础雄厚，产业门类齐全，基础设施完善。2013年，全省实现生产总值5.5万亿元，同比增长9.6%；公共财政预算收入4560亿元，增长12.3%。今年上半年，全省实现生产总值2.8万亿元，增长8.8%。当前，全省上下正坚定不移地以富民强省为目标，以改革开放为动力，全面推进社会主义经济建设、政治建设、文化建设、社会建设、生态文明建设，努力实现经济文化强省建设新跨越。

中国社会科学院是国家最高智库，中国地方志指导小组是统一领导全国修志工作的权威机构。王伟光组长和李培林常务副组长都是学识渊博、著作等身的大家。王伟光组长是著名的马克思主义哲学家，在马克思主义哲学和马克思主义基本理论、马克思主义中国化和党的理论创新、中国特色社会主义重大理论与实践研究等诸多方面成果卓越。李培林常务副组长是著名的社会学家，在企业组织、社会结构变迁、发展评估和社会分层等方面卓有建树。更让人自豪的是，两位领导都是我们山东人，都是齐鲁儿女的骄傲。今天上午参加完纪念甲午战争的活动，下午，又不辞劳苦调研史志工作，这种敬业精神令我们深受感动。

编史修志是传承文明、垂鉴后世的事业，对于弘扬社会主义核心价值观，提高中华文化软实力具有非常重要的意义。山东省委、省政府十分重视地方史志工作，始终坚持“党委领导、政府主持”的工作体制，把史志工作纳入国民经济和社会发展规划，不断加大投入力度，完善各项措施，确保史志工作与经济社会各项事业同步协调发展。今年，省委副书记、省长郭树清专门作出批示：“修志是国家行政管理的必要组成部分，各级政府要把发展史志事业作为重要职责，纳入经济社会发展规划，确保各项工作落实到位，不断推进全省史志工作跨上新的台阶”。多年来，全省广大史志工作者辛勤耕耘、无私奉献，编纂出版了一大批具有重要价值的方志文献，为建设经济文化强省做出了积极贡献。当前，全省史志部门正深入贯彻第五次全国地方志工作会议精神，以改革创新为主线，从思想观念、组织管理、具体措施等方面进行大胆探索和创新，努力推动全省史志事业再上新的台阶。

多年来，中国地方志指导小组对山东的史志工作给予了大力支持和帮助，这次又专程到山东调研指导工作，必将对山东的地方史志事业发展起到重要的推动作用。我们一定要认真贯彻中指组领导的指示精神，进一步做好新形势下的地方史志工作，努力促进全省地方史志事业持续健康发展。

真诚地欢迎各位领导在山东多走走，多看看，多指导，衷心祝愿各位领导在山东期间工作顺利，身体健康，生活愉快！

在全省史志工作电视会议上的讲话

（2014年6月5日）

王随莲

同志们：

这次全省史志工作电视会议，是省政府决定召开的一次重要会议。会前，郭树清省长专门对史志工作作出重要批示，深刻阐述了做好史志工作的重要意义，充分肯定了史志工作取得的成绩，对今后工作提出了明确要求。大家一定要认真学习领会，抓好贯彻落实。刚才，我们隆重表彰了先进，省经信委、淄博市、青岛市崂山区、临朐县从不同角度介绍了经验，爱军同志传达了第五次全国地方志工作会议精神，总结了近年来工作，部署了下一步具体工作任务。大家讲得都很好，我都赞同。

近年来，全省史志系统紧紧围绕经济文化强省建设，辛勤耕耘，无私奉献，安心修志，做了大量艰苦细致的工作，取得了新的明显成绩。一是第二轮修志工作加快推进，编修质量明显提高，取得了阶段性成果。二是制度化建设成效明显，全省法规、规章和规范性文件数量，占全国总数的90%以上，史志工作的制度体系日益完善。三是年鉴数量不断增加，成果质量稳步提高，打造了一批在全省乃至全国都有影响力的品牌年鉴。四是基础设施建设步伐加快，在全国率先建成省、市、县三级地情资料库和地情网站，并实现互联互通、资源共享。五是开发利用成果丰硕，编纂出版了一大批有价值、有影响的史志成果，为服务经济社会发展，传承齐鲁文化发挥了重要作用。同时，各级在旧志整理、方志理论研究、队伍建设等方面也取得了长足进展。这些成绩的取得，是全省史志战线广大干部职工拼搏奉献的结果，凝聚着大家的心血和汗水。借此机会，我代表省政府，向全省史志战线上辛勤工作的广大干部职工表示诚挚的问候！

下面，我就做好新形势下的史志工作，讲四点意见。

一、充分认识做好新形势下史志工作的重要意义。史志工作是记录历史、传承文明、服务当代、启示后人的重要文化事业。党和政府一直高度重视这项工作。习近平总书记指出，要高度重视修史修志，把历史智慧告诉人们，激发我们的民族自豪感和自信心，坚定全体人民振兴中华、实现中国梦的信心和决心。李克强总理、刘延东副总理也先后对史志工作作出重要指示。党和国家领导人的一系列指示要求，为我们做好今后的史志工作指明了方向。我们一定要把思想和认识统一到中央的决策部署上来，进一步增强责任感和紧迫感，开拓创新，扎实工作，努力推动我省史志工作再上新台阶。首先，这是弘扬社会主义核心价值观的必然要求。地方史志凝聚着中华民族的优秀文化，自古就有存史、资政、教化的社会功能。新时期的地方史志工作作为社会主义先进文化的重要组成部分，能够为群众思想道德教育提供丰富生动的历史教材，是培育和践行社会主义核心价值观、营造积极健康的思想舆论氛围的重要载体。从这方面讲，做好史志工作，有利于传承中华民族传统美德和弘扬社会主义核心价值观。其次，这是加快经济文化强省建设的重要内容。一个地方的综合实力不但包括经济实力，还包含文化软实力。随着经济社会发展，地区之间的竞争越来越多地倾向于文化软实力的竞争。当前，我省正处于加快推进经济文化强省建设的关键时期。史志工作作为一项重要的基础性文化事业，既能展示齐鲁文化的深厚底蕴，又能体现现代文明的发展趋势，是我省提高文化软实力的重要抓手。第三，这是服务全省改革发展的现实需要。人们常讲，“以史为鉴，面向未来”，说的就是历史对当前工作的借鉴作用。我们搞改革、促发展，很重要的一点就是要了解历史，掌握实情，把握规律。史志工作是对省情、地情的客观记载，是对自然与社会发展状况的综合研究，能够为当前工作提供历史借鉴和决策参考。

二、扎实做好第二轮修志工作。修志是史志部门的中心工作。第二轮修志是省政府确定的一项重要任务，要求2018年全面完成。从目前情况看，工作开展不平衡，有的地方重视程度还不够，工作抓得不够紧，修志工作进展缓慢。各级各有关部门要认真梳理各自工作进度，采取有效措施，加大推进力度，确保按时完成工作任务。一方面，做好统筹协调。大家要牢固树立一盘棋思想，明确责任，相互支持，相互配合，形成合力，推动修志工作顺利开展。省志承编单位要认真履行职责，主要领导要关心支持，分管领导要靠上抓，选配得力的编撰人员，严格按照任务要求和责任分工抓好工作落实。特别是工作进展缓慢的单位，要采取积极有效措施，进一步加快工作进度。尚未完成第二轮修志任务的市县政府，要加强组织领导，搞好工作协调，确保人员到位、经费到位。省史志办要严格按照《全省第二轮修志倒排工期计划表》要求，加强督导检查，及时掌握工作进度，督促各级各有关部门按时完成第二轮修志任务。另一方面，确保志书质量。质量是志书的生命。要坚持质量第一的原则，强化全过程质量控制，严格把好志稿编写、总纂和评议评审关，努力把每一部志书都打造成经得起历史检验的文化精品。省志承编单位和各市、县（市、区）政府分管负责同志作为志书质量的第一责任人，要切实负起责任。各级史志机构是志书质量的直接责任人，要加强业务指导和督促检查，严格执行审查验收制度，切实把好政治关、保密关和重大史实关。

这里，我再强调一下乡镇村志的编纂问题。近几年，随着经济社会的快速发展，城乡面貌变化很大，许多乡（镇）、村编修志书的积极性很高，也出版了一些志书。但总体上看，这项工作还处于自发状态，没有统一的规划和指导。前段时间，省史志办制定了《关于做好乡镇村志编修工作的意见》。各级各有关部门要积极支持这项工作，为乡镇村志的编纂提供有利条件。史志部门要发挥自身人才和经验优势，对乡（镇）、村有修志意愿的进行工作上指导，不断提高编纂质量，推动这项工作健康有序开展。

三、着力提升史志工作服务能力。面对新形势、新任务，史志部门必须进一步夯实工作基础，创新工作方式，更好地服务经济社会发展，才能有作为、有地位。一是建好服务平台。各级各有关部门要把史志工作纳入公共文化服务体系，加强方志馆等基础设施建设，为史志工作开展搭建好平台。要本着节俭务实、充分利用现有资源的原则，加快各级方志馆建设，单独建设有困难的，可以在图书馆、档案馆等公共文化场所中辟出一定面积，作为方志馆使用。要加大文献资料的征集力度，不断丰富馆藏，努力将方志馆建成史志成果和地情资料收藏展示中心、地情研究咨询中心、地方文化对外交流中心和爱国主义宣传教育基地。二是创新服务方式。适应信息化社会发展需要，大力推进史志成果和各种地情资料数字化、网络化，尽可能方便公众查阅。鼓励各地探索利用视频、动漫等群众喜闻乐见的形式，传播史志、利用史志。在信息化过程中，要注意保护信息数据安全。要深入挖掘我省历史文化资源，编纂一批普及性强的爱国爱家乡教育读物，使广大群众长知识、受教育。三是拓宽服务领域。要大力弘扬优秀传统文化，积极开展旧志搜集、整理工作，保护好我省珍贵的历史文化资源。在旧志整理过程中，各级政府要注重统筹协调史志机构和图书馆、博物馆等方面力量，形成工作合力。各级史志机构要探索建立与档案馆、图书馆共享志书资料的相关机制，编纂出版的志书、年鉴，及时赠送图书馆；修志过程中积累的资料和档案，定期向档案馆移交。各级各有关部门在经济社会管理过程中，如城市规划、街道命名、风景名胜旅游资源的考察论证等方面，要注重发挥史志机构的作用，积极主动地利用史志资源。

四、加强史志工作的组织领导。发展史志事业是全社会共同的责任。各级各有关部门都要认真履行职责，共同为史志事业创造良好的发展环境。一要高度重视。各级政府要把史志工作当作一项长期任务，纳入国民经济和社会发展规划，切实做到认识到位、领导到位、机构到位、编制到位、经费到位、设施到位、规划到位、工作到位。各级政府分管负责同志要多关心支持史志事业发展，经常听取工作汇报，积极主动地帮助解决困难和问题。各有关部门在制定政策和规划时，要充分考虑史志事业发展需要，共同推动史志工作顺利开展。二要依法修志。各级各有关部门要认真贯彻国务院《地方志工作条例》和《山东省地方史志工作条例》，进一步规范地方志的编纂和管理，确保史志工作各个环节都依法有序进行。要对照《条例》的要求，查找工作中的差距和不足，制定切实可行的整改措施，推动各项工作健康开展。三要带好队伍。史志工作专业性强、文字水平要求高，要大力培养引进一批具有开拓创新精神的管理人才和具有扎实专业功底的业务人才，着力打造一支高素质的专业队伍。目前史志队伍中年轻人比较多，他们都面临着学习专业知识、提高业务能力的任务，各级各有关部门要因地制宜、因材施教，做好分级分类培训。为加强人才培养，省里制定了五年培训计划，目前已经举办了三期，效果很好。各地可以参照省里的做法，结合各自实际开展有针对性的培训。要根据工作需要，吸收热心史志工作的专家学者，聘请文字水平高、身体好、熟悉情况的离退休人员参加修志。要切实关心修志人员的思想、工作和生活状况，努力帮助他们解决实际困难，切实调动他们的工作积极性和创造性。

同志们，做好史志工作责任重大，使命光荣。希望大家继续发扬不怕吃苦、无私奉献的优良作风，以更加饱满的热情、更加积极的工作态度，扎实做好各项史志工作，为弘扬齐鲁优秀传统文化、服务经济文化强省建设作出新的更大贡献。

在全省史志工作电视会议上的讲话

（2014年6月5日）

刘爱军

同志们：

这次会议是在全省第二轮修志深入推进的关键时期召开的一次重要会议。省政府领导对这次会议非常重视，郭树清省长专门作出重要批示，王随莲副省长多次听取汇报，今天又亲自出席会议并将作重要讲话。我们要认真学习领会，抓好贯彻落实。下面，我传达第五次全国地方志工作会议精神，通报当前全省史志工作情况和下步工作安排。

一、第五次全国地方志工作会议精神

4月19—20日，第五次全国地方志工作会议在北京召开。会议传达学习了习近平总书记的重要指示、李克强总理的重要批示，总结了五年来工作，部署了今后五年任务。刘延东副总理接见会议代表并作重要讲话，中国社科院院长、中国地方志指导小组组长王伟光作工作报告。王随莲副省长参加会议。

（一）习近平总书记重要指示。2月25日，习近平总书记在考察首都博物馆时指出：搞历史博物展览，为的是见证历史、以史鉴今、启迪后人。要在展览的同时，高度重视修史修志，让文物说话、把历史智慧告诉人们，激发我们的民族自豪感和自信心，坚定全体人民振兴中华、实现中国梦的信心和决心。

（二）李克强总理重要批示。4月16日，李克强总理专门对全国地方志工作会议作出重要批示：地方志是传承中华文明、发掘历史智慧的重要载体，存史、育人、资政，做好编修工作十分重要。五年来，全国广大地方志工作者执着守望、辛勤耕耘，地方志工作成绩斐然，这项事业呈现良好发展势头。谨向同志们致以诚挚问候！修志问道，以启未来。希望你们继续秉持崇高信念，以更加饱满的热情、以存真求实的作风进一步做好地方志编纂、管理和开发利用工作，为弘扬优秀传统文化、服务经济社会发展作出新的贡献。

（三）刘延东副总理重要讲话精神。编修地方志是中华民族特有的文化基因，是国家战略的重要方面，是建设文化强国的有机组成部分，要继往开来、再创辉煌。一是提高认识。从实现党的十八大提出的两个百年目标，从实现中华民族伟大复兴中国梦的高度，来认识编修地方志的重要作用。各级党委政府要把地方志编修作为一项重要的文化基础事业来抓，进一步推动地方志事业在原有基础上更加繁荣、有新的发展。二是明确职责。进一步明确各级政府管理和发展地方志事业的重要职责，纳入各地经济社会发展规划，做到认识到位、领导到位、机构到位、编制到位、经费到位、设施到位、规划到位、工作到位。三是加强质量管理。坚持用辩证唯物主义和历史唯物主义指导地方志工作，坚决反对历史虚无主义思潮。加强对地方志包括部门志、行业志、专题志、乡镇村志编纂的业务指导和服务。综合运用执法检查、行政督察等手段，完善资料报送、志稿评审、质量评价、审查验收、批准出版等制度，打造精品佳志。四是加强开发利用。各级党委政府要把地方志工作纳入公共文化服务体系建设之中，加快方志馆、地情网站、数据库等基础设施建设，搞好地方志资源的数字化、网络化建设。坚持修用并举，创新服务手段，拓宽服务渠道，运用动漫、视频等人们喜闻乐见的方式利用地方志、传播地方志。

（四）王伟光组长工作报告主要精神。一是坚持把修志作为基本任务，确保2020年全面完成第二轮修志任务。二是推动县级以上行政区域开展地方综合年鉴编纂工作，基本实现全面覆盖。三是加大依法征集地方志资料的力度，夯实地方志事业发展的基础。四是集中整理各地历代方志，有计划地引进海外藏中国旧志，建立全国旧志资源数据库。

五是加大基础设施投入，建设国家、省、市、县四级联网的全国地方志网络和地情资料全文检索数据库。六是深入挖掘地方志资源，为党政机关和社会各界提供服务。七是建立各级政府依法履行领导责任、各级地方志工作机构依法履行组织实施和管理责任、社会各界参与和提供支持的法治化工作格局。

二、当前我省史志工作基本情况

（一）第二轮修志取得阶段性成果。始终把第二轮修志作为中心工作牢牢抓在手上，实现了进度和质量同步推进。一是加快工作进度。坚持以提速增效为重点，主动出击，提前介入，加强指导，重点帮扶。联合省政府督查室对第二轮修志进行政务督查，切实解决进展不平衡的问题。目前，全省第二轮修志编纂出版省志分志 21 部，完成计划的 28%；市级志书 3 部 1 册 5 卷，完成 20%；县级志书 74 部，完成 53%。淄博市在全省率先完成市县两级修志任务，滨州、泰安在完成市级志书编修任务的同时，县级志书编修整体进度较快。二是提高志书质量。为了提高志书质量，制定了 13 项志书质量管理制度。认真抓好志稿评议评审工作，全面查找质量问题，对评议后的修改工作提出质量和时间要求，反复打磨，精益求精。成立了全省修志业务专家咨询组，广泛吸收社会各界专家学者参与志稿评审。从已出版的二轮志书看，质量较首轮明显提高，《山东省志·烟草志》《淄博市志》《宁阳县志》等一批优秀志书在全国史志系统得到高度评价。

（二）年鉴工作成效显著。一是数量不断增加。目前，全省各级各类年鉴达到 221 种，其中地方综合年鉴 121 种，数量、种类均居全国前列。东营市率先实现市县两级综合年鉴逐年编纂、当年出版发行。二是质量稳步提高。《山东年鉴》连续获得全国最高奖项，2013 卷进行了全面改革创新，突出了省委、省政府的重大决策和部署，出版时间提前 2 个月，总字数减少 30 万，出版后受到社会各界广泛好评。各市、县年鉴的质量也普遍提高。三是年鉴资料利用形式不断创新。通过对年鉴资料进行提炼、补充，编纂出版了一批方便社会利用的成果。省里组织编纂的《当代山东概览》丛书，青岛、淄博、泰安、日照编纂的《市情手册》，烟台、济宁编辑的《大事记》，潍坊、滨州出版的袖珍版年鉴等，提高了年鉴资料利用水平，丰富了服务经济社会发展内容。

（三）信息化建设不断加强。我省是全国史志工作信息化建设起步最早并率先全面建成省、市、县三级地情资料库和地情网站的省份。近年来，全省史志系统主动适应信息化发展新形势，不断对各级地情网站进行升级改版，实现了互联互通、资源共享。目前，山东省情网已进行了 6 次升级改版，共开设 382 个栏目，拓展了动漫、视频、卫星地图等功能，访问量达 1038 万人次。济南、青岛等 8 个市的县级地情网站全部改版，提高了网站的资料性、权威性、实用性和吸引力。临沂市史志办的官方微信、菏泽市史志办的官方微博、乳山市史志办的英文版市情网站等，拓展了史志信息传播范围。积极参与全国地方志系统信息化建设，援建了陕西、广西、新疆、四川等地的地情网站，并实现与陕西、广西的地情信息跨省检索。

（四）方志馆建设再上台阶。一是省方志馆建设取得新成绩。聘请著名学者欧阳中石先生担任省方志馆名誉馆长，并举办文化讲座。不断改善硬件设施和服务环境，馆藏书籍达9万余册，新开辟旧志、年鉴、过刊三个专题库。二是市县方志馆建设步伐加快。制定印发了《关于加快方志馆建设的若干意见》，联合省政府督查室对全省三级方志馆建设情况进行督查。目前全省建成市级方志馆14家，县级方志馆80家，收藏各级各类地方文献20多万册。菏泽、临沂、淄博、东营、莱芜等市建设了新方志馆。

（五）史志工作领域不断拓宽。一是开展了一批重要专门志的编纂。省史志办组织编纂的《齐鲁诸子名家志》丛书入选建国60周年成就展，成为唯一入选的史志成果。2013年出版发行《汶川特大地震山东省救助援建志》，得到社会高度评价。《山东省历史地图集》已编纂完成，被列入文化强省建设标志性工程，并申报国家“十二五”重点图书。《济南泉水志》《青岛奥帆赛志》《东营图志》等也取得了很好的社会效益。二是旧志整理取得很大成绩。制定了《关于开展旧志整理工作的意见》，目前，全省累计整理出版旧方志162种，清道光版《济南府志》，清康熙版《德州志》以及《聊城旧县志点注》《汶上县旧志集成》等一大批成果都具有很高的文化价值。三是乡镇村志编纂全面铺开。目前，全省已编纂出版乡镇村志727部。青岛市崂山区、肥城市、平阴县、茌平县等开展了“村村修志”工程，临朐县出版了《村镇志略》，对于传承和保护乡村文化起到了重要作用。

（六）开发利用史志成果取得新成绩。一是为各级领导提供决策服务。省史志办翻印了《山东革命历史档案资料选编》丛书，组织编纂了《中国历代简史》《世界史概要》《山东地方史概要》供省领导参阅，起草《关于推动京杭运河通水复航的建议》等十余篇资政文章。泰安市史志办的《泰安主要历史名人故居遗迹现状及开发利用建议》、莱芜市史志办的《关于口镇古镇建设的几点建议》等也都受到当地领导高度重视，作为重要决策参考。二是积极举办文化活动。省史志办参与举办的“文化齐鲁大讲堂”“孙子兵法与文化创意产业高层论坛”，东营市史志办的“老照片及其背后的故事”有奖征集，菏泽市史志办的古村探源征文大赛等文化活动，为繁荣文化事业作出了积极贡献。三是创新史志成果利用方式。不断开拓思路，采用新方式、新手段普及利用史志成果。莱芜市、即墨市、广饶县、利津县等积极探索影视化的新路子，菏泽市编辑出版了《可爱的菏泽》中小学教材，并开通了菏泽历史知识手机报，使史志成果的社会效益得到充分发挥。

（七）法制化建设取得丰硕成果。制定出台《关于加强史志工作法规体系建设的意见》，目前已有15个市、125个县（市、区）颁布实施史志工作法规、规章或规范性文件，在全国领先，为全省史志工作顺利开展提供了法制保障。

在肯定成绩的同时，我们也清醒地看到目前还存在许多困难和问题。一是改革创新的意识还不够强，长期形成的思维方式、工作模式与全面深化改革的要求还有差距。二是随着经济社会发展和改革的深入，一些领域、机构、人员变化较大，对分解落实修志任务、征集志书资料等工作带来困难。三是史志机构参与文化强省建设的意识有待加强，领域有待拓展，手段有待丰富。四是方志基础理论研究滞后，缺少在全国有地位的学科带头人和有分量的学术成果。五是队伍结构不尽合理，专业人才普遍缺乏。对此，我们一定要高度重视，认真加以解决。

三、下步工作安排

总的想法是，认真学习党的十八大、十八届三中全会以及省委十届七次、八次全会精神，深入贯彻第五次全国地方志工作会议精神，以改革创新为主线，从思想观念、组织管理、具体措施等方面进行大胆探索和创新，推进全省史志事业科学发展，为加快经济文化强省建设作出更大贡献。重点抓好八项工作：

（一）研究制定《山东省地方史志事业发展规划（2015—2020）》。中国地方志指导小组起草了《全国地方志事业发展规划纲要（2014—2020）》，省史志办正在根据全国《规划纲要》，结合我省实际，研究制定《山东省地方史志事业发展规划（2015—2020）》，进一步明确全省史志工作的总体思路、目标任务和保障措施。

（二）坚持把第二轮修志作为中心任务抓紧抓好。从目前的情况看，到2018年完成第二轮修志任务，时间紧迫，任务繁重。按照王随莲副省长指示，省史志办制定了《全省第二轮修志倒排工期计划表》，设定了完成时限，要进一步加大工作力度，狠抓落实。今年的目标是出版省志分志9部，总数达30部，完成计划的40%；出版市级志书2部2册，总数达5部3册5卷，完成32%；出版县级志书15部，总数达88部，完成63%。省里将建立督导督查制度，综合运用检查调研、联合督查等手段，定期通报工作进度。狠抓志书质量管理，进一步加强志书评议、审查验收和出版工作，出台详细的工作流程和审批办法，达不到质量标准的志书坚决不允许出版发行。

（三）切实做好年鉴工作。根据党委、政府中心工作和社会热点问题，及时调整各级各类年鉴框架和内容，做到与时俱进、常编常新。积极推进有条件的县（市、区）编纂地方综合年鉴，鼓励和支持更多的部门和单位编纂专业年鉴。推动各级各类年鉴在组织结构、资料内容等方面大胆创新，增强年鉴的时效性、权威性、实用性和可读性。今年11月份将开展第五届全省优秀年鉴评奖活动，检阅成果，交流经验，促进年鉴质量全面提升。

（四）加快史志工作基础设施建设。一是加强信息化建设。重点抓好尚未升级改版的57家市县级地情网站改造提升，把网站办好、办活、办出特色。争取到2018年，省、市、县三级地情网站全面升级改版，地情资料库数字化资料达到20亿字。二是加强方志馆建设。积极争取把方志馆建设纳入各地公共文化设施建设规划，力争到2020年全省方志馆全部建成达标。建立地方史志成果、资料的征集和年报制度，成果交换制度等，不断丰富馆藏。开展数字方志馆建设，实现三级方志馆成果共享。

（五）扎实搞好旧志整理。根据全省旧志整理规划和出版情况，对已整理出版的旧志进行评优，发挥典型示范作用。进一步加大现存旧志的搜集、整理力度，保护珍贵的历史文化资源。省史志办今年将完成影印宣统版《山东通志》工作。在搞好普查、充分论证的基础上，积极争取用3年时间将我省现存647种旧志搜集齐全，并进行整理、影印，出版《山东省历代旧志集成》。

（六）不断丰富史志成果。一是根据《关于做好乡镇村志编修工作的意见》，加大对乡镇村志编修的指导力度，推动乡镇村志编修工作深入开展。二是研究制定关于加强部门志、行业志编纂工作的意见，增加成果数量，规范修志行为，提高志书质量。三是对全省山水名胜、历史遗迹编纂出版志书情况进行普查，积极推动符合条件的地方编纂出版志书。四是建立为大型活动、重要事件专题修志制度。五是开展口述史的策划和拍摄。

（七）做好史志成果的应用。一是通过拍摄地情专题片，编纂地名志、地名图志、地情画册、历史文化普及读物等群众喜闻乐见的形式，扩大史志成果传播和利用范围。二是通过编写领导干部地情读本，选派专家上地情课等形式，推动史志成果进党校、进行政学院；编写乡土教材、中小学课外读物等，推动史志成果进校园。三是广泛宣传史志工作的重要成果、先模人物等，引导社会读志、传志、用志。

（八）加强法制化建设。积极推动尚未出台史志工作法规或规范性文件的2个市、12个县（市、区）今年内全部颁布实施，完成全省史志工作法规体系建设。鼓励条件成熟的地方开展史志工作执法检查，推动史志工作法规规章的贯彻落实。

同志们，面对新的形势和任务，我们一定要在省委、省政府的正确领导下，认真贯彻落实第五次全国地方志工作会议精神，按照郭树清省长重要批示和王随莲副省长重要讲话精神，改革创新，埋头苦干，不断开创全省史志事业科学发展的新局面。

责任编校：郭　敏

2014 年大事记

1 月

6 日

威海市史志办创建的“志鉴威海 传承根脉”机关服务品牌被评为威海市“优秀机关服务品牌”。

9 日

淄博市史志办组织召开 2014 年度工作务虚会。

10 日

济南市历城区史志办编纂的《历城区大事记（2007—2011）》出版发行。全书共 46 万字，发行 1000 册。

11 日

莒南县地方历史学会成立，为临沂市首家地方历史学会。杨永早任会长。

14 日

副省长王随莲在济南听取省政府办公厅党组成员、省史志办主任刘爱军关于 2013 年工作情况和 2014 年工作打算的汇报，并对下步工作作出重要指示。省政府办公厅副巡视员卢杰，省史志办副主任刘娟、翟世林、郭永生参加汇报。

19 日

茌平县史志办启动《茌平县村庄志》组稿编纂工作。

21 日

省政府办公厅党组成员、省史志办主任刘爱军带领《山东史志》记者拜访山东省方志馆名誉馆长欧阳中石。《山东史志》记者就做好新形势下史志工作对欧阳中石进行了专题采访。

27 日

王天宇任泰安市史志办党组书记、主任。

☆济南市历城区郭店街道曹家馆村编纂的《曹家馆村志（1937—2011）》出版发行。该书由概述、大事记、专志、附录四部分组成，全面记述了 1937 年至 2011 年曹家馆村自然及社会发展变化的历史和现状。全书采用编年体记述，共 53 万字，发行 1000 册。

2 月

5 日

民国《高唐县志稿》印制发行。该志稿为手抄孤本，收藏于山东省图书馆特藏部。高唐史志办曾两次胶印，因时间久远而缺失。高唐县史志办自 2013 年开始整理，重新影印。

11 日

副省长王随莲为《山东省历史地图集》作序。

12 日

济宁市史志办印发《关于加快推进全市第二轮修志工作的通知》和《关于全面实行年鉴一年一鉴正常化的通知》。

13 日

林卫成任安丘市史志办公室主任。

15 日

郭立功任德州市德城区地方史志办公室主任。

17 日

王学青任青岛市李沧区档案局局长、史志办主任。

18 日

副省长季缃绮在省史志办《关于成立〈第十届中国艺术节志〉编纂委员会的请示》上批示："拟同意。"21 日，省委常委、宣传部部长孙守刚圈阅同意。

☆威海市副市长张波到威海市史志办调研。

22 日

原石油部副部长李敬（曾任中共东营市委第二任书记）向东营市史志办捐赠《李敬日记》手稿 11 册。

25 日

淄博市史志办召开全市年鉴工作调度会，对年鉴工作作出安排部署。

本月

德州市史志办在 2013 年度德州市"推动科学发展建设幸福德州"综合考评中获得进步奖。

3 月

1 日

莘县史志办启动明正德十年《莘县志》整理工作。

2 日

宋秀利任乐陵市党史史志办公室主任。

5 日

茌平县方志馆更名为茌平县方志家谱馆。

10 日

省政府办公厅、省人力资源和社会保障厅、省公务员局印发《关于表彰全省史志工作先进集体和先进个人的通报》，50 个单位荣获"全省史志工作先进集体"称号，25 人记二等功，45 人记三等功。

☆烟台市史志办参与拍摄的 12 集红色文化纪录片《胶东烽火》，在中央电视台四套《国宝档案》栏目播出，每日播出一集，连续播放两周。

11 日

省史志编委会印发《关于做好乡镇村志编修工作的意见》。

14 日

省史志办印发《关于印发〈全省第二轮修志倒排工期计划表〉的通知》。

18 日

德州市史志办召开全市史志办主任会议，认真学习省委副书记、省长郭树清等领导指示精神，研究部署全年工作。

☆临沂市史志办官方微信"沂蒙史志"正式开通，这是全国史志系统首个官方微信平台。"沂蒙史志"微信设置市情动态、历史上的今天、文化掇英、琅琊风物、探索发现、典籍考辨、文史论坛、史海撷萃、峥嵘岁月、蒙山沂水、古城旧事、史志动态等十余个栏目。

23 日

德州市史志办公室整理的明嘉靖、万历和清康熙《德州志》（校注本）3 部地方志书被国家图书馆古籍馆收藏。

25 日

《山东省志・工会志（1994—2005）》志稿评议会召开。省政府办公厅党组成员、省史志办主任刘爱军，省总工会副主席王星海出席会议并讲话，省史志办副主任刘娟参加会议。

27日

全省年鉴编纂工作座谈会在济南召开。省史志办副主任郭永生出席会议并讲话。

28日

省政府办公厅党组成员、省史志办主任刘爱军，副主任翟世林等一行4人到聊城市调研史志工作。聊城市委书记、市人大常委会主任林峰海，市委副书记、市长王忠林，副市长马丽红等陪同调研。

31日

省政府办公厅印发《关于山东省优秀史志成果奖的通报》，43项成果荣获2013年度山东省优秀史志成果奖。

本月

德州市史志办和德州公安局联合在全市范围内启动族系调查、世系图谱绘制工作，并在夏津县、禹城市、临邑县、庆云县启动试点工作。

4月

1日

聊城市史志办完成聊城市情网初步升级改版工作。

3日

省政府办公厅党组成员、省史志办主任刘爱军对菏泽史志工作作出批示：“菏泽史志工作围绕中心，服务大局，充分发挥‘存史、资政、教化’职能，为新形势下史志工作如何更好地记录地方发展、融入地方发展、服务地方发展做出了有益的探索，走在了全省前列。”

4日

淄博市史志办召开史志业务工作座谈会。各县(区)史志办分管业务副主任，文昌湖区管委会办公室分管史志工作人员以及市史志办业务科室人员参加会议。

7日

中共东营市委首任书记李晔的子女同东营市方志馆达成协议，委托东营市方志馆代管李晔遗物17件。

9日

菏泽市副市长黄秀玲对菏泽市史志办作出批示：“取得成绩不易，祝贺！并再接再厉，再创佳绩！”

10日

《东明县农村信用社志（1952—2011)》出版发行。该志是东明县农村信用合作联社首部志书，主要记述东明县农村信用合作联社60年的发展历程，由东明县农村信用合作联社组织编纂。全书设序、凡例、概述、大事记、综合篇目、附录、编后记7部分，计50余万字。

☆《东阿人物》（中）出版发行。

11日

著名学者、书法家、教育家欧阳中石“中华文化与逻辑”讲座在山东省方志馆举行。省政府办公厅党组成员、省史志办主任刘爱军主持讲座，副主任刘娟、翟世林、郭永生，省书法家协会顾问荆向海，济南市史志办主任翟旭东等110多人聆听了讲座。

14日

省政府办公厅党组成员、省史志办主任刘爱军到肥城市调研史志工作。

15日—19日

省史志办副主任刘娟及淄博、东营、临沂市史志办负责人一行赴国家方志馆、北京市方志馆、国家方志馆秦皇岛分馆考察学习。中国地方志指导小组办公室党组书记田嘉、中国地方志指导小组秘书长兼办公室主任李富强接见了考察团成员，北京市地方志办公室主任王铁鹏、副主任兼方志馆馆长侯宏兴，秦皇岛市地方志办公室主任孙继胜、方志馆馆长张二林等人陪同参观并介绍情况。

17 日

河南省濮阳市史志办主任李运朝一行到菏泽市方志馆参观考察。

18 日

河南省史志办副主任王中华率商丘市史志办、梁园区史志办一行到菏泽市史志办进行工作交流。

19 日

第五次全国地方志工作会议在北京召开。中共中央政治局常委、国务院总理李克强作出重要批示，中共中央政治局委员、国务院副总理刘延东到会与部分代表座谈。副省长王随莲，省政府办公厅党组成员、省史志办主任刘爱军，济南市副市长巩宪群以及济南、青岛史志办负责人参加会议。

24 日

著名学者、书法家、教育家欧阳中石为《山东史志》题写刊名。

25 日

青海省政府志编写组到山东省史志办考察交流。山东省史志办副主任刘娟介绍有关情况。

☆《山东省志·保险志（1991—2005)》首发式在济南举行。省史志办副主任翟世林、山东保监局副局长姚飞、省保险学会副会长兼秘书长陈进军出席会议并讲话。

29日

济宁市史志办召开全体党员、干部会议，传达学习李克强总理对地方志工作的重要批示及第五次全国地方志工作会议精神。

5 月

4 日

成武县九女集镇《曹口村志》由方志出版社出版发行。

9 日

菏泽市牡丹区牡丹办事处桂陵社区居民委员会编纂的《御河丹城（桂陵社区）志》出版发行。

13 日

王随莲副省长在省史志办《关于增设〈山东省志〉主审的请示》上圈阅，同意担任《山东省志》主审，全面审查总纂后志稿，批准《山东省志》分志出版发行。

☆著名学者、书法家、教育家欧阳中石为《天桥区志（1991—2012)》题写书名。

16 日

《高密市志（1986—2008)》志稿评议会在高密市召开。中国地方志指导小组秘书长兼办公室主任李富强，省政府办公厅党组成员、省史志办主任刘爱军出席会议并讲话。中国地方志指导小组办公室方志期刊指导处处长、《中国地方志》主编于伟平，省史志办副主任翟世林等参加会议。

☆《山东省志》续修工作第二协作组座谈会在省住房和城乡建设厅召开。省住房和城乡建设厅党组成员、厅纪检组组长李绍增，省史志办副主任刘娟出席会议并讲话。省经信委等 12 个单位修志业务人员参加会议。

20 日

冠县第二轮志书《续补冠县志》出版发行，全书共计 140 万字。

21 日

省史志办印发《关于印发〈山东省志书质量管理规定〉等 3 项规章制度的通知》，在全省贯彻执行《山东省志书质量管理规定》《山东省市县级志书审查验收规定》《山东省省级重点市县级志书申报办法》3 项规章制度。

26 日

省委副书记、省长、省地方史志编纂委员会主任郭树清对史志工作作出重要批示："编史修志是传承文明、垂鉴后世的事业，对于弘扬社会主义核心价值观，彰显齐鲁文化魅力，提高中华文化软实力，增强文化自觉和文化自信具有非常重要的意义。多年来，全省广大史志工作者辛勤耕耘、无私奉献，编纂出版了一大批具有重要价值的方志文献，为建设经济文化强省做出了直接的贡献。希望你们发扬成绩，改革创新，编修更多经得起历史检验的精品佳志，搞好史志成果普及和史志资源开发利用，更好地服务改革发展大局。修志是国家行政管理的必要组成部分，各级政府要把发展史志事业作为重要职责，纳入经济社会发展规划，确保各项工作落实到位，不断推进全省史志工作跨上新的台阶。"

31 日

菏泽市史志办官方微信"菏泽史志"正式开通。

本月

《莒南县志(1993—2007)》出版发行。这是第一轮《莒南县志》的续志，主要收录莒南县 1993 年至 2007 年间自然、政治、经济、文化、社会等各个方面的历史和现状，全面记载各行业、各部门的基本情况及重大事件。

☆《冠县志(1988—2009)》出版发行。

☆乾隆版《平原县志》、民国版《续修平原县志》点校本出版发行。

6 月

5 日

全省史志工作电视会议在济南召开。会议传达了第五次全国地方志工作会议及省政府主要领导对史志工作的重要批示精神，表彰了全省史志工作先进集体、先进个人和优秀成果，总结交流了工作，安排部署了下步任务。副省长王随莲出席会议并作重要讲话。省政府办公厅党组成员、省史志办主任刘爱军宣读了郭树清省长对全省史志工作的重要批示，传达了第五次全国地方志工作会议精神，通报了当前全省史志工作情况和下步工作安排。省政府办公厅副巡视员卢杰主持会议并宣读山东省优秀史志成果奖表彰通报，省人力资源社会保障厅副厅长夏鲁青宣读全省史志系统先进集体和先进个人表彰通报，省经信委、淄博市政府、青岛市崂山区政府、临朐县政府作典型发言。《山东省志》承编单位分管负责人、史志办主任，先进集体和先进个人代表在主会场参加会议。各市、县（市、区）政府分管负责人、史志办主任及有关部门、单位负责人近 5000 人参加了分会场的会议。

6 日

《山东省志·交通志（1986—2005)》志稿评议会在济南召开。省政府办公厅党组成员、省史志办主任刘爱军出席会议并讲话，省交通运输厅厅长、党组书记张传亭致辞。会议由省交通运输厅副厅长、党组副书记范正金主持，省史志办副主任刘娟参加会议。

7日

省政协主席刘伟对全省史志工作电视会议有关情况的报告作出批示："请爱玲主席及文史委同志参阅。"16日，省委常委、常务副省长孙伟对全省史志工作电视会议有关情况的报告作出批示："请省直有关部门认真贯彻郭树清省长重要批示和王随莲副省长重要讲话精神，着力研究解决存在薄弱环节，共同推进我省史志工作向前发展。"省政府督查室将孙伟常务副省长的批示转发33个省直部门进行督办。

16日—17日

省史志办副主任翟世林一行到河南学习考察旧志整理、第二轮市县志和乡镇村志编修等工作。河南省史志办主任霍宪章、副主任王中华介绍有关情况。

18日

副省长王随莲到菏泽市方志馆视察。省政府办公厅党组成员、省史志办主任刘爱军，省政府办公厅副巡视员卢杰，菏泽市委副书记、市长孙爱军，副市长黄秀玲等陪同。

☆烟台市委副书记、市长孟凡利对烟台市史志工作作出批示："史志工作是传承文明、功在当代、惠及后世的事业，对提升全市文化软实力，建设蓝色文明幸福新烟台具有重要意义。多年来，全市广大史志工作者辛勤耕耘，无私奉献，编纂出一批重要的史志成果，极大丰富了烟台作为历史文化名城的内涵，在传承历史、服务现实、推动经济社会发展方面发挥了积极作用，作出了应有贡献。各级各有关部门一定要站在对历史负责、对社会负责、对人民负责的高度，把史志工作纳入经济社会发展规划，纳入公共文化服务体系建设，纳入年度工作目标管理，加强领导，落实责任，为史志事业科学发展创造良好条件。广大史志工作者要以更加饱满的热情、更加务实的精神编纂精品佳作，拓宽用志途径，提高服务能力，推动全市史志工作多出新成果、再上新台阶。"

20日

《山东省志·工业志（1986—2005)》一轻工业篇评议会在省轻工业协会召开。省政府办公厅党组成员、省史志办主任刘爱军，省史志办副主任刘娟，省轻工业协会会长李伟鸣出席会议并讲话，省轻工业协会副会长滕建军主持会议。

20日—21日

《第十届中国艺术节志》志稿评议会在济南召开。省政府办公厅党组成员、省史志办主任刘爱军出席会议并讲话，省史志办副主任翟世林主持会议并介绍编纂情况。

28日

安丘市政府第三次常务会议听取市史志办市志续修专题汇报并同意《安丘市志》续修工作方案。

30日

聊城市史志办完成《聊城市历史遗迹遗址》初稿组稿工作。

本月

临沂市史志办编纂的《沂蒙革命根据地志》正式出版发行。

7月

1日

《山东东明黄河志（1986—2005)》由黄河水利出版社出版发行。全书共分概述、东明黄河、防洪工程、防汛、水资源利用、科技与教育、工程建设与运行管理、综合管理、经济工作、人物、黄河文化、附录12个栏目。内设专志10篇30章，图片113幅，计50余万字。

2日—3日

《济南市志（1986—2010）》教科卫体分册志稿评议会召开。省政府办公厅党组成员、省史志办主任刘爱军出席会议并讲话，济南市史志办主任翟旭东致辞。

3日

副省长季缃绮在省史志办《关于将山东各地乡土志整理工作纳入“乡村记忆工程”的意见》上批示：“拟同意，请李娥同志阅。”

4日

《东昌府区情手册（2014）》出版发行。

8日

淄博市委副书记、市长徐景颜对史志工作作出批示：“地方史志工作是一项传承文明、功在当代、惠及后世的光荣事业。多年来，全市广大史志工作者以科学发展观为指导，围绕市委、市政府中心工作，辛勤耕耘，无私奉献，编纂出一批重要的史志成果，我市史志工作走在了全省乃至全国前列。编史修志是各级政府义不容辞的责任，在全面建成小康社会的关键时期，史志工作作为文化建设的重要组成部分，在传承历史文化、记录时代变迁、提升城市文化软实力等方面的地位更加突出，作用更加重要，任务也更加艰巨。希望你们再接再厉、开拓创新，坚持为党和人民立言，努力编修更多名志佳作，进一步强化存史、资政、教化、育人功能，积极营造修志、读志、用志的良好氛围，努力开创史志工作新局面，为弘扬优秀传统文化、服务全市科学发展作出新的更大贡献。”

9日

威海市召开全市史志办主任座谈会。

10日

淄博市史志办召开全体人员会议，进一步学习贯彻第五次全国地方志工作会议及全省史志工作电视会议精神，传达学习市委副书记、市长徐景颜及副市长张庆盈的批示。

14日

滨州市史志办主任柴德杰接受了《滨州日报》专访，文章以“用动漫视频方式传播地方志”为标题刊发在《滨州日报》要闻版。

15日

青岛市区市史志办主任工作会议在青岛市崂山区召开。会议交流了各区市史志办上半年工作和下半年打算。

17日—18日

省方志馆名誉馆长、著名学者欧阳中石在省政府办公厅党组成员、省史志办主任刘爱军陪同下，到泰安市考察泰山文化，听取泰安市史志办主任王天宇、泰山文化研究学者袁明英等关于泰山历史文化资源整理情况的介绍。在泰安期间，欧阳中石、刘爱军还出席了欧阳中石所创作的《泰山颂》首发赠书仪式。

18日

淄博市区县史志办主任会议在周村区召开，进一步学习第五次全国地方志工作会议和全省史志工作电视会议以及市政府领导批示精神，交流工作情况，研究部署下一步工作任务。市史志办领导班子成员及科室负责人，各区县、高新区及文昌湖区史志办主任参加会议。

21 日—27 日

全省第四期修志业务培训班在济南举办。本期培训班历时 7 天，以促进史志事业全面发展为主题，紧紧围绕当前实际工作中遇到的热点、难点问题，邀请了中指组办公室副主任邱新立、方志期刊处处长于伟平，中国版协年鉴工作委员会主任许家康，中国社科院近代史研究所研究员左玉河，山东师范大学教授李伯齐，山东行政学院教授邱丽莉，修志专家王晖、王卫明，省史志办副主任翟世林、郭永生，省史志办省志编审处、市县基层志编纂指导处的业务骨干，分别就志稿中常见的问题，新方志理论研究重点问题及研究现状，年鉴编纂，口述史料的搜集整理，旧志整理，阳光心态，方志编纂基本理论与方法，框架结构设计和内容记述方面易出现的问题，公文规范与写作，年鉴的基本常识和条目撰写，省志编纂过程中存在的问题及处理措施，资料工作与长编、初稿的撰写等进行了系统讲解。中国地方志指导小组办公室副主任邱新立，省政府办公厅党组成员、省史志办主任刘爱军，省史志办副主任刘娟、翟世林、郭永生出席开班仪式。部分市、县（市、区）史志办分管业务的主任、主编及部分省志承编单位的修志人员等 200 余人参加培训。

23 日

山东省地方志学会第四届会员代表大会在济南召开，120 名会员代表参加会议。会议由省史志办副主任郭永生主持。会议审议通过了《山东省地方志学会第三届理事会工作报告》《山东省地方志学会章程（草案）》，选举产生了第四届理事会和领导班子。55 人当选为理事，省史志办副主任翟世林当选为会长，省史志办市县基层志编纂指导处处长李刚、省史志办原副主任王文恒、山东大学历史文化学院院长方辉、山东师范大学历史与社会发展学院院长朱亚非当选为副会长，李刚兼任秘书长。

☆山东省年鉴学会第五届会员代表大会在济南召开，110 名会员代表参加会议。会议由省史志办副主任翟世林主持。会议听取并通过了学会第四届理事会工作报告，审议了《山东省年鉴学会章程（草案）》，表决通过了新修订的《山东省年鉴学会章程》，选举产生了第五届理事会和领导班子。46 人当选为理事，省史志办副主任郭永生当选为会长，省史志办年鉴工作处处长徐尉、省建设发展研究院院长朱洪祥、省科技情报研究院院长刘显福、中国人民银行济南分行调查统计处调研员宋文胜当选为副会长，徐尉兼任秘书长。

☆济阳县机构编制委会办公室发出通知，济阳县志编纂委员会办公室更名为济阳县史志办公室。

24 日

省委常委、宣传部部长孙守刚在省史志办《关于〈第十届中国艺术节志〉有关事项的请示》上批示："还是我和季省长都担任主任为好。"

25 日

齐河县地方史志工作会议召开。会议对在乡镇志、部门志工作中成绩突出的 20 个先进集体和 25 个先进个人进行表彰，同时启动全县村志工作，全县有 85 个村庄报名参加第一批村志编修工作。县委副书记董庆新讲话，副县长赵传雷主持会议。

29日

《巨野县志（1986—2005）》志稿专家评审会在巨野县召开。省史志办副主任翟世林出席会议并讲话，菏泽市史志办主任李少华、副主任郑玉民、王涛，巨野县副县长田兴学及省修志业务专家组6名成员参加会议。

30日

《山东年鉴》2014卷出版发行。该年鉴继续优化内容和提速增效，设置十艺节专栏，收录"一圈一带"规划，增加山东金融改革等特色专题，首次使用二维码等技术，在2013卷总字数减少30万字的基础上再精简10万字，提前4个多月出版，是全国出版最早的省级综合年鉴。

31日

全省史志办主任座谈会在青岛召开。省政府办公厅党组成员、省史志办主任刘爱军，省史志办副主任刘娟、翟世林、郭永生，各市史志办主任，省史志办各处馆负责人参加。青岛市政府特邀咨询张振川出席会议并致辞，青岛市崂山区区委书记齐家滨、副区长于鹏参加了有关活动。与会人员现场观摩了青岛市崂山区史志工作。会议交流了贯彻落实全省史志工作电视会议精神和上半年工作情况，安排部署了下步任务。

本月

《山东省志·劳动和社会保障志（1986—2005）》《山东省志·地震志（1986—2005）》出版发行。

☆《临邑县教育志（2008—2014）》印刷出版。

☆《平原县审计志（1986—2013）》印刷出版。

8月

4日

河南省濮阳市地方史志办公室到淄博市史志办考察交流工作。双方围绕法制化建设、第二轮修志、年鉴编纂、方志馆建设、史志资源开发利用和队伍建设等工作进行了深入探讨和交流。

8日

东明县委办公室、东明县政府办公室印发文件，对东明县志编纂委员会组成人员进行调整。县委书记万存周任委员会名誉主任，县人大常委会主任庄付阁、县政协主席钟明伟任委员会顾问，县委副书记、县长谷永强任委员会主任，副主任由5名副县级领导兼任，委员17人。

12日

《山东省历代方志集成》专家论证会在省方志馆召开。省史志办副主任翟世林出席会议并讲话，山东师范大学、山东大学教授，博士生导师安作璋等7位历史文化、文献出版方面的专家参加了论证会。

13日

贵州省委书记赵克志（1997年12月至2001年1月任德州市委书记）给德州市委书记吴翠云来信说："收到德州市地方史志办公室寄来的《德州市志·大事记》。读后又把我拉回了在德州工作3年的难忘岁月。与德州人民一起干事创业，是我工作经历中很值得珍惜的一段时光。三年德州人，一生德州情。我祝愿德州人民在中央和省委的领导下，经济社会发展得越来越好，人民生活幸福安康。"并就《德州市志·大事记》提出了7点修改意见和建议。贵州省委常委、组织部长孙永春（1997年12月至2006年3月曾任德州市委副书记，市委副书记、市长）收到书稿和征求意见函后，很快打来电话，对家乡的惦念表示感谢，愿意提供有关资料，并祝愿德州发展得更快更好。德州市委书记吴翠云对此高度重视，专门作出批示，要求市史志办在编修过程中，对领导同志的重要意见认真吸收，尽可能多地了解情况、收集资料，予以充实，将《德州市志》编纂好。

☆威海市史志办出台《关于贯彻落实第五次全国地方志工作会议和全省史志工作电视会议精神的意见》。

14日

菏泽市史志办副总编、方志馆馆长乔方辉登上菏泽电视台《百姓讲坛》栏目，讲述《菏泽民俗——传统节日习俗》，共16集，每集时长30分钟。

19日

浙江省人民政府地方志办公室主任、《浙江通志》常务副总编潘捷军一行到山东考察交流，并到淄博市史志办就方志馆建设工作进行实地考察和调研。

20日

省政府办公厅党组成员、省史志办主任刘爱军就东营市河口区《河口年鉴》2014卷6月出版发行作出批示："《河口年鉴》改革创新，速度快，质量高，在全省树立了榜样，请年鉴处好好总结河口的经验，在全省宣传推广，推动全省年鉴事业的发展，感谢河口区史志办的同志们！"。中共东营市委常委、河口区委书记、区人大常委会主任聂建军就此作出批示："省史志办领导决定推河口经验，是对河口史志工作的肯定，更是鞭策和鼓舞。希望珍惜荣誉，再接再厉，不断创新，再创佳绩，为实现跨越发展再立新功！感谢省史志办领导的关心与支持！"。

22日

莱芜市政府印发《莱芜市地方史志工作管理办法》。

25日

人民网对临沂市史志办承编的《沂蒙革命根据地志》的出版发行进行了专题报道。

26日

菏泽市方志馆正式开馆。方志馆位于菏泽市图书馆四楼北区，总建筑面积1000平方米，分地情展厅、志鉴书籍室、专家研究室和古籍珍本室四个厅室。

本月

省史志办整理影印的宣统版《山东通志》出版发行。该志共12函、218卷、共计635万字，是山东历史上规模最大、内容最翔实、体例最完备的一部通志。

☆淄博市史志办主办的《淄博史志》正式创刊出版。

9月

1日

《日照市志》编修办公室正式挂牌成立。

4日

省事业单位改革领导小组办公室发出《关于事业单位类型划分的意见》，明确省史志办机关暂不参与事业单位分类改革，省方志馆定为公益一类。

☆原青岛市市北区档案馆（局）、青岛市四方区档案馆（局）同时撤销，成立新的青岛市市北区档案馆（局），加挂市北区史志办牌子，分管史志工作领导

1 人，工作人员 3 人。

☆《武城县志（1986—2014）》《武城年鉴》2014 卷编修工作启动。

16 日

省人力资源社会保障厅、省公务员局发出《关于省地方史志办公室设置厅级非领导职务职数的函》，为省史志办增设 1 个副巡视员职位。

17 日

由中国社会科学院和山东省人民政府共同主办的甲午战争与东亚历史进程——纪念甲午战争 120 周年国际学术研讨会在威海市开幕，海内外 150 余名专家学者与会。中国社会科学院院长、中国地方志指导小组组长王伟光，中国社会科学院副院长、中国地方志指导小组常务副组长李培林，副省长季缃绮，省政府办公厅党组成员、省史志办主任刘爱军，威海市委副书记、市长张惠，威海市委常委、宣传部长王亮等出席开幕式。

☆中共中央委员、中国社会科学院院长、中国地方志指导小组组长王伟光，中共中央候补委员、中国社会科学院副院长、中国地方志指导小组常务副组长李培林一行调研山东史志工作，并在威海市召开山东省史志工作座谈会。山东省副省长季缃绮，省政府办公厅党组成员、省史志办主任刘爱军，威海市委书记、市人大常委会主任孙述涛，威海市委宣传部部长王亮及济南、青岛、东营、烟台、潍坊、威海、临沂市和临朐县史志办主任参加了座谈会。王伟光、李培林分别讲话，季缃绮、孙述涛致辞，刘爱军主持座谈会并汇报全省史志工作情况。

24 日

北京市地方志办公室主任王铁鹏一行到山东考察交流史志工作。省政府办公厅党组成员、省史志办主任刘爱军出席座谈会并向客人介绍了山东史志工作情况，省史志办副主任刘娟、翟世林、郭永生和部分处馆负责人参加座谈。

☆齐河县村志主笔培训班在齐河县委党校举办。《齐河县志》主编郝德禄进行主讲，全县各乡镇的村志编修人员共 30 余人参加培训。

26 日

《山东年鉴》编纂工作座谈会在济南召开。省政府办公厅党组成员、省史志办主任刘爱军主持会议并讲话，省史志办副主任郭永生，省政府办公厅、省政府研究室、省统计局等单位年鉴工作负责人，济南、淄博、泰安、德州市和东营市河口区史志办负责人参加了会议。

☆《徂徕山志》评审会在泰安召开。省史志办副主任翟世林、泰安市副市长徐恩虎等出席会议。

29 日

省委副书记、省长郭树清在《文化部简报》（第 238 期）上批示："全省各地都应参考借鉴临沂、烟台的经验，搞好红色文化的普查和整理工作，这既是精神财富，也是物质财富。对其他历史文化遗址、旧址、纪念地也要高度重视，不能停留在议论上，要有计划、规划和工作部署。请发改委、财政厅、文化厅以及史志办、党史办、档案局等部门研究。建议守刚同志或缃绮同志召开座谈会，广泛征求意见，在明年工作中落实。"

本月

省史志办编纂的《山东省历史地图集（远古至清）》古地图和村镇分册出版发行。

☆德州市举办全市史志系统业务技

能比赛。

☆《临沭县志（1986—2007）》出版发行。

☆广饶县地方史志编纂委员会办公室更名为广饶县史志办公室。

10 月

10 日

《山东省志·测绘志（1991—2005）》志稿评议会在济南召开。省政府办公厅党组成员、省史志办主任刘爱军出席会议并讲话，省国土资源厅副厅长张庆坤致辞，省测绘地理信息局局长吴玉海主持会议。省政府参事周莲英、省史志办副主任刘娟等参加会议。

15 日

耿祥星任威海市地方史志办公室主任（试用期一年）。

☆由威海市史志办和威海市史志学会编辑的《威海史志文集》出版发行。这是威海市第一部史志文集，收录的论文包括威海市史志工作者在各类刊物上公开发表的或在一些论文大赛中获奖的作品，91 篇 35 万字。

16 日

著名学者、书法家、教育家欧阳中石“中华文化与书法”讲座在山东省方志馆举行。季缃绮副省长在讲座前会见了欧阳中石一行。省政府办公厅党组成员、省史志办主任刘爱军主持讲座，副主任翟世林、郭永生，省书法家协会顾问荆向海等 100 多人共同聆听了讲座。

27 日

宣统版《山东通志》赠书仪式在济南举行。方志出版社社长、总编辑冀祥德，中国地方志指导小组办公室方志期刊指导处处长、《中国地方志》主编于伟平，省史志办副主任刘娟、翟世林、郭永生出席活动，并为省档案馆、省图书馆、省博物馆、济南市图书馆、山东大学图书馆、山东师范大学图书馆等受赠单位授书。

27 日—28 日

全省方志理论研讨会暨方志期刊座谈会在济南召开。方志出版社社长、总编辑冀祥德，中国地方志指导小组办公室方志期刊指导处处长、《中国地方志》主编于伟平，省史志办副主任刘娟、翟世林、郭永生出席会议。各市史志办主任或分管副主任、业务科（处）长，重点论文作者代表和方志期刊主编等 60 余人参加会议。会上，收到论文 83 篇，青岛市、枣庄市峄城区、夏津县、聊城市、菏泽市史志办重点论文作者作了交流发言，《淄博史志》《烟台大事记》《崂山春秋》《乡情》主编作了典型发言。

28 日

省委副书记、省长郭树清在省史志办《关于贯彻落实郭树清省长重要批示意见的报告》上批示：“请守刚、缃绮同志阅示。明年是中国人民抗日战争暨世界反法西斯战争胜利七十周年，我们要及早谋划，在抗战纪念宣传、文献征集、设施建设等方面搞一批实实在在的项目，同时响应国家活动计划，积极推动两岸合作，增加国际交流，讲好山东的抗战历史和今日经济文化繁荣发展的故事。”11 月 3 日，季缃绮副省长批示：“请向红、治秀同志阅，请李娥同志协调，连同郭省长‘9·29’批示精神一并开会研究部署。”

31 日

德州市史志办组织编纂的《德州往

事》由中国文史出版社出版发行。

☆嘉庆版《庆云县志》（点校版）出版印刷。

本月

《济南年鉴》创刊 25 周年专题宣传片拍摄制作完成，并在济南电视台播出。

☆济宁市兖州区委书记张玉华为《兖州年鉴》2013 年卷题词“存史资政，修志载道”，区委副书记、区长董波题词“编史修志，鉴往知来”。

☆广饶县史志办整理的《广饶旧志集成（点校本）》由中华书局出版发行。

☆禹城市方志馆建成并投入使用。

☆《齐河县抗日战争志》编纂工作启动。

11 月

5 日

青岛市年鉴工作会议在青岛市行政审批服务大厅四楼会议室召开。市史志办党组书记、主任高克力出席会议并讲话。各区市政府，市直单位，中央、省驻青有关单位，驻青部队领导机关等年鉴撰稿单位的分管领导和年鉴撰稿人员 260 余人参加会议。

10 日

湖北省地方志办公室副主任罗军一行到山东考察交流史志工作，省史志办副主任刘娟主持座谈会并介绍有关情况。

18 日

“全省志类成果交换平台”在省情网上线试运行。通过在省情网开辟专栏，汇集全省方志馆馆藏信息，拓宽全省志类成果流通渠道，互通有无、调剂余缺，丰富和补充各级方志馆馆藏，在全国史志系统尚属首例。

☆清道光版《巨野县志》被菏泽市第一次全国可移动文物普查小组推荐为山东省二级可移动文物。

☆宁津县史志办公室与宁津县委党史研究室合署办公。

20 日

青岛市黄岛区档案局内部机构设置方案获批，设 7 个内部机构，其中史志科编制 3 名，设科长 1 名。

24 日—25 日

《山东年鉴》2015 卷市县组稿培训会议在济南召开。省史志办副主任郭永生出席会议并讲话，中国地方志指导小组办公室年鉴处处长杨军仕到会授课。各市史志办分管副主任、年鉴科（处）长，部分县（市、区）年鉴业务人员 80 余人参加会议。

25 日

《山东省志 · 物价志（1997—2005）》志稿评议会召开，省政府办公厅党组成员、省史志办主任刘爱军，省物价局局长陈充出席会议并讲话。省物价局纪检组长宋善英主持会议，省史志办副主任刘娟等参加会议。

25 日—26 日

《济南市志（1986—2010）》政治分册志稿评议会在济南召开。济南市副市长巩宪群、省史志办副主任翟世林出席会议并讲话，济南市史志办主任翟旭东介绍了志稿编纂情况。

26 日

新修《莱芜市志》出版发行会议在莱芜市召开。省政府办公厅党组成员、省史志办主任刘爱军，莱芜市委副书记、市长王磊出席会议并讲话，莱芜市副市长岳隆杰主持会议。

☆泰安市方志馆迁至泰安市文化艺

术中心图书馆读者服务区，正式对外开放。

26日—28日

青岛市史志办组织所属区市史志办一行到淄博史志办交流地情网站建设工作情况。

27日

日照市副市长杨留星到日照市史志办公室看望慰问参与修志的老同志，并召开了修志人员座谈会。

28日

省委副书记、省长郭树清在省史志办《关于贯彻落实郭树清省长重要批示开展抗战胜利70周年纪念活动的报告》上批示："请孙伟、守刚同志阅示。经费问题建议财政厅研究提出意见。"12月10日，省委常委、常务副省长孙伟批示："请国安同志按照树清省长批示精神办。"12月3日，省委常委、宣传部长孙守刚批示："请建宁同志注意沟通衔接，把相关活动纳入全省整体计划。"11月28日，副省长季缃绮批示："拟同意。请郭省长、随莲省长阅示。"11月28日，副省长王随莲圈阅。

30日

崔宝晶任平原县史志办公室主任，李志强、高雪岩任平原县史志办公室副主任。

本月

《山东省志·外事志（1986—2005）》出版发行。

☆《济南市志（1986—2010）》第六册、第七册出版发行。

☆泰安市情网完成改版升级。

☆《夏津历史文化概览》出版发行。

12月

1日

《高密市地方史志工作管理办法》发布施行。

2日—4日

全省乡镇村志编修业务培训班（东片区）在青岛市崂山区举办。培训班邀请了郝德禄、刘建国、于瑞东、高振康、纪兴本等5名基层志编撰专家，系统讲授了方志学基础知识、资料收集、组织发动、乡镇村志编修的突出问题和解决途径以及怎样编修乡镇村志等。来自青岛、淄博、东营、烟台、潍坊、威海、日照、临沂等8市60个县（市、区）的83名乡镇村志业务骨干参加了培训。9日—11日，全省乡镇村志编修业务培训班（西片区）在平阴县举办。来自济南、枣庄、济宁、泰安、莱芜、德州、聊城、滨州、菏泽等9市65个县（市、区）的92名乡镇村志业务骨干参加了培训。

3日

《山东年鉴》2015卷省直部门组稿培训会议在济南召开。省史志办副主任郭永生出席会议并讲话，省直各部门、单位，有关企业共130余人参加会议。

☆《济南市地方志工作管理办法》发布实施。这是济南市编修地方志以来制定的第一个有关地方志工作的规范性文件。

☆河南省睢县史志办主任余宏献一行到东明县考察交流史志工作。

5日

德州市方志馆揭牌。德州市方志馆作为专业馆，设在新落成的德州市档案楼，与档案馆实行设施共用、资源共享。

☆日照市东港区委、区政府召开《东港区志》出版发行暨总结表彰会议，全面总结了《东港区志》编修工作，表彰了先进集体和先进个人，并对《东港区志》发行工作作出部署。

8 日—13 日

中国出版者协会主办的第五届全国年鉴编纂出版质量评比在深圳举行。《山东年鉴》2014 卷荣获综合特等奖。

10 日

《山东省志》部分承编单位修志工作座谈会在济南召开。省史志办副主任刘娟出席会议并讲话。36 家省志承编单位修志业务负责人参加会议。

11 日

济宁市情网完成改版升级。

16 日

由省委宣传部、省文化厅、省文联、省档案局、省史志办、首都师范大学联合主办的欧阳中石书中华美德古训展开幕式在省美术馆举行。欧阳中石和夫人张茝京，省人大常委会党组副书记、副主任柏继民，副省长季缃绮，省九届人大常委会副主任董凤基、王玉玺、王克玉，省十届人大常委会副主任曹学成，政协第九届山东省委员会副主席谢玉堂，济南军区联勤部书画协会会长刘兆山，首都师范大学纪委书记潘亮、宣传部部长苏寄宛，中国书法文化研究院院长王元军等出席了开幕式。副省长季缃绮宣布展览开幕。开幕仪式由省政府办公厅党组成员、省史志办主任刘爱军主持。欧阳中石在现场讲话，省委宣传部副部长王红勇，首都师范大学纪委书记潘亮致辞。省政府办公厅、省文化厅、省文联、省档案局、省史志办、省美术馆、山东大厦、舜耕山庄的部分人员，以及来自山东财经大学、山东艺术学院、山东工艺美院等高校的专家学者、师生和社会各界群众 1000 余人参加开幕仪式并观看了展览。整个展览反响热烈，吸引了数万名观众参观，对传承弘扬书法艺术和传统文化，培育践行社会主义核心价值观产生积极影响。

☆威海市委常委、市纪委书记董天祥到威海市史志办调研。

16 日—17 日

《费县志（1986—2010）》志稿评议会在费县召开。省史志办副主任翟世林，市县基层志编纂指导处处长李刚，临沂市史志办主任朱海涛，费县县长刘飞，副县长王康艳等出席会议。

24 日

修广利任临邑县史志办公室主任。

26 日

东阿县史志办影印出版民国《续修道光〈东阿县志〉》《民国〈东阿县志〉》、清光绪年间的《东阿乡土志》。

27 日

济南市历下区史志编纂委员会印发《关于年度资料报送工作的暂行办法》。

28 日

省委副书记、省长郭树清在《国内动态清样》（第 5196 期）上批示："请守刚、缃绮、随莲、蒿峰同志阅示。临沂的做法应推广到其他市县。抗战以后，山东境内有多片根据地，每个地方都有丰富的革命历史文化资源。挖掘整理宣传的工作量很大，但是可以形成巨大的精神财富和物质财富。请各地党委、政府、党校、党史、史志、文化、旅游、教育等部门重视起来，组织行动起来。也请孙伟、晓兵同志阅示。"12 月 29 日，王随莲副省长批示："请爱军同志认真学习郭省长批示，认真研究史志工作在弘扬齐鲁文化方面的具体措施，发挥更加积极的作用。”

30 日

《山东省人民政府关于公布山东省省级行政权力清单的通知》（鲁政字〔2014〕230 号），明确省史志办“自行组织编纂有关志书、年鉴或地情文献的备案”的行政权力。

31 日

《东昌府区人民代表大会志（1949—2013）》由方志出版社出版发行。

本月

省政府办公厅党组成员、省史志办主任刘爱军编著的《欧阳中石》一书由山东人民出版社出版发行。该书从编史修志的独特角度，弘扬中华优秀传统文化，深入挖掘展示当代山东文化名人风采。全书 41 万字、图片百余幅，附有欧阳中石先生大事年表和部分书画作品集萃，具有很强的文学性和艺术性，以及重要的存史、资政、教化价值，得到社会各界广泛认可。

☆省史志办编纂的《第十届中国艺术节志》出版发行。全书共 30 篇、202 万字、1072 张照片，资料翔实，内容丰富，图文并茂，美观大方，是 1987 年中国艺术节举办以来首次修志，全面、系统、客观地记述了山东省申办、筹办、举办十艺节的辉煌历程和成功经验，为史志工作服务大型活动积累了宝贵经验。通过科学谋划，统筹兼顾，组稿、改稿、撰稿压茬进行，仅用一年时间高质量完成，在全国同类志书中十分罕见。

☆《山东省志·民主党派工商联志（1998—2005）》《山东省志·档案志（1991—2005）》《山东省志·人口志（1989—2005）》《山东省志·农业志（1991—2005）》《山东省志·国土资源志（1949—2005）》出版发行。

☆由济南市史志办公室主持编纂的《济南历代著述考》出版。该书编纂以人为纲，依时代先后为序，把现存的和曾经见于著录而现已亡佚的济南文献全部著录在内，是一部全面反映济南地区先秦至近代文献的提要式目录工具书。

☆《济南市历城区志（1986—2007）》《济南市长清区志（1986—2008）》《高密市志（1986—2008）》《金乡县志（1991—2005）》《巨野县志（1986—2005）》出版发行。

☆《历下年鉴》2014 卷创刊发行。

☆青岛市崂山区史志办编纂的崂山方志文化系列丛书《〈崂山志〉校注》卷出版发行。

☆青岛市崂山区方志馆新馆正式启用。

☆《临沭县志（1986-2007）》出版发行。

责任编校：宋　涛

全省史志工作

综　述

【全省史志工作概况】 史志工作地位提升。2014年，史志工作得到各级领导高度重视，省委书记、省人大常委会主任姜异康2次安排工作任务，省委副书记、省长郭树清6次对史志工作作出重要批示，省委常委、常务副省长孙伟2次作出重要批示，省政协主席刘伟、省委常委、宣传部部长孙守刚、副省长王随莲、季缃绮等省领导也都作出重要批示。中共中央委员、中国社会科学院院长、中国地方志指导小组组长王伟光，中共中央候补委员、中国社会科学院副院长、中国地方志指导小组常务副组长李培林来山东调研史志工作，王伟光连用六个“走在全国前列”高度评价。6月5日以省政府名义召开全省史志工作电视会议，首次采用电视会议形式部署工作，参会总人数近5000人。各级政府和部门普遍提高了对史志工作的认识，加强了对史志工作的领导，在机构改革、人力、财力等方面加大了支持力度。

第二轮修志工作。一是制定了《全省第二轮修志倒排工期计划表》，与省政府督查室开展联合督查。全年出版省志分志8部，市级志书1部2册2卷，县级志书19部。评议省志分志10部，市级志书2册，县级志书8部。截至年底，累计出版省志分志29部，完成计划的39%，市级志书4部3册5卷，完成38%，县级志书83部，完成61%，进度明显加快。二是修订了《山东省志书质量管理规定》等13项志书质量管理制度，加强了志书评议、审查验收和印刷出版各环节的工作。省志编审工作提前介入，全流程跟进指导承编单位各环节的工作，全面提升编纂质量。发挥重点志书的示范带动作用，努力打造精品佳志。已出版的志书质量比首轮有了较大提高。三是开展了第四期修志业务培训班、《山东年鉴》2015卷市县和省直部门组稿培训班、全省乡镇村志编修业务培训班等多种形式的业务培训班，累计培训600余人。召开了方志理论研讨会暨方志期刊座谈会，有3篇论文入选第四届中国地方志学术年会。四是培育了基层史志事业跨越发展的“临朐经验”、推进第二轮修志科学发展的“济南经验”、综合年鉴编纂提速增效的“河口经验”，在全省起到了很好的示范带动作用。“临朐经验”得到了中国地方志指导小组组长王伟光的高度重视，要求在全国地方志系统推广学习。

年鉴工作。《山东年鉴》2014卷继续优化内容和提速增效，设置十艺节专栏，收录“一圈一带”规划，增加山东金融改革等特色专题，首次使用二维码等技术，在上年总字数减少30万字的基础上再精减10万字，7月底出版，提前

4个多月，是全国出版最早的省级综合年鉴，在第五届全国年鉴编纂出版质量评比中荣获最高奖特等奖，是全国七部特等奖年鉴之一。还有13部市、县级年鉴和专业年鉴获奖。举办了第五届全省优秀年鉴评奖活动，95部年鉴参评，为历届最多。全省年鉴编纂明显提速增效，市级年鉴普遍提前1到2个月出版。《河口年鉴》创造了6月份出版的好成绩。济南策划的《济南年鉴》创刊25周年宣传片在济南电视台播出，很好地宣传了年鉴工作。日照在年鉴中围绕日照设市25周年，开辟“年度记忆”专栏，选登回忆文章等作品，增强了吸引力和可读性。

信息化建设。山东省情网改版升级，增设“党的十八届四中全会”“山东省方志馆名誉馆长——欧阳中石”等专题栏目，增加视频新闻，不断丰富内容。截至年底，共设栏目425个，信息总量29170余篇，用户访问总量1150多万人次。对10年没有升级的省情资料库后台程序进行了升级，开发出10套县级地情网站群模板。市县地情网站大规模改版升级，德州、临沂、枣庄、菏泽市县两级网站改版任务全部完成。截至年底，全省有50个地情网站完成了改版工作，21个正在改版，其中26个网站为再次改版。威海市史志办和菏泽市史志办的官方微博、“沂蒙史志”官方微信、乳山英文市情网都办出了特色。

方志馆建设。构建“全省志类成果交换平台”，通过在省情网开辟专栏汇集信息，丰富和补充各级方志馆馆藏，在全国史志系统尚属首例，截至年底已集中发布成果500余种。增加扩容增藏专项经费，增加各类地情书籍4600余册。积极推进和指导市县方志馆建设，泰安、德州、菏泽市方志馆新馆投入使用。淄博、东营、济宁、威海、滨州市方志馆新馆建设顺利推进。王随莲副省长专程视察了菏泽市方志馆，给予充分肯定。东营在方志馆建设中突出黄河特色，争取中指组同意加挂“国家方志馆黄河分馆”牌子，提高了品位和层次。

旧志整理。完成宣统版《山东通志》整理影印工作，共计12函、128册、635万字，重现山东历史上规模最大、内容最详实、体例最完备的通志，极具文化价值。无偿赠送给国家图书馆、北京图书馆、省档案馆、省图书馆、省博物馆等公共文化机构，受到社会各界的高度评价。启动《山东省历代方志集成》整理影印工作，计划用5年时间整理影印山东现存647种旧志，保护传承珍贵历史文化资源。《济南历代著述考》，民国《临沂县志》，明嘉靖和万历《德州志》，明万历、清康熙和咸丰《滨州志》，清光绪《新修菏泽县志》，清乾隆《峄县志》，清康熙和乾隆《阳信县志》等出版发行。

法制化建设。2个市、20个县(市、区)出台了规范性文件，全省17个市、137个县（市、区）全部颁布实施史志工作规章或规范性文件，在全国率先完成省、市、县史志工作法规体系“全覆盖”。

服务现实工作。一是建立为重要事件和大型活动专题修志制度，省史志办编纂出版《第十届中国艺术节志》，全书共30篇、202万字、1072张照片，是中国艺术节举办近30年来首次修志，仅用一年时间高质量完成，在全国同类志书中极为少见。二是省史志办编纂出版了《欧阳中石》一书，从编史修志的独特角度，弘扬中华优秀传统文化，深入挖掘展示当代山东文化名人风采。全书41万字、图片百余幅，得到社会各界广泛认可。三是省史志办与省委宣传部、省文化厅、省文联、省档案局、首都师范大学联合举办“欧阳中石书中华美德古训展”。欧阳中石先生和夫人张茝京女士，省人大常委会党组副书记、副主任柏继民，副省长季缃绮等领导同志出席了开幕式。6天时间吸引了数万名观众参观，反响极为热烈。四是省史志办全面完成《山东省历史地图集》8个分册编纂，全书共200多万字，近5000幅图片，全面展示山东五千年自然与人文地理变迁，填补省内空白，在全国屈指可数。五是制定了《关于做好乡镇村志编修工作的意见》，推动全省有条件的乡镇、村居开展修志工作，留存“乡村记忆”。全年出版乡镇村志26部，截至年底，全省出版乡镇村志753部。六是省史志办编纂的《齐鲁历史名人传略》丛书稳步推进。成立了编委会和编辑部，完成25万字样稿撰写，规范稿件标准。

青岛着手开展《青岛世园会志》编纂，烟台出版《烟台红色人物志》，潍坊出版《潍坊人居环境志》，聊城编纂《聊城地方史研究》。临沂编纂的《沂蒙革命根据地志》在建党93周年之际出版，填补了沂蒙革命根据地没有专门志书的空白，作为党的群众路线教育实践活动学习资料在全市发放，体现了优秀史志成果的影响力。烟台坚持按月编发《烟台大事记》，有效发挥了资政服务作用。泰安发挥市情研究会的作用，组织开展市情调查、研究、宣传、咨询等活动，服务中心工作。东营探索开展口述史整理工作，抢救下大量宝贵的历史资料，产生良好的社会效果。莱芜与电视台联合录制《村庄影像志》制作播出25集，立体展现了村庄历史变迁。德州深入开展谱牒普查工作，试点成功后全市推广，族系调查、世系图谱绘制等取得重要成果。济宁集中开展调研督导活动，向县市区政府提出了一些有针对性的具体意见、建议，引起县市区政府高度重视，解决了史志工作遇到的一些困难和问题。《淄博史志》创刊，形成《山东史志》《济南史志》《史鉴》《泰安市情》《莱芜古今》《沂蒙史志》《滨州史志》等方志期刊群，潍坊和威海出版了史志论文集，有力推动了方志理论研究和史志工作宣传等工作开展。

【副省长王随莲听取省史志办工作汇报】 2014年1月14日，副省长王随莲听取了省政府办公厅党组成员、省史志办主任刘爱军关于2013年工作情况和2014年工作打算的汇报，并对下步工作作出重要指示。省政府办公厅副巡视员卢杰，省史志办副主任刘娟、翟世林、郭永生参加汇报。

王随莲对省史志办的工作给予充分肯定，她指出，去年以来，在省委、省政府的正确领导下，省史志办全体人员认真贯彻落实党的十八大和十八届二中、三中全会精神，锐意进取，扎实工作，第

二轮修志工作进展顺利，年鉴工作有序开展，内部建设进一步加强，人才队伍不断壮大，各项工作都取得了新的成效。

关于下步工作，王随莲强调，当前全省经济快速发展，社会和谐稳定，为史志工作创造了难得的机遇。要进一步增强责任感和使命感，紧紧围绕省委、省政府的中心工作，加大工作力度，采取有效措施，把各项工作开展好、落实好。一要扎实推进第二轮修志工作；二要着力提高志书质量；三要推进史志工作创新；四要加强对乡（镇）村志编修工作的指导；五要进一步加强内部管理。

省史志办将按照王随莲副省长的重要指示精神，全面领会、认真研究，着力抓好贯彻落实，进一步提高工作水平，增强做好史志工作的责任感和使命感，努力开创全省史志工作新局面，为经济文化强省建设作出应有贡献。

【省史志办机关建设】 机构建设取得重大突破，省史志办机关暂不参与事业单位分类改革，省方志馆定为公益一类；在“省级行政权力清单”中为省史志办保留了“自行组织编纂有关志书、年鉴或地情文献的备案”的行政权力；为省史志办增设1个副巡视员职位，为史志事业发展打下良好基础。开展了以“六讲”为主要内容的文明和谐机关建设活动，全面修订完善规章制度，出台32项机关管理制度和28项业务规范，邀请著名学者欧阳中石到省方志馆作了题为“中华文化与逻辑”“中华文化与书法”的讲座，增强机关文化氛围。完成省年鉴学会和省地方志学会换届工作。

（李　坤　孙　杰）

各市史志工作

【济南市史志工作概况】 2014年，济南市史志系统全面贯彻第五次全国地方志工作会议和全省史志工作电视会议的部署，紧紧围绕第二轮修志中心工作，年鉴编纂、方志馆建设、地情网站、方志期刊等各方面工作全面推进，全市史志工作得到全面发展，各项工作都取得可喜成绩。

《济南市志（1986—2010）》编修取得阶段性成果。2014年，根据济南市第二轮修志整体进展，及时调整工作思路，对市志各分册的内容、工作进度安排、保障措施进一步细化。《济南市志（1986—2010）》第七册于7月召开评议会，11月进入印刷出版程序；第六册完成近200万字的初稿征集，形成120万字的评议稿；通过专家审稿、课题外包等形式，推动第二册、第三册部分内容的撰写，年内第二、三册分别形成90余万字的统编稿；其余分册组稿已过半。

年内，对历下区志、历城区志、天桥区志、商河县志的编纂进行调研、审稿和业务指导，对天桥区、商河县第二轮志书的篇目进行审核和修订。组织历城、长清区志评议会，历城区志被评为本年度优秀志书，长清区志获得省史志办批文，参评优秀志书。

《济南年鉴》（2014）出版并获多项奖励。充分发挥年鉴编纂的传统优势，在保持《济南年鉴》传统风格和地方特色的基础上，2014年，从框架设计、彩页设计、装帧印刷、版式设计等多方面对《济南年鉴》进行了适当改版，同时，编纂进度也有所提前，增强了年鉴的时效性。2014年12月，在中国出版协会主办、年鉴工作委员会承办的第五届全国年鉴编纂出版质量评比中，《济南年鉴》(2014)获综合一等奖、框架设计一等奖、条目编写一等奖、装帧设计一等奖；在山东省第五届优秀年鉴评奖活动获综合特等奖第一名。

年内，按照全国地方志工作会议和全省史志工作电视会议关于“省市县三级都要编辑出版年鉴”和“一年一鉴”的要求，积极推动县区年鉴编纂工作全面开展。支持天桥区、历下区启动年鉴编纂，在年鉴框架设计、栏目和条目设置等方面给予指导，帮助进行撰稿人业务培训。在山东省第五届优秀年鉴评奖活动中，《天桥年鉴》(2011—2013)、《历下年鉴》(2014)均获综合特等奖。

首次拍摄史志工作专题宣传片。为纪念《济南年鉴》创刊25周年，策划制作《济南年鉴》创刊25周年专题宣传片。专题片搜集大量年鉴视频影像、老照片及文件资料，收录了当年参与《济南年鉴》创刊工作的老同志的回忆，在济南电视台播出后，引起很大反响。专题片展现了《济南年鉴》25年的发展历程，增进了人们对年鉴的了解和认识，扩大了史志工作的社会影响力，为宣传史志工作作出有益的探索和尝试。

地情馆网建设。济南市方志馆加强方志馆、地情资料库等馆藏地方志资料的数字化处理，利用地情网站向社会提供全面优质服务。完成新购及交换书籍的登记上架工作，全年完成新购志书类及相关书籍1000余册，对全国各省及省会城市、副省级城市和省内17城市进行第二轮志书出版情况统计，并建立第二轮志书交换关系，全年交换80余家。采集有价值照片400余幅，录像资料时长120分钟。地情网站动态栏目更新及时，转载信息300余篇，上传本系统信息189篇、图片80余幅，上报省情网信息20篇。举办全市史志系统信息管理培训班，对网站管理、信息撰稿、书籍管理、摄影技术等进行培训。

地情文献整理编纂。在点校整理道光《济南府志》的基础上，年内，济南市史志办主持编纂出版了《济南历代著述考》。该书全面梳理了济南地区先秦至近代现存的文献和曾经见于著录而现已亡佚的文献，展示了济南丰厚的文化积淀。《济南史志》期刊全年编辑出版4期，刊用文章60余篇，向社会各界赠阅6000余册。

（张　阳）

【青岛市史志工作概况】 2014年，青岛市史志系统认真贯彻落实第五次全国地方志工作会议和全省史志工作会议精神，坚持围绕中心、服务大局，积极推进修志、读志、用志工作。坚持突出重点、突破难点，不断提升编纂进度和工作质量，全市史志工作呈现整体推进、创新发展的良好势头。

续修《青岛市志》。在出版《青岛市志》(1978—2005)大事记、城市、政治、经济（下）、文化5卷，并通过社会卷省史志专家组评审后，2014年，青岛市史志办启动《青岛市志》(1978—2005)最后两卷——经济卷（上)、经济卷（中）的总纂工作。当年，完成经济卷（上）经济综述、工业经济、工业行业、农村经济、种植业、林业、畜牧业、海洋渔业等16篇约85万字；经济卷（中）商贸流通、对外经贸、旅游、交通、邮电等14篇约53万字。

年鉴编辑出版。《青岛年鉴》创刊于1988年，至2014年已连续出版27卷。《青岛年鉴》（2014）于8月底出版，全书设22个栏目，正文稿件421篇、128万字，内文照片21幅。《青岛年鉴》注重内容的丰富充实、体例的规范完善和表现形式的和谐统一。在保持总体框架连续性的前提下，每年都对一些栏目作适度的调整，以彰显山东半岛蓝色经济区核心区的龙头城市特色和建设全国蓝色经济领军城市取得的显著成就，充分体现科学发展、率先发展的时代风貌。在2014年7月召开的全国第二十四次城市年鉴工作研讨会上，青岛市史志办作为6个先进单位之一做了典型发言，《青岛年鉴》品牌在全国的影响力进一步提升。同时，加强对各区市及基层单位年鉴工作的指导和管理，全市区市年鉴工作实现了全覆盖。

精编《青岛市志》。《青岛市志（精编）》以首轮《青岛市志》69卷1400万字为资料基础，计划精编出版8卷约600万字，并与第二轮《青岛市志》8卷本一起，形成内容贯通古今、装帧风格一致的16卷大型历史文献。截至2014年，《青岛市志（精编）》已出版1卷；形成终审稿1卷计15篇、71章、78万字，入志照片近200幅；总纂稿1卷计7篇、47章、57万字；初稿1卷、70万字。

区市志编修。2014年，继城阳、李沧、崂山、即墨、莱西、黄岛6区市志完成后，完成《平度市志》出版任务，使全市区市志出版达到7部。同时，认真开展业务指导和工作督导，其余4部区市志编修工作顺利推进。其中，《市南区志》达到终审水平；《市北区志》确定志书框架，印发了编纂方案；《胶州市志》资料征集工作全面铺开，并有80%的撰供稿单位形成初稿；《胶南市志》完成初稿的90%。

基层修志。在加快推进全市第二轮修志工作的同时，各区、市史志办组织和指导街道（镇）志、社区（村）志编纂出版工作。2014年，崂山区出版了东韩、大石等村志10部，对小河东、流清河15部村志志稿进行了审改，并启动了学校修志工作。城阳区8个街道全部完成修志任务，并组织出版了东流亭、东宅子头等4部村志。即墨市出版大韩村、九里夼等村志。年内，全市共出版基层修志成果40余部。

《青岛世园会志》编纂。为全面系统准确地记述2014青岛世界园艺博览会的申办、筹办和举办过程，为青岛留存一项重要的历史文化遗产。青岛市史志办组织开展了《青岛世园会志》资料征集和志书编纂工作。2014年，共完成初稿编写47万字、资料征集350余万字、照片征集800余幅，为志书出版打下良好基础。

市情网站建设。青岛市史志办根据网站实际情况和公众现实需要，对市级网站栏目进行了精简，将原来的27个调整为19个。调整后的页面更为精炼，内容更新更加及时。2014年，重点组织指导区市地情资料上网工作。其中，市北区完成了与四方区合区后的网站更新；黄岛区根据机构调整实际情况，制定和实施了网站调整方案；市南区、李沧区、崂山区、城阳区等资料录入量创历年最高。截至年底，网站访问量达870万人次，成为青岛政务网的骨干数据库。

史志期刊编辑。2014年，青岛市史志办编纂《史鉴》期刊4期，刊登历史、地情和方志理论等文章100余篇。面向全市各级党政机关领导、部分大企业负责人、区市领导，以及200个《青岛市志》承编单位发行。寄送到全市166个街道（镇）一级行政单位，配发到各市区交通、旅游等重要公共场所，并逐期录入青岛市情网，拓展史志工作的服务领域。年内，崂山区史志办出版《崂山春秋》4期，每期发稿20余篇；城阳区史志办出版《城阳纵横》4期，每期发稿20余篇；即墨市史志办出版《即墨古今》2期。

（邢延军　贾国芬）

【淄博市史志工作概况】 2014年，淄博市史志系统认真贯彻落实全国、全省地方志工作会议精神，围绕淄博市委、市政府中心工作，深入贯彻国务院《地方志工作条例》《山东省地方史志工作条例》和《淄博市地方史志工作条例》，按照“强化依法编修、打造志鉴精品、创新馆网开发、建设四型机关”工作思路，史志、年鉴、数据库、方志馆、开发利用等多业并举。

在2013年率先在全省市、区县两级全面完成第二轮修志任务的基础上，将全市史志工作重心转为促进基层志编修。2014年7月，淄博市地方史志编纂委员会印发《关于做好全市基层志编修工作的意见》。年内，对《齐鲁石化公司志》《山东金岭铁矿志》《范家村志》《卫固村志》《齐峰公司志》等一批基层志书进行业务指导或评审。《淄博市志（1986—2002）》获淄博市第二十七次社会科学优秀成果奖一等奖。

年鉴编纂工作实现新突破。《沂源年鉴》（2007—2013）编纂工作启动，所属8个区县年鉴编纂实现全覆盖。其中，《临淄年鉴》等6部年鉴实现一年一鉴。在中国出版协会主办、年鉴工作委员会承办的第五届年鉴编纂出版质量评比中，《淄博年鉴》（2014）获综合一等奖；在第五届全省优秀年鉴评奖中，《淄博年鉴》（2014）、《博山年鉴》《周村年鉴》《高青年鉴》《山东理工大学年鉴》均获特等奖，《临淄年鉴》获一等奖。

淄博市情网逐步更新、添加地情资料。史志资源开发利用取得丰硕成果。《淄博史志》创刊发行，年内出版两期。12月，《淄博市情手册》（2014）出版发行。各区县史志办组织编纂或出版了《周村史志之窗》《影像淄川》《张店区千名干部培训纪实画册》《新编天南地北高青人》《博山山水》等一批地情书刊。

2014年3月，淄博市史志办被省政府办公厅、省人力资源社会保障厅表彰为“全省史志工作先进集体”；4月，连续第二年获“市级文明单位”称号。6月，在全省史志工作电视会议上，副市长张庆盈代表淄博市政府作典型发言，介绍淄博市又好又快全面完成第二轮修志工作任务的做法和经验。

（淄博市史志办）

【枣庄市史志工作概况】 2014年，枣庄市史志系统认真开展各项业务工作的同时，抓业务学习、研讨和党的群众路线教育实践活动不松懈，在业务上政治上提高自身水平。共举办了3期理论研讨课，派出3名工作人员参加省史志办举办的第四期史志业务培训班，提高工作人员的业务理论水平。认真组织参加党的群众路线教育实践活动并努力践行其要求，党员干部受到了一次思想上的洗礼，政治理论素养得到了较大提高。

《山亭区志（1983—2003）》《市中区志（1986—2005）》分别于2005年、2012年出版发行，2014年，《枣庄市志（1986—2005）》文字校对工作进入关键阶段。通过多种渠道征集补充资料的同时，先后由主编、副主编、编辑和老专家压茬进行四遍志稿的编辑、校对，截至2014年年底，37篇计380万字的志稿文字编辑校对工作已近尾声，进入插图阶段。《峄城区志》志稿编辑工作进展顺利，50%的稿件已达到总纂要求。《薛城区志》于2014年年底前完成了篇目设计，进入征集稿件阶段。《滕州市志》也重新拟定了篇目，各项前期筹备工作正在有条不紊的开展。

枣庄市目前已实现市级及所有下辖区（市）定期出版年鉴。《枣庄年鉴》2014卷按照既提高质量又保证时效性的原则，对组稿工作早发动，加快编辑工作进度。从3月初至4月启动了组稿工作，其间，在进行多轮催稿的同时，加强对供稿人员的指导，力争在初稿阶段保证质量。在编辑阶段，要求每位编辑在不影响质量的前提下缩短每轮编辑时间，二轮编校完成时间比往年提前近一个月。对供稿中一些无关社会发展记载的"假、大、空"的内容坚决删除，供稿原文内容删除80余处，缩减字数4万余字。2014年，《滕州年鉴》（2014）和《山亭年鉴》（2014）按照一年一鉴的原则及时顺利出版发行，《台儿庄年鉴》（2012—2013）、《枣庄市中年鉴》（2011—2012）也已出版发行，《峄城区年鉴》（2012—2013）完成编印任务。

方志馆建设不断加强，市、区（市）两级地情网站完成改版升级。健全完善了《方志馆工作规定》，明确由专人负责方志馆的管理工作，定时免费对全市民众开放。通过购买、交流、向社会征集等方式增加志书、年鉴、地情方面的书籍馆藏。对全部藏书编号存档，全部免费借阅。对枣庄市情网进行了全新改版，增加电子馆藏，建立便民链接，及时更新信息，方便全市民众电子查阅史志资料。

方志理论研究取得较大突破。年内继续实施业务理论学习大课堂活动，组织业务工作人员认真学习相关业务理论知识，并轮流讲授学习心得，全体工作人员参与听课并在课后谈听课感想，通过这种互动学习的方式提高业务人员的理论素养，成果显著。2014年，3篇理论文章在《山东史志》发表，一篇理论文章通过《中国地方志》终审待发表。

旧志整理工作取得新成果。滕州市史志办和峄城区史志办克服困难，积极作为，努力促进地方史志资源的开发利用。组织人员整理旧志，顺利出版了《滕县乡土志》（清·光绪三十三年）和乾隆版《峄县志》（点注本）。

自2014年3月至2014年10月，在全市史志系统党员干部中开展了党的群众路线教育实践活动，通过集中学习提高了政治理论修养，通过深入查摆和对照检查找出了"四风"方面的问题，通过整改落实切实改进了工作作风，活动进一步加强了党员干部队伍建设，充分发挥了党员干部在为民务实清廉等方面的示范带头作用，锤炼了史志队伍。

（王正伟）

【东营市史志工作概况】 2014年，东营市史志系统以贯彻落实《东营市地方史志工作管理办法》为抓手，以群众路线教育实践活动为契机，狠抓机关规范化建设，突出业务编纂和方志馆建设两个重点，积极开展地情资料收集发掘、市情网站改版升级工作，各项工作有序开展。年内，广饶县史志办、垦利县党史史志办被省政府办公厅、省人力资源社会保障厅、省公务员局联合表彰为先进集体，李中华等4人荣记二等功和三等功，《东营图志》《河口区志》、垦利县方志馆建设获全省优秀史志成果奖；《东营图志》被评为东营市第二十三次社会科学优秀成果奖二等奖。

志书编修工作稳步推进。做好续修《东营市志》准备工作。一是落实了办公场所、经费及人员。选聘3人成立《东营市志（1996—2015)》编纂办公室，承担续修市志的各项实质性准备工作。二是对首轮《东营市志》进行审校纠错，为第二轮修志对首部志书的“续、纠、补、创”奠定基础。三是重点研究论证续志篇目，着手搜集整理大事记、建置沿革、自然环境等部类资料。推进基层志编修。组织对基层志编修工作进行全面摸排和调研。至年底，全市40个乡镇（街）已出版志书13部、在编18部；村居志已出版20部,形成初稿8部。市直部门(单位）志编修稳步推进。坚持“方案备案、跟踪指导、志稿审核、风格统一”四原则，已出版44部,《共青团志》(续修)、《东营市物价志》《东营市外侨办志》《自然保护区志》等4部志书正在编纂。

年鉴、手册编纂提质增效。《东营年鉴》编辑质量持续保持省内先进水平。对《东营年鉴》2014卷篇目及内容进行优化调整，突出展示东营市“黄河入海口”“黄蓝经济区”“石油之城”和“生态之城”等特色。《东营市情》手册编辑继续突出便携、便查的特点，与《东营年鉴》配套发行。两书于9月份正式发行。县区综合年鉴编纂工作亦在提高编纂质量、缩短出版周期上下工夫，取得明显成效。其中，《河口年鉴》2014卷于6月底在全省率先出版发行，获得省史志办主要领导的肯定。

方志馆建设取得突破性进展。加强与建设管理单位的沟通协调，密切关注工程进度，做好地情展厅文本方案策划工作。为提升方志馆建设品位和层次，经过争取，中国地方志指导小组原则同意东营市方志馆加挂“国家方志馆黄河分馆”牌子。

市情网站改版升级基本完成。自9月起，市县联动，开展全市地情网站改版升级工作。创新栏目设置，升级管理后台，更新服务器。至年底，市县两级地情网站改版升级工作基本完成。

口述史工作探索开展。年初，中共东营市委首任书记李晔去世，迅速展开搜集整理李晔书记史料工作，先后采访李晔的子女李宇峰、李宇玲，秘书李玉卿、秦义波，同事李敬、耿庆昌等，形成口述史资料3万多字,借助《石油纵横》印发专刊。征得其子女同意，代管李晔遗物17件。东营区、广饶县也分别开展了一系列口述史资料征集工作。

（李中华　刘曙光　黄学桂　任　丽）

【烟台市史志工作概况】 2014年，烟台市及各县市区全面完成《地方史志工作管理办法》出台工作。市史志办对10个县市区进行志书编修、年鉴编辑等工作调研，组织专家对县市区和行业志稿评审，完成上级业务主管部门的工作部署和市委、市政府的临时工作任务，6月18日，市委副书记、市长孟凡利对全市史志工作作出重要批示。烟台市、招远市、莱阳市被评为全省先进集体、5人被评为全省先进个人。

志书编纂。年内，《烟台市志》(1978—2002)总纂工作顺利进行，主编通稿200万字，同时进行图片整理工作。县市区志方面，招远、莱山、栖霞、蓬莱、龙口、牟平6个县市区已经出版第二轮志书，《莱阳市志》完成评审。《蓬莱市志》在全省优秀史志成果奖评选中被评为获优秀基层志。行业志编纂方面，审阅《烟台海洋与渔业志》《烟台港航大事记》等专业志稿。县市区启动乡镇、村志编修工作，烟台经济技术开发区实现村村修志。

年鉴工作。年内，《烟台年鉴》(2014)采取压缩篇幅、增大文字密度、优化公益彩页、采用轻型纸、压茬编审校等系列改革手段，缩短周期，实现10月出版；提升编校质量，参评国家、省优秀年鉴，获山东省年鉴评比特等奖、全省优秀史志成果优秀综合年鉴奖、中国版协年鉴评比二等奖。完成《山东年鉴》烟台部分组稿。完成《烟台年鉴》(2013)赠阅工作。组织发动县市区年鉴编辑出版工作，在原有招远、蓬莱、莱阳、海阳、栖霞、长岛等县市区已编辑出版年鉴的情况下，莱山区、龙口市启动年鉴编辑工作。

地情网建设和方志馆建设。年内，烟台市、招远市、海阳市完成地情网站改版升级。招远市在全省优秀史志成果奖评选中获优秀地情网站奖。市方志馆举办《巍巍丰碑》专题图片展览，弘扬胶东红色文化。

市情研究和开发利用。年内，市史志办编辑出版《烟台大事记》2013年合订本和《改革时代烟台大事记》，按月整理记录2014年大事记。大事记编纂工作成为全省典型，年内在省里做典型发言。配合市政协编写《烟台市改革开放30年》，为其提供“烟台市改革开放大事记”史料。审核校对《胶东烽火》《烟台开放》等专题片，在央视和省市电视台多次播出，反响良好。出版《胶东红色人物志》，并在全省优秀史志成果奖评选中获优秀地情研究成果奖。整理编辑《蓝色文明幸福新烟台》地情图书，已形成初稿。各县市区史志办出版地情资料图书20余种，为当地经济文化建设提供丰富史料。

（渠敬伦）

【潍坊市史志工作概况】 扎实推进第二轮修志工作。2014年，结合开展党的群众路线教育实践活动，积极贯彻第五次全国地方志工作会议精神、全省史志工作电视会议精神，结合省史志办关于第二轮修志工作倒排工期的要求，加大督促落实力度，进一步明确任务、时限和责任，增强了按期完成任务的自觉性。年内《高密市志（1986—2008)》顺利通过评审并出版发行，《坊子区志（1990—2007)》获评省“优秀市县级志书”，寒亭、昌邑、寿光、安丘等市（区）第二轮修志工作明显加快，全市第二轮修志工作取得新进展。

地情书籍编纂工作。2014年，市史志办在深入挖掘区域历史人文资源、提升地情研究方面积极进行尝试。《潍坊人居环境志》于2014年上半年出版发行，共8篇37章，60万字，穿插图片200余幅，在宣传推介潍坊城市建设与管理方面起到了较好作用。为进一步挖掘、整理风筝这一独特文化资源，在多方调研、反复修改的基础上，研究确定《潍坊风筝志》篇目，由市政府办公室转发《潍坊风筝志》编纂工作方案，具体部署《潍坊风筝志》编写工作，现阶段各项编纂工作正在积极进行中。

年鉴工作。连续两年编辑印行《潍坊年鉴》袖珍版，提高了年鉴时效性和服务性。2014年9月，《潍坊人物年鉴》出版发行，共收录全国各地有一定影响的潍坊籍人士800余人，引起社会各界关注，在沟通信息、激励各地潍坊人为家乡建设献计出力方面发挥了一定影响力，探索了年鉴工作为现实服务的新途径。进一步健全完善年鉴质量管理的各项措施，年鉴编辑出版质量显著提高，在2014年度全省优秀年鉴评选中，《潍坊人物年鉴》获特等奖，2013卷《潍坊年鉴》获一等奖和框架设计奖。

市情网站建设。认真落实省史志办关于积极利用现代信息手段开发志鉴服务的要求，加大了市情网站建设力度，在2013年完成了工信部ICP备案注册的基础上，2014年与有关专业机构合作开展了网站升级改版工作，规划投资15万元，建立以潍坊市情网为主站、以县（市、区）为子站的全市市情网站群，实现站群之间数据的共享和统一全文检索。加强网站管理维护，及时更新网站资料，开发网络服务功能，方便群众读志用志。丰富内容，年内更新、上传总量近600条，其中新上传资料、信息、新闻稿件等100余条，全年网站点击量达到5万次。

法制化建设。结合贯彻党的十八届四中全会精神，把史志工作法制化、规范化建设提上重要日程，在2013年市政府发布《潍坊市地方史志工作管理办法》基础上，积极督促落实，召开全市史志办主任会议专题调度法制化建设和网站建设工作。全市12个县（市、区）政府均已出台史志工作规范性文件，史志工作进入了有法可依、有章可循的新阶段，为史志事业健康有序发展奠定了法制基础。

业务指导工作。2014年，发挥专业优势，积极做好部门志、专业志的编修服务工作。全年共为市军分区、市文化局、市规划局、寿光市广电局、营丘镇等部门、单位举办志鉴业务培训班6期，对《高密市志》《寿光市志》《潍坊军事年鉴》《潍坊盐业志》《沂山志》《寿光国土资源志》《寿光广电影视志》《营丘镇志》《刘家园村志》等综合志、专业志、基层志和相关地情文献的编纂工作，认真开展指导服务。潍城区《后姚家坊村志》在“山东省优秀史志成果奖”评选中获评省“优秀基层（专门）志”。

社会服务工作。按时完成《中国城市年鉴》《山东年鉴》的供稿任务，上报《潍坊市行政区划沿革》资料10万余字，为省级各类志书的编纂提供了高质量稿件，及时完成了业务上级各项临时性、常规性统计上报工作。积极搜集、整理、研究、开发利用各类市情资料，年内共搜集、整理各类资料40余份，向社会提供资料查询服务30余次。为《潍坊市地图集2014》《潍坊历史文化名城保护规划》等提供了相关地情资料和修改意见。

包村扶贫工作。积极为群众办实事，主要负责人高度重视、分管成员靠上抓落实，“第一书记”一线服务，共计协调各方面投资97.6万元，顺利完成改水、修路、建“村委大院”并配套办公用品、建“富民爱心农家书屋”和村民文化广场等规划帮扶项目，赢得广大村民好评。2014年11月，青州市朱王孔村顺利完成村“两委”换届工作。

强化史志人才培养。积极提升全市史志队伍专业素质，培养骨干人才，先后选派20人参加省史志办举办的业务培训班。举办了“业务大讲堂”活动，采取授课与讨论相结合的方式，领导班子成员带头，科室人员结合业务实际，自选课题进行讲解，提升了全办人员的专业素质。积极开展理论研讨，认真组织参与全省方志理论研讨会活动，编纂印行《实践与探索——潍坊市史志工作研究论文选》，收录全市2010年以来在省级以上学术刊物、学术论坛、学术研讨会所采用或获奖的研究文章35篇，有力推动了全系统钻研理论、钻研学术、提高专业素质的积极性。

党的群众路线教育实践活动。从2014年2月开始，市史志办按照市委统一部署，深入开展以“为民务实清廉”为主要内容的党的群众路线教育实践活动。及时成立教育实践活动领导小组及相应工作机构，制定了《史志办教育实践活动的实施方案》和《教育实践活动配档表》，特别是紧密结合本单位实际，研究设计了以切实提高思想认识，深入开展群众路线学习教育为主题的教育引导活动；以增强“主人翁”意识，为纠正“四风”建言献策为主题的建言献策活动；以着力解决“庸懒散浮”问题，切实转变工作作风为主题的整改落实活动；以学习贯彻《党章》，做焦裕禄式好党员、好干部为主题的标杆引领活动；以认真组织回头看，进一步巩固整改成效为主题的巩固提高活动“五个主题活动”。广泛征求意见，聚焦“四风”，直面问题。认真整改落实，积极建章立制，逐步形成长效机制。截至2014年底，需整改问题已全部整改到位。同时，围绕长期不懈地抓好作风建设，努力实现教育实践活动常态化和长期化。

（林荣军　颜培胜）

【济宁市史志工作概况】 2014年，济宁市史志系统认真贯彻落实第五次全国地方志工作会议和全省史志工作电视会议精神，深入开展教育实践活动，扎实推进业务工作，圆满完成了年度目标任务。

认真贯彻落实全国、全省史志工作电视会议精神。6月5日召开了济宁分会场会议，石中和副市长出席会议并讲话，要求全市各级各部门特别是广大史志工作者，要迅速贯彻落实会议精神，对济宁史志下步工作提出了指导意见。在听取了全市贯彻会议精神的落实意见后，吴霁雯副市长明确要求要传达学习好李克强总理、郭树清省长的重要批示，王随莲副省长的重要讲话和刘爱军主任的工作报告，进一步明确努力方向，落实工作责任，促进济宁史志事业再上新台阶。围绕全国、全省史志工作电视会议精神，市史志办专门制定印发了贯彻落实意见，对县市区史志部门提出了集中组织学习会议精神、抓好“两个条例”的贯彻落实、加大志书年鉴编纂人员培训力度等5条具体意见，要求加快推进方志馆建设、乡镇村志编纂等工作，确保将会议精神落到实处。

扎实推进第二轮修志工作。督促指导市住建委、卫计委、体育局、供销社等40余家部门、单位、行业系统上报志书稿件，强化专项业务指导，规范志书编撰程序，提升志稿编写质量，现有90%的单位完成组稿任务；加大对县市区修志工作指导调度，对参与志书编修人员进行集中培训，加强了对任城、金乡、兖州、汶上、梁山等县市区第二轮修志的督导检查工作；组织专门调研，指导太白湖新区管委会整理有关历史沿革资料；按照省史志办统一要求，在条件成熟的县市区推进乡镇村志编纂工作；参与了《第十届中国艺术节志》《济南市志》《历城区志》等的审稿、评稿工作；指导任城区启动了《市中区志》编纂工作，推动完成了《金乡县志》《任城区志》等志书的出版发行工作；整理完成《济宁市志（1991—2010）》大事记。3月，《汶上县旧志集成》荣获2013年度全省优秀旧志整理成果奖。

稳步提升年鉴编纂质量。《济宁年鉴》2014卷已于10月份完成出版印刷，比往年提前2个月完成编纂任务；2月12日，市史志办制定下发了《关于全面实行年鉴编纂一年一鉴正常化的通知》，并于9月份到各县市区开展督导。组织人员到泗水、任城区等县市区开展年鉴编纂业务专题辅导，推进“一年一鉴”正常化工作，组织开展年鉴编纂业务研讨，学习借鉴外地优秀年鉴，提升全市年鉴编纂工作水平；保质保量按时完成了《山东年鉴》2014卷济宁部分供稿工作任务。

信息化建设进一步推进。完成了市级地情网站升级改版工作，进一步丰富网站内容，优化栏目设置，增设儒家文化、运河文化、水浒文化、红色文化等特色版块，提高了网站的资料性、权威性、实用性和吸引力；健全完善信息资料上网制度，认真把好事实关、文字关、政治关和保密关，顺利完成网站各类信息录入工作，确保了地情资料的准确性、权威性；整理发布了济宁市2014年大事记；做好地情资料库建设，全市上报省情网站信息量110余条。

方志馆建设有了新进展。市方志馆建设正积极争取上级支持，上报了《关于申请解决方志馆馆址的请示》，拟定了市方志馆规划建设意见，力争尽快列入市文化中心项目建设计划；部分县市区方志馆建设有了新进展，任城区已获批350平方米的新馆址，汶上、泗水、微山等县都有新建计划。曲阜正在完善馆藏设施和功能。市方志馆藏书量共24000余部（册）。

开展地方志理论研究和读志用志活动。深入挖掘利用济宁丰厚独特的文化资源，经常性地开展地方志工作交流和理论研究活动，动员史志工作者撰写有理论深度、有参考价值的地情研究论文，收到了良好成效。在《山东史志》刊物上发表业务文章1篇，在《济宁日报》刊登《济宁历史上的廉政故事》4篇，上报全省方志理论研讨会方志论文3篇。大力推广读志用志活动，持续开展送志书、送年鉴进社区、进学校、进村居，努力扩大志书、年鉴的社会服务范围。

深入开展党的群众路线教育实践活动。按照市政府办公室党组统一部署，结合史志工作实际，深入查摆“四风”问题，明确努力方向和改进措施，开展了“铺张浪费”等专项整治活动，严格落实整改措施、整改目标和时限要求，党员干部在调查研究、信息服务、志鉴编纂、服务群众方面的能力明显提升。

办公基本支出同比下降10.6%，公务接待支出同比下降58.3%，公车费用支出同比下降51.4%。

集中开展调研督导活动。把教育实践活动的成果化作行动，切实转变工作作风，集中时间，组织人员，深入开展针对性的调研、实效性的督导，对全年各项任务的落实起到了很好的推动作用。特别是向县市区政府提出了一些有针对性的具体意见、建议，引起县市区政府高度重视，解决了县市区史志工作遇到的一些困难和问题。

（陆　波　孟昭华　郭赟燕）

【泰安市史志工作概况】 2014年，泰安市史志办被评为“市级文明单位”；6月份，《泰安年鉴》（2013）荣获省优秀年鉴评比综合特等奖、市史志办志书编审科被评为全省史志工作先进集体；12月，在中国出版协会主办、年鉴工作委员会承办的第五届全国年鉴编纂出版质量评比中，《泰安年鉴》（2014）获综合一等奖；在第五届全省优秀年鉴评选中，获综合特等奖。

第二轮修志。第二轮修志于1999年3月全面展开。全市共规划编修《泰安市志》1部，县（市、区）志6部，《泰山志》《泰安历史文化遗迹志》《徂徕山志》《东平湖志》等专业志5部，部门志、乡镇志、村志、企事业单位志等基层志书200部。《泰安市志》于2008年出版，为山东省第二轮志书中首部出版的市级志书。截至2014年年末，6个县（市、区）已出版志书5部，其中，《泰山区志》《新泰市志》于2004年出版发行、《肥城市志》《东平县志》于2005年出版发行、《宁阳县志（1985—2002）》于2007年出版。《宁阳县志（1985—2002）》被省政府评为“八个一优秀”县级志书，被省史志办列为2008年向全省推荐的样板志书；《岱岳区志》编纂顺利，2014年完成33编初稿的编纂工作；《泰安历史文化遗迹志》《东平湖志》《莲花山志》已出版发行，《徂徕山志》志稿评审会召开；全市已出版基层志118部，另有22部正在编纂中；整理旧志及地情资料8部。

年鉴编纂。泰安市及所辖6个县（市、区）中，编纂综合性年鉴的有市级《泰安年鉴》（出版24卷），县（市、区）级《泰山区年鉴》（出版2卷）、《新泰年鉴》（出版4卷）、《肥城年鉴》（出版4卷）、《宁阳年鉴》（出版2卷）、《东平年鉴》（出版1卷）。专业性年鉴除《泰安统计年鉴》及县级统计年鉴外，还出版过《泰安市政协年鉴》《泰安财政年鉴》等部门年鉴，《山东农业大学年鉴》《山东服装职业学院年鉴》等高校年鉴，《石特年鉴》等企业年鉴。《泰安年鉴》自1991年创刊以来，已连续出版24卷，发行近5万册。《泰安年鉴》（2014）于10月底出版发行。《泰安年鉴》（2014·袖珍本）3月份出版发行，为各级领导提供及时准确的参考服务。

信息化建设。泰安市史志办及6个县（市、区）史志办已全部建立起地情网站，6个县（市、区）中除岱岳区外，其他5县（市、区）均进行改版升级。泰安市情网站是于2005年在原泰安市情资料库基础上建成的具有独立域名、独立运行、独立对外发布信息，具有一定地方特色的地情网站，2014年投资6万元完成泰安市情网站的升级改版，改版后的泰安市情网设泰安概况、史志动态、泰山文化等20个主栏目。

方志馆建设。泰安市方志馆于2002年在原方志资料室的基础上建成，2005

年泰安市政府批准在原泰安市科协办公楼建立泰安市方志馆新馆，2008 年 5 月泰安市方志馆被批准为独立设置的正科级事业单位。2014 年 11 月份泰安市方志馆又迁至泰安市文化艺术中心，顺利实现对外开放。建立健全各项管理制度，不断提高管理服务水平；采取购置交换、征集等方式，收集各地各类志书、年鉴，丰富方志馆馆藏。至年底，泰安市方志馆馆藏方志、年鉴、地情资料、古籍等图书 12000 册，提供查阅服务 100 余人次。各县（市、区）史志办公室均成立了方志馆（室），并有固定的专兼职人员进行管理，发挥了地情文献中心的作用。

市情研究服务。于 2006 年 4 月成立泰安市市情研究会，通过各种不同形式，大力宣传、研究和普及市情。按时编辑出版市情研究会会刊《泰安市情》杂志，2015 年创刊后，已出版发行 17 期，累计发表文章 400 余篇，180 余万字，图片 470 余幅，较好地发挥了在宣传市情、普及市情、研究市情方面的主阵地作用。发挥史志部门特点，为市委、市政府中心工作和各部门各单位及社会提供资料支持和服务。先后派专业人员参与市人大《中外名人与泰山》、市政协《记忆大汶河》和市水利局《大汶河志》的组编工作，为财政志、农业开发志、大汶河志等志书的撰写提供资料支持，为城市规划、招商引资等提供资料和咨询 10 余次，为地理标志产品提供资料服务 10 余次。

（袁立轩）

【威海市史志工作概况】 2014 年，威海市史志系统贯彻实施国务院《地方志工作条例》和《山东省地方史志工作条例》，围绕威海市委、市政府的中心工作，实现主体业务工作与为现实服务工作并举，推进志、鉴、库、馆和史志资源开发利用工作全面协调与可持续发展，不断开创史志工作新局面。

首轮修志任务圆满完成，新一轮修志工作全面启动。《威海市志》编修工作进展顺利，被中国地方志指导小组办公室确定为“全国第二轮修志工作试点单位”。至 2014 年底，《威海市志》完成 465 万字终审稿的排版印刷工作，并上报中国地方志指导小组办公室和省史志办公室审核。《文登市志》（续修）进入编辑阶段，对志稿进行补充完善，完成部分征求意见稿。《荣成市志》《乳山市志》进入收集整理资料阶段。继续推进部门、行业、村镇志编修工作。年内，威海市史志办指导启动编修《威海市教育志》和《威海一中校史》，对《威海市国土资源志》志稿进行审核。各区（市）史志办分别指导《荣成市教育志》《荣成市财政志》《荣成市粮食志》《文登市审计志》《文登市工会志》《文登市农村信用合作社志》等十几部志书和《崮山镇志》《北沙岛村志》《南桥村志》《瓦屋庄村志》等多部乡镇村志的编修工作。

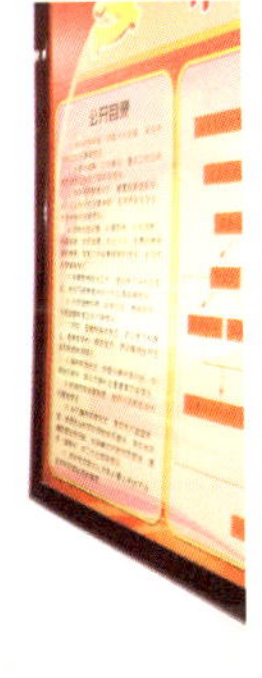

2014 年 12 月 16 日，威海市委常委、市纪委书记董天祥（左）到威海市史志办调研

年鉴工作取得丰硕成果。至年底，《威海年鉴》2014 卷、《环翠年鉴》2014 卷、

《文登年鉴》2013卷、《乳山年鉴》2014卷、《威海经济技术开发区年鉴》2014卷出版发行。在中国出版协会主办、年鉴工作委员会承办的第五届年鉴编纂出版质量评比中，《威海年鉴》2014卷获综合一等奖，《环翠年鉴》2014卷、《文登年鉴》2013卷获综合二等奖，《威海经济技术开发区年鉴》2014卷获综合三等奖。在全省第五届优秀年鉴评比中，《威海年鉴》2014卷、《环翠年鉴》2014卷、《威海经济技术开发区年鉴》2014卷获综合特等奖，《文登年鉴》2013卷、《乳山年鉴》2014卷获综合一等奖。

威海市情网站资料总量2700万字，年点击率10万余人次，成为了解威海的重要网上窗口。威海史志官方微博发布微博308条，单条微博平均阅读量达1500次以上。

9月17日，中共中央委员、中国社会科学院院长、中国地方志指导小组组长王伟光，中共中央候补委员、中国社会科学院副院长、中国地方志指导小组常务副组长李培林一行调研山东史志工作，在威海市召开座谈会，副省长季缃绮，省政府办公厅党组成员、省史志办主任刘爱军参加座谈会并讲话。座谈会上，威海市作为全省8家发言单位之一，向中指组和省史志办的领导汇报威海市史志工作情况，得到中指组领导的充分肯定。年内，威海市史志办、文登市史志办被省政府办公厅、省人力资源社会保障厅和省公务员局授予“全省史志工作先进集体”称号，1人记二等功，2人记三等功。在山东省优秀史志成果评选活动中，市史志办编纂出版的《汶川特大地震威海市救助援建志》和乳山市史志办编纂出版的《乳山年鉴》（2013）被省政府办公厅授予“全省优秀史志成果奖”，文登区史志办编纂出版的《文登县志》（雍正、道光版）影印本和乳山市史志办编纂出版的《乳山村庄图志》分别获威海市第十六次社会科学优秀成果一等奖和二等奖。

《威海市志》编修工作。年内，威海市史志办加快市志编修进度，按照志稿评议会专家组提出的意见和建议，对《威海市志》志稿进行修改完善。8月，完成465万字终审稿的排版印刷工作，并上报中国地方志指导小组办公室和省史志办审核。9月始，威海市史志办对终审稿进行审核修改，在资料的准确性、框架的科学性、行文的规范性等方面进行精细加工。

年鉴编纂工作。威海市史志办始终坚持地方综合年鉴由史志部门编纂、管理的工作体制，坚持逐年编纂、当年启动和出版，注重创新，严把质量关，编校质量均达到国家优秀等级，继续保持全国、全省先进行列。11月，《威海年鉴》（2014）出版发行，全书122.5万字。按照常编常新的理念，在《威海年鉴》（2014）封底增加威海市情网站的二维码，方便读者直接扫描查阅相关资料。加强对各区（市）地方综合年鉴和行业、部门年鉴的编纂工作的指导。年内，指导环翠区启动年鉴编纂工作，并列入经常性工作之一，为威海市综合年鉴编纂出版再添新彩。

地情资料库建设。继续完善史志资料年报工作制度，抓好史志资料年报工作。按照威海市委办公室、市政府办公室印发的《关于做好史志资料报送工作的通知》要求，制定年报报送提纲，对资料的报送内容及书面装订形式、报送时间作出具体要求，严格把好资料的审查验收环节，对市直各部门、各单位所报资料进行归档整理。加强对威海市情网与威海史志官方微博的维护与管理，重视网络媒体的宣传效应。年内，录入上网资料100余万字，市情网总文字量2700万字，年点击率10余万人次。威海史志官方微博发布微博308条，单条微博平均阅读量达1500次以上。做好地情资料开发利用工作。年内，编辑出版《威海史志论文集》，收录全市论文大赛获奖论文及历年史志系统人员发表的理论文章91篇，35万字，是威海市史志系统的第一部论文集，展示威海市史志工作者的理论研究成果。

威海市方志馆筹建工作。威海市方志馆获威海市政府立项，建筑面积3000平方米。威海市史志办在参与新馆筹建的同时，争取100余平方米的办公用房作为临时方志馆，对收集资料进行整理、分类和上架。年内，整理志书、年鉴等资料4000余册，影像资料2万余张。继续面向全市各个领域、各个行业征集史志资料，扩大志书交换范围，征集、交换各类史志资料500余册，影像资料1万余张。

（陶晓红）

【日照市史志工作概况】 2014年，日照市史志系统在日照市委、市政府和省史志办的正确领导下，以党的十八大、十八届三中全会和十八届四中全会精神为指导，认真贯彻第五次全国地方志工作会议和全省史志工作电视会议精神，围绕中心，服务大局，开拓创新，顺利完成年初确定的各项工作目标。

第二轮修志工作扎实推进。第二轮《日照市志》的编修工作于2013年全面启动，2014年完成了志稿初稿征集工作。同时加大对区县志、部门乡镇志的指导力度，区县志编纂出版工作已基本完成，《五莲县志（1989—2005）》和《日照市东港区志》已出版发行，《岚山区志》2014年4月29日召开了评审会议，《莒县志（1997—2010）》于2014年10月完成了征求意见稿。部门志、乡镇志编纂工作顺利向前推进。

年鉴工作创新发展。2014年，全市共出版《日照年鉴》和《五莲年鉴》两部综合性年鉴。《日照年鉴》2014卷在上年全面改版的基础上，2014 年再次创新版式，展现了全新面貌，该书在中国出版协会举办的第五届全国年鉴编纂出版质量评比活动中，荣获二等奖；在全省优秀史志成果评比活动中获全省优秀综合年鉴奖。《五莲年鉴》（2014）采取县委年鉴、政府年鉴“两位一体”的编纂体例，并增设了“互动资料”“便民服务”等栏目，成为一部集党务、政务于一体的年度公报性、综合性、资料性和服务性工具书。并荣获全省优秀年鉴评比二等奖。同时，为便于各级领导和社会各界人士随身携带、查阅资料，日照市史志办编辑出版了《日照年鉴》（2014卷·袖珍版），向2015年日照市“两会”献礼。

地情网站维护、升级工作逐步完善。对日照市情网进行及时更新，定期维护，对已出版的志书、年鉴和相关地情资料进行了数字化处理，做到了更加高效快捷地为公众提供地情资料信息。重点加强区县地情网站的改版升级工作。按照省史志办《关于市县两级地情网站改版情况的通报》精神，重点加强了组织县级地情网站的升级改版工作。

方志馆建设逐步推进。日照市方志

馆编制已经市编办批复，编制2人；现正根据省史志办要求，积极争取方志馆馆舍。区县中已建成五莲、莒县两家方志馆，五莲县方志馆荣获2011年度全省史志系统优秀方志馆入围奖。

法规体系建设日臻完善。2014年11月24日，东港区政府办公室印发了《日照市东港区地方史志工作管理办法》（东政办发〔2014〕26号），至此，日照市及辖内两区两县全部出台了史志法规和规范性文件。

（李洪战）

【莱芜市史志工作概况】 2014年，莱芜市史志系统认真贯彻落实国务院《地方志工作条例》和《山东省地方史志工作条例》，积极适应史志工作新常态，在省史志办的指导下，围绕市委、市政府中心工作，坚持志鉴编修主业，多业并举，扎实工作，志鉴成果、库馆开发、资政服务等先后获得多项荣誉、得到各级领导肯定，推动了全市史志事业持续健康发展。年内，圆满完成第二批党的群众路线教育实践活动；新修《莱芜市志》出版发行；《莱芜年鉴》《莱城年鉴》《钢城年鉴》2014卷出版发行；市、区地情网站正式改版运行；莱芜市方志馆馆舍交付使用；明《嘉靖莱芜县志》影印本出版。《莱芜年鉴》2013卷荣获“山东省优秀史志成果奖”——优秀综合年鉴，《莱芜年鉴》2014卷、《莱城年鉴》2013卷、《钢城年鉴》2013卷在山东省第五届优秀年鉴评选中获市、区级综合年鉴特等奖；莱芜市情网荣获“山东省优秀史志成果奖”——优秀地情网站；钢城区地方史志办公室被省政府办公厅、省人社厅、省公务员局评为全省史志工作先进集体，2名同志被评为全省史志工作先进个人。

2014年，市地方史志办公室精心组织，认真开展了党的群众路线教育实践活动，全体党员通过学习教育、听取意见，查摆问题、开展批评，整改落实、建章立制三个环节，着力解决“四风”方面存在的突出问题，并认真加以整改，圆满完成了教育实践活动全部内容。史志业务工作。新修《莱芜市志》在上年完成终审的基础上，年内转入最终定稿阶段，经过全体编辑人员近7个月的努力，7月新修《莱芜市志》完成定稿任务，正式印刷，11月出版发行；《莱芜年鉴》2014卷2月下发编纂方案，4月完成资料征集，5月初稿编辑完成，8月送交出版社，11月出版发行；市情资料库（市情网）建设，年内申请注册中文域名，实时更新网站信息，完成《莱芜年鉴》2013卷88万字的资料录入，访问量累计达到45.91万人次；市方志馆建设，年内完成图书库房用品采购招标，11月馆舍正式交付，同月书库和阅览室设施安装完毕；志类产品开发，组织撰写10余篇业务论文，《莱芜古今》第六辑口镇专辑送交印刷，完成明嘉靖《莱芜县志》点校和电子化扫描，10月影印本和点校本定稿，11月影印本出版发行。干部队伍建设。开展“深化厉行节约反对浪费‘五个一’（节约每一滴水、每一度电、每一张纸、每一升油、每一粒粮）”活动和“转作风、优服务、树形象、创品牌”活动，深化权力运行机制改革，开展“千名干部下基层”活动，一年来累计为基层解难题、办实事100多件。加强干部培训，提高干部业务工作水平，积极招商引资，在参与经济工作中锻炼干部。

（亓军华）

【临沂市史志工作概况】 2014年，在市委、市政府的正确领导和省史志办的指导下，临沂市史志系统认真贯彻落实第五次全国地方志工作会议和全省地方史志工作会议精神，认真学习贯彻习近平总书记、李克强总理、刘延东副总理和郭树清省长、王随莲副省长的重要批示和讲话要求，按照“编史修志出精品，资政育人有突破，史志事业出人才，全局工作有作为”的工作目标，不断强化组织领导，健全工作机制，完善工作措施，创新工作方法，实现了又好又快发展。在2014年度山东省优秀史志成果奖评选中，《临沭县志（1986—2007）》被评为优秀市县级志书；《沂蒙革命根据地志》《大店镇志》被评为优秀基层（专门）志；“沂蒙史志”微信被评为优秀地情网站（优秀信息化建设成果）；沂水县方志馆被评为优秀方志馆；《费县志》（清康熙版）被评为优秀旧志整理成果。

第二轮志书编修工作。年初，对原定《临沂市志（1995—2010）》编修计划进行调整，根据编辑人员实际情况，重新分配了工作任务，将工作重心转移到市志第一册编修上来。从县区和外地市聘用兼职编修人员4名，加快了编修进度，10月中旬，第一册完成征求意见稿。至2014年底，《临沂市志》组稿工作基本完成，72个单位的市志初稿完成初编。同时为保证整部市志的统一协调，对市志第二部的编辑工作明确了责任分工，与第一部交错开展，压茬进行；市志第三部的部分编章编辑工作也同时展开。加强对县区志的指导，组织人员对河东、蒙阴、郯城、平邑4县区的县区志撰稿人员进行了业务培训；加强对市直部门志的业务指导，应邀对市农业综合开发办、市疾控中心、市红十字会3个单位进行了业务培训，培训人员120余名，并对部门志篇目设置提出了修改意见；对《费县志（1986—2010）》和重修《苍山县志》篇目调整情况进行了审核，提出修改意见80余条；10月，《费县志（1986—2010）》完成评议稿，市史志办安排专门力量对费县志稿进行了审读；对《莒南县志》和《临沭县志》的出版工作加强指导，《莒南县志（1993—2007）》《临沭县志（1986—2007）》年内正式出版发行；根据省史志办部署要求，对县区第二轮修志进行倒排工期，多次督促兰山、罗庄2个区迅速启动第二轮修志。加强对乡镇村志编修工作的调度，推动乡镇村志编修工作，临沂市第一部镇志——《大店镇志》于4月正式出版发行；组织业务人员多次对罗庄区《南十里堡村志》编修工作进行指导，及时进行评议和审定工作，提出了具体的修改指导意见；沂南县启动了《界湖街道志》编修，费县启动了《费城街道志》编修，临沭县启动了《白旄镇志》《朱村村志》的编修工作；根据中指组的安排，向省史志办推荐了6部国家重点出版的镇志。

年鉴编纂工作。年初对《临沂年鉴》2014卷的框架做了进一步的调整，更加注重发挥年鉴服务经济社会发展的实用价值和功用。按照市委、市政府两办印发《临沂年鉴》2014卷组稿方案要求，在组稿、编辑、返校等环节上严把质量关、保密关，并按照保密局要求，在稿件返校阶段，组织各供稿单位填报了信息公开发布审批表。11月，《临沂年鉴》2014卷出版发行。该卷年鉴做到图文并茂，编排严谨，印刷精良，突出地方特点。积极完成《山东年鉴》的供稿工作，在按时完成临沂市撰稿任务的同时，积极开展县区代组稿工作，按时保质地完成了《山东年鉴》2014卷供稿任务。组织各县区年鉴参与省史志办举办的第五届全省优秀年鉴评奖活动，共有兰山区、兰陵县、莒南县、沂水县、蒙阴县、沂南县、临沭县7个县区的年鉴参与此次优秀年鉴评选活动。其中，《临沂年鉴》(2014)获得综合奖项特等奖。《莒南年鉴》(2014)、《沂水年鉴》(2012)、《临沭年鉴》(2013)获综合奖项一等奖，《沂南年鉴》(2011—2012)、《兰山年鉴》(2012)、《苍山年鉴》(2007—2012)、《蒙阴年鉴》(2004—2008)获综合奖项二等奖。《莒南年鉴》(2014)获条目编写奖，《沂水年鉴》(2012)、《临沭年鉴》(2013)、《沂南年鉴》(2011—2012)获框架设计奖，《兰山年鉴》(2012)、《苍山年鉴》(2007—2012)、《蒙阴年鉴》(2004—2008)获装帧设计奖。

地情网站建设。加强临沂市情网的规范化运行，严格执行上网信息审查审批制度，确保上网内容的真实性、安全性。扩大市情动态栏目的资料搜集渠道，增加《沂蒙晚报》、临沂在线、琅琊新闻网等多家媒体。至2014年底，共上传《临沂地区志》等志书10余部，《临沂年鉴》18部，县区年鉴14部，《沂蒙史志》杂志24期和《蒙山文化研究》16期，及其他栏目资料8000余万字，历史资料录入超过4000万字，累计发布信息9万余条，点击量达690余万人次。各县区网站运行情况良好，根据省情网关于加强网站建设的要求，督促平邑、蒙阴2个之前未进行网站升级改版的县完成了网站升级改版工作，全市12个县区网站全部完成升级改版。各县区网站版面设计得到进一步优化。

方志馆建设。市史志办按照山东省史志办《关于加快方志馆建设的若干意见》要求，以建设特色化、管理制度化、馆藏图书多样化、方志利用社会化为目标，对市方志馆各项工作做了进一步规范，配备了专业专职工作人员和相应的各类设备，对一楼2个展室进行了重新布置，通过展板、灯箱、实物等，展示临沂社会发展史、修志历史与修志成果，展示临沂市历代所修旧志、新志共计200余种；积极进行建章立制，建立健全了临沂市方志馆章程、安全工作管理制度、图书查阅利用制度、日常管理制度、库房管理制度等各项规章制度；对馆藏资料进行分类整理，设置了志书库、年鉴库、工具书库、其他地情资料库、报刊库共5个专业库，馆藏图书包括临沂以及全国其他各地的旧志新志、年鉴、工具书、文学作品、地情统计资料、报刊等，达到5000余种，5万余册，逐步形成了专业化、特色化、系列化的馆藏结构。同时，积极做好馆藏资料服务社会、服务大众工作，对社会开放，方便群众借阅和查询。各县区方志馆也都进行了进一步的提升改造。

《沂蒙革命根据地志》出版发行。由市史志办自2010年开始编纂的《沂蒙革命根据地志》，历时四年，六易其稿，于2014年6月由中华书局正式出版发行。全书分为上下两册，记述时限上起1921年7月1日，下迄1949年9月30日。记事区域范围，以鲁中、鲁南、滨海三个中心区为主，亦兼及相关连地区，基本上涵盖了原临沂地区的13个县市。志书体例采用条目体，按入志内容设卷。志首设概述，以下分列十卷，依次为大事记、根据地建立、抗日根据地（上、中、下）、沂蒙解放区（上、中、下）、人物、革命纪念地。全书200余万字，插图1000多幅。志书真实、全面、系统、翔实地记述了沂蒙革命根据地的历史。为配合开展的党的群众路线教育实践活动，经市委、市政府主要负责人同意，市史志办将《沂蒙革命根据地志》作为活动的学习材料，免费发放到全市村居社区以上各级党组织和副市级以上在职、离退休领导干部手中，受到社会各界的好评。

地情资料研究及开发利用。组织人员编辑出版简明《市情书册》，融资料性、知识性、可读性于一体，客观的反映临沂的历史与现状，为各级领导和部门、单位提供一份简明的市情资政资料；发挥史志“资政、教化”功能，不断运用新媒体拓展服务渠道。3月，开通临沂市史志办官方微信“沂蒙史志”，也是全国史志系统首个官方微信平台。“沂蒙史志”微信设置市情动态、历史上的今天、文化掇英、琅琊风物、探索发现、史志动态等10余个栏目，每天选取其中的四个栏目进行更新，突出实时性、连续性的特点，以订阅号形式接受公众关注；继续做好《沂蒙史志》编辑发行工作，至2014年底已出版发行24期10余万册。此外，年内临沂市史志办还积极投入对“智慧临沂”手机客户端的研发。正式发布运行的“智慧临沂”手机客户端可以为受众提供新闻、地情、志鉴、政务、便民等资讯，是便捷的政务手册和民生服务平台。

学会建设。依托市地方史志学会和市望族文化研究会，积极组织开展学术研究、地情研究，协助组织开展名门望族宗亲联谊活动，增强海内外各姓氏后人宗亲之间的联系，为全市经济发展搭建招商引资平台，为临沂市的经济文化建设提供服务与支持。

旧志整理。整理出版了民国《临沂县志》、民国《续修临沂县志》。莒南县史志办对清末翰林庄陔兰纂修的《重修莒志》按原版扫描修改完善后影印，4月正式出版。

服务中心工作。完成了市委、市政府交办的各项任务，为市委、市政府有关负责人提供了临沂历史沿革、本市名门望族和部分领导人来临沂的历史资料；为沂蒙革命史展馆的布展工作，提供了部分图文资料。

（杜　帅）

【德州市史志工作概况】 志书编纂。2014年，全市重点文化工程《德州市志（1986—2011）》编纂进展顺利。进一步调整了全书的框架结构，召开了6次编务会和3次对接会，对编辑中的难点问题多次讨论研究，对相关资料进行了补充，编纂完成了业务量的80%，约200余万字。完成《德州市志》大事记的征求意见稿约30万字。

截至2014年底，全市11个县（市、区）中有9个完成第二轮修志任务，《禹城市志》完成了评审，《武城县志》完成资料征集进入编辑阶段。县（市、区）、乡（镇）、村三级志书编修工作全面展开，全年出版县级志书3部，评审志书1部。完成部门志、专业志12部，村志20多部。

年鉴编辑。《德州年鉴》2014卷以提高质量、缩短周期为重点，突出对重大事件的记述，强调实用性和可读性，全书90万字，9月出版，发行5000册，荣获全省优秀年鉴评比一等奖。

市县网站改版升级。德州市情网改版升级，对版面进行优化，增设栏目，补充约100万字资料，使修志成果更便于社会各界利用。7月,通过集中采取“三统一”（统一投资、统一设计、统一培训）的办法，完成了县级网站的改版升级。全市12个地情网站共更新资料6000多条（次），点击量较前增加10%。

地情研究。为更好地为现实服务，继续编辑出版《德州年鉴简明手册（2014)》。编辑出版了《德州概览》，全书48万字，系统介绍了德州市、县、乡三级概况、经济社会文化发展情况等。《德州往事》记述了明清时期德州的重大事件、名人名作、人文典故、名胜古迹等，全书40多万字。2014年10月，2部书由中国文史出版社出版。

旧志整理。2013年，德州市史志办整理出版了清康熙年间《德州志（点注本)》。清康熙《德州志》是清代编纂较早的志书，记载了清“康乾盛世”伊始，德州政治、经济、军事、文化、社会等全方位的情况。该志由清朝德州三位进士主编，著名学界泰斗顾炎武亲临德州校订。清康熙《德州志（点注本)》的出版引起广泛关注，人民网、凤凰网、搜狐网等多家媒体予以报道。

2014年,组织专家对明代嘉靖、万历、天启《德州志》进行校注出版，这3部明代《德州志》是德州历史上最早的志书，记载了明代嘉靖、万历和天启年间德州政治、经济、军事、文化、社会等全方位的情况，对研究明代历史提供了重要的依据。这部志书的独特之处是不仅使用了简化字，还进行了勘误，对一些术语、事件、人物等进行了注释。各县市区地情研究和旧志整理也取得新成果，全年共整理出版旧志5部、地情研究书籍6部。

（王立云）

【聊城市史志工作概况】 2014年，聊城市史志系统在市委、市政府的坚强领导下，在省史志办的关心指导下，认真贯彻落实党的十八大、十八届四中全会精神及市委十二届六次全体会议精神和国务院《地方志工作条例》《山东省地方史志工作条例》《聊城市地方史志工作条例》，紧紧围绕全市工作重心，强化措施，狠抓落实，不断创新志书、年鉴编修机制，继续深化地情研究，着力推进乡镇村志编修和旧志整理工作，各项工作均取得了显著成绩。

志书编纂。县级第二轮志书编纂工作全部完成。8个县（市、区）和聊城经济开发区已出版志书9部，县级第二轮志书编修工作全部完成。第二轮县志质量普遍较高，其中有6部志书被山东省地方史志编纂委员会授予“齐鲁新方志奖”,《茌平县志》《聊城经济开发区志》分别被山东省人民政府办公厅授予“优秀市县级志书入围奖”,《东昌府区志》被山东省人民政府办公厅授予“优秀史志成果·优秀市县级志书奖”。市级第二轮志书编修筹备工作完成。第二轮市级志书的篇目设计基本完成，大事记部分即将完成。部门志、行业志编修工作积极开展。《聊城市卫生防疫志》《聊城市食品药品监督管理志》已出版发行，《聊城市卫生志》《聊城市民政志》等行业志正在编纂中。聊城市民政局召开志书编纂培训会，选派业务骨干对参会60余人进行了业务指导。2014年，8县（市、区）共出版部门志1部、完成初稿7部、启动编纂3部。乡镇村志编修工作大力推进。2014年，全市共有5个乡镇、7个村庄启动了志书编纂，其中2部已交付印刷。茌平县已完成包括全县732个村庄的《茌平县村庄志》初稿，志稿约300余万字。

年鉴编纂。《聊城年鉴》（2014）交付印刷。按照“分编到人、责任到人”的原则，不断完善年鉴编纂体制，突出地方特色、时代特色，编纂进度比往年加快，现已交付印刷。已完成第二轮志书编修工作的县（市、区）普遍开展年鉴编纂工作。继《茌平年鉴》《东阿年鉴》《聊城开发区年鉴》相继出版后，2014年，临清、阳谷、高唐、东昌府区、莘县5个县（市、区）启动了年鉴编纂工作，其中《临清年鉴》《阳谷年鉴》《高唐年鉴》交付印刷，《莘县年鉴》《东昌府区年鉴》（2012—2014）已完成一半的编修工作。在县级年鉴编纂工作中，市史志办派出骨干力量对县（市、区）年鉴供稿人员进行了年鉴编纂业务培训，并对年鉴篇目设计进行审核指导，保证了县级年鉴的整体质量。

旧志整理。2014年，全市史志系统共启动整理旧志10部，影印出版6部、正在整理4部。整理方式以影印为主，点校为辅。一是旧志整理取得成绩。2014年3月，《博平县志》（清道光版）被山东省人民政府办公厅表彰为2013年度山东省优秀史志成果之优秀旧志整理成果奖。阳谷史志办影印出版民国二十六年《阳谷县志》。东阿史志办影印出版道光九年《东阿县志》等4部旧县志。高唐史志办影印出版《高唐民国志稿（手抄本）》。二是旧志整理继续推进。莘县史志办已完成明正德《莘县志》的注释整理工作，正在积极筹备出版费用。高唐县史志办已完成康熙十二年《高唐州志》的点校工作，即将交付印刷。冠县史志办已启动对明万历、清康熙等5部《冠县志》的整理。

地情研究。全市史志系统充分发挥自身优势，依托志鉴资料开展多种地情书籍的编纂工作，为聊城的“生态型强市名城”“冀鲁豫三省交界科学发展先行区”等建设活动建言献策。地情研究成果质量高。《阳谷县历史大事记（596—2012）》受到县政府领导充分肯定，并被山东省人民政府办公厅表彰为2013年度山东省优秀史志成果之优秀地情研究成果奖。进行多项地情书籍的编写。市史志办启动了《聊城历史文化遗址遗迹概览》《聊城大事记（1998—2012）》《聊城地方史研究》的编纂工作，三部地情成果全部完成资料搜集工作，1部交付印刷，2部正在进行初稿审定。东昌府区史志办编纂出版了《东昌府区情手册》（2014），深受广大干部群众欢迎。阳谷县史志办启动了补充建国前后县志资料的编纂，弥补了志书缺乏相关内容的缺陷。东阿县史志办完成了《东阿人物（下）》的编纂工作。高唐县史志办编纂出版了《高唐历史36问》，成为深受欢迎的地情手册。高新区出版《走进高新区》等地情书籍。发表多篇地情研究成果。在《中国地方志》《人文天下》《山东史志》《聊城日报》《聊城宣传》《光岳论坛》等多种杂志上发表业务理论文章、地情研究文章10多篇，期刊级别有明显提高，文章质量有明显提升。

地情网、方志馆建设。完成了市和全部县（市、区）地情网的改版，形成了强大的史志宣传、地情教育的网络基地。在新网站上添加300多篇20余万字的聊城史志资料，发布200多篇聊城文史信息，上传历年《聊城年鉴》的电子版，进一步实现了志鉴资料和地情资料的网络共享。开设党务学习专栏，扩充党建专栏内容，及时通过网络平台开展党务公开活动，提高了史志工作的影响力。积极与各级政府协调，稳步推动市、县两级方志馆建设。市、县两级史志办在经费紧张的情况下，尽力完善方志馆硬件、软件设施，通过购买、交换等方式扩充了馆藏，丰富了馆藏品种。

（宫　磊　闫　冬）

【滨州市史志工作概况】 2014年，滨州市史志系统以对历史负责、为现实服务的基本工作态度，按照常规性工作与为现实服务工作并举的工作定位和常规性工作上水平、创新性工作年年有的总体要求，志、鉴、库、馆和开发服务五业并举、整体推进。

志书编纂工作。全市第二轮修志计划编纂出版市级志书1部，县区级志书7部，至2014年底，市级《滨州地区志》出版发行，县区级《沾化县志》《滨城区志》《无棣县志》出版发行，《博兴县志》送印，《邹平县志》完成评审，《惠民县志》完成总纂，《阳信县志》编纂中。

年鉴编纂工作。2014年卷《滨州年鉴》编纂周期8个月，比往年提前1个月出版。6月份，袖珍本《滨州年鉴》提前出版，提供各级领导使用。

志类图书出版工作。年内，市史志办2014年1月整理出版的明万历、清康熙和咸丰三部《滨州志》获"全省优秀史志成果奖"。2014年4月，山东人民出版社出版《滨州通史》六部曲之二《滨州百家诗歌词曲》。启动了《滨州简明通志》和《天南地北滨州人》编纂工作。

网站及方志馆建设。滨州市情网完成升级改造。方志馆全年增藏图书1000余册。市史志办主任柴德杰在《滨州日报》发表方志馆建设的访谈报道。全年为城市规划、行业发展等工作提供资料查询110余人次。2014年10月，在滨州市公共文化中心博物馆争取到1300平方米的方志馆，年内开展前期调研考察工作。

学术交流活动。年内，全市撰写论文数篇，筛选出2篇参加全省史志理论研讨会。编辑发行《滨州史志》1期，刊登理论文章16篇，信息9条。

服务中心工作。年内，开展了群众路线教育实践活动。向市直部门、单位等发放《征求意见函》160余份，共收集意见100余份，归纳为13项问题，全部整改到位。单位内部征求意见33条，出台《市史志办群众路线教育实践活动整改方案》，提出9项专项整治措施，修订完善11项规章制度，完善了检查评估标准和监督问责机制。按照《滨州市党员干部全员联户实施办法》要求，滨城区杨柳雪镇后纪村为史志办联户村。全体党员干部到村入户走访，发放亲情服务联系卡、民生手册，为村民解决政策咨询等问题。结对帮扶1名困难职工，中秋节、春节等重大节日进行走访，送去1500元慰问金、食品和"爱心卡"等。

（侯玉杰　田希婷）

【菏泽市史志工作概况】 2014年，菏泽市史志系统在市委、市政府的正确领导下，贯彻落实党的十八大和十八届三中、四中全会精神，深入开展党的群众路线教育实践活动，严格按照两个《条例》规定，充分发挥史志工作"存史、资政、育人"三大职能，全面推进志、鉴、库、馆、用"五业并举"，把全市史志工作推上了一个新台阶。

业务工作快速推进。市志编纂。2014年，《菏泽市志（1986—2005）》进入了总纂阶段。本着对历史负责的态度，反复征求意见，推敲修改，精心打磨。11月，《菏泽市志（1986—2005）》评审稿历经近十年潜心编纂，数易其稿，总纂与印刷工作全部完成。该书是1998年版《菏泽地区志》的续志，也是菏泽撤地改市后的第一部市志。全志总计260余万字，分上、下卷，共34编，199章，809节，比较全面、系统、客观地记述了菏泽市的自然、经济、政治、文化和社会各方面的情况，力求展示出具有鲜明地方特点和浓郁时代特色的菏泽全貌。县志编纂。截至2014年底，9县区已有5县区完成了县区志的编撰发行工作。2014年，成立了市县业务专家组对县区志编纂进行业务指导，《巨野县志》完成评审并召开志稿终审会，已被省史志办确定为2014年度全省重点志书。《曹县志》完成出版发行，并被省政府办公厅评为全省史志优秀成果。单县、定陶、鄄城3县均进入志稿编写阶段。年鉴编纂。在保证质量的前提下，加快《菏泽年鉴》出版发行时间。4月底完成组稿工作、6月底完成通稿工作，8月底完成总纂工作，9月底，完成了《菏泽年鉴》2014卷90余万字的出版发行工作。指导成武、巨野、鄄城、东明、曹县、郓城完成了年鉴出版发行工作。乡镇、村志编纂。指导完成了巨野县第一部由乡镇独立编纂的镇村志——《巨野太平镇镇村简志》、牡丹区牡丹办事处《御河丹城（桂陵社区）志》、菏泽市第一部经过评审的村志——成武县九女集镇《曹口村志》的出版发行工作；启动了菏泽市第一部镇志——成武县《白浮图镇志》的编修工作。旧志整理。清乾隆二十一年版《曹州府志》的点校工作已经完成；整理重印的清·光绪《新修菏泽县志》已完成出版发行；《明清郓城县志》初稿已基本完成。

基础建设稳步发展。加强地情网站建设。选拔业务骨干担任“菏泽市情网”栏目编辑，实行了编辑责任制，将栏目内容分配到人，网站维护责任到人，严把政治关、质量关、史实关，做到了网站重要内容及时更新，动态栏目一周更新两次，完成了《菏泽年鉴》2012卷、《菏泽年鉴》2013卷、《菏泽地方文化集萃》《可爱的菏泽》的资料入库工作。通过联通公司“菏泽信息港”技术部对“菏泽市情网”和各县区地情网站进行改版升级，12月，市及各县区已完成了网站主页框架及后台程序设计。各县区明确一名副主任，配备一名微机技术人员专职负责县情网站的建设和运转。加强了网站信息报送工作，“山东省情网”已采用相关业务信息50余篇，列全省首位。

加强方志馆管理。市方志馆位于图书馆四层，建筑面积约1000平方米，于2014年1月1日开馆试运行， 8月26日正式开馆，平均每天接待读者50余人次，累计借阅志书2万多册。自试运行以来，以加强方志馆管理，提升运行质量为重点，做了以下工作：建立规章制度。相继制定了《菏泽市方志馆入馆指南》《方志馆工作人员守则》《志鉴书籍借阅制度》《地情展厅参观须知》，使其管理更加科学化和规范化。招募志愿者。面向社会招募志愿者10余人，利用节假日来馆帮助管理，减轻了方志馆接待读者压力，满足了群众的阅读要求。学习交流经验。派人员到北京市方志馆学习先进经验和工作方法。一年来，方志馆接待外省、市、县（区）等史志系统前来参观学习的团体30多个，菏泽市方志馆先进的办馆理念受到他们的赞扬与好评。丰富馆藏存量。通过采取购买、交换、捐赠等多种方式，使馆藏文献达到2000余种、20000余册。2014年，菏泽市方志馆被省政府办公厅评为山东省优秀方志馆。6月18日，副省长王随莲、省政府办公厅党组成员、省史志办主任刘爱军到菏泽市方志馆调研，对方志馆的建设、管理和运行给予了高度评价。

志书利用取得新成效。开展菏泽历史知识进校园活动。做好中小学历史文化教育读物——《可爱的菏泽》的校园免费赠送工作。开展菏泽历史知识进万家活动。开通史志办公室公共微博，利用微博平台普及菏泽历史文化知识，运用平台功能与网民进行交流互动；在“菏泽信息港”的“牡丹杂谈”论坛开设“学历史，知菏泽，爱家乡”专贴宣传菏泽历史名人和事迹，向社会传递正能量，开设一年来，浏览量达20余万人次。开展菏泽方志理论大家谈活动。2014年，在全市范围内广泛开展了方志论坛资政论文征集活动。本次活动以史志系统业务人员为主体，以“菏泽市情网”为阵地，开辟“方志论坛资政论文”活动专栏，及时上传大家在第二轮修志中的新思想、新观点、新方法、新体会等。参与活动的获奖论文在菏泽市情网开辟专栏刊登。本活动贯穿第二轮修志全过程，今后将每年年底组织一次。

队伍建设显著提高。在全市史志系统组织学习好、宣传好、执行好两个《条例》和《暂行办法》，提高史志工作的社会认知度，推动史志工作上水平上台阶。制定了包括志书质量管理、年鉴编纂管理、地情网站建设、方志馆建设、读志用志管理等方面的业务规范，并结合以后的修志工作实践，不断地进行健全和完善。全面贯彻“八项规定”和“六项禁令”，结合工作实际，深入开展了“庸懒散”专项治理活动，集中治理教育单位中存在的“庸懒散”“堰塞湖”“中梗阻”等不良风气，切实改进机关工作作风，提升个人品位修养，树立机关人员的良好形象。抓培训。成立市修志业务专家咨询组，研究解决第二轮修志业务中的重大问题，全面提高市县两级志书质量。加强业务培训与业务研讨，在组织参加全省方志理论研讨会、全省年鉴编纂工作研讨会同时，组织开展好全市史志系统业务培训活动，提高修志人员的业务水平和技能训练。做好《中国地方志》和《山东史志》的供稿工作。

党的群众路线教育实践活动。教育实践活动从2月24日启动，历时8个月。全办12名工作人员其中7名党员，共1个党支部全部参加教育实践活动，参与覆盖面达100%。办党组在严格执行上级部门统一部署的基础上，立足于不同阶段的不同特点，创造性地开展工作，使整个活动“规定动作做到位，自选动作有特色”。截至2014年底，整改工作任务已经全面完成，后续整改工作也已作出有序安排。活动开展以来，市史志办全体工作人员按照“照镜子、正衣冠、洗洗澡、治治病”的总要求，以“为民务实清廉”为主题，以“反对‘四风’、服务群众”为重点，扎实推进活动的深入开展，取得了显著成效，积累了一些好的做法和经验。

（陈　娅）

责任编校：温书义

志书编纂与出版

综　述

【概况】 2014年，山东省史志系统把第二轮修志作为主体业务，按照力争提前完成省政府提出的2018年全面完成任务的要求，转变工作模式，抓紧检查督导，全力加快工作进度，提高志书质量。一方面制定了《全省第二轮修志倒排工期计划表》，与省政府督查室开展联合督查。全年出版省志分志8卷，市级志书1部2册2卷，县级志书19部。评议省志分志10卷，市级志书2册，县级志书8部。截至年底，累计出版省志分志29卷，完成计划的39%，较上年增加11个百分点；市级志书4部3册5卷，完成38%，较上年增加19个百分点；县级志书83部，完成61%，较上年增加15个百分点，进度明显加快。另一方面完善了《山东省志书质量管理规定》等13项志书质量管理制度，加强了志书评议、审查验收和印刷出版各环节的工作。省志编审工作提前介入，全流程跟进指导承编单位各环节工作，全面提升编纂质量。发挥重点志书的示范带动作用，努力打造精品佳志。已出版的志书质量比首轮有较大提高。同时开展了第四期修志业务培训班、全省乡镇村志编修业务培训班等多种形式的业务培训班，累计培训400余人。召开了方志理论研讨会暨方志期刊座谈会。培育了推进第二轮修志科学发展的“济南经验”，在全省起到很好的示范带动作用。

（李　坤）

省志编纂与出版

【概况】 1981年10月，山东省地方史志编纂委员会成立。11月，山东省第一次地方史志工作会议召开，提出编纂一部多卷本新编《山东省志》的设想。1982年，首轮《山东省志》编修工作正式启动。至2003年底，规划的84卷、88册《山东省志》分志全部出版。2001年7月，省委办公厅、省政府办公厅转发《山东省续修新方志工作纲要》，启动省志续修工作。第二轮《山东省志》初始规划为1部、83卷（分志），2008年调整为78卷，2014年再次调整为74卷、80册，总规模约4000万字；上限为1986年，下限断至2005年；分志字数控制在30万至50万字。自2004年起，省志编纂工作进入组织发动和业务培训阶段。2007年12月，第二轮《山东省志》第一卷——《工商行政管理志》编纂出版。

省志工作逐步进入业务编纂阶段，分志陆续编纂出版发行。

2013 年 12 月至 2014 年初，省史志办联合省政府督查室对部分省志承编单位开展政务督查，重点解决省志编修进度问题，拉开全省第二轮省志编修工作提速增效的序幕。

2014 年 3 月，根据省政府领导要求，省史志办在充分调研的基础上，制定印发《全省第二轮修志倒排工期计划表》，对未完成任务的《山东省志》分志设定完成时限，增强承编单位的责任感和紧迫感；调整续修《山东省志（1986—2005）》志目设置与分工，重新明确责任分工。5 月，修订完善《〈山东省志（1986—2005）〉编纂通则》《〈山东省志（1986—2005）〉志稿审查验收规定》《〈山东省志（1986—2005）〉编纂若干业务问题规定》《〈山东省志（1986—2005）〉行文规定》及《山东省志书质量管理规定》等规章制度，印发《山东省志》各承编单位，指导、规范编写工作。6 月 5 日，全省史志工作电视会议在济南召开，省志承编单位分管史志工作的领导和史志办负责人近百人参加会议，省经济与信息化委员会作大会典型发言。会议传达了省长郭树清“修志是国家行政管理的必要组成部分，各级政府要把发展史志事业作为重要职责，纳入经济社会发展规划，确保各项工作落实到位”的重要批示。副省长、《山东省志》主审王随莲作重要讲话，要求“省志承编单位要认真履行职责，主要领导要关心支持，分管领导要靠上抓，选配得力的编撰人员，严格按照任务要求和责任分工抓好工作落实”。省政府办公厅党组成员、省史志办主任刘爱军作工作报告，强调要“狠抓志书质量管理，进一步加强志书评议、审查验收和出版工作，出台详细的工作流程和审批办法，达不到质量标准的志书坚决不允许出版发行。”省机构编制委员会把省级志书工作职能列入政府“权力清单”和“责任清单”，进一步确立省史志办依法管理修志的行政主体资格，增强了修志工作管理的权威性。8 月，举办省直部门修志业务培训班，分专题培训撰稿人员。12 月，召开《山东省志》部分承编单位修志工作座谈会、《山东省志 · 工业志》业务工作座谈会，统一编纂思想，解决业务难点问题。在各级领导的重视和支持下，省志承编单位依法修志、依法行政意识进一步增强，积极落实各项条件保障，省志编纂工作环境进一步优化。2014 年，共有 17 卷分志完成初稿编写，10 卷完成评议，5 卷完成送审，8 卷分志出版，其他分志续修工作有序进行，省志编纂进度提速明显，编纂质量显著提高。

2014 年，省史志办省志编审处遵循依法治志、提速增效原则，注重深化服务理念，不断创新工作机制，实施规范化管理，从细从实做好业务指导；始终坚持质量第一，继续完善管控体系，确保志书质量；不断强化人才培养，完善激励机制，激发工作活力。年初参与完成省政府修志工作政务督查，指导督促 14 个单位完成督查后整改工作；配合《全省第二轮修志倒排工期计划表》的实施，印发《山东省志》编纂工作明白纸，为承编单位提供工作“路线图”“说明书”。全年到省志承编单位进行工作走访和指导 120 余次，为承编单位举办业务讲座和培训 10 余次，指导 11 卷分志完成初稿，推动各承编单位续修工作取得明显成效。

【省政府督查省志承编单位史志工作】 2013年12月6日至2014年1月3日，由省政府督查室、省史志办组成的省政府史志工作督查组先后到省水利厅、省商务厅、省文物局、省侨办、省体育局、中国人民银行济南分行、省教育厅、省新闻出版局、大众报业集团、山东出版传媒股份有限公司、国网山东省电力公司、省卫生厅、省供销社、省通信管理局现场督查史志工作。省史志办副主任刘娟、省政府督查室调研员邓洪奎带队督查。各单位分管史志工作的领导及有关人员参加督查活动。督查活动结束后，各单位按照督查组要求，针对存在的问题，认真制定工作方案和整改计划，采取有效措施，全力推动各分志编纂工作再上新台阶。省水利厅针对因修志力量不足制约工作进度的问题，专门召开会议，决定借调5至6名工作人员，充实修志队伍，启动初稿撰写半年突击计划。国网山东省电力公司制定编纂工作方案，集中人员和时间展开初稿撰写，并专门就在志稿撰写工作中遇到的业务问题来省史志办进行座谈交流，同时上报5篇初稿。省商务厅、山东出版传媒股份有限公司计划调整成立分志编纂委员会，成立修志工作机构，明确工作责任。省文物局、省卫生厅分别召开专题会议，研究落实经费、牵头单位和责任人等，把修志工作列入年度工作计划。省体育局与山东体育学院协调，确保参与修志工作的同志能集中时间、集中精力，全力进行志稿撰写工作。中国人民银行济南分行专门召集负责史志工作的同志与撰稿人员研究工作措施，加强对续志工作的部署安排，增加修志力量，并倒排工期。省侨办、省教育厅、省新闻出版局、大众报业集团、省供销社、省通信管理局等针对督查组提出的问题，积极研究解决措施，确保工作扎实有效开展。

2014年1月3日，省政府史志工作督查组到省通信管理局督查史志工作

【省志编审处与承编单位“互动”推动分志编纂工作开展】 2014年第一季度，省史志办在认真摸清各分志编纂情况的基础上，按照2018年全面完成第二轮省志编纂工作的总体规划，科学合理规划省志编纂工作，对各分志评议和出版时间作出年度规划。采取“请进来”“走出去”等不同形式，积极与各承编单位协调、交流，切实落实省政府史志工作督查组的督查要求和整改措施，形成合力，推动各分志加快工作进度，为全年工作开了个好头。2月24日，省文化厅召开《山东省志·文化志》编纂工作调度会，通报《文化志》各篇的进度及每篇存在的问题，部署下步工作任务。省文化厅各处室、参编单位负责人以及省史志办有关人员参加会议。省文化厅副厅长胡上山要求各参编单位进一步提高认识，加强组织领导，严格落实责任，拿出精兵强将充实修志力量；倒排工期，集中力量完成资料收集和初稿撰写任务。2月26日，山东出版传媒股份有限公司负责史志工作的同志就重新启动《山东省志·出版志》编纂工作，与省史志办省

志编审处业务人员座谈，强调下步工作要统筹安排，制定方案，明确编委会组成、经费来源、人员落实等问题，尽快提交董事会研究确定，切实按照省政府史志工作督查组要求，全面启动《出版志》编纂工作。3月5日，省国土资源厅办公室、省国土测绘院负责人到省史志办，与省志编审处人员座谈，就《山东省志·国土资源志》送审、《山东省志·测绘志》初稿修改重点及评议工作进行交流。3月6日，省粮食局召开《山东省志·粮食志》编纂工作座谈会，回顾总结前期工作，协调解决工作中存在的问题，安排部署工作任务。省粮食局局长杨丽丽、副局长丁兆石，省史志办副主任刘娟出席会议。会议要求，进一步加强组织协调，尽快完成资料补充，做好初稿修改工作，保证工作计划落实。杨丽丽表示，会后将专题研究修志工作，明确责任，倒排工期，确保按时完成《粮食志》初稿。3月10日，省商务厅举办《山东省志·对外经济贸易志》撰稿人员培训会。会上，省史志办业务人员就第二轮省志的总体要求、资料搜集和整理、初稿撰写原则等进行讲解，并现场解答撰稿人员提出的问题。自省政府史志工作督查组现场督查后，省商务厅党组高度重视，厅长王华亲自过问，副厅长石光亮于3月4日主持召开编纂工作调度会，调整充实人员，明确任务，续志工作全面展开。

【《全省第二轮修志倒排工期计划表》印发】 根据省政府要求，全省第二轮修志任务将于2018年全面完成。2014年3月14日，省史志办印发《关于印发〈全省第二轮修志倒排工期计划表〉的通知》，对《山东省志》各分志出版时间作出计划。各承编单位按照《通知》精神要求，精心组织，科学调度，采取有效措施，不断加快工作进度。省志编审处统筹规划，业务指导工作及时跟进，保证各项工作顺利进展。经过一年实践，各单位对修志工作更加重视，省志续修工作整体稳中加快，提速明显，取得阶段性成果。截至2014年底，第二轮《山东省志》74卷分志中，省史志办完成总纂、出版以及已经送审、正在总纂的分志共计34卷，另有17卷分志完成初稿撰写，正在进行内部修改；剩余处于初稿撰写或资料收集阶段的分志编修进度也明显加快。

【《关于调整续修〈山东省志（1986—2005）〉志目设置与分工的通知》印发】 2001年7月，省委办公厅、省政府办公厅转发的《山东省续修新方志工作纲要》公布《续修〈山东省志〉志目与分工表》，明确《山东省志》续修任务为编纂分志83卷。13年来，各承编单位按照志目分工，扎扎实实地开展工作，取得了良好成效。但是，随着形势的发展和工作变化，原有志目分工与实际情况出现较大差异，主要是：与首轮《山东省志》衔接设立的个别续修志目，实际工作中并没有对应的承编单位或部门；部分承编单位因机构改革、职能调整、行业萎缩等，无力承担编修任务，需要合并部分志目；因承编单位职能和机构名称变化，需要重新明确承编单位；根据事业发展情况，需要增设新志目。鉴于以上情况，为推动续修《山东省志》编纂工作有序展开，确保按时完成编纂任务，经广泛调研和征求意见，2014年3月26日，省史志编委会印发《关于调整续修〈山东省志（1986—2005）〉志目设置与分工的通知》，确定对《山东省志》志目设置与分工作适当调整，调整后的《山东省志》设74部分志。

【《〈山东省志（1986—2005）〉编纂通则》等5项规章制度印发】 2014年5月21日，省史志办将修订后的《〈山东省志（1986—2005）〉编纂通则》《〈山东省志（1986—2005）〉志稿审查验收规定》《〈山东省志（1986—2005）〉编纂若干业务问题规定》《〈山东省志（1986—2005）〉行文规定》及《山东省志书质量管理规定》等5项规章制度印发《山东省志》各承编单位。

【《山东省志·外事志》总纂工作座谈会召开】 2014年4月28日，《山东省志·外事志》总纂工作座谈会在省方志馆召开。省外办副巡视员、《外事志》主编张国梁，省史志办副主任刘娟参加座谈。座谈会梳理志稿总纂时发现的问题，研讨修改方案，明确修改工作计划和重点。座谈会指出，《外事志》是一部重要的省志分志，政治敏感度高，政策性强，属于重大选题。编纂中一定要把好政治关、保密关、重大史实关，确保正确的政治方向和高品质的志稿质量。张国梁表示，一定全力配合省史志办的总纂工作，根据座谈会形成的意见共识，集中力量集中时间，抓好志稿存在问题的解决落实，努力打造经得起历史检验的精品佳志。

【《山东省志》续修工作第二协作组座谈会召开】 2014年5月16日，《山东省志》续修工作第二协作组座谈会在省住房和城乡建设厅召开。省住房和城乡建设厅党组成员、纪检组长李绍增，省史志办

2014年5月16日，《山东省志》续修工作第二协作组座谈会在省住房和城乡建设厅召开

副主任刘娟出席会议并讲话。省经信委等12个单位分管负责人参加会议。会上，各承编单位汇报了编纂工作进度和下步工作打算，交流了编纂工作的经验做法，对省史志办继续加强工作指导提出了意见建议。刘娟传达了第五次全国地方志工作会议精神，会议强调，各单位要认真学习习近平总书记和李克强总理对修志工作的重要指示，认清当前修志工作的大好形势，进一步激发民族文化自豪感和修志自信心；要继续加大工作力度，提高工作效率，把落实好倒排工期计划表当成硬任务，按时完成修志工作；要重视沟通交流，相互学习借鉴，共同推进修志工作；要继续加强组织领导，确保完成任务。

【《山东省志》部分承编单位修志工作座谈会召开】 2014年12月10日，《山东省志》部分承编单位修志工作座谈会在济南召开。省史志办副主任刘娟出席会议并讲话。会议采取大会交流和分组讨论的方式，深入分析省志工作存在的主要问题，研究探讨推进工作的方法，明确了下步工作计划。《全省第二轮修志倒排工期计划表》印发后，各承编单位精心组织，科学调度，采取有效措施，不断

2014 年 12 月 10 日，《山东省志》部分承编单位修志工作座谈会在济南召开

加快工作进度，省志整体工作明显提速，编纂质量不断提高。但是，省志工作整体上仍然存在工作进展不够平衡、编纂质量不够均衡的现象，个别单位存在领导认识不到位、修志队伍不稳定、编写力量不足、组织协调保障力度不够等问题，影响了编修工作持续有效推进。刘娟就做好下步工作提出四点要求：一要立足大局，认清形势，进一步增强做好编修工作的责任感和紧迫感，切实增强工作的整体性和同步性；二要加强领导，理顺关系，切实做好协调保障工作；三要明确分工，倒排工期，明确责任，抓好落实，进一步加快编修工作进度；四要坚持质量第一，强化担当意识，努力编修经得起历史检验的精品佳志。与会单位一致表示，一定要以这次会议的召开为契机，进一步振奋精神，修订工作计划，切实提高工作效率，确保顺利完成省政府部署的修志任务。

【《山东省志·工业志》业务工作座谈会召开】 2014 年 12 月 11 日，省史志办召开《山东省志 · 工业志》业务工作座谈会，通报工作进度和 2015 年工作打算，交流工作经验，讨论业务问题。省中小企业局、省国防科工办、省机械工业协会、省纺织工业协会、省轻工业协会、省建材工业协会、省石化工业协会、省轻工集体企业联社、省丝绸公司修志业务负责人参加会议。省史志办副主任刘娟参加座谈。截至 2014 年 12 月，《工业志》编纂工作整体情况是：机械工业篇、纺织工业篇已进入总纂阶段；一轻工业篇完成评议修改，准备正式送审；建材工业篇完成内部征求意见，正在加紧完善修改；丝绸工业篇形成较完整初稿，正在补充修改；国防科技工业篇、中小企业篇、二轻工业篇、石油化工篇已形成基本初稿。《工业志》总体上还存在工作进展不够平衡、志稿质量不够均衡现象，一些单位编写队伍不够稳定、编写力量薄弱、资料搜集困难，后续工作仍然艰巨。各

2014 年 12 月 11 日，省史志办召开《山东省志 · 工业志》业务工作座谈会

单位表示，要按照《全省第二轮修志倒排工期计划表》的要求，增强做好编修工作的责任感和紧迫感，立足省志和《工业志》整体全局，修订工作计划，抓好工作落实，完善协调保障，加快编修进度，按计划完成编写任务。刘娟对各单位的工作给予肯定，对下步工作提出要求：一是统一思想，加快进度，确保按计划完成编写任务；二是遵循《工业志》统一要求，确保主编到位尽责，努力提高编写质量；三是进一步加强组织领导，充实稳定编写人员，落实好修志条件保障。

【《山东省志·盐业志》评议会召开】 2014年2月27日，《山东省志·盐业志》志稿评议会在省盐务局召开。省盐业集团有限公司董事长、总经理、省盐务局局长孙树声致辞，省史志办副主任刘娟出席会议并讲话，省盐业集团有限公司党委书记翟凤银主持会议。省盐业集团有限公司规划发展处、省盐务局盐政法规处、威海市盐务局、潍坊市盐务局、寿光市盐务局等单位有关专家，《盐业志》编写人员以及省史志办省志编审处有关人员近20人参加会议。会上，专家对志稿进行了认真评议。会议强调，要将质量意识贯穿于修志工作始终，进一步加强领导，保证工作条件，认真按照评议会意见修改志稿。孙树声要求编写人员要认真研究梳理评议意见，制定修改方案，加快编修进度，努力编写出一部精品佳志。

【《山东省志·工会志》评议会召开】 2014年3月25日，《山东省志·工会志》志稿评议会在省总工会召开。省政府办公厅党组成员、省史志办主任刘爱军，省总工会副主席王星海出席会议并讲话。省史志办副主任刘娟、省总工会部分专家、省总工会工运史研究室及省史志办相关同志参加会议。刘爱军对省总工会重视修志工作的做法和评议稿的质量给予充分肯定，并就志稿评议和下步修改工作提出具体要求：一是进一步提高对志书质量重要性的认识，以对历史高度负责的态度，着力提高志书质量，把确保质量摆在重要位置；二是认真做好志稿评议工作，充分发挥与会专家的专业优势，敢于“揭短亮丑”，为志稿修改完善提出建设性的意见和建议，切实达到汇集智慧、群策群力、改好志稿、提高

2014年3月25日，《山东省志·工会志》志稿评议会在省总工会召开

质量的目的；三是扎实做好评议后的修改工作，系统梳理归纳评议意见，制定修改方案，并认真抓好落实。进一步加强组织领导，正确处理好工作进度和质量的关系，在保证质量的前提下，加快工作进度，按照省志质量标准要求，尽快完成《工会志》修改、送审和出版工作。王星海要求编写人员认真梳理评议意见，专门召开会议制定修改方案，扎实做好评议后的修改、补充和完善工作，强化责任意识，树立精品意识，争取把《工会志》编纂成为精品佳志。

【《山东省志·交通志》评议会召开】 2014年6月6日，《山东省志·交通志》志稿评议会在省交通运输厅召开。省政府办公厅党组成员、省史志办主任刘爱军，省交通厅党组书记、厅长张传亭出席会议并讲话。会议由省交通运输厅党组副书记、副厅长范正金主持，省史志办副主任刘娟以及省交通运输厅公路局、省交通厅道路运输局、民航山东监管局、省交通运输厅办公室、省交通科研所、省交通学院相关人员，省交通运输厅部分退休老同志参加会议。刘爱军对省交通运输厅重视修志工作的做法和评议稿的质量

给予高度评价，并就志稿评议和下步修改工作提出具体要求：一是始终坚持质量第一原则。仔细“解剖麻雀”，对志稿进行把脉、问诊，指出存在的问题和不足，全面提升志书质量。编纂人员要沉下心来，耐住性子，高标准、严要求，认真加工，仔细打磨，努力编纂精品佳志。二是认真做好志稿评议工作。充分发挥与会专家的专业优势，敢于“揭短亮丑”，为志稿修改完善提出建设性的意见和建议，切实达到汇集智慧、群策群力、改好志稿、提高质量的目的。三是扎实做好评议后的修改工作。本着“举一反三、触类旁通”的原则，系统梳理归纳评议意见，制定修改方案，并认真抓好落实。主编与责任编辑树立全志一盘棋思想，明确分工，各司其职，切实做好志稿的统编统纂工作。进一步加强领导和组织协调，提供良好工作保障，提高工作效率，集中力量打“歼灭战”，按照省志质量标准要求，尽快完成《交通志》修改、送审和出版工作。张传亭要求与会评议人员围绕志稿的主题、结构、文字、编排等方面，坚持客观、公正、实事求是的原则，充分发表真知灼见，进一步提升志稿的科学性、思想性和权威性，使其能够真正经得起历史和实践的检验。认真梳理总结评议意见，逐条逐项消化吸收，全力做好志稿修改完善工作，按时高质量地完成《交通志》编纂任务。与会评议人员从志稿的政治方向、篇目结构、记述角度、重大历史事件把握、图片选取、体例写法等方面进行了全面、认真、系统的评议，指出存在的问题，并提出了修改意见。

【《山东省志·工业志·一轻工业篇》评议会召开】 2014年6月20日，《山东省志·工业志·一轻工业篇》（简称一轻篇）评议会在省轻工业协会召开。省政府办公厅党组成员、省史志办主任刘爱军，省史志办副主任刘娟，省轻工业协会会长李伟鸣出席会议并讲话，省轻工业协会副会长滕建军主持会议。刘爱军对省轻工业协会重视修志工作的做法和评议稿的质量给予充分肯定，并就志稿评议和下步修改工作提出具体要求：一是进一步提高对志书质量重要性的认识，按照郭树清省长和王随莲副省长的重要指示精神，坚持高标准、严要求，精益求精，力争使一轻篇体现出省级志书的权威性、专业性和影响力，真正经受住历史和社会的检验。二是认真负责，充分发挥与会专家的专业优势，为志稿修改完善提出建设性的意见和建议，切实达到汇集智慧、群策群力、改好志稿、提高质量的目的，确保评议会取得实效。三是扎实做好评议后的修改工作，认真分析和梳理每位领导、专家所提的意见，制定出切实可行的修改方案，着力抓好落实。同时要进一步加强领导和组织协调，提供良好工作保障，提高工作效率，按照省志质量标准要求，尽快完成一轻篇的修改、送审和出版工作。省轻工业协会有关业务处室、行业协会及研究院所的

2014年6月20日，《山东省志·工业志·一轻工业篇》评议会在省轻工业协会召开

负责人和专家，省史志办省志编审处工作人员等围绕志稿的篇目结构、观点资料、内容编排、文体文风、图表运用等方面，进行了全面细致的评议，指出存在的问题，并提出了修改意见。刘娟对评议会取得的效果给予充分肯定。会议要求省轻工业协会继续加强对修志工作的组织领导，虚心吸收评议意见，制定可行的修改方案，并认真抓好落实，努力提升志稿质量。

【《山东省志·测绘志》评议会召开】2014年10月10日，《山东省志·测绘志》志稿评议会在省国土资源厅召开。省政府办公厅党组成员、省史志办主任刘爱军，省国土资源厅副厅长张庆坤出席会议并讲话，省测绘地理信息局局长吴玉海主持会议。省政府参事周莲英、省史志办副主任刘娟及解放军测绘大队、山东科技大学、国家土地督察济南局、省国土测绘院、省测绘局等部门的专家参加会议。刘爱军对省国土资源厅重视修志工作的做法给予高度评价，并就志稿评议和下步修改工作提出具体要求：一是进一步提高对志书质量重要性的认识，着力提高志书全面质量。二是认真做好志稿评议工作，各位专家要充分发挥专业优势，为志稿修改完善提出建设性的意见和建议，确保评议会取得实效。三是扎实做好评议后的修改工作，认真整理吸纳专家的合理建议，制定切实可行的修改方案；进一步提高效率，集中力量打“歼灭战”，不要延误修改定稿的最佳时机；主编要保证对志稿统编统纂；省国土资源厅要继续加强组织领导，为后续任务提供良好的工作保障，尽快完成志稿修改、送审和出版工作。会上，与会领导和专家对志稿进行了全面评议，指出不足，并对修改工作提出许多合理的建设性意见。吴玉海表示，会后要认真梳理专家意见，形成切实可行的修改方案，反复修改志稿；进一步加强组织协调，做好人员、经费保障工作，确保按时完成编写任务。

2014年10月10日，《山东省志·测绘志》志稿评议会在省国土资源厅召开

【《山东省志·大事记》评议会召开】2014年10月16日，《山东省志·大事记》评议会在济南召开，来自5家《山东省志》承编单位和4个市史志办的10余名专家参加评议。省史志办副主任刘娟出席会议并讲话。省史志办对此次会议高度重视，省政府办公厅党组成员、省史志办主任刘爱军两次听取会议方案汇报，提出明确要求；刘娟副主任亲自选定评委人员；省志编审处预先制定下发评议要点。与会评委尽职尽责，按照分工逐字逐句研读志稿，多位评委通读通改了全志，撰写了高质量的评议意见。会上，各评委对《大事记》志稿总体质量给予较高评价，同时针对志稿存在的问题，着重就如何合理运用好大事记体裁，避免新闻报道形式，减少领导、会议、文件事条，调整大事记述角度等方面提出修改建议，为提高志稿质量打下了良好

2014年10月16日，《山东省志·大事记》评议会在济南召开

基础。刘娟对各位评委的负责精神和辛勤努力表示感谢。会议要求省志编审处认真研究吸收评委意见，制定详细的修改方案，集中时间精力，分门别类地做好志稿修改工作，把《大事记》修成一部经得起历史检验的精品志书。

【《山东省志·电力工业志》评议会召开】2014年11月18日，《山东省志·电力工业志》志稿评议会在山东电力集团公司培训中心召开，省史志办副主任刘娟出席会议并讲话。志稿评议会由国网山东省电力公司企业管理协会组织承办，协会副秘书长吕金波参加会议。华能山东发电有限公司、华电山东发电有限公司、国电山东电力有限公司、大唐山东发电有限公司等参编单位以及山东电力系统部分离退休老领导、老专家近20人参加会议。会上，与会领导和专家对志稿进行了全面评议。会议强调，要将质量意识贯穿于修志工作始终，进一步加强领导，保证工作条件，认真按照评议会意见修改志稿。吕金波表示，会后将认真梳理专家意见，制定修改方案，认真修改完善志稿；进一步加强组织协调，确保主编到位，集中人员，集中精力，确保按时完成志书编写任务。

2014年11月18日，《山东省志·电力工业志》志稿评议会在山东电力集团公司培训中心召开

【《山东省志·物价志》评议会召开】2014年11月25日，《山东省志·物价志》志稿评议会在省物价局召开。省政府办公厅党组成员、省史志办主任刘爱军，省物价局局长陈充出席会议并讲话。省物价局纪检组长宋善英主持会议，省史志办副主任刘娟，省社科院经济研究所所长张卫国，济南大学教授葛金田以及省价格研究所、部分市物价局负责人近20人参加会议。刘爱军对省物价局重视修志工作的做法和评议稿的质量给予高度评价，并就志稿评议和下步修改工作提出具体要求：一是始终坚持质量第一原则。对志稿进行把脉、问诊，指出存在的问题和不足，全面提升志书质量。编纂人员要沉下心来，耐住性子，高标准、严要求，认真加工，仔细打磨，努力编纂精品佳志。二是认真做好志稿评议工作。充分发挥与会专家、学者的专业优势，敢于"揭短亮丑"，为志稿修改完善提出建设性的意见和建议，切实达到汇集智慧、群策群力、改好志稿、提高质量的目的。三是扎实做好评议后的修改工作。坚持"举一反三、触类旁通"的原则，系统梳理归纳评议意见，制定修改方案，并认真抓好落实。进一步加强领导和组织协调，提供良好工作保障，提

2014年11月25日，《山东省志·物价志》志稿评议会在省物价局召开

高工作效率，集中力量打“歼灭战”，按照省志质量标准要求，尽快完成《物价志》修改、送审和出版工作。陈充要求编写人员要围绕志书内容的广度、高度、深度，坚持客观、公正、实事求是的原则，进一步突出志稿的资料性、事件的标志性和内容的典型性，提升志稿的科学性、思想性和权威性，使其能够真正经得起历史和实践的检验，把这件功在当代、利在千秋的大事做好。会后要制定修改方案，认真梳理总结评议意见，逐条逐项消化吸收，集中时间和精力做好志稿修改完善工作，圆满完成省政府下达的编纂任务。

【《山东省志·保险志》首发式举行】 2014年4月25日，《山东省志·保险志》首发式在山东行政学院举行。省史志办副主任翟世林、山东保监局副局长姚飞、

2014年4月25日，《山东省志·保险志》发行仪式在山东行政学院举行

省保险学会副会长兼秘书长陈进军出席首发式并讲话。保险行业部分业界老专家，人保财险、中国人寿等20余家省级保险公司分管负责人，省保险学会、省保险中介协会负责人，山东大学、山东财经大学相关专家，部分媒体及《保险志》编纂人员共40余人参加。翟世林在讲话中指出，《保险志》出版发行后，要把编史修志的工作重心转移到读志、传志、用志上来，做到学以致用、修以致用。他强调，要认真学习领会习近平、李克强、刘延东等党和国家领导人的重要指示精神，深入贯彻落实第五次全国地方志工作会议精神，以更加饱满的热情、求真存实的作风进一步做好史志编纂、管理和开发利用工作，为传承弘扬齐鲁文化、加快经济文化强省建设作出新贡献。姚飞在讲话时指出，《保险志》是全省保险行业基础文化建设中的一项重要成果，下步将在全系统深入组织开展读志用志活动，切实发挥志书的存史、育人和资政作用，推动全省保险事业科学发展。

【《山东省志·劳动和社会保障志（1986—2005）》出版】 2014年7月，省人力资源和社会保障厅组织编纂的《山东省志·劳动和社会保障志（1986—2005）》由山东人民出版社出版。主编李广林，副主编陈明乾、王宏伟。16开本，34万字，印数1050册，ISBN978-7-209-08499-4，180.00元／册。2003年7月，省人力资源和社会保障厅成立《劳动和社会保障志》编纂委员会，下设史志办公室，具体负责志书的综合协调、篇目拟订、资料收集、撰稿统稿及评议修改和送审工作。2013年9月形成送审稿，

报省史志办总纂。省史志办于2014年1月完成初审，3月底完成复审。5月，总纂终审后，报主审审定，交付出版。该志为首轮《山东省志·劳动志》续志，全志设劳动就业、劳动关系、社会保障、机构4篇，全面客观地记述了1986—2005年山东省劳动和社会保障事业的发展历程。这一时期，山东省各级劳动和社会保障机关紧紧围绕全省中心工作，强化职能，开拓思路，建立现代企业制度，全面推行企业劳动、人事和工资制度改革，积极扩大社会就业，加强职业技能培训制度建设，建立和完善劳动关系协调机制，加快建立健全社会保障体系，为保障全省经济社会健康发展作出了重要贡献。该志保存了这一时期的大量史料，对全面了解山东省劳动和社会保障事业发展变化，系统总结历史经验，进一步促进全省劳动和社会保障事业发展，具有重要的参考和借鉴价值。

【《山东省志·地震志（1986—2005）》出版】 2014年7月，省地震局组织编纂的《山东省志·地震志（1986—2005）》由山东人民出版社出版。主编晁洪太，副主编刘峰。16开本，36万字，印数3000册，ISBN978-7-209-08586-1，180.00元／册。2006年11月，省地震局成立《地震志》编纂委员会，下设史志办公室，具体负责志书的综合协调、篇目拟定、资料收集、撰稿统稿及评议修改和送审工作。2013年12月形成送审稿，报省史志办总纂。省史志办于2014年3月底完成初审，5月完成复审，交总纂终审。6月底报主审审定，交付出版。该志为首轮《山东省志·地震志》续志，全志设地震构造与地震活动、地震监测、地震预测预报、地震灾害防御、地震应急救援、地震科学技术进步、机构管理7篇，全面客观地记述了1986—2005年山东省地震活动及地震构造情况变化以及20年间山东省防震减灾事业的发展历史与现状。这一时期，山东省防震减灾工作体制基本建立，工作体系不断完善，防震减灾基层基础能力不断提升。该志保存了这一时期的大量史料，对全面了解山东省防震减灾事业的发展变化，系统总结历史经验，进一步促进全省防震减灾事业发展，具有重要的参考和借鉴价值。

【《山东省志·外事志（1986—2005）》出版】 2014年11月，省外办组织编纂的《山东省志·外事志（1986—2005）》由山东人民出版社出版。主编张国梁。16开本，51万字，印数1500册，ISBN978-7-209-08769-8，160.00元／册。2003

年，省外办成立《外事志》编纂委员会，由省外办综合处具体负责编修工作，主要进行志书的综合协调、篇目拟定、资料收集、撰稿统稿及评议修改和送审工作。2014年3月形成送审稿，报省史志办总纂。省史志办于2014年6月完成初审，10月底完成复审。11月，总纂终审后，报主审审定，交付出版。该志为首轮《山东省志·外事志》续志，全志设外事机构与组织、政策与管理、与亚洲国家的交往、与欧洲国家的交往、与美洲国家的交往、与非洲大洋洲国家的交往、国际多边合作与民间友好往来7篇，全面客观地记述了1986—2005年山东省外事工作的发展历程。这一时期是中国国际地位和国际影响力不断提升的20年，是山东对外开放持续深入、不断扩大的20年，是山东省外事工作跨世纪的20年，是外事工作由小变大、由弱变强、空前大发展的一个重要历史时期。该志保存了这一时期的大量史料，对全面了解山东省外事工作的发展变化，系统总结历史经验，进一步促进全省经济社会科学发展，积极推进全省国际化进程，具有重要的参考和借鉴价值。

【《山东省志·档案志（1991—2005）》出版】 2014年12月，省档案局组织编纂的《山东省志·档案志（1991—2005）》由山东人民出版社出版。主编苏东亮，副主编陈孟继、张殿恒。16开本，34万字，印数2000册，ISBN978-7-209-06922-9，168.00元／册。2005年10月，省档案局成立《档案志》编纂委员会，下设史志办公室，具体负责志书的综合协调、篇目拟订、资料收集、撰稿统稿及评议修改和送审工作。2014年3月底形成送审稿，报省史志办总纂。省史志办于2014年7月底完成初审，10月底完成复审。11月，总纂终审后，报主审审定，交付出版。该志为首轮《山东省志·档案志》续志，全志设档案机构、资源建设、业务管理、开放利用、行政管理5篇，全面客观地记述了1991—2005年山东省档案事业的发展历程。这一时期，山东省各级档案部门紧紧围绕党和政府中心工作，大力加强档案资源建设，努力提高档案管理水平，积极提供社会服务，推动档案事业全面发展，为全省经济文化建设作出了重要贡献。该志保存了这一时期的大量史料，对全面了解山东省档案事业的发展变化，系统总结历史经验，进一步促进全省档案事业科学发展，具有重要的参考和借鉴价值。

【《山东省志·民主党派工商联志（1998—2005）》出版】 2014年12月，省委统

战部组织编纂的《山东省志·民主党派工商联志（1998—2005）》由山东人民出版社出版。主编孙传宏，副主编孙孺声、李法信。16开本，57万字，印数1700册，ISBN978-7-209-08826-8，180.00元/册。2004年11月，省委统战部牵头成立《民主党派工商联志》编纂委员会，下设史志办公室，具体负责志书的综合协调、篇目拟定、资料收集、撰稿统稿及评议修改和送审工作。2014年6月形成送审稿，报省史志办总纂。省史志办于2014年9月底完成初审，11月底完成复审。12月，总纂终审后，报主审审定，交付出版。该志为首轮《山东省志·民主党派工商联志》续志，全志设中国国民党革命委员会山东省委员会、中国民主同盟山东省委员会、中国民主建国会山东省委员会、中国民主促进会山东省委员会、中国农工民主党山东省委员会、中国致公党山东省委员会、九三学社山东省委员会、山东省工商业联合会（山东省民间商会）8篇，全面客观地记述了1998—2005年山东省各民主党派和工商联各项建设和履行参政议政职能、为社会主义服务的发展历程。该志保存了这一时期的大量史料，对全面了解山东省各民主党派和工商联各项建设和全省统一战线工作的发展变化，系统总结历史经验，进一步促进全省社会主义民主政治建设，具有重要的参考和借鉴价值。

【《山东省志·农业志（1991—2005）》出版】 2014年12月，省农业厅组织编纂的《山东省志·农业志（1991—2005）》由山东人民出版社出版。主编齐可友，副主编陈杰祥、吴学金。16开本，70万字，印数3800册，ISBN978-7-209-08195-5，198.00元/册。2001年12月，省农业厅成立《农业志》编纂委员会，下设史志办公室，具体负责志书的综合协调、篇目拟订、资料收集、撰稿统稿及评议修改和送审工作。2014年1月形成送审稿，报省史志办总纂。省史志办于2014年7月底完成初审，11月底完成复审。12月，总纂终审后，报主审审定，交付出版。该志为首轮《山东省志·农业志》续志，全志设农业基础条件、农业经济、种植业、畜牧业、农业产业化、农业综合开发与扶贫开发、农业机械化、科技与教育、机构与管理9篇，全面客观地记述了1991—2005年山东农业的发展历程。这一时期，山东省各级农业部门按照市场经济要求，紧紧围绕“农民增收、农业增效和可持续发展”的基本目标，进一步深化农村改革，调整农业产业结构，

加快发展现代农业，解放思想，锐意改革，开拓进取，创造性地开展工作，为保障全省经济社会健康发展作出了重要贡献。该志保存了这一时期的大量史料，对全面了解山东农业的发展变化，系统总结历史经验，进一步促进全省农业科学发展，具有重要的参考和借鉴价值。

【《山东省志·国土资源志（1949—2005）》出版】 2014年12月，省国土资源厅组织编纂的《山东省志·国土资源志（1949—2005）》由山东人民出版社出版。主编刘俭朴，副主编张庆坤、宇向东。该志分上、下两册，16开本，90万字，印数3000册，ISBN978-7-209-08133-7，298.00元（上下册）。2002年6月，省国土资源厅成立《国土资源志》编纂委员会，下设史志办公室，具体负责志书的综合协调、篇目拟定、资料收集、撰稿统稿及评议修改和送审工作。上、下册分别于2014年4月、6月形成送审稿，报省史志办总纂。省史志办分别于2014年6月、8月完成对上、下册的初审，10月完成全部复审工作。12月，总纂终审后，报主审审定，交付出版。该志为《山东省志》新立分志，上册设土地资源、土地法制、土地利用规划与耕地保护、建设用地管理、地籍管理、科教与交流、组织机构7篇，记述1949—2005年山东省土地管理事业的发展历程；下册为首轮《山东省志·地质矿产志》续志，设区域地质调查、矿产资源勘查、专业地质勘察、矿产资源开发、地矿行政管理、组织机构6篇，记述1989—2005年山东省地质矿产事业的发展历程。该志保存了1949—2005年的大量史料，对全面了解山东省国土资源的规划、管理、保护与利用等方面的发展变化，以及国土资源领域国家各项政策法规和改革在山东省的贯彻和实施，系统总结历史经验，进一步促进全省国土资源的科学规划、严格管理、有效保护及合理利用，具有重要的参考和借鉴价值。

【《山东省志·人口和计划生育志（1989—2005）》出版】 2014年12月，省卫生计生委组织编纂的《人口和计划生育志（1989—2005）》由山东人民出版社出版。主编李敏，副主编赵琴、郭占峰。16开本，50万字，印数1150册，ISBN978-7-209-08214-3，158.00元/册。2002年，省卫生计生委成立《人口和计划生育志》编纂委员会，下设史志办公室，具体负责志书的综合协调、篇目拟订、资料收集、撰稿统稿及评议修改和送审工作。2014年7月形成送审稿，报省史志办总纂。省史志办于2014

年9月中旬完成初审，11月完成复审。12月，总纂终审后，报主审审定，交付出版。该志为首轮《山东省志·人口志》续志，全志设人口再生产、人口素质、人口结构、人口迁移与分布、人口调查与人口研究、计划生育6篇，全面客观地记述了1989—2005年山东省人口和计划生育事业的发展历程。该志保存了这一时期的大量史料，对全面了解山东省人口和计划生育事业的发展变化，系统总结历史经验，提高社会各界和广大人民群众对人口问题严峻性的认识，以及形成统筹解决人口问题的综合治理局面，具有重要的参考和借鉴价值。

（省史志办省志编审处）

市志编纂与出版

【概况】 为确保2018年全省完成第二轮社会主义新方志的编修任务，按照省委、省政府的安排和部署，进一步明确志书质量标准，规范志书审查验收程序，深入推进志书编纂法制化、规范化进程，省史志办印发了《山东省志书质量管理规定》《山东省市县级志书审查验收规定》《山东省省级重点志书申报办法》3个规范性文件，为打造精品志书提供制度保障。省史志办市县基层志编纂指导处根据质量和进度并重的原则，正确处理数量与质量的关系，加强对市县志编纂的指导工作，充分发挥全省史志系统修志业务专家咨询组的作用，严把志书质量关，全面推进市县第二轮修志工作。

2014年初对全省市县修志进度进行了摸底调查，按照办公室的统一要求，制定了《倒排工期计划表》，同时针对2014年的任务安排，梳理、整理出《计划评议志书情况表》，不仅摸清了市县基层的实际情况，而且对各个时间点工作进展情况提出明确要求。对工作进展缓慢的单位，加大督导检查力度，3月28日，刘爱军主任带队到聊城市调研史志工作，督促聊城市抓紧全面启动《聊城市志》编修工作，取得了明显成效。通过《史志工作动态》及时通报各地工作进展情况，在全省形成了“比、赶、超”的浓厚氛围，进一步增强了工作的主动性，确保评议、评审、出版工作梯次推进，全省一盘棋。

为切实发挥好先进典型的示范带动作用，针对实际工作中具有共性的热点、难点问题深入调研，向基层同志学习，总结推广好的经验做法，先后发现、总结出基层史志事业跨越发展的“临朐经验”、推进第二轮修志科学发展的“济南经验”两个典型。2月10日，在翟世林副主任带领下，到济南市史志办进行了专题调研，撰写出7000字的调研报告，2月17日刘爱军主任作出重要批示，称赞“行动快、雷厉风行、总结的好、很有推广价值”，接着在《山东史志》和省情网及各类平台上宣传推广。

同时，探索质量关口前移的有效方法，对有关志书编纂工作提前介入，派员到基层参加当地业务培训班进行专题辅导，参加市县志篇目研讨会及时提出修改建议等。

截至2014年底，全省出版市级志书4部（《淄博市志》《泰安市志》《莱芜市志》《滨州地区志》）、3册（《济南市志》第一、

六、七册)、5卷[《青岛市志》大事记卷、城市卷、经济卷（下）、政治卷、文化卷》]。

（省史志办市县基层志编纂指导处）

【《济南市志（1986—2010)》编纂情况】 《济南市志(1986—2010)》共8册，2013年出版第一册，2014年出版第六册和第七册。2014年，济南市根据第二轮修志整体进展情况，及时调整工作思路，适时提出“重点突破、保证质量”，制定《济南市志编纂出版规划》，对市志各分册的内容、工作进度安排、保障措施进一步细化。

3月至6月底，第七册（教科卫体分册）进行统编总纂，6月完成评议稿，7月召开该分册评议会。与会专家对评议稿给予充分肯定，一致认为该册志稿资料丰富、体例规范，文字干净，质量较高。

上半年，通过专家审稿、课题外包等形式，推动第二册（城市建设分册）、第三册（经济综合管理分册）部分内容的撰写，形成课题类初稿近10万字。截至6月底，这两册的初稿完成90%，并完成初编。9月底，第二册编印完成90万字的统编稿。12月初，第三册完成近100万字的统编稿。第八册（文化与社会分册）完成初稿80%，并进行初编。第四册（工业与农业）完成初稿70%，第五册（商贸与金融）完成初稿60%。

第二轮修志能取得这样的成绩，主要得益于以下几项措施：一是在对各分册进行稿件催报、编辑、统编、印刷出版的同时，还积极推进全市史志撰稿人培训工作。全年召开各分册撰稿人员培训调度会7次，涉及市直撰稿人员百余人，集中对初稿撰写进行调度和业务指导。二是主动对接，全面推动。政治部类个别承编单位属于“老大难”，工作积极性差，进度慢。市史志办采取电话催报、上门培训和发工作函的办法，积极催报稿件，收到良好效果。三是不等不靠，自己想办法。对于无法落实撰稿任务的单位，市史志办利用年鉴、部门总结、部门资料汇编等资料，自己整理、撰写初稿20余万字。

（张　阳）

【《济南市志（1986—2010)》第六册（政治分册）评议会召开】 2014年11月25日—26日，《济南市志（1986—2010)》第六册（政治分册）评议会召开。省史志办副主任翟世林，省史志办市县基层编纂指导处处长李刚等同志，省史志系统修志业务专家咨询组6位专家，市史志办主任翟旭东、副巡视员郭建群及市志编审处相关人员，特聘县(市)区编辑等人员参加评议会。市政府副市长巩宪群出席会议并致辞。

巩宪群指出，编修《济南市志》是全市文化建设的一项重要工作，要记录好波澜壮阔的改革开放史，对各位领导和专家提出的宝贵意见和建议，市史志办要认真吸取和采纳，精益求精，切实保证志书的质量。市史志办主任翟旭东介绍了济南市第二轮修志整体情况和《济

南市志（1986—2010）》第六册（政治分册）的编纂过程。与会各位专家对评审稿都提出具体的建议和意见。

（张　阳）

【《济南市志（1986—2010）》第六册出版】《济南市志（1986—2010）》第六册2014年12月出版。该册由济南市史志编纂委员会编，主编翟旭东，副主编綦延辉、杜加臣、朱佩峰、郭建群。方志出版社出版，字数131.9万字，印数1600。主要记述了1986年—2010年济南的政党政权政务、政协群团、法治军事方面的历史进程。

（张　阳）

【《济南市志（1986—2010）》第七册出版】《济南市志（1986—2010）》第七册，2014年11月出版。该册由济南市史志编纂委员会编，主编翟旭东，副主编綦延辉、杜加臣、朱佩峰、郭建群。方志出版社出版，字数98.8万字，印数1600。主要记述了1986—2010年济南的教育、科学技术和医疗卫生、体育方面的历史进程。

（张　阳）

【《青岛市志（1978—2005）》编纂情况】2002年1月，中共青岛市委办公厅、青岛市政府办公厅印发《关于转发〈青岛市续修新方志工作纲要〉的通知》，青岛市第二轮修志工作全面启动。主要任务是续修《青岛市志》和12部区市志。2006年2月，市委办公厅、市政府办公厅转发《关于续修〈青岛市志〉篇目及撰稿分工的通知》，进一步明确主承编单位职责任务。《青岛市志》（1978—2005）设大事记、城市、政治、经济（上）、经济（中）、经济（下）、文化、社会8卷，总体规模控制在600万字，记述断限为1978—2005年。至2013年，出版大事记、城市、政治、经济（下）和文化5卷，社会卷经过省史志专家组评审。其中，大事记卷获得2011年度山东省史志系统“八个一优秀”市县级志书奖，城市卷、经济（下）卷和政治卷、文化卷分别获得2012年度和2013年度山东省优秀史志成果奖（优秀市县级志书）。

2014年，完成经济（上）、经济（中）两卷初稿。其中，经济（上）卷15篇约75万字，经济（中）卷16篇约80万字。

《青岛市志（1978—2005）》各卷编纂出版情况统计表

书名	编纂单位	主编	副主编	断限	始修时间	终审定稿时间	出版		书号或准印号	开本	册数	字数（千字）	印数（册）	定价（元）
							单位	时间						
大事记卷	青岛市史志办公室	高克力	王现军 张子忠 杨学军 段祥泰	专记部分1978—2010 纪略部分1978—2005	2009年9月	2011年1月13日	方志出版社	2011年4月	ISBN 978—7—80238—984—7/K·611	889毫米*1194毫米 1/16	1	630	4000	398

续表

书名	编纂单位	主编	副主编	断限	始修时间	终审定稿时间	出版		书号或准印号	开本	册数	字数（千字）	印数（册）	定价（元）
							单位	时间						
城市卷	青岛市史志办	高克力	王现军 张子忠 杨学军 段祥泰	1978—2005	2003年1月	2012年8月17日	方志出版社	2012年9月	ISBN 978—7—5144—0564—4/K・459	889毫米*1194毫米 1/16	1	914	3000	458
经济卷（下）	青岛市史志办	高克力	王现军 张子忠 杨学军 段祥泰	1978—2005	2003年1月	2012年8月17日	方志出版社	2012年9月	ISBN 978—7—5144—0569—9/K・463	889毫米*1194毫米 1/16	1	857	3000	458
政治卷	青岛市史志办	高克力	王现军 张子忠 杨学军 任银睦 段祥泰 王书高	1978—2005	2003年1月	2013年9月25日	方志出版社	2013年10月	ISBN 978—7—5144—1006—8/K・815	889毫米*1194毫米 1/16	1	982	3000	568
文化卷	青岛市史志办	高克力	王现军 张子忠 杨学军 任银睦 段祥泰 王书高	1978—2005	2003年1月	2013年9月25日	方志出版社	2013年11月	ISBN 978—7—5144—1051—8/K・815	889毫米*1194毫米 1/16	1	1105	3000	618

（邢延军　贾国芬）

【《枣庄市志（1986—2005）》编纂概况】 2002年枣庄市第二轮修志工作启动，2002年、2003年先后举办2次全市范围供稿培训班，之后进行了初稿编写、合成总纂等工作，2012年初形成评审稿，9月召开《枣庄市志》志稿评审会。会后，根据评审意见，历时2年，对志稿进行了4轮修改、补充。

志稿评审会召开后，经过梳理专家意见，认为，由于供稿人员业务素养参差不齐，导致部分文稿内容空洞，有些则过于公文化，影响了整体质量。从2013年初起，组成由主编、副主编、编辑和老专家组成的编辑队伍，对志稿内容进行了4轮校对，此项工作一直持续到2014年底。编辑过程中，大到数据考证、小到标点符号，从体例到文风，纠错补讹，共纠正语句错误1300余处、修改资料800余条，力争做到全志文风统一，把错讹降至最小。至2014年底，37篇计380万字的志稿文字编辑工作完成，进入后期制作阶段。

《枣庄市志（1986—2005）》评审稿一手资料漏缺，尤其是一些经过机构改革被裁撤、合并单位分管领域的资料漏缺严重；还有一些数据不准确，影响了稿件质量。针对此问题，史志办加大资料征集力度，一方面加强与供稿单位沟通，另一方面通过媒体广泛发动群众收集相关资料，确保基础资料的完整性。如为充实《文化艺术》篇，与文联沟通，从文学、戏剧、书法、摄影、音乐、舞蹈等多个角度设计了作品详表，力争把断限内符合收录标准的文艺作品全部记录下来。另外，评审稿在人物志方面缺陷较大，收录人物较少且记述过于简略，需要进行大的修改和增加新的内容。史志办在《枣庄日报》《枣庄晚报》等媒体和单位门户网站刊登了征集《枣庄市志·人物志》线索的消息，同时，争取部分擅长人物研究、采访、记录的作者的支持和帮助，尽可能完善《人物志》。整个志稿编辑过程中，新增120余位人物、并对70多处进行了资料补充。

截至2014年底，《枣庄市志》37篇计380万字的文字编辑、修改工作基本结束，力争2015年年底出版。

（王正伟）

【《东营市志》编纂情况】 东营市1983年建市，首部市志编纂工作未列入全省第一批新方志编纂规划。1996年1月，市史志办在向市政府分管副市长汇报史志工作时，全面汇报了全省各地市修志情况，提出东营市要抓住机遇，与全省第一届修志同步完成编修市志任务。之后，经中共东营市委、市政府主要领导研究并请示省史志办同意，1996年4月26日市长办公会议讨论决定：立即着手编修首部《东营市志》，3年左右完成修志任务。《东营市志》编纂工作自1996年5月启动，经广泛发动，周密组织，科学规划，精心编纂，2000年5月，《东营市志》由齐鲁书社出版发行。

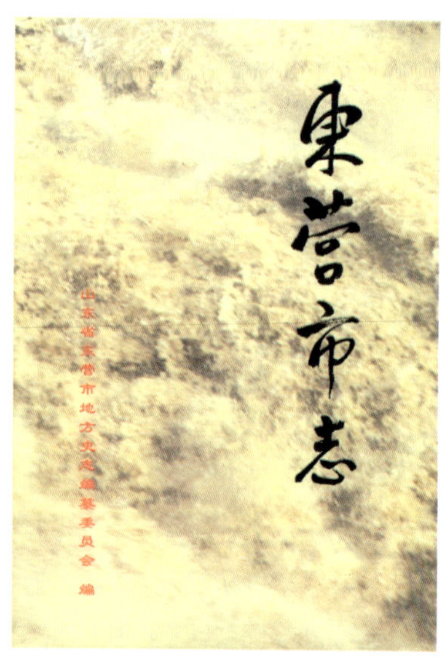

2002年，东营市展开第二轮修志工作。由于首部市志下限较晚，东营市的续志工作主要以推动基层志编修和研讨制定《东营市志》续修篇目大纲为主。2014年，省史志办印发《全省第二轮修志倒排工期计划表》，明确续修《东营市志》于2017年底完成。经向市政府分管领导请示汇报，市志续修工作拟于2015年正式启动。2014年底前，重点做好启动前的各项准备工作。一是选聘3名有经验、有水平的编辑人员，落实办公场所和经费，具体承担续修市志的各项实质性准备工作。二是全面校对研读首部市志，查找错误和弱项，以求在续修市志时予以勘误和弥补。三是研讨拟定续志编纂工作方案和向市政府的报告。四是研究讨论修改市志篇目大纲。

（李中华　刘曙光　黄学桂　任　丽）

【《烟台市志（1978—2002）》编纂情况】 2001年12月19日，烟台市委办公室、市政府办公室联合转发《烟台市续修新方志工作纲要》和《续修〈烟台市志〉实施方案》。2002年6月8日，烟台市启动第二轮修志工作，开始编修《烟台市志（1978—2002）》。同年7月至2006年9月，市史志办先后对市直撰稿单位和各县市区举办4期修志业务培训班。志书篇目作过3次较大幅度调整。召开多次组稿与编纂工作调度会。全办工作人员从编辑到主编各有分工，责任明确，参与组稿与修改工作。各责任编辑边学习，边催稿，边修改，边辅导撰稿人，2003年6月即进入试写编稿阶段。从2004年7月始，先后进行9次市志稿评议活动，评议稿件500余万字。很多单位的稿件经过反复修改后达到基本要求，形成志书初稿。2011年2月，烟台市成立市志编修专家组，聘请4位专家对形成的市志初稿进行第二轮修改完善。到2014年初，完成志稿修订任务，进入总纂阶段。至2014年底，主编总纂过半，同时组织编排图片，计划于2018年出版《烟台市志（1978—2002）》。

（云　霞）

【《济宁市志（1991—2010）》编纂概况】 济宁市首轮志书编纂2002年底全面完成。全市第二轮志书编纂工作2005年开始启动。截至2014年底，全市出版县级志书6部，正在编纂市志1部、县志5部。计划到2018年12月全面完成市县两级第二轮志书出版任务。

续修《济宁市志》编纂工作于2013年5月正式启动。篇目设置基本延续首部志书的结构，体现了良好的传承性，同时进行创新，增设文化遗存、旅游、土特名产、艺文选编等篇章，突出改革开放的时代特点和孔孟之乡历史文化名城的地方特色。全书主体和总述、大事记、人物、附录共计43篇，280万字。

2013年8月至2014年4月，市史志办召开了农业水利、交通邮电、工业、商贸财税、金融经济管理、党派群团、化工医药等九大部类、136个部门和单位参加的供稿工作调度会。通过汇总分析工作进度，及时发现问题，共同研究解决方案，切实提高稿件质量和进度。由市史志办牵头成立督导组，到全市12县市区和部分市直部门、单位开展督导检查。针对一些专业较强，问题突出的部门和单位，采取分类指导、座谈讨论的方式。同时加强业务培训，举办修志业务培训班，全市150余家供稿单位和县市区业务骨干参加学习。邀请省史志办专家授课，提高编辑人员的业务水平。严格按照志书质量规定和行文规范要求，实行志稿审核责任分工制度。学习借鉴省内优秀地市的先进经验和做法，将优秀志书提供给供稿单位做样板。市史志办聘请济宁学院、曲阜孔子研究院等大专院校和学术团体的知名教授、权威学者参与相关篇章的审核和编写，提升了志书质量。

（陆　波　孟昭华　郭赟燕）

【《威海市志》编纂情况】 根据史志专家提出的意见和建议对《威海市志》志稿进行修改完善。深入研究事物发展的历史背景，提升记述的准确性和深度。做好有争议资料的考证工作，对历史上存在争议的资料坚持既有倾向性记述，又多说并存。对引用的资料注明来源，提升志稿的学术性。落实《出版物上数字用法》和《标点符号用法》，进一步完善行文规范，提升记述的规范性。组织业务骨干和社会专家组成攻关小组，对总述的写作进行认真研讨，由高校学者主笔，八易其稿，完成总述的撰写。组织对编章下无题序的研究和示范指导，较好解决了机械重复、有点无面、亮点缺失等问题。至6月底，完成志稿文字内容的修改完善工作。

丰富了志稿的图片资料。组织编辑到供稿单位找，到市（区）档案馆、图书馆、威海日报社查，向社会人士征集，先后搜集各种新老图片1.5万余张。志稿已收入图片900多张。

做好终审稿的排版印刷工作。7月，开始将修改完善后的志稿回收、汇总，按照印刷标准和规范进行排版。8月底，完成《威海市志》终审稿的排版印刷，并上报中国地方志指导小组办公室和省史志办审核。

开展终审稿的审核修改工作。9月，先后召开2次全体编辑会议，布置终审稿审核修改工作。落实岗位责任，对审稿工作进行细致分工，明确编辑的责任要求，确立了责任编辑互查，副主编通查，主编抽查的查校制度，保证审稿工作有序开展。改变审稿模式，把编辑分散审稿的模式改为集中审稿模式，确保志书编修效率和质量。坚持建立编辑调度会制度，主要采取对志稿集体“会诊”的办法，共同点评，解决好技术性难题，掌控好工作进度。制定了《志稿随文图片的选用和图片说明的规范》，对入志图片的选用和说明进行了规范。

（于鹏飞）

【《日照市志》编纂情况】 首轮《日照市志》于1994年11月出版发行。2002年，根据省委办公厅、省政府办公厅（鲁厅字〔2001〕14号）文件精神和省史志办的部署，日照市启动了第二轮《日照市志》的编修工作，由于种种原因，此项工作进展缓慢，2012年前基本处于停滞状态。2012年8月份后，新一任史志办领导班子多次向市委、市政府领导请示汇报，争取领导支持，市委、市政府领导都非常重视，市委书记、市长、分管市长等领导分别就第二轮《日照市志》编修作出批示，同意2013年全面启动第二轮《日照市志》的编修工作。市政府在人员、办公场所和资金等方面给予保障，并于2013、2014年连续2年将第二轮修志工作写入《政府工作报告》。

按照市领导的指示和要求，市史志办把修志工作作为头等大事来抓，成立了第二轮《日照市志》编修办公室。从退休的老干部中聘请了7位政治素质高、文字功底过硬的专家参与修志工作，市史志办全员靠上，采用1加1工作法（即史志办1名工作人员和1名修志专家结对子），迅速行动，从头开始，从每一个细节做起，认真细致地做实、做好第二轮《日照市志》的编纂工作。2014年底，志书初稿征集工作已基本完成。

（丁海燕　李洪战　于兴玲　范芳丽）

【《莱芜市志》出版】 新修《莱芜市志》是地级莱芜市建立后，由莱芜市人民政府主持，莱芜市地方史志编纂委员会编纂的第一部综合性志书。刘霞任主编，亓玉胜、张清斌、毕泗国任副主编。志书于2002年9月启动编纂，上限起自事物发端，下限截至2005年，大事记、附录下延至2012年，时政图片截至2013年11月。2013年10月完成终审稿，10月31日，山东省地方史志编纂委员会批复同意将修改后的志稿报莱芜市人民政府批准出版。2014年11月，《莱芜市志》由方志出版社正式出版发行。全志分上中下3册，共29编、152章、595节，360多万字。全面、客观、系统地记述了莱芜境内上自事物发端，下至2005年

各行各业、各领域的发展变化，反映了莱芜境内自然、政治、经济、文化和社会的历史与现状，是社会各界认识了解莱芜的权威性工具书。

《莱芜市志》主要有以下几个特点：

一是编目设置科学合理。全志分上、中、下三册，采用中编结构，编目体排列，设编、章、节、目、子目五级，各级层次分明、结构严谨、逻辑性强，结构和内容相得益彰。

二是资料系统翔实。坚持类为一志、横不缺项、纵不断线的原则，按照社会事业分类设立编章。对断限内事物，按照时间顺序记述其发展变化，注意突出事物发展变化的重要节点，如新中国成立前后、十一届三中全会后、地级莱芜市建立前后、2005年等等，详细记述事物下限这一重要节点的情况，保证记述事物的连续性和完整性。全志资料全面系统、真实准确。

三是地方特色鲜明。莱芜历史悠久，地处齐鲁交界，历来为兵家必争之地，境内有比秦长城早300多年的齐长城遗址，著名的长勺之战、莱芜战役发生于此；莱芜矿冶文化源远流长，有3000多年的冶铸史；莱芜地域文化丰富多彩，莱芜梆子多次晋京演出，莱芜锡雕工艺被列入国家非物质文化遗产；莱芜农产品特点突出，“三辣一麻”“三黑一花”享誉全国，是“中国生姜之乡、花椒之乡、蜜桃之乡”。为体现地方特点，志书单设钢铁工业编，将莱芜战役、莱芜梆子升格为章，将地方特产、长勺之战、齐长城莱芜段等单设为节重点记述。

四是时代特征突出。为反映重要时期的时代特征，志书采用略古详今、集中与分散相结合的方法，对改革开放后，特别是地级莱芜市建立后全市取得的重要成就进行重点记述。专设开放开发编，下设对外经贸、招商引资、开发区建设三章，突出地级莱芜市建立后全民招商引资、启动开发区重要决策的记述；在经济综述编中专设了经济体制改革章，体现了改革开放的时代特征。在概述、大事记、各编以及附录中注重对改革开放和地级莱芜市建立后内容的记述，使改革开放和地级莱芜市建立后的时代脉络贯穿全志。

五是体例完备。全书以志为主，各体裁均得到适当运用。全志采用图片1275张（含人物传照片73张），其中很多老照片是首次对外公布，非常珍贵。时政彩页分别在目录之前、各编之前编排。目录前彩页分领导活动、城市掠影、莱芜风光、经济腾飞、和谐生活、莱芜市地图、莱芜城区图等部分；编题背页彩页也集中展示了部分重要照片；随文照片随记述内容放置，达到一照抵千言的效果。对照片的选编注重存史价值，宁少毋滥，一般性照片均舍弃不用。照片印刷清晰，对比度鲜明，进一步提升了志书品位，达到图文并茂的效果。全志使用表格439个、示意图35幅，既避免了单纯文字记述的繁琐，又使数据连续、完整，彰显出事物发展的全貌。

六是行文规范。全志行文严谨朴实，简洁流畅，表述准确，逻辑严谨。力戒空话、套语和浮字虚词。严守志体规范，数字、标点符号、计量单位等的使用严格执行国家标准。

（亓军华　刘少波　高　涛）

【《临沂市志（1995—2010）》编纂情况】《临沂市志（1995—2010）》上承2001

年版《临沂地区志》，断限自1995年至2010年，由临沂市地方史志编纂委员会编纂，共分三册。该志采用章节体和条目体相结合的体例，以述、记、志、传、图、表、录等体裁记述。2014年10月，完成《临沂市志（1995—2010）》第一册的内部征求意见稿。12月，《临沂市志（1995—2010）》第一册完成评议稿，并报省史志办公室组织专家评议。志书评议稿首设综述，次设大事记，之后依次设行政区域、自然环境、人口、城乡建设、国土资源管理·环境保护、交通·邮电旅游、县区概况8编，共44章、152节，100余万字。

编纂过程 2010年4月，全市史志工作会议召开，《临沂市志（1995—2010）》正式启动，资料的收集工作全面展开。至2013年下半年，市志组稿工作基本完成。2013年年底，对出版计划进行了调整，计划将《临沂市志（1995—2010）》分为三册，分别于2015年、2016年、2017年出版。2014年，针对实际情况，重新调整分配任务，市志编修工作在整体推进的同时，采取集中优势兵力打歼灭战的办法，把工作重点放在对第一册的深层次加工上，编修进度大大加快。同时安排好第二、第三册的编辑工作，做到先急后缓，压茬进行。要求全体编辑人员明确分工，明确责任，明确流程，把握节奏，通力合作。市志第一册征求意见稿形成后，在办公室内部及相关专家领导中广泛征求意见，多次召开编辑会议，开展研讨和交流，共收到意见和建议近百条。在修改好每个人所分工稿件的基础上，实行交叉审改。对志稿进行反复修改、调整和补充、完善，再次调整纲目，理顺逻辑关系，处理重复，增补遗漏缺失，调整详略，统一文风，把好政治和保密关。经过完善志稿篇目，核实增补资料，规范语言文字，数易其稿。2014年10月中旬，第一册完成征求意见稿，12月形成评议稿，报省史志办公室组织专家评议。

篇目调整 在志稿编纂过程中，结合临沂的地方特点和时代特点以及新的工作要求，多次对志书的篇目“回头看”，不断进行调整、修改。篇目第一稿中，“人物”部类置于志书的“附录”之前，篇目第二稿将之调整为第四编，征求意见稿形成后，根据专家意见，将“人物”从市志第一册中拿出，重新纳入市志第三册；第32编“县区概况”调整为第8编，放在志书的第一册中；“国土资源管理”一章从“经济综合管理”编中拿出，作为一章与“环境保护”合为一编。为体现近年临沂“以河为轴、两岸开发，一河五片、组团发展”、努力打造以水为魂最佳宜居城市的“大临沂、新临沂”的建设成就，专设“滨河景区建设”“涑河城区段治理及开发”“生态水城建设”“北城新区开发建设”四节，突出了临沂的亮点和时代特色。在内容选择上，强化志稿的实用性和资料性，处理好对前志的继承与创新关系。《临沂地区志》的基础资料部分，如历史沿革和自然环境等卷，没有机械地进行复制，而是多方求证，反复核实、甄别，在适当复载相关资料的同时，作了更新和补充。在记述县区概况方面，专设“县区名片”一目，将当地最主要的特色列出，增加志书的可读性。第二编“自然环境”中的“崮”，原为第二章第二节中的一个目，鉴于境内这种被称之为“第五种岩石造型地貌”的崮群不仅在我国首屈一指，在世界上也十分罕见的实际，将“崮”上升为一节专门记述。根据资料收集、分纂总纂内容调整，反复修改篇目，多次研究讨论，直到进入总纂共对篇目进行了4次大的调整，在内容上先后五易其稿。

措施保障　从县区及外地市聘请兼职编修人员，组织史志办业务人员、外聘史志专家以及社会各界老干部分三条线，壮大编辑力量，发挥所长，提高志书质量。为确保稿件质量，以创精品为目标，明确责任，把握节奏，通力合作，倒排工期，制定合理紧凑的进度表，把志稿修改任务分解为阶段目标，加快志书编修的整体进程。组织业务人员到有修志任务的县区和部门，对工作中的具体问题给予解答，提出意见建议。组织市县7名业务骨干参加了全省第三期修志业务培训班，完成2名以干代训人员的培养工作，提高了修志队伍的业务水平。

（肖功江　张　丽）

【《德州市志（1986—2011）》编纂情况】 2013年，德州市重点文化工程《德州市志》编纂进展顺利。《德州市志》的断限是1986年至2011年，资料征集工作于2011年下半年正式启动，2013年底全部征集完毕，共征集资料约500万字。完成《德州市志》大事记的征求意见稿约30万字。

2014年，《德州市志》（1986—2011）的编纂完成了业务量的80%，约200余万字。进一步调整了全书的框架结构和部类、设置，召开了6次编务会和3次对接会，对编辑中的难点问题多次讨论研究，对相关资料进行了补充。原中共德州市委书记、时任中共贵州省委书记赵克志，山东省委常委、秘书长雷建国，中共德州市委书记吴翠云等，都审阅相关志稿材料，并提出了修改意见。截至2014年底，全市11个县（市、区）中有9个完成第二轮修志任务，《禹城市志》完成了评审，《武城县志》完成资料征集进入编辑阶段。乡村志、部门志等编修工作进一步推进，特别是齐河和平原两县的乡镇志、部门志的编修发动广泛，成果丰硕，齐河县年内出版乡村和部门志8部。

（王立云）

【聊城市志编纂概况】 市级第二轮志书编修筹备工作完成。第二轮市级志书的篇目编撰工作正在进行，学习借鉴外市经验，结合本市实际情况，形成篇目初稿，在此基础上召开全办工作人员会议，对初稿进行讨论研究，并形成征求意见稿，向有关单位部门征求意见，征得修改意见近百条。经反复论证修改并请相关专家评审后，基本形成定稿，并报送省史志办审议。

县级第二轮志书编纂工作基本完成。8个县（市、区）和聊城经济开发区已出版志书9部，县级第二轮志书编修工作全部完成。第二轮县志质量普遍较高，其中有6部志书被山东省地方史志编纂委员会授予“齐鲁新方志奖·优秀三级志书奖”，《茌平县志》《聊城经济开发区志》分别被山东省人民政府办公厅授予“八个一优秀·优秀市县级志书入围奖”，《东昌府区志》被山东省人民政府办公厅授予“优秀史志成果·优秀市县级志书奖”。

（闫　冬）

【《滨州简明通志（1840—2014）》编纂工作启动】 2014年9月，滨州市地方史志办公室研究决定编写《滨州简明通志（1840—2014）》，10月报经市政府分管领导批准，12月召开全市县区主任会议进行部署，编纂工作开始。《滨州简明通志》上限为1840年，下限2014年，本着简要和详今略古的原则，记述现境域内的自然环境、建置沿革、经济和社会等方面的情况。拟设概述、大事述略和建置地理、政治军事、经济建设、社会事业、基础设施建设、社会生活、文物古迹与旅游、历史人物、名优特产、组织机构十篇。计划2016年9月出版发行。

（孟庆永）

【《菏泽市志（1986—2005）》编纂情况】 2004年7月，菏泽市第二轮志书编修工作启动。《菏泽市志（1986—2005）》采用小编立志结构，全志260多万字，除总述、大事记、特载、附录外，共设专志34编、199章、809节，表格478个、示意图5幅，拟采用图片1000余张。2014年11月形成评议稿。

准备阶段（2003年10月—2004年10月）。续修《菏泽市志》篇目，先后进行4次大的调整，局部修改150余处，六易其稿。自2003年10月到2004年6月，先后召开了26次座谈会，广泛征求意见，确保篇目科学合理。2004年7月，市政府召开全市续修新志工作会议，在全市范围内全面启动续修新志工作，会议要求市志承编部门和单位都要成立由一把手负总责、分管领导负全责、2—3名供稿人员参加的续修工作领导班子，落实专兼职供稿人员。市地方史志编纂委员会印发续修《菏泽市志》实施方案的通知和续修《菏泽市志》篇目及供稿分工方案。起草了《〈菏泽市志〉资料搜集、整理、管理暂行办法》《续志纂稿须知》《修志体例规则》《资料长编编纂办法》《大事记撰写细则》等一系列规范性文件。2004年9月，举办市志编纂培训班，邀请省史志办专家授课，讲解方志知识和续志编写要求，市志承编单位共计300余人参加培训。供稿阶段（2004年10月—2006年5月）。2005年，各县区及市政府各部门、各单位按照《菏泽市志》续志总体篇目设计和各自承编的内容进行撰稿。2004年11月至2005年1月，市政府督查室对全市续志工作承编单位进行全面检查。检查重点是供稿班子组建、落实承编篇目、续志计划和搜集资料情况，有力地促进了全市续志工作的进展。2006年5月，全市123个参编单位全部完成供稿任务。

编纂阶段（2006年6月—2014年11月）。2006年下半年至2014年下半年，组织编辑全力进行编章的编纂及修改。2006年9月到11月，分三次到市志各参编单位进行资料补充和核实。2008年，结合全省“地方志书质量管理年活动”，从体例、文风、内容等方面，对初稿进行通览。菏泽市史志办成立市志初稿通稿领导小组，明确1名业务副主任专职负责市志初稿通稿工作，并实行编辑岗位目标责任制。2013年1月至2014年4月，为提升市志初稿质量，采取“五遍审稿制”对市志进行修改完善。第一遍是市史志办的2名副主编修改，第二遍是聘请2名修志专家修改，第三遍是业务分管主任把关，第四编是印发成册分送有关部门审定，第五遍是请省市史志专家审阅。2014年5

月—6月，集中时间攻坚。在社会上聘请4位史志专家，集中月余时间对全志再次进行修改完善。评议稿历经近十年潜心编纂，数易其稿，在2014年11月总纂与印刷工作全部完成。

送审出版阶段（2014年11月—2015年12月）。2014年11月，评议稿呈报中国地方志指导小组、省地方史志办公室及省内史志专家审阅。

（王新春）

县级志书编纂与出版

【概况】 2014年，省史志办加强对县级志书编纂的指导工作，为促进县级志书编纂工作，总结出基层史志事业跨越发展的“临朐经验”。《中国地方志》第2期刊发了刘爱军主任《新形势下史志工作创新发展的重要性——以临朐修志工作为例》的署名文章，在全国史志系统引起强烈反响。9月，中国地方志指导小组组长王伟光、常务副组长李培林来山东调研时，对山东省总结临朐经验工作给予高度评价，要求认真总结推广。省史志办市县基层志编纂指导处对临朐经验进行深入挖掘、总结、提炼，起草了《关于“临朐经验”的报告》《关于在全省史志系统学习推广“临朐经验”的通知》，各市县纷纷到临朐实地考察学习，在全省掀起了学习临朐经验的热潮，起到了“点燃一盏灯，照亮一大片”的良好效果。

截至2014年，全省累计出版县级志书83部，完成评议8部。

（省史志办市县基层志编纂指导处）

【济南市史志办召开全市县（市、区）修志业务培训会议】 为促进全市第二轮修志编纂工作，提升志书编纂质量，2014年8月7日—8日，市史志办召开全市县（市、区）修志业务培训会议。会议邀请省修志业务专家咨询组成员、泰安市史志办原副主任王笃银，淄博市地方史志办副主任徐杰进行业务授课。市史志办主任翟旭东、副巡视员郭建群及市志编审处人员、10个县区业务人员参加培训。

会上，各县区主任汇报修志情况、存在的问题和困难及下一步工作计划。市史志办表示下一步会积极协调、支持相关县区参加省优秀志书的评选，同时对部分进度缓慢的县区加强督促和指导，确保修志工作在规定时限内完成。王笃银就修志过程中的门类设置、敏感问题的处理、国标使用、行文规范等具体问题进行讲解，解答各县（市）、区修志过程中遇到的实际问题。徐杰根据淄博市修志工作的经验，详细讲述了初稿编写中的问题和应对措施，提出提高初稿质量的主要途径和撰写初稿的基本方法。

（张　阳）

【《历下区志（1986—2005）》编纂情况】 2006年5月，济南市历下区第四届史志编纂委员会召开第一次工作会议。宣读《关于调整济南市历下区史志编纂委员会成员的通知》，研究制定《全区史志工作安排意见》和《历下区志》（1986—2005）编纂工作方案，并就续修新方志工作进行安排部署。2006年6月，召开历下区地方志续修工作会议，标志着历下区第二轮修志工作全面展开。2008年

1月形成《历下区志》初稿，2008年10月，经市史志办研究同意将第二轮《历下区志》从纲目体调整到篇章体。2013年形成第三稿，志稿基本成型。2014年加大了志书编纂力度，把第二轮修志作为全年及今后一个时期的工作重点，明确责任分工，召开全区史志工作会议，重点部署资料补充工作。一是对重点补充资料的12家单位，下发补充篇目和参考资料。二是对辖区无职能部门的区域内相关行业的缺失资料（如供水、供热、供气、公交、邮政、电信资料），采取登门求助和多种途径到市有关部门想方设法补充资料。三是对全区90多个单位的初稿资料复印下发，选择优秀志书的相关内容，下发相应的参考资料，为撰稿单位提供借鉴，各单位进一步补充完善了资料。四是调整细化了篇目，请省市专家对志稿进行面对面指导，对《历下区志》篇目进行了微调，进一步规范优化《历下区志》体例篇目。五是到相关部门就补充资料召开协调会，先后到经信局、发改委、商贸局等部门就有关资料补充问题进行协调，积极解决机构改革职能分开，资料查找难，档案资料缺失严重等困难。六是征集人物资料和图片资料。重新完善了人物收录标准，下发《历下区志（1986—2005）关于征集人物资料》的通知和《历下区志（1986—2005）关于征集图片资料》的通知，完成历下区志（1986—2005）各单位组织机构主要领导任职的收录工作。

（王海燕）

【《天桥区志（1991—2012）》编纂情况】 2013年年底，根据《省续修新方志工作纲要》关于编纂第二轮志书的统一部署，结合济南市天桥区实际，《天桥区志（1991—2012）》编纂工作方案进一步修订完善。2014年初，根据天桥区发展情况及地域特色，借鉴部分优秀志书经验成果，对天桥区志原定目录进行重新梳理调整，并邀请济南市专家和退休老同志进行审核，使篇目更具科学性、时代性；5月始，新篇目印发全区各部门（单位），各单位撰稿人按要求对资料内容进行补充修改；6月，开始进行区志材料编辑合稿；12月，《天桥区志（1991—2012）》合编稿形成。

（天桥区史志办）

【《历城区志（1986—2007）》出版】 《历城区志（1986—2007）》于2008年4月启动编纂，先后经过筹备启动、培训供稿、分工编纂、统编总纂、专家评审、修改完善六个阶段，历时六年半，于2014年年底印刷出版。

《历城区志（1986—2007）》由济南市历城区地方史志编纂委员会编纂，主编韩士春，副主编韩会水、王守芳、龚吉元、蒋慧。时间断限为1986年至

2007年。该志于2008年4月启动编纂，2014年12月终审定稿，由方志出版社出版。书号ISBN978-7-5144-1474-5，全书为精装16开本，计135.6万字，印数5000册。该志是首轮1990年版《历城县志》的续志，采用述、记、志、传、图、表、录和索引组成，以志为主，采用编、章、节、目体结构，设专志31编、153章、572节，精选彩页及文中插图540余幅、表184个。客观全面地记述了历城区22年自然、政治、经济、文化和社会各项事业的发展变化历程。书中特设开放、开发编，详记了工业、商贸服务业发展，突出历城“省城后花园”和泉水资源地方特色，从地理环境、旅游资源、人文风俗等方面体现历城的风物特色。

（历城区史志办公室）

【《长清区志（1986—2008）》出版】《长清区志（1986—2008）》由济南市长清区地方史志编纂委员会编，主审张洪武，副主审李廷正，主编陶明东，副主编边绍林，上限1986年，下限2008年。2009年4月始修，2014年12月终审定稿，方志出版社出版，山东新华印务有限公司承刷，书号ISBN978-7-5144-1524-7/K·1247，大16开精装，分上下卷，220万字，印数3000册，定价998元。该志卷首设序、凡例、概述、大事记，正文设行政区域、自然环境、人口、大学科技园、园博园、政党群团、政权政协、政务、法治武装、农业、水务、工业、开放型经济、商贸、财税金融保险、城建环保、交通邮电、经济管理、教育科技、文化体育、卫生、文物、旅游、精神文明建设、社会生活、街道乡镇、组织机构共27编，卷末设人物、附录、索引、编后记，附彩页49码、表格179个，图17个，共收录照片1123幅。《长清区志（1986—2008）》被评为2014年度山东省优秀市县级志书。

该志编纂始于2009年4月，共分五个阶段。筹备启动阶段（2009年4—10月），成立长清区地方史志编纂委员会、制定编目、召开《长清区志（1986—2008）》编纂出版工作大会、下发《关于做好长清区志编纂出版工作的通知》。培训供稿阶段（2009年11月至2013年11月），分期培训、落实分解任务、编写初稿。分工编辑阶段，集体审稿、确定章节、查漏补缺、分工编辑、责任到人。志稿总纂阶段（2013年12月至2014年8月），主编统揽全局，副主编负责理顺编目、规范体例、完善结构、统一文风、锤炼语言，2014年8月26日，《长清区志》评审稿印制完成。评议完善阶段（2014年9—12月），召开评议会、专家评审、修改完善、审定出版。2014年9月22—23日，《长清区志（1986—2008）》志稿评议会召开。

（长清区史志办）

【《商河县志（1991—2010）》编纂情况】《商河县志（1991—2010）》编修工作启动于2009年3月。期间定期召开座谈会和调度会，及时解决疑难问题。先后举办5次业务培训班，培训各单位撰稿人200余人次，对供稿工作进行督促指导300余次。2010年，为保持县志记事的连续性和完整性，将编修下限由2008年延伸至2010年。4年时间里，利用编纂《商河年鉴（2007—2010）》《商河流长》《商河乡村志》的机会，进行岗位练兵，在储备积累资料的同时，锻炼出一支思想上进、技术过硬的编纂队伍，为编修第二轮县志奠定了基础。

2014年，商河县史志办将第二轮县志编修工作作为重中之重。1月，制定了有针对性的编纂工作实施方案，对原有编目进行重新修订、优化，将原有的25编调整为28编，并由原来的章节体调整为编目条目体，还特别增设代表商河名片特征的编目以及展示当地人文风貌的艺文编。3月，重新下发县志编目和补充材料征集提纲的通知，对新增条目进行编写，对缺失的资料进行增补，完善上下限，补充征集图片。5月，史志办对各单位稿件进行分纂审稿，逐单位、乡镇提出修改和调整意见，邀请熟悉方志业务的老同志参与审稿和把关。10月，基本完成资料征集任务，全县供稿单位100余个，参与供稿人员200余人，征集资料150余万字，图片近百幅。同时，进入志稿总纂阶段。至2014年底，已形成140余万字的《商河县志（1991—2010）》初稿。

（商河县史志办）

【青岛市县级志书编纂出版概况】 2001年12月，全国地方志第三次工作会议后，青岛市史志办开始筹划第二轮修志工作，并确定城阳区为试点单位。2002年1月28日，《青岛市续修新方志工作纲要》确定12部区市志编修任务。各区市相继成立区市志编纂委员会和史志工作机构，开展篇目设计、资料征集、业务培训等相关工作。2007年1月，《城阳区志》(1994—2005）率先出版。至2014年底，李沧区、崂山区、即墨市、莱西市、黄岛区等6个区市先后完成志书出版任务。

青岛市各区市志编纂出版情况表

书名	编纂单位	主编	副主编	断限	始修时间	终审定稿时间	出版		书号或准印号	开本	册数	字数（千字）	印数	定价（元）
							单位	时间						
李沧区志（1994一2004）	青岛市李沧区地方史志编纂委员会	陈兴泉	那洪岐	1994—2004	2004年	2009年	方志出版社	2009年12月	ISBN978—7—80238—691—4	889×1194	1	1251	3000	516
崂山区志	青岛市崂山区志编纂委员会	辛兆山	焦相鹏 王明义 王清华 张　冰	发端至2005年	2001年	2003年	方志出版社	2008年	SBN978—7—80238—256—5/k·972	889×1194	1	1295	4000	516
城阳区志（1994—2005）	青岛市城阳区地方志编纂委员会	张兆田	唐德洲	1994—2005	1999年	2006年	中华书局	2007年1月	SBN7—101—05172—3/k·2290	889×1193	1	1516	2000	498
青岛经济技术开发区·青岛市黄岛区志（1984—2005）	黄岛区史志办	薛维来	孙志娥 刘靖	1984一2005	2008年	2013年	方志出版社	2013年10月	ISBN 978—7—5144—0998—7/K·808	889X1194	1	1576	3000	560

续表

书名	编纂单位	主编	副主编	断限	始修时间	终审定稿时间	出版		书号或准印号	开本	册数	字数（千字）	印数	定价（元）
							单位	时间						
即墨市志（1840—2003）	即墨市史志编纂委员会	张可先	阎松鹤 迟超勋	发端至2003年	2001年	2006年12月	方志出版社	2007年	ISBN 978—7—80238—125—4K・867	850X1168	3	1409	5000	396
莱西市志（1988—2005）	莱西市志编纂委员会	李冰 宋武	姜晓志	1988—2005	2001年	2011年7月	方志出版社	2011年10月	ISBN 978—7—5144—1/K・192	889X1194	1	1401	2000	960

（邢延军　贾国芬）

【淄博市县级志书编纂出版概况】 淄博市第二轮修志工作规划编纂1部市志、8部区县志、1部开发区志，2001年5月正式启动。2003年—2012年间，《淄博高新区志》《周村区志（1986—2002)》《高青县志（1978—2004)》《临淄区志》《张店区志（1988—2002)》《淄川区志（1986—2002)》《桓台县志（1988—2002)》《博山区志（1986—2002)》相继出版发行。2013年10月，《沂源县志(1991—2006)》出版。至此，淄博市规划编修的10部志书(1部市志、8部区县志和1部高新区志）全部出版，在全省率先完成市、区县两级第二轮修志任务。其中，《高青县志（1978-2004)》被中国地方志指导小组办公室指定为全国第二轮市县志编纂推广交流用书，《临淄区志（1986-2002)》获淄博市社会科学优秀成果奖一等奖，《沂源县志（1991—2006)》在山东省优秀史志成果奖评选活动中被评为“优秀市县级志书奖”。

（淄博市史志办）

【《峄城区志（1991—2010)》编纂情况】 2014年，枣庄市峄城区史志办按照责任分工加强与部门特别是撰稿人的联系，协调有关部门做好组稿工作，督促检查志稿撰写进展情况。对已上报的稿件认真进行修改，并及时返回到原单位进行资料补充，同时进行相应的业务指导。截至年底，全区50%的稿件达到总纂要求。峄城区史志办公室的工作做法得到省、市史志部门的认可。10月，在全省方志理论研讨会上，峄城区史志办作了典型发言。12月，在《山东史志》上发表论文《资料收集和处理的实践及其认识》。

（张瑞华　王　旭）

【续修《薛城区志》工作动员暨培训会议】 2010年3月27日，枣庄市薛城区续修《薛城区志》工作动员暨培训会议召开，全区129个部门、单位的主要领导及撰稿人参加了会议。邀请市史志办副主任张涛等4位专家、学者分别授课。通过业务培训，各单位高度重视，撰稿人员业务知识明显提高，信心增强，表示在以后的工作中按照要求和部署，认真搞好资料收集整理，力争按期拿出高质量的稿件。从调度情况看，区属各单位撰稿人员基本到位，个别单位撰稿人员存有畏难发愁情况，区史志办及时进行业务指导。供稿工作中实行通报制度，截至

2014年底，薛城区134个供稿单位中，1个单位完成初稿修改、基本定稿，3个单位完成初稿上报、正进入反馈修改，23个单位结合部门（镇）志聘请专人进行撰写，资料收集翔实，进展顺利，其他单位进展也较为顺利，部分单位责任落实尚不到位、进展较为迟缓。

（时宏扬　唐　罡）

【东营市县级志书出版概况】 东营市第一轮县级志书修志工作始于1982年《广饶县志》启动编纂，1983年利津县、垦利县相继启动编修县志，河口区、东营区由于建区晚，分别于1996、1997年相继启动修志。1990年12月东营市第一部县级志书《利津县志》出版，2002年12月，最后一部县区志《河口区志》出版发行，至此，东营市首轮修志工作结束。2001年9月东营市印发《市委办公室、市政府办公室关于转发〈东营市续修新方志工作纲要〉的通知》正式启动县区志续修工作。2002年3月，利律县率先启动第二轮县区修志工作，之后，广饶县、垦利县、东营区、河口区相继启动第二轮修志，至2013年9月《河口区志（2001—2010）》出版发行，全市5个县区第二轮修志工作全部完成。

东营市各县区第一、第二轮志书编纂出版情况表

轮次	志书名称	断　限	启动时间	出版时间
第一轮	利津县志	1840—1985	1983	1990.12
	广饶县志	1840—1985	1982.4	1995.8
	垦利县志	1941—1985	1983.3	1997.12
	东营区志	1984—1997	1997.5	2000.9
	河口区志	1984—2000	1996.9	2002.12
第二轮	利津县志	1986—2002	2002.3	2006.6
	广饶县志	1986—2002	2003.3	2007.6
	垦利县志	1986—2002	2003.3	2005.8
	东营区志	1998—2005	2005.11	2008.12
	河口区志	2001—2010	2009.2	2013.9

（李中华　刘曙光　黄学桂　任丽）

【烟台市县级志书编纂出版概况】 2000年，作为第二轮修志试点单位，《招远市志》《牟平区志》先期启动第二轮志书编修工作。2001年12月，烟台市委办公室、市政府办公室转发《烟台市续修新方志工作纲要》。2002年6月，烟台市地方史志工作会议召开，启动全市第二轮编修地方志工作。烟台市史志办领导和专家分别到各县市区参加会议，进行业务培训、指导工作，印发《地方志编写样稿》，编辑出版《方志续修指南》一书，发送各县市区，并先后举办了4次全市范围的业务培训班，提升全市修志队伍水平。在各县市区初稿编写阶段，市史志办反复审稿，提出修改意见，并多次到县市区指导，保证志书编写和出版质量。2008年，《招远市志》出版，是烟台市第一部正式出版的县市区二轮志书。2014年，招远、莱山、栖霞、蓬莱、龙口、牟平6个县市区志书已经出版二轮志书。其中《招远市志》获山东省“八个一”精品工程优秀市县级志书入围奖，《龙口市志》获“山东省优秀史志成果奖”，《蓬莱市志》获山东省优秀史志成果优秀基层志奖。2014年11月，《莱阳市志》召开志稿评审会。2014年底，《烟台经济技术开发区志》完成志稿的总纂工作。

（云　霞）

【《蓬莱市志》出版】 2014年1月27日，《蓬莱市志》发行会召开。《蓬莱市志》由蓬莱市地方志办公室历时七年编纂而成，方志出版社出版。该志史料时限为旧石器时代至2005年末，采取编、章、节、目、子目五级框架体制，主体部分设36个正编，286.3万字，图片2600多张。分上、中、下三册装订，李克任主编；书号：ISBN978-7-5144-0906-2/K·728；开本：889×1194；印张：344；字数：549.2万字；印数：4000套；定价：1600元/套。

2006年2月，召开《蓬莱市志》编纂启动大会。至年末，完成资料征集工作。2007年，按“主编主持、编辑分工、定期汇总、全面推进”的工作思路，编纂完成《蓬莱市志》资料长编，共36编，360余万字。2008年8月，完成初稿编纂。2011年 12月，形成评议稿。2012年3月，组织召开志稿评议会。12月，完成终审稿并报送烟台史志办。2013年2月，交方志出版社审稿。11月，交山东临沂新华印刷物流集团印刷。2014年1月出版发行。

（高　波　汤进学）

【《莱阳市志（1978—2005）》编纂情况】 2014年11月6日，《莱阳市志（1978—2005）》志稿评议会召开。省史志办副主任翟世林出席会议并讲话，烟台市史志办主任季胜林，莱阳市常务副市长孙赋欣，省修志业务专家组成员吕福堂、郭能勇、李德辉及烟台市各县（市、区）史志办主任参加会议。

翟世林对《莱阳市志（1978—2005）》志稿编纂工作给予充分肯定，并对下步修改工作提出要求：一是严格执行质量标准。坚持质量第一原则，按照志书质量管理规定，搞好精深加工，精心打磨志稿。二是认真搞好志稿评议。认真查找不足，提出建设性、可操作性的意见建议，不仅要指出存在问题“是什么”，更要指出“怎么办”。三是扎实做好修改工作。认真梳理各方面的意见建议，制定科学的修改方案，搞好志稿的修改完善，努力编修精品佳志。四是认真履行审查验收程序。

（于道武）

【《烟台经济技术开发区志（1984—2003）》编纂情况】 2014年12月，《烟台经济技术开发区志（1984—2003）》总纂工作基本完成，全书28编，初稿100万字、650幅图照。

2002年8月，根据省、市政府续修新方志的要求，烟台开发区工委管委（以下简称管委）决定编纂《烟台经济技术开发区志》。9月，管委成立“烟台经济技术开发区地方志编纂委员会”，转发《烟台经济技术开发区编修方志工作纲要》《编修〈烟台经济技术开发区志〉实施方案》，从各部门抽调人员组成专门编纂班子，召开全区动员大会，部署修志工作。2003年11月28日，《烟台经济技术开发区志》编纂工作全面启动。2013年12月，对志书初稿进行总纂合成。

（陈　政）

【《寒亭区志（1989—2003）》编纂情况】 潍坊市《寒亭区志（1989—2003）》于2002年启动，文字总数1000万字，历经十余年，成稿文字95万字，现正在二次总纂中。

【《寿光市志（1991—2010）》编纂情况】 2014年初，寿光市聘请3名史志专家，对《寿光市志（1991—2010）》进行编写，至年底，文字初稿已经完成，图片现征集中。

【《安丘市志（1986—2013）》编纂情况】 2014年3月，安丘市委、市政府按照“党委领导，政府修志”体制，酝酿二次续志。6月28日，市政府第二次常务会听取专题汇报，同意修志方案并要求切实保障好人员、设备和经费，在保证质量的前提下，加快向前推进。会议确定《安丘市志》为1991年版《安丘县志》续志，断限为1986年—2013年共28年，对个别章节可作适当追溯或下延。从6月市政府确定续志至年底，初稿搜集完成，主要经历两个阶段。

7月初为宣传发动阶段。期间制定落实各项保障措施。首先建立领导机制，为市志续修提供组织保障。成立由市委书记任名誉主任、市长任主任的续修《安丘市志》编纂委员会，下设办公室，负责全市续志工作的领导、协调和指导。办公室设在市史志办。各镇（街区）及市直100个提供资料部门单位分别成立领导小组，各部门再辐射到分管单位，形成覆盖全市的续志工作网络。其次是精选人员，提高修志人员专业素质。同时吸取周边县（市、区）经验，反复论证，形成符合安丘市实际的修志方案。按市政府第三次常务会议精神，层层筛选并聘请10名德才兼备、写作能力强的工作人员，由市史志办公室组成编辑班子；单独聘请资深摄影专家负责拍摄编辑图片；各相关单位成立供稿小组；全市直接参与修志工作者460余人。7月21日，市政府召开全市二次续志动员大会。会议对工作进行了安排部署，同时对主要供稿人员进行业务培训，下发续修工作方案、行文规范等系列文件，进一步明确续志工作不同阶段的时间安排、目标和行文标准要求，强化了对续志工作的指导。

8月至年底为供稿编辑阶段。市志编委会办公室制定多套运作方案。针对基层大部分人员初次接触修志缺乏经验的实际，采取集中培训和分散培训相结合的方式，点对点或点对面，进行具体章、节、目培训指导，先后分系统（部门）举办修志专业知识培训班27期，就问题解问题式指导会数百次。在此基础上，配套完善相应办公设施，优化修志环境。市志编委会办公室针对部分资料过于分散、缺失严重、征集难度大，部门无法单独完成的实际，制定部门联动机制，协调相关单位供稿人员集中办公，建立供稿人员通讯簿，设计进度表，统一协调调度。与此同时，市志编委会办公室全面加大资料征集工作督导力度，坚持“标杆、啃硬、细磨、帮靠”八字方针，编印《简报》通报进度，“两办”督查室进行督稿，编辑队伍也分片包干并深入市直部门、乡村、企业查补欠缺资料。同时实行每周调度会制度，加强业务指导交流。至10月截稿期，完成供稿数量87%。市志编委会办公室对出现问题及工作相对缓慢单位实行多次上门督促和帮助撰稿。

【《高密市志（1986—2008）》出版】 2014年12月，《高密市志（1986—2008）》由方志出版社出版发行。全书分篇、章、节、目四个层次，卷首设序、凡例、大事记、概述，正文设31编，共计120余万字。该志是1990年版《高密县志》的续志，编纂工作历时10余年。

2003年6月，高密市新一届地方史志编纂委员会成立，决定续修《高密市志》，并在潍坊市史志办专家指导下拟定了志书篇目。印发《第二轮高密市志编纂工作实施方案》，分解任务。邀请潍坊市史志办专业人员对90余个供稿单位进行培训。

为保证志书质量，编纂委员会先后聘请10位经验丰富的专职编辑，分块对初稿进行审核把关，并定期召开编辑工作研讨会，交叉阅审。经总纂形成征求意见稿后，送高密市委、市政府领导和相关部门审阅，形成评审稿。

2014年5月16日，《高密市志（1986—2008）》志稿评审会在高密市召开。中国地方志指导小组秘书长兼办公室主任李富强，省政府办公厅党组成员、省史志办主任刘爱军出席会议并讲话。中国地方志指导小组办公室方志期刊指导处处长、《中国地方志》主编于伟平和省修志业务专家咨询组成员，以及潍坊市各县市区史志办有关负责人参加会议。2014年12月出版。

【《昌邑市志（1986—2005）》编纂情况】 2005年10月，昌邑市地方史志编纂委员会成立。同年10月，召开编修《昌邑市志（1986—2005）》动员大会，下发了《昌邑市志编修工作方案》,全面启动《昌邑市志》编修工作。15个乡（镇）、街道的稿件,全部赶在2007年合并乡（镇）前征集完成。95个部门单位（包括垂直管理单位）也于2011年底基本定稿，完成文字量约130万字。2012年，初稿交付印刷厂打印。2014年征求意见稿已经整理完成。

【《临朐县志（2000—2014）》编纂情况】 2013年4月，临朐县史志办向县政府汇报续修县志工作，经县政府同意，于4月19日召开全县史志工作会议，对续修县志工作进行安排部署，下发《临朐县志（2000—2014）》编纂工作方案和承编方案，县政府分管县长、各单位分管史志工作的负责人和一名承编人员参加会议。6月24日，专门举办《临朐县志（2000—2014）》续修培训班，聘请省史志办县志处副处长李天程、泰安市史志办原副主任王笃银等专家，对全县各单位分管史志工作的负责人和承编人员进行培训。县史志办组成专门队伍，负责县志续修工作，加强日常指导、督促工作，实行上门服务，手把手指导，保证供稿质量。供稿分两个阶段，第一阶段为2000年—2012年，资料收集与长编已经完成；第二阶段为2013年—2014年，资料正在收集整理。

（吕俊峰　林荣军）

【济宁市县级志书编纂出版概况】 截至2014年12月，全市有泗水县、嘉祥县、微山县、邹城市、鱼台县、金乡县6个县市完成了编纂出版任务。任城区、梁山县已完成初稿，正在修改完善；汶上县、兖州区、市中区正在进行编纂。

济宁市县级志书出版情况表

书名	断限	出版时间	出版单位
泗水县志	1989—2003	2006年10月	中国出版社
微山县志	1991—2005	2009年2月	山东画报出版社
邹城市志	1991—2005	2009年9月	方志出版社
嘉祥县志	1991—2005	2010年1月	方志出版社
鱼台县志	1991—2005	2010年11月	方志出版社
金乡县志	1991—2005	2014年12月	方志出版社

（陆　波　孟昭华　郭赟燕）

【《济宁市市中区志（1996—2013）》编纂情况】 济宁市市中区志编修工作启动后，采取分类指导方式，分批召开部门业务对接座谈会，编纂过程中共召开座谈会10次，全区108个部门单位参加会议，通过与供稿单位沟通，调整篇目由33卷增至39卷，章下全部细化至节，部分至目，第一轮供稿工作圆满完成。2014年11月，召开第二轮业务对接座谈会，反馈初稿中的问题，提出修改意见，截至12月，共上交文字稿80余万字，收集图片1000余幅，全区27个单位参加了第二轮会议。

【《任城区志》续志编纂情况】 该志编纂工作于2010年8月启动，原下限定为2010年，由于2013年11月济宁市任城区和市中区两区融合，将下限延至2013年。在召开全区史志工作会议前，区史志办制定了翔实的《〈任城区志〉下延部分组稿方案》，将《任城区志》所要下延的内容在每个章节都做了详细的标注。会后，区史志办对撰稿工作有困难的单位，采取“走出去、请进来”的方法分别做了业务指导。在任务重、人手少的情况下加班加点，确保志稿的编纂进度和志稿质量。至2014年底，圆满完成《任城区志》2011—2013年内容的增补工作，增补志稿50余万字，收集图片1000余幅。

配合两部志书的征稿工作，任城区史志办印发编纂进展情况快讯21期。志书编纂工作取得的成绩，引起区委的关注。在第11期快讯上，市委常委、区委书记张辉做出重要批示，对任城区史志工作给予充分肯定。

（黄　静　刘　强）

【《曲阜市志（1991—2015）》修志工作全面启动】 2014年11月，曲阜市召开全市地方志续修工作动员大会，全面启动《曲阜市志（1991—2015）》编修工作。下发篇目草案和指导意见，明确工作步骤和目标任务，要求各单位务必于11月28日前，报送分管领导和撰稿人名单。2014年底，市志续修队伍基本建立起来。

《曲阜市志（1991—2015）》拟设内容35篇，涵盖曲阜市区域内自然、政治、经济、文化和社会等各个方面。计划分6个阶段实施。2014.11—2014.12为全面发动阶段、2015.01—2015.05组织培训阶段、2015.05—2015.08搜集资料阶段、2015.08—2016.06撰写初稿阶段、2016.07—2016.10评议阶段、2016.10—2017.04送审阶段，计划2017年12月底完成出版。

（米玉红　翟盛军　孟宪方）

【《徂徕山志》评审会】 2014年9月26日，《徂徕山志》评审会召开。省史志办副主任翟世林、泰安市政府副市长徐恩虎出席会议。来自青岛市史志办、泰山风景名胜区管委会、泰山学院、泰安市林业局、徂徕山林场等单位的史志、林业、旅游专家学者围绕《徂徕山志》评审稿的篇目设计、记述内容、主要特点等方面进行评审。与会专家认为，《徂徕山志》的编纂不仅是对徂徕山文化的梳理和展示，更是对泰山珍贵历史文化遗产的保护和开发。一致认为《徂徕山志》资料翔实、内容丰富、记述准确、结构合理，是一部基础较好、质量较高的志稿，同时对志稿的进一步精加工提出意见和建议。

《徂徕山志》为徂徕山首志，上限为事物发端，下限为2012年，以动植物资源、风景名胜、旅游、徂徕山抗日武装起义、山区居民等为重点章，集中体现徂徕山历史悠久的地方特色、人与自然和谐发展的时代特点。《徂徕山志》编纂工作历时两年多，六易其稿，评审稿约65万字。全志使用章、节、目体例，按照志书横排竖写、社会分工与科学分类结合的原则，在继承第一轮志书和传统山志的篇目设计基础上有所创新探索。

（赵　兵）

【《泰安市岱岳区志（1985—2013）》编纂情况】 2014年2月，泰安市岱岳区政府召开全区性大会（含双管部门），启动《岱岳区志》的编纂工作。5月，各单位志稿送交达90%，至2014年12月，《岱岳区志》初稿编纂完成。《岱岳区志》记述时限为1985—2013年，共设33编，约计130万字。

（杨　洋）

【《文登市志（1991—2013）》编修工作全面启动】 第二轮《文登市志》于2014年末确定，上限为1991年，下限为2013年。2014年，志书续修工作以补充完善资料为主，完成《大事记》《凡例》《篇目》等征求意见稿的修改补充工作。

（高燕妮）

【《荣成市志（1996—2015）》编纂情况】 第二轮《荣成市志》编纂工作于2013年12月启动，上限1996年，下限2015年。12月6日，荣成市第二轮修志启动大会召开，动员部署新一轮修志工作。市委办公室、市政府办公室文件下发《关于转发市地方史志编纂委员会续修〈荣成市志〉编纂方案》的通知。2014年，荣成史志办主要做好第二轮修志资料的收集及志书编纂的各项准备工作，加强了对撰稿人的培训及各部门撰稿的督导工作。同时注重基层志编纂工作，加强基层修志的指导和督导工作，做好基层志篇目的设计、文稿的审查、评议，严把基层修志质量关。

（连业功　姜　潇）

【收集整理《乳山市志》续修资料】 乳山首轮志书下限为1995年，2014年，重点做好启动前的资料收集和整理工作，为第二轮市志续修做好资料储备。一是做好综合性资料储备，编纂《乳山年鉴》，实现每年一鉴，共编16部。会同相关部门编修出版《乳山文化通览》，全面系统记载区域文化发展脉络、文化亮点和特色等研究成果。出版《铸就辉煌——乳山建市二十周年大事博览》，汇总图说发展、发展成就、20年大事记录等内容，勾勒出第二轮修志断限内政治、经济、文化、社会等大致发展轨迹。二是做好专题性资料储备，汇编《长寿之乡乳山》，就人居环境、养生食品等方面进行调查，汇总百岁寿星榜；汇编《中共乳山组织史资料》《乳山古今名人》，汇集了人文资料；汇编《乳山村庄图志》，图文并茂记述全市601个村的建制沿革、资源优势、经济发展等方面情况，融汇了村庄的历史与现实，收集农村有代表性图片1000多张。指导工会、国土、市医院、农信社等部门编纂行业志、部门志。三是做好新编资料储备，2014年编纂出版《市情博览——走进乳山》，从乳山概况、名贵物产、镇区域情、重点产业、名胜古迹等方面汇总地情资料；完成专题性资料《乳山籍名人》。年内，共收集整理民俗、物产、人物、旅游、文化等7方面文字资料60多万字，各类照片200多幅。

（王　浩）

【《威海火炬高技术产业开发区志》编纂情况】 2014年，威海火炬高技术产业开发区（以下简称高区）启动《高区志》的编修工作，增强了编辑力量，对原有的资料进行整理归类，调整了编纂方案，根据下限时间的变化重新修订了篇目与纲要，调整后的《高区志》共20编，108章418节，目录结构更加严谨、合理。同时，完善了史志编修工作培训资料，为接下来的动员、培训等工作做好准备。2014年，高区史志办组织编辑力量完成了威海市史志办组织编写的《威海市志》高区部分稿件的修改工作。

（张楷昕）

【《日照市岚山区志》编纂情况】 2012年初，根据山东省、日照市关于第二轮修志要求，岚山区委、区政府启动了设区以来第一部区志《日照市岚山区志》的编纂工作。编纂工作由区史志办具体承担，聘请区政协原文史委主任张晓辉、区教育局原督导室主任秦洪河、原岚山历史文化研究会理事刘加欣，借调虎山中学教师张守来、岚山头街道办事处工作人员林芳宇，租赁国家安全局岚山分局四楼5间办公室办公。4月27日，召开全区编纂工作动员大会，印发《〈日照市岚山区志〉编纂方案》《〈日照市岚山区志〉编目与撰写分工方案》。2014年初完成了初稿编写，经山东省地方史志办公室批复同意，《日照市岚山区志》被推荐为2015年度山东省重点志书。

2014年4月29日，《日照市岚山区志》评审会议召开。省史志办副主任翟世林，山东省史志办市县基层志编纂指导处处长李刚，市政府办公室副主任侯佃华、市史志办主任李世恩出席评审会议，区委常委、常务副区长申淑清到会致词，副区长张锋主持会议。周边区县地方志专家学者30余人参加了评审活动。

在评审会议中，与会专家对《日照市岚山区志》志稿进行了详尽而中肯的评议。评议专家认为,《日照市岚山区志》政治立场明确，思想观点正确，内容翔实准确，资料丰富全面，从各个角度记录了历史，再现了当今建设者的伟大成就，篇目设计总体科学合理，记述完整，体例规范，行文简洁，地方特色鲜明，达到了志书的基本要求。同时，专家们详细分析和指出了评议稿存在的各种问题，提出了中肯的修改意见和建议。

（张守来）

【《莒县志（1997—2010）》编纂情况】 2002年，莒县新一轮修志工作开始，由于第一部志书时间下限较晚，县史志办公室决定将新一轮修志初期的主要工作放在基层志的编修。首先在碁山和招贤两处乡镇进行试点，摸取经验，这两部乡镇志先后于2003年和2004年编修完成，并成功发行，在全县形成了较好的社会舆论。之后，乡镇志和部门行业志的编修工作在全县逐渐铺开。2003年4月中共莒县县委办公室、莒县人民政府办公室联合下达《关于切实搞好新一轮地方志编修工作的通知》，规划编修志书75部，其中续修《莒县志》一部，新修乡镇志21部，续修或新修部门（行业）志53部。2008年3月10日，县委批准了县史志办公室关于《莒县志（1997—2010）》有关情况的报告，县志续修工作全面展开。至2010年底，大部分部门报送了志书初稿，2013年形成初稿，2014年10月形成征求意见稿。

（孙凤明）

【《莱芜市钢城区志（1993—2005）》编纂情况】 该志编修工作于2003年正式启动，2010年上半年完成初稿编写任务，12月21日召开了志稿评议会，2012年3月由方志出版社出版发行；《钢城区志》的编修工作于2003年正式启动，2010年上半年完成初稿编写任务，12月22日召开了志稿评议会，2014年7月完成出版印刷招标，计划2015年下半年出版发行。

（亓军华　刘少波　高　涛）

【临沂市各县区志编纂与出版概况】 临沂市各县区积极推进第二轮修志工作，至2014年底，4个县完成县志编修任务。《沂水县志（1991—2008）》于2012年5月出版发行；《沂南县志（1990—2005）》于2012年8月出版发行；《莒南县志（1993—2007）》于2013年12月出版发行；《临沭县志（1986—2007）》于2014年12月出版发行。《苍山县志（1840—2010）》共39编，近200万字，已完成评议稿；《费县志（1986—2010）》于2014年11月完成评议稿。4部县志处于征集初稿或总纂合成阶段，《郯城县志（2000—2014）》有10余个单位完成初稿撰写工作；《蒙阴县志（1988—2013）》编修工作于2013年11月启动，至2014年6月已完成全部组稿任务，搜集整理资料200余万字，基本完成资料长编；《平邑县志（1989—2014）》于2014年下半年启动编修工作，12月对各承编单位的撰稿人员进行为期两天的集中业务培训，编稿工作进展顺利；《河东区志》编修工作于2013年11月正式启动，2014年上半年完成了组稿征集工作，2014年下半年开始编纂工作，进入初步汇总整理阶段。兰山区和罗庄区正积极筹备区志编修启动工作。

（肖功江　张　丽）

【《临沭县志（1986—2007）》出版】 2014年，《临沭县志（1986—2007）》由方志出版社出版发行。《临沭县志（1986—2007）》断限自1986年至2007年，由临沭县地方史志编纂委员会编纂，主编王敬涛，副主编葛瑞强、王玉琳、王庆国、万秀丽，书号ISBN978-7-5144-1266-1/K·994。共1册，1875千字，印数5000册，定价478元。本志为《临沭县志》（1993年版）之续志，全面、真实记述了1986年至2007年间，临沭县在政治、经济、文化、社会、生活等方面发生的变化，再现了临沭县的历史变迁和辉煌成就。全书编纂大致分四个阶段：一、启动修志、拟定篇目（2006.9—2008.9）；二、搜集资料、撰写初稿（2008.9—2010.6）；三、总纂合成、评议志稿（2010.6—2011.6）；四、修改完善、送审出版（2011.7—2014.9）。

全志分篇、章、节、目4个层次，卷首设序、凡例、概述、大事记，正文设29编，卷尾设人物、附录、编后记。坚持思想性、科学性和资料性相统一原则，采用述、记、志、传、图、表、录、索引和注释等志书体裁。设“经济总情”编，统领农业、工业和商业贸易等经济编；设“特色产业”编，包含“柳编产业”与“肥料产业”两章，突出临沭县地方特色。针对断限内区划调整频繁，乡镇、村居变化较大的状况，在“行政区划”编设“县城”“乡镇”“自然村居”三节，并将县内536个自然村的基本情况加以记述，进一步增强了志书的资料性。

（王敬涛　王庆国）

【《苍山县志（1840—2010）》进入精修阶段】 2011年，全面启动《苍山县志（1840—2010）》的编修工作。2012年3月底，大多数单位完成承编任务，2014年底，《苍山县志》完成第三稿，包括专业志稿36编，加上大事记、概述和附录，共39编，近300万字。2013年8月底，《苍山县志（1840—2010）》形成评议稿并报送给省、市史志办审阅。2013年12月19—20日，《苍山县志（1840—2010）》评议会召开，与会专家对志稿提出了许多合理的修改意见。2014年，县史志办编辑人员通过观看评议会录像、整理归纳专家提出的意见建议等方式，多次开会讨论，整理出了新的编目结构和编修思路，报经市史志办同意后，转入补充材料和精修阶段。

（马建光）

【《费县志（1986—2010）》完成评议稿】 《费县志（1986—2010）》为第一部社会主义新方志《费县志》（1992年版）的续志。2012年6月正式启动编修，时间断限为1986年—2010年，为完整地反映事物发生、发展的过程，个别事物的记述适当上溯，大事记、大事述略下延至2012年，图片下延至2014年。该志采用述、记、志、传、图、表、录等体裁，以志为主，卷末设索引。大事记采用编年体，大事述略采用编年体和纪事本末体相结合的方法。采用章节目体，以时为序，横排竖写。编修过程中，选聘了1名老史志工作者，承担志稿的撰写任务。为了保证志稿质量，以总结首部志书的经验和教训为基础，反复研讨论证篇目，精心编纂志稿。2014年10月，完成评议稿，分上、中、下三卷，共200多万字，设32编，随文图片1000多幅，设有费县奇石、颜真卿及颜氏文化两个特色编。2014年12月召开志稿评议会，省、市史志专家对《费县志（1986—2010）》志稿进行了评议。

（刘　露　赵志纯）

【《禹城市志（1986—2010）》广泛征求意见】 2014年，《禹城市志》（1986—2010）评审会召开后，向禹城人大、政协领导、禹城籍老领导、部分部门主要领导、史志专家等100余人，征集意见建议100余条。全部安排专人进行梳理并修改完成。进一步完善修改后送出版社印刷出版。

（王　凯）

【《武城县志（1986—2014）》编纂情况】 2014年9月4日，召开了《武城县志》《武城年鉴》编修工作启动会议，以两办的名义下发了《续修〈武城县志〉实施方案》，成立了《武城县志》编纂委员会。重新修订了《武城县志》篇目结构，使之更切合武城实际，并聘请省市4名史志领域的权威、专家对篇目进行评审把关，保证篇目的科学性、逻辑性。为保证各单位供稿质量，还邀请德州市史志办特邀专家王德河同志对各单位执笔人员进行业务培训，对县志编修工作中应注意的一些问题进行了详细讲解。因史志办缺编严重，工作力量有限，为保证工作进度，特聘请8名资深退休老干部，充实编撰力量。截至2014年底，《武城县志·大事记》完成初稿，县志供稿完成约75%。

（张　君）

【《续补冠县志》出版】 《续补冠县志》由冠县史志办公室编纂。主要内容一是补录前志欠缺，二是续纂新志。全志首设综合性的概述、大事记，列入编序列的多为按专业或事业所立的专志或合志，共分24编，133章，457节，总计140万字。该志的编纂工作启动于2003年秋，经过广泛搜集资料，于2009年进入总纂合成阶段，经过4年多的努力，数易其稿，经省、市专家和修志同行评定修改，2014年5月由方志出版社出版发行。

（崔海坡）

【菏泽市县级志书编纂与出版概况】 2014年，菏泽市史志办成立了市县业务专家组对县区志编纂进行业务指导，《巨野县志》《曹县志》完成出版发行。其中《巨野县志》被省史志办确定为2014年度全省重点志书，《曹县志》被省政府办公厅评为全省史志优秀成果。单县、定陶、鄄城均进入志稿编纂阶段，其中定陶县志除物资、外贸、商业、工业、金融外，完成了其他部分的初稿，并编写评审稿三篇，即：建置、人大、政协和大事记。截至2014年12月底，列入省政府规划的9部县区志中，6部已完成出版发行。

（苏　仪）

【《曹县志（1986—2009）》出版】 2014年5月，《曹县志（1986—2009）》公开发行。利用曹县电视台新闻访谈的形式向全县推介《曹县志（1986—2009）》；在县党政电子政务移动办公平台上下发发行通知，全年共发行新志近千套。《曹县志（1986—2009）》由曹县地方志编纂委员会编纂，主编董梁英，执行副主编王仲芳（特邀），副主编刘朝学、张亚、潘晓霞。2005年9月正式启动，完成于2013年12月，历时8年多。方志出版社出版，书号ISBN978-7-5144-1145-4/K·931，开本为889×1194毫米，册数为3000册，共计273万字，定价1058.00元（上、下卷）。

《曹县志（1986—2009）》是第一轮《曹县志》的续志，主要收录曹县二十四年中自然、政治、经济、文化、社会等各个方面的历史和现状，部分内容适当上溯至事件的发端和下延至2013年底。全书分上下两卷，共35编。本志体例设置科学合理，资料系统翔实，时代特征突出，地方特色鲜明，叙事完整有深度，行文规范，图文并茂，装帧印刷精美，是一部认识曹县、研究曹县地情的最权威百科全书，具有很高的使用、研究、学术和收藏价值，被评为“优秀县志志书”。

《曹县志（1986—2009）》出版发行后，省政府办公厅党组成员、省史志办主任刘爱军发贺信表示祝贺，贺信说：《曹县志（1986—2009）》全面展示了曹县二十多年来的发展历程，客观总结了发展中的经验和教训，深入挖掘了曹县历史文化内涵，系统彰显出曹县独特的地域魅力，对于推动曹县经济建设、政治建设、文化建设、社会建设、生态文明建设和党的建设具有重要的现实意义和深远的历史意义。刘爱军在贺信中还要求曹县：在下步工作中努力搞好志书宣传发行和开发应用工作，充分发挥县志“存史、资政、育人”的作用，积极开展读志用志活动；同时进一步做好综合年鉴编纂、旧志整理、地情网站和方志馆建设等各项工作，深度挖掘曹县丰厚的历史文化资源，深化地情资料的研究开发，为曹县经济社会的快速发展作出新的更大贡献！

曹县县委书记、县人大常委会主任王忠想和县委副书记、县长谭相海对县志的发行和史志开发利用工作分别作出重要批示，充分肯定《曹县志（1986—2009）》出版发行的重大意义，对开展好读志、用志、传志活动提出要求。

（董梁英　刘　茹）

【《巨野县志（1986—2005）》出版】 《巨野县志（1986—2005）》是由巨野县政府主办、县地方志办公室主编的一部史志，上限是1986年，下限为2005年。主编为朱传成，副主编为孟福燕、王瑞、赵永超。巨野县志由2006年12月份开始启动，终审时间为2014年7月份，定稿时间为2014年12月份。此文化工程历时8年，数易其稿，终成定稿。出版单位是巨野县地方志办公室，出版时间为2014年12月，由方志出版社发行中心发行，书号为ISBN978-7-5144-1595-7，开本为889×1194毫米，册数为3000册，定价580.00元。

该志共设34编159章533节，约150万字。编纂过程中，借鉴外地优秀志书的经验，对《巨野县志（1986—2005）》篇目作了进一步调整完善，新增麒麟文化编、书画艺术编，体现了巨野浓厚的文化底蕴和地方特色。2014年，《巨野县志（1986—2005）》被省政府办公厅评为“优秀县级志书”。

（王　瑞）

【《单县志（1986—2010）》编纂情况】 单县第二轮修志自2011年9月开始启动，历经资料收集、资料整理和精心编写三个阶段，截至2014年12月，《单县志（1986—2010）》初稿成卷。

资料收集阶段（2011.9—2012.6）期间，单县人民政府办公室下发了《关于征集单县第二轮修志资料的通知》，县志办共收集253个单位，307份，1000余万字的资料。同时，还利用各种时间与场合，在各类报刊、县委县政府两办资料室、档案馆等处摘抄、复印收集资料200余万字。通过各种渠道和方式，基本完成了资料收集任务。

资料整理阶段（2012.6—2013.2）期间，单县史志办通过电话咨询、实地勘察、登门走访等方式，对所收集的资料进行去伪存真、去粗取精、查漏补缺，精心整理，使文字内容压缩到200余万字。

精心编写阶段（2013.2—2014.12）期间，编纂人员对志书的每个编、章、节、目都进行了分析讨论，各抒己见，找出最佳结合点，每编的章、节、目整体框架确定后，再进行编写。在编写过程中，运用马克思主义辩证唯物主义和历史唯物主义的观点，严格按照志书的编纂要求，横排竖写，以类聚事，不评不议，不褒不贬，秉笔直书，力求文字简练，通俗易懂，言简意赅。自2011年9月开始，全体编纂人员精益求精，历经3年，初稿成卷。全志初稿150万字，诸体并用，首设概述、大事记，后置人物、附录和编后记，中列27编133章610节专志，实事求是地记述了1986年—2010年单县在全国改革开放的大潮中，政治、经济、文化和社会各方面的发展变化。

截至2014年12月底，《单县志（1986—2010）（修改稿）》已五易其稿，仍在修改之中，预计2015年底前，完成评审稿，提请省、市史志办召开会议进行评审。

（窦颖瑞）

【《鄄城县志（1995—2010）》编纂情况】 自2006年8月第二轮修志工作开展以来，鄄城县志办严格按照中指组《关于第二轮地方志书编纂的若干意见》和《地方志书质量规定》的总体要求，深入学习贯彻落实国务院《地方志工作条例》和《山东省地方史志工作条例》，把第二轮地方史志修编工作放在彰显地方文化、传承历史文明、服务当代、惠及后世的高度，进一步统一思想认识。县史志办认真履行记录历史、传承文明、围绕中心、服务大局的工作职责，坚持实事求是、客观公正，对历史负责、对鄄城负责、对发展负责、对人民负责的原则，高质量做好县志编纂工作。严格做到依法推动编修地方志各项工作。县志纂修之初，县史志办就资料的搜集、初稿撰写及方志编纂的规则要求举办修志业务培训班，对全县单位、部门和乡镇所有参加县志续修的人员进行修志业务培训。按照编制方案，认真细致地开展了资料的征集、修改、编纂工作，并发挥“百改不厌”的精神，认真审阅每个单位的材料，积极与修志单位搞好沟通，对达不到质量要求的志稿，退还修志单位重新修改。

原计划第二轮郓城县志起止年限为1995年到2005年，后改为在原有基础上接续五年，下限截止到2010年。

截至2014年底，概述、大事记基本完成，专业志资料完成95%以上，人物部分正在搜集郓城籍在外工作人员的资料。

（孙凤春）

乡镇村志、街道社区志编纂与出版

【概况】 随着经济社会的快速发展，城乡面貌变化很大，乡镇村志、街道社区志编修工作成为第二轮修志的发展趋势和一大亮点。为贯彻落实副省长王随莲关于做好乡镇村志编修工作的指示精神，省史志办市县基层志编纂指导处加强跟踪指导、业务培训，有力促进了工作开展。2014年，共编纂出版乡镇村志、街道社区志26部。

起草指导性意见 在调查摸底，深入分析、总结的基础上，起草了《关于做好乡镇村志编修工作的意见》，指出乡镇村志编修工作的重要意义，明确了指导思想、基本原则、工作程序、保障措施等内容，3月份以省史志编纂委员会名义印发。并在《山东史志》开辟专栏，集中介绍青岛崂山、济南平阴等地乡镇村志编修工作经验，促进全省乡镇村志编修工作有序开展。

举办专项培训班 为切实提高相关从业人员的业务水平，提高志书质量，先后于12月2日至4日、12月9日至11日分别在青岛市崂山区、济南市平阴县两个片区举办全省乡镇村志编修业务培训班，培训学员180余人，邀请郝德禄、刘建国、臧先锋、于瑞东、高振康、纪兴本、陈广友等7名基层领导、修志专家，系统讲授方志学基础知识、资料收集、组织发动、乡镇村志编修的突出问题和解决途径以及怎样编修乡镇村志等，其中阳谷县张秋镇党委书记陈广友通过现身说法介绍了编纂镇志的心得、体会。内容结合实际，针对性强，受到广大学员的普遍好评。培训班紧紧围绕如何开展好、编修好乡镇村志这一主题，采取专题讲座与个人学习、知识讲解与案例分析、分组讨论与现场交流的形式，充分调动学员的学习积极性；选择在开展乡镇村志编修工作较好的崂山区和平阴县分别举办，学习借鉴他们好的经验和做法，达到了“进门是课堂，出门是现场”的培训目的，收到了很好的培训效果。

全省乡镇村志、街道社区志出版情况统计表

（2014年1月1日至2014年12月31日）

序号	书　名	编纂单位	主　编	副主编	上限	下限	出版单位
1	江家土寨村志	《江家土寨村志》编纂委员会	江恢世	江志谞 王义春	事物发端	2011年	
2	华阳村志	《华阳村志》编纂委员会	阎立强	阎恒训	建村	2011年	

续表

序号	书　名	编纂单位	主　编	副主编	上限	下限	出版单位
3	雕龙嘴村志	《雕龙嘴村志》编纂委员会	李德清 林雪梅	林秀芳 李美芳	建村	2013 年	
4	高家村志	《高家村志》编纂委员会	蓝心武	高维斌	建村	2012 年	
5	东韩村志	《东韩村志》编纂委员	朱广山	王明开 王文华 王明军	事物发端	2013 年	
6	岭西村志	《岭西村志》编纂委员会	王仲胜	王允功	事物发端	2012 年	
7	大石·龙泉村志	《大石龙泉村志》编纂委员会	刘学松 刘宗义	刘敏	事物发端	2012 年	
8	惜福镇街道志	《惜福镇街道志》编纂委员会	苏世津	—	182 年	2005 年	黄河出版社
9	东流亭社区志	《东流亭社区志》编纂委员会	刘世洁	胡维村	前 476 年	2013 年	方志出版社
10	东宅子头社区志	《东宅子头社区志》编纂委员会	王裕卷	黄绪芹	前 221 年	2011 年	黄河出版社
11	杨家村社区志	《杨家村社区志》编纂委员会	矫庭本	—	1269 年	2012 年	黄河出版社
12	小庄社区志	《小庄社区志》编纂委员会	王迎东	王延生 王延德	1652 年	2012 年	中国书籍出版社
13	即墨市大韩村志	《即墨市大韩村志》编纂委员会	宫兆鹏	宫崇勇 宫垂盛 黄聿轩	1404 年	2013 年	黄河出版社
14	九六夼村志	九六夼村志编纂委员会	毛瑞先		1403 年	2012 年	中国文史出版社
15	吴家村志	吴家村委	郑述瑜	田春华	1949 年	2012 年	团结出版社
16	范家村志	范家村志编纂委员会	张文灼		事物发端	2012 年	
17	东陈村志	东陈村志编纂委员会	李国经	孙方之	1840 年	2012 年	中国文化出版社
18	林家村志	《林家村志》编委会编制	王行山 李钢发	陈靖远 李明吉 张聿修 李训华 李庆春 段正新	元代	2012 年	九州出版社
19	义和镇志	河口区地方史志办公室	孟维芳	梁利生 潘春芳 吴吉新	1985 年	2013 年	中国国际文化出版社
20	河口街道新建村志	河口区地方史志办公室	孟维芳 李培景	潘春芳 王永俊	事物发端	2013 年	中国国际文化出版社

续表

序号	书　名	编纂单位	主　编	副主编	上限	下限	出版单位
21	汀罗镇志	《汀罗镇》编纂委员会	王立军	李明	1931 年	2013 年底	中国国际文化出版社有限公司
22	齐河县祝阿镇志	《齐河县祝阿镇志》编纂委员会	王树杰	孙维强			
23	齐河县赵官镇志	《齐河县赵官镇志》编纂委员会	韩传龙	于保国			
24	张秋镇志	张秋镇	于忠超 高振康 徐下昌	李印元 朱耀庭 张学勤 高明迅	张秋得名之时	2009 年	方志出版社
25	北关村志	北关村志编纂委员会	赵儒	赵志修	1404 年	2013 年	邹平县　史志办
26	曹口村志		曹恒顺 牛光芝		1368 年	2012 年	方志出版社

（省史志办市县基层志编纂指导处）

【《分水岭村史》出版】 编纂单位：济南市市中区分水岭村史编纂委员会。主编：张森。副主编：杨春泉、张志安。断限：明朝洪武年间至 2013 年。始修时间：2014 年 2 月。终审定稿时间：2014 年 7 月。出版单位：北京燕山出版社。书号：中国版本图书馆 CIP 数据核字（2014）第 139025 号。开本：787×1092 毫米，16 开本。字数：160 千字。定价：78 元。分水岭村人自明代洪武年间定居以来，距今有 630 多年的历史，村史主要记载了村子由来、建制、人口、自然环境、古文化遗址、古建筑、农业生产、村民生活、拆迁、教育、卫生、风俗习惯等内容。

2008 年，分水岭村所在地被济南市政府征收，为较全面的保留具有 630 多年丰富历史文化底蕴的分水岭村历史资料，记录历史教育后人，2014 年 2 月下旬，委托北京燕山出版社村史编写组编纂《分水岭村志》。接受委托后，小组成员首先从搜集资料入手，查阅《历城县志》《历城区志》《市中年鉴》《济南年鉴》，查阅村里现有的档案资料，采访村中年长的老人、村老干部、有关的当事人、知情人、与老干部、老村民座谈，实地考察拍摄有关图片。编修期间，采访村民 100 多人次，参阅地方县志、族谱、历史典籍、地方性资料共十几部，搜集、拍摄图片 200 多幅。

（济南市市中区史志办）

【平阴县平阴镇街志编纂工作】 2012 年 5 月，平阴县制定“县组织领导，镇（街）具体实施，村密切配合，三级联动，整体推进，力争三年完成镇街修志”的整体规划，全面启动镇（街）志编纂工作。2014 年，重点做好督促调度、业务指导和出书前的准备工作。4 月，县史志办与县政府督查室联合开展镇街志编纂专项政务督查。5 月 13 日，召开全镇（街道）志编纂调度会。多次到镇街进行业务指导。10月，通过招标形式，选定出版社和丛书版式设计代理公司。至年底，全县8个镇（街）志初稿基本完成，其中玫瑰镇、孝直镇形成征求意见稿，《玫瑰镇志》完成印刷招标。12月9日—11日，全省乡镇村志编修业务培训班（西片）在平阴举办，平阴县史志办在培训班上作《推进镇村志编纂工作的实践与思考》交流，详细介绍平阴县镇村修志工作的组织发动、推进措施及成效。

（于瑞东　付媛媛）

【青岛市乡镇村志编纂与出版概况】 青岛市街道（镇）、社区（村）志的编纂工作起步较早。2001年12月崂山区所属4个街道启动志书编纂工作，第一部村志《大麦岛村志》启动于1995年，2003年正式出版。至2014年，全市完成19部街道（镇）志和157部社区（村）志的编纂出版。其中，崂山区、城阳区全部完成街道（镇）志出版。完成社区（村）志编纂出版计157部，具体情况是：市南区2部，市北区2部，李沧区5部，崂山区91部，城阳区17部，即墨市15部、胶州市6部，平度市9部，莱西市10部。年内，崂山区注重新启动社区的培育工作，新组建村志编修小组6个；对西姜等十余个新启动社区进行篇目、材料收集业务指导；聘请崂山文化研究学者组建崂山地方志专家小组，定期参与村志审改工作。审改了小河东、流清河、西登瀛、岭西、姜家村、卧龙等10部村志志稿，出版《东韩村志》《岭西村志》《大石·龙泉村志》《江家土寨村志》等7部。城阳区出版《惜福镇街道志》《东流亭社区志》《东宅子头社区志》《杨家村社区志》《小庄社区志》5部。

【《惜福镇街道志》出版】 2001年9月，青岛市城阳区惜福镇街道成立史志办公室，开始宣传发动、征集资料，组织编写；2003年5月，完成120万字资料长编《惜福镇街道志》；2011年3月至2012年12月，志书总纂合成，完成送审；2014年2月，由黄河出版社出版。该志上限起自事物发端，下限至2005年12月。大事记、街道党政组织史部分下延至2012年12月。主编苏世津。全书包括序（一）、序（二）、凡例、概述、大事记及正文27篇、附录等内容，全书共计108万字，采用图片200余幅。门类齐全，脉络清晰，详今略古全面记载域地自然、历史、地理、经济、政治、社会等发展情况。

【《东韩村志》出版】 由青岛市崂山区《东韩村志》编纂委员会编纂，主编朱广山，2012年8月始修，2014年1月终审定稿并出版。该志采用卷目体，内容上限上溯事物本源，下限至2013年10月31日。全书除概述、大事记、附录外，共设6篇62个大目，约50万字，收录图片510余幅，内容完整，图文丰富，装帧精美，对当地特色物产、民间风俗叙述详尽。

【《岭西村志》出版】 由青岛市崂山区《岭西村志》编纂委员会编纂，主编王仲胜，于2012年5月始修至2014年5月终审定稿并出版。该志采用卷目体，内容上限上溯事物本源，下限至2012年12月31日。全书除概述、大事记、附录外，共设16卷91个大目，约50万字，收录图片570余幅，制表54份。该志由村民主笔，语言特色鲜明，篇目重点突出、地方特色浓郁。

【《大石·龙泉村志》出版】 由青岛市崂山区《大石村志》编纂委员会、《龙泉村志》编纂委员会联合编纂，主编刘学松、刘宗义，2008年3月始修，至2014年1月终审定稿并出版。该志为一部两村志，采用章节体，内容上限起自事物发端，下限至2012年12月31日。《大石村志》部分除概述、大事记、附录外，设12篇47章123节199目，约30万字，收录图片198幅，制表82份；《龙泉村志》部分除概述、大事记、附录外，设7章27节，约11万字，收录图片52幅，制表36份。该志为崂山区首部两村合志，是解决村志"出版难"的一次有益尝试。

【《江家土寨村志》出版】 由青岛市崂山区《江家土寨村志》编纂委员会编纂，主编江恢世，2009年9月始修，至2014年1月终审定稿并出版。该志采用章节体，内容上限起自建村，下限至2011年12月31日。全书共分8篇32章118节，约50万字，收录图片200余幅，此志简介了江家土寨村悠久的文化，记叙了解放前后翻天覆地的变化。

【《雕龙嘴村志》出版】 由青岛市崂山区《雕龙嘴村志》编纂委员会编纂，主编李德清、林雪梅，2012年5月始修，2014年1月终审定稿并出版。该志采用章节体，内容上限起自建村，下限至2013年12月31日。全书共分9篇44章147节，约45万字，收录图片205幅，该志行文规范、内容翔实，详细记录了雕龙嘴村350年的历史。

【《华阳村志》出版】 由青岛市崂山区《华阳村志》编纂委员会编纂，主编阎立强，2012年3月始修，至2014年1月终审定稿并出版。该志采用章节体，内容上限起自建村，下限至2011年12月31日。全书除概述、大事记、附录外，共设9篇41章147节，约40万字，收录图片约170幅，翔实、客观地记述了北宅街道华阳村的历史变迁和社会发展。

【《高家村志》出版】 由青岛市崂山区《高家村志》编纂委员会编纂，蓝心武主编，于2013年1月始修至2014年5月终审定稿并出版。该志采用章节体，内容上限起自建村，下限至2012年12月31日。全书共分8篇34章113节，约40万字，收录图片180余幅，较为真实地记录了高家村的历史发展进程。

【《东流亭社区志》出版】 2005年，青岛市城阳区东流亭社区成立社区志办公室，着手社区志资料的收集整理，2011年完成社区志初稿，2013年，旧村改造完成后，志书下限下延。2014年7月，志书由方志出版社出版，上限自流亭形成人群聚居的战国时期，下限至2013年12月。主编刘世洁。全书分为序、凡例、概述、大事记及正文8篇33章、附录等内容，共计50余万字，采用照片356幅。全书脉络清晰，地域特色、时代特色明显，详今略古地记录了域内自然、历史、地理、经济、政治、社会等发展情况。

【《东宅子头社区志》出版】 2009年10月，青岛市城阳区东宅子头社区将社区志编修工作纳入社区"两委"工作日程，成立写作班子，着手收集资料。2012年10月完成送审稿的编纂。志书内容上限起于明朝永乐年间立村，下限止于2011年末，部分照片摄于2013年。2014年3月由黄河出版社出版。主编王裕卷。志书根据详今略古原则，坚持以类系事，以时系事，通志编排按类立篇，篇下设章，章下设节，辅之以条目，层次分明。志书除要览、大事记、附录外，共设10篇、41章、121节，计52万字，图片170余幅。

【《杨家村社区志》出版】 2012年，青岛市城阳区杨家村社区成立志书编修班子，着手进行资料收集和志书编修。2013年底完成送审稿。期间，社区“两委”高度重视，多次召开专题研究会，广泛发动，全民参与，对口碑资料认真核实。上限起自建村，下限至2012年底，个别内容适当上溯或下延。2014年7月，志书由黄河出版社出版。主编矫庭本。全书详今略古，包括大事记、概述和附录以及地理、人口、政治、经济、教体文卫、社会生活、民俗、语言、人物9篇38章，计45万字，采用图片160余幅。

【《小庄社区志》出版】 2012年11月3日，青岛市城阳区小庄社区“两委”决定编修社区志，并于12月成立社区志办公室，着手志书的资料收集和编纂工作，2013年12月完成初稿，经意见反馈并进一步修改后，2014年4月完成送审稿。2014年10月。志书由中国书籍出版社出版。主编王迎东。志书上限起自清顺治九年（1652年）立村，地域归属适当上溯，下迄2012年，个别内容下延至2013年，重点记述建国后史实，含概述、大事记、附录以及建置、自然地理、村庄建设、社会生活、经济、政治、精神文明建设、文化教育卫生、王邦直专记、人物10篇35章，计27万字，采用图片308幅。特别是在志书中设立专记，是为创新之举，突出了重要人物的成就和影响，彰显了地域和文化特色。

（邢延军　贾国芬）

【淄博市镇村志出版概况】 2014年，淄博市主要有张店区马尚镇《林家村志》、周村区南郊镇《东陈村志》、桓台县马桥镇《西孙村志》和高青县黑里寨镇《吴家村志》等村志出版。

【《林家村志》出版】 《林家村志》由淄博市张店区《林家村志》编委会组织编写。主编为王行山、李钢发。该志上限原则上从元代村落形成写起，下限为2012年底。个别章节内容适当上溯或下延。该书自2012年4月开始编写，于2013年10月终审定稿，2014年8月由九州出版社出版。书号为ISBN978-7-5108-3096-9，开本为889×1194毫米，16开本，印数1000册，全书500千字，定价518元。

《林家村志》设建置环境、人口、农业、村庄建设、党群组织、村政、文化、科技、教育、体育、卫生、社会生活等11篇，实事求是、客观公正地记述了林家村政治、经济与社会文化等方面的历史与现状。重点记述了在建设有中国特色社会主义的伟大旗帜下，林家村解放思想、开拓创新取得的巨大成就。《林家村志》充分运用述、记、传、图、表、录等体例，脉络清晰，资料翔实，遵循“详今略古”的原则，突出地方特色和时代特点。

【《东陈村志》出版】 《东陈村志》由淄博市周村区南郊镇东陈村志编纂委员会组

织编纂，主编李国经，副主编孙方之。记述时限自1840年至2012年。2014年5月，《东陈村志》由中国文化出版社出版发行。书号为ISBN978－988－13267－0－6/Z.1627，开本为889×1194毫米，16开本，印数3000册，全书743千字，定价268.00元。

《东陈村志》编修自2011年11月3日启动，至2013年7月定稿，前后经历一年零九个月的时间。《东陈村志》全面记述东陈村政治、经济、文化、风俗等方面的历史变迁。重点记述东陈村在中华人民共和国成立后，特别是中共十一届三中全会以后的发展历程。其编排按类立编，编下设章，章下设节，辅以条目，横排纵述。前设概述、大事记，后设附录，中置13编43章150节，载有各种图表129个，照片224张。

【《西孙村志》出版】《西孙村志》由桓台县马桥镇《西孙村志》编纂委员会编纂，主编孙会文，2013年终审定稿，2014年出版发行，889×1194毫米，16开本，单色印刷。记述时间自1937年至2012年，个别内容适当上溯。采用述、记、志、传、录、图、表等体裁。

【《吴家村志》出版】《吴家村志》由高青县黑里寨镇吴家村党支部、村委会编写，主编郑述瑜，副主编田春华。记述时间自1949年至2012年，个别内容适当向前追溯或延后。2012年8月开始编修，2013年11月完成初稿，2014年9月由团结出版社出版发行，书号为ISBN978－7－5126－3067－3，开本为889×1194毫米，1/16，共印刷600册，全书共250千字，定价180元。

《吴家村志》全面客观地记述本村建置、居民、政治、经济、人物、村风民俗等方面的历史和现状。采用记、传、志、图、表、录等体裁，是黑里寨镇第一部新方志。充分反映出社会主义新农村三个文明建设的丰硕成果，展现吴家人敢于创新、勇往直前的良好精神风貌。编纂中注意从小处入手，把大量生产、生活细节摄入，在丰富资料来源的同时，也拉近了与读者的距离；写出吴家村在各个方面与别处不同的特点，同时突出新农村建设的记叙，很好地体现了时代特点。

（淄博市史志办）

【东营市乡镇村志编纂与出版概况】2001年9月，东营市以两办文件转发了《东营市续修新方志工作纲要》，有规划地启动基层志编修工作，要求有条件的乡镇（街道）、村（居），可在上级史志部门指导下，编纂乡镇志、村志。2008年，东营市在垦利县胜坨镇召开了全市基层修志工作现场会，重点对乡镇修志工作向纵深发展进行再动员再部署。2014年3月省史志办下发《关于做好乡镇村志编修工作的意见》（鲁史志编发〔2014〕1号）后，东营市积极指导有编修志书意愿的乡镇（街道）和村居做好编修规划。经过多年努力，全市的乡镇志和村居志编修形成良好的局面。截至2014年底，全市五个县区累计出版乡镇（街道）志14部、村（居）志25部。其中，利津县的《西街村志》在2011年5月被评为山东省“齐鲁新方志奖”优秀基层志书奖，《临河村志》在2012年7月东营市第21次社会科学优秀成果评奖中获二等奖。河口区的《孤岛镇志》2013年1月在山东省优秀史志成果评选活动中，被省政府办公厅评为“优秀基层（专门）志奖”。2014年，东营市有1部乡镇志、1部村志印刷出版，即《义和镇志》《河口街道新建村志》；另有10部乡镇(街道)志、7部村（居）志在编。

东营市已出版乡镇（街道）志情况表

序号	志书名称	编纂单位	出版时间
1	龙居镇志	东营区龙居镇	2009.3
2	史口镇志	东营区史口镇	2011.11
3	东城街道志	东营区东城街道办	2012.6
4	胜利街道志	东营区胜利街道办	2013.3
5	太平乡志	河口区地方史志办公室	2011.8
6	孤岛镇志	河口区地方史志办公室	2012.8
7	新户镇志	河口区地方史志办公室	2012.8
8	六合街道志	河口区地方史志办公室	2013.7
9	义和镇志	河口区地方史志办公室	2014.10
10	广饶县经济开发区志	广饶县经济开发区（乐安街道办事处）	2011
11	胜坨镇志	垦利县胜坨镇	2011.4
12	董集乡志	垦利县董集镇	2010.10
13	郝家镇志	垦利县郝家镇	2012.6
14	陈庄镇志	利津县陈庄镇	2013.12

东营市在编乡镇（街道）志情况表

序号	志书名称	编纂单位	启动编纂时间
1	牛庄镇志	东营区牛庄镇	2008.7
2	六户镇志	东营区六户镇	2009.7

续表

序号	志书名称	编纂单位	启动编纂时间
3	辛店街道志	东营区辛店街道办	2009.9
4	仙河镇志	河口区地方史志办公室	2015.3
5	河口街道志	河口区地方史志办公室	2015.3
6	丁庄镇志	广饶县丁庄镇	2009
7	稻庄镇志	广饶县稻庄镇	2009
8	黄河口镇志	垦利县黄河口镇	2007.4
9	永安镇志	垦利县永安镇	2007.6
10	垦利镇志	垦利县垦利街道办	2008.3
11	汀罗镇志	利津县汀罗镇	2008.10
12	北宋镇志	利津县北宋镇	2008.10

东营市已出版村（居）志情况表

序号	志书名称	编纂单位	出版时间
1	刘集村志	东营区刘集村	2004.11
2	刘营村志	东营区刘营村	2007.4
3	姜家村志	东营区姜家村	2007.5
4	南田村志	东营区南田村	2008.12
5	东现河村志	东营区东现河村	2010.10
6	东赵村志	东营区东赵村	2011.1
7	河口街道新建村志	河口区地方史志办公室	2014.11
8	延集村史志	广饶县延集村	2002
9	寨村村志	广饶县寨村	2004
10	皂户王村志	广饶县皂户王村	2004

续表

序号	志书名称	编纂单位	出版时间
11	王西村史	广饶县王西村	2005
12	王道村志	广饶县王道村	2009
13	马楼村志	广饶县马楼村	2009
14	西水磨村志	广饶县西水磨村	2010
15	李道村志	广饶县李道村	2010
16	西李村简志	广饶县西李村	2010
17	范家村志	广饶县范家村	2012
18	海中村志	垦利县海中村	2011.4
19	大张新张村志	垦利县大张新张村	2011.1
20	南岭村志	利津县南岭村	2007.12
21	和平村志	利津县和平村	2009.12
22	西街村志	利津县西街村	2010.12
23	临河村志	利津县临河村	2011.11
24	十南村志	利津县十南村	2012.12
25	南十六户村志	利津县南十六户村	2013.6

东营市在编村（居）志情况表

序号	志书名称	编纂单位	启动编纂时间
1	辛店村志	东营区辛店村	2009.12
2	孙路村志	东营区孙路村	2013
3	南西村志	广饶县南西村	2010
4	大王桥东村志	广饶县大王桥东村	2011
5	河沟村志	广饶县河沟村	2012
6	西毛村志	广饶县西毛村	2013
7	王口村志	广饶县王口村	2013

【《义和镇志》出版】 由河口区地方史志办公室主修，在2006年前期资料搜集的基础上，2012年10月开始筹划编纂，并进入部分资料的搜集和整理。2013年2月，编修工作整体启动，2014年10月，完成编纂任务，由中国国际文化出版社出版发行。主编孟维芳，书号ISBN978-988-19725-5-2，大16开本，99.6万字，印数1600册，定价396元。义和镇作为鲁北平原的革命根据地之一，有着光辉的革命历史，在社会主义建设和改革开放时期成绩辉煌。该志时间断限上起事物发端，下至2013年底，部分章节内容适当上溯或下延。志书按照“略古详今”的原则，详细记述义和镇百年历史史事。

【《河口街道新建村志》出版】 该志时间断限上起事物发端，下至2013年，全面记述东营市河口区河口街道新建村80多年的发展脉络。主编孟维芳、李培景，书号ISBN978-988-20187-6-1，大16开本，55万字，印数1600册，定价366元。2014年11月底，由中国国际文化出版社出版发行。2011年，《河口街道新建村志》开始编修前期准备和基础资料的收集工作，并按照志书要求进行规范整理，形成资料汇编50余万字。2013年6月，河口区地方史志编纂委员会下发《河口街道新建村志》编修实施方案，编纂工作正式启动，2014年11月，全书定稿，交付出版社出版发行。河口街道新建村自20世纪30年代初形成村落，历经抗日战争、解放战争、新中国成立至改革开放，计有80余载。该志书较完整地记述了整个现代社会历史的发展脉络。

（李中华　刘曙光　黄学桂　任丽）

【《古现东村志》出版】 《古现东村志》由烟台市经济技术开发区《古现东村志》编纂委员会编纂，主编徐嘉殿、解广海，副主编王瑞圭。上限始于春秋时期，下限断于2012年末。2008年始修，2014年终审定稿。2014年9月由方志出版社出版。书号（2014）第223734号。开本：889×1194毫米，686千字，印数3000册，定价388元。

该志比较全面地反映了古现东村的地理、政治、经济、文化、风土人情、风景名胜等历史和现状，是读者了解和研究古现东村情况的重要历史资料。

该志体例完备，材料丰富，图文并茂。特别是书中首次披露了若干王懿荣家族方面的相关史料，包括世系、人物介绍、书法、画像等，非常珍贵。

【《八角村志》出版】 《八角村志》由烟台市开发区八角村志编纂委员会编纂，主编郑祖增，副主编朱相星、李振海、朱文智、朱相仁、杨世军。上限始于唐朝建村时期，下限至2013年。2013年始修，2014年终审定稿。2014年10月由黄海数字出版社出版。书号ISBN978-7-89425-312-5。开本：889×1194毫米，560千字，印数1000册，定价168元。

该志比较全面地记录了烟台市经济技术开发区八角村的自然环境、建制沿革、社会生活、文化经济、风土人情、风景名胜等状况，重点突出了滨海渔村在远洋捕捞、近海养殖以及渔民文化等方面的内容，为八角村后人保留了一份永久的乡村记忆。

（陈　政）

【《崔家村志》出版】 由潍坊市潍城区《崔家村志》编纂委员会编，主编崔瑞福，副主编崔兆先。该志是崔家村第一部志书，上限1372年，下限2012年，部分史料下延至2014年。该村志始修于2012年，2014年夏定稿，黄河出版社于2014年6月出版，书号为ISBN978-7-5460-0557-7，开本为889×1194（毫米），38万字，印数1000册，定价298元。

《崔家村志》除序、凡例、概述、大事记外，共设隶属·建置、地理环境、人口、小磨香油、村庄建设、农业、工商贸、财税金融、经济管理与统计、党群组织、村政、教育·文化、卫生·体育、村风民俗、人物15编，记述了崔家村自立村以后至2012年600余年的发展历程。

【《东镇沂山志》编纂情况】 沂山山脉涉及潍坊、临沂、淄博、日照4个市，临朐、沂水、沂源、安丘、昌乐、诸城、莒县、青州、五莲9个县（市）。2011年，临朐县政府申请，山东省地方史志办公室批准，将《东镇沂山志》列为省志山水志系列志书，由临朐县史志办公室承编。5月16日，启动会议在临朐县召开，省史志办主任刘秋增出席会议。根据编纂计划，从国土局、水利局、林业局、文化局、气象局等部门抽调业务人员，聘请部分熟悉文字的老干部，组成20余人的编纂队伍，集中办公，分工负责。为保证质量，聘请山东师范大学、潍坊市博物馆等单位的专家作为顾问。方言部分，聘请山东大学钱曾怡教授等实地考察并完成纂写；气象部分，聘请省气象局等专家参与编写。编纂过程中，多次到所涉及的县（市）征集资料、征求意见，至2014年底已形成初稿。

【《友谊村志》出版】 《友谊村志》由中共潍坊市潍坊经济开发区友谊村党支部编纂，孙玉辉主编，杨凤芹为副主编，断限为1962年—2014年，2013年12月始修，2014年8月终审定稿，2014年8月，由方志出版社出版。

《友谊村志》记述了村庄形成发展的历史，并从农业、工（副）业及社会事业发展等方面介绍了村庄的发展史，并对下步发展规划进行展望。为编好村志，友谊村成立了编辑组和编委会，编辑组具体负责拟定篇目、提纲，制定编写方案，承担编录、加工、统改和组织联络工作，编委会成员积极提供资料、审阅稿件、核对数字、绘制图表等。

（吕俊峰　林荣军）

【肥城市乡镇村志编纂与出版概况】 肥城地方史志办公室注重对乡镇村级志书编纂工作的指导，基层志书编修成果显著。1993年2月，第一部镇志《边院镇志》出版发行。肥城市地方史志编纂委员会制定印发了《关于进一步加强乡镇、村、部门、厂矿志编纂工作的通知》，各乡镇配备2—3名史志工作人员，史志工作纳入各级党委政府的重要议事日程，实现领导、机构、经费、队伍、条件五到位，为乡镇村志、部门志、厂矿志的编修打下了基础。至2014年，共出版《边院镇志》《汶阳镇志》《安临站·东陆房乡志》《石横镇志》《桃园镇志》《仪阳乡志》《王瓜店镇志》《潮泉镇志》《老城镇志》《湖屯镇志》10部镇志；积极引导有条件的村居开展村志编修工作，指导编纂《边院村志》《北仪仙村志》《武新村志》《孙家庄村志》《马庄村志》《孙家小庄村志》《王东村志》《王西村志》《巧山村志》《朱庄村志》10部村志，全部出版发行。2014年，对《安驾庄镇志》《伊家沟村志》编修工作进行业务跟踪指导，制定编纂规划，确定工作思路和实施步骤，确保修志工作顺利有序进行。这些志书的出版发行，拓展了地方志为现实服务的新途径，受到社会好评。

【《朱庄村志（1852—2014）》出版】 肥城市《朱庄村志》由朱庄村村志编纂委员会编修，主编张兆金、尹衍诰，上限1852年，下限2014年，2012年开始编纂，2014年12月终审定稿。2014年12月出版，准印号为山东省内部资料出版物2014年第000009号、16开本，印数600册，21.5万字。该志资料丰富，图文并茂，主要记述朱庄村自然环境、村庄建设、农村经济、村民习俗等内容，生动反映了朱庄一百多年来的历史变迁，展现了该村的政情、民情和社会变革风貌，是一部爱国主义教育、革命传统教育的乡土教材，具有独特的历史学术价值。

（庄惠丽　郝　航）

【宁阳县乡镇村志编纂与出版概况】 2002年始，宁阳县党史史志办公室开始编修《宁阳县志（1985—2002）》。在此项工作的带动下，宁阳县各乡镇村开始启动乡镇村志书编纂。2003年初，乡饮乡党委、政府按照县委、县政府的部署，成立《乡饮乡志》编纂委员会，组建乡史志办公室，调配编辑人员，组成编辑班子，开始编修《乡饮乡志》，是宁阳县第一部乡镇志。之后，磁窑镇、华丰镇、宁阳镇、东疏镇、泗店镇、东庄镇也启动镇志编纂工作。已经完成编纂的乡镇志有《乡饮乡志》《泗店镇志》《宁阳镇志》《东疏镇志》，《磁窑镇志》《华丰镇志》《东庄镇志》正在紧张有序地编排编修中。

《高桥村志》是宁阳县第一部村志。之后涌现了诸如《白马庙村志》《大伯集村志》《张家圩子村志》《西太平村志》等。村志的编纂，为存留村史、启迪后人提供了翔实的历史资料。2014年底正在编修中的村志有《南关社区志》《志强村志》《胡中屯村志》《葛石店村志》等。

【《宁阳镇志》出版】 该志记载了宁阳县宁阳镇沧桑巨变，展示了宁阳镇历史风貌，辑录了宁阳镇的百科资料。坚持“大事突出、要事不漏、新事不丢、琐事不录”，上限因事而异，下限断自2012年12月31日。记述范围以1961年8月的行政区划为界，此前划出的村庄不再记述。《宁阳镇志》采用编、章、节、目、子目五级结构，全志共26编114章323节。

2008年3月，宁阳镇党委、政府动议编纂《宁阳镇志》，启动镇志编修工作，成立镇志编纂委员会，下设办公室。镇委镇政府召开镇志工作会议，印发《关于编修宁阳镇志的通知》。2008年10月，收到各单位供稿50余篇。2010年9月，撤销宁阳镇，成立文庙、八仙桥两个街道办事处，镇志编修工作搁置。2012年12月重新组成编纂班子，具体负责资料收集和编纂事宜。到2013年4月底，共整理文稿4篇，约6万余字。2013年11月初，约50万字的宁阳镇志初稿形成审阅。2014年2月，进行修改。2014年4月份，镇志第二稿形成。5月中旬，镇志第三稿完成，再次征求意见。6月份第四稿完成。7月份着手搜集影像资料，8月份定稿。该志由天津科学技术出版社出版，主编宁廷茂。

【《东疏镇志》编纂情况】《东疏镇志》详细客观地记述了宁阳县东疏镇的自然、经济、政治、文化、社会、风俗等方面的发展情况，保存了大量的信息资源，尤其突出了改革开放以后所取得的重大发展成就，弘扬了时代精神和地方特色。《东疏镇志》内容广泛、资料纵横、事丰文约、图文并茂、可读性强。上限因事而异，下限至2013年底，大事记及部分章节内容适当下延至2014年12月底。

2006年4月28日，成立《东疏镇志》编纂委员会，拟定篇目，下发调查提纲和调查表，广泛征集资料。8月，开始编写初稿，于2009年形成初稿。2014年4月，编委会决定将《东疏镇志》下限延至2013年年底，大事记及部分内容可适当延至2014年底。2014年底，《东疏镇志》送审稿完成，全稿约90余万字。

（赵先法　侯胜男）

【东平县乡镇村志编纂与出版概况】 2005年12月，东平县政府下发《关于积极推进基层志编修工作的通知》，明确了东平县第二轮修志的主要目标，要求全县14个乡镇，排名在前10位的经济强村，建制20年以上的县直部门、企事业单位、市以上驻东平单位，原则上都要编修本单位志书。此后先后有彭集镇、州城镇、徐坦村、桂井子村、人大、政协、经贸委、民政局、公路局、农业局、瑞星集团等单位率先启动志书编修工作。2006年7月25日，县政府召开全县基层志编修工作调度会议，督促指导基层志编修工作深入开展。2012年3月，县史志办获“泰安市基层志工作先进单位”称号。2014年3月，东平县政府再次印发《关于加强基层志编修工作的通知》，进一步推动基层志编修广泛开展。至2014年年底，《彭集镇志》《桂井子街志》《尹山庄村志》《徐坦村志》《东平县一中志》《州城街道志》《八里湾村志》等，抓好志稿评审，严把质量关、反复修改完善。《唐营村志》《梁林村志》等几部志书启动编修。

（李姗姗　杜　梅）

【《草庙子镇志》启动编修工作】 2013年11月，威海市环翠区草庙子镇筹建史志办公室，负责第二轮《草庙子镇志》编修，主编张义江，副主编丛广、田远磊。2014年，该志初稿基本完成，该志内容主要包括行政区划、人口、自然环境、农业、工业、交通邮电、财贸、镇村建设、党政群团、军事、文化艺术、教育、卫生体育、民俗十四编，大事记、人物、丛录三部分，预计全书80万字，2015年年底出版。

（丛　琳）

【日照乡镇村志出版概况】 日照市各区县积极开展乡镇村志编修工作。2002年，莒县新一轮修志工作开始，由于第一部志书时间下限较晚，县史志办公室决定将新一轮修志初期的主要工作放在基层志的编修。首先在碁山和招贤两处乡镇进行试点，摸取经验，2003年10月，《碁山镇志》成功发行，2004年9月，《招贤镇志》出版发行。2005年开始，先后出版《阎庄镇志》《洛河镇志》《城阳镇志》《长岭镇志》《桑园乡志》《中楼镇志》

《浮来山镇志》《陵阳镇志》《小店镇志》《寨里河镇志》《东莞镇志》《库山乡志》。2014 年底，《夏庄镇志》编修中。

2014 年 10 月 27 日，东港区镇街道部门志编纂调度推进会召开，印发了《东港区镇街道、部门志编纂工作实施方案》。要求各镇街道、部门单位高度重视，迅速开展镇街道、部门志的编纂工作。

（李洪战　张　晖　孙凤明）

【莱芜市乡镇村志出版概况】 2014 年 9 月，莱芜市启动乡镇村志等基层志书编修，许多条件成熟的镇村相继启动，《韩王许村志》已定稿送交印刷;《劝礼村志》已印发征求意见稿；《周王许村志》《雪野村志》完成资料长编。

（亓军华）

【临沂市乡镇村志编纂与出版概况】 临沂市乡镇村志编修起步较早，成果丰富。截至 2014 年底，已出版《大店镇志》1 部，兰山区《宋家王庄志》《华夏社区志》《曹家王庄志》《李庄社区志》《西关村志》《驿头村史》，蒙阴县《东关村志》《金山村志》，苍山县《涌泉村志》9 部村志。罗庄区《南十里堡村志》，蒙阴县《黄沟村志》，郯城县《李庄村志》《青山村村史》，沂南县《南村社区史》，费县《崮子村志》完成初稿。沂南县《界湖街道志》，费县《费城街道志》，临沭县《白旄镇志》《朱村村志》，沂水县《沂水镇志》《泉庄镇志》等编修进展顺利。

【《祝阿镇志》】 齐河县祝阿镇政府编辑出版，主编王树杰，副主编王长月、刘承柱、孙维强、甄晓霞、徐琳琳。始修时间 2011 年，终审定稿时间 2013 年 6 月，2014 年印行，1 万字。

【《赵官镇志》】 齐河县赵官镇政府编辑出版，主编韩传龙，副主编于保国。始修时间 2012 年春，终审定稿时间 2013 年 9 月，2014 年印行，75.2 万字。

【《张秋镇志》出版】 《张秋镇志》由聊城市阳谷县《张秋镇志》编纂委员会编纂，于忠超、高振康、徐玉昌任主编，执行主编高振康，副主编为李印元、朱耀庭、张学勤、高明远、孟传科、陈光俊、朱明朗、张守俭、陈明堂。时间断限为张秋得名之时，下限至 2009 年。2014 年 1 月由方志出版社出版，字数 95.7 万字。该镇志共分 10 编，是阳谷县第一部镇志。

【《北关村志》出版】 《北关村志》由滨州市邹平县北关村编纂，主编赵儒；副主编赵志修;断限自 1404 年(明永乐二年)立村和姓氏由来之始至 2010 年底。2010 年 8 月，北关村成立了《北关村志》编纂委员会，8 月 5 日，正式开始编写工作。当年底，基本完成资料收集工作。2011 年 5 月，基本完成初稿编纂工作。2011 年 10 月，完成终审定稿。2014 年 1 月，由滨州市文化广电新闻出版局准印出版，16 开本，1 册，55 万字，印数 1000 册。

（孟庆勇）

【菏泽市乡镇村志编纂与出版概况】 2014 年，菏泽市史志办指导完成了牡丹区牡丹办事处的《御河丹城（桂陵社区）志》，巨野县第一部由乡镇独立编纂的镇村志——《巨野太平镇镇村简志》，菏泽市第一部获通过正式评审出版发行的村志——成武县九女集镇《曹口村志》的出版发行工作；启动了菏泽市第一部镇志——成武县《白浮图镇志》的编修工作；《定陶县乡村志》已完成校对任务。截至2014年12月，全市共出版4部乡镇志、4部村志。

（苏　仪）

【《曹口村志》出版】 成武县九女集镇《曹口村志》2010初开始组稿，2013年5月终审定稿，2014年3月由方志出版社出版发行，2014年8月第二次印刷，书号ISBN978-7-5144-1201-7，全书33.3万字，开本小16开，两次印刷2000册，定价150元。编纂单位九女集镇政府。主编曹恒顺、牛光芝，副主编曹利军、曹利永。

《曹口村志》共12章，33.3万字。采用述、记、志、传、图、表、录等体裁，记录了自明代洪武元年至2012年底，九女集镇曹口村645年间自然、政治、经济、文化、兵事和社会等方面的沿革，再现了村民反抗压迫剥削，坚持自力更生，不断改革创新，追求小康梦想的奋斗历程。它是旧社会民不聊生的历史见证，是新中国曹口村民安居乐业的真实反映。颂扬了共产党的伟大，社会主义制度的优越，改革开放的伟绩。该志是菏泽市第一部通过正式评审出版发行的村志作品。获2014年度“山东省优秀史志成果奖”。

（杨海涛）

【《巨野村镇志略》编纂情况】 2013年11月启动征稿工作，共向各镇区街道和村居印发样本材料1000余份，下乡指导12次，答复电话咨询200余次。各镇街、开发区积极行动，专门安排，专人负责。2014年6月3日，召开巨野县村镇志编纂工作调度会议，共有18个镇街参加会议。调度了未供稿的乡镇,截止到12月，已有12个镇街完成供稿工作。地方志办公室抽出专人对乡镇志统一整理、编辑、修改，对不符合的村镇进行返稿。

（王　瑞）

【《定陶县乡村志》编纂情况】 2003年启动征稿工作，截至2014年12月底，已完成校对任务，全书近150万字，每个乡镇和行政村包含基本情况、经济状况、社会事业、组织建设、人物、大事记，附录等七部分内容。

（李文存　朱向勇　吴　芳）

专业（部门、行业）志编纂与出版

【东营市部门志出版情况】 2001年9月，东营市以东办字〔2001〕65号文件转发《东营市续修新方志工作纲要》，对全市基层修志任务提出要求，有规划地启动部门志编修工作，要求各部门应以庆祝建市20周年为契机，在完成为各级政府修志供稿任务的基础上，出版一批高质量的部门行业志，充分展示全市各行各业的发展历程和业绩，弘扬业绩，存史鉴今。2003年3月，市政府召开市直部门修志工作调度会议，进一步推动部门志编修工作。市直部门（单位）修志热情高涨，主要领导重视支持部门修志工作，组织精干力量靠上抓，切实解决修志工作的后勤保障，并严格执行“三审”制度，使全市部门（单位）志编纂工作有序推进，成果丰硕。截至2014年底，全市43个部门（单位）累计出版45部志书。2014年，《东营市政协志》印刷出版，另有《东营黄河志（1989—2005)》(续修)、《东营共青团志（2002—2011)》(续修)、《东营市物价志》《东营外事侨务志》《东营市文联志》5部在编。

东营市部门（单位、行业）志出版情况表

序号	志书名称	主修单位	出版时间
1	东营市公路志	东营市公路局	1993.6
2	东营市黄河志	东营黄河河口管理局	1995.3
3	东营市交通志	东营市交通局	1998.1
4	东营市统计志	东营市统计局	1998.12
5	东营油区志	东营油区办	2000.10
6	东营共青团志	东营团市委	2002.4
7	东营市农村信用社志	东营市农村信用社	2002.12
8	东营市水利志	东营市水利局	2003.1
9	东营电力志	东营市电业局	2003.9
10	东营市国土资源志	东营市国土资源局	2003.10
11	东营市民政志	东营市民政局	2003.10
12	东营市教育志	东营市教育局	2003.10
13	东营市林业志	东营市林业局	2003.11
14	东营市国税志	东营市国税局	2003.11
15	东营市审计志	东营市审计局	2003.11
16	东营市公路志（续修）	东营市公路局	2003.12
17	东营市工会志	东营市总工会	2004.1
18	东营市人事志	东营市人事局	2004.2
19	东营市公安志	东营市公安局	2004.4
20	东营市卫生防疫站志	东营市卫生防疫站	2004.4
21	东营市农业志	东营市农业局	2004.6
22	东营市中级人民法院志	东营市中级人民法院	2004.7

续表

序号	志书名称	主修单位	出版时间
23	东营市海洋与渔业志	东营市海洋与渔业局	2004.9
24	东营市建设志	东营市建委	2004.10
25	东营市检察志	东营市人民检察院	2005.5
26	东营市科协志	东营市科协	2005.11
27	东营市工商行政管理志	东营市工商局	2006.6
28	广北农场志	东营广北农场	2006.6
29	黄河农场志	东营黄河农场	2006.9
30	东营市地方税务志	东营市地税局	2007.8
31	东营日报社志	东营日报社	2007.10
32	东营市妇联志	东营市妇联	2008.1
33	东营市畜牧志	东营市畜牧局	2008.3
34	东营市粮食志	东营市粮食局	2008.12
35	东营市残联志	东营市残联	2009.12
36	东营市外经贸志	东营市外经贸局	2011.1
37	东营市水利志（续修）	东营市水利局	2011.4
38	东营市城乡规划志	东营市规划局	2011.6
39	中共东营市委党校志	东营市市委党校	2011.6
40	东营市军事志	东营军分区	2011.8
41	东营市人口与计划生育志	东营市人口计生委	2013.6
42	东营市人大志	东营市人大	2013.6
43	中共东营市委政法委志	东营市委政法委	2013.11
44	东营经济技术开发区志	东营经济技术开发区	2013.1
45	东营市政协志	东营市政协	2014.12

【《东营市政协志》出版】 由东营市政协办公室组织编纂，主编李孟发，记述时限上自1984年4月政协第一届东营市委员会第一次会议召开，下至2014年9月，该志2013年3月启动编纂，2014年10月定稿，2014年12月由中华书局出版发行。大16开本，单册，书号：ISBN 978-7-101-10596-4，全书文字106万字，收录图片50幅，印数2600册，定价138元。该志卷首设彩色图片专辑、

综述、大事记，中设组织机构、政协会议、日常履职、区县政协、民主党派工商联、人物荣誉、文献7编，记述了30年间历届东营市政协履行政治协商、民主监督、参政议政职能所做出的重要贡献。该志资料翔实，记述流畅，为研究东营市政协工作规律，促进全市政协事业发展提供了宝贵的文献资料。

【东营市各县区专业志编纂出版情况】 2001年9月东营市印发《东营市续修新方志工作纲要》，对基层修志任务提出要求，其中，要求市、县区直各行业主管部门志在完成为各级政府修志供稿任务的基础上，争取在建市20周年（2003年）之前出版一批高质量的行业志，展示全市各行各业建市后的发展历程与业绩。之后，全市各县区专业（部门、行业）志编修工作全面启动并逐步展开，至2014年底，东营市5个县区累计出版专业志（部门志）128部。其中，东营区至2014年底出版专业志7部，在编专业志有《东营区政协志》（新版）；河口区1984年至2014年底，共编纂出版部门志、专业志22部，在编的有续修《河口区水利志》《河口区教育志》《河口区物价志》；利津县1986年至2014年底，出版部门（行业、企业）志共计45部，利津县编修部门志启动时间之早，修志成果之丰富，成为东营市的排头兵；广饶县至2014年底出版部门志35部；至2014年底，垦利县出版部门、行业志19部，在编部门、单位志6部。2014年，全市有《河口区地方史志志》《河口农村商业银行志》《利津县城市管理志》《广饶农村商业银行志》《垦利县油区志》5部县区级专业志出版。

（黄学桂）

【《河口区地方史志志》出版】 由河口区人民政府主办、河口区地方史志办公室承编，主编孟维芳，志书断限上起1985年河口区地方史志办公室成立之初，下至2013年底，个别内容适当下延。2010年10月开始起草篇目，并开始资料搜集，2013年12月底初稿编修完成，2014年2月底定稿，3月底付梓印刷，2014年6月由山东友谊出版社出版发行。书号ISBN 978-7-5516-0563-2，大16开本，字数57万字，印数1000册，定价367元。《河口区地方史志志》主要记述河口区地方史志办公室自成立近30年间的史志工作发展历程，该志书以历年开展的主要史志业务为主线，详细记述了两轮地方志编纂、部门志（专业志）编纂出版、乡镇（街道）村志编纂、历年年鉴编修、规划研究与业务管理、信息化建设、开发利用与服务等业务的主要发展过程，全面记录了河口区成立30年的史志成果。

【《河口农村商业银行志》】 由河口农村商业银行志编纂委员会编，河口区地方史志办公室进行业务指导。主编伊海霞，志书断限原则上以1983年12月新户、太平、义和、四扣4家农村信用社整体移交河口区管理为上限，部分内容适当上溯到事物发端，下限至2013年末，个别内容下延至2014年。编纂工作始于2009年6月，定稿于2014年4月，并作为内部资料出版印刷。全志共设发展历程，金融业务，业务管理，支农支小、服务地方，新技术开发与应用，人力资源管理，审计稽核、纪检监察与安全保卫，党群工作、信息宣传和企业文化，人物与荣誉等九编，全书约40万字，按照实事求是与详今略古的原则，真实记载了河口农村商业银行从农村信用社到农村合作银行，再到农村商业银行30年的发展历史与现状。

（潘春芳）

【《利津县城市管理志》出版】 由《利津县城市管理志》编纂委员会编，撰稿王新景，总纂崔海滨。上限2004年，下限2013年。2013年5月启动编纂，2014年10月终审定稿，2014年12月中国国际文化出版社出版发行。书号：ISBN 978-988-20592-3-8。大16开本，1册，30万字，印数1000册，定价168元。该志共分14章、58节、136目，全面记述了利津县城市管理工作10年的发展轨迹，对城管工作具有一定的指导借鉴意义。该志在制定篇目、征集资料、撰写初稿、内审总纂、评审定稿等过程中，利津县史志办从篇目制定、终审定稿等方面全面负责，是该志编纂的主要特点。

（王曰华）

【《广饶农村商业银行志》出版】 由广饶农村商业银行志编纂委员会编，主编戴国建，副主编：任学书、范磊、聂作友，上限1951年，下限迄于2013年。2010年10月启动编纂，2014年4月定稿，2014年8月印刷出版，印数1000册。全书共75万字，726页，设9编、29章、123节，前有概述、大事记，后设附录，内附照片360余幅。真实记载了广饶农村商业银行从农村信用社到农村合作银行，再到农村商业银行60余年的发展历史与现状。

（彭建新　董　军）

【《垦利县油区志》出版】 由垦利县油区志编纂委员会编，主编李春河，副主编李长梅、巴奉林、李建军、董永民。该志断限为1964—2013年，2009年11月启动，2013年11月定稿，2014年2月由黄河出版社出版发行。书号ISBN 978-7-5460-0187-6，16开，1000册，48万字，定价186元，四色印刷。卷首设彩页34页，前设“概述”“垦利油区之最”“大事记”，中设专志“石油地质与勘探开发”“油田用地”“油地关系”“油区工作机构与队伍”“落地原有回收与利用”“油区管理”“综合治理与安全文明创建”“机关建设与管理”“人物简介与荣誉”“油区企业”10编，“附录”“编后记”殿后。

（陈学慧　刘艳芳）

【肥城市专业志编纂与出版概况】 在第一、第二轮修志期间，肥城市注重专业（部门、行业）志编纂工作，截至2014年，全市共出版各类专业（部门、行业）志书16册。其中，《肥城县供销合作社志》《肥城共青团志》《肥城建利水泥有限责任公司志》《肥城市教育志》《肥城县水利志》《肥城市财政志》《肥城市中医院志》《肥城市军事志》《肥城供电志》《肥城市政协志》《肥城市人口与计划生育志》《肥城地方税务志》《肥城曹庄煤矿志》相继出版发行。

【《肥城地方税务志》出版】 《肥城地方税务志》由肥城市地方税务局编纂，主编韩健，副主编傅家秋，上限是1994年8月，下限为2014年8月。2013年11月开始编纂，2014年9月终审定稿，2014年10月出版，准印号为泰内（图书）准字2015年第001号，16开本，33万字，主要记述20年间肥城地方税收事业发展历史和现状，设有地方税收、税收征管与服务、税收制度、税务稽查、信息化建设、组织机构、党群工作与机关文化建设、人物和荣誉共八篇。编纂过程历时一年，历经成立编纂机构、确定篇目、搜集资料、编写初稿、审校修改、定稿出版六个阶段。该志出版发行，是对肥城地税20年发展历程的有益纪念，也是对以往工作的全面总结，对开创地税新篇章具有重要意义。

（庄惠丽　郝　航）

【宁阳县专业志编纂与出版概况】 宁阳县出版的部门志有《宁阳县卫生志》《宁阳县农药志》《宁阳县土壤志》《宁阳县医药志》《宁阳县商业志》《宁阳县供销合作社志》《宁阳县乡镇企业志》《宁阳县民政志》《宁阳县煤炭工业志》《宁阳县化学工业志》《宁阳县水利志》《宁阳县粮食志》《宁阳县教育志》《宁阳县人民法院志》《宁阳县地名志》《宁阳县第一人民医院志》《宁阳县民政志》《宁阳县政协志》《宁阳县军事志》。

宁阳县专业（部门、行业）志编纂与出版情况表

名称	主编	出版时间	开本	页码	万字	志书断限	备注
宁阳县卫生志	—	1984.5	16	357	15	1911—1983	由县卫生局编辑，32章、58节
宁阳县农药志	邢卫国	1985	16	168	8	—	
宁阳县土壤志	续兴均	1985.11	16	197	9	1981—1985	6章20节，绘图82幅
宁阳县医药志	李焕璧	1987	16	155	8	—	
宁阳县商业志	王介民	1988.6	16	192	11	—	11章27节
宁阳县供销合作社志	王春光 曹修礼 王廷兰	1988.5	16	209	12	1934—1985	10章
宁阳县乡镇企业志	—	—	16	120	8	—	郭宗泉、申瑞生、姬海利编辑
宁阳县民政志	张子锦 宁服轩	1988.9	16	179	10	—	13章
宁阳县煤炭工业志	任官相	1989.12	16	134	8	—	7章19节
宁阳县化学工业志	韩培成	1990.3	16	233	10	—	10章

续表

名称	主编	出版时间	开本	页码	万字	志书断限	备注
宁阳县水利志	陈广兴	1991.9	16	169	11	624—1987	精装本 11 章 36 节
宁阳县粮食志	王春阳	1992	16	502	20	—	
宁阳县教育志	杜润华	1999.8	16	347	15	1912—1986	20 章，部分内容上溯至清末
宁阳县人民法院志	—	2001.3	16	173	8	1916—2000	精装本，16 章 14 节
宁阳县地名志	丁晓明 李宪苓	1993.10	—	—	60	—	宁阳县地名委员会办公室编
宁阳县第一人民医院志	安茂金 沈　云	—	—	—	—	1648—2007	宁阳县第一人民医院编
宁阳县民政志	郗太省	2009.8	—	—	—	1986—2005	13 章
宁阳县军事志	孟宪东	—	—	—	40	公元前 686 年—2005	内部资料
宁阳县政协志	陈广泉	2005	—	—	—	1984—2004	内部资料

（赵先法　侯胜男）

【威海市专业志编纂概况】 推进部门、行业志编修工作，威海市史志办指导《威海市教育志》《威海一中校史》编修，对《威海市国土资源志》志稿进行审核，各区（市）指导《荣成市教育志》《荣成市财政志》《荣成市粮食志》《文登市审计志》《文登市工会志》《文登市农村信用合作社志》等十几部志书的编修。

（于鹏飞）

【莱芜市专业志编纂与出版概况】 2014 年 9 月，莱芜市启动部门、行业、企业志书编修工作，许多条件成熟的部门、单位相继启动，《莱芜畜牧兽医志》《莱芜农机志》等志书已开始编修。

（亓军华）

【《蒙阴县人民医院志（1948—2012）》出版】 蒙阴县人民医院编纂。2014 年 9 月，由青岛出版社出版发行。该志采用大 16 开，精装印刷，设 10 章，共 80 万字，图片 100 余幅，定价 168 元，印数 1000 册，书号 ISBN978-7-5552-0967-6。《蒙阴县人民医院志》是蒙阴县第一部医院志，该志编纂始于 2008 年 6 月，历时 6 年 3 个月，由县史志办业务指导把关，县人民医院院长马禄兴任主编，王端文、李作义任副主编，记载了蒙阴县人民医院从 1948 年 8 月开始筹建到 2012 年 12 月共 65 年的发展历程。

（张　军）

【《常林集团志（1943—2013）》出版】 2014 年 9 月，由山东常林集团史志编纂委员会编纂，临沭县史志办公室业务指导的《常林集团志（1943—2013）》由山东人民出版社出版发行。主编王志善，副主编王善刚，袁均念，刘长伟。书号 ISBN978-7-209-08508-3，共 1 册，890 千字，共印 1000 册，定价 200 元。本志采用正 16 开本印刷，以述、记、志、图、表、录为主要表述形式，分为篇、章、节、目四级编排，设概述、大事记、附录和志文 15 篇 77 章，图文并茂，内容翔实，资料性强。

2012年3月启动志书编纂，2013年9月完成初稿，其后多次补充修改，2014年5月，经集团编纂领导小组审定，县史志办指导把关，志书定稿，送出版社排版印刷，2014年9月正式出版。本志客观真实地反映了山东常林集团70年来生产、经营、管理、科研等的发展轨迹，为进一步扩大企业影响、传导经营理念、推动科学跨越发展提供了支持和借鉴。

（王敬涛　王庆国）

【《临邑县教育志(2008—2014)》出版】 《临邑县教育志（2008—2014)》由临邑县教育局编纂，主编潘国英，副主编李长城、王善明、刘成胜、王怀刚、杨武成、闫玉学、马延华、弭云峰。

为全面记述临邑县教育工作的历史和发展现状，以存史、资政、教育后人为目的，临邑县教育局按照县史志办的统一安排部署，自2013年2月开始编纂《临邑县教育志（2008—2014)》。本志记述上限为2008年，下限至2014年6月。志书体裁为志、述、记、图、表、录，以志为主，采用语体文、记述体，首列概述、大事记，附录置后，26.3万字，2014年7月印刷出版。该志全面、翔实、客观地记载了临邑教育工作的发展历程。该志出版为推动全县基层单位修志工作发挥了积极作用。

（陈德波）

【《齐河县人口和计划生育志》出版】 齐河县人口和计划生育局编纂出版，主编李建民，副主编侯春莲、张明河，断限1963—2012年，始修时间2011年7月，终审定稿时间2013年11月，2014年出版，65.3万字。

【《齐河县环境保护志》出版】 齐河县环境保护局编辑出版，主编石文河，副主编田会健，执行主编刘学芹。时间断限1984—2012年，始修时间2011年5月，终审定稿时间2013年10月，2014年出版，40万字。

【《齐河县农业志》出版】 齐河县农业局编辑出版，主编宋延军。时间断限1949—2010年，始修时间2011年5月，终审定稿时间2012年11月，2014年出版。16开本正，印量500册，48.8万字。

【《齐河县粮食志》出版】 齐河县粮食局编辑出版，主编张延新。时间断限1940—2012年，始修时间2011年5月，终审定稿时间2013年12月，2014年出版，36.8万字。

【《齐河县广播电视志》出版】 齐河县广播电视台编辑出版，主编王光玲。时间断限1949—2010年，始修时间2012年5月，终审定稿时间2013年4月，2014年出版，46万字。

【《齐河县民政志》出版】 齐河县民政局编辑出版，主编田洪国，副主编刘晓雁、张拥军、王俊清、张振香、武征、王新民、王吉全。始修时间2011年4月，终审定稿时间2013年9月，2014年出版。出版单位山东数字出版传媒有限公司，95万字。

【《齐河县卫生志》出版】 齐河县卫生局编辑出版，主编苏宜良，副主编周伟、王文笑、刘相荣。时间断限1963—2012年，始修时间2011年5月，终审定稿时间2014年5月。出版单位中国国际文化出版社，2014 年出版，114.9 万字。

（刘　勇）

【《平原县审计志(1984—2013)》出版】《平原县审计志（1986—2013)》由平原县审计局编纂，主编董恩杰，副主编冯延昌、沈立国、任吉顺、焦秀珍、张惠萍。787×1092 毫米，16 开本，书号 ISBN978-988-75249-4-4，字数 28.2 万字，定价 185 元，2014 年 7 月由中国图书出版社出版。

2014年是平原县审计局成立30周年，为全面记述平原县审计工作的历史和发展现状，以存史、资政、教育后人为目的，平原县审计局自 2012 年 5 月开始编纂《平原县审计志》。该志记述上限为 1984 年 5 月平原县审计局成立，下限至 2013 年 12 月底。体裁为志、述、记、图、表、录，以志为主，采用语体文、记述体，首列概述、大事记，附录置后，2014 年 7 月印刷出版。该志全面、翔实、客观地记载了平原审计机构的建立和发展，记载了 30 年间审计局“依法审计、服务大局、围绕中心、突出重点、求真务实”二十字方针，在平原县审计史上具有里程碑的意义，为全县的基层单位修志工作发挥了积极推动作用。

（王　辉）

【《东昌府区人民代表大会志》出版】该志由《东昌府区人民代表大会志》编纂委员会编，是一部全面记述聊城市东昌府区人民代表大会及其常务委员会，在中共共产党的领导下，依法行使人民当家作主权利的实践活动和历史沿革情况的志书，反映了东昌府区人民代表大会及其常务委员会的工作全貌。主编刘继光，执行主编李洪金、宋耀菊（特邀），上限为 1949 年 10 月 1 日中华人民共和国成立，下限至 2013 年 12 月。个别内容下延至 2014 年 3 月。该书始修于 2012 年 1 月，全书历经篇目调整，资料征集、梳理，有关增添资料的撰写，编纂和总纂合成等环节，于 2014 年 4 月形成志书的草稿，6 月 19 日，编纂出志书初稿，并组织机关有关委室负责人对志书初稿内容中存在的叙述不妥、疏漏、文字标点差错等方面的问题集中进行内部修改。之后，经过四次通篇调整和修改，于 8 月 26 日完成征求意见稿，分送区有关领导、编委会成员、人大离退休县级领导干部、机关委室负责人及有关方面征求意见，在广泛征求意见的基础上，进一步修改加工，2014 年 8 月终审定稿，同年 12 月交由方志出版社印刷出版。并被评为省级优秀志书。

（杨　静　管振芹　白　雪　李　敏）

特色志编纂与出版

【概况】为拓宽史志事业服务经济文化强省建设的渠道和手段，充分发挥史志资源、人才优势在传承和弘扬优秀齐鲁文化的过程中展示方志文化的独特魅力，在刘爱军主任、翟世林副主任的关心、支持下，历经一年多的艰苦努力，省史志办市县基层志编纂指导处克服时间紧、任务重、战线长、人手不足等重重困难，精诚团结、攻坚克难、无私奉献，高质量地完成《第十届中国艺术节志》《欧阳中石》的编纂出版工作，为经济文化强省建设又添新成果。

2014年，青岛市崂山区史志办公室编纂出版《崂山区图志·青岛国际啤酒节卷》、即墨市史志办公室编纂出版《即墨市海洋与海岛志》、临沂市史志办公室编纂出版《沂蒙革命根据地志》、新泰市史志办公室编纂出版《莲花山志》等，受到社会各界的广泛好评。

【《第十届中国艺术节志》】 该志有以下特点：一是首开利用方志传统文化形式编纂中国艺术节志的先河，为全面记述大型艺术活动提供了范本。二是编纂周期短，成书时间快，仅用一年时间就高质量地圆满完成编纂出版工作。三是资料

翔实，内容丰富，图文并茂，大气厚重。全书计202万字，图照近1100幅，全方位展示山东夺取参赛、办赛“两块金牌”的成功经验，充分体现国家级艺术盛会的特点。四是记述视野开阔，展现了我国文化艺术事业发展的新成就，反映了山东省公共文化服务体系建设及开展群众文化活动取得的新成果。五是注重展示办节亮点，记述了开闭幕式简约转型、全省17市共同办节等多个“第一”，为以后艺术节举办提供了宝贵经验。

【《欧阳中石》】 全书41万字，图片百余幅，内容分为家世与幼学启蒙、中学时代、大学时代、教学生涯、逻辑的运用与实践、书法成就、京剧成就、情系齐鲁文化、心系公益、和睦家人情深友人、国事在心建言献策、荣誉与影响等十一章，并附有欧阳中石的大事年表和部分书画作品集萃。该书从编史修志的独特角度，全方位记载了欧阳中石不平凡的人生，把先生的艺术成就、成功经验、突出贡献以及他那无私坦荡的精神品格和对祖国、对家乡的悠悠赤子情记入书中，具有重要的存史、资政、教化价值。

（省史志办市县基层志编纂指导处）

【青岛市特色志出版概况】 2002年，青岛市史志办在做好第二轮修志工作的同时，结合青岛市地方特点，开展特色志书编纂工作。至2014年，先后编纂出版了《崂山志》《青岛文物志》《青岛优秀建筑志》《青岛古树名木志》《青岛奥帆赛志》等特色志。其中，《青岛奥帆赛志》获2010年度山东省史志系统“八个一优秀”奖。

2002 年—2014 年青岛市特色志出版情况表

书名	编纂单位	主编	副主编	断限	始修时间	终审定稿时间	出版单位	出版时间	书号或准印号	开本	册数	字数（千字）	印数（册）	定价（元）
崂山志	青岛市史志办公室	王现军 张子忠 段祥泰	王书高 孙守信 曲宝光 张少军	发端至2003年	2002	2003. 8	五洲传播出版社	2003. 10	ISBN 7-5085-0308-2/K・472	889*1193毫米 1 /16 开本	1	500	2000	196
青岛文物志	青岛市史志办公室、青岛市文物局	王现军 魏书训 段祥泰	宋爱华 王书高 张少军	发端至2003年	2003	2004. 11	中国出版社	2004. 12	ISBN 988-97146-6-1	889*1193 毫米 1/16 开本	1	200	2000	196
青岛优秀建筑志	青岛市史志办公室、青岛市建设委员会	殷鹰 王爱国	王现军 张子忠 段祥泰	建置至2000年	2006	2006. 10	青岛出版社	2006. 12	ISBN 978-7-5436-2504-4	889*1194 毫米 1/16 开本	1	70		298

续表

书名	编纂单位	主编	副主编	断限	始修时间	终审定稿时间	出版单位	出版时间	书号或准印号	开本	册数	字数（千字）	印数（册）	定价（元）
青岛古树名木志	青岛市史志办公室、青岛市林业局、青岛市城市园林局	刘川太 殷鹰	王现军 张子忠 段祥泰	发端至2005年	2006	2007.11	中国海洋大学出版社	2007.12	ISBN 978-7-81125-103-6	210毫米*285毫米	1	448	3000	168
青岛奥帆赛志	青岛市史志办公室	高克力	王现军 张子忠 杨学军 段祥泰 张友锋	1998年至2008年	2010.1	2010.5	中国国际文化出版社	2010.7	ISBN 978-988-18681-1-4	889*1193毫米 1/16开本		700	4000	298元

各区市史志办在第二轮修志过程中，组织开展特色志书编纂出版工作。崂山区、即墨市、平度市先后出版《崂山图志》系列丛书、《鹤山志》《平度民俗志》等。2014年编纂出版了《青岛经济技术开发区图志》《即墨市海洋与海岛志》3部。

【《崂山区图志·青岛国际啤酒节卷》出版】 该书由崂山区史志办公室编纂而成，2014年8月由黄河出版社出版。共427页，采用大度16开本，收录图片资料800余幅，使用文字资料3万余字。该书以编年体为主，采用章节目结构，通过图片的形式记录23年历届青岛国际啤酒节的经典瞬间，并用文字简单描述，真实展现了青岛国际啤酒节的发展过程。

【《青岛经济技术开发区图志》出版】 该志是《青岛经济技术开发区·青岛市黄岛区志（1984—2005)》的补编，是青岛西海岸新区、黄岛区和青岛经济技术开发区区情研究的重要资料。全书分前言、概览、城区变化、交通建设、经济发展、民生事业、旅游·文化8个部分，共300余幅照片，3万余字。2014年6月，图志进入框架设计阶段，8月进入征集稿件和补充拍摄阶段，12月编纂完成。

【《即墨市海洋与海岛志》出版】 为配合蓝色硅谷产业区建设，繁荣地方历史文化，2013年初，即墨市史志办公室启动《即墨市海洋与海岛志》编修工作，制定编纂方案，与市海洋与渔业局进行沟通争取支持，并召开了沿海镇街道的编修研讨会。为掌握第一手可靠资料，市史志办组织编修人员到中科院海洋研究所、即墨市海洋与渔业局等单位搜集海洋海岛相关资料。为图文并茂展现志书，在照片收集上也颇下功夫，与即墨市摄影协会联合，借用海洋与渔业局的海监船，年内分两次巡游辖内所有海岛，拍摄了大量珍贵的照片。该书共设海洋海岛地理环境、海湾·半岛·岬角·滩涂、岛屿·礁石、海洋渔业、沿海项目开发、海洋文化与民俗、艺文、沿海镇（街道）及渔村八章。《即墨市海洋与海岛志》主编张可先，副主编王洪涛，于2014年1月由黄河出版社出版，青岛鑫源印刷有限公司印刷，书号ISBN978-7-5460-0517-9，16开本，23万字，印数3000册，定价60元。该志的编纂出版对青岛蓝色硅谷产业区的规划建设发挥了重要的参考作用。

（邢延军　贾国芬）

【《东营图志》出版】 东营市高度重视地方志工作，在坚持保质保量完成编纂工作任务的同时，立足东营地情，发挥地域优势，努力开发特色鲜明、实用性强的方志产品，更好服务全市经济发展。2012年11月，东营市为向建市30周年

献礼，以两办文件（东办发电〔2012〕129号）下发《关于编纂出版〈东营图志〉的通知》，拟编纂出版一部图文并茂展示东营历史特色和三十年发展成就的大型志书，按志书体例横排门类、纵述史实，以图片为主、辅以简要文字，生动再现东营历史和现状。为在2013年10月15日建市30周年纪念日前出版发行，东营市超常规运作，从编纂工作启动起就坚持倒排工期，统筹调度各阶段工作，交叉作业，压茬进行。2013年9月底，《东营图志》出版发行，它以前所未有的超大容量，读图观史的新颖形式，受到广大读者的青睐。

该书由东营市史志办公室组织编写，主编杜金华，副主编朱蔚，记述时限上自文明初始，下迄2012年底，2012年11月启动编纂，2013年9月终审定稿，由中华书局出版发行。书号：ISBN 978-7-101-09674-3，大16开本，设上、下两卷，全书共收录图片4000余幅、文字54.3余万字，印数3000册，定价880元。《东营图志》分18个篇章，上卷为历史回眸，设沧海桑田、齐风鲁韵、盐业春秋、移民垦殖、吕剧之源、红色记忆、引黄序曲、石油开发八个栏目，记述东营历史之精华；下卷为建市新篇，设建置区划、开放开发、农业、工业、城市建设、商业旅游金融、社会事业、人民

生活、生态文明建设、当代人物十个栏目，全面展示建市30周年全市改革开放新成果。《东营图志》的编纂出版是东营市史志系统一项具有里程碑意义的文化标志性工程，成为全省重要的地市级特色志。2014年3月，《东营图志》被评选为山东省优秀史志成果奖——优秀基层志。2014年7月，《东营图志》被评为东营市第二十三次社会科学优秀成果二等奖。

（黄学桂）

【《潍坊人居环境志》出版】 《潍坊人居环境志》是潍坊市政府主持，潍坊市地方史志办公室组织编纂的一部专业性地方志书。主编：傅廷伟，副主编：赵文果、周星明、吕俊峰、葛诗忠、李长山，出版单位：方志出版社，出版时间：2014年5月，书号：ISBN978-7-5144-1283-3，开本：16开，字数：61.9万字，印数：3000册，定价：298元。

2012年4月，潍坊市政府成立《潍坊人居环境志》编纂委员会，副市长夏芳晨任主任，市直有关部门负责人任成员。编委会办公室设在市史志办公室，具体负责《潍坊人居环境志》组织协调和总纂出版工作。7月13日，市政府组织召开编委会成员会议，安排部署编纂任务。8月，市委、市政府印发《〈潍坊人居环境志〉编纂工作方案》，明确要求和任务分工，编纂工作全面启动。

从2012年11月，组织力量对各部门、各单位收集整理的资料及编写的稿件进行编辑加工，将近百万字的材料凝成60余万字的书稿。2013年4月，编印完成《〈潍坊人居环境志〉征求意见稿》，分送各级领导及各供稿单位，广泛征求修改意见。5月，编委会组织召开第二次成员会议，根据会议精神，对志稿进行进一步修改、完善。10月，编印完成《〈潍坊人居环境志〉送审稿》，报编委会审定。11月，送方志出版社审稿，经过初审、复审、终审三审把关，方志出版社同意该志书出版。2014年5月印刷出版。

【《临朐姓氏志》编纂情况】 2013年，《临朐姓氏志》编纂工作启动，实行先易后难，先小姓后大姓的办法，逐步推进，走村入户，座谈走访。据统计全县共264个姓氏，姓氏资料征集工作已经完成，计划分为姓氏起源、宗族简述、域内分布、谱牒、人物、遗存等部分，2014年对姓氏资料进行整理。同时，还对全县家谱、族谱进行收集，已收集100余部，对境内300余块谱碑进行拓片。

（吕俊峰　林荣军）

【《莲花山志》出版】 《莲花山志》由新泰市史志办公室编纂，马东盈、刘灿杰任主编，牛尊先、尹成才、杨洋任副主编，上限因事上溯自有史实可供稽考，下限止于2012年，编纂工作启动于2012年5月，2013年12月终审定稿，2014年4月由山东友谊出版社出版。书号9787551604086，字数83万，开本16开，定价298元，全彩精印2000册。该志全面反映莲花山在自然地理、风景名胜、古迹遗址、封禅祭礼、宗教文化、文学艺术、旅游开发等各个方面的独特风貌，为了解和研究莲花山提供了重要依据和宝贵资料，是一部集可读性、资料性、收藏性于一体的地方文献。志书面世后，在社会上引起强烈反响，不仅在文史学术界得到肯定，而且成为莲花山景区畅销旅游产品，对提升莲花山的知名度和品牌影响力，促进全市旅游事业发展，起到了极大的推动作用。2015年4月，省政府办公厅印发文件，《莲花山志》荣获山东省优秀史志成果奖——优秀基层（专门）志奖项。

【《柳下惠志》编纂情况】 《柳下惠志》是新泰境内第一部名人志，致力于弘扬“和圣”文化，打造城市历史名片。2014年初通过市政府立项并启动编纂，新泰市史志办聘请柳下惠研究专家组建编写班子，反复斟酌形成志书目录，首列概述、大事记、纲领全志，下设家世生平、故里新泰、思想影响、柳下传人等9个篇目，共26章，2014年，与柳下惠研究院展开对接，并根据志书编目有针对性地收集相关文章40余篇、图片百余幅及拓片等资料，在专家指导下，制定出征编方案，将篇目设计和撰稿分工明确到每一个章节，做好人选材料的收集和修改工作。新泰市史志办组织主要编辑人员远赴北京国家图书馆查阅相关资料，实地走访新泰市天宝镇柳王墓、谷里镇春秋古道、邹城市看庄镇柳下邑等相关遗址拍摄照片，整理拓片等遗迹，以史实为依据，形成研究文集。至2014年底，该志已经完成初稿编写工作。

（杨 洋）

【《向阳山抗战史》编纂情况】 2014年开展编修，主要记录1938年海阳县军警部队在威海卫草庙子区向阳山抗战的主要事迹，主编为张义江、田远磊，分为序言、正文、附录和后记，共9章，约7万余字，预计2015年出版。

【《威海临港区民俗志》编纂情况】 2014年开展编修，主要记述威海临港区风土人情，主编为张义江，全书按章、节、目编排，设引言，共分13章，约25万字，预计2015年出版。

（丛 琳）

【临沂特色志编纂概况】 2014年，临沂市史志办组织力量，对市农业综合开发办公室、市疾控中心、市红十字会等单位部门志编修工作进行指导，帮助培训专业志编修人员100余名。莒南县正在进行《莒南一中校志》《山东水库之母》的编修工作；郯城县启动了《郯城县农业开发志》和《郯城县回族志》的编纂工作。

（肖功江 张 丽）

【《滨州简明图志》出版】 2014年11月，由滨州市地方史志办公室编纂的《滨州简明图志》出版。该书主要以图片辅助少量文字形式反映滨州的历史与现状，着重反映改革开放以来滨州经济、政治、社会生活等方面的新变化、新成就。图志上限尽可能追溯，下限2011年12月。设境域变迁、领导关怀、政治军事、经济建设、社会事业、基础设施建设、名胜古迹旅游、社会生活八篇，收录图片1700幅。2011年9月，《滨州简明图志》开始编纂，2014年10月终审定稿，由中国图书出版社出版，16开本，1册，印数2000册，定价280元，主编柴德杰，副主编孟庆永、马宝祥、田希婷。

（孟庆永）

责任编校：刘 敏

旧志整理与出版

综　述

【概况】 山东省历史文化资源丰厚，修志传统源远流长。据初步统计，山东省旧志可考者925种，现存647种，860种版本，占全国现存旧方志的7.8%，在中国地方志的编纂史上名列前茅。

山东省的旧方志整理工作始于20世纪80年代。1983年7月，曹县地方史志编纂委员会办公室内部印行了王令波整理的清裴景熙编的光绪《曹县乡土志》一卷，是全省史志系统较早开展旧志整理的单位，随后各地陆续对旧方志进行整理，整理的形式有点校、译注、重印、扫描数据处理等，刊印的种类繁多，至2001年据粗略统计整理的旧方志达60余种。随着社会主义新方志编修工作进入良性发展，为加强对历代旧志的搜集、整理、保护、开发，弘扬优秀传统文化，服务经济文化强省建设，山东省史志办向省政府写出请示，计划用5年的时间，将全省范围内的旧志搜集齐全，并整理、影印一批重点志书，保护珍贵历史文化资源，受到省政府领导的高度关注和大力支持。2012年9月7日，副省长王随莲批示："同意开展这项工作。请史志办制定详细的五年计划，请财政厅自明年起按工作进度将所需经费列入年度预算。"省史志办开展了全省各地旧方志资源的普查工作。2013年6月，以鲁史志办发〔2013〕20号文件印发了《关于开展旧志整理工作的意见》，规定"省史志办负责旧志资源普查、整体规划、协调督促、人员培训、组织评审等工作，负责省级旧志的整理出版；市、县（市、区）史志办具体负责本行政区域内旧志的整理出版。"《意见》下发后，各地迅速行动，制定措施，统筹规划，在保证主体业务的前提下，通过争取当地财政支持、到外地搜寻旧志资源、聘请专家点校等措施，扎实开展旧志整理工作，取得了显著成效。2014年全省共整理出版旧志20部，截至2014年底，已整理出版旧方志200余种。整理出版的旧志大都以标点、影印为主。

2014年初，山东省史志办启动了清宣统版《山东通志》的影印出版工作。在对国内现存各种清宣统版《山东通志》版本的质量、保存现状等调查摸底的基础上，经过筛选、评估和慎重选择，确定了最佳影印底本。通过转换格式、导入、调整、裁切、修图、排版等多道工序修润版面，保证了每个版面设计严格遵循原书大小，保持原书面貌。按照古籍影印规范，参照原书进行了校对、比对、分册、分函，保证了志书的准确性和完整性。在印刷工艺上也是精益求精，采用手工宣纸、宋氏线装，封面、函套材料采用绢绫、锦绫裱帖，彰显古朴典雅风格。8月，完成影印工作，重现山东历史上规模最大、内容最翔实、体例最完备的通志。10月27日，清宣统版《山东通志》赠书仪式在济南举行。方志出版社社长、总编辑冀祥德，中国地方志指导小组办公室方志期刊指导处处长、《中国地方志》主编于伟平，省史志办副主任刘娟、翟世林、郭永生出席活动，并为省档案馆、省图书馆、省博物馆、济南市图书馆、山东大学图书馆、山东师范大学图书馆等受赠单位授书。随后向全省17市方志馆各赠送一套。

在总结影印清宣统版《山东通志》的基础上，为切实保护、开发利用好宝贵的旧志资源，山东省史志办提出开展编纂《山东省历代方志集成》，将散乱于全省各地甚至于海外的山东省旧志搜集起来，以《山东省历代方志集成》为总名，以现行的山东省行政区划为卷名分册出版，统一编序、统一开本、统一装帧、统一体例、统一版式（简称“五统一”），形成一部完整的丛书。并及时向省政府领导进行了请示汇报，得到省领导的重视支持。2014年6月，组成考察组到河南省就旧志整理工作进行了学习考察。8月12日在省方志馆召开了《山东省历代旧志集成》专家论证会，邀请了山东师范大学、山东大学教授，博士生导师安作璋等7位历史文化、文献出版方面的专家，围绕如何全面、系统、科学地整理全省历代旧志资源进行了深入研讨，从学术角度对文献资料搜集、旧志版本收录、整理出版形式等提出了建设性意见，随后形成《山东省历代方志集成》整理出版方案，向省政府和省财政厅写出了旧志整理经费报告，为旧志集成工作奠定了坚实基础。

（魏振华）

整理与出版

【影印清宣统版《山东通志》出版】 2014年8月，山东省地方史志办公室整理影印的清宣统版《山东通志》由齐鲁书社出版发行。全书12函，128册。

清宣统《山东通志》，张曜、杨士骧修；孙葆田等撰。该志创修于光绪十六年，经山东巡抚张曜、杨士骧等前后苦心经营，耗费著名学者孙葆田半生心血，集数十位晚清学者的智慧，历时20余载始告修成，其间山重水复，历经艰辛，几经中辍。该志卷帙浩繁，全书十二函装、二百一十一卷、一万一千余筒子页，洋洋六百余万言，记载上自上古下迄清末宣统年间，纵贯千年，记述系统完备，体例周详，考据精核。是人们了解和研究清代山东历史和地理的重要志书，不仅具有极高的文物价值，更有着非常丰富的历史文献价值，是传承、研究齐鲁文化不可或缺的文化资源宝库，弥足珍贵。

该志有六个特点：一是出自名家。山东巡抚张曜、杨士骧等前后苦心经营，

耗费著名学者孙葆田半生心血，集数十位晚清著名学者智慧。二是历经坎坷。光绪十六年（1890年）设局修纂，宣统三年(1911年)修成,耗时达20年,江苏、浙江等文化大省都没能在清末民初的历史变局中修成本省通志。三是背景特殊。该志历经甲午战争、戊戌变法、庚子国变等重大事件，成书于辛亥革命，问世于五四运动前夕，在各省通志中极为少见。四是存世稀少。该志民国七年(1918年）铅印问世时仅印500套，屡经丧乱，现存无几。五是博大精深。全书分为舆图、通纪、疆域志、职官志、田赋志、学校志等12函、218卷、635万字，是山东历史上规模最大、内容最翔实、体例最完备的一部通志。六是极具价值。《中国地方志总目提要》《续修四库全书总目提要》称之为清代山东地方之巨帙佳乘，保存齐鲁文献最为完备，史料价值和学术价值非常高。

（魏振华）

【济南市旧志整理与出版概况】 济南市现存旧志主要有《济南府志》（康熙本、道光本）、《历乘》《历城县志》（崇祯本、乾隆本）、《重修历城县志》《续修历城县志》《长清县志》（万历本、康熙本、雍正本、道光本、民国本）、《灵岩志》《五峰山志》《新修商河县志》《商河县志》《商河县乡土志》《重修商河县志》《章丘县志》《章丘县乡土志 》《平阴县志》（嘉庆本、光绪本）、《续修平阴县志》《济阳县志》（万历本、乾隆本、顺治本、民国本）。2005年8月，商河县志编纂委员会整理的《明清商河县志集》由济南出版社印刷出版，全书共计41万字，收录了明万历十五年编印、崇祯十年补修的《新修商河县志》，道光十六年编修的《商河县志》和光绪《商河县乡土志》，除全部校勘、标点外，对一些难懂的词句及错误记述，均加注释。2005年，历城区将乾隆三十八年和民国十五年修订的县志和续志，予以标点整理，进行点校，图像补遗，编纂、整理、整合为一部《历城县志正续合编》(乾隆《历城县志》为“正”,民国《续修历城县志》为“续”)。2007年7月由济南出版社出版，全书170万字，是一部记载济南历史文化的重要文献。2011年，济南市史志办遵循整旧如旧的原则，标点为主、校勘为辅的原则，版式设计尊重原貌与便于阅读相结合的原则，对道光《济南府志》进行了点校整理。整理后该书约200万字，充分反映了1840年以前济南历史的脉络，同时与《济南市志（1840—1985)》相衔接，使济南的“文献历史”更加连贯和系统。2013年，该书由中华书局出版。2014年，平阴县史志办制定了平阴县旧志整理工作规划,确定了旧志整理的思路、模式、种类，并确定整个旧志整理工作从2015年开始实施，年内完成《光绪平阴县志》整理出版工作。

（张　阳）

【平阴县旧志整理情况】 2014年，平阴县史志办按照省、市要求，开展旧志统计工作。在此基础上，制定平阴县旧志整理工作规划，并将其作为2015年史志重点工作上报县政府。县委副书记、县长朱云生专门到县史志办进行调研，对如何开展旧志整理工作等与史志办领导班子进行座谈，确定旧志整理的思路、模式、种类。截至2014年底,清光绪《平阴县志》整理出版工作已全面启动。

（于瑞东　付媛媛）

【青岛市旧志整理与出版概况】　青岛市旧志整理工作起步较早。2002 年 10 月，第一部旧志《灵山卫志》由原胶南市史志办完成校点并出版。2010 年 11 月，青岛市史志办组织对首轮《青岛市志》69 卷计 1400 万字进行精编。至 2014 年底，全市共出版《新编青岛地方志简本丛书》7 卷、《青岛市志》精编 1 卷以及整理出版古籍旧志 17 部。其中《〈崂山志〉校注》2014 年出版。

青岛市旧志整理与出版情况表

名称	年代	编纂者	处理方式	时　间	整理者
胶澳志	民国	赵琪修　袁荣叟纂	点校	2000 年 10 月	崂山区史志办寿杨宾
崂山志（校注）	明	黄宗昌	点校	2014 年 11 月	
即墨志	明万历	杜为栋	点校	2005 年 7 月	即墨市史志办
即墨县志	清乾隆	尤淑孝		2005 年 7 月	
即墨县志	清同治	林　溥		2005 年 7 月	
崂山续志	清	黄肇颚		2008 年 11 月	
即墨县乡土志	清	周铭旗		2011 年 9 月	
灵山卫志	清	苏潜修	点校	2002 年 10 月	胶南市史志办
胶州志	清康熙	孙蕴韬修、高国楹纂	影印	2010 年 10 月	胶州市史志办
胶州志	清乾隆	周于智、宋文锦修，刘恬纂。		2009 年 6 月	
重修胶志	清道光	张同声修，李图纂		2008 年 10 月	
平度州志	清康熙	李世昌编修	校点	2005 年 3 月	平度市史志办
重修平度州志	清道光	李图主编	校点		
平度志要	清光绪		校点		
平度州乡土志	清光绪		校点		
续平度县志	民国		校点		
莱阳县志	民国		影印	2012 年 5 月	莱西市志办

【《〈崂山志〉校注》出版】　由寿杨宾校注，崂山区档案局、崂山区史志办、中共崂山区委党史研究室组织出版。《崂山志》是崂山的第一本山志，由明朝御史即墨人黄宗昌所著，其子黄坦增补。分考古、本志、名胜、栖隐、仙释、物产、别墅、

游观八卷，并设附录，记述了崂山的历史、地理、名胜、人物、艺文等。该书据民国刊本校注，历经六年完成，共20余万字。本次校注除对原志进行标点并分段外，还对书中一些重要内容进行了详细的注释，并后附民国版原本影印，以便对照阅读。整理本由黄河出版社于2014年11月出版，平装印制，装帧精美，是崂山区近年来出版的有较高学术价值、文化品位、地域特色的一本书。

（邢延军　贾国芬）

【淄博市旧志整理与出版概况】 淄博市史志办大力推进旧志整理与出版工作，并加强对区县旧志整理与出版工作指导。2011年整理编辑《〈颜山杂记〉校注》，为研究淄博的人文历史提供了宝贵的资料。

博山区整理、出版的旧志主要有《续修博山县志（校勘本）》《博山乡土教本》《博山旧志集成》《颜山杂记》《博山县志》和《颜神镇志》。

2003年7月，临淄区史志办重印民国九年《临淄县志》。2012年12月，对康熙《临淄县志》进行文字校勘和注释。

政协桓台县委员会于1999年10月重新整理出版《天启·新城县志》，2004年8月重新整理出版《康熙·新城县志》，2005年9月再版《民国·重修新城县志》。新城镇人民政府2012年12月整理影印《民国·重修新城县志》。

2007年，《青城县志》由中国社会科学出版社正式出版发行。2009年，高城镇人民政府投资20余万元影印出版《高苑方志集成》。

（淄博市史志办）

【《博山旧志集成》出版】 2014年，博山区史志办对清乾隆四十年（1775年）洪鸾编修的《博山志稿》进行校勘整理，以便于研究阅读。并在此基础上对6本旧志重新编排校对合集，编纂出版《博山旧志集成》。该书包含博山现有老旧志书，即《续修博山县志》《博山乡土教本》《颜山杂记》《颜神镇志》《博山志稿》《博山县志》等校勘本，便于广大文人学者对博山旧志的查阅利用及对博山历史文化的研究开发，方便收藏，使老旧志书得到更好地传承、普及和弘扬。

（淄博市史志办）

【清乾隆《博山县志（校勘本）》出版】 2014年2月，博山区史志办整理的《博山县志（校勘本）》正式出版发行，至此，博山区地方史志办公室历时4年完成对全区新中国成立前全部5部老旧志书的校勘整理工作，博山区旧志保护、挖掘、整理工作走在了全市乃至全省的前列。《博山县志》是由清乾隆十八年（1753年）时任博山知县富申主持纂修完成的博山建县以来的第一本县志。共有4册10卷。该书在对博山区域文化的传承和发展方面具有极高的研究和开发利用价值。博山区史志办专门聘请4位有丰富修志经验的老专家与史志办工作人员一起，并赴国家图书馆、省图书馆、中国海洋大学图书馆等处搜集资料，对《博山县志》进行了校勘整理。主要是对旧志进行繁体字改简体字、加注标点及勘误等。为保持原著风貌，仍为宣纸线装。校勘本与原著相比不仅便于阅读，也更利于保护和收藏。为传承博山历史文化，促进博山地区历史文化的研究发展，促进博山地域文化的开发，服务社会经济文化大发展、大繁荣，发挥了积极的作用。

（淄博市史志办）

【枣庄市旧志整理与出版概况】 枣庄历史上是滕县和峄县辖地，因此，旧志整理工作主要由滕州市史志办和峄城区史志办两个单位完成，市史志办在业务指导和财力保障上做了较多工作。市史志办在排版、印刷方面，对峄城区史志办编辑出版乾隆版《峄县志》（点注本）提出了指导意见，滕州市史志办和峄城区史志办工作人员主动工作，克服财力、人力短缺的困难，顺利出版了《滕县乡土志》（清光绪三十三年）和乾隆版《峄县志》（点注本）。

（王正伟）

【《滕县乡土志》（清光绪三十三年）（影印本）出版】 修纂者为高熙喆，由滕州市地方史志办公室通过影印的形式整理并由济南甲骨书业于2014年12月出版。全书30千字，16开本，印数300册。该书系统记述了历史、政绩录、兵事录、耆旧录、户口、民族、宗教、实业、地理、山、水、道路、物产、商务等15个类目的内容，语言浅显、简明、通俗，虽然整体篇幅不长，但保存了很多宝贵的资料。由于历时久远，《滕县乡土志》（清光绪三十三年）原版本在本地散失。为发掘抢救文化遗产，保护历史遗存，2014年11月份，滕州市史志办从中国国家图书馆得到《滕县乡土志》扫描文本，并组织对其中不清晰的字句进行查证补充，保持旧志原貌，采用宣纸手工线装，予以影印存藏，以资后世借鉴。

（赵逢柏　丁　涛）

【清乾隆《峄县志》（点注本）出版】 枣庄市峄城区史志办公室于2008年春开始对清乾隆二十六年版《峄县志》进行整理点注工作。经过6年多的努力，已全面完成整理点注工作。2014年12月，由长城出版社正式出版发行。此次出版的《峄县志》（点注本）以白忠琏主持修纂的七册十卷本为底本，是相对历史较久且资料较为丰富的一部。该书系上海图书馆馆藏，史料价值甚为珍贵。点注本计20.6万字，正文308页，封面装帧古朴典雅，易于阅读，也便于收藏。全书除卷首外共分十卷，第十卷又分上下两部分。卷首收录历次修志序文11篇、原修和重修姓氏5篇和图考4幅。十卷分别为地理志、建置志、祀典志、田赋志、漕渠志、选举志、职官志、人物志、烈女志、艺文志和序赞说论引跋，是历史和文艺工作者学习研究不可或缺的宝贵资料。

（张瑞华　王　旭）

【东营市旧志整理与出版概况】 建市前，境内只有广饶、利津两县修过志。广饶县建国前共修志8次，其中明代3次、清代3次、民国2次，现存5部；利津县建国前共修志7次，其中明代2次、清代4次、民国1次，现存5部。进入21世纪，利津、广饶两县史志办先后对本县旧志进行了整理。旧志整理对研究东营历史、发掘东营文化、借鉴历史经验都发挥了重要作用。特别是广饶孙子文化的研究和兴起，就源于广饶旧志的整理和发掘。

（东营市史志办）

【广饶县旧志整理与出版情况】 广饶县史志办现存广饶旧志5部，分别为：明万历三十一年（1603年）《乐安县志》、清康熙六年（1667年）《乐安县续志》、清雍正十一年（1733年）《乐安县志》来源于国家图书馆的影印本，民国七年（1918年）《乐安县志》来自于广饶民间藏本的影印本，民国二十四年（1935年）线装《续修广饶县志》。2009年3月县史志办校注出版了清雍正十一年《乐安县志》一套2册本。2010年3月启动编辑出版《广饶旧志集成（影印本）》一套六册本，2011年9月出版。2012年3月启动《广饶旧志集成》点校本一套六册本，2014年10月出版。

【《广饶旧志集成（点校本）》出版】 2012年3月启动，2014年10月出版。一套6册本盒装。2015年4月份，《广饶旧志集成（点校本）》获“山东省优秀史志成果奖”，受到省政府办公厅表彰，并被评为第二十四次东营市社会科学优秀成果奖一等奖。整理单位：广饶县史志办；整理形式：坚持尽可能保持旧志原貌的原则。为适应现代读者阅读习惯，将繁体字改为简化字，将个别不正规的字进行了规范，并对原文进行了标点。原志中的繁体字、异体字，一般直接在文中改为简化字、通用字。对个别多音多义、非现今某简化字所能涵盖的，仍用原字。对于比较常见的通假字，直接将所通之字改在原文之中，非常见的仍用原字。对旧版中的避讳字，复为原字。特邀点校：高清云；特邀审校：刘德麟、李振聚；审校：张登峰、石丰武；出版单位：中华书局；书号ISBN978-7-101-10283-3；全六册；开本：16开；印数：1000册；字数：800千字；定价1960元。主要内容：

明万历《乐安县志》，知县孟楠修，邑举人蒋奇鏄纂。是志继明嘉靖志而修。始于万历三十年，同年修成，万历三十一年（1603年）付梓行世。原本为三册。卷前有赵秉忠序，旧志序一篇，县图四幅。正编二十卷：卷一建置沿革（疆域附）；卷二分野；卷三山川（堤桥附）；卷四风俗；卷五城池；卷六版籍（田赋附）；卷七物产；卷八公署；卷九学校；卷十兵防；卷十一职官；卷十二选举；卷十三名宦；卷十四乡贤；卷十五人物；卷十六节孝；卷十七祀典；卷十八艺文；卷十九恩命；卷二十杂志。卷后附孟楠序、蒋奇鏄跋。是志平列篇目，篇首有序，尾有议，议述多切实用。山川记本地水利建设原委；风俗载时人习俗变化；版籍议赋役利弊等有关本地民生利病内容尤为翔实具体。在明代山东志书中可入上品。

清康熙《乐安县续志》，知县欧阳焯修，著名文人李含章、李焕章纂。是志续明万历志而修。始于康熙五年，同年修成，康熙六年（1667 年）付梓行世。原本为二册。卷前有欧阳焯、王薰沭各一序。正编分上、下卷：上卷纪年、河渠、风俗、户口田赋、貤封、耆硕、艺文、市廛、学校、秩官、选举、名宦乡贤、丘墓、援例，下卷宦绩、理学、谏臣、事功、卓行、独行、儒行、外徙、补遗、孝子义士、烈女、武胄、文苑、建置纪事、藩臣。卷后附张重晖跋。是志续接前志，兼补缺佚。上卷纪年列明万历三十年以后本地主要大事，详自然灾害与明清鼎革之变；户口田赋载清初本地人口耗亡与赋役之重，皆真切具体，可备参考。下卷收罗各类人物，续补颇丰，可存掌故。

清雍正《乐安县志》，知县、清代著名书画家、“扬州八怪”之一李方膺纂修。是志继康熙志而修。始于雍正七年，成于雍正十年，至雍正十一年（1733 年）梓行。原本为四册。卷前有刘柏、李方膺各一序，旧志序二篇。正编分星野志、建置志、川泽志、城池志、田赋志、公署志、学校志、兵防志、职官志、选举志、宦绩志、人物志、恩荣志、列女志、风俗志、物产志、祀典志、五行志、杂记志、艺文志二十门，凡二十卷。卷后附有王存信、钟源济、张永熙、孙孺衡各一跋。是志参稽旧志，厘定门类，门内不另设细目，但有附目。此编内记，注重民瘼，凡与本地民生利病有关者，皆有详记。川泽记治河筑堤；城池记剔除市集陋规；田赋记处置藩王田产；兵防记海汛日期等皆详明赅备，另加评议。风俗、物产、杂记、艺文诸门，内载本地民生习俗、姓氏迁移及乡邦文献，多存故实，可资参考。《续修四库全书提要》称其为“不愧为山东名志”。

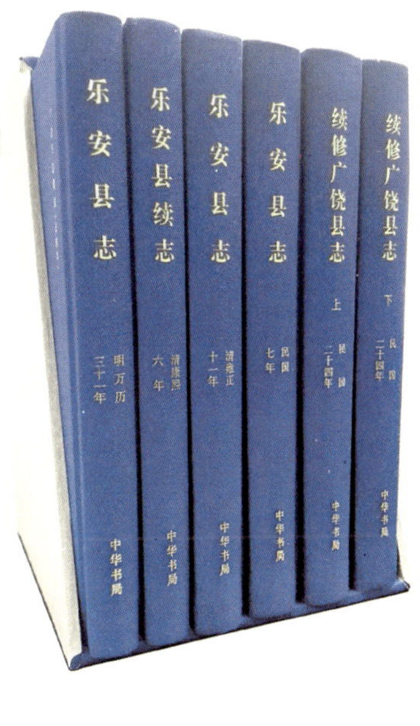

民国《乐安县志》，前任县知事李传煦倡修，县知事李同善主修，王永贞等纂。是志续雍正志而修。始于民国六年，成于民国七年，同年印行。原本为四册。首卷有李传熙、陈同善各一序，旧志序五篇，县图十三幅。正编分舆地志、古迹志、建置志、经政志、礼俗志、学校志、兵志、职官志、登进志、人物志、艺文志、杂志十二门，内辖四十目，凡十三卷。卷后附有王永贞、贾献廷、王莲芳、焦梅清各一跋。是志记事断自宣统三年（1911 年），不涉民国以后，乐安自民国三年始改称广饶，故书名仍沿旧称。是志立纲设目补雍正以后人事尚备。舆地记清末乡社保甲、会集分布、农副物产；经政载户口田赋、盐政盐法；兵志记兵防兵事多能反映清末状况，可备参考。

民国《续修广饶县志》，督修为县长王文彬、潘莱峰，总纂为王寅山。是志奉省府通令纂修。始于民国二十三年，民国二十四年（1935 年）修成印行。原本为八册。首卷有潘莱峰、景传诗、王寅山各一序，县图十五幅。正编分舆地志、政教志、人物志、艺文志、杂志五门，内辖二十八目，凡二十八卷。卷后附志余。是志以舆地、政教、人物、艺文、杂志五门统摄二十八卷目，体例严整，收载丰盈。其中尤以政教内记民国以来地方自治、县政组织、财政收支、农商实业、文化教育及交通建设等内容翔实具体，从中尤能反映时代特色。艺文收载颇丰，辑录历代邑人著作与金石文物，皆有较高学术价值。

（彭建新　董　军）

【利津县旧志整理与出版情况】 利津县史志办现存利津旧志5部，分别为：清康熙二十年（1673年）刻本线装《利津县新志》、乾隆二十三年（1758年）刻本线装《利津县志续编》、乾隆三十五年（1770年）刻本线装《利津县志补》、光绪九年（1883年）刻本线装《利津县志》和民国二十四年（1935年）石印线装《利津县续志》。其中清乾隆二十三年《利津县志续编》影印电子版，是在2011年8月由阳信县政协的边玉庆先生向利津县史志办提供的，从而实现了清代、民国时期利津县志的“全家福”。2007年12月县史志办点校出版了《利津县旧志（点校本）》一套四册本。2008年11月，《利津旧志（点校本）》获东营市第17次社会科学优秀成果二等奖。2014年，县史志办原副主任、副编审孙明钦，开始点校乾隆二十三年“县志续编”，同时对已整理出版的四册本“利津旧志”进行第二次整理，使之更趋准确完备。

【《利津旧志》（五册本）整理情况】 2007年12月《利津旧志》（四册本）出版后，在全县文化教育界以及党政干部中引起了积极反响。同时，随着时间的推移，史学界、文字工作者发现了书中不少的错讹之处。加之，尚有一部旧志因获取较晚，未能与四部旧志一并整理出版，2014年又逢中指组、省史志办做出加强旧志整理工作的意见。这样，点校乾隆版《利津县续编》，对已出版旧志再整理，出版一套完整的、质量更高的5部《利津旧志》，即成为2014年利津县史志办的一项重要工作。至2014年底，县史志办原副主任、副编审、首次点校旧志的主要整理人孙明钦，按照上次整理旧志的规范，完成了对4部旧志的“再整理”和乾隆版《利津县续编》的点校工作。5册本的《利津县旧志》将于2015年下半年印刷出版。

（王曰华）

【烟台市旧志整理与出版概况】 烟台市史志办积极发动县市区开展旧志整理工作，已分别于2008年和2014年整理出版《招远县志》（清顺治、道光）、《牟平县志》（民国）等旧志。确立了以“一州一县两府”（《宁海州志》《福山县志》《莱州府志》《登州府志》）为突破口的工作思路，积极筹备校勘、出版工作。

（渠敬伦）

【《牟平县志》（1936年版）影印出版】 《牟平县志》出版于1936年，宋宪章等修，于清泮等纂。全志共十卷，49.5万字，外有木制夹板护套，开本为17.5厘米×29厘米。该志门类齐全，体例完备，内容广博，文赡事详，绝少冗笔，记录和反映了清同治至20世纪30年代间牟平经济社会发展状况。2014年，烟台市牟平区史志编纂委员会、烟台市牟平区档案局对该志进行了整理，主要整理人为宋宪际。2014年8月，影印版《牟平县志》由黄海数字出版社出版，书号为ISBN978-7-89425-295-1。随书附光盘，由湛江华丽金音影碟有限公司制作。新影印出版的志书共600套，在保持旧志内容不变的基础上，将原有的10册合并为3册，开本为18.3厘米×26.2厘米，精装带函盒，定价为3289元。

（王爱民　于玲燕　祝清民）

【潍坊市旧志整理与出版概况】 潍坊市的寒亭区、潍城区、昌邑市、寿光市、诸城市、青州市、临朐县、昌乐县、安丘市都进行了旧志的整理与出版。1996年，昌邑市整理出版《昌邑古县志集》（标点本），包括康熙《昌邑县志》、乾隆《昌邑县志》、光绪《昌邑县续志》等。2001年，诸城市史志办启动旧志整理工作，2003年5月，出版乾隆《诸城县志》（标点本）；2014年起，对康熙、道光、光绪3部《诸城县志》进行点校出版，现已完成光绪《诸城县志》的点校工作。2010年，寒亭区史志办整理出版民国《潍县乡土志》（点注本）；2011年，整理出版乾隆《潍县志》（点校本）。2011年，寿光市史志办启动旧志整理工作，2012年，出版康熙、乾隆、民国《寿光县志》（影印线装本）。2011年，青州市整理出版了明清以来的《青州府志》《益都县志》（标点本）。2011年，临朐县史志办影印出版明清及民国时期的《临朐县志》（线装本）。2012年，昌乐县史志办影印出版明清及民国时期的《昌乐县志》（线装本）。2014年，安丘市史志办影印出版明清及民国时期《安丘县志》。

（林荣军　林卫成）

【诸城市旧志整理情况】 诸城现存明万历，清康熙、乾隆、道光、光绪5部《诸城县志》及清光绪三十三年、民国九年2部《诸城乡土志》等旧志。由于时间久远，保护及利用不到位，现存旧志收藏分散、保存条件差、版本材料老化、破损严重，不利于对旧志资源的集中研究和开发利用。诸城史志办于2014年启动了旧志整理工作，结合诸城实际，拟用3年的时间，对具有经典性、代表性的清康熙《诸城县志》、清道光《诸城县志》、清光绪《诸城县志》3部旧志进行标点、整理、出版。年底，已完成清光绪《诸城县志》的校点工作。

（林荣军　林卫成）

【《安丘古志集成》出版】 《安丘古志集成》旧志整理工作，2014年7月全面启动，12月印制完毕，历时半年。全书共计16册。丛书经过古籍研究机构整修后，采用宣纸影印版形式手工印制，完全保留旧志原貌。同时，安丘市史志办对书目进行重新排列，突出国学内涵，该套志书获“2014年山东省优秀旧志整理成果奖”。

《安丘古志集成》包括明清《安丘县志》《续安丘县志》《安丘新志》《续安丘新志》《安丘乡土志》5部志书。展示了古代安丘的山川风貌、政治经济、历史文化、人物传记、风俗民情等各个方面，为了解和研究安丘历史提供了依据和资料。

明万历十七年《安丘县志》 该志共28卷，约9.1万字，由马文炜与子马应龙、马从龙编纂而成。志书以总纪为纲，辅之以表传，体例严谨。记事上自夏初，下至万历十七年，前有序多篇，详述修志原则、经过，内容丰富。其疆域、明爵、秩分、人品详而不泛，约而不遗，核而有据。尤其人物诸传，不改史文，并著年代，为明代著志中所鲜有。入《四库全书》。

清康熙二年《续安丘县志》 由峠山人王训主持，于清顺治十五年（1658年）冬开始编纂，清康熙元年（1662年）年完成初稿，次年刻印成书，历时5年。上限自明万历十七年（1589年），下限至清顺治十八年（1661年）。

民国三年《安丘新志》 乾隆五十四年（1789年）四月，安丘知县谢某倡修县志，邀马世珍任总撰。其在家独自完成志稿，定名《安丘新志乘韦》即安丘第三部县志。内容上起康熙壬戌年（1682年），下至道光甲午年（1834年）。经县人张柏恒增补，马步元修订成为民国三年《安丘新志》底本。马步元又将贡举表延伸至咸丰九年（1859年）。为了区别私修，除去"乘韦"二字，定名《安丘新志》，于民国三年（1914年）农历七月付诸石印。全志约10万字。

民国九年《续安丘新志》 马步元任主编。1916年3月，《续安丘新志》脱稿，将付诸石印时，4月7日兵火，县存图籍多化为灰烬，《续安丘新志》损失过半。1918年，他"旁搜博考，补缀残阙"，经两年努力，稿本复原，于1920年3月石印。《续安丘新志》共25卷，约9万字，上限1843年（道光二十三年）；下限1911年（宣统三年）。

清光绪三十一年《安丘乡土志》 马步元于光绪三十一年（1905年）编写，作为小学堂蒙学课本使用。全书分4册16卷，共约8万字，记有安丘的历史沿革、兵事、人类、户口、宗教、实业，地理、山水、道路、物产，商务、政绩录、兵事录等内容。今只发现两部毛笔手抄本，现存于中国科学院图书馆和上海图书馆。志书扉页上有"光绪三十一年四月初六日具奏本日奉旨知道了钦此"字样。

（林荣军　林卫成）

【济宁市旧志整理与出版概况】 济宁市现存旧志主要有《济宁州志》（清康熙本）、《济宁直隶州志》（清乾隆本、道光本）、《济宁直隶州续志》（咸丰本、民国本）、《济宁县志》（民国）。20世纪80年代中期以来，购置、影印了主要包括《山东通志》《兖州府志》《济宁州志》《济宁直隶州志》《济宁直隶州续志》《济宁县志》等一批旧志。济宁市历来重视对现存旧志的保护和整理，开展了旧志普查和统计登记工作。2010年6月兖州市史志办整理出版了《滋阳县志》，用点校的方式对原书进行了校勘。2014年2月，汶上县史志办历时一年半整理出版了《汶上县旧志集成》，内含买明万历三十六年《汶上县志》、清康熙五十六年《续修汶上县志》、清宣统三年《再续汶上县志》，荣获山东省优秀史志成果奖。2014年9月泗水县史志办整理出版了《光绪泗水县志》，荣获山东优秀史志成果奖。

（陆　波　孟昭华　郭赟燕）

【清光绪版《泗水县志》出版】 泗水县内保存新中国成立前旧志原稿仅有清光

绪十八年的《泗水县志》，且仅存1部。2014年初，泗水县史志办本着“整旧如旧”的原则，聘山东大学、曲阜师范大学、省图书馆专家、学者对该志进行标点，经过半年多的努力，8月完成旧志整理稿，9月出版发行。清光绪《泗水县志》由知县赵英祚主修，训导黄承艧总纂，泗水县史志办主任刘家园，副主任李莉、侯广征等参与整理，为最大限度保持书籍原貌，仅作标点整理，北京大学历史地理研究中心教授韩光辉为整理版作序。该书由中国文化出版社出版，济南甲骨古籍精装印刷厂承印，书号为ISBN978-988-83374-8-6/I.6123，全书150千字，采用繁体竖排，宣纸印刷，手工线装的方式，定价1360元。原书共十五卷、八册，分方舆、建置、官师、名宦、牧政、食货、学校、秋祀、风俗、选举、人物、节烈、旧迹、灾祥、艺文等部类，书前有历次修志序言，有图考。整理后原书合为六册，内容只作标点，仅将原书中卷六食货志“赋役”“物产”依目录调整顺序，将“物产”内脱漏部分参看康熙旧志进行补录。

（李　莉）

【《汶上县旧志集成》出版】 2014年2月，汶上县志办整理的《汶上县旧志集成》出版发行，内含明万历三十六年版《汶上县志》、清康熙五十六年版《续修汶上县志》、清宣统三年版《再续汶上县志》（手抄本）各一部。前两部为标点校勘，后一部（手抄本）为影印。整理工作历时一年半。全书一函，共七册，39万余字，繁体竖排、宣纸印刷、仿古线装。2014年3月31日，该书被评为“山东省优秀史志成果奖”，受到山东省人民政府办公厅的通报表彰。

（王建议）

【泰安市旧志整理与出版概况】 2009年新泰市史志办开展清代光绪年间版《新泰县志》和《新泰县乡土志》的整理重印工作。聘请古文功底较深的专家在1992年重印版的基础上重新点校，历时1年，更正错讹千余处，按市政府的要求于2009年底按时出版。

2010年新泰市史志办开展了校勘重印明朝天启版和清朝康熙二十二年版两部《新泰县志》的旧志整理工作。2010年底按计划整理出版。

肥城市自明隆庆六年（1572年）至清光绪三十四年（1908年），共修志五次，皆为地方政府主修。明隆庆年间修的第一部县志，因屡遭兵燹，版籍荡然。其余四部，除光绪三十四年乡土志外，境内无存书。肥城市地方史志办公室于1994年展开旧志点注工作，于1996年完成清代3部《肥城县志》和1部《肥城乡土志》的点注整理工作，分上下册出版发行。

宁阳县党史史志办于2003年整理出版了《明清宁阳县志汇释》。

东平县2008年7月开始，对东平古

旧地方志书进行抢救性整理和翻印工作，至2009年2月，完成清光绪《东平州志》《东平州乡土志》和民国《东平县志》三部旧志共27册的影印出版。这些旧志对查阅与研究清朝和民国时期东平人文社会经济等历史提供了方便。

（杨 洋 庄惠丽 郝 航 赵先法 侯胜男 李姗姗 杜 梅）

【威海市旧志整理与出版概况】 威海市保存的旧志主要有《文登县志》（雍正本、道光本、光绪本）《威海卫志》（康熙本、乾隆本）、《荣成县志》（道光本）。2010年10月，文登市地方史志办公室整理出版了《光绪本〈文登县志〉点注》，全书对《文登县志》（光绪本）原文作了标点断句和注释，对所载史料进行了校勘补遗。2013年1月，威海市地方史志办公室整理出版了《威海卫志》（康熙本、乾隆本），全书内容分为两部分，前部分用简体字对乾隆本《威海卫志》重新竖排，增补标点、注释，并对所载史实进行考证、校勘；后部分影印乾隆本和康熙本《威海卫志》。同月，文登市地方史志办公室影印出版了《文登县志》（雍正本）4册、《文登县志》（道光本）4册，采用宣纸影印线装，木函包装。9月，荣成市党史市志办公室影印出版了《荣成县志》（道光本），至此，威海市旧志全部整理完毕。2014年，《文登县志》（雍正本、道光本）影印本获威海市第十六次社会科学优秀成果一等奖。

（于鹏飞）

【日照市旧志整理与出版概况】 日照市文化历史悠久，文化底蕴深厚，共拥有史志典籍14部。日照市自2000年起，就做了大量的准备工作，各区县陆续整理出版了部分旧志。截至2014年，共整理出版3部旧志，正在整理的1部。

【点注清光绪十二年《日照县志》情况】 日照历史上可查的县志可追溯到明万历十八年（1590年），日照市地方史志办公室现存有清康熙十一年（1672年）、清康熙五十四年（1715年），清光绪十二年（1886年）3部《日照县志》（影印本）。其中，光绪十二年《日照县志》在继承以往的基础上，其时限、地域、内容都有了很大拓展，比较全面的记述了日照历史沿革、山川古迹、物产风俗、建置祀典、赋役制度、职官选举、人物艺文等各种情况，集日照历史记载之大成，是记录日照传统社会最为翔实的一部志书。

为忠实还原光绪版《日照县志》的内容，客观反映百余年前日照地域的建置沿革、地理风貌、乡土人文，以利于了解日照历史，挖掘乡土文化，学习和借鉴前人的优良传统，拟点注出版光绪十二年《日照县志》。计划出版两种版本，一是坚持修旧如旧，保持旧志原貌，采用宣纸印刷；二是采取点校、注释等方式进行整理出版。已经于2014年9月2日向市政府提交《关于申请校注出版光绪十二年〈日照县志〉的请示》，等待市政府的批示。

（范芳丽）

【整理点校清雍正《莒州志》】 清雍正《莒州志》共十五卷，约18万字，由莒州知州李方膺、彭甲声主修，莒州名士陈有蓄、战锡侯纂修。叙事上起周代，下至乾隆七年（1742年），记载了莒地近三千年的历史。莒县地方史志办公室仅存复印件，普通读者很难看到，为方便广大读者阅读，莒县地方史志办公室副主任张同旭，对志书进行了标点、校勘、注释。整理工作自2004年开始，前后历经十年时间，于2014年12月出版，书名为《校注本清雍正莒州志》，校勘以尊重原著、保持原貌为原则，以清康熙《莒州志》、嘉庆《莒州志》、民国《重修莒志》为主要参考资料，并广泛参阅了经、史、子、集和有关文献，参阅的有关文献资料尽可能选择学界公认的权威版本。注释注重补充新资料和学术界研究的新成果，对有争议的学术问题，则多说并存，并注明出处。为解决普通读者的阅读困难，只对少数生涩难懂的字词做一简注。雍正《莒州志》校注本68万字，16开本，共印1200册，由中国古籍文物出版社出版发行，定价220元。

（孙凤明）

【整理影印《重修莒志》】 民国时期孔子七十七代孙之业师庄陔兰主修的《重修莒志》，共20册，约100万字，历来被学界和上级领导所青睐，是研究莒文化和传承莒地文明的重要史料。从2013年起进行整理影印，于2014年2月完成，16开本，印数600册。

（孙凤明）

【莱芜市旧志整理与出版概况】 莱芜修志始于宋代，据历史资料记载，建国前，莱芜共进行了八次修志。最早修志为宋代莱芜县尉钟离修，已轶。明代修志始于嘉靖年间莱芜知县陈甘雨，其编修的嘉靖《莱芜县志》是莱芜境内现存最早的县志；万历年间曾两次修志，一为《重修莱芜县志》，二为《增修莱芜县志》，均已轶。清代康熙年间，知县叶方恒修成《莱芜县志》；宣统年间，张梅亭、王希曾编修宣统《莱芜县志》；光绪三十三年，知县何连甲编辑《莱芜乡土志》。民国二十四年，《续修莱芜县志》编成。

现莱芜境内仅存明嘉靖《莱芜县志》、清康熙《莱芜县志》、宣统《莱芜县志》、光绪《莱芜乡土志》、民国《续修莱芜县志》五部旧志。2007年，莱芜市地方史志办公室开始对五部旧志进行点校整理，2009年，出版了《莱芜历代志书集成》。2012年，又对五部旧志进行了电子化扫描，查缺补漏；2014年，首先对明嘉靖《莱芜县志》进行了整理，出版了影印本，点校本完成定稿，即将出版。

（亓军华）

【明嘉靖《莱芜县志》（影印本）出版】 2014年11月，由莱芜市地方史志办公室整理，原文影印的明嘉靖《莱芜县志》出版。主编刘霞，整理亓军华、刘静。上下两册，16开本，印数500套。嘉靖《莱芜县志》为明嘉靖二十三年（1544年）莱芜知县陈甘雨纂修。全志共二册八卷，分图考、地理、贡赋、建设、政教、人物、文章、杂志八部分。卷首有章丘进士李开先序、陈甘雨序，卷末有熊兆跋语。志书刊

刻于明嘉靖二十七年（1548年），传本极罕，宁波天一阁藏有孤本。1963年9月，上海古籍书店据宁波天一阁所藏孤本影印出版，此后流传较广。志书的突出特点是沿用大、小序的写法。为莱芜现存最早的志书。

（亓军华　刘少波　高　涛）

【临沂市旧志整理与出版概况】　临沂市旧志整理工作起步较早，兰山、蒙阴、沂水、费县都出版过清志汇编。2011年12月，临沂市史志办整理出版了明万历《沂州志》8册，清康熙《沂州志》8册，清乾隆《沂州府志》12册，采用宣纸影印线装，木函包装。2013年6月，蒙阴县志办整理出版了清康熙十一年《蒙阴县志》2册、康熙二十四年《蒙阴县志》2册、宣统三年《蒙阴县志》，采用线装竖排，仿古印刷。2013年，费县县志办整理出版了康熙二十五年《费县志》4册，其中影印版2册，点校版2册，采用宣纸印刷，手工线装。2014年，临沂市史志办整理了民国五年《临沂县志》和民国二十四年《续修临沂县志》。2014年4月，莒南县志办整理出版了民国版《重修莒志》。

（肖功江　张　丽）

【整理《临沂县志》】　全志分装四本，将民国五年出版的《临沂县志》和民国二十四年出版的《续修临沂县志》一起重新编排，以大字铅印本刊行。民国五年《临沂县志》初稿于民国五年开雕，民国六年初成书，分八册。清末兰山知县陈景星首倡修志，初名《兰山县志》，又经后任沈兆祎、杨孝则两任知事，于民国六年方告完成。是志一函八册，开本17厘米×26.5厘米，为临沂旧志最后木刻本，现世有一定存留。民国二十四年，临沂县长范筑先三月开局纂修，同年九月成书。2014年11月，临沂史志办对旧志进行系统研究整理，翻印，重印后的《临沂县志》分装两函十册，第一次附有照片资料，并对旧志进行了扫描，刻录光盘保存。主要整理人朱海涛、高雷、颜世谦。

（肖功江　张　丽）

【《重修莒志》出版】　民国十五年，莒县政府聘请清末举人单锐主持重修莒志，由于中更兵乱，书稿未完。后清末翰林庄陔兰，大量采用单锐的初稿总纂修成。民国二十五年，由莒县新成印务局印刷面世。全志共77卷，大字竖排铅印，分上下两函，二十册，约有一百万字。该

志为临沂编纂最晚的一部旧志。2014年4月，莒南县史志办整理的民国版《重修莒志》77卷出版，主要整理人杨永早，共20册，采用宣纸影印，共印200册。

（咸世文　王洛泉）

【《郯城县志》出版】　2014年12月，郯城县清朝时期三部旧县志整理翻修完成，并出版发行。郯城县史志办通过查阅全

国各大图书馆及方志馆，收集了三部清代《郯城县志》，即清康熙《郯城县志》（五卷本）、清乾隆《郯城县志》（六卷本）、清嘉庆《续修郯城县志》（四卷本）。2014年整理出版的《郯城县志》完整记述了郯城自明万历至清嘉庆年间的史实，全书1函15卷，采用富阳手工宣纸印刷，真丝绢绫封面，宋式仿古线装。

（唐宏刚）

【康熙《费县志》出版】 康熙《费县志》由知县黄学勤主修，康熙二十五年刊印出版，是迄今为止发现的最早的费县志书。整理本依照国家图书馆存藏的康熙《费县志》为底本，采取影印版与点校版相结合的形式，坚持保持古籍原貌的原则，以简体字重新竖排，增补标点，个别疑难处加以注释，并对所载史实进行考证、校勘，方便阅读使用。整理本印制古朴精美，涵套采用蓝色绸缎软包装，宣纸印刷，手工线装，保持原有文本的风貌和特色，极具收藏价值。

（刘　露　赵志纯）

【德州市旧志整理与出版概况】 2013年，德州市史志办整理出版了清康熙年间《德州志》（点注本）。清康熙《德州志》是清代编纂较早的志书，记载了清“康乾盛世”伊始，德州政治、经济、军事、文化、社会等全方位的情况。该志由清朝德州三位进士主编，著名学界泰斗顾炎武亲临德州校订。清康熙年间《德州志》（点注本）的出版引起广泛关注，人民网、凤凰网、搜狐网等多家媒体予以报道。

2014年，德州市史志办公室组织专家以点校形式出版了两部德州志。明万历天启《德州志》（校注本），348千字，定价1000元；明嘉靖《德州志》（校注本），70千字，定价600元。于2014年10月由中国文史出版社出版发行，各印400套，书号ISBN978-7-5034-5299-4。

这两部明代《德州志》是德州历史上最早的志书，记载了明代嘉靖、万历和天启年间德州政治、经济、军事、文化、社会等全方位的情况，对研究明代历史提供了最为重要的依据。这两部志书的独特之处是不仅使用了简化字，还进行了勘误，对一些术语、事件、人物等进行了注释。该整理本为仿古宣纸印刷，全手工制作，古朴精美，是收藏精品。

2014年获德州市第二十次社会科学优秀成果特别贡献奖。

各县市区地情研究和旧志整理也取得新成果，全年共整理出版旧志5部、地情研究书籍6部。

（王立云）

【清嘉庆和民国《庆云县志》出版】 2014年1月26日，聘请邱同强、陈建军整理点校清嘉庆和民国《庆云县志》。并于2014年10月31日完成清嘉庆《庆云县志》的出版印刷。

在2014年全市志书成果评选中，清咸丰、清嘉庆《庆云县志》旧志整理分别荣获地情类研究一等奖。

（张洪敏）

【清光绪《德平县志》（影印本）、民国《德平县志续》（影印本）出版】 清光绪《德平县志》、民国《德平县志续》由临邑县地方史志办公室整理，2013年1月出版，对于研究临邑历史沿革，传承历史文化，做好下一步的史志工作具有重要意义。

（陈德波）

【清乾隆《平原县志》、民国《续修平原县志》点校本出版】 清乾隆《平原县志》、民国《续修平原县志》点校本由平原县地方史志办公室整理，主要整理人王志远（特邀）、王玉杰（特邀）。清乾隆《平原县志》点校本书号ISBN978-988-63374-6-9/I.6123，字数17万字，定价860元；民国《续修平原县志》点校本书号ISBN978-988-52374-3-9/I.0623，字数18万字，定价880元，两部书各印200册，2014年6月由中国文化出版社出版发行。

平原于秦王嬴政二十六年（公元前221年）置县，至今已有两千二百多年。《平原县志》创修于明朝万历年间，邑人进士知县高知止纂集，刊于万历十八年（1590年），后人称旧志，今国家图书馆藏有旧志版本。旧志刊发二十年后，平原知县黄景华、周汝观等人，尝即其版稍续之，称谓续志、旧续志。清乾隆十三年（1748年），平原知县黄怀祖颁“修志征启”，广泛征集资料，编辑十志五十八目，十六万五千字，乾隆十四年刊印，名为己巳重修《平原县志》，又称乾隆十三年《平原县志》、黄志，现偶见于世。民国二十四年（1935年），平原县长曹梦久督修县志，辑录十二卷十六万一千字，定名《续修平原县志》，并以前志为原编，以新修志为续编，二编合之为一书，民国二十五年由平原大同印刷局印刷发行，世存量不超过十套。本次清朝《平原县志》、民国《续修平原县志》点校版，以县史志办藏志为底本，查漏补缺，以求完整。在整理过程中遵循：点校本保持底本原貌，行文、分段均依原著，依式移录；本志对原版内容进行全部标点断句，并依照国家规范简化字排印；文字简化过程中，易于原版文字产生歧义者不予简化，标点符号的使用，依据《标点符号使用法》，在具体标点工作中，主要使用常规性的符号，不使用破折号、连接号与专名号等；原著中有些脱误或衍文，移录中据实径改，均不加标注；对原著中称农民起义者为“寇”为“贼”以及颂扬“忠臣义士”“孝子节妇”等记述，均照样移录；点校本分册按卷设置新页码，方便检索。该整理本仿古宣纸印制，装帧精美，获德州市2014年优秀史志成果一等奖。该书的整理出版，对于研究平原古今，传承历史文化，做好下一步的史志工作具有重要意义。

（王　辉）

【聊城市旧志整理与出版概况】 聊城市历史文化资源丰厚，修志传统源远流长。聊城市旧志可考者111种，现存79种，包括现行政区划内明、清、民国时期的府州志、县志及镇志。聊城市史志系统历来非常重视旧志的搜集、保存、整理及开发利用工作，截至2014年底，全市完成整理旧志20部，分别为：清康熙二年《聊城县志》、清宣统二年《聊城县志》、清光绪三十四年《聊城县乡土志》；清康熙十二年《临清州志》、清乾隆十四年《临清州志》、清乾隆五十年《临清直隶州志》、民国二十三年《临清县志》；清道光十一年《冠县志》、民国二十三年《冠县志》；民国二十六年《增修阳谷县志》；清道光九年《东阿县志》、清光绪三十二年《东阿县乡土志》、民国二十三年《东阿县志》、民国二十三年《续修东阿县志》；清康熙四十九年《茌平县志》、清宣统三年《茌平县志》、清道光十一年《博平县志》；清康熙十二年《高唐州志》、清光绪三十三年《高唐州志》、民国《高唐县志稿》。

（宫　磊）

【明万历三十七年《冠县志》整理情况】 由明万历年间冠县知县谈自省修，冠县人杜华先纂。卷前载杜华先、谈自省序各1篇，正文分为地理志、职官志、典赋志、人物志、别志、艺文志6门，内辖27目，共6卷，8万字。这部志书记载自三代至明，各卷皆以志名，编例缺乏纲领，但内容详细，记载绝少遗漏。刻于明万历三十七年(1609年)。2013年，冠县史志办聘请原副主任史钊对该志进行标点校注工作，截至2014年底初稿已基本完成。

（崔海坡）

【清康熙三十七年《冠县志》整理情况】 康熙十九年（1680年），冠县知县钱霞修《冠县志》。康熙三十七年（1698年），冠县知县虞际昌以钱霞志为蓝本稍作增补重新刊行。卷首载钱霞、虞际昌序各1篇，明旧志序2篇，县图7幅。正编分地理志、秩官志、典赋志、人物志、别志、艺文志6门，内辖50目，共8卷，约12万字。通观全书，增辑续补，较前志尤加翔实。有康熙三十七年(1698年)原刻本，藏日本内阁文库。2013年，冠县史志办聘请原副主任史钊对该志进行标点校注工作，截至2014年底初稿已基本完成。

（崔海坡）

【清光绪《冠县志》整理情况】 由清光绪年间冠县知县韩光鼎修，冠县举人陈卿云纂。卷前载韩光鼎序1篇，旧志序9篇。正编分地舆志、建置志、食货志、学校志、典礼志、职官志、选举志、人物志、艺文志、杂录志10门，内辖56目，共10卷，约20万字。有清光绪六年(1880年）抄本。2013年下半年，冠县史志办聘请原副主任史钊对该志进行标点校注工作，截至2014年底初稿已基本完成。

【清光绪《冠县乡土志》(下册）整理情况】 纂修者不可考，卷首无序跋。该志分上下两卷，上卷包括历史、政绩录、兵事录、耆旧录，下卷包括地理、古迹、学堂、局所、山水、道路、物产、商业。该志篇目主要是参照学部颁发的篇目，增设一些新政内容，共约2万字。有稿本，藏山东省博物馆。2013年下半年，冠县史志办聘请原副主任史钊对该志进行标点校注工作，截至2014年底初稿已基本完成。

（崔海坡）

【明正德十年《莘县志》整理情况】 是现存最早的莘县志，由明正德年间莘县知县王琛修，莘县教谕吴宗器纂。该志是奉东昌府檄令纂修，于正德十年（1515年）修成刊行。

卷前载吴宗器序1篇，永乐十六年（1418年）《纂修志书凡例二十一条》及县图。卷后附王琛、杨鹄序各1篇。正文分43门，共10卷，约6万字。该志体例完备，资料翔实，堪称明代志书的佳本。卷前所载永乐十六年颁发《纂修志书凡例二十一条》，是见于记载明代最早由政府统一修志的法则，详细规定了志书的类目、内容，是一份十分珍贵的方志学文献资料。有明正德十年（1515年）刻，嘉靖二十七年（1548年）增刻本。另有1965年《天一阁藏明代地方志选刊》本。

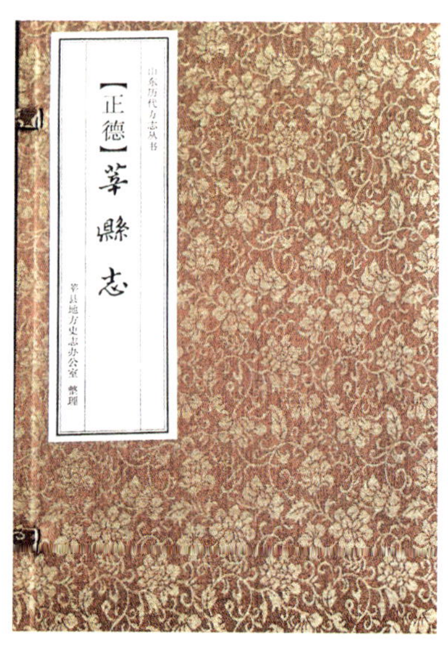

2014年3月，莘县史志办聘请专家整理明正德十年《莘县志》，对旧志进行标点、影印，整理人为杨巨源、颜廷勇、高怀柱、张建增。整理采用断句标点形式，分三个阶段。第一个阶段重点进行点注、断句，用时两个月。标点符号采用现行的通常用法，并结合实际情况，主要运用逗号、顿号、书名号等常用符号。第二个阶段重点规范语言，用时5个月。坚持修旧如旧、方便读者的原则，除个别文字外，一律采取现代汉语规范简化字。对原志中明显的错字、讹字、异体字、假借字，加以改正不加说明。凡不能确定的，仍保持原貌，以待博学能识者。第三个阶段重点进行查找纰漏，用时2个月。对照清康熙十一年（1672年）刻本《莘县志》，对正德《莘县志》缺页部分进行补充。第四个阶段送交特邀审校。该志初稿完成，已交付印刷。

（赵艳霞）

【清道光九年《东阿县志》出版】 由清道光年间东阿知县李贤书重修，共24卷、46万字。全志以时为经，以事为纬，增益门类，体例完备，收载丰盈。《中国地方志提要》赞其“是志可为清代山东地方志之佳乘”。2014年，东阿县史志办根据民国二十三年十二月济南午夜书店初印本重新

扫描，原尺寸影印，采用手工宣纸线装印刷，共 24 卷，6 册，锦函包装，古朴典雅。2014 年 3 月由微山县博文古籍文印社有限公司完成印刷，发行 400 套。

（张　斌）

【清光绪三十二年《东阿县乡土志》出版】 由清光绪年间东阿县贡生姜汉章奉学部令编纂，光绪三十二年（1906 年）印行。卷前有姜汉章序。志目共 8 卷，约 2 万字，记载当地经济情况翔实。有光绪三十二年（1906 年）铅印本。2014 年 3 月，东阿县史志办启动了该志与民国二十三年《东阿县志》、民国二十三年《续修东阿县志》的影印整理工作，2014 年 10 月由微山县博文古籍文印社有限公司完成印刷，三志合函，正式出版发行 350 套。

（张　斌）

【民国二十三年《东阿县志》出版】 该志奉省府通令，由周竹生修，靳维熙纂。卷首载周竹生序 1 篇，县图 3 幅；正编分舆地志、政教志、人物志、艺文志，共 18 卷；卷后附庄守忠跋；共约 16 万字。该志以舆地、政教、人物、艺文为网，各级细目以类归属，纲举目张，颇为得体。有民国二十三年（1934 年）铅印本。2014 年 3 月，东阿县史志办启动了该志与清光绪三十二年《东阿县乡土志》、民国二十三年《续修东阿县志》的影印整理工作，2014 年 10 月由微山县博文古籍文印社有限公司完成印刷，三志合函，正式出版发行 350 套。

（张　斌）

【民国二十三年《续修东阿县志》出版】 该志奉省府通令，由东阿县长周竹生修，聊城人靳维熙纂。卷首有周竹生、高绍和序各 1 篇。正编分天文志、山水志、兵事志、古迹志、田赋志、学校志、祠祀志、官师志、宦迹志、选举志、人物志、艺文志、祥桉志、杂记 14 门，内辖 67 目，凡 16 卷，共 20 万字。该志续道光志，上接道光九年（1809 年），下止宣统三年（1911 年），不记民国以后事。是志更易部分门类，续补道光以后人事尚称详备。有民国二十三年（1934 年）铅印本。2014 年 3 月，东阿县史志办启动了该志与清光绪三十二年《东阿县乡土志》、民国二十三年《东阿县志》的影印整理工作，2014 年 10 月由微山县博文古籍文印社有限公司完成印刷，三志合函，正式出版发行 350 套。

（张　斌）

【清康熙五十四年《东阿县志》整理情况】 该志奉兖州府修志檄令，由刘沛先原修，东阿知县郑廷瑾增修，东阿人苏日增增纂。卷前载郑廷瑾、李光地、金一凤等序 5 篇，旧志序 4 篇，县图 4 幅。正编分方域志、建置志、职官志、赋役志、选举志、人物志、纪事志、艺文志 8 门，内辖 41 目，凡 12 卷。约 13 万字。有康熙五十四年（1715 年）刻本。2014 年 11 月，东阿县史志办启动了该志的影印工作。

（张　斌）

【清康熙十二年《高唐州志》出版】 该志奉省府通令，由康熙年间高唐知州刘佑纂修。卷前载刘佑序 1 篇。正编分地理志、建置志、武备志、田赋志、职官志、选举志、宦绩志、人物志、艺文志 9 门，内辖 69 目，凡 12 卷，约 20 万

字。是志参稽旧志，更易门类，增辑续补清初事迹较备。有康熙十二年（1673年）刻本。2013年，高唐县史志办张汝琴对该志进行校注整理，2014年由齐鲁书社印刷出版发行。

（唐艳红）

【清光绪三十二年《高唐州乡土志》整理情况】 该志由光绪年间高唐知州周家齐修，高唐举人鞠建章纂。是志为续道光志而修。卷首载周家齐序1篇，旧志序6篇，州图考26幅。正编分8卷，约40万字。是志因袭前志门类，续补道光以后近70余年事迹。人物、政绩、杂稽诸门续补较详外，其他诸门，多袭前志旧文。有光绪三十三年（1907年）刻本。2014年，高唐县史志办唐艳红对该志开始进行标点注释。

（唐艳红）

【民国《高唐县志稿》出版】 该志奉省府通令，由民国高唐县长赵仁泉修，文化名人王静一、张修一纂。民国二十五年修成志稿，未及定稿，抗战爆发，未能付梓。卷前载赵仁泉、王静一、张修一等序6篇，图片20余幅。正编分总纪，地理志、经济志、教育志、政治志、社会志、人文志7门43目，约百万字。体例严谨，结构完备，取材广博，记注翔实，举凡本地自然地理、政治经济及社会人文诸大端，皆详载备述。经济、教育、政治、社会诸门，记民国以来本县社会政治经济文化状况尤为详明。堪称是一部资料丰富，颇具特色的佳作。有民国二十五年（1936年）稿本，藏山东省图书馆。

1986年1月，高唐县史志办侯立中、燕玉庆受单位派遣，在山东省图书馆搜集到民国《高唐县志稿》手抄本原稿（稿本，系孤本），由山东社科院胶印缩版出书，印数100套，填补了高唐县清末至抗日战争时期历史资料的缺失。1998年12月，高唐县史志办公室对该志进一步整理、校勘，影印200部。因两次影印的民国志稿时间久远，现已缺失。2013年，高唐县史志办，将现藏于山东省图书馆特藏部的手抄本《高唐县志稿》进行了重新整理，并汇集记述抗日战争时期和解放战争时期高唐历史情况的文章23篇，编为《高唐县历史资料汇编》一册，与《高唐县志稿》一同印行，2014年完成了出版印刷工作。

（唐艳红）

【旧《滨州志》整理与出版】 传世的旧《滨州志》共有三部，分别是：明朝万历版、清朝康熙版和清朝咸丰版。2013年1月，滨州市成立旧志整理委员会，决定影印并同时点校出版完整的三部旧志，由市委常委、副市长祁维华担任主任。整理委员会在市史志办设办公室，由滨州市地方史志办公室主任柴德杰担任主任，侯玉杰担任执行主任。历时8个月，完成校点。2013年9月付梓，2014年1月出版，其中，明朝万历版为一函8册、清朝康熙版为一函6册、清朝咸丰版为一函8册。三部旧志各印行500套，三

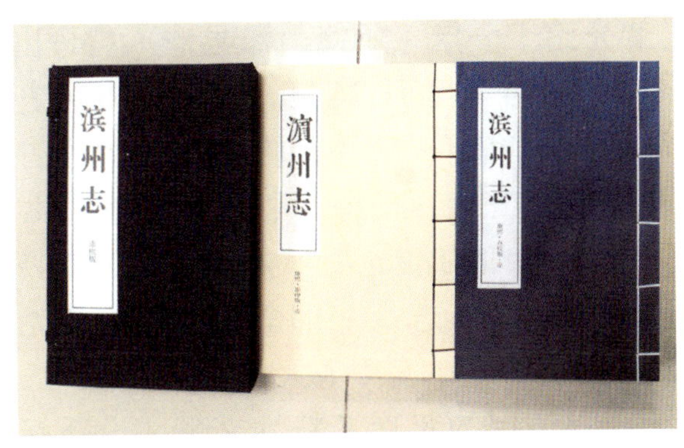

部3600元，单部1200元。2014年3月31日，三部整理的旧志获“山东省优秀史志成果奖”。此次整理旧志，有两个特点：第一，影印版采用古代开本和格式，整理旧志如旧。点校版在格式、开本等外形方面与旧版保持一致，线装竖版，其区别在于封面颜色。旧版为古代的黄，新版为蓝。新旧版合并为一函，便于读者查阅和使用。第二，校点本坚持“尊重原著”的原则，在保持旧志原有文本风貌和篇章结构的基础上，变繁体字为简体字，并进行标点断句，校勘纰漏错讹，重新统一编排页码，方便读者阅读使用。第三，在领导体制上采取特事特办、专事专人的方法。史志办主任柴德杰负总责，年鉴科长侯玉杰和李文哲、赵泳组成工作班子，减少程序，实现了当年完成点校任务的目标。

（夏　侯　李文哲）

【咸丰版《滨州志》整理出版】 2014年4月，由滨州市滨城区史志办关增龄进行整理、标点和注释的咸丰版《滨州志》由山东友谊出版社出版发行。该书是滨城文化系列丛书十部之一，分上下两册，为32开本，共20万字。咸丰版《滨州志》由武定府知府李熙龄撰。设卷首序文，卷末附记，正文共分十二卷，方舆志、建置志、礼典志、赋役志、纪事志、风俗志、秩官志、名宦志、选举志、人物志、艺文志、艺文志（诗）。

（刘桂珍）

【清康熙《海丰县志》4册、清宣统《海丰乡土志抄存》1册、民国《无棣县志》6册影印出版】 由无棣县史志办整理的清康熙《海丰县志》4册、清宣统《海丰乡土志抄存》1册、民国《无棣县志》6册，2014年5月影印出版。

（刘长雨）

【菏泽市旧志整理与出版概况】 2014年，菏泽市史志办完成了《曹州府志》清乾隆二十一年版的点校工作，现正在筹备出版印刷工作；整理重印的清光绪《新修菏泽县志》已出版发行；完成清康熙四十七年（1708年）《巨野县志》影印再版；《明清郓城县志》已出版发行。截至2014年12月底，全市共完成《新修菏泽县志》、道光版《成武县志》、康熙四十七年《巨野县志》、天启年间《巨野县志》、顺治十二年《定陶县志》、民国五年《定陶县志》、明清《郓城县志》、康熙年间《濮州志》、康熙《东明县志》、乾隆年间《东明县志》、宣统年间《东明县志》、民国点校版《东明县志》旧志整理工作，共计12部。

（丁　萧）

【清乾隆二十一年《曹州府志》整理情况】 菏泽域内有《志》源远流长。自汉代以降至金元明清，反映古代菏泽的志书不下数十部，但大多在历史长河中流失。清乾隆十九年（1754年）曹州知府周尚质委托时任内阁学士在原籍奉母的菏泽人刘藻带领各县文士，历时两年撰修了

《曹州府志》。该志计二十二卷，六十万言，较系统完整地记述了曹州府数千年间的建置沿革、星野疆域、岗丘河流、古迹陵墓、户口田赋、学宫书院、儒学选举、庙坊寺观、乡贤人物、艺文杂志等林林总总内容，让读者对上下五千年的曹州历史文化有一个完整的认识，是一部了解菏泽历史的重要文献。据说，在乾隆年修志后，朱续孜又在嘉庆年间续修了《曹州府志》，但至今在全国各地查不到此志书的踪迹，故此也只能是一种传说。因此说，清乾隆二十一年版《曹州府志》是菏泽市迄今为止所见最完整、最全面反映菏泽全境的唯一一部府志，是研究菏泽历史文化的重要文献。

该书问世至今二百五十多年以来，全面藏书量寥寥无几，且虫蚀霉变严重。一九八八年菏泽行署曾组织力量对该书进行点校整理，出版印刷两千册。近三十年来，由于各种原因，重印的这部《曹州府志》已大部分失散难觅。按照省政府积极开展旧志整理，保护与传承好珍贵历史文化遗产的工作部署，菏泽市政府决定责成菏泽市地方史志办公室重新点校出版乾隆版《曹州府志》，送发国内各大图书馆与市内有关部门，使之流传于世，让它成为研究菏泽历史文化的重要资料。

2013 年 7 月，菏泽市史志办邀请菏泽历史文化与中华古代文明研究会会长、市人大常委会原副主任潘建荣组成专家组，对《曹州府志》进行了认真检校，现点校工作已经完成。为保持本志原貌，增强实用性，影印本、点校本将于 2015 年 12 月一并印刷出版。

（王新春）

【清光绪十一年《新修菏泽县志》整理出版】 2014 年 3 月 24 日，由菏泽市历史与考古研究所、菏泽历史文化与中华古代文明研究会、菏泽市牡丹区史志办共同整理重印的清光绪《新修菏泽县志》出版发行。该志是一部全面记述清朝光绪十一年菏泽自然、政治、经济、文化、社会等情况的年度资料性文献；设新修菏泽县志序、凡例、图考、舆地志、建置志、帝迹志、古迹志、风俗志、职官志、田赋志、学校志、秩祀志、典礼志、选举志、兵卫志、河防志、人物志、人物二、艺文志、艺文二、灾祥、杂志等 20 卷，共计 90.3 万字。为社会各界了解清朝光绪十一年间有关情况提供了翔实可靠的资料，也为以后编修县志积累弥足珍贵的资料。

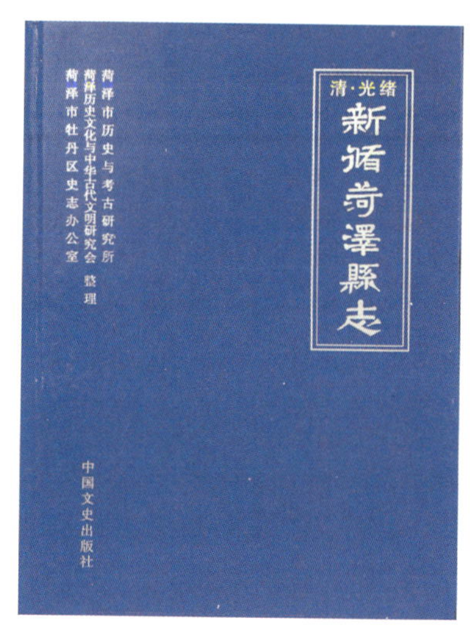

（王　茹　李曙皞）

【清康熙四十七年版《巨野县志》再版】 清康熙四十七年《巨野县志》（1708 年），由巨野县令章弘主持纂修，是国家图书馆唯一藏本，也是国内孤本。全书共 5 册、15 卷、336 个筒子页。设有方舆志、建置志、职官志、赋役志、学校志等。

巨野县最早纂修县志始于明正德年间，历嘉靖、万历、天启，曾 5 次修志。清代有康熙四十一年、康熙四十七年、道光、光绪，曾 4 次修志，至民国

九年最后一次修志。500年间共10次纂修县志。其中，明天启巨野县志、清康熙巨野县志、清道光巨野县志、民国巨野县志有版本流传于世。《巨野县志》始于明嘉靖丙午年（1546年），知县江廷藻主持编纂，万历庚寅年（1590年）巨野知县殷如孝重修，明天启三年（1623年）巨野知县方时化纂修县志，刻成于天启癸亥，间有崇祯时的补版。清康熙四十七年（1708年）巨野县令章弘纂修《巨野县志》，清道光二十年（1840年）巨野知县黄维翰，从1838年至1840年续修《巨野县志》，未竣。袁付裘接修，至清道光二十六年（1846年）告成。民国九年（1920年）春，设续修巨野县志事务所，县知事郁浚生为总裁，毕鸿宾、黄维准为编辑，1921年成书。

2011年9月，巨野县志办着手整理清康熙四十七年《巨野县志》。2012年，邀请菏泽历史文化研究会的文史专家，开始对明天启、清康熙、清道光、民国十年共四个版本的巨野旧志进行系统的整理，包括点校、注释、影印等工作。2014年7月11日，巨野县地方志办公室完成清康熙四十七年《巨野县志》的再版工作，该志共印刷1000套，全部为盒装线订。这是巨野县第一次整理出版清康熙年间的巨野县志，对挖掘巨野历史文化资源有着重要的意义。复制后再版，并发送有关业务单位和县领导，取得较好的社会效果。

（王　瑞）

【《明清郓城县志（点校本）》出版】 2014年，郓城县志办与菏泽历史文化研究会结合，聘请知名专家对明崇祯郓城县志、清康熙郓城县志、清光绪郓城县志、民国郓城乡土志进行认真点校，加以标点、分段、校勘、注释。该书包括明崇祯郓城县志、清康熙郓城县志、清光绪郓城县志、民国郓城乡土志，全书350千字，2015年1月由中国文史出版社出版发行，书号ISBN978-7-5034-5816-3，共计350千字，16开本，印数2000册，定价238.00元。该书全面记述了明清及民国时期郓城自然、政治、经济、文化、社会等方面的情况，系统反映了千年古县郓城的历史文化面貌，是一部了解郓城、研究郓城的珍贵史料。

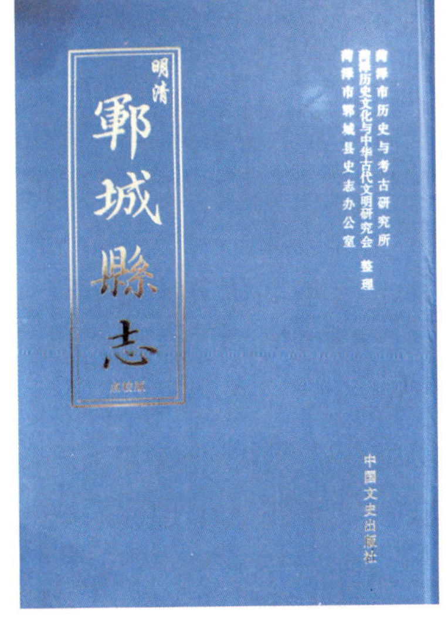

（王志良　刘兆全）

责任编校：郭　焱

年鉴编纂与出版

综　述

【概况】 1986年5月，省地方史志编纂委员会向省委、省政府上报了《关于编辑出版〈山东年鉴〉的报告》，得到了省委、省政府的批准同意，省政府办公厅向各市人民政府、省直各部门等有关单位转发了该报告。在各级、各部门的关心支持下，经过各方面的共同努力，全省第一部省级综合性大型年刊——《山东年鉴》1987卷，于1988年初由山东人民出版社正式出版发行。此后，《淄博年鉴》《青岛年鉴》《济南年鉴》《泰安年鉴》等市级综合年鉴相继创刊，部分县级年鉴、部门年鉴和企业年鉴也相继创办，全省的年鉴事业进入了初创时期。

进入20世纪90年代，随着全国的“年鉴热”，全省年鉴事业蓬勃发展。为了促进年鉴事业健康发展，1994年5月，全省性年鉴社团组织——山东省年鉴学会成立。学会成立后，注重加强对年鉴工作的业务指导和信息交流，组织年鉴优秀论文评比和业务理论研讨等活动，较好地发挥了学会的桥梁纽带作用。经过十几年的发展，全省年鉴的数量和种类迅速增加。截至1999年底，全省出版各级各类年鉴80多种，17个市（地）中，有16个市（地）出版了综合年鉴；出版县级综合年鉴30多种。

进入新世纪，全省各级各类年鉴在发挥传统优势的同时，积极在编辑出版的组织结构、效益结构和内部管理以及体例框架、资料内容等方面进行总结，特别是国务院《地方志工作条例》和《山东省地方史志工作条例》颁布实施后，全省各地深入学习贯彻落实两个《条例》，牢固树立法制观念，提高依法办鉴、依法编鉴的自觉性，加大年鉴改革创新的力度，提高编纂质量，全面、真实、客观地反映了新时期各项事业改革和发展的历史，为党政机关、社会各界以及广大读者提供了有效服务，为编修志书积累了宝贵的资料。

为了规范全省年鉴编纂，提高年鉴编纂质量，从1994年起每年开展一次年鉴质量抽查和评比活动。自2005年起省政府办公厅每两年组织一次年鉴评奖活动，评奖结果由省政府办公厅行文公布，在全省地方史志工作会议上进行表彰。截至2014年底，已连续举办五届全省优秀年鉴评奖活动，极大地调动了全省年鉴编纂单位的积极性，提升了编纂水平，推动了全省年鉴事业健康发展。

截至2014年底，全省各级各类年鉴发展到240多种，成为全国年鉴编纂出版数量较多的省份之一。年鉴编纂质量稳步提高，涌现出一批在全国具有一定影响的年鉴品牌，全省的年鉴工作进入了数量与质量同步提高的新阶段。

（温书义）

【《山东省年鉴编纂业务管理办法（试行）》出台】 2008年8月，省地方史志编纂委员会印发《山东省年鉴编纂业务管理办法（试行）》（鲁史志编发〔2008〕5号）。该《办法》分为总则、管理规则和范畴、编纂资格管理、编纂质量管理、奖励与处罚、附则共六章二十三条。《办法》规定，全省年鉴编纂管理由省史志办组织实施；省、市、县（市、区）三级综合年鉴由同级政府主办或主管，地方史志机构承编，编纂、出版经费由同级财政保障；省内已出版的各级各类年鉴按该《办法》对编纂机构、编纂资格进行考察认定；省及各市史志办须设立负有年鉴质量管理职责的年鉴工作处（科、室），指导和督促各年鉴编纂机构制定和实施质量保证措施；各年鉴编纂机构要制定内部质量管理制度，建立健全质量管理和质量保证体系。

（宋　涛）

【全省年鉴编纂工作座谈会召开】 2014年3月27日，全省年鉴编纂工作座谈会在济南召开。座谈会听取了17市关于《山东年鉴》2014卷供稿情况、各市年鉴编纂情况汇报及县级年鉴编纂一年一鉴的意见和建议，与会人员还就提高年鉴供稿质量、加快供稿进度以及年鉴编纂业务和保密等有关问题进行了座谈交流，提出了一些很好的意见和建议。会上简要回顾总结了全省年鉴工作及《山东年鉴》2013卷编纂基本情况，通报了《山东年鉴》2014卷供稿情况，重点就齐心协力完成《山东年鉴》2014卷编纂任务提出了具体要求。17市史志办年鉴科（处）长及省史志办年鉴处全体人员参加

了座谈会，省史志办副主任郭永生出席会议并作总结讲话。

（宋　涛）

【全省多部年鉴获全国奖项】 2014年12月，在中国出版者协会组织的全国第五届年鉴编纂出版质量评比在深圳举行。全省有多部年鉴获奖，其中，《山东年鉴》获最高奖——综合特等奖，《济南年鉴》《威海年鉴》《淄博年鉴》《泰安年鉴》获综合一等奖，《烟台年鉴》《日照年鉴》《青

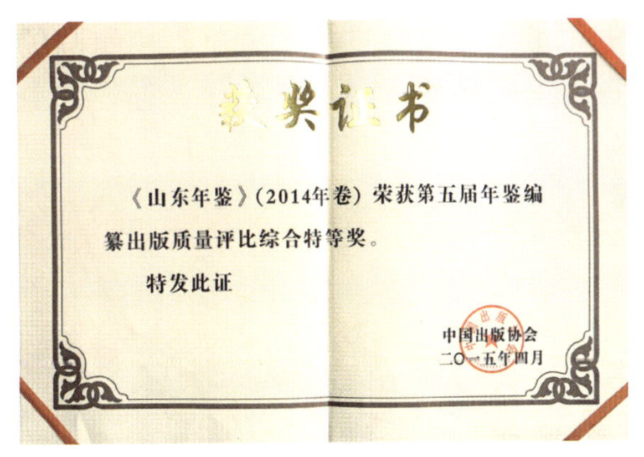
获奖证书

《山东年鉴》（2014年卷）荣获第五届年鉴编纂出版质量评比综合特等奖。

特发此证

中国出版协会
二〇一五年四月

岛年鉴》《环翠年鉴》《文登年鉴》获综合二等奖，《滨州年鉴》《山东人力资源和社会保障年鉴》《威海经济技术开发区年鉴》《山东金融年鉴》获综合三等奖。

（宋　涛）

《山东年鉴》编纂与出版

【概况】《山东年鉴》是山东省人民政府主办、省地方史志办公室承编的综合性年刊，创办于1987年，每年出版一卷，至2014年已连续出版28卷。1987卷—1992卷由出版社出版，自1993卷开始使用国内统一连续出版物号出版，国内统一连续出版物号为CN37—1237/Z。作为权威的地情信息载体，全面、系统、准确地记述全省自然、政治、经济、文化、社会等方面的综合情况，反映各级党委、政府的主要工作和各地区、各部门、各行业取得的重大成就，为广大读者了解和研究山东提供基本资料。

《山东年鉴》从创刊时即由省地方史志编委会代行年鉴编委会的职责，由分管副省长任编委会主任，省委、省政府副秘书长及省直有关部门主要负责人任副主任。1995年，省政府对省地方史志编纂委员会进行了调整，由每届的省委书记任编委会名誉主任，退休的有关老领导任顾问，省长任主任，分管副省长任第一副主任，省委、省人大、省政府副秘书长及省直有关部门负责人任副主任或委员，同时，分管副省长担任《山东年鉴》主审，省政府秘书长、副秘书长任副主审。1986年3月，山东省编制委员会印发《关于省地方史志编纂委员会办公室增加机构编制的通知》（鲁编〔1986〕34号），省地方史志编纂委员会办公室增设《山东年鉴》编辑部（与资料编辑部合署办公）。1996年4月，山东省人民政府办公厅印发《山东省地方史志办公室职能配置、内设机构和人员编制方案的通知》（鲁政办发〔1996〕57号），省地方史志编纂委员会办公室改为山东省地方史志办公室，其中内设年鉴工作处（省情资料处与之合署），组织编纂《山东年鉴》。

《山东年鉴》创刊以来，根据形势发展的需要和自身特点，不断创新内容与形式，取得了良好的社会效益，获得了很多的荣誉。特别是近几年来经过不

断优化和创新，在框架设计、组稿撰稿、条目编写、内容记述及装帧设计、印刷出版等方面日益成熟和完善，成为在全国具有较大影响的年鉴品牌，在全国年鉴评奖中取得了很好的名次。1995 年 1 月，在中国年鉴研究会举办的首届全国地方年鉴评奖中，《山东年鉴》1994 卷荣获中国地方年鉴奖二等奖和三个单项二等奖。2003 年 3 月，在中国版协年鉴研究会举办的第一届全国年鉴编校质量评比中，《山东年鉴》2002 卷被评为优秀。1999 年和 2003 年《山东年鉴》被山东省新闻出版局评为社科类优秀期刊。2004 年 10 月，在中国地方志指导小组和中国地方志协会主办的首届中国地方志年鉴评比中，《山东年鉴》2003 卷获综合一等奖。2009 年在中国版协举办的第四届全国年鉴评比中《山东年鉴》2009 卷荣获特等奖，2010 年在全国地方志系统第二届年鉴评比中《山东年鉴》2009 卷荣获省级综合年鉴特等奖。2014 年，在中国版协举办的第五届全国年鉴质量评比中《山东年鉴》2014 卷再次荣获综合特等奖。

（宋　涛）

【《山东年鉴》2014 卷出版】《山东年鉴》2014 卷设“特载”“大事记”“专记”“全省概况”等 24 个栏目，共 120 万字。突出反映 2013 年度全省各级各部门以邓小平理论、“三个代表”重要思想、科学发展观为指导，深入学习和全面贯彻落实党的十八大、十八届三中全会精神及省委十届七次、八次全体会议精神，在全面深化改革，加快产业结构调整，保障和改善民生，创新社会治理，加快发展社会主义市场经济、民主政治、先进文化、

和谐社会、生态文明等方面的发展变化。本卷年鉴有以下特点：一是较好地实现了“常编常新”的理念。增设了党和国家领导人在山东的图片专版，收录了七位中共中央政治局委员以上的领导在山东视察的照片，彰显了党和国家对山东的关怀。首次采用二维条形码，将个别一次性文献的内容收录其中，既节省了空间，又便于阅读。7 月 30 日出版发行，比上年提前 3 个月，年鉴更具时效性。二是栏目设置更加合理。本卷年鉴在保持整体框架结构相对稳定的基础上，对部分栏目进行了调整，由上年的 23 个栏目调整为 24 个栏目。第十届中国艺术节 2013 年在山东举办，这是全省一件大事。将“十艺节”内容作为一级栏目单独设置为“专记”，凸显“十艺节”在全省文化建设中的重要地位。同时对“市县概况”栏目进行了调整，删减了部分格式和数据，增加了各市县的特色条目内容。通过补充调整，本卷年鉴栏目设置更加科学，内容归属合理，记述准确规范。三是重点内容和地方特色更加突出。在“特载”栏目中收录了《中共山东省委关于深入学习贯彻党的十八届三中全会精神的意见》；“附录”全文收录了《省会城市群经济圈发展规划》《西部经济隆起带发展规划》的内容；时政图片部分，刊

载了“一圈一带”发展规划示意图，充分体现了省委、省政府贯彻党的十八大和省第十次党代会精神、实现山东省经济持续健康发展和社会和谐稳定的重大举措。四是篇幅更加精练，版式不断优化。注重稿件内容提炼，严格控制篇幅，精简部分内容，同时，优化版式设计，扩充单码文字容量。前环衬刊载了“十艺节”内容，刊登了习近平总书记的贺信，国务院副总理刘延东及省领导“十艺节”期间的活动等5幅照片。“数字山东2013”和“山东各地2013”变换了设计形式，形象直观地展现了全省的新发展、新变化。正文扩大版心，由原来的每码2100字增加到2400多字，全书比上卷减少200页，文字减少10万多字。本卷年鉴正文插入了代表栏目特色、具有重要现实意义和存史价值的随文图片131幅，运用图表80多个，图文并茂，信息量丰富。卷首编制有中英文目录，卷末设有综合性主题索引，增强了年鉴作为工具书的实用性。装帧设计美观大方，书脊由平脊改为圆脊，内文全彩印刷，实现了鉴赏性与实用性的统一。

（宋　涛）

【省史志办年鉴工作处总结年鉴编纂经验】 2014年8月，年鉴工作处召开会议，回顾总结年鉴编纂经验，查找组稿、编辑工作的不足。会议认为，《山东年鉴》2014卷在7月底顺利出版，得益于以下几个方面：一是各级领导的重视和支持。各级领导重视、支持年鉴工作，各供稿单位通力协作，是《山东年鉴》按时保质出版的根本原因。二是精心谋划，提早准备。2013年11月开始，对组稿方案进行了认真调研和论证，多次调整方案，12月6日，印发了《山东年鉴2014卷组稿方案》，部署了撰稿任务，明确了供稿质量和时效，并将截稿时间提前至3月10日。三是统筹规划，合理调度。各分工编辑不等不靠，走出去，请进来，主动与省直各供稿单位联系，了解各单位的撰稿情况，帮助解决有关供稿中的具体问题，督促按时交稿。针对市县组稿中的问题，于3月下旬及时召开全省市县年鉴编纂工作座谈会，总结交流经验，深入探讨解决年鉴供稿中的热点难点问题。四是源头控制，严把质量。进一步健全年鉴质量控制体系和质量责任体系，把好年鉴稿件编写关口，实行报送单与稿件同步报送制度，严格年鉴稿件审核，把好政治关、保密关和史实关，要求分管领导审核、主要领导签发，强化了稿件源头质量控制。五是严格制度，规范程序。坚持每周一次编纂工作例会，通报来稿及编纂情况，解决编辑中的实际问题，按照倒排工期表，每一个步骤都严格按照要求有条不紊地开展。六是团结协作，无私奉献。为了年鉴能尽快出版，全处人员克服各种困难，加班加点编校，充分利用一切可以利用的时间。与印刷单位协商，保证一名排版人员全程靠上，随时解决编校中的问题。同时，会议对年鉴编纂工作中存在的问题也进行了认真查找。

（宋　涛）

【《山东年鉴》编纂研讨会召开】 2014年9月4日，年鉴工作处召开《山东年鉴》编纂工作专题研讨会，专题讨论提高年鉴编纂时效性。省史志办副主任郭永生参加会议，并就年鉴的时效性、组稿工作、编纂质量提出明确要求。会议围绕研讨议题，不绕弯子，直面问题，深刻分析原因，共同研究解决办法。

2014年9月12日，年鉴工作处召开年鉴编纂工作专题研讨会，专题研讨年鉴组稿工作。会议总结了《山东年鉴》2014卷的组稿情况，针对组稿过程中出现的问题，尤其是供稿不及时单位和薄弱环节，进行逐一梳理、分析，查找原因，研究解决办法。对于《山东年鉴》2015卷的组稿工作，会议确定，一是早动手、早行动，进一步修改完善组稿方案，调整年鉴的框架设计，增加省委、省政府重大决策内容，突出年度特色和亮点工作，压缩市县概况篇幅，增加自主条目和特色内容，12月初将组稿方案印发各供稿单位。二是创新年鉴组稿形式，对供稿单位实行分层次管理，有针对性地采取措施，注重提升稿件质量。三是加大与各供稿单位的联络，采取多种形式进行沟通交流，及时关注各部门动态，提前掌握线索。四是召开年鉴编纂工作座谈会，邀请部分供稿单位，特别是供稿不及时的单位参加，共同研究解决组稿过程中的重点和难点问题。

2014年10月15日，年鉴工作处召开《山东年鉴》编纂工作专题研讨会，围绕进一步提高年鉴框架设计，科学设置年鉴栏目展开专题研究。会议确定，《山东年鉴》2015卷，框架设计保持基本稳定，对局部内容进行调整，增设反映省委、省政府重点工作内容；适当加强省直部门内容记述，增加表格等内容，增强年鉴的资料性；对市县概况统一格式进一步完善，保留重要的经济、社会数据，多收录当地的特色条目，增强年鉴的时代特征和地方特色。

（宋　涛）

【《山东年鉴》编纂工作座谈会召开】 2014年9月26日，《山东年鉴》编纂工作座谈会在济南召开。省政府办公厅党组成员、省史志办主任刘爱军主持会议并讲话，省史志办副主任郭永生，省政府办公厅、省政府研究室、省统计局等单位的年鉴工作负责人，济南、淄博、泰安、德州市和东营市河口区史志办的相关负责人，省史志办年鉴工作处全体人员参加了会议。刘爱军介绍了《山东年鉴》2014卷的编纂出版情况，并就《山东年鉴》2015卷组稿、编辑、出版等方面提出了明确要求。与会人员围绕科学调整年鉴栏目，突出重点内容记述，充分反映特色，合理取舍相关内容，以6月底出版发行为目标提速增效，凸显2015卷年鉴创新点等方面，展开深入交流，提出了很多有建设性的意见和建议。

（宋　涛）

【《山东年鉴》2015卷市县组稿培训会议召开】 2014年11月24日—25日，《山东年鉴》2015卷市县组稿培训会议在济南召开。省史志办副主任郭永生出席会议，简要介绍了全省年鉴编纂出版情况，强调要认真学习领会《山东年鉴》2015卷组稿方案精神，提供体现时代特征、

地方特色、年度特点的稿件，按时完成供稿任务。会议对《山东年鉴》2014卷的编纂工作情况作了简要回顾和总结，对《山东年鉴》2015卷组稿方案，特别是对框架设计中调整、新设的栏目作了解释和说明，对市县概况供稿提出明确要求。淄博市、泰安市、东营市河口区、成武县史志办分别介绍了年鉴组稿、撰稿及县级年鉴编纂经验和体会。会议安排了年鉴业务培训，邀请中国地方志指导小组办公室年鉴处处长杨军仕授课，详细讲解了年鉴编纂应重点把握的问题。各市史志办分管副主任、年鉴科（处）长，部分县（市、区）年鉴业务人员等80余人参加会议。

（宋 涛）

【《山东年鉴》2015卷省直部门组稿培训会议召开】 2014年12月3日，《山东年鉴》2015卷省直部门组稿培训会议在济南召开。省史志办副主任郭永生出席会议，简要介绍了全省年鉴编纂情况，对《山东年鉴》2014卷编纂情况进行了总结，对明年的工作提出了明确要求。会议对《山东年鉴》2014卷的编纂工作情况作

了简要回顾，对《山东年鉴》2015卷组稿方案，特别是对框架设计中调整、新设的栏目作了解释和说明，对撰稿工作中应注意和把握的几个问题进行了阐述。会议组织了业务交流，省委政研室、省委党史研究室、省检察院、省经济和信息化委、省商务厅等单位分别介绍了年鉴组稿、撰稿的经验和体会。会议组织了业务培训，邀请广东年鉴社社长莫秀吉，以《年鉴条目编写》为题，从明确选题要领、优化条目结构、规范内容要素、坚持范式化写作四个方面，联系年鉴编纂工作的实际，为年鉴撰稿人进行了讲解和授课。省直各部门、单位，有关企业共130余人参加会议。

（宋 涛）

市级综合年鉴编纂与出版

【概况】 全省市级综合年鉴编纂，始于20世纪80年代。1987年，《淄博年鉴》创刊，这是全省首部市级综合年鉴。随后《青岛年鉴》《济南年鉴》分别于1988年、1989年创刊。1990年之后，全省市级综合年鉴进入大发展时期，有13个市相继创办综合年鉴，2003年《济宁年鉴》创刊，全省市级综合年鉴编纂实现全覆盖。《菏泽年鉴》于1999年创刊，后因《菏泽地区志》出版发行时间冲突等多方面原因停刊，于2007年再次启动并逐年出版发行。至此，全省市级综合年鉴实现公开出版，一年一卷。市级综合年鉴编纂，一般在年初启动组稿工作，上半年编纂稿件，9月份之后，进入出版周期，实现当年编纂，当年出版。近年来，随着年鉴提速增效的要求，特别是2012年中国地方志指导小组印

发《地方综合年鉴编纂出版管理规定(试行)》后，全省各市均提前启动年鉴组稿工作，年鉴出版时间相应均提前1—2个月。《东营年鉴》2014卷实现7月份出版，成为全省出版最早的市级综合年鉴。《青岛年鉴》由青岛年鉴社出版发行，其余各市均由国内正式出版社出版发行。2014年12月，在中国出版者协会组织的全国第五届年鉴编纂出版质量评比中，《济南年鉴》《威海年鉴》《淄博年鉴》《泰安年鉴》获综合一等奖。

（宋　涛）

【《济南年鉴》2014卷出版】　《济南年鉴》是济南市人民政府主办、济南市史志办公室承编的信息密集的综合性资料工具书，自1989年创刊起每年编辑出版一卷，已连续出版26卷。2014年10月，《济南年鉴》2014卷由济南出版社出版，主编巩宪群，书号ISBN978-7-5488-1325-5，全书95万字，大16开，印数2000册，定价268元。全书正文设特载、济南概貌、政党·政协·人民团体等26个栏目，近100万字，内文有图片80余幅；卷首设反映济南风光、各行各业发展成就和活动的彩页。该卷年鉴在保持原有风格的基础上，进行了适当改版：卷首彩页紧紧围绕市委、市政府的中心工作，更加突出反映年度工作重点、亮点；结合年度大事，增加“十艺节”栏目和“党的群众路线教育活动”分目，反映年度热点；改进印刷方式，由双色印刷改为全彩印刷，增加正文图片数量，图文并茂地展现济南的新发展、新变化；调整版式，增大字号，调整行距，版式更加疏朗合理，方便阅读。为编纂好《济南年鉴》2014卷，组织全体编辑对《2014年政府工作报告》等重要文献资料进行认真研读，制定出《〈济南年鉴(2014)〉编纂出版工作方案》，报经市政府同意，以市政府办公厅的名义印发给各撰稿单位。根据市委、市政府中心工作和年度热点工作，在《济南年鉴》2014卷中增加“十艺节”栏目和“党的群众路线教育活动”分目。年初，制订好全年工作计划，把工作落实到每月每周，并严格执行落实；实行工作进度月报制度，便于主要领导、分管领导清楚掌握每个编辑的工作进度及年鉴编纂总体情况。在编辑工作结束后，采取编辑自校、编辑换校、使用校对软件、外聘校对等多种方式提高和保证稿件质量。在做好年鉴文字组稿编辑的同时，围绕市委、市政府的中心工作确定卷首彩页选题，力求图文并茂地展现济南的新发展、新变化。

（张　阳）

【济南市史志办举办《济南年鉴》新任撰稿人培训班】　2014年3月28日，济南市史志办组织召开《济南年鉴》撰稿人培训班。副主任杜加臣和年鉴工作处负责人以及济南市工商局、市侨办、市地震局、市科技局、市委统战部等市直部门的近30人参加会议。市保密局、市外办和旧投集团的资深撰稿人受邀作典型发言，年鉴工作处负责人就年鉴资料的收集、稿件的撰写和常见问题进行讲解。

（张　阳）

【济南市史志办召开县（市、区）年鉴撰稿人培训会】 2014年11月19日，济南市史志办召开县（市）区年鉴撰稿人培训会，副主任杜加臣出席会议。会议总结了全省年鉴工作情况，传达了年鉴编纂工作的新精神、新要求，并进行了年鉴业务指导。各县（市、区）有关人员参会。

（张　阳）

【《青岛年鉴》2014卷出版】 1988年，青岛市人民政府创办综合性年刊《青岛年鉴》。后由青岛市人民政府主管、青岛市史志办公室主办、青岛年鉴社编纂出版。至2014年底，连续出版27卷。2014年8月，《青岛年鉴》2014卷出版发行。主编高克力，2014年8月出版，国际标准刊号ISSN1671－9883、国内统一刊号CN37－1395/Z，128万字，大16开，印数8000册，定价200元。全书设22个栏目：特载、市情综述、2013年大事记、政治、经济事务管理、蓝色经济区建设、新兴区域发展战略、工业·农业·国内贸易、金融、对外经贸合作·国内合作与交流、城市建设与管理、海港·交通、信息化建设·邮政、口岸·海洋管理、社会生活与各项事业、旅游·风景名胜、区市概况、会展·节庆、2014青岛世园会筹备纪略、人物、统计资料、附录。

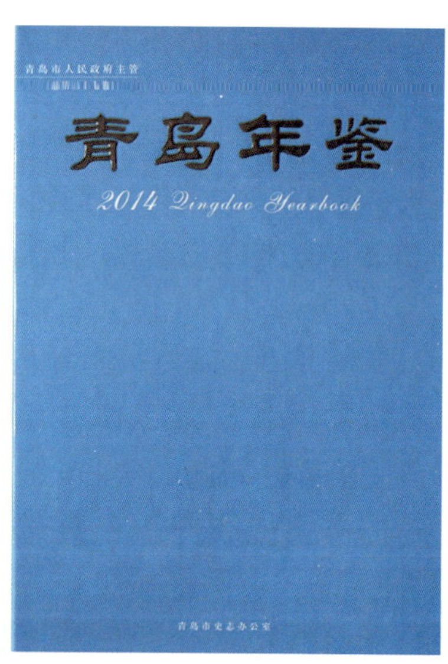

（邢延军　贾国芬）

【青岛市年鉴工作会议召开】 2014年11月5日，青岛市年鉴工作会议在青岛市行政审批服务大厅召开。市史志办党组书记、主任高克力出席并讲话。各区市政府，市直单位，中央、省驻青有关单位，驻青部队领导机关等年鉴撰稿单位的分管领导和年鉴撰稿人员260余人参加会议。会议要求各单位要按照青岛市政府办公厅《关于做好〈青岛年鉴〉编辑出版发行工作的通知》和《〈青岛年鉴2015〉框架设计及撰（供）稿分工意见》的要求，全面做好年鉴工作尤其是《青岛年鉴》2015卷编辑出版工作。会上，青岛市史志办还针对撰写年鉴稿件过程中的一些技术、细节上应注意的问题，进行了有针对性的业务培训。

（邢延军　贾国芬）

【《淄博年鉴》2014卷出版】 《淄博年鉴》是由淄博市人民政府主办、淄博市地方史志办公室承编的大型综合性地方年鉴，1987年创刊，2014卷为第28卷，主编毕建国，副主编安永善、徐杰、王世伟、王娟，2014年9月由黄河出版社出版发行，889×1194毫米开本，书号为ISBN978－7－5460－0591－1，印数3000册。全书共250千字，定价230元。该卷年鉴设25个部类：特载、大事记、淄博概况、政党　政务、地方军事、法治、工业、农业、商贸服务、口岸、招商引

资、城建环保、交通信息、旅游、综合管理监督、财税金融、科学、教育、文化、卫生体育、社会民生、经济园区建设、区县概况、人物、附录，集中反映了2013年度淄博市人民在市委、市政府的领导下，在社会主义物质文明、政治文明和精神文明建设中所取得的巨大成就。全书总字数100万，含条目1137个；设文内图片119幅、图表64个。增设淄博名片、数字淄博、县委书记的榜样——焦裕禄、时代楷模——朱彦夫、淄博市市树市花等彩图专页，力求突出淄博特色、年度特色。年鉴出版时间较2013卷提前1个月。

（淄博市史志办）

【淄博市史志办召开年鉴工作调度会】 2014年2月25日，淄博市史志办召开年鉴工作调度会，安排部署2014年有关工作。会议对《淄博年鉴》2014卷的框架调整、装帧设计和编辑分工提出具体要求，保证编纂质量和出版周期。会上还就加强对区县年鉴工作业务指导等展开讨论。

（淄博市史志办）

【《枣庄年鉴》2014卷出版】 《枣庄年鉴》是由枣庄市人民政府主办，枣庄市地方史志办公室主编的市级地方综合年鉴，1993年创刊。《枣庄年鉴》2014卷是创办以来的第22卷，主编王巍波，执行主编张涛，全书87.4万字，文字部分350页，彩页部分103页，内文插图136幅，表格23张，2014年10月由长城出版社出版，书号ISBN978-7-5483-0186-8，印数2000册，定价200元。本卷年鉴对一些章节按照社会事业分类进行了重新归并整合，使章节编排更合理，内容更显完整；对供稿中一些无关社会发展记载的“假、大、空”的内容坚决删除，供稿原文内容删除80余处，缩减字数4万余字。除合理压缩内文彩页的数量之外，还更改了彩页印刷纸张，采用与正文相同的纸张，使年鉴更具统一性，美观大方。本卷年鉴编纂工作自2014年4月下发组稿通知至10月印刷出版，历时半年，经过三轮编辑校对，比2013卷早出版1个月，压缩文字4万余字，在时效性和内文质量上均有大幅提升。

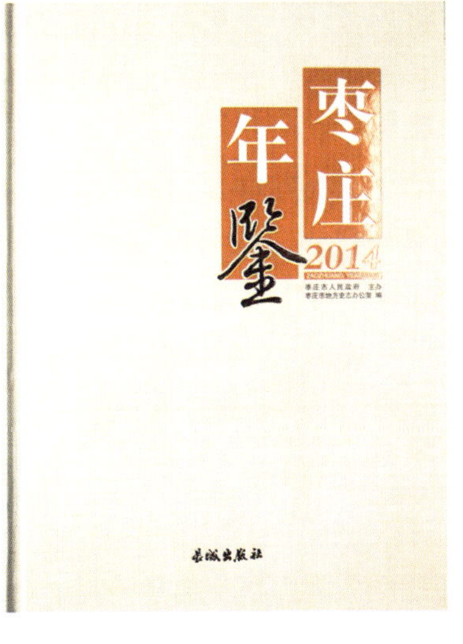

（王正伟）

【《东营年鉴》2014卷出版】 《东营年鉴》是东营市人民政府主办、东营市史志办公室承编的刊载东营市年度地情的资料年刊，1993年8月创刊。至2014年底，《东营年鉴》已连续出版20卷。其中，除

1996—1998卷为三年合卷（因当时修志期间停刊两年）外，其余年份均为一年一卷。2007年开始，内文首次运用双色印刷，并在卷中设栏目标题页，列有提示性小标题进行导读。2011年，突出了“黄”“蓝”两大国家战略在东营市的重合实施，在卷首彩页中设“黄战略”“蓝战略”。《东营年鉴》2014卷，主编杜金华，副主编朱蔚、李中华，2014年7月由中华书局出版发行。书号ISBN978-7-101-10356-4，大16开本，收录文字116万字，印数2000册，定价158元。主要记载东营市2013年度各行各业基本情况，特殊情况适当上溯或下延。共设35个栏目：特载、大事记、东营概貌、中国共产党东营市委员会、东营市人民代表大会及其常务委员会、东营市人民政府、中国人民政治协商会议东营市委员会、中国共产党东营市纪律检查委员会、民主党派工商联、群众团体、军事、司法、改革开放、黄蓝经济区、综合经济管理、农业、黄河河务、石油、工业、中小企业服务业、交通邮政电力、信息化建设、城建环保、旅游、国内贸易、财政税务、金融、科学、教育、文化体育、卫生、社会生活、区县概况、人物、附录。为突出年度特点，本卷年鉴“特载”栏目选登2013年度在全市有重大影响的重要文献和市委、市政府确定的10件民生工程等专文。为丰富年鉴的信息含量，卷内设反映全市重大事件和发展成就的彩色图片专辑，栏目内设随文图片，直观反映东营发展变化；内容记述中增设有关实用信息表格。

（李中华　黄学桂）

【《烟台年鉴》2014卷出版】《烟台年鉴》由烟台市人民政府主办、烟台市地方史志办公室主编，1990年创刊。至2014年，共出版23卷。《烟台年鉴》2014卷，主编季胜林，副主编王福寿、刘一鸣、李迎春、谈洪奎，2014年10月由中华书局出版发行，书号ISBN978-7-101-10466-0，共80万字，大16开本，定价300元，印数3000册。全书分为特辑、概貌、政治、经济、基础设施建设、社会事业与民生、国家级园区·县市区、附录等分卷，38个类目。全书图片200多张，表格近100个。本卷年鉴，特设市委书记专稿、烟台市对外开放30年专记、大事记要、国家级园区等部类，卷首设城市名片、数字烟台2013、领导活动、碧海蓝天仙居烟台、红色文化胶东龙头、道德模范时代新风、蓝色经济跨越发展、惠民利民安居乐业、对外开放友好交流、经贸往来国际会展、历史文化底蕴丰

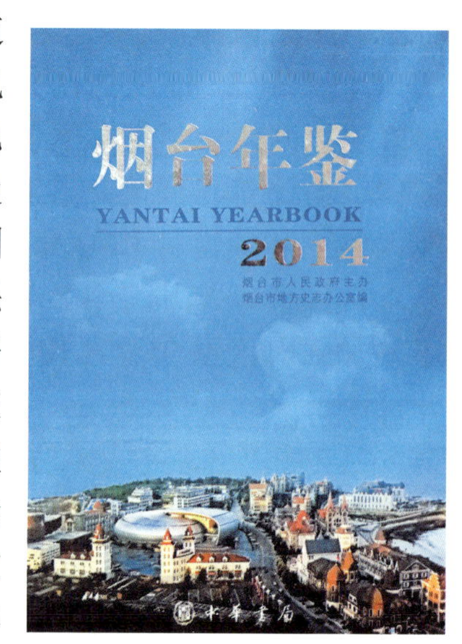

厚、承办十艺星光璀璨等彩页专辑，生动展现了烟台市的地域特色和发展盛况。本卷年鉴比上卷文字量减少三分之一，提前2个月出版。

（云　霞）

【《潍坊年鉴》2014卷出版】《潍坊年鉴》由潍坊市人民政府主办，潍坊市地方史志办公室承编，1995年创刊。《潍坊年鉴》2014卷系创刊以来的第20卷，主编傅廷伟，副主编赵文果、吕俊峰、葛诗忠、李长山，12月由方志出版社出版发行，书号978-7-5144-1462-2/K.1198，95.9万字，大16开本，定价300元，印数3000册。全书设特载、大事记、全市概况、中共潍坊市委、潍坊市人民代表大会、潍坊市人民政府、人民武装、法治、经济监督管理、农业、工业、交通·邮政·通信、建设·环保、商贸·旅游、中小企业和民营经济、财政·税务、金融、教育、科学、文化·卫生·体育、社会生活、县（市、区）、开发区、人物等27个类目。本卷年鉴的发行范围扩大到市级以上人大代表、政协委员，各县（市、区）委常委及镇街、重点企业主要负责人等。

（吕俊峰　王　伟　林荣军）

【潍坊市召开年鉴工作会议】 2014年4月10日，潍坊市史志办召开全市年鉴工作会议，170余人参加会议。会议表彰了《潍坊年鉴》2013卷编纂工作先进集体与个人，总结了《潍坊年鉴》2013卷编纂工作，对《潍坊年鉴》2014卷的编纂工作提出了要求。

（吕俊峰　王　伟　林荣军）

【《济宁年鉴》2014卷出版】《济宁年鉴》由济宁市人民政府主办，市地方史志办公室承编，2003年创刊。至2014年，已连续编纂出版12卷。《济宁年鉴》2014卷，主编黄崇民、副主编陆波，2014年9月由黄河出版社出版，刊号为ISBN978-7-5460-0598-0，16开本、947千字，定价298元，印数2000册。本卷年鉴，设特载、大事记、市情概况等36个栏目，主要收录2013年发生在济宁市内的大事要闻，全面、客观、系统地记述了全市自然、政治、经济、文化、社会等方面的综合情况。2014年初，市史志办通过开展业务研讨、学习借鉴、征集意见等方式，研究制定了《济宁年鉴》2014卷组稿方案，并以市政府办公室名义印发。按照“确保质量、提高效率、加快进度”的要求，严把每一环节的质量和时限关口，强化对供稿部门、单位的调度，对质量差的稿件及时反馈修改意见，重新撰写稿件；在编纂过程中采取

分块编辑、交叉审核、集中三轮会审方式，确保了编纂质量，提升了出版时效。

（陆　波）

【济宁市史志办部署一年一鉴工作】 2014年2月12日，济宁市史志办印发《关于全面实行年鉴编纂一年一鉴正常化的通知》，要求从2014年起，全市各县（市、区）地方综合年鉴全面步入编纂出版一年一鉴的正常化轨道。

（陆　波）

【《泰安年鉴》2014卷出版】 《泰安年鉴》1991年创刊。首卷《泰安年鉴》1985—1990卷为合卷本，随后一年一卷，连续出版发行。至2014年，已连续出版发行24卷。《泰安年鉴》2014卷由泰安市人民政府主办，泰安市地方史志办公室编纂，主编王天宇，书号ISBN978-7-5144-1396-0/K·1141，全书88.2万字，16开本，印数2000册，定价280元。本卷年鉴设特载、市情概况、政党·政务、工业·信息产业、商务等栏目25个、分目（子分目）186个、条目1155个，穿插示意图13幅、表格74个、随文图片130幅，时政图片43码。10月，由方志出版社出版。本卷年鉴将原“政法·军事”栏目析分为法治、武装两个栏目，在法治栏目中增设“法治政府建设”，凸显全市推行“依法治市”的新成果；将“招商引资与项目建设”单设为栏目，反映市委、市政府以招商引资和项目建设引领经济社会发展所取得的新成就；新设“卫生和计划生育”栏目，从篇目安排、内容取舍等方面做到与政府机构改革和职能转变相呼应。突出时代特征，在“特载”中增加“全市党的群众路线教育实践活动综述”内容，在“时政图片”专栏增设专版图片介绍活动开展情况，记述截至9月份全市党的群众路线教育实践活动开展情况；增加“幸福泰安”“中华泰山”中新的名片内容，将时政图片、重要会议、经贸活动、项目简介、登山节等各个板块选载至2014年9月，彰显年鉴时代特点，增强时效性。

（戚淑娟）

【《威海年鉴》2014卷出版】 《威海年鉴》创刊于1998年，逐年编纂出版。《威海年鉴》2014卷是创刊以来的第17卷，由威海市人民政府主办，威海市地方史志办公室编纂，主编毕吉玲、冷文波，副主编赵刚、张军勇、李美志、宋明岩、李洪格（执行），2014年11月由方志出版社出版，方志出版社发行中心发行，书号ISBN978-7-5144-1431-8/K·1171，122.5万字，大16开精装本，印数5000册，定价158元。全书设特载、专记、大事记、威海概况、政党·政务、人民团体、政法、军事、经济监督与管理、农业、海洋与渔业、工业、交通·邮电、城乡建设与环境保护、商贸服务业、对外及港澳台经济贸易、口岸、旅游·会展、财政·税务、金融、科学技术、教育、文化、卫生、体育、社会生活、区

市概况、开发区建设、人物、外地传媒中的威海、统计资料、附录32个类目，卷首图片约50张。坚持常编常新、与时俱进原则，对框架进行适当调整。增设第十届中国艺术节威海赛区专记，并在卷首以图片形式集中展示，全面记录这一历史盛会；海洋与渔业设海域管理、海洋监察、海洋环保、渔政管理、水产品质量安全监督等子目，彰显新时期海洋与渔业工作特征。围绕中心工作，突出地方特色和年度特色。封面设计以城市及刘公岛为标志背景，简洁流畅；卷首设蓝色经济区建设、文明城市创建等内容，内文收录全市重要会议、市政府常务会议纪要目录等内容，详略得当。坚持编鉴为用，突出服务功能。概况中增加了方言、民俗等内容，书中插图多以普通民众为主，拉近了与社会、与大众的距离，贴近生活，贴近百姓。封底设有二维码，链接威海市情网站。附录中的工资价位表、公交车线路表、常用电话号码表、机场航班时刻表等，均增加了年鉴的实用性。设有主题检索索引，目录有中英文两种。

（李洪格）

【《日照年鉴》2014 卷出版】 《日照年鉴》由日照市人民政府主办、日照市地方史志办公室编纂，1995年创刊。至2014年底，已连续出版20卷。《日照年鉴》2014卷，主编李世恩，副主编赵建华、丁海燕，2014年10月由中国文史出版社正式出版发行，书号ISBN978-7-5034-5366-3。全书64万字，16开本，定价260元，印数1200册。本卷年鉴设特载、文件选编、大事记、市级领导简介、市情概览、组织机构、全市经济社会事业发展情况等32个部类。在卷首创设了"城市·年度影像"图片专栏，选登国家和省级领导来日照视察工作，市委、市人大、市政府、市政协主要领导政务活动以及年度部分活动等图片；卷中穿插反映全市各级机关企事业单位发展变化的图片资料；在卷尾创设了"城市·年度记忆"专栏，选登回忆或记录县改市及地级日照市成立25年来政治经济社会发展变化的作品。"城市·年度影像"和"城市·年度记忆"两个专栏为全国城市年鉴中首创。为庆祝日照市建市25周年，特增设日照市当代书画名家作品展专栏，精选了18位日照市最具代表性和发展潜力的书法家、画家的精选作品。2014卷新增加了英文目录和索引。首次在封底使用二维码，读者可以通过扫描二维码来获得相关信息。

（于兴玲）

【《莱芜年鉴》2014卷出版】 《莱芜年鉴》1994年创刊，每年一卷，至2014年，已连续出版21卷。《莱芜年鉴》2014卷，由莱芜市人民政府主办，莱芜市地方史志办公室编纂，主编刘霞，副主编亓玉胜、毕泗国。2014年9月由方志出版社出版，书号ISBN978-7-5144 1350-2/K·1101。全书82.5万字，大16开本，定价200元，印数2000册。本卷年鉴栏目由原24个调整为30个，主要记述了2013年度莱芜市各级党委、政府的主要工作，各区、各部门单位、各行业在经济建设、政治建设、文化建设、社会建设和生态文明建设方面取得的成就，重点突出记述了济莱协作区建设、招商引资和大项目建设等内容。时政图片增加了莱芜市全国重点文物保护单位和莱芜传统村落专栏，突出地方特色。2014年2月，由市政府办公室下发《关于编纂〈莱芜年鉴〉2014卷有关问题的通知》(莱政办字〔2014〕6号)，对本卷年鉴编纂作了安排部署。工作中，责任编辑坚持边催稿边编辑，4月份完成初稿征集，5月份初稿完成编辑修改，9月份印刷出版。

（亓军华）

【《临沂年鉴》2014卷出版】 《临沂年鉴》由中共临沂市委、临沂市人民政府主办，临沂市地方史志办公室编纂，创刊于1995年，其后每年出版1部，至2014年已连续出版19卷。《临沂年鉴》2014卷，主编朱海涛，副主编伊永航、段洪、于芹、王卫东、肖功江，2014年8月由中华书局出版，书号ISBN978-7-101-10398-4，820千字，16开本，印数3000册，定价320元。本卷年鉴的框架设计做了进一步调整完善，设特载、大事记、专记、概况等23个栏目。公益彩页部分，在保留相对稳定的“城市名片”“政区和城区地图”“时政活动”等内容的同时；在“领导关怀”部分设置了2013年习近平总书记视察临沂时的照片专版。封面设计沿用凤凰图腾标志，以体现临沂作为东夷文化核心区的崇鸟特点；“临沂”二字为王羲之体，《兰亭序》为底衬，既体现了书圣风范，又避免了整体效果过于呆板；以红和黄的暖色作为主基调，象征临沂建设成就和美好前景。本卷年鉴，调整了组稿方案，明晰组稿要求，严把年鉴供稿的质量关；并在初编过程中重视同各供稿单位的联系。采取单独校对、两人合作校对，前后兼顾校对等多种方式，有效提高校对质量，减少差错。在稿件返校阶段，组织各供稿单位填报了信息公开发布审批表，确保了年鉴内容的严谨。并制作了电子年鉴光盘直接植入封底。

（杨晓莉　尹双双）

【《德州年鉴》2014卷出版】《德州年鉴》由德州市人民政府主办，德州市地方史志办公室承办，创刊于1993年。《德州年鉴》2014卷，是连续出版的第22卷，主编李其常，副主编王立云、夏传玉，执行主编王立云，由中国文史出版社于2014年10月出版发行。书刊号ISBN978-7-5034-5299-4，字数90万字，开本889×1194毫米，印数5000册，定价300元。本卷年鉴，设特载、2013十大新闻·十大民生实事、大事记、德州概览、机构人物、党务政务、民主党派、工商联、群众团体、军事、法治、经济管理、农业水利、工业、交通通信、城建环保、商贸流通、财政税务、金融、科学、教育、文化体育、社会、政要文选、县市区概况、附录等栏目。

（王立云）

【《聊城年鉴》2014卷出版】《聊城年鉴》由聊城市政府主办，聊城市地方史志办公室承编，1991年创刊，全面系统地记述了聊城市自然、政治、经济、军事、文化、社会等方面发展变化的基本情况。《聊城年鉴》2014卷，主编宋士功，2014年12月由吉林人民出版社出版，书号ISBN978-7-206-11407-6，字数110万千字，大16开本，印数3000册，定价220元。全书设特载、大事记、全市概况等22个栏目，全面记载了2013年度全市各项事业发展的基本情况，着重突出了2013年度聊城市发生的重大事件、重要活动、重点建设和取得的重要成就。全书围绕聊城经济发展重点，反映经济发展的变局，将境内三个经济开发区作为分目单独记载，突出经济发展的信心。设立“荣誉榜”，表彰全国、全省、全市荣誉奖章获得者，为促进全市精神文明建设作出了突出贡献。改进印刷方式，采用彩色印刷，提高印刷质量，方便了阅读。

（张　静　葛　凤）

【《滨州年鉴》2014卷出版】《滨州年鉴》是中共滨州市委、市人民政府主办，滨州市地方史志办公室承编的大型综合性政务工具书，1997创刊。《滨州年鉴》2014卷，是连续出版的第18卷，主要收录2013年

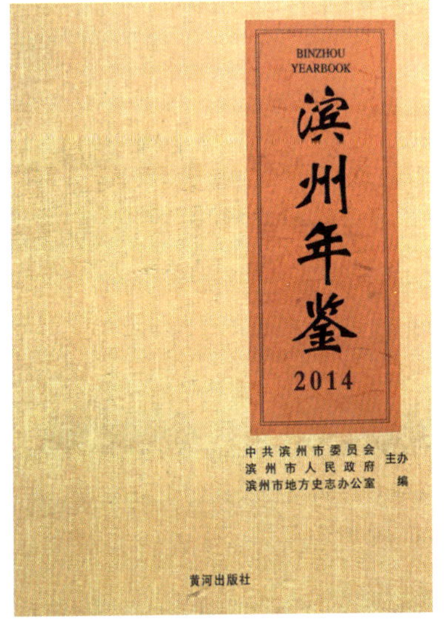

度发生在滨州市境内的大事、要闻，主编柴德杰，执行主编侯玉杰，2014 年 9 月由黄河出版社出版，16 开本，72 万字，印数 2000 册，定价 300 元。全书设置大事记、全市概况、区县概况、党派群团、政权政协、军事、法制、经济管理、农业、工业、交通邮电、建设环保、财税金融、贸易、教育、科学、文化、卫生体育、社会生活、人物、附录 21 个类目。除文字外，还设置了 4 个彩色专栏、102 幅随文图片、34 幅统计图表，图文并茂。

（侯玉杰　李文哲）

【《菏泽年鉴》2014 卷出版】《菏泽年鉴》是由菏泽市人民政府主办、菏泽市地方史志办公室承编的综合性年刊。1999 年创刊。后因《菏泽地区志》出版发行时间冲突等多方面原因停刊。于 2007 年再次启动并逐年出版发行。《菏泽年鉴》2014 卷为总第 9 卷，主编李少华，副主编郑玉民、王涛，2014 年 9 月由中国国际文化出版社出版发行，书号 ISBN 978-988-20186-1-7，大 16 开本，约 80 万字，印数 1200 册，定价 286 元。共设置特载、特辑、大事记、市情概览、工业、农业、服务业、市场、民营经济·招商引资、开发区建设、综合经济管理、城乡建设·电力、外贸与经济合作、教育·科技、文化·体育、社会生活、牡丹、政党·群众团体、政权·政务·政协、政法·军事、人物和附录 22 个栏目，设有英文目录和索引。《菏泽年鉴》2014 卷，按照“早出版、快发行”和“大事不漏、小事不凑”的年鉴编纂要求，压缩年鉴篇幅，剔除掉没有实质、与工作无关的内容，总字数比上卷精减 10 万字。4 月底完成组稿工作、6 月底完成通稿工作，8 月底完成总纂工作，9 月底出版发行。本卷年鉴中止了有偿彩页，使年鉴更具严肃性和权威性。

（陈百胜　丁　萧）

县级综合年鉴编纂与出版

【概况】 全省县级综合年鉴编纂起步较早，20 世纪 80 年代即开始编纂。进入 90 年代，县级综合年鉴编纂数量开始增多，截至 1999 年底，全省共出版县级综合年鉴 30 多种。进入新世纪后，随着各级政府对综合年鉴重视程度的增强，不断有新的县级综合年鉴创刊，截至 2014 年底，全省已有 110 多个县（市、区）编纂过综合年鉴。其中，青岛、枣庄、东营、莱芜、滨州市所属县（市、区）均编纂过综合年鉴。

济南市　县（市、区）级年鉴编纂始于 20 世纪 90 年代，各县（市、区）均开展了年鉴编纂工作。至 2014 年底，全市 10 个县（市、区）共编纂地方综合年鉴 22 卷（含未出版发行的 3 卷）。其中，历下区出版《历下年鉴》2014 卷，为创刊号；市中区出版《市中年鉴》

1991—1997卷、1998—2004卷，共2卷；天桥区出版《天桥年鉴》1991—1993卷、1994—1995卷、1995—1996卷、1997—1998卷、1999—2003卷、2004—2009卷、2009—2010卷、2011—2013卷，共8卷，是各县（市、区）中唯一连续出版的区县；历城区出版《历城年鉴》1986—1995卷、1996—2001卷；长清区出版《长清年鉴》1986—1997卷；章丘市出版《章丘三年鉴》1990—1992卷、《章丘年鉴》1996—2000卷；平阴县出版《平阴年鉴》2004—2010卷；济阳县出版《济阳年鉴》1991—1995卷；商河县出版《商河年鉴》2007—2010卷；槐荫区曾在编修《槐荫区志（1904—1989）》期间，为整理志书资料，粗编了《槐荫年鉴》1987卷、1988卷、1989卷，但没有出版发行，仅作为内部资料使用。

青岛市　区市年鉴编纂始于20世纪90年代。1990年首轮修志完成后，即墨市史志办公室组织编纂第一部县级综合年鉴《即墨年鉴》。2003—2006年，随着第二轮修志启动，胶南、胶州、平度、莱西4市，崂山、四方、城阳、黄岛4区年鉴相继编纂出版。2009—2010年，市北、市南、李沧3区年鉴先后编纂出版，青岛市所属12区市年鉴普及率达到100%。2014年，编纂出版区市综合年鉴11部，包括《市南年鉴》2014卷、《市北年鉴》2013卷、《李沧年鉴》2014卷、《崂山年鉴》2014卷、《黄岛年鉴》2014卷、《城阳年鉴》2014卷、《即墨年鉴》2014卷、《胶州年鉴》2014卷、《平度年鉴》2014卷、《莱西年鉴》2014卷。

淄博市　区县年鉴编纂始于20世纪90年代。1992年6月，在首轮修志进行中，桓台县史志办公室组织编写第一部县级综合年鉴《桓台年鉴》1988—1991卷。1995年首轮修志结束后，《博山年鉴》1986—1997卷和《张店十年鉴》1988—1997卷先后编纂出版。2001年5月，随着第二轮修志启动，《临淄年鉴》2004卷和《周村年鉴》2003—2005卷相继出版。2013年第二轮修志结束后，《高青年鉴》2005—2010卷和《淄川年鉴》2003—2011卷出版。2014年，编纂出版区县综合年鉴7部，包括《淄川年鉴》2003—2011卷、《博山年鉴》2014卷、《周村年鉴》2014卷、《临淄年鉴》2014卷、《高青年鉴》2013卷和《桓台年鉴》2011—2012卷。《沂源年鉴》2007—2013卷编纂工作顺利启动。

枣庄市　区（市）年鉴编纂始于20世纪90年代，滕州市史志办于1997年5月出版《滕州年鉴》1991—1995卷，这是枣庄市出版的第一部县级综合年鉴。之后《市中年鉴》于1999年创刊，山亭区、薛城区、峄城区、台儿庄区分别于2007年、2010年、2011年、2013年创办了年鉴。截至2013年，枣庄市所属的5区1市全部实现年鉴出版，其中山亭区、滕州市分别于2010年和2013年实现了一年一鉴。截至2014年，全市出版县级综合年鉴23卷。2014年出版县级综合年鉴《滕州年鉴》2014卷、《山亭年鉴》2014卷，共2卷。

东营市　1991年10月，利津县史志办开始编纂《利津县情总览（1991）》，1993年6月，《利津县情总览（1991）》出版，作为县区级综合性地方资料，它成为东营县级年鉴最早的雏形。1996年《利津年鉴》创刊，之后，河口区、东营区、广饶县的综合年鉴相继创刊，2000年12月，《东营区年鉴》2000卷由中华书局出版发行，成为全市第一部正式出版的县级年鉴。2004年《垦利年鉴》启动编纂后，东营市在全省率先实现市和县区均出版综合年鉴，并且一年一鉴；2006年起在全省率先实现当年编纂、当年出版。年鉴编纂过程中，5个县区不断创新年鉴篇目设计、资料收录、排版制作等，增强年鉴的资料性、权威性、实用性、可读性和美观性，使之成为给各级领导、社会各界提供地情信息服务的权威性著述。

烟台市　所属县（市、区）中，有6个县（市、区）出版年鉴，共出版年鉴11卷。1999年9月，《蓬莱年鉴》1998—1999卷由山东友谊出版社出版印刷，这是全市第一部正式出版的县级年鉴。2000年1月《莱阳年鉴》创刊，《莱阳年鉴》1998—1999卷由五洲传播出版社出版，此后共出版5卷年鉴，分别为两年或三年一鉴。其中，1卷获得山东省综合特等奖，2卷获综合一等奖。2010年11月，《莱阳年鉴》2005—2007卷在全国地方志系统年鉴评比中荣获综合三等奖。栖霞市出版《栖霞年鉴》2007卷、2008卷；长岛县于2009年出版《长岛年鉴》2008卷；海阳市于2011年出版《海阳年鉴》2008—2010卷，之后每两年出版1卷；招远市于2012年出版《招远年鉴》2010—2011卷，之后每两年出版1卷。

潍坊市　所属县（市、区）中，《中共潍城年鉴》创刊于2005年3月，首部年鉴为2004卷，由中共潍坊市潍城区委主办、中共潍坊市潍城区委党史研究室承办。1985年，坊子区史志办出版《坊子年鉴》，1985年—1987年连续出版3卷。寒亭区史志办于2014年启动编纂《寒亭年鉴》2009—2013卷，于2015年3月出版发行。1991年，《寿光年鉴》开始编纂，每五年一鉴，目前共出版4卷，全部当年编纂出版，加厚精装，各出版3000册。2014年，诸城市史志办启动《诸城年鉴》2008—2014卷编纂工作，拟定了《〈诸城年鉴〉2008—2014卷篇目》，制定《〈诸城年鉴〉2008—2014卷组稿方案》，明确各承编单位职责分工和工作任务。

济宁市　县（市、区）年鉴编纂始于20世纪80年代。1987年曲阜市史志办公室组织编纂了第一部县级综合年鉴《曲阜年鉴》。到了90年代，随着首轮志书的修编完成，泗水县、微山县、金乡县、邹城市、市中区、兖州市相继启动了年鉴编纂，由于人员和经费紧张，大部分出版的年鉴以合订本为主。进入21世纪，汶上县、鱼台县、任城区也陆续出版了综合年鉴。截至2014年底，梁山县和嘉祥县未启动年鉴编纂工作。2014年，全市出版的县级综合年鉴有《泗水年鉴》2014卷。

泰安市　所属6个县（市、区）中，泰山区、新泰市、肥城市、宁阳县、东平县均出版县区级综合年鉴，多为合卷本。截至2014年，泰山区史志办出版年鉴2卷，即《泰山区年鉴》1985—1996卷、2003—2007卷；新泰市史志办出版年鉴4卷，即《新泰年鉴》1986—1992卷、1993—1997卷、2001—2005卷、2006—2010卷；肥城市史志办出版年鉴4卷，即《肥城年鉴》1988—1992卷、1993—1997卷、2003—2007卷、2008—2011卷；宁阳县史志办出版年鉴2卷，即《宁阳年鉴》1986—1998卷、2003—2007卷，《宁阳年鉴》2008—

2013卷正在编纂；东平县史志办出版年鉴1卷，即《东平年鉴》1986—1993卷，《东平年鉴》2004—2012卷正在编纂。

威海市 各级史志部门始终坚持地方综合年鉴由史志部门编纂、管理的工作体制，坚持逐年编纂、当年出版。2014年，《环翠年鉴》2014卷、《文登年鉴》2013卷、《乳山年鉴》2014卷、《威海经济技术开发区年鉴》2014卷出版发行，威海南海新区《南海十年鉴》启动编纂。《环翠年鉴》2014卷为创刊号。

日照市 县级综合年鉴有《五莲年鉴》，2009年创刊，每年编纂一卷，至2014年底，已连续出版6卷。

莱芜市 所辖莱城区、钢城区于2013年相继启动了年鉴编纂工作，现均已出版2卷，实现了全市地方综合年鉴全覆盖，并且实现一年一鉴，公开出版。

临沂市 12个县(区)中，兰山、莒南、沂水、临沭4个县（区）实现了年鉴编纂工作一年一鉴；郯城、兰陵、费县、沂南、蒙阴5个县的年鉴编纂工作也基本进入连续编纂阶段；平邑县首次启动了年鉴编纂工作。

德州市 县级年鉴编纂始于20世纪80年代。首轮修志完成后，禹城市史志办公室组织编纂第一部县级综合年鉴《禹城年鉴》1986—1995卷，之后，禹城市又出版了《禹城年鉴》1996—1998卷、1999—2000卷、2001—2005卷。2011年，《齐河年鉴》2009—2010卷出版，2012—2014年，《乐陵年鉴》《庆云年鉴》先后编纂出版。2014年，编纂出版县（市、区）综合年鉴3部，即《乐陵年鉴》2014卷、《齐河年鉴》2014卷、《庆云年鉴》2014卷。

聊城市 各县（市、区）重视县级年鉴编纂工作。2013年12月，《东昌府年鉴》2006—2011卷印刷出版。2014年，临清、阳谷、高唐、东昌府区、莘县5个县（市、区）启动了年鉴编纂工作，其中《临清年鉴》《阳谷年鉴》《高唐年鉴》即将交付印刷，《莘县年鉴》《东昌府区年鉴》2012—2014卷完成近半的编修工作。

滨州市 县级年鉴编纂工作开始于1994年。1994年，邹平县率先启动首卷年鉴编纂工作，1996年，阳信县也启动首卷年鉴编纂工作，其他各县陆续跟上。1997年，《阳信年鉴》1986—1995卷和《邹平年鉴》1986—1995卷先后出版发行。1998年，《滨州市年鉴》1991—1997卷、《沾化年鉴》1988—1997卷和《博兴年鉴》1986—1996卷出版发行。1999年，《无棣年鉴》1991—1997卷和《惠民年鉴》1986—1997卷出版发行，至此，滨州6县1市全部编纂出版了首卷年鉴。至2014年，滨城区出版3卷，沾化区出版2卷，惠民县出版3卷，阳信县出版1卷，无棣县出版3卷，博兴县出版7卷，邹平县出版8卷。2014年，滨城区出版《滨城年鉴》2008—2012卷，无棣县出版《无棣年鉴》2008—2011卷，邹平县出版《邹平年鉴》2013卷。

菏泽市 所属县（区）中，成武、巨野、鄄城、东明、曹县、郓城6个县完成了年鉴出版发行工作。其中，《成武年鉴》已连续多年出版，鄄城、巨野、东明也是连续第二年出版年鉴；曹县、郓城在经费、人员极其困难的客观情况下，积极争取政府支持，于2014年启动了年鉴编纂工作。

（宋　涛）

【《历下年鉴》创刊】 《历下年鉴》是由济南市历下区政府主办，历下区史志办公室组织编纂的综合性资料工具书，2014年创刊。《历下年鉴》2014卷，共设置18个栏目，100多个分目，750多个条目，共68万字，刊载彩页45页，图片146幅，随文图表103幅。主编赵光臣，副主编王海燕、张新林。该年鉴由中国文史出版社出版，书号ISBN978-7-5034-5873-6，16开本，印数1200册，定价278元。年鉴突出历下地域特色，在概况中增加人文自然资源专栏，突出历下区的山、泉、湖、河、城等自然资源，对著名景点、名泉、历史、文化以及老街巷进行介绍，彰显历下区的人文特色和得天独厚的自然优势。年鉴的彩页部分分成大美历下、泉润历下、历下新貌、古韵历下、政法风采、文明历下、民生历下、城市建设、东部新城、商业金街、文化历下、幸福历下、翰墨历下、魅力历下等栏目，图片精美。2014年2月27日，历下区史志编纂委员会下发《关于〈历下年鉴〉(2014)编纂出版方案》，年鉴编纂工作正式启动。3月，组织开展两期业务培训班，明确写作要求和具体体例。5月底，全区89个单位报送年鉴稿件100余万字，区史志办组织了统编。10月底，完成送审稿并召开研讨会交付印刷，12月出版。

（王海燕）

【《天桥年鉴》2011—2013卷出版】 《天桥年鉴》由济南市天桥区人民政府主办，济南市天桥区史志办公室承办，1994年创刊。《天桥年鉴》2011—2013卷，主编王封军，副主编何其臻、周方政、顾玉强，2014年11月由山东人民出版社出版，书号ISBN978-7-209-08774-2，64万字，16开本，印数1500册，定价267元。全书设特载、大事记、天桥概览等栏目24个，条目近千个。本卷年鉴图文并茂，形式新颖，正文前加彩页，卷内随文插图，突出三个特点。一是与时俱进。切合“依法治国”基本方略，形成“法治”栏目。下设政法工作、法制工作（含政府法制工作和仲裁工作）、公安（含交通警察）、检察、审判、司法行政等分目。二是精确性。组织机构首次实现辖区部门全覆盖；栏目涉及人员，工作调整时间精确到月。三是实用性。“统计资料”年度间形成对比，为读者对该项目变化趋势提供依据；“生活指南”为读者提供生活所需最新航班、火车时刻表和居民常用物品价格表。

（天桥区史志办）

【《市南年鉴》2014卷出版】 《市南年鉴》由中共青岛市市南区委员会、青岛市市南区人民政府主办，市南区史志办公室、

市南区档案局（馆）承编出版，2010年11月创刊。《市南年鉴》2014卷，主编刘宇，副主编王蜀鲁，2014年12月由中国海洋大学出版社出版，书号ISBN978-7-5670-0759-8，全书52万字，印数600册，定价198元。正文设特载、区情综述、大事纪要、政治·政务、经济、城区建设与管理、社会生活与各项事业、街道概况、附录9个类目，卷末有索引。全书在保持年鉴框架结构基本稳定的基础上，对部分条目及内容做了进一步的调整和规范，紧紧围绕区委、区政府的中心工作，全面详实地记录了2013年度全区政治、经济、文化、社会发展状况和市南区各方面大事、要事、新事。正文内配置了丰富多彩的图片，增强了信息量和观赏性，生动形象地展现了市南区风采。

（邢延军　贾国芬）

【《市北年鉴》2013卷出版】《市北年鉴》由中共青岛市市北区委员会、青岛市市北区人民政府主办，市北区档案局（馆）、市北区史志办公室承编，2009年创刊，已出版第7卷。《市北年鉴》2013卷，全面、系统地反映了2011—2012年市北区自然、政治、经济、文化、社会等方面的发展情况，2014年4月出版发行。该卷分为特载、区情综述、大事记、政治·政务、经济、城区规划建设与管理、社会生活与各项事业、街道概况、附录等部分，45万字。

（邢延军　贾国芬）

【《黄岛年鉴》2014卷出版】《黄岛年鉴》由中共青岛市黄岛区委员会、青岛市黄岛区人民政府主办，《黄岛年鉴》编纂委员会承编，2013年创刊。《黄岛年鉴》2014卷，记述了黄岛区2013年度经济社会事业发展状况，旨在为各级领导把握区情、科学决策，为各级部门查询资料信息、推动事业发展，为国内外读者全面、系统了解、认识黄岛提供服务。由于区划调整等原因，本年鉴只有部分内容涉及青岛经济技术开发区。全书约30万字，分设27个栏目。

（邢延军　贾国芬）

【《崂山年鉴》2014卷出版】《崂山年鉴》由中共青岛市崂山区委员会、青岛市崂山区人民政府主办，青岛市崂山区史志办公室承编，2005年创刊。《崂山年鉴》2014卷，主编王明谊，2014年9月由黄河出版社出版，书号ISBN978-7-5460-0558-4，全书40多万字，随文图片230余幅，大16开本，四色印刷，印数2000册，定价268元。设置区情概况、大事记、政治·政务、

经济、城区规划建设与管理、社会生活与各项事业、人物、街道概况、附录等栏目，主要记述 2013 年度崂山区经济、政治、文化、社会建设成果。

（邢延军　贾国芬）

【《李沧年鉴》2014 卷出版】《李沧年鉴》由中共青岛市李沧区委员会、青岛市李沧区人民政府主办，李沧区档案局、李沧区史志办公室承编，2010 年创刊。《李沧年鉴》2014 卷，设特载、区情综述、大事记、政治政务、政法军事、经济管理、一园三区、工业、商贸外经招商会展、城建环保、旅游节庆、交通物流、财政税务、科技文化、教育体育、医疗卫生、社会各项事业、街道工作、人物、附录共 20 个栏目。全书正文总量 792 千字，487 幅图片，重点围绕李沧区经济和社会发展，全方位展现 2013 年度的特点、现状、优越的发展空间和良好的投资环境，全面反映全区在深化改革，加快发展中的新成果，青岛世园会、铁路青岛北站、李村商圈、民生重点工程建设，以及为区域发展作出突出贡献的先进单位、先进事迹和先进人物，为推动李沧区对外宣传，扩大知名度和影响力起到重要作用。

（邢延军　贾国芬）

【《城阳年鉴》2014 卷出版】《城阳年鉴》由中共青岛市城阳区委员会、青岛市城阳区人民政府主办，青岛市城阳区史志办公室承编，2006 年创刊。《城阳年鉴》2014 卷，主编辛克寿，副主编吴德明，2014 年 10 月由黄河出版社出版，书号 978-7-5460-0558-4，60 万字，印数 2000 册，定价 280 元。设特载、区情综述、大事记、政治 · 政务、政法 · 军事等 20 个栏目，并设卷首图片专辑、随文刊登彩色图片百余幅。全面记载了城阳区 2013 年政治、经济与社会发展的基本情况和物质文明、政治文明、精神文明的新成果、新经验。首次实现全文四色印刷，增强了可读性和美观性。

（邢延军　贾国芬）

【《胶州年鉴》2014 卷出版】《胶州年鉴》由中共胶州市委员会、胶州市人民政府主办、胶州市档案局、胶州市史志办公室承编，2004 年创刊。《胶州年鉴》2014 卷，主编李兆进，设特载、大事记、市情综述、政治、经济、经济发展“引擎”建设、城建·环保、交通·邮电、金融·保险、社会生活与各项事业、人物、镇·街道办事处概况、附录等栏目，49.9 万字，印数 2000 册。全面记述、反映 2013 年胶州市政治、经济和社会发展的基本情况和重大事项，重点突出经济建设，并突现胶州的区位优势和特色。

（邢延军　贾国芬）

【《即墨年鉴》2014 卷出版】《即墨年鉴》由即墨市人民政府主办、即墨市史志办公室承编的综合性年刊，1990 年创刊，至 2014 年已连续编纂出版 25 卷。《即墨年鉴》2014 卷，主编张可先，副主编王洪涛、陈克瑜，2014 年 10 月由黄河出版社出版，书号 ISBN978-7-5460-0558-4，16 开本，43.8 万字，彩页 75 页，印数 1500 册，定价 120 元。全面记述了 2013 年即墨市主动配合青岛市推进青岛蓝色硅谷核心区建设、构筑现代产业体系、打造宜业宜居城市等的实况，反映了即墨的地方特色。本卷年鉴编纂过程中，即墨市史志办公室制订《框架设计及撰稿分工意见》，并得到市委办、市府办支持，以两办文件下发各供稿单位，保障了年鉴材料的全面、真实，提高了年鉴编辑的时效和质量。

（邢延军　贾国芬）

【《平度年鉴》2014 卷出版】 《平度年鉴》由中共平度市委员会、平度市人民政府主办，平度市史志办公室、平度市档案局承编，2004 年创刊。《平度年鉴》2014 卷，主编徐明堂，副主编陶瑞法，30 万字，889×1194 毫米，印数 2000 册。系统反映了 2013 年平度市政治、经济、文化、社会的整体面貌。全书设计分主题文字部分和彩页插图宣传部分。主题文字部分设市情综述、大事记、政党政务、政法军事、工业、农业、私营经济、对外贸易、财政税务、金融保险、经济管理、城建环保、交通邮电、教育体育、科学技术、文化卫生、社会事业、人物、风景名胜、镇（街道）简介、附录等 25 个栏目 30 万余字；彩页宣传部分，主要征集全市机关、企业、事业单位的机构职能、经营范围等基本情况的彩色照片共 350 余幅。

（邢延军　贾国芬）

【《莱西年鉴》2014 卷出版】 《莱西年鉴》由中共莱西市委员会、莱西市人民政府主办，莱西市史志办公室承编，2005 年创刊，至年底已出版十卷。《莱西年鉴》2014 卷，主编李冰，副主编张太安，43 万余字，大 16 开本，印数 1200 册，平脊精装。设特载、大事记、市情综述等 20 个栏目，全面记载 2013 年莱西政治、经济、社会、文化各项事业和与人民生活密切相关的各项工作的成就与变化。

（邢延军　贾国芬）

【《淄川年鉴》创刊】 2014 年 8 月，《淄川年鉴》2003—2011 卷出版发行。该年鉴由淄博市淄川区人民政府主办，淄博市淄川区志办公室承编，主审王鉴，主编刘波、孙守运，副主编朱玉峰、李祖炬、董忠山、李利，由方志出版社出版发行，书号 ISBN978-7-5144-1288-8，889×1194 毫米，16 开本，全书 177 万字，印数 2000 册，定价为 380 元，是淄川区首部综合年鉴。年鉴编纂工作于 2013 年 3 月启动，历经宣传发动、资料征集、组稿材料上报、编辑整理等阶段，历时两年时间编纂而成。正文共设 21 个部类，包括特载、大事记、淄川概况、政党政务、地方军事、法治、农业、工业、交通邮电、城建环保、贸易、文化旅游、财税金融、综合经济管理、教育体育、科技科普气象、卫生、社会生活、镇街道开发区、人物、附录等，全面系统记载了 2003 年至 2011 年全区在社会主义物质文明、政治文明、精神文件建设中取得的巨大成就；记载了全区各领域、各行业、各部门、各镇街道开发区的基本情况和重要事件。

（淄博市史志办）

【《博山年鉴》2014 卷出版】《博山年鉴》2014 卷，由淄博市博山区人民政府主办，淄博市博山区地方史志办公室承编。主编张新清，副主编陈立波，2014 年 9 月由黄河出版社出版，书号 ISBN978-7-5460-0611-6，889×1194 毫米，16 开本，52.5 万字，印刷 1500 册，定价 200 元。全书设特载、大事记、博山概况、政党·政务、法治、工业、农业、服务业·国内贸易、交通·信息、城建·环保、综合管理与监督、财税·金融、科技·文化、教育·体育、卫生、旅游、名胜、社会民生、镇·街道·开发区、人物、附录 20 个部类。除文字内容外，还编排彩色图片、随文黑白图片和统计表等内容，其中部分时政图片下延。该卷年鉴调整部分框架结构，根据博山机构设置的调整，“政党政务”部类中增加流动人口服务管理、食品安全工作，合并统计工作与统计调查分目为统计与调查，在“卫生”部类中增加爱国卫生分目，更加贴近博山实际。突出特色，增加彩页“纪念焦裕禄”，对焦裕禄生平事迹、国家领导人有关指示及焦裕禄纪念馆、故居等作详细记载。增设人物篇、附录、索引及英文目录。严把质量关，力求时效性，《博山年鉴》2014 卷比 2013 卷提前一个多月出版。

（淄博市史志办）

【《临淄年鉴》2014 卷出版】《临淄年鉴》由淄博市临淄区人民政府主办，淄博市临淄区史志办公室承编，2004 年创刊，自创刊以来坚持一年一卷。《临淄年鉴》2014 卷是第 11 卷年鉴，主编梁小明，副主编王继营，2014 年 12 月由黄河出版社出版，书号 ISBN978-7-5460-0634-5，60 万字，16 开本，印数 1200 册，定价 88 元。该卷年鉴共设特载、生态临淄建设、第十届国际齐文化旅游节、大事记、临淄概况、政治、法制、工业、农业、贸易、园区建设、招商引资、交通邮电、城建环保、综合管理与监督、财税金融、保险证券、科学教育、文化旅游、体育卫生、社会、人物、乡镇街道、社会经济统计资料、附录等部类。围绕临淄区在工业发展上转方式调结构深入实施化工行业综合整治和生态环境综合治理工作，特设了生态临淄建设部类，通过一系列典型事例、数据分析、图照对比、经验措施等的介绍，对此项年度工作重点进行详细记录。针对临淄区年内大力推进城乡一体化，实施一系列民生工程做法，特设了社会民生部类对该项工作专门介绍。特设第十届国际齐文化旅游节部类，对齐文化品牌、世界足球起源地品牌进行宣传和推介。在卷首彩页部分特设“合理救助帮扶、增进民生福祉”“五化全覆盖、共建新农村”“时政图片”3 个专题，采用照片 100 余幅。

（淄博市史志办）

【《周村年鉴》2014 卷出版】《周村年鉴》2014 卷，由淄博市周村区人民政府政府主办、淄博市周村区史志办公室承编，主编吴卓春，副主编袁志华、柳桂云，2014 年 12 月由中国国际文化出版社出版发行，书号ISBN988-97358-2955-5。全书57.5万字，889×1194毫米，16开本，印数2000册，定价268元。该卷年鉴设23个部类，全面、系统、翔实地记载2013年度周村经济、政治、文化、社会和党的建设发展历程。

（淄博市史志办）

【《桓台年鉴》2011—2012卷出版】《桓台年鉴》由桓台县人民政府主办，桓台县地方史志办公室承编，1987年创刊。《桓台年鉴》2011—2012卷为第六卷，主编董杰，副主编孙颖、傅荣璋、王静，由方志出版社于2014年8月出版，书号为ISBN978-7-5144-1357-1，全书749千字，印1000册，889×1194毫米，16开本双色印刷，定价280元。该卷年鉴由县委书记、县长联合作序，共设23个部类，在卷首及栏目之间编排彩色图片15张，随文图片172张，彩页收录的时限下延至2013年底。集中反映2011—2012年全县在政治、经济、文化和社会事业等方面发展进程中所取得的巨大成就，汇集全县各领域、各行业、各部门的基本情况和重要事件。

（淄博市史志办）

【《高青年鉴》2013卷出版】《高青年鉴》由高青县人民政府主办、高青县史志办公室承编，2005年创刊。《高青年鉴》2013卷为第3卷，主编郭峰，副主编张华。2014年2月由方志出版社出版发行，书号ISBN978-7-5144-0810-2，74.6万字，889×1194毫米，16开本，印数600册，定价298元。共设置特载、大事记、高青概况、政党政务等19个部类，全面反映2012年全县在物质文明、精神文明、政治文明、社会文明、生态文明建设中所取得的巨大成就。全书图文并茂，共使用图片400余幅，图表100余幅。

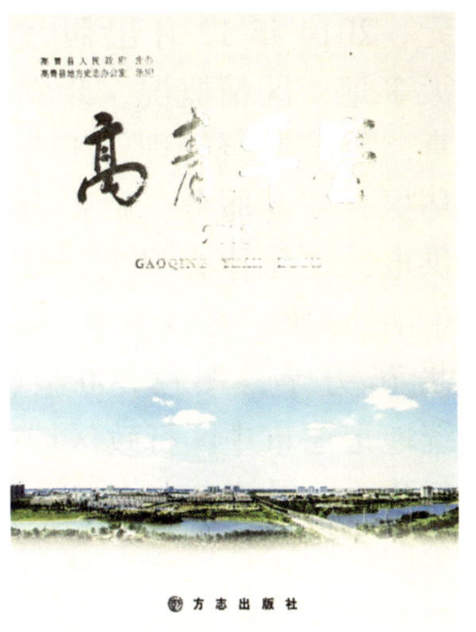

（淄博市史志办）

【《沂源年鉴》2007—2013卷编纂情况】2013年8月，沂源县召开了全县年鉴供稿单位动员会，印发《〈沂源年鉴（2007—2013）〉编纂工作实施方案》，通过制定编纂规划、下发编纂方案，对沂源县综合年鉴编纂工作进行了全面部署。2014年，全县120多个供稿单位基本完成供稿任务，至年底，共编纂60余万字。

（淄博市史志办）

【《枣庄市中年鉴》2011—2012卷出版】《枣庄市中年鉴》由枣庄市市中区人民政府主办，每两年编辑出版一卷。《枣庄市中年鉴》2011—2012卷，主编周春梅，副主编胡乐义，印数1500册，定价196

元，2014年12月出版发行。设特载、大事记、区情概况、政党政务、政法军事、经济监督管理、工业、农业、建设环保、贸易服务、财税金融、交通邮电供电、文化体育卫生、教育科技、社会生活、人物、乡镇街道、附录18个栏目，共76万字，图片300余幅。客观、系统地记述市中区行政区域内2011—2012年政治、经济、文化、社会各方面情况，全面反映全区改革开放和社会主义建设的最新成就。

（胡乐义）

【《峄城年鉴》2012—2013卷编纂完成】 2014年2月，枣庄市峄城区史志办公室根据峄办发〔2014〕7号文要求，开始第三部《峄城年鉴》的编辑工作。要求各供稿单位要围绕2012—2013年度峄城区各行各业工作中的大事和主要成果来记述，要着重反映新情况、新典型、新成就。至2014年12月底，《峄城年鉴》2012—2013卷编辑工作基本完成。

（张瑞华　王　旭）

【《台儿庄年鉴》2012—2013卷出版】 《台儿庄年鉴》由枣庄市台儿庄区人民政府主办，枣庄市台儿庄区地方史志办公室承编，2013年创刊。《台儿庄年鉴》2012—2013卷，主编赵瑞光，副主编胡立志、陈静、杜慧、赵燕。全面地记述台儿庄行政区域内2012—2013年内政治、经济、文化、社会各方面的情况，主题内容设19个栏目，图片300余幅。年鉴编辑之初，树立精品意识，精心选题选材，围绕《台儿庄年鉴》2012—2013卷两个年度主要内容安排，抓住两个年度工作中的大事和主要成果来记述，着重反映新情况、新成就、新典型，反映老百姓关注的热点、难点问题，突出了时代特色、年度特点和区域特性。

（赵　燕）

【《山亭年鉴》2014卷出版】 《山亭年鉴》2008年5月创刊。《山亭年鉴》2014卷为总第6卷，由枣庄市山亭区人民政府主办，区政府副区长孙友华任主审，2014年10月出版。主编孙成凤，副主编宋刚、田春芳、鞠金鑫、孙景和，全书65万字，大16开本，印数1500册。该年鉴设特载、大事记、概况、政党政务、政法军事、经济监督管理、农业、工业、交通运输和信息业、商贸服务和旅游业、对外经济贸易、金融、财政税务、城乡建设环境保护、教育科学、文化卫生体育、社会民生、开发区建设、人物、镇（街）、附录21个栏目。

（孙成凤）

【《滕州年鉴》2014卷出版】 《滕州年鉴》由滕州市人民政府主办，滕州市地方史志办公室承编，1996年10月创刊。

《滕州年鉴》2014卷，主编赵逢柏、副主编丁涛，2014年10月由中国国际文化出版社出版，书号ISBN978-988-20187-6-1，72万字，16开本，印数1800册，定价258

元。设特载、大事记、滕州概况、政党政务、政法军事、财政税务、经济监督管理、城乡建设环境保护、工业、农业、交通运输和信息业、商贸服务和旅游业、对外经济贸易与招商引资、开发区建设、金融、教育科学、文化卫生体育、社会生活、镇（街）概况、人物、附录等21个栏目，全面记述2013年滕州市经济社会发展情况，重点记述了推进科学发展、壮大经济实力、建设幸福滕州等方面的内容。

（赵逢柏　丁　涛）

【《东营区年鉴》2014卷出版】 1999年，东营市东营区启动《东营区年鉴》编纂工作，2000年12月东营区第一部年鉴印刷出版，为1998、1999年两年合卷，由中华书局出版发行。《东营区年鉴》2014卷，主编马献忠，副主编郭大勇、李鹏，大16开本，2014年10月由中华书局出版发行，书号ISBN978-7-101-10439-4，全书49万字，印数1000册，定价180元。设特载、大事记、区情概况、政党政务、政法、综合经济管理、农业、工业、城建环保、服务业、社会事业、镇街道概况、石油、高等教育、人物、附录等16篇。卷首设东营区行政区划图，前设彩页20页，后设东营区城区简图，正文339页，中插2010年度全区综合考核先进单位宣传彩页30多页。2013年12月，东营区政府办公室下发《关于编纂〈东营区年鉴〉2014年卷有关问题的通知》，至2014年3月，完成资料征集工作。区地方史志办在资料收录、排版设计、照片筛选等方面继续提高质量，使用大量内文插图，9月，形成近50万字的年鉴定稿，10月交付印刷。

（郭大勇　李　鹏）

【东营市东营区史志办开展年鉴编纂专题学习研讨】 2014年12月，东营市东营区史志办开展年鉴编纂专题学习研讨，学习研讨活动以第十四期全国年鉴高级研讨班许家康、李国新、王守亚、莫秀吉等专家的专题报告为主要内容，结合实际探讨年鉴编纂中存在的问题，发现不足和差距，寻求提升年鉴编纂水平的方法途径。学习研讨会分年鉴总体设计，年鉴条目编写，年鉴发展的数字化、国际化与转型升级以及年鉴编辑的几个基本问题等多个专题，每周围绕一个专题进行。

（郭大勇　李　鹏）

【《河口年鉴》2014卷出版】 1994年《河口综览》出版，基本涵盖建区后1984年至1993年10年间的政治、经济、社会发展史事。1996年出版的第二部《河口综览》则完全按照年鉴书体进行筹划，全面记述1994年至1995年两年间河口区地方、油田各业发展的情况，履行“两年一鉴”。1999年将《河口综览》更名为《河口年鉴》，并编纂首部《河口年鉴》1996—1998卷。随后又两年一鉴。2003年起，实现一年一鉴，至2014年末，累计编纂出版年鉴13部。《河口年鉴》2014卷，由东营市河口区人民政府主办，

东营市河口区地方史志办公室承编。《河口年鉴》2014卷编纂工作提前运作，缩短出版周期，当年6月份按时出版发行。主要做法：一是提速度，缩短出版周期，增强年鉴时效。由过去每年春节后区政府办公室下发文件部署，改为每年12月初发文部署，提前征集基础资料。在征集资料中，为提高供稿速度和质量，发放《年鉴撰稿人手册》供撰稿人参考借鉴。实行主任负总责、分管副主任靠上抓、骨干编辑分工协作的年鉴编纂责任制，集中办公，统筹调度。在年鉴启动之初就根据出版时间倒排工期。二是完善框架结构，突出地域特色。资料扩容，涵括境内油田，丰富年鉴信息量。河口是因油而生的城区，采用“升格”的办法，打破正常的领属关系，将胜利油田在河口境内的8个二级单位以油田驻河口单位栏目单独编入。将境内三个经济开发区作为分目单独记载。在内文中插入与文字相对应的照片，实现图文并茂。三是创新装帧设计，彰显年鉴亮点。取消过去在封面和扉页、环衬刊登广告的做法。在环衬上刊登方志之歌和史志精神。单色印刷改为双色印刷。统一样式，实现年鉴的连贯性和特殊性。

（潘春芳）

【《垦利年鉴》2014卷出版】 2004年，垦利县党史史志办公室启动《垦利年鉴》2004卷编纂工作，2004年11月垦利县第一部年鉴由中国广播电视出版社出版发行。此后，每年一卷，至2014年，已连续出版11卷。《垦利年鉴》2014卷，由垦利县人民政府主办，县党史史志办公室承编，主编种玉洪，执行主编陈学慧，副主编宋慧峰、刘艳芳。2014年7月，由黄河出版社出版发行，书号为ISBN978-7-5460-0598-0，大16开本，印数1000册，定价198元。年鉴设特载、大事记、垦利概况、黄河口、政党政务、政权政协、群众团体、军事、政法、对外开放、综合经济管理、农业、工业、石油、国内贸易、城建环保、交通邮政通信、财政税收、金融保险、教育科技卫生、文化体育广播电视、社会生活、社区镇（街道）开发区、人物荣誉、附录、索引。前设彩页20页及垦利县行政区划图，正文424页，双色印刷，中插胜利油田及县内部分单位、企业宣传彩页。

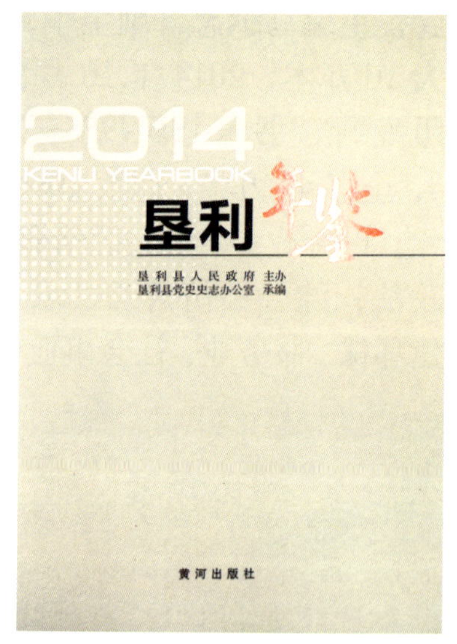

2013年12月，县政府办公室印发《关于开展〈垦利年鉴（2014）〉编纂工作的通知》，至2014年3月，完成资料征集工作。

（陈学慧　刘艳芳）

【《利津年鉴》2014卷出版】 1991年10月，利津县史志办开始编纂《利津县情总览（1991卷)》，1993年6月，《利津县情总览（1991卷)》出版，1996年更名为《利津年鉴》。至2014年底，共编辑出版《利津年鉴》19卷。《利津年鉴》2014卷，由利津县人民政府主办，利津县史志办公室承办，主编李俊三，副主编王曰华、周尚锋、胡海燕，执行主编李翔翔，2014年7月由中国国际文化出版社出版，书号ISBN987-988-16212-7，60万字，大16开本，印数1000册，定价168元。全书共有类目21个、分目118个、条目820个。记述了县委及各工作部门、县政府及各部门、县人大及其机关、县政协及其机关、法检、军事部门、国家省市派驻机构、乡镇街道等部门单位2014年的主要工作概况、人物、2014年度受表彰的单位个人（市以上）等。

（王曰华）

【《广饶年鉴》2014卷出版】 《广饶年鉴》创刊于2000年，已连续编纂出版15卷。《广饶年鉴》2014卷，由广饶县人民政府主办，广饶县史志办公室承办，主编张登峰，副主编石丰武，大16开本，字数66.2万字，印数1200册。2014年2月11日，广饶县政府办公室印发《关于认真做好〈广饶年鉴〉2014卷编纂工作的通知》，启动年鉴资料的征集和撰稿工作，在编写体例、结构和内容方面进行了要求，规范了年鉴的编写工作。在编排上突出政府年度工作特色和重大成就，并及时反映出经济和社会变革所带来的新变化。4月底资料上报工作基本完成。实行分编责任制，从材料征集、编辑和校对，都由责任编辑具体负责。6月底全面完成总纂工作，9月份印刷出版。

（彭建新　董　军）

【《诸城年鉴》2008—2014卷编纂情况】 2014年初，《诸城年鉴》2008—2014卷编纂工作启动。2014年3月—9月，诸城市史志办制定《〈诸城年鉴〉2008—2014卷组稿方案》，明确各承编单位职责分工和工作任务。10月，《组稿方案》下发至各供稿单位。11月—12月，各承编单位按照栏目分工完成本单位供稿任务。诸城史志办组织了诸城年鉴供稿人员培训，进一步明确了年鉴的基本特点、行文规范及各单位的供稿任务。截至年底，各供稿单位初稿基本报送完毕。年鉴编纂进入对各单位报送的稿件进行审核、修改、加工阶段。

（吕俊峰　王　伟　林荣军）

【《兖州年鉴》2013卷编纂情况】 2014年4月，济宁市兖州区史志办印发了《〈兖州年鉴〉(2013年）组稿方案》，启动《兖州年鉴》2013卷的编纂工作。5月—11月，区史志办采取边催稿边审改的办法，在确保审稿进度的同时，严把质量关，努力在提高稿件整体质量上下功夫，先后对稿件审改6次，累计修改文字40万余字。经过8个月的稿件收集和认真审改，该书于2014年12月送交印刷。

（陈　勇　杨北城）

【《曲阜年鉴》2012—2013卷编纂情况】 《曲阜年鉴》曲阜市人民政府主办，1987年创刊。《曲阜年鉴》2012—2013卷为第10部年鉴，由曲阜市政府史志办公室编纂，主编李广俊，执行主编张立忠，副主编米玉红、孔祥震、翟胜军。该年鉴首次收录年度内全市获得的省级以上荣誉和曲阜县域科学发展与群众路线的创新实践(曲阜新政50例)。该年鉴全面、系统、翔实地介绍2012—2013两年中曲阜市政治、经济、文化、社会生活诸方面取得的进展和成就。2014年2月18日，曲阜市政府以曲政办字〔2014〕4号文，印发《关于做好〈曲阜年鉴〉(2012—2013)组稿工作的通知》。5月10日,《曲阜年鉴》(2012—2013) 编纂工作培训会议在市机关会议中心第一会议室召开。会上部署《曲阜年鉴》(2012—2013卷)的组稿任务。全书设特载、大事记、市情概况、政党政务、经济管理、工业和信息化、农业、文物旅游等23个栏目，共80万字。卷首安排时政彩页18个版面48幅照片，正文插入代表栏目特色、具有重要现实意义和存史价值的随文图片70余幅，设置 “2711”工程、第一局长“1+2”制度等5个图片专题。

（米玉红　翟盛军　孟宪方）

【《微山年鉴》2011—2012卷编纂情况】《微山年鉴》由微山县人民政府主办，微山县史志办承办，1991年创刊。《微山年鉴》2011—2012卷为第6部年鉴，主编王学新、张西海，副主编刘艳、靳宪鹏。本卷年鉴的设计，以“人性化、艺术化、精品化”为理念，与时俱进，反映微山县的优势、特点和各行业、部门、单位深化改革、扩大开放的新举措、新发展，以打造“框架设计完备、条目编写精湛、印刷装帧精美”的年鉴为目标。

（张西海　李　艳　闫红梅）

【《泗水年鉴》2014卷出版】《泗水年鉴》由泗水县人民政府主办，泗水县史志办承编，1992年创刊，到2014年底共出版16卷。《泗水年鉴》2014卷，主编为刘家园，79.2万字，大16开本，共印1000册。书前设“泗水名片”，列泗水县荣获的国家级、省级荣誉，县委书记题词、县长作序，全书设特载、大事记、县情概览、组织机构及负责人、中共泗水县委员会、泗水县人民代表大会、泗水县人民政府、政协泗水县委员会、群众团体、军事法制、经济综合管理、农业、工交邮电、信息产业、城建环保、财政税务、商贸流通、金融保险、教体科技、文化、卫生、旅游、泗水经济开发区、乡镇（街道）概况、人物、先进等26个栏目，前设编辑说明和中英文目录，后附附录和索引，除书前彩页外，另有200多幅随文图片。该卷8月底完成初稿编纂，9月报县领导和相关部门审核，11月出版发行。

（李　莉）

【《环翠年鉴》创刊】《环翠年鉴》2014卷，是由威海市环翠区党史委（史志办）编纂的首部综合年鉴，主编许新贵，副主编刘刚，全书设类目27个，正文353页，彩色图片32页，中国时代经济出版社出版，96.3万字，开本889×1194毫米，印数3000册，定价280元。该卷年鉴卷首设特载、大事记、区情综述，正文设政党·政务、人民团体、政法、军事、经济监督与管理、农业、海洋与渔业、工业、商贸服务业、金融、

旅游、财政·税务、招商引资与对外贸易、城乡建设与环境保护、市政建设与公路交通、科学技术、文化、教育·体育、卫生、社会生活、镇街道概况、集体荣誉、人物，卷末设附录、索引。全书图片专辑26页，彩插100页，随文图片100多张。

（刘威华）

【《文登年鉴》2013卷出版】《文登年鉴》由中共威海市文登区委、文登区人民政府主办，威海市文登区地方史志办公室承编，1997年8月创刊，《文登年鉴》2013卷是第15卷年鉴。主编于文华，副主编王淑君、鞠志强，2014年10月由天津古籍出版社出版，书号ISBN978-7-5528-0276-4，85万字，16开本，印数2000册，定价198元。年鉴卷首设政务照片、目录，卷末设索引，卷中设特载、大事记、文登概况、区镇概况、政党政务、人民团体、国防、公安司法、经济管理、工业、农业、交通邮政信息业、城乡建设、建筑业与房地产开发、环境保护、商贸服务业、旅游、对外贸易与区域经济合作、财政税务、金融、教育、科技、文化、体育、卫生、社会民生、人物、附载28个栏目。卷首彩色图照77幅、彩色插图282幅，内文全部采用四色印刷。2014年2月24日，印发《市委办公室、市政府办公室关于印发〈文登年鉴〉2013卷组稿方案的通知》。25日，召开年鉴组稿工作会议，全区140余个单位200余人参加会议。7月，完成初稿。10月，出版发行。

（高燕妮）

【《乳山年鉴》2014卷出版】《乳山年鉴》由中共乳山市委、乳山市人民政府主办，乳山市党史市志办公室编纂出版，1999年创刊，首部为《乳山年鉴》1996—1998卷。自1999年至2014年，每年出版年鉴1部，共出版16部。《乳山年鉴》2014卷，主编栾法龙，副主编勇天磊、王浩、陈宗坚。全书设特载、大事记、市情概述等22个栏目，65万字，图片120多张，16开本，由延边大学出版社出版。全书采用分类编辑法，主体内容分为栏目、分目、条目3个层次，少数条目下设子目，记述时间除特载、乳山概况、人物中有关资料略有上溯或下延，其余均截至2013年12月底。

（王　浩）

【《威海经济技术开发区年鉴》2014卷出版】《威海经济技术开发区年鉴》2014卷，由威海经济技术开发区地方史志编纂委员会主办，区地方史志办公室承编，2014年10月由中国时代经济出版社出版，书号ISBN978-7-5119-2191-8。全书85.5万字，16开本，印数200册，定价268元。该年鉴卷首设特载、大事记，正文设概况、政党、政务、人民团体、政法·国防、综合经济管理、工业、招商引资·对外及对港澳台贸易、农业、商贸服务业、旅游、交通·邮电、城乡建设、房地产业与建筑业、公用事业与环境保护、财政·税务、科学技术、文化、教育、体育、卫生、社会民生、镇街道概况、集体荣誉、人物、传媒中的经济技术开发区26个类目，卷末设附录、索引，较为系统地记载2013年开发区政治、经济、文化、社会生活诸方面的新成就、新变化、新发展、新经验、新问题等。

（徐敬侠）

【《五莲年鉴》2014卷出版】 《五莲年鉴》由中共五莲县委、五莲县人民政府主办，中共五莲县委党史办公室、五莲县地方史志办公室承编，2009年创刊。从2012年起，按照"整合资源、避免重复、统筹兼顾"的原则，加大县委执政、决策和党建工作内容记述。同时，围绕县委、县政府重大决策、重点工作和重要专题，突出年度特点、工作重点和工作亮点，进一步增强了年鉴的资料性和生命力。《五莲年鉴》2014卷，开篇为"2013数字五莲""2013荣誉五莲"，形象直观地展现了全县工作新发展、新成就；内设"特载""县况概览""领导关注""重要决策"等26个栏目，系统记载了2013年度五莲县自然、经济、政治、文化、社会、生态文明和党的建设发展变化情况。本卷年鉴增设了"县情聚焦、村居概况、文史资料、服务指南"等内容。在图照运用上，设有"上级关怀""基层调研""重要会议""重要活动""重点工程"等图片，封面设计以五莲山为背景，封底为洪凝河新貌，彰显年鉴地方特色。

（丁海燕）

【《莱城年鉴》2013卷出版】 《莱城年鉴》由莱芜市莱城区人民政府主办、莱芜市莱城区党史史志办公室编纂，2013年创刊，首卷为《莱城年鉴》2012卷。《莱城年鉴》2013卷，为创刊后的第2卷，主编刘佃银，执行主编刘少波，副主编亓洪刚，2014年9月由黄河出版社出版，书号ISBN978-7-5460-0197-5，16开本，54.6万字，印数1000册，定价156元。设特载、大事记、全区概况、政党政务、军事、法制、经济监督管理、农业、工业、个体私营经济、内贸旅游、外经外贸、交通建设环保、财政税务、教育科学、文化卫生体育、社会生活、镇（街道）概况、人物、附录、索引21个部类。

（刘少波）

【《钢城年鉴》2014卷出版】 《钢城年鉴》由莱芜市钢城区人民政府主办，莱芜市钢城区地方史志办公室编纂，2013年创刊。《钢城年鉴》2014卷，主编亓圣勇，副主编陈红梅、刘志东。2015年4月由中国文化出版社出版，书号ISBN978-988-35235-

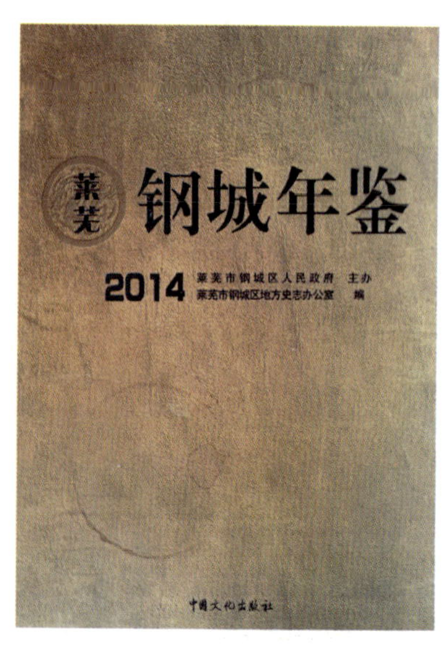

2-3。470 千字，精装 16 开本，889 毫米 ×1194 毫米。印数 500 本，定价 136 元。如实地记录了 2013 年度钢城区经济、政治、文化、社会和生态建设发展状况，重点记录了在大项目建设、城市建设、生态文明建设以及廉政和作风建设等方面取得的重大突破和成就，充分展现了“钢铁意志、众志成城”的钢城精神。

（高　涛）

【《兰山年鉴》2013 卷出版】《兰山年鉴》由临沂市兰山区人民政府主办，兰山区地方史志办公室承编，1996 年创刊。《兰山年鉴》2013 卷，主编李鸣，副主编杨晓娜，2014 年 11 月由中国国际文化出版社出版，书号 ISBN978-988-20719-3-6，48.5 万字，16 开本，印数 1500 册，定价 180 元。全书设特载、大事记、概况、中国共产党兰山区委员会、兰山区人民代表大会常务委员会、兰山区人民政府、政协兰山区委员会、中共兰山区纪律检查委员会、民主党派·工商联·人民团体、武装·政法、经济管理、农业、工业、交通·邮电、建设·环保、商业·旅游、财政·税务、金融·保险、科技·教育·广播电视、文化·卫生·体育、街道·镇概况、先进集体·先进人物、辑录栏目，详细记述了兰山区自然、政治、经济、文化和社会生活等方面的内容。

（魏海荣）

【《沂南年鉴》2011—2012 卷出版】《沂南年鉴》由中共沂南县委、沂南县人民政府主办，沂南县史志办公室编纂，1999 年创刊。《沂南年鉴》2011—2012 卷，主编刘相尚，执行主编吴耿彬，2014 年 5 月出版，书号 ISBN978-988-20186-2-6，868 千字，16 开本，印数 1000 册，定价 280 元。该卷年鉴在编写过程中，创新栏目，突出年鉴的年度特点和地方特色，对具有年度标志意义的事情开设专栏，进行着重记述，并收录了回顾性资料和经济社会统计资料。

（吴耿彬）

【《沂水年鉴》2013 卷出版】《沂水年鉴》由中共沂水县委、沂水县人民政府主办，沂水县史志办公室编纂，2000 年创刊。《沂水年鉴》2013 卷，主编李春升，执行主编吴方、贺卫东，副主编徐艳、王会考、鞠增艳，2014 年 12 月由中国文化出版社出版。书号 978-988-57259-3-2，78.3 万字，16 开本，印数 1000 册，定价 336 元。《沂水年鉴》2013 卷根据县委、县政府中心工作和全县经济社会发展情况，调整了年鉴篇目框架和内容，增设专记、表格和随文图片，并在附录部分增加文学、书法、美术、摄影等文学艺术作品选录，增强了年鉴的文化内涵及知识性、趣味性和可读性。

（韩　笑）

【《苍山年鉴》2007—2012 卷出版】《苍山年鉴》由中共兰陵县委、兰陵县人民政府主办，兰陵县地方史志编纂委员会办公室承编（注：苍山县已于 2013 年 12 月 27 日更名为兰陵县），2009 年创刊。《苍山年鉴》2007—2012 卷，2014 年 8 月由山东友谊出版社出版，主编陈永亮，执行主编马建光，副主编王琳、孙燕，书号 ISBN978-7-5516-0586-1，88.5 万字，16 开本，印数 1500 册，定价 318 元。本卷年鉴与《苍山年鉴》1996—2006 卷相延续，内容上一脉相承，全面系统记述了2007—2012年苍山县自然、经济、政治、文化、社会和人物等方面的基本状况，设20个类目。为增强年鉴的观赏性，在年鉴中选插了部分苍山籍书画家的作品。

（马建光）

【《费县年鉴》2014卷出版】 《费县年鉴》由中共费县县委、费县人民政府主办，费县史志办公室编纂，2013年创刊。《费县年鉴》2014卷，2014年7月由济南出版社出版，主编刘露，副主编平凡、王文明、李宏、陈宝安，书号ISBN978-7-5488-1032-2。全书98万字，16开本，印数1300册，定价298元。设大事记、概况、政党政务、人民团体、政法军事、城乡建设、交通邮电、农业、工业、商贸旅游、金融、经济管理、科学技术、教育体育、文化传媒、医疗卫生、社会事业、乡镇概况、人物等20栏目。

（刘　露　　赵志纯）

【《莒南年鉴》2014卷出版】 《莒南年鉴》由中共莒南县委、莒南县人民政府主办，莒南县地方史志编纂委员会办公室承编，2000年创刊。自2011年起，按年度逐年编纂出版。《莒南年鉴》2014卷，2014年12月由黄河出版社出版，主编王颖锋，副主编王洛泉、王振峰、刘淼，书号ISBN978-7-5460-0598-0，60万字，大16开本，印数2000册，定价298元。收录了2013年莒南县在市级以上重点党报党刊发表的重要稿件，最新莒南地图和城区地图，最新行政村居调整统计情况。2014年7月形成初稿，10月最终定稿，11月交付印刷，12月发行。首次实现年鉴年内出版发行。

（咸世文　王洛泉）

【《临沭年鉴》2013卷出版】 《临沭年鉴》由中共临沭县委、临沭县人民政府主办，临沭县地方史志编纂委员会办公室承编，2006年创刊。《临沭年鉴》2013卷，2014年8月由中国文史出版社出版，主编王敬涛，副主编王庆国，书号ISBN 978-7-5034-5156-0，69.6万字，16开本，印数1000册，定价180元。全书设大事记、概况、党务、政务、军事、群众团体、政法等24个部类，全面、真实记载了2012年临沭县在政治、经济、文化、社会事业等方面作出的巨大努力和取得的重要成就。

（王敬涛　　王庆国）

【《乐陵年鉴》2014卷出版】 《乐陵年鉴》由中共乐陵市委、乐陵市人民政府主办，乐陵市党史史志办公室承编，2013年创刊。《乐陵年鉴》2014卷，2014年10月由中国文史出版社出版，主审宋秀利、主编吕建新，大16开本，45万字，印数1000册，定价298元。全书设特载、大事记、乐陵概况、机构人物、党务政务、人大政协、群众团体、军事、政法、招商引资与园区建设、经济管理、

工业、农业水务、商贸流通、城建环保、交通通信、财政税务、金融保险、教育、卫生计生、科技气象、文化广电体育、社会事业、乡镇（街道）概况、附录25个栏目。

（宋秀利　李　鹏）

【乐陵市党史史志办开展年鉴业务培训】 2014年4月16日，乐陵市党史史志办开展年鉴业务培训，邀请德州市史志办有关业务人员授课。培训会上讲授了年鉴的基础知识和条目的编写，就年鉴的性质、资料的收集途径、文稿的质量与要求、行文应注意的事项进行了详细讲解，并对撰稿过程中可能出现的问题进行了提示。市直各单位及乡（镇、街道）130名年鉴撰稿人参加培训。

（宋秀利　李　鹏）

【《齐河年鉴》2013卷出版】 《齐河年鉴》由中共齐河县委、齐河县人民政府主办，齐河县地方史志办公室编，2009年创刊。《齐河年鉴》2013卷，主编郝德禄，副主编刘勇、葛全恩，90万字，大16开本，印数500册。年鉴增设了"热议话题""文史考述""著述""发现"栏目。资料翔实、数据精确、图文并茂，全面反映了齐河县2013年自然、政治、经济、文化、社会、生态文明等各方面的发展变化情况，真实再现了齐河县跻身全省三十强的历程，集中展示了全县在"率先跨越发展、实现三年倍增、建设幸福齐河"的过程中获得的新成就、新经验。

（刘　勇）

【聊城市东昌府区召开全区史志年鉴工作会议】 2014年2月27日，聊城市东昌府区召开全区史志年鉴工作会议。区委副书记、区政协主席毕黎明，区人大常委会副主任郭振明，区政协副主席姚立星，区政府办公室主任孟凡志等出席会议。区政府副区长郭海英主持会议。各镇（街道）党委、镇政府（办事处），嘉明经济开发区、凤凰工业园党委、管委会，区直各部门（单位）的分管负责人及先进个人参加会议。会议总结了《东昌府区志》《东昌府年鉴》编纂情况；宣读了《关于表彰全区史志年鉴工作先进单位和先进个人的决定》，对近年来在史志年鉴工作中做出突出贡献的21个先进单位和39名先进个人给予表彰；传达了《东昌府年鉴》2012　2014卷、《东昌府区情手册》和《东昌府区镇（街道）、园区志》编纂方案的通知。会议决定，启动《东昌府年鉴》2012—2014卷、《东昌府区情手册(2014)》《东昌府区镇（街道）、园区志》的编纂工作。

（东昌府区史志办）

【聊城市东昌府区举办史志年鉴业务培训班】 2014年4月11日，聊城市东昌府区史志年鉴业务培训班在东昌府区委党校举办，全区140多个单位的撰稿人参加了培训学习。培训共分三部分：正确认识年鉴，努力编好年鉴；志书编纂中的几点注意事项；东昌府区镇（街道）、园区志编纂要求。

（东昌府区史志办）

【《滨城年鉴》2008—2012 卷出版】 《滨城年鉴》2008—2012 卷，由中共滨城区委、滨城区人民政府主办，是撤市设区后首卷年鉴。本卷年鉴 2013 年 1 月开始启动编写工作，10 月完成初稿。2014 年 4 月，由中国国际文化出版社正式出版发行出版，主编张海娟、宋全梅、刘桂珍，副主编苑立新、吕晓路、路洁，16 开本，65 万字，彩页 53 张，印数 1000 册。全书设大事记、全区概况、开发区建设、党派·群团、政权·政协、军事·法制、经济管理、农业、工业、交通·邮电、建设·环保、财税·金融、商业贸易、教育、科学技术、文化·旅游、卫生·体育、社会生活、乡镇·街道、人物 20 个类目，主要收录了 2008—2012 年度滨城区境内的大事、要闻。

（刘桂珍）

【《无棣年鉴》2008—2011 卷出版】 2012 年 10 月，《无棣年鉴》2008—2011 卷编纂工作启动，2014 年 11 月由方志出版社出版发行，主编刘长雨，67.5 万字，彩页 60 页，印数 1000 册。全书设特载、大事记、县情概况、党派群团、政权政协、军事、法制、经济管理、农业、工业民营、招商引资园区建设、交通邮电、住建环保、财税金融保险、贸易、教育科技、文化旅游、卫生体育、社会生活、乡镇街道概况、人物、附录。

（刘长雨）

【《曹县年鉴》创刊】 2014 年 9 月，《曹县年鉴》2014 卷由黄河出版社印刷出版。本卷年鉴是由曹县人民政府主办、曹县地方史志办公室承编的首部地方综合年鉴。主编董梁英，副主编付强、潘晓霞，书号 ISBN978-7-5460-0598-0，107 万字，16 开本，印数 1000 册，定价 198 元，全面翔实地记述了 2010 年至 2013 年四年间曹县政治、经济、文化、社会等方面的基本情况。2014 年 4 月，《曹县年鉴》2014 卷编纂动员会召开，对全县供稿人员进行培训，正式启动编纂工作；6 月份，全面完成鉴稿征集工作。

（董梁英　刘　茹）

【《成武年鉴》2014 卷出版】 《成武年鉴》由成武县人民政府主办，成武县史志办承编，1987 年创刊。至 2014 年已编辑出版 18 卷、近 1000 万字，2008 年起实现了逐年出版。《成武年鉴》2014 卷，2014 年 10 月出版发行，主编杨海涛，副主编李丙新、朱忠磊、刘刚、杜丹丹，书号ISBN978-988-19658-6-8，大16开本，约61万字，印刷1500册，定价200元。在年鉴编纂过程中，坚持“真实、翔实、朴实”编纂原则。所有条目一律署撰稿者姓名，条目报送前，单位盖章、主要负责人签字。年鉴编辑做到边收稿、边编辑、边审稿，压茬进行。总纂、终校、定稿、排版设计、印刷出版各个环节，紧紧相扣，确保年鉴按时出版。

（杨海涛）

【《巨野年鉴》2014卷出版】《巨野年鉴》由巨野县人民政府主办、巨野县地方志办公室承编，2013年创刊。《巨野年鉴》2014卷为第2卷年鉴，2014年12月由中国国际文化出版社出版发行。主编朱传成，副主编孟福燕、王瑞、赵永超。书号ISBN978-988-20592-8-3，16开本，48万字，印数1000册，定价198元。全书共设特载、大事记、县情概览、政党政务、群众团体、政法军事、经济管理、农业、工业、服务业、建设环保、交通邮电、财政税务、金融保险、教育科技、文体旅游、卫生医疗、社会生活、镇街概述、人物、附录21个栏目。全面记述巨野县自然、政治、经济、文化、社会、民生等方面的资料性文献。

（王　瑞）

【《鄄城年鉴》2014卷出版】《鄄城年鉴》是由鄄城县人民政府主办，鄄城县地方史志办公室承编的综合性地方年鉴，1997年创刊。《鄄城年鉴》2014卷，2014年10月由中国国际文化出版社出版发行，主编黄贤清、吴延灵，副主编陈晓梅、王倩、苏兆翟，书号ISBN978-988-19728-1-1，16开本，65万字，印数1200册，定价360元。全书设21个部类，八百余幅图片，全面系统地记载鄄城县2013年政治、经济、文化、社会的基本面貌和发展概况，突出了鄄城“伏羲桑梓·尧舜故里”千年古县的地方特色。

（孙凤春）

【《东明年鉴》2014卷出版】《东明年鉴》由东明县人民政府主办、东明县志办公室承编，2013年创刊。《东明年鉴》2014卷为第2卷年鉴，2014年11月由中国国际文化出版社出版，主编孔建民，书号ISBN978-988-20186-1-7，889×1194毫米，16开本，91万字，印数1000册，定价310元。全书共设特载、大事记、县情概览、政党、政权、政务、政协、群团、军事、政法、工业、农业、黄河·水利、服务业、民营经济·招商引资、综合经济管理、城建·交通·供电、教育·科技、文化·体育·卫生、社会生活、乡镇（街道办）开发区、人物、附录23个栏目，记述2013年度东明县自然、政治、经济、文化、社会等诸方面的基本情况，在卷首设置党和国家领导人对史志工作的讲话批示、数字东明等内容。在年鉴编纂过程中，东明县志办总结了第1卷年鉴编纂中的不足，对年鉴篇目进行重新规划调整，使之更加科学合理。县政府办公室下发文件，印发《编纂方案》，部署供稿任务。召开了全县年鉴编纂工作会议，分管副县长到会讲话，对年鉴编纂工作进行全面安排部署，加快了供稿进度。

（任东方）

专业年鉴编纂与出版

【《中共山东年鉴》2014 卷出版】《中共山东年鉴》由中共山东省委主办，中共山东省委党史研究室承编。该书 2002 年创刊，面向国内外公开出版发行，每年出版 1 卷，至 2014 年，已连续出版 13 卷。《中共山东年鉴》2014 卷，由黄河出版社出版，主编常连霆，副主编林杰、席伟、李晨玉、韩延明、臧济红，大 16 开本，200 万字，印数 2600 册，定价 268 元，全面反映 2013 年度山东各级党组织工作情况和基本经验。设中共山东省委工作概况、政治纲要、大事记、省委各部门及工青妇工作概况、党风和党纪、武装工作、党建论坛、执政论坛、重要纪事、市委工作概况、县（市、区）委工作概况、高校党委工作概况、企业党建、农村党建、社区党建、机关党建、改革和创新、光荣榜、山东省党组织发展统计资料等 19 个部类，内容翔实准确。

（省委党史研究室）

【《山东档案年鉴》2014 卷出版】《山东档案年鉴》由山东省档案局主办，国内外公开出版发行，2012 年创刊。自创刊至 2014 年，每年出版 1 卷，已连续出版 3 卷。2014 年，《山东档案年鉴》进行了全面改版，在结构框架、内容整合等方面进行了优化。《山东档案年鉴》2014 卷，由山东人民出版社出版，主编杜文彬，副主编苏东亮、陈孟继、张殿恒，16 开本，72 万字，印数 2000 册，定价 168 元，是一部全面反映 2013 年山东省档案事业发展基本情况的综合性、资料性的大型文献与工具书。包括山东省档案事业发展概况、档案法规与标准化工作、档案馆工作等 13 个部分，所采用的资料由山东省档案局馆、各市档案局馆、省直有关部门、省属各大企业等有关单位提供，内容翔实准确。

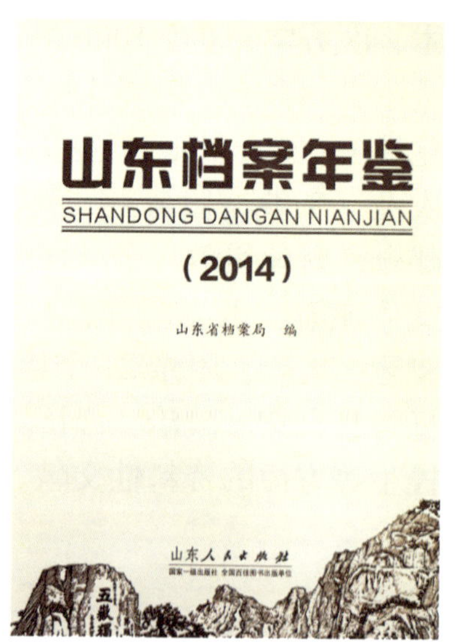

（江　心）

【《山东教育年鉴》2013 卷出版】《山东教育年鉴》由山东省教育厅组织编纂，

2002年创刊。至2014年，已经连续出版13卷。《山东教育年鉴》国内公开出版发行，自创刊以来，先后由齐鲁书社、山东教育出版社、黄河出版社出版发行。《山东教育年鉴》2013卷，2014年3月由山东教育出版社出版，主编陈光华、副主编李良斋、荆戈，书号ISBN978-7-5328-8310-3，16开本，217.9万字，印数1200册，定价260元。主要设置特载、领导讲话、教育事业统计、大事记、综合管理、各级各类教育、科学研究与教育教学研究、教育宣传、招生考试、各市教育、普通高等学校、独立学院、成人高等学校、先进个人与先进单位、教学与科研成果获奖、文件选编等基本栏目。收录内容与部门工作相结合，部分工作进行了综合归纳与调整。紧跟教育改革发展，增设“素质教育”“职业教育建设年”等内容，更加准确反映教育全貌。

（张文哲）

【《山东科技年鉴》2013卷出版】《山东科技年鉴》是由山东省科技厅主办、山东省科技情报研究所承编的地方性专业年鉴，2004年创刊，逐年出版。每卷95万字左右，公开出版发行，主要服务对象是全省科技管理人员及科技工作人员。自2008卷开始增加索引，增强年鉴的实用性，年鉴体例更加完备。《山东科技年鉴》2013卷，2014年3月由科学技术文献出版社出版，主编刘为民，副主编张士新，书号为ISBN978-7-5023-8508-8，开本889×1194毫米，16开本，92万字，定价300元，印刷1600册。全书设有科技管理、行业科技进步、高新技术产业开发区科技发展、高校科技发展、科研院所科技发展、区域科技发展、科技成果奖励、科技统计、大事记以及特载、附录等。通过刊载大量权威实用的科技资料，展示山东省科技事业发展历程和辉煌成就。

（杜启明）

【《山东人力资源和社会保障年鉴》2014卷出版】《山东人力资源和社会保障年鉴》由山东省人力资源和社会保障厅承编，2004年创刊，自创刊至2014年底，《山东人力资源和

社会保障年鉴》已连续出版11卷。《山东人力资源和社会保障年鉴》2014卷，2014年7月由山东友谊出版社出版，主编李广林，书号ISBN978-7-5516-0716-2，大16开本，70万字，印数1000册，定价298元。全书设文献、全省人力资源和社会保障工作、各市人力资源和社会保障工作、规范性文件、全省人力资源和社会保障大事记、全省人力资源和社会保障统计资料、附录等栏目，全面、准确反映年度全省人力资源社会保障各项事业取得的成就，详细记述了年度内业务层面的工作亮点和解决人民群众普遍关心的热点、难点问题情况。

（陈明乾）

【《山东国土资源年鉴》2014卷出版】《山东国土资源年鉴》由省国土资源厅主办、山东国土资源年鉴编辑部承编，2011年创刊，国内外公开出版发行。自创刊至2014年底，已连续出版4卷。《山东国土资源年鉴》2014卷，2014年12月由山东省地图出版社出版，主编赵培金，副主编滕红光，大16开本，94.8万字，印数2500册，定价198元。主要记载山东国土资源现状、国土资源利用与管理情况，特殊情况适当上溯或下延。全书设八个栏目：重要文件选编、重大活动专述、国土资源行政、专业进展、市、县（市、区）国土资源工作、法律法规、统计资料、附录。为突出年度特色和增加信息含量，本卷年鉴在文前彩页增加先模人物的彩色图片，并在附录选登2013年度获奖调研报告，直观反映山东国土资源行政管理的发展变化。

（纪玉东）

【《山东建设年鉴》2014卷出版】《山东建设年鉴》由省住房城乡建设厅主办，省建设发展研究院承编，2007年创刊。自创刊至2014年底，已连续出版8卷。《山东建设年鉴》2014卷，2014年10月由黄河出版社出版，主编崔秀顺、朱洪祥，副主编于秀敏、雷刚，书号ISBN978-7-5460-0597-3，字数100.2万字，印数2000册，定价480元。全书设特载、建设大事记、住房城乡建设总述、城镇化与城乡规划、城市建设与管理、住房保障、房地产业、住房公积金、村镇建设、工程建设管理、建筑业、勘察设计、建筑节能与建设科技、建设法制、外事外经、机关建设、各市城乡建设、政策文件、附录等19个栏目，全面记载上年度全省和各市住房城乡建设事业改革发展的总体情况以及取得的重大成就。

（周建滨）

【《山东水利年鉴》2013卷出版】《山东水利年鉴》由山东省水利厅主办、山东省水利信息中心承编的资料性工具书，自1993年开始，每年编印一卷。截至2014年，总共刊印20卷。《山东水利年鉴》2013卷，主编李光，副主编赵新、刘汉刚、郑继胜，16开本，47万字。全书设置有特载、重要文献、水资源、水文、防汛抗旱、建设管理、农村水利、跨流域调水工程、生态治理、移民扶持、外经外事、水政法规、规划计划、勘测设计、科技教育、工程管理、第一次全省水利普查、财务管理、流域水利管理、政务事务、党务工作、水利经营、地方水利、山东省水利大事记、附录共25个栏目，全面真实、系统记载山东省水利事业发展状况。

（张昊鹏）

【《山东商务年鉴》2014卷出版】《山东商务年鉴》创刊于2010年，由山东省商务厅主持编纂，是全面系统地记述山东商务经济年度运行情况的专业年鉴。其前身为2002年创刊的《山东对外经济贸易年鉴》。《山东商务年鉴》2014卷，2014年4月出版，主编石光亮，副主编李志林，48万字，印数1000册。全书设重大商务活动、导向性文件、规范性文件、业务统计、业务综述、市级商务、大事记7个栏目。其中，重大商务活动以彩图形式呈现，其他栏目以文字、图表形式呈现。印刷时间从以往的四季度提前到5月份，质量和时效性都有了大幅度提高。

（陈爱国）

【《山东地税年鉴》2014卷出版】《山东地税年鉴》由山东省地方税务局主办、山东省地税局办公室承编，自1999年开始编纂。自创刊至2014年底，已连续出版16卷，其中，除2004卷至2012卷作为内部资料印刷出版外，其余年份的年鉴均由中国税务出版社出版，在国内外公开发行。自2006年开始，《山东地税年鉴》中间部分开始加插17市彩页，对各市地工作情况进行简单综合介绍。自2013年开始，每卷年鉴配套电子光盘，方便查阅。《山东地税年鉴》2014卷，共设6个栏目：重要文献、全省地税工作、各地地

税工作、统计资料、机构和人员、附录，主要记载2013年山东地方税收的基本资料。为突出各市地工作特色，卷内设17市地彩色图片专辑，介绍各市地近年来的工作情况及相关特色工作；内部市地工作概述中设随文图片，直观反映各地工作情况；附录中主要收录山东省地方税务局大事记、山东地税系统获省厅级以上荣誉称号的先进单位情况。

（蔺　萍）

【《山东广播电视年鉴》2014卷出版】《山东广播电视年鉴》从1994年起逐年编印，一年一卷，截至2014年已连续发行21卷，主要反映上年度全省广播电视系统宣传、改革、事业建设等方面的新变化、新成绩、新经验和重要活动。1999年前主要内容有：文件选载、概况、文艺综述、会议、专论、经验总结、听众观众调查、新节目选介、音像书报刊、评奖、机构与团体、人名录、人物志、统计、对外交流、图片等。2000年前为32开本，每卷平均35万字；2001年至2007年为16开本，每卷40万字。2008年起改为大16开本，增加了一些新栏目、新内容和随文图片，质量得到大幅提高，每卷60万—70万字。《山东广播电视年鉴》2014卷，设特载、特辑、概况、大事记、频道节目栏目、受众调查、新媒体、科学技术开发与应用、广播剧电视剧电影、改革创新、学术研究与出版、机构与团体、人物志、人名录、评奖、交流与合作、企业台站17个栏目，以及大量随文图片、表格。

（张　干）

【《山东统计年鉴》2014卷出版】《山东统计年鉴》由山东省统计局主办，是一部全面反映山东省国民经济和社会发展情况的资料性年刊，1989年创刊。《山东统计年鉴》2014卷，2014年8月由中国统计出版社出版，主编刘兴慧、陈汉臻，副主编董晓青、侯长蓬、宋丽萍，书号ISBN978-7-5037-7200-9，190万字，印数3000册，定价460元。全书包括特载、统计表和附录三大部分。特载部分包括政府工作报告、统计公报和统计工作综述，综合反映全省经济社会发展概况和山东省统计工作情况。统计表部分收录了2013年度山东省国民经济和社会发展方面的统计数据，共有二十一篇：综合，国民经济核算，人口，就业、工资和社会保障，固定资产投资，对外经济、旅游和开发区，能源，财政和金融，价格指数，居民生活，城市建设，资源和环境，农业，工业，建筑业，运输和邮电，批发和零售、住宿和餐饮业，教育和科技，

文化、体育和卫生，公共管理和社会服务，各县（市、区）主要经济指标。附录部分包括全国各省（市、自治区）主要经济指标、部分国际统计资料和山东省统计局工作大事记等。

（曹　亮）

【《山东工会年鉴》2014 卷出版】《山东工会年鉴》由山东省总工会主办，山东省工运史研究室承编，刊载全省各级工会组织的基本面貌，年度工作情况和在改革开放及社会主义现代化建设中工会工作出现的新情况、新问题、新进展，1995 年创刊。公开出版发行。自创刊至 2014 年底，《山东工会年鉴》已连续出 20 卷。其中 1995 卷至 2005 卷为 16 开本，2006 卷至 2014 卷为大 16 开本。为提高《山东工会年鉴》的编纂质量，省总工会自 1997 年起每年举办一期《山东工会年鉴》撰稿人培训班，对年鉴编纂业务和理论进行深入研讨和学习。《山东工会年鉴》2014 卷，主要记载全省工会组织 2013 年度工作的基本情况和相关信息，特殊情况适当上溯或下延。根据工会工作职能和特点，共设特载、大事记、重大事件、会情概况、史鉴工运、调查研究、经验介绍、理论探讨、先进表彰与先模风采、工运人物、统计数据、附录等 12 个栏目，卷内设有反映全省工会重大事件和发展成就的彩色图片专辑，栏目内记述中设有实用信息表格。

（毕长春）

【《山东社会科学年鉴》2014 卷出版】《山东社会科学年鉴》由山东省社会科学界联合会编纂，2013 年创刊。《山东社会科学年鉴》2014 卷，2014 年 10 月由山东人民出版社出版发行，主编杨瑛，书号 ISBN978-7-209-08577-9，大 16 开本，183 万字，定价 260 元。本卷年鉴，设学科综述、学术活动、获奖名录、科研课题、社科普及、机构、社科联建设、社科界社团、学术报刊、人才队伍、大事记等栏目，记述了上年度山东哲学社会科学事业发展状况和学术动态。

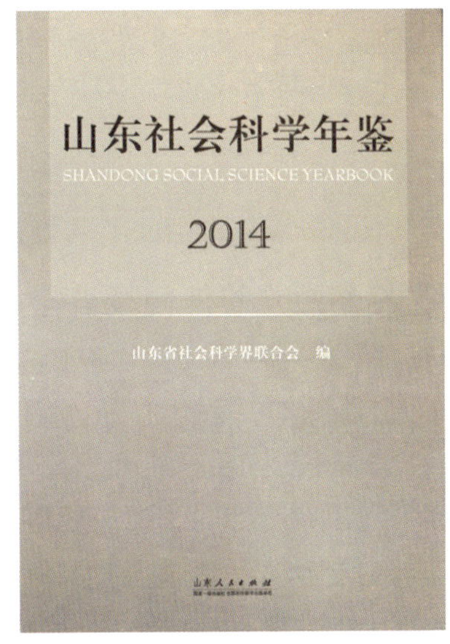

（张守勇）

【《山东金融年鉴》2014 卷出版】《山东金融年鉴》创办于 2000 年 6 月，当时名称为《中国人民银行济南分行金融年鉴》，内容含中国人民银行济南分行辖内山东、河南两省的金融运行态势及状况，至 2004 年共出版 5 卷，主要发行山东、河南两省。自 2005 年起，改为现名，其内容也随之改变。自创办后每年出版一卷，15 年来已经出版了 15 卷，

约3000万字，发行量约68000册，是全国发行量最大的省级金融年鉴。《山东金融年鉴》2014卷，由中国人民银行济南分行主办，山东省各金融监管部门及各金融机构集体编纂，2014年12月由中国财政经济出版社出版，主编杨子强，副主编肖龙沧，书号ISBN978-7-5095-5637-5，200万字，16开本，印数4500册，定价260元。年鉴汇集山东省银行、证券、保险、信托等金融机构业务运作和经营活动情况，共分综合篇、机构篇、区域篇和资料篇四大部分十五小部分。综合篇含山东省金融运行报告、中央银行、银行、证券、保险监管局的运行报告；机构篇含政策性银行，国有商业银行，股份制商业银行与外资银行，城市商业银行及城乡信用社，证券公司、保险公司、信托投资公司、财务公司等金融机构的运行报告；区域篇含鲁中、鲁东、鲁北和鲁南等山东省四大区域各市及区县的金融运行报告；资料篇含金融统计资料，金融机构概览及全国主要经济金融指标等相关数据资料。

（宋文胜）

【《济南铁路局年鉴》2013卷出版】《济南铁路局年鉴》由济南铁路局主办，《济南铁路局年鉴》编委会承编，1991年创刊，是刊载济南铁路局年度局情的资料年刊，全面系统记录了铁路局改革发展、运输经营、铁路建设等工作。自创刊至2014年底，从铁路局内部资料到中国铁道出版社公开发行，已连续出版23卷，均为一年一卷。2014年开始国内公开出版发行。《济南铁路局年鉴》2013卷，2014年12月由中国铁道出版社出版，73万字，16开本，印数500册，定价180元。主要记载济南铁路局2012年度基本情况，特殊情况适当上溯或下延。设特载、大事记、概述、运输生产、铁路建设、经营管理、科技教育、多元经济、党务工作、政法人民武装、工会共青团、运输单位、合资公司、人物、附录15个栏目。为突出年度特点，本卷年鉴“特载”栏目选登2012年度在全局有重大影响的重要文献等专文，卷内设反映全局重大事件和发展成就的彩色图片，栏目内设随文图片和有关实用信息表格。

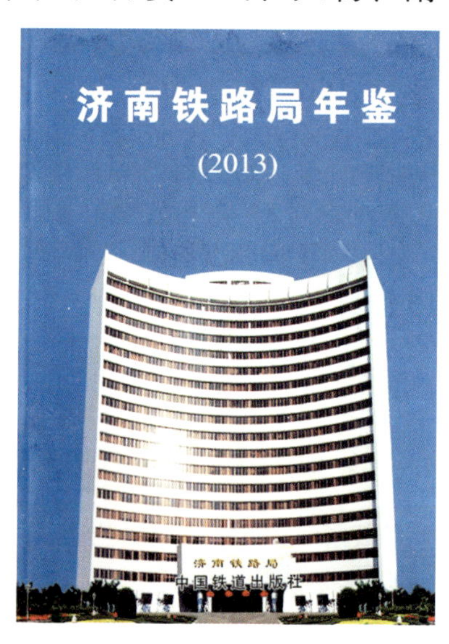

（崔 红）

【《胜利油田年鉴》2014卷出版】《胜利油田年鉴》由胜利石油管理局、胜利油田分公司主办，胜利油田分公司总经理办公室（政策研究室）承编，1986年10月创刊。国内公开出版发行。自创刊至2014年底，《胜利油田年鉴》已连续

出版29卷。《胜利油田年鉴》2014卷，2014年11月由中国石化出版社出版，主编丁东龙，副主编张树友、任来青，书号ISBN978-7-5114-3076-2，68万字，16开本，印数800册，定价158元。全书共设17个类目：特载、专文、大事记、概况、油气生产、生产管理、经营管理、生产经营监督、科学技术、行政管理、党群工作、公益事业、二级单位、专业公司、先进集体·先进个人、资料数据、附录，主要记载胜利油田2013年度各行业、各单位工作的基本情况、发展成就、最新成果及有关资料。为突出年度特点，本卷年鉴“特载”栏目选登2013年度在全油田有重大影响的重要文献，卷内设反映胜利油田重大事件和发展成就的彩色图片专辑，栏目内设随文图片。

（兰　峰）

【《山钢年鉴》2014卷出版】《山钢年鉴》由山东钢铁集团有限公司主办，主要记录山钢集团及各权属单位重点工作，展现改革发展的重要成果，2010年创刊。国内外公开出版发行。自创刊至2014年底，《山钢年鉴》已连续出版5卷。除2009—2010卷为合订本外，其余年份均为一年一卷。《山钢年鉴》2014卷，2014年11月由冶金工业出版社出版，主编李自然，副主编封常福、张海明、于华，书号ISBN978-7-5024-6775-3，70.9万字，16开本，印数700册，定价169元。主要收录2013年发生在山钢集团的大事要闻，有些资料适当上溯或下延。全卷设特载、概况、专论专文、大事记、机构与人事、专项工作、战略合作与交流、党的群众路线教育实践活动、专业管理、党群工作、山钢股份、权属企业（单位）、统计资料、荣誉、附录，共15个栏目。卷首刊载了反映山钢集团重大事件、重要工作、特色产品的彩色图片。全面展现了山钢集团按照省委、省政府确定的“资产重组、淘汰落后、调整布局、提升档次”的指导方针，推进“突出沿海、优化内陆，精品与规模并重”的发展战略，明确“以钢铁产业为主导，注重发展钢铁资源产业，适度发展金融等相关产业”的产业定位，努力建设现代化的、具有国际竞争力的世界一流钢铁强企的发展历程。

（于　华）

【《济钢年鉴》2014卷出版】《济钢年鉴》由济钢集团有限公司办公室编纂，1987年创刊。《济钢年鉴》2014卷，是连续出版的第28部年鉴，2014年12月由冶金工业出版社出版，主编左海青、李学

玉，副主编曹清华、金莲华，书号ISBN978-7-5024-6796-8，75万字，16开本，印数400册，定价128元。全书设特载、会议报告、概况、大事记、合作交流、科技进步、专项工作、党的群众路线教育实践活动、专业管理、党群工作、山东钢铁股份有限公司济南分公司工作、集团所属生产单位子分公司工作、先进与荣誉、媒体看济钢、统计资料、附录16个栏目，全面记载了济钢集团2013年的生产经营建设、改革发展及精神文明建设等方面的情况。

（王德志）

【《莱钢年鉴》2014卷出版】《莱钢年鉴》是由莱芜钢铁集团有限公司主办的企业年鉴，创办于1993年，国内外公开出版发行。自创刊至2014年底，《莱钢年鉴》已连续出版22卷。其中，除1994年补编的1991—1992卷为两年合卷外，其余年份均为一年一卷。《莱钢年鉴》2014卷，2014年9月由黄河出版社出版，主编鹿凡伟、王辉，副主编李海新，书号ISBN978-7-5460-0598-0，57万字，16开本，印数1200册，定价138元。全书共设特载、领导讲话、大事记、综述、机构与人事、专业管理、科学技术、战略合作、党的群众路线教育实践活动、党群工作、权属单位、改制单位、代管单位、统计资料、荣誉、附录16个类目，真实记载莱钢2013年全公司重大事件、重要工作以及重大活动等，重点突出了对标挖潜、降本增效、战略合作、党的群众路线教育实践活动等内容。

（李海欣）

【《曲阜师范大学年鉴》2014卷出版】《曲阜师范大学年鉴》由曲阜师范大学编纂，1992年创刊。《曲阜师范大学年鉴》2014卷，2014年8月出版，主编纪洪涛，副主编朱莉雅、尹利，印数300册。全书共设置曲阜师范大学2013的发展概况、特载、党政重要文件、机构设置与干部名单、党建与思想政治工作、纪检监察与审计工作、工会（妇委会）与离退休工作、学生工作、教育教学管理、学科建设与人事人才工作、科研工作、校友与服务地方工作、国际交流工作、办学支持条件建设、图书情报与档案管理、学报与校报工作、附属单位工作、学院部工作、媒体看曲师大、大事记、表彰与奖励等栏目，卷首设新闻图片。全面、系统、准确地记录学校年度综合信息。

（朱莉雅）

【《山东理工大学年鉴》2014 卷出版】《山东理工大学年鉴》2014 卷，全面记载学校 2013 年改革与发展基本情况及重大活动的史料性文献资料。共设 15 个部类：特载、学校工作概述、机构与干部、教育教学与人才培养、发展规划与科学研究、党建与政治思想工作、行政工作、学院工作、人物、毕业生名单、文献、统计资料、表彰与奖励、大事记和媒体报道选辑。

（淄博市史志办）

【《山东农业大学年鉴》2013 卷出版】《山东农业大学年鉴》是由山东农业大学主办，1993 年创刊，至 2014 年，已编辑出版 21 卷，全面客观翔实地记载学校教学科研、社会服务及文化传承创新等各个方面发展改革的成就。《山东农业大学年鉴》2013 卷，2014 年 7 月由山东人民出版社出版发行。该卷年鉴设栏目 19 个，主要包括：学校现状、重要文件、活动特载，教育与教学、科研与科技开发、科研平台与学会、党群工作、行政管理、校友工作、后勤保障、南校区工作、东校区工作、白马河农场、学院工作，表彰与奖励、毕业生名单、对外宣传报道、大事记等；分目近百个。优化装帧设计，将原来的 32 开本改为 16 开本。

（刘洪仁）

【《青岛科技大学年鉴》2013 卷出版】《青岛科技大学年鉴》由青岛科技大学编纂，1992 年创刊。《青岛科技大学年鉴》2013 卷为第 24 卷，2014 年 6 月出版，主编刘永红，副主编宋群豹，印数 200 册。全书设概况、大事记、人才培养、学科建设、科学研究、国际交流与合作、党务工作、行政工作、院（部）工作、人物、表彰、委员会、规范性文件选编、统计资料等栏目，内容翔实、逻辑性强、检索方便，已成为学校的重要资料。

（赵　军）

【《山东交通学院年鉴》2013 卷出版】《山东交通学院年鉴》2002 年创刊，是山东交通学院的综合性资料年刊。自创刊至 2014 年底，《山东交通学院年鉴》已连续出版 11 卷。除 2002—2003 卷为两年合卷，其余年份均为一年一卷，2002 年至 2010 年为内部刊物，2011 年始由中国水利水电出版社公开出版。2013 年开始，《山东交通学院年鉴》采用全新的大 16 开本，纸质版和电子版同时出版发行。《山东交通学院年鉴》2013 卷，2014 年 12 月由中国水利水电出版社出版，主编徐晓红，副主编程伟渊、闫荣双，书号 ISBN978-7-5170-2724-9，64 万字，16 开本，印数 300 册，定价 168 元。本卷年鉴，设置学

校概况、特载、专文、机构与队伍、党建与思想政治工作、教育教学与人才培养、教科研与学会协会、管理与服务、群众团体与校友联谊、学院建设、新增规章制度目录、表彰与奖励、大事记、重要报道选辑等14个部类。与上卷相比，增加“序言”“校友会及校友联谊工作”，“成人教育工作”变更为“继续教育工作”，增加了“英文目录”“主题索引”等检索方式。全面、客观、系统地记述了2013年山东交通学院事业发展及重大活动基本情况。

（李　玮）

【《中共淄博年鉴》2014卷出版】《中共淄博年鉴》由中国共产党淄博市委主办。《中共淄博年鉴》2014卷，2014年11月由中共党史出版社出版，全书120万字。记述了2013年度淄博市各级党组织的工作情况和基本经验。全书设以下部类：中共淄博市委工作、政治纲要、大事记、人大·政府·政协党组工作、党风党纪工作、武装工作、法院·检察院党组工作、市委各部门工作、群团党组工作、市政府主要部门党组（党委）工作、党建论坛、执政论坛、区县委·高新区工委·文昌湖旅游度假区工委工作　镇（街道）党（工）委工作、高校党委工作、企业党委工作、机关党建典型、企业党建典型、农村党建典型、社区党建典型、改革创新典型、光荣榜、淄博市党组织发展统计资料和附录。

（淄博市史志办）

【《淄博财政年鉴》2014卷出版】《淄博财政年鉴》2014卷，2014年12月由中国财政经济出版社出版，全书67万字。全面、客观、系统地记录了2013年市、区县及重点街道办事处财政工作完成情况，机构人员变动及获得表彰情况，年内出台的重要财政文件，反映财政经济发展成果的图片资料等。全卷包括大事记、机构和人员、特辑、财政文选、全市财政工作、区县财政工作、重要法规政策和财经统计资料八个部分。

（淄博市史志办）

【《周村统计年鉴》2013卷印行】《周村统计年鉴》是一部逐年编纂的大型统计资料工具书，主要内容包括：综合、农林牧渔业、工业、固定资产投资、建筑业、房地产业、国内贸易、对外经贸、财政、税务、金融、保险、劳动工资、市场物价、人口与人民生活、交通运输、邮电、供电、科技、教育、文化、卫生、体育、民政、档案、城市建设、节能减排、环境保护等。2014年6月，《周村统计年鉴》2013卷发行。该年鉴由淄博市周村区统计局编纂，主编刘绵伟，副主编李维政、杨廷章，全书45.9万字。

（淄博市史志办）

【《高青统计年鉴》2014卷印行】《高青统计年鉴》2014卷，由高青县统计局编辑。全面反映2013年高青县国民经济和社会发展情况，载录了各专业、各部门、各单位的统计资料，包括综合、核算、农业、农经、工业、国内贸易业、建筑业、固定资产投资、价格指数、居民生活、劳动工资、交通、邮电、文教、卫生、体育、计划生育、财政、金融、保险、公用事业等部分。

（淄博市史志办）

【《沂源统计年鉴》2014 卷印行】 《沂源统计年鉴》由沂源县统计局主办，创刊于 1974 年，原名《沂源统计资料》，1990 年改名为《沂源统计年鉴》。《沂源统计年鉴》2014 卷，主要内容包括综合、农业、工业·能源、交通·邮电·旅游、固定资产投资·建筑业、劳动工资、国内外贸易·物价、财政·金融、科技、教育·卫生、文化·档案·体育、人民生活、环境保护等，并附有 2013 年全市及各区县经济指标完成情况和主要统计指标解释，全面反映沂源县国民经济和社会发展情况。

（淄博市史志办）

【《东营统计年鉴》2014 卷印行】 《东营统计年鉴》由东营市统计局、国家统计局东营调查队承编，是一部全面反映东营市国民经济和社会发展情况的资料性年刊。2003 年创刊，一年一鉴。年鉴内容主要包括：综合、从业人员及劳动报酬、固定资产投资、财政金融保险、物价、居民生活、农林牧渔业、工业能源、建筑交通邮电旅游、国内外经济贸易、科技教育文化卫生广电等十一部分。书末还附有分乡镇主要经济指标、各市主要指标、《中华人民共和国统计法》等。年鉴辑入的统计数据以上一年度为主，为方便读者使用，主要指标还列示了 1978 年以后各年度的统计数据。

（李中华　黄学桂）

【《东营区统计年鉴》2014 卷印行】 《东营区统计年鉴》由东营区统计局主办，创刊于 1984 年，原名《东营市东营区国民经济统计资料》，2002 年改名为《东营区统计年鉴》。《东营区统计年鉴》2014 卷，主要内容包括：综合，农、林、牧、渔业，工业及建筑业，贸易业，固定资产投资，财政、金融，教育、卫生及计划生育，劳动工资，城镇和农村住户，其它。书末还附有《统计法》《统计违法违纪行为处理规定》《山东省统计管理条例》和主要统计指标解释等。全面反映东营区国民经济社会发展情况。

（郭大勇　李　鹏）

【《河口统计年鉴》2014 卷印行】 《河口统计年鉴》由河口区统计局主办，是一部全面反映河口区国民经济和社会发展情况的资料性年刊。创刊于 2002 年，一年一鉴。《河口统计年鉴》2014 卷内容主要包括：综合、农林牧渔业、工业、建筑业、固定资产投资、批发零售贸易餐饮业、运输邮电业、居民生活、劳动工资、人口、教育、卫生、财政等。书末还附有新的《中华人民共和国统计法》《统计违法违纪行为处分规定》、主要统计指标解释等内容。

（潘春芳）

【《利津统计年鉴》2014 卷印行】 由利津县统计局、国家统计局利津调查队联合主办，创刊于 2003 年。《利津统计年鉴》2014 卷的主要内容包括：综合、农业、工业、建筑交通邮电、固定资产与投资、批发零售与贸易、财政金融、劳动工资、居民生活与物价、教育卫生、附录。

（王曰华）

【《广饶统计年鉴》2014 卷印行】 《广饶统计年鉴》创刊于 1963 年，原名《广饶县国民经济统计资料》；1975 年以前，统计资料有多年卷本和一年卷本，自

1976年开始实现一年一卷。2002年更名为《广饶统计年鉴》。自创刊至2014年底，《广饶统计年鉴》编印45卷，出版形式为内部资料。《广饶统计年鉴》2014卷由广饶县统计局承编，主编张永华，2014年8月出版，主要记载2013年数据。内容包括：特载，综合、农业、工业能源、建筑业、固定资产投资及房地产、国内外贸易、电力交通邮电、财政金融、文化教育卫生环保、居民生活、劳动工资、乡（镇、街）基本情况，附录等。

（彭建新　董　军）

【《烟台市莱山区统计年鉴》2013卷印行】 2014年7月，《烟台市莱山区统计年鉴》2013卷出版发行。该书收录了烟台市莱山区2013年经济和社会各方面的详细统计数据以及各乡镇的主要统计数据，包括行政区划、综合、农业、居民生活、工业、能源、固定资产投资、建筑业、财税金融、对外经济和旅游、劳动工资、城市建设和环境保护、文教卫生等13部分，同时收录了《莱山区政府工作报告》《2013年莱山区国民经济和社会发展统计公报》和莱山区1994—2013年主要经济指标等内容。突出反映了2013年烟台市莱山区各方面的发展情况，以及全市各县（市、区）横向对比情况，并以统计数据客观反映了建区20年来的发展变化。

（莱山区统计局）

【《潍坊人物年鉴》2014卷出版】 《潍坊人物年鉴》2014卷，由潍坊市地方史志编纂委员会主办，潍坊市地方史志办公室编著。自2013年3月启动，经过近18个月征集、编纂，2014年9月，《潍坊人物年鉴》由黄河出版社出版发行。全书共收录842人，收录的人物分两部分，一是潍坊籍在外地工作的人员，包括党政机关、事业单位正县（处）级以上领导，军队正团级以上干部，各界正高级专业技术职务以上人员，海内外知名人士及在某一领域有突出成就和重要影响者；二是在潍坊市工作的人员，包括副市级以上领导，各县（市、区）党委、人大、政府、政协主要领导，市直各部委办局、事业单位主要负责人，社会知名度较高的企业家、艺术家及各级各类专业人才。主要记述被收录人员的个人简历、主要成果及荣誉。

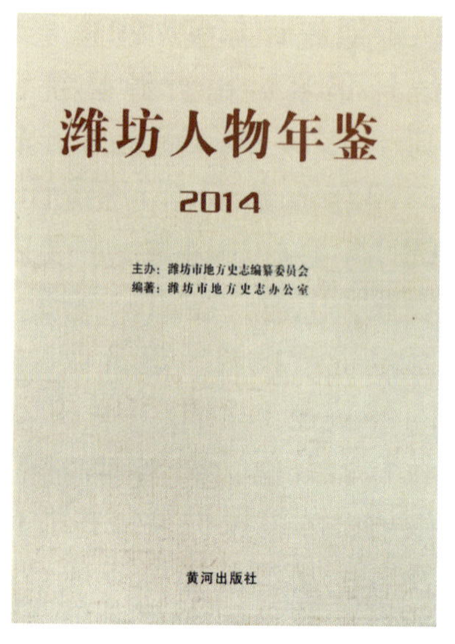

（吕俊峰　王　伟　林荣军）

【《中共潍城年鉴》2014卷出版】 《中共潍城年鉴》创刊于2005年3月。《中共潍城年鉴》2014卷，由中共潍坊市潍城区委主办、中共潍坊市潍城区委党史研究室承办，主编谭宝胜，2014年9月出版，60万字，开本889×1194毫米，印数500册。共设置特载、大事记、概况、党务、政务等22个部类，记述了2013年度潍城区发展情况。

（吕俊峰　王　伟　林荣军）

【《济宁人力资源和社会保障年鉴》2014卷印行】 《济宁人力资源和社会保障年

鉴》，由济宁市人社局编纂，原名《济宁人事（编制）年鉴》，2010年创刊，内部出版。至2014年，已连续出版5卷。《济宁人力资源和社会保障年鉴》2014卷于2014年4月出版。

（陆　波）

【《微山县财政税务年鉴》2013卷印行】《微山县财政税务年鉴》2013卷，汇集了2012年度微山县财税、国税、地税工作有关资料，涉及微山财政、税收政策、法律、法规及规章制度、工作信息和统计资料等，基本反映微山县经济发展状况。全书设图片、文字两部分。财税篇，设特辑、大事记、机构人员、光荣榜、全县财政工作、乡镇（街道）财政工作、财经统计资料、财政法规文件选摘、附录等9部分。国税篇、地税篇，设特辑、大事记、机构人员、光荣榜、国（地）税工作、统计资料、税收法规文件选摘、附录等8部分。年鉴自2013年1月开始搜集资料，经过资料整理、草拟初稿、修改、初审、终审，2013年10月定稿成篇。

（张西海　李　艳　闫红梅）

【《泰安统计年鉴》2014卷印行】《泰安统计年鉴》由泰安市统计局与国家统计局泰安调查队共同编印，收录内容以年度泰安经济和社会发展统计数据为主，是一部反映泰安市国民经济和社会发展情况的资料性年刊，创始于1949年，其间历经变化，于1990年正式使用《泰安统计年鉴》名称，形成系列年鉴资料。收录全市经济和社会各方面大量的统计数据，以及新中国成立以来的主要统计指标。年鉴内容相对固定，包括：特载，行政区划和自然资源，综合，人口、劳动，农业，工业、交通、邮电、能源，固定资产投资、房地产、建筑业，国内贸易，外经、旅游、开发区，财政、金融、保险，物价，人民生活，社会，乡镇基本情况，全省各市主要指标，主要年份各县市区经济指标。《泰安统计年鉴》2014卷，2014年10月编印，20万字，16开本，880×1230毫米，印数1000册。

（戚淑娟）

【《肥城市统计年鉴》2013卷印行】《肥城市统计年鉴》由肥城市统计局编纂，1991年创刊。《肥城市统计年鉴》2013卷，2014年8月出版，主要内容包括2013年肥城市经济综合、农业、农村住户调查、工业、贸易、基本建设、劳动工资、城镇住户等各项统计数字，全面系统记录2013年肥城经济、社会、人民生活等各方面的发展变化情况，主编鲍大庆，全书365页，印数150册，定价180元。

（庄慧丽　郝　航）

【《肥城交通年鉴》创刊】《肥城交通年鉴》由肥城市交通运输局主办，首卷为《肥城交通年鉴》2013卷，2014年6月出版。主编陈东，副主编楚素平，14.3万字，印数500册，设大事记、概述、组织机构、公路、运输管理、交通稽查、客运出租、运输企业、机关政务、党群工作、教育培训、社会生活、人物、先进与荣誉、附录等16个栏目，全面、系统、真实地记述肥城市交通运输发展的新情况、新进展、新变化。

（庄慧丽　郝　航）

【《石特年鉴》2011—2012卷出版】《石特年鉴》由山东石横特钢集团编纂，2006年创刊。《石特年鉴》2011—2012卷，2014年4月由黄河出版社出版，书号ISBN978-7-5460-0501-0，64.7万字，印数500册。该卷年鉴设13个栏目，全面系统地记述了两个年度公司的生产经营、工程建设、科技进步、企业管理、体制创新、昆玉钢铁项目建设等情况。

（马庆明）

【《乳山市统计年鉴》2013卷印行】《乳山市统计年鉴》由乳山市统计局编纂，1989年以前为《乳山市国民经济统计资料》，后改称《乳山市统计年鉴》，为内部性刊物，至2014年，共出版25卷。《乳山市统计年鉴》2013卷，收录2013年乳山市国民经济和社会发展方面的统计数据。全书设自然概况、综合指标，农业，工业与能源等9大部分，并刊载历年主要经济指标。16开本，400页。

（王　浩）

【《莱芜统计年鉴》2014卷印行】《莱芜统计年鉴》由莱芜市统计局编纂。1991年创刊，刊名《莱芜市统计年鉴》。1994年改称《莱芜统计年鉴》。至2014年，连续出版24卷。《莱芜统计年鉴》2014卷内容包括：特载、综合、从业人员和劳动报酬、农业、人民生活、物价、工业、交通、投资、建筑业、贸易、财政、金融、保险、城建、环保、社会、科技、邮电、电力、历年经济和社会发展主要指标、全省各市、淮海经济区各市主要经济指标十六部分，并附有主要统计指标解释。

（亓军华）

【《鲁矿集团年鉴》印行】《鲁矿集团年鉴》由鲁中冶金矿山公司编纂，2000年创刊，至2014年，连续出版12卷，每卷约21万字。记述了该公司在生产经营、改革发展、加强管理等方面取得的新成绩，记载公司重点工作、重要活动以及物质文明和精神文明建设协调发展的情况。

（亓军华）

【《莱城区统计年鉴》印行】《莱城区统计年鉴》由莱芜市莱城区统计局编写，为内部资料，一年一卷。1994年1月开始编写，1994年5月出版，简装32开本，200册，是一部反映莱城区国民经济和社会发展情况的资料性年刊，是认识和研究莱城区情、交流社会信息、制定政策、指导工作的重要资料工具。其内容包括综合、劳动工资、农业、住户调查、工业、固定资产投资、对外经济、商业、财政保险、教育卫生10部分。至2014年，已出版19卷，历任统计局局长任主编，历任副局长、主任科员、总统计师、副主任科员任副主编。

（刘少波）

【《德州统计年鉴》2014卷印行】《德州统计年鉴》由德州市统计局和国家统计

局德州调查队联合编纂。2014年11月，《德州统计年鉴》2014卷正式出版发行。系统收录了全市及各县（市、区）2013年经济和社会发展方面的统计数据，以及自新中国成立以来全市主要统计资料，包括行政区划和气候、综合和国民经济核算、人口、从业人员和职工工资、固定资产投资、农业、工业和能源、建筑业、交通运输和邮电业、内外贸易、民营经济和物价、财政金融、人民生活、城建环保、科技和社会、服务业和旅游调查、全省及各市资料等。

（王立云）

【《聊城统计年鉴》2014卷印行】《聊城统计年鉴》由聊城市统计局与国家统计局聊城调查队共同编印，收录内容以年度聊城经济和社会发展统计数据为主，是一部反映聊城市国民经济和社会发展情况的资料性年刊。收录全市经济和社会各方面大量的统计数据，以及新中国成立以来的主要统计指标。年鉴内容相对固定，为十二部分，包括：特载，行政区划和自然资源，综合，人口与就业，农业，工业，固定资产投资与建筑业，国内贸易与对外经济，居民生活与物价，交通运输与邮电业，财政、金融与保险业，教育、科技、广播、体育、卫生、文化、城市建设和环境保护。并附录了山东省及各市的主要经指标和聊城市统计要事。《聊城统计年鉴》2014卷，2014年10月编印，20万字，16开本，880×1230毫米。

（杨秀岭 张 静 葛 凤）

【《中共定陶年鉴》2014卷印行】《中共定陶年鉴》由中共定陶县委主办，定陶县党史征集委员会承办，2005年创刊。《中共定陶年鉴》2014卷，共设特载、大事记、概况、党务、政务、政法·地方军事、经济管理、招商引资·开发园区建设、农业、工业、交通·邮电·通信·供电、建设·环保、商贸·旅游、财税、金融、社会事业、社会生活、乡镇、理论论坛、光荣榜、附录等栏目。

（李文存 朱向勇 吴 芳）

【《东明县统计年鉴》2014卷印行】《东明县统计年鉴》主要反映东明县年度经济、社会等方面统计数据，每年编纂出版一期。《东明县统计年鉴》2014卷，2014年7月出版，主编张雪琦，副主编油保领、周巧丽，41万字，印数300册。正文设综合，农业，农村住户调查，工业，邮电、交通，贸易、外经，财政、金融，劳动工资，教育、卫生、广播电视，固定资产投资，建筑业，环境保护，行政村通讯录共13章。前言部分有《政府工作报告》和本年度《东明国民经济和社会发展统计公报》。

（任东方）

责任编校：宋 涛

信息化建设

综　述

【概况】 山东省是全国方志系统最早启动史志信息化建设的省份。1996年，山东省省情资料库一期工程顺利完成，成为全国方志系统第一家省情资料库。1998年，又创办了山东省情网。山东省省情资料库、省情网站的建设，受到了省委、省政府的高度重视和大力支持。省委书记姜春云亲自听取汇报，指示财政给予支持。省委书记吴官正曾亲笔为山东省省情资料库题词："融古今省情，继往开来；汇百业信息，富民兴鲁。"省长李春亭主持召开省长办公会，听取省情资料库建设汇报，同意建立山东省省情资料库；省政府将山东省省情资料库作为政府办公信息资源库的一个重要分库，纳入《山东省信息化发展"十五"规划》，列入十大重点工程建设项目，并将地情资料库、地情网站的硬件配置、软件升级、人才培养、项目开发等纳入全省信息化发展的统一规划，全盘考虑。省委、省政府的重视、支持有力地推动了山东省情资料库、省情网站的建设。全省各级党委、政府也高度重视史志系统信息化建设，在资金、人才等方面给予了有力保障。山东省史志办要求"十一五"期间，全省17个市全部建立局域网，所有县（市、区）确保人手一台计算机，省情资料库入库资料达到10亿字左右，市情资料库1亿字左右，县情资料库2000万字以上。没有实现全省互联互通的地情资料库、地情网站，尽快改造升级，纳入统一平台，实现资源共享；市级地情网站拥有独立服务器，独立域名，统一使用整站程序管理。为进一步提高地情资料库、地情网站管理利用水平，山东省史志办每年都进行"优秀地情资料库、地情网站"评选，并根据信息化发展形势不断修改完善评选标准，建立精神奖励和物质奖励相结合的激励机制，推动了地情资料库、地情网站的升级达标。

近年来，全省史志系统主动适应信息化发展新形势，不断对各级地情网站进行升级改版，率先全面建成省、市、县三级地情资料库和地情网站，实现了

2007年10月，全省17市、140个县（市、区）全面完成了地情资料库、地情网站建设工作。2007年11月8日至9日，全省史志系统信息化建设经验交流会暨地情资料库、地情网站建设表彰会在淄博市召开。图为表彰会现场

（供稿　省史志办省情资料处）

互联互通、资源共享。目前，山东省情网已进行了 6 次升级改版。济南、青岛等 8 个市的县级地情网站全部改版，提高了网站的资料性、权威性、实用性和吸引力。临沂市史志办的官方微信、菏泽市史志办的官方微博、乳山市史志办的英文版市情网站等，拓展了史志信息传播范围。同时，山东积极参与全国地方志系统信息化建设，援建了陕西、广西、新疆、四川等地的地情网站，并实现与陕西、广西的地情信息跨省检索。全省信息化建设以各级地情资料库、地情网站建设为基础，坚持全方位推进，不仅从根本上改变了旧的修志模式，实现编史修志由传统手工操作向现代科技手段转变，而且为史志工作适应时代，融入社会，与时俱进，实现全面、协调、可持续发展提供了良好的机遇。全方位推进方志系统信息化建设，有利于促进史志部门的职能转变，提高工作效率和决策水平；有利于改进和完善工作机制，规范管理；有利于增强服务手段和功能，提高服务质量和效益。

借助山东省情网，所取得的关于韩国卢氏源于山东长清的研究成果，促成了韩国前总统卢泰愚 2000 年 6 月 18 日回山东祭祖；泰安市情网主动为招商引资牵线搭桥；临沂市情资料库在临沂“望族文化”研究中发挥了重要作用；淄博市临淄区情网“读者反馈”栏目在网民和政府之间架起了一座桥梁，起到了很好的沟通作用。各级史志部门依托地情网站撰写了一批价值较高的地情研究报告。如山东省史志办以山东省情网为依托，结合山东的旅游现状，进行了一次大型的山东旅游现状调查及开发研究，写出了题为《充分发挥地方志的服务功能，推动我省旅游产业快速发展》的调查报告，得到省委、省政府领导的高度重视，批示将调查报告转发省直有关部门、各地政府，在社会上引起很大反响。《传统民风与山东经济发展辩证思考》《从山东、浙江、广东的经济发展看传统文化的促进作用》分获 2001 年、2003 年度山东省人民政府系统优秀调研成果二等奖。围绕史志工作立法，撰写了题为《依法修志，势在必行》的调研报告，直接促成了《山东省地方史志工作条例》的出台，并获 2005 年度山东省政府系统优秀调研成果一等奖。地情资料库、地情网站为续修志书提供首轮志书资料、年鉴资料和源源不断的地情资料，真正使史志工作成为一项长期的、连续的日常工作。

2014 年，全省有 50 个地情网站完成了改版工作，其中 26 个网站为再次改版。“威海史志”官方微博、“沂蒙史志”官方微信、乳山英文市情网都办出了特色。省、市、县三级地情网（山东省情网、17 个市级地情网、所有县级地情网站）实现了全年安全运转无事故。

（黄建华）

【《山东省地情网站管理规定》出台】 2008 年 8 月，省史志办公室制定印发了《山东省地情网站管理规定》。《规定》共分七章二十六条，分别就地情网站建设原则、办站理念、网站机构及人员管理、网站栏目及内容设置、网络设备管理、网站信息及备份管理、网站安全及保密管理等做出明确的规定和要求。

（省史志办省情资料处）

【山东省地情网站改版工作座谈会召开】 2014 年 8 月 29 日，山东省史志办在济南召开地情网站改版工作座谈会。枣庄、潍坊、济宁三市史志办分管地情网站建设的负责人和技术人员，省史志办省情资料处全体人员参加会议。省史志办副主任郭永生出席会议并作总结讲话。会上，枣庄、潍坊、济宁三市史志办分别介绍了本市及所属县（市、区）地情网站升级改版工作进展情况，并表示立即着手启动县级网站改版工作，年底前完成改版任务。会议指出，当前各市地情网站建设要抓好四个方面的工作：一是尽快研究改版意见，及早启动改版工作。二是作好组织指导，结合本地实际，制定有力措施，攻坚克难，推进工作顺利开展。三是加强工作督导，把县级地情网站改版作为年底前重要任务，安排专人督导推动，做到工作进度和网站质量双提高。四是加强网站安全管理和保密审查，确保网站安全无事故运转。省史志办省情处要加强指导和调度力度，对尚未改版的地情网站倒排工期，半月一统计，半月一调度，半月一汇报。会议强调，有关市级史志部门要提高认识，高度重视，加强协调指导，将县级地情网站改版工作提上议事日程，务必按照年初计划完成改版工作。

（黄建华）

【“沂蒙史志”微信开通】 2014年3月18日，临沂市史志办正式开通官方微信“沂蒙史志”，这是全国史志系统首个官方微信平台。此次上线的“沂蒙史志”微信旨在“关注市情动态、挖掘历史内涵、弘扬沂蒙精神、展示临沂新貌”。设置市情动态、历史上的今天、文化撷英、琅琊风物、探索发现、典籍考辨、文史论坛、史海撷萃、峥嵘岁月、蒙山沂水、古城旧事、史志动态等十余个栏目，每天选取其中四个栏目进行更新，突出实时性、连续性的特点，以订阅号形式接受所有人的关注。受众通过微信扫描二维码或查找微信公众账号“沂蒙史志”即可加关注，实现了群众享用史志地情资料“零距离”。截至年底，已发布信息1500余条，订阅用户数量已超过3000人，栏目信息日访问量持续增长。年内临沂市史志办还积极投入对“智慧临沂”手机客户端的研发。正式发布运行的“智慧临沂”手机客户端可以为受众提供新闻、地情、志鉴、政务、便民等资讯，是便捷的政务手册和民生服务平台。

“沂蒙史志”微信二维码

（杨晓莉　尹双双）

【乳山英文市情网】 2011年6月创建，网址 rssq.rushan.gov.cn 旨在加强对外宣传、交流与合作，让更多的外国友人通过网络直观地了解乳山、熟悉乳山，提高乳山的国际知名度和影响力，是全省第一家县级英文市情网站。该网站设

乳山英文市情网首页

乳山概览、经济发展、文化社会、优势资源、重点产业、旅游观光、对外交往合作、发展规划和投资指南9个栏目，全面展示乳山风采，成为乳山市联接世界的重要窗口。

（王　浩）

省级信息化建设

【概况】 山东省情网是省地方史志办公室主办的政府类、社会公益资源性网站，于1998年开通运行。网站主页按照服务功能分为“新闻中心、史志工作、课题研究、省情专题、省情资料库”五大版块，下设多个专题栏目。具备跨网站、跨服务器海量数据迅捷检索功能，有效链接全省17个市、137个县（市、区）地情网站及陕西、广西、新疆等部分省区地情网站，形成覆盖全省及4省区的地情资料库集群，是全省信息量最大、最权威、受众面最广的地情网站群。近年来，山东省情网站建设适应信息化发展新形势，不断对省情网站进行升级改版，从“+互联网”到“互联网+”，实现了互联互通、资源共享。山东省情网自开通以来，年均点击量50多万人次。截至2014年，山东省情网已进行了6次升级改版，共开设425个栏目，拓展了动漫、视频、卫星地图等功能，访问量达1150万人次。

1997年，《山东省省情资料库建设与开发》研究成果获山东省科技进步二等奖

2008年，山东省情网站被省委宣传部、省政府新闻办公室、省通信管理局授予“山东省优秀网站”称号

报道全省大事、要闻。“山东新闻”突出省委、省政府重大决策部署、省领导重要活动、欧阳中石社会活动及政治、经济、文化类时政要闻，首次使用“视频”形式转载新闻，共发布1247篇，100余万字，图片478幅，新闻视频100余段。“党的群众路线教育实践活动专题”重点采编市县两级史志办开展群众路线教育实践活动的重要讲话、活动开展情况等信息554篇，20多万字。

发布工作动态。全年，省情网“外埠史志信息”采编中指组领导活动、外省史志工作创新发展重要举措等124篇，10万多字；“省史志工作动态”发189篇，20万字左右；“市县史志信息”来稿1100多篇，经初选、编辑、审核、发布822篇，30多万字。

充实省情网各栏目。全年更新的资料包括：“市县简介”154篇，“山东历史上的今天”200多篇，“山东省大事记”12篇，“历史上的山东”20篇，“齐鲁文化”140篇以及拍摄编发“山东史志人”作品9篇等，共计20多个一级栏目、200多个子栏目、600多篇信息，200多万字。为省方志馆设计制作“全省志类成果交换平台”。在建党93周年和建国65周年之际，对省情网以庆祝图案套红，营造庆祝和节日气氛。为确保信息安全，组织全处对全网信息进行保密检查，经办公室保密审查委员会审查通过，上网发布省史志办文件、领导讲话5份。

志鉴资料标引入库。年内，新标引入库的志鉴资料有：《山东年鉴》2014卷、《汶川特大地震山东省救助援建志》《山东省志·司法志（1991—2005）》《山东省志·黄金工业志（1986—2005）》《山东省志·石油工业志（1996—2005）》《山东省志·公安志（1986—2005）》《山东省志·审计志（1993—2005）》《山东省志·司法志（1991—2005）》《山东省志·保险志（1991—2005）》《山东省志·军事志（1983—2005）》《山东省志·政权志（1983—2005）》等，共计650万字、1478幅图片。

（黄建华）

【山东省情网发展历程】 1995年，省史志办开始建设省情资料库，为单机全文数据库模式。对外服务模式为用户上门检索，检索结果打印在纸上提交给用户。1998年4月16日，山东省省情资料库首个网页在互联网上发布。域名为infobase.gov.cn。首个网页仅有主页和省情资料库简介、省情概况、山东之最、风景名胜、历史人物5个栏目。

山东省省情资料库首个网页

1998年8月，山东省省情资料库首个网站正式上线运行，主机托管到电信局主机房。10余个栏目展示山东的历史、人文、风俗等地情特色，并将首轮《山东省志》的88个分志建成专题数据库，可供全文检索查阅。

1999年，山东省省情资料库网站增加山东省情网作为网站第二名称，对网站进行第二次改版。显要位置展示省委书记吴官正为省情资料库的题词：“融古今省情，继往开来；汇百业信息，富民兴鲁”，增加了时效性较强的“新闻”栏目。

2000年网站第三次改版，将山东省情网做为网站第一名称。题头图片设计成多图拼合方式。“新闻”栏目改名为“史志动态”。增加了“山东各地”栏目，与泰安、潍坊、莒南等早期建成的地情网站链接，实现了资料互通、资源共享。此期，栏目及数据库资源迅速扩充，增加企业风采、校园天地、山东历史上的今天、旧志在线、颜真卿等栏目，数据库陆续增加出版的省志和年鉴、社会热点信息、地情资料等。2000年第三次改版后，网站布局及栏目经常性地调整。至2002年，网站已有二级栏目20个，数据库资料近1亿字。

2004年第四次改版。采用框架式结构和较为通行的门户网站风格。左上角设计了山东省情网图标，顶部用Flash

动画轮换展示山东各地景色。主体采用左中右三栏式。增加立法专题、三个中心建设、发展论坛、市县地情网栏目。省情资料库检索软件再次开发升级，改进索引结构，提高搜索引擎效率，增加跨网站互联调用功能，实现全省的远程服务器群联库检索，山东省三级地情网络真正实现了互联互通，资源共享。

2007年9月第五次改版。网站主页设计更加美观大方，栏目设置更加科学，技术更加先进。网站主要分为：新闻中心、全省概况、省情资料库、齐鲁风情、资政研究五大版块。采用了整站程序管理全部栏目，20多个主栏目，近百个子栏目，4000多个页面。2008年5月，被山东省委宣传部、山东省政府新闻办公室、山东省通信管理局授予“山东省优秀网站”称号。2009年，为进一步展示山东二轮修志工作，相继更换网站标志，增加了山东省情网站简介(中英文对照)、山东省地方史志办公室简介、网站声明、网站标志诠释、网上方志馆、第二轮社会主义新方志图片与成果展、山东史志工作等栏目。山东省情网站承担的职能从最初发布省情资料，逐步向展示史志工作、反映山东地域特色扩展。

2010年第六次改版。主页按照网站的服务功能分为新闻中心、史志工作、课题研究、省情专题四大版块，每个版块又分为多个专题栏目，全站共设30多个栏目、260个子栏目、1.5万条文章，在线资料近10亿字。第六次改版实现了三个目标：一、展现了山东史志工作的特点。新设史志工作情况介绍、山东史志博物馆、全省各市基层志及志类成果、全省方志馆建设情况、山东省情网历程、山东史志人等栏目，加大了山东史志工作的比重，方便了与全国同行和社会各界的交流，进一步突出了山东省情网站的特点。二、首次采用视频展示手段，提供免费在线观看服务。通过文字、图片、视频、卫星地图等多种信息媒介，多角度、全方位反映全省经济社会发展基本情况及山东史志系统的重大活动、取得的最新成果。三、检索信息更加方便快捷。新版省情网设置栏目内容检索和省情资料库全文检索两种信息检索方式，对全站内容进行查找，增强了网站的实用性和快捷性。新设置的“公告 & 最新资讯”栏目，方便用户了解网站最近的更新信息，快捷掌握最新资讯。

（黄建华）

【创办中共十八届四中全会专题】 2014年11月14日，山东省情网正式创办“中共十八届四中全会专题”，设置“全会要闻”“全会解读”和“学习园地”3个栏目，重点对十八届四中全会精神、全面推进依法治国的总目标、重大任务等进行宣传报道，对新华社、《人民日报》等国家权威媒体、专家解读全会的理论研究文章选摘转载，对省委、省政府学习贯彻全会精神的有关部署要求，以及全省史志系统学习贯彻落实情况等进行搜集整理，第一时间发布上网。采编文件、公报，及全省史志系统学习贯彻全会精神稿件53篇，6万余字。

（黄建华）

【创办欧阳中石专栏】 欧阳中石，生于1928年，山东肥城人，1954年毕业于北京大学，现为全国政协委员（连续五届），中央文史研究馆馆员，首都师范大学教授、博士生及博士后导师，中国书

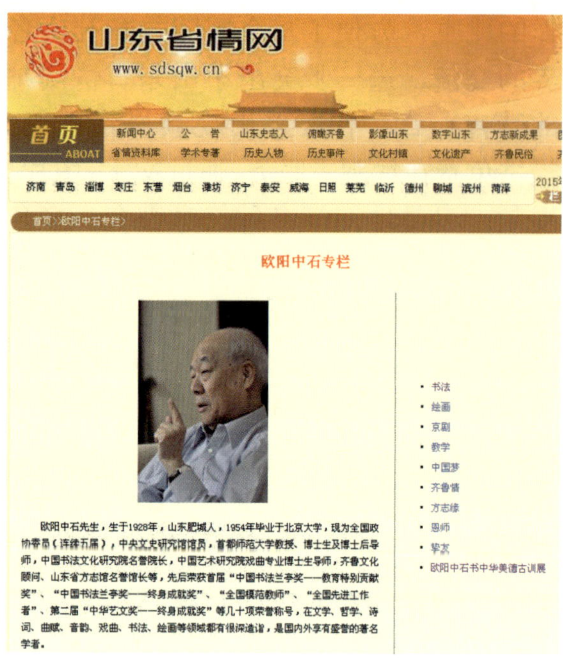

山东省情网截图

法文化研究院名誉院长，中国艺术研究院戏曲专业博士生导师，齐鲁文化顾问、山东省方志馆名誉馆长，长期以来，他一直十分关心、支持山东省史志事业的发展，为《泰安市志》《肥城市志》《汶阳镇志》《山东史志》等多部志书和刊物题写书名。自2014年7月18日被聘为山东省方志馆名誉馆长后，多次就如何做好新形势下的史志工作进行了专题阐述，先后两次为山东省史志办的全体干部职工、济南市史志办全体干部职工及省政府办公厅、省直机关工委部分人员举办了“中华文化与逻辑”“中华文化与书法”讲座，与现场听众进行有机互动，为现场听众答疑解惑，结合史志工作阐释了逻辑、书法、中华文化等方面的问题。为弘扬中华文化、传承齐鲁文化精髓，让史志系统干部职工认真学习领会欧阳中石所讲的知识和方法，山东省情网创办了“欧阳中石专栏”。随着信息资料的不断挖掘和整理，专栏将按照欧阳中石的专长，开设书法、绘画、京剧、教学、著作等十余个栏目，共采编稿件63篇，通过文字、图片、影像等形式，全方位展示欧阳中石在各方面取得的成就，访问量1200多人次。2014年12月16日，“欧阳中石书中华美德古训展”在省美术馆开幕后，共拍摄整理近100幅照片，录入“欧阳中石专栏”。

（黄建华）

【山东省情网域名更换】 2014年12月24日，按照国家互联网管理中心有关要求，山东省情网域名更换为sdsqw.cn，山东省情网新网址为：www.sdsqw.cn。山东省情网原域名infobase.gov.cn不再使用。

（黄建华）

市级信息化建设

【概况】 2007年，全省17个市全面完成了地情资料库、地情网站建设任务，实现了省、市、县三级地情网站互联互通、资源共享。各市都非常重视信息化建设，大力加强信息基础建设和应用软件开发，努力扩大信息化系统的服务领域，积极发掘历史名产、规范地域边界、解决历史遗留问题、制订区域发展规划、投资项目论证等，在招商引资、旅游资源开发、信息咨询等方面发挥了重要作用。2014年，枣庄市、东营市、济宁市、泰安市、德州市、菏泽市市情网站完成改版。

（省史志办省情资料处）

【济南市信息化建设】 2005年7月，济南市地情资料库、市情网站（www.jnsq.org.cn）建设工作启动，2006年1月正式开通，设史志、年鉴、图片3个主干数据库和45个窗口栏目。2010年，根据方志馆工作需要开发了书籍管理系统，通过市情网站平台向社会提供方志馆书籍收藏目录，公布收藏信息。2014年，济南市情网采集有价值照片400余幅，录像资料时长120分钟。地情网站动态栏目更新及时，转载信息300余篇，上传本系统信息189篇、图片80余幅，上报省情网信息20篇。

举办全市地情网站和方志室建设培训班 2014年9月26日—28日，济南市地情网站和方志室建设培训班在市委党校举办。济南市所属各县（市、区）史志办分管领导、从事地情网站管理和方志室建设的工作人员等30余人参加培训。市史志办主任翟旭东、副主任綦延辉出席并讲话。培训前，各县（市、区）分别汇报了本单位地情网站和方志室建设的进展情况以及下步工作计划。培训班邀请省史志办网站建设方面的技术人员和市史志办业务人员授课，分别就地情资料库资料录入技术及应用、网站信息撰写、方志室管理以及新闻摄影方面进行讲解。培训提高了业务人员的专业水平，增长了知识，明确了努力方向，为进一步提高地情网站和方志室建设水平打下了坚实基础。

2014年9月26日—28日，济南市地情网站和方志室建设培训班在济南举办

（供稿 济南市史志办）

（张 阳）

【青岛市信息化建设】 1998年6月，青岛市史志办公室借助市委、市政府计算机信息网络的技术优势，采用notes数据库管理系统共同研制开发建成了“青岛市情资料库”，并于1999年4月正式发布上网运行。“青岛市情资料库”系可多角度进行检索的地情资料信息中心，由四个主干数据库和8个首页栏目组成。市志库内含《青岛市志》（共计66卷分志，1200余万字）和青岛市各部门、行业编纂的部门志、行业志。年鉴库内含《青岛年鉴》（1988卷—2000卷，共13卷），各部门、行业年鉴等。县志库内含平度、莱西、胶州、即墨、胶南、崂山、黄岛7部县（区、市）志。图片库内有秦、北魏、隋、唐、宋、清等朝代青岛的位置图，清末青岛建置德日侵占时期和其他时期等反映青岛百余年历史的照片及有关音影像资料等。至2000年底，该库上网发布志书、年鉴、地情资料和信息达4000余万字、图片千余幅，点击量已逾3万人次。同年，各区（市）地情资料库全部建成并上网发布。

2005年3月，青岛市史志办组织对青岛市情资料库进行改版升级，网站名称改为青岛市情网（qdsq.qingdao.gov.cn），保留原有的“市情志鉴库”栏目，增设市情网上通、琴岛纵横、青岛史志馆、青岛之窗等栏目，改版后首页栏目增至14个，网站数据量增至

8000万字。

2007年8月，青岛市情网改版升级。新增地情书讯、聚焦青岛、青岛留念、青岛365等栏目，网站后台管理系统改为更加稳定高效的CMS内容管理系统，网站总数据量达1亿字。

2010年9月，按照“统一规划，合作建设，分级管理，集群发展”的总体思路，青岛市情网和各区市地情网站改版升级，把原notes系统中的市情志鉴库全部迁移配置到ACMS内容管理系统，网站维护管理的效率和稳定性进一步提高，青岛市情网网站栏目达27个，总数据量约为1.3亿字。

2014年4月，青岛市情网的部分栏目进行了精减。至年底，青岛市情网设有机构设置、青岛概况、史志动态、聚焦青岛、图片新闻、青岛市志、青岛年鉴、区市志、专业志、旧志、史鉴、魅力青岛、史志业务、青岛大事、青岛人物、便民服务16个一级栏目，设有政策法规、通知公告、史志论坛、信息化建设、方志馆、志书、年鉴等二级栏目135个，网站总数据量约为1.3亿字，网站总点击量突破870余万人次。调整后的页面更为精炼，内容更新更加及时，成为青岛政务网的骨干数据库。

（邢延军　贾国芬）

【淄博市信息化建设】 2014年，淄博市史志办继续加强信息化建设，抓好地情网站（www.zbsq.gov.cn）的管理服务工作。做到《聚焦淄博》工作日天天更新、《史志动态》随时更新。《淄博概况》《淄博大事》《历史上的今天》更新至2013年。市四大班子领导简介全部上网。《淄博年鉴》2013卷和2014卷已录入市情资料库，《淄博市志（1986—2002）》标引完成过半，为二轮志书的入库工作做好了准备。同时随时与网络公司、中国万网、市信息中心、电信公司保持沟通联系，保证网络畅通。史志动态同步保障市情网、省情网、市政府门户网。加强与区县地情网站的指导与联系，出台《淄博市及区县地情网站管理规定》。截至年底，在市情网发布淄博新闻400余条，发布史志动态67条，其中被省情网采用50条。年内，针对公安局网监部门扫描出来的网络漏洞，积极协调网络公司进行适时清理，确保网络安全。对区县二轮志书的标引入库工作进行指导。多次与市信息中心、阿里云公司联系协调，帮助周村区区志办和临淄区志办完成网站域名所有权的变更。完成市情网的网站域名所有权的变更。年末将资料库数据顺利转移到省志办省情处，保证了淄博市情资料库的正常运行。

（淄博市史志办）

【枣庄市信息化建设】 枣庄市情网，创办于2002年，是为了方便群众查阅枣庄市情资料而设立的专业网站。2014年5月，枣庄市情网进行了第四次升级改版，申请了独立域名www.zzdfz.com，租用了新的服务器，网站访问速度和网站访问安全方面与改版前相比有了很大提升。新版“枣庄市情网”采用目前先进的网站管理程序，版块设置上除继续突出旧版地情资料、本地重大新闻、社会民生需求、旅游风光、艺术鉴赏等版块外，增加了“党的群众路线教育实践活动专题”等栏目，力求贴近地方志工作需求，为群众提供更加完善的服务。枣庄地情资料库收录2006年至2014年出版的年鉴电子版 8 卷，第一轮《枣庄市志》部分内容，1840 年至 2013 年的大事记。

（王正伟）

【东营市信息化建设】 2000 年底，东营市史志办建成东营市情资料库，发布年鉴等资料 100 多万字。2004 年 9 月，在东营市情资料库基础上建成开通东营市情资料库网站，网址为 www.dysq.gov.cn。地情网站建设坚持市、县区联动，2007 年对全市地情资料库和地情网站统一进行改版升级。2008 年制发《东营市地情网站管理办法》《东营市情网站管理细则》，加强网站管理；2009 年探索开通“画说东营”栏目，丰富东营市情的内容；2010 年开辟“网上方志馆”栏目；2011 年 4 月起在网站策划开辟“老照片及其背后的故事”有奖征集活动网上投票系统，持续时间近一年，引起社会广泛关注，网站访问量 30 余万人次，展示各类当地老照片 600 余张、文字 10 多万字。2012 年东营市情网站被东营市文明办评为市级“文明网站”，并被评为全省史志系统优秀地情网站。加强全市史志动态信息的报送工作，2010—2014 年，东营市史志系统共在山东省情网站发表史志信息 657 篇，东营市在全省较早实现市和县区发布信息的全覆盖，其中 2013、2014 年连续两年在 17 个市中发表史志信息数量最多，成为推进全市史志工作的一个重要载体。2014 年 9 月，继续实施市、县区联动，组织全市地情网站的新一轮改版升级工作。东营市情网站改版建设理念为：发挥史志工作优势，立足地情，展示地情，突出“互联网 +”功能，打造地情门户网站升级版。改版工作中，注重市县联动、内聚合力，整合资源、外围借力。栏目设置和技术追求方面，重点突出服务意识、创新意识和发展意识。网站主要栏目有东营概况、东营史志、图说东营、东营人、网上方志馆、音像东营、魅力东营等，从不同侧面反映东营市情，信息包括史志动态、公告栏、最近更新等。至年底，东营市情网站完成设计工作，资料录入完成大半；县区网站设计工作基本完成，同时开展资料上传的准备工作。至 2014 年底，全市地情网站有文字资料 7400 万字，图片资料 3000 多幅，音像资料 1.5 万秒，综合服务功能进一步提升，成为当地有较大影响的地情门户网站。东营市情资料库含市属志书库、年鉴库、市情丛书库及三县两区地情库，其中，市属志书库已建 18 个分库，年鉴库已建 18 个分库，市情丛书库已建 6 个分库，总入库资料 2800 余万字；县区地情资料库共建分库 57 个。

东营市情网主页

扎实推进地情网站改版工作 9 月 19 日，东营市召开全市地情网站改版研讨会，市及县区史志办分管副主任、有关网站管理人员参加会议。会议讨论了市情网站改版方案，安排部署县区情网站改版工作。本次全市地情网站改版，采取统一规划，市、县联动的方式，市及县区情网站同时改版、同步进行，在总结过去全市网站建设经验的同时，力求市、县两级网站更能发挥全市史志工作优势，充分发挥网站的服务作用。

（东营市史志办）

【烟台市信息化建设】 烟台市情网，网址 www.szb.yantai.gov.cn。2003 年 10 月始建，2004 年 2 月建成，2014 年烟台市情网完成改版升级。主要栏目有：烟台概览、市情动态、史志动态、大事记、地情文献、志鉴论坛、地方特色、古风遗韵、游走烟台、文化品牌。市情动态、史志动态、大事记、志鉴论坛等，各栏目内容进行实时更新。《烟台市志》（上、下）数字化已完成录入，《烟台年鉴》数字化录制到 2008 年。

（云　霞）

【潍坊市信息化建设】 潍坊市情网，网址 www.wfsq.gov.cn。 2004 年开通，并对其域名进行了注册。2010 年 7 月经市政府办公室批准，使用市政府办公室的组织机构代码证对网站进行了注册，更好地保证了潍坊市情网的正常运行。2011 年 3 月，潍坊市史志办设立市情资料科，有专门科室和专职人员对网站进行管理维护。2014 年，潍坊市史志办筹集资金 15 万元，请专业网络制作公司对包括潍坊市情网在内的 10 个地情网站进行了统一改版升级，改版后的网站版面设计更加合理、内容更有针对性、更加突出本地特色，主要栏目有：市情动态、信息公开、志鉴文库、走进潍坊、魅力鸢都、专题专栏等，基本能够做到及时充实、更新相关内容。截至 2014 年底，新改版的网站运行良好,《潍坊市志》《潍坊年鉴》共 10 卷已录入山东省省情资料库。

（林荣军　刘伟勋）

【济宁市信息化建设】 2014 年 8 月，济宁市史志办启动济宁市情网再次改版升级工作。12 月，济宁市情网完成升级改版工作，网址 www.jnsqw.gov.cn。共设置 26 个栏目、46 个二级栏目。新增设地方志文化产业、读志用志园地、文化长廊、儒家文化、运河文化、水浒文化、红色文化、党务政务、群众路线等特色版块，网站页面设计新颖、美观、大气，通过文字、图片、视频等方式充分展示济宁市情、史志工作；提高了网站的资料性、权威性、实用性和吸引力，突出了济宁的地方特色和地域特点。改版后新网站顺利完成网站各个栏目的信息录入工作，整理发布了济宁市 2014 年大事记。做好地情资料库济宁年鉴录入工作。全市年内上报省情网站信息 110 余条。

（陆　波　李　坤）

【泰安市信息化建设】 泰安市情网，网址 www.tasqw.cn，于 2005 年在原泰安市情资料库基础上建成，具有独立域名，独立运行、独立对外发布信息。2014 年年初，市县联动，开展泰安市地情网改版升级工作，11 月底完成泰安市情网站的升级改版。改版后的泰安市情网设泰安概况、时政信息、史志动态、泰山名人、名镇名村、特产名吃、历史文化遗迹、民俗风情、泰山文化、志鉴论坛、市情资料库、大事记等 20

个主栏目。页面设计简洁美观，时代特征明显；内容设置地域特色突出，资料性更强、更丰富，服务功能更全，能更好地发挥宣传泰安服务社会功能。有2人专职从事市情网的维护和管理。泰安市情网新增信息130条，图片53幅，全年点击量20多万次。泰安市情资料库由志书库、年鉴库、地情资料库、图片库等部分内容组成，囊括了史志部门所积累的大量的综合性资料，为公众查阅提供了丰富的资料库。截至2014年年底，志书库录入《泰山志》《泰安地区志》《泰安市志》（1984年版）数字化资料300多万字；年鉴库录入《泰安年鉴》1994年—2013年共20卷数字化资料1800多万字；地情资料库录入《泰安三千年人物传》《泰安五千年大事记》数字化资料36万字；图片库录入市史志办珍藏的老县署图、历史文化遗迹、泰山风光等照片60余幅。

（冯宪谟）

【威海市信息化建设】 1998年，威海市史志办把收集到的各种市情资料进行储存、加工、处理，建成地情资料库，成为一个动态的、可多角度检索的市情资料中心。2003年，威海市情网站开通，网址www.whsq.gov.cn。2005年和2009年，威海市情网站先后两次进行改版。威海市情网站设置威海历史上的今天、市情概要、志鉴书库、新书推介、威海风情、名企名牌、名优特产、历史文化村镇等20多个特色栏目，文字、图像、视频功能齐全，荟萃了丰富的威海史料，成为认识威海的“百科全书”。威海市情网还与省情网和各地市情网实现了互联互通，资源共享，可瞬间检索省内各地海量数据。与中国·威海等当地各大门户网站和重要部门网站建立了友情链接，极大地方便了查询。2014年，加强了对威海市情网站内容的丰富和完善。市情资料库、史志视窗、外埠采风、志鉴论坛、新书推介、党务公开等栏目内容都进行了充实和更新，适时增挂了庆祝史志工作条例颁布8周年条幅。对有关栏目及网站更新了链接，增加了史志微博窗口。年度增加文字量100万字，网站总文字量达到2700万字。

威海史志微博 2013年开通，设威海历史上的今天、威海志书推荐、威海民俗、威海卫志等栏目，得到了广泛关注，粉丝1800多个，成为宣传威海历史文化的又一个新窗口。2014年，发布微博308条，单条微博平均阅读量达1500次以上。

（任天庆）

【日照市信息化建设】 日照市情网，网址www.rzsq.gov.cn。日照市情网自2000年开通以来，先后进行了5次改版升级。网站栏目设置合理，设有走进日照、影音日照、聚焦日照等栏目；为增强史志服务水平，设有史志动态、方志、年鉴、旧志整理、历史人物、日照名胜等栏目；为了更好地规范修志，设有文献法规、修志知识、志鉴论坛3个栏目；为了充分体现地方特色文化，设有莒文化、东夷风2个栏目；为了更好地宣传日照的城市魅力，设有“城市名片”栏目。网站设有市情资料库专栏，下设方志、年鉴、旧志3个子栏目，各库录有已出版的各类志书年鉴。其中，“方志”中收录了《日照市志》等8部志书，“年鉴”库中收录了已出版的《日照年鉴》

19 卷，旧志中收录《安东卫志》等。

（于兴玲）

【莱芜市信息化建设】 莱芜市情网，网址 www.lwsqw.cn，2003 年开始建设，2005 年开通运行，2011 年改版升级，2012 年重新开通运行。2014 年，莱芜市情网重新申请注册了中文域名。网站内容涵盖了莱芜全市经济、政治、文化、社会等各方面的内容，设莱芜概况、文献法规、志鉴文库、莱芜大事、人物传记、

莱芜市情网主页

钢铁产业、地方特产、名胜古迹、嬴牟风情 9 个常设栏目。主页同时设市情动态、史志动态、通知公告、党务政务公开 4 个实时更新栏目，并设读者信箱和问卷调查 2 个互动栏目。2014 年，完成了《莱芜年鉴》2013 卷 88 万字的资料录入工作，实时更新了市情动态、史志动态、通知公告、文献法规信息。莱芜市情网入库资料日益丰富，市区两级资料库共录入地情资料 3000 余万字，社会关注度越来越高，访问量累计达到 45.91 万人次。

（亓军华）

【临沂市信息化建设】 临沂市情网，2008 年 5 月 4 日开通，设置临沂概况、市情动态、史志动态、临沂大事、地域文化等 8 个栏目和 14 个子栏目。2009 年，临沂市情网改版升级，增加了 13 个栏目和 35 个子栏目，内容涵盖政治、经济、文化、生活、社会、自然环境等各个方面，同时拥有了独立域名（linyisq.gov.cn）。2014 年，临沂市情网定时更新各栏目内容。史志动态栏目年内录入信息的时效性进一步增强，增加了《沂蒙晚报》、临沂在线、琅邪新闻网等多家知名主流媒体。网站运行良好，至年底，共上传《临沂地区志》等志书 10 余部，《临沂年鉴》18 卷，县区年鉴 14 卷，《沂蒙史志》杂志 24 期和《蒙山文化研究》16 期，及其他栏目资料 8000 余万字，历史资料录入超过 4000 万字，累计发布信息 9 万余条，点击量达 690 万余人次。

（杨晓莉　尹双双）

【德州市信息化建设】 德州市情网（网址 www.dzszb.com）由德州市人民政府主办，德州市地方史志办公室承办，2012 年 10 月上线运行，2014 年 7 月完成改版升级。网站设计规范，设有要闻、史志动态、德州方志、德州年鉴、市情资料、旧志典籍、历史人物、名优特产等市情资料栏目，还设有党务公开、政务公开栏目。网站特设“天南地北德州

德州市情网主页

人”专题，介绍当代德州籍名人生平事迹。突出展现德州民俗风情与时代特色，详细介绍德州境内人文风貌，文物古迹，增加网站地域文化特色。网站链接所属11个县级地情网站，做到市县两级网站并联运行。2014年末，德州市情网上传资料600余万字，上线浏览人数100万余人次。

（王立云）

【聊城市信息化建设】 聊城市情网，网址www.lcsqw.com.cn，2001年建立。网站设聊城市情、史志新闻、区域研究、聊城之最等15个一级栏目，与聊城新闻网和各县（市、区）网站等重点网站建立连接关系。开设党务学习专栏，扩充党建专栏内容，及时通过网络平台开展党务公开活动。积极推进地情资料库建设，加快地情资料录入工作，录入300余篇、20余万字的聊城史志资料，发布了200余篇聊城文史信息。

（聊城史志办）

【滨州市信息化建设】 2000年12月，滨州地情资料库建成。2006年4月28日，滨州市情网开通。2010年，首次对网站进行升级改造。主要栏目有：聚焦滨州、领导简介、市情概况、史志动态、大事记、历史文化、滨州人物、历史回眸、滨州历史上的今天、文献法规、市情资料库、名胜古迹、名优特产、滨州企业、名校名院、文化村镇、市情研究、志鉴论坛、便民服务、通知公告、党务政务公开等20多个栏目。网站地情资料库信息量达3000余万字。访问人数近80万人次。2014年7月，滨州市情网网址更改为：www.bzsqw.cn。12月，修改完善《滨州市情网管理规定》（共8章36条），加强对网站安全运行管理。2014年，《滨州年鉴》2014卷、《滨州历史上的今天》等内容整理入库，计80余万字。截至年底，滨州市史志办出版的2部地区志及《滨州年鉴》1997卷至2014卷共18卷已经入库，《滨州史志》及滨州书画界部分作品入库。市情资料库信息量达3000余万字。

（唐彩云）

【菏泽市信息化建设】 菏泽市情网站，网址www.hezesq.com，创建于2004年。网站有20多个一级栏目，设置了市情动态、大事记、外埠信息、党务政务、发展论坛、中国牡丹城、书画、戏曲、武术、民俗、非物质文化遗产等栏目，开辟了华胥伏羲文化，尧舜文化，孙膑文化，庄子文化，商都文化，水浒文化等专栏；设置了“菏泽人物”栏目，记录菏泽古代、现代名人；为当代在外地取得成就的菏泽籍人设置了“天南地北菏泽人”专栏。2014年网站改版，新增菏泽史志微博、菏泽市方志馆、影像菏泽、菏泽概览、古迹城邑、志鉴论坛六个栏目，重点突出区域人文文化和史志文化特色。网站加强运行管理，投入10万元配备了

菏泽市情网主页

高性能微机、扫描仪、高清数码照相机用于地情网站建设；健全完善各项规章制度，制定《菏泽市情网栏目责任分工表》，每个栏目都有具体的负责人。2014年，菏泽市及所属县区被省情网采用的史志信息共101条。

菏泽市情资料库　2002年创建。2014年，完成了《菏泽年鉴》2012卷、2013卷，《菏泽历史文化集萃》《可爱的菏泽》的入库工作。截至年底，建有16个专题数据库、3个年鉴库和4个市情丛书库，数字化资料3000余万字。

微博微信　2013年11月29日开通。在新浪微博开通菏泽市史志办公室公共微博，利用微博平台普及菏泽历史文化知识，运用平台功能与网民进行交流互动，截至2014年底，共发布微博142条，粉丝292位。开通了“菏泽市史志办”官方微信，旨在关注史志动态、挖掘菏泽历史、展示菏泽新貌，方便人们了解菏泽、热爱菏泽、关注菏泽；在“菏泽信息港”的“牡丹杂谈”论坛开设“学历史，知菏泽，爱家乡”专贴宣传菏泽历史名人和事迹，内容主要包括：发生在菏泽且具有教化意义的历史事件、历史名人、故事传说、古文化遗迹等。开设一年来，浏览量达40余万人次。

菏泽市市县两级地情网站再次改版升级　2014年12月，菏泽市完成了市县两级地情网站的改版升级工作。本次改版升级由市史志办、各县（区）史志办提供网页改版构图及设计方案，由中国联通菏泽分公司负责改版操作，板块内容主题鲜明。市情网站背景颜色采用渐变型红色，栏目设置中添加菏泽史志微博、菏泽市方志馆、影像菏泽、菏泽概览、古迹城邑、志鉴论坛6个栏目，突出了史志工作“资政、存史、育人”的功能。增设站内搜索版块，完成了已出版志书、年鉴和其他地情资料入库工作，实现了省、市地情资料两级联网，搭建了一个为社会公众提供权威地情数据的信息平台。改版升级后，各县（区）设有独立的网站域名，形成符合各自地域特点和历史文化特色的网站。为做好网站管理维护，菏泽市史志办及各县（区）史志办均明确1名专业人员专职负责网站的运行和维护工作，做好资料内容添加完善，使之成为社会各界了解菏泽、认识菏泽历史文化的窗口和桥梁。

（贾新勇）

县级信息化建设

【概况】　根据信息化建设发展规律的要求，山东省省情资料库、山东省情网建设之初，就根据当时实际情况，提出了“边建设、边服务、边开发、分段实施、逐步提高完善”的方针，将省情资料库、省情网分为三期工程来建设。在推动市县二级史志机构地情资料库和地情网站建设方面，也是根据各地实际情况，采取长计划短安排、阶段性设计、分步骤实施的做法，因地制宜，分期分批建设，确保每个阶段完成预期任务，不搞一刀切，确保全省地情资料库、地情网站建设按计划圆满完成任务。山东省省情资料库、省情网建成后，迅速将工作重点转移到推动市、县（市、区）地情资料库、地情网站建设上来。成立了全省史志系统信息化建设推进办公室，负责全省地情资料库、地情网站建设推进工作。确立了“统筹规划、统一标准、互联互通、资源共享、建用并举、重点提高”的24字建设方针，制定一系列标准化、规范化管理措施。各市、县（市、区）把地情资料库、地情网站建设提高到巩固阵地、开拓事业的高度来认识，成立专门机构，制订地情资料库、地情网站建设实施方案，保证人员、资金、场所三到位。2003年9月，制定了山东省史志系统县级地情资料库建设达标验收标准，并先后召开了六次全省地情资料库、地情网站建设现场会。国务院《地方志工作条例》和《山东省地方史志工作条例》颁布实施后，省政府办公厅和省地方史志办公室开展一系列的督查、调研，帮助县级史志部门协调解决制约开展信息化建设的实际问题，促进了地情资料库、地情网站建设的快速发展。至2007年10月，全省140个县（市、区）全面完成了地情网站、地情资料库建设工作。

2014年，各市、县（市、区）史志办按照省里的统一部署，科学筹划，精心组织，积极推进地情网站升级改版工作。德州市、临沂市、枣庄市县级网站改版任务全部完成。截至年底，枣庄市市中区、薛城区、峄城区、台儿庄区、山亭区、滕州市，招远市，济宁市任城区、兖州区、曲阜市、邹城市、微山县、金乡县、嘉祥县、汶上县、泗水县，新泰市、肥城市，日照市东港区、莒县，平邑县、蒙阴县、德州市德城区、陵城区、乐陵市、禹城市、宁津县、庆云县、临邑县、齐河县、平原县、夏津县、武城县，滨州市滨城区、沾化区、菏泽市牡丹区、曹县、单县、成武县、巨野县、郓城县、鄄城县、定陶县、东明县44个县级地情网站完成改版。其中，济宁市任城区、曲阜市、邹城市、泗水县，肥城市，滨州市滨城区，菏泽市牡丹区、曹县、单县、成武县、巨野县、郓城县、鄄城县、定陶县、东明县15个县级地情网站为再次改版。

济南市　10个县（市、区）都建立了地情网站，多数于2006年正式开通。至2014年，各网站均进行了多次改版升级。各地情网站根据各自地情特色，设置不同栏目，不仅详细介绍历史沿革、自然环境、风物民俗、经济发展等历史、地理、人文、发展特色，还展示史志工作动态、史志成果，同时将各史志办历年出版的史志成果数字化资料放于网站，在宣传地方特色、服务大众的同时，也成为展示史志工作的窗口、方便社会各界人士读志用志的平台。

青岛市　2002年10月，青岛市地情资料库建设工作重心转入加快推进区市地情资料库建设。2003年1月，青岛市史志办公室召开全市区市史志工作会议，贯彻落实全省县级地情资料库建设经验交流会精神，之后各区市史志办基本建成地情资料库。2004年10月，全省地情资料库建设现场会在崂山区举行，向全省推介崂山经验。至2005年，各区市史志部门按照“统筹规划、互联互通、资源共享、建用并举、重点提高”的原则，各区市情资料库与青岛市市情资料库联网，形成全市统一的地情资料网络。2010年9月，青岛市对区市地情网站改版升级。设置机构设置、区市概况、史志动态、区市要闻、区市志、区市年鉴、地情文献、业务信息系统、区市名胜、史志业务、区情研究、地情书讯、画说市南、民俗风情、区市大事、区市人物等16个版块。2012年3月崂山区情网改版后的网站率先投入运行。至2014年底，市南区情网设16个版块、146万字。市北区情网设18个栏目、资料300万字、照片300幅。李沧区情网设20个栏目、资料460万字。黄岛区地情网机构调整后，网站更名为青岛西海岸新区·青岛市黄岛区区情网，设16个栏目、资料400万字。城阳区情网设19个栏目、资料1900万字、图片400幅。胶州市情网设18个栏目、资料600万字。平度市情网设17栏日，突出“平度风物”及“大泽文苑”特色，资料500万字、图片1000幅。莱西市情网设19个栏目、500万字。

淄博市　1999年，淄博市地方史志办公室大力推进区县地情网站建设。所属张店、淄川、博山、周村、临淄、高青、沂源8个区县地情网站陆续建成。2007年前后，又集中进行了升级改版。各区县地情网站立足各自区县地情，着力突出各区县的地域特色，设有不同的栏目板块，在此基础上，各区县加强地情网站的实用功能，增强可读性，增大图片量，集中反映各区县的秀美风光、城市建设、经济、社会建设等方方面面的发展状况，凸显资料权威性、服务社会的特点。

枣庄市　所属区（市）地情网站建设始于2004年，山亭区创立山亭区情网。至2007年9月，5区1市全部建立地情网。2014年，全市各区（市）统一进行了地情网改版。改版后的地情网站普遍设立新闻中心、区（市）情概况、大事记、电子年鉴、历史人物、风俗人情、历史考略、民间故事、旅游景点、政策法规等栏目，各网站资料丰富，专业特色突出，为开展区域地情研究和课题咨询提供强有力的服务保障。

东营市　2002年，开始推进县区地情资料库建设，至2002年底，所辖2区3县全部建成县区地情资料库，东营市在全省17个地级市中率先实现省、市、县区三级资料库的互联互通，上网资料1000多万字。2003年9月9日，全省县级地情资料库建设现场会在东营召开。2004年12月，“利津县情资料库”升级为“利津县情网站”。2005年5月，广饶县情网建成并开通，同年垦利县情网站建成。2006年，“东营区情资料库”更名“东营区情网”，6月8日河口区情网开通。

烟台市　所属县级地情网站建设从2005年5月开始建设，2005年10月，全市县（市、区）地情网站全部建成，入库资料达到500万字以上。各县（市、区）地情网站着力突出各地地域特色，设有县（市、区）概况、要闻、史志动态、民俗风情、大事记、地情资料库、文献法规等版块，并以图片的形式增强网站资料的可读性，用历史和文化的视角反映了各县（市、区）社会发展的基本情况，为读者查阅资料提供了方便、快速的渠道。2010年起，烟台市县级地情网站开始改版升级，2010年，海阳市地情网站完成改版升级，2014年，招远市完成地情网站的改版升级，设有20个主栏目、100多个附栏目，具备文字、图片、音视频多媒体模式，同时招远市情网正式并入山东省情网。其他县（市、区）正在进行改版升级。至2014年，烟台市各县（市、区）市情网站全部建成。

潍坊市　2004年，所属12个县（市、区）均建立起了独立的地情网站。诸城市情网的《龙城文化》，临朐县情网的《地方志学会》《网上方志馆》等栏目都具有鲜明的地方特色。2011年底，临朐县情网、诸城市情网、高密市情网3个网站保持正常运转。潍城区、奎文区、坊子区、寒亭区、安丘市、寿光市、青州市、昌邑市、昌乐县9个网站因运行费用不足与管理人才的缺乏等原因，已无法正常运行。为解决此状况，2014年，潍坊市史志办申请市财政经费13.2万元，聘请专业网络制作公司对潍坊市所属的9个县级地情网站进行全面改版升级，建成具有独立域名的潍坊市情网的子网站，并且每个网站至少有1名管理员接受过网络管理方面的专业培训。县级地情网站在栏目设置上主要有史志动态、市情概览、志鉴文库、魅力城市、历史人物、民俗风情、便民查询等。截至年底，12个县级地情网站全部开通并与潍坊市情网进行了链接。

济宁市　2014年7月，济宁市制定网改方案，集中时间，集中力量，全面做好网站改版升级工作。任城区情网、金乡县情网、邹城市情网、嘉祥县情网、鱼台县情网相继改版。

泰安市　2003年，所属县级地情网站建设工作全面铺开，2005年12月，6个县(市、区)全部建设完毕。2014年初，市县联动，开展泰安市地情网改版升级工作，至年底，新泰市、肥城市、宁阳县完成改版升级工作，泰山区、岱岳区、东平县基本完成。在全市资料库建设中，新泰市情资料库录入2部书、肥城市情资料库录入8部书、东平县情资料库录入2部书，指导泰山区、岱岳区、宁阳县的资料库开通。

威海市　2001年，乳山市市志办建立乳山市情网站，是全省史志系统第二个县级地情网站。2004年，环翠区、荣成市和文登市地情网站先后建成开通。2011年，威海市史志办对各区市地情网站改版进行统一部署，当年完成了统一标准、统一内容管理平台的升级改版工作。2011年底，乳山市情网英文网站建成开通。2013年，威海经济技术开发区区情网站、“威海史志”官方微博正式开通。2014年，全市史志部门全面加强了对地情网站的充实和完善及有关栏目的调整等工作，确保了各地情网站的健康运行。文登市情网改为文登区情网，增设了图片库栏目，更新聚焦文登、史志动态、风景名胜、文登名牌、文登特产、区情资料库等栏目，增加文字量88万字，图片100余幅。乳山市情网站对“乳山英文市情网”加以完善，在原有栏目的基础上，进一步充实整理发展规划、招商引资、与外交流3个栏目。环翠区情网、荣成市情网、威海经济技术开发区区情网也及时对史志动态等栏目进行了充实和更新。

日照市　2014年，重点加强组织区县地情网站的升级改版工作，各区县史志办科学规划、精心准备，制定和实施了完善高效的网站建设方案，提前完成了全面升级改版工作。五莲史志网站于2009年1月开通，2014年五莲史志网站进一步升级改版，更新了五莲县情、乡镇概况、大事记、城建风采等栏目内容，至2014年底，登网查阅资料的各界人士达7.2万余人次。东港区、莒县分别于2014年8月份、11月份完成网站升级改版工作，岚山区也在积极推进网站建设。

莱芜市　县级地情网站包括莱城区情网和钢城区情网。莱城区情网于2006年开始建设，2010年开通，2013年进行改版升级。钢城区情网于2006年开始建设，2011年9月正式运行，2014年对区情网进行改版设计和内容扩充，重新设计了区情动态、党史编研等栏目，添加了企业风采等栏目。

临沂市　所属各县（区）先后创建县(区)情网。莒南县情网创建于2000年，并在全省第一个开通地情资料库。2014年，蒙阴、平邑2个之前未进行网站升级改版的县完成了网站升级改版。升级改版后的蒙阴县情网设置今日蒙阴、史志动态、县情概览等14个一级栏目，50余个二级栏目，使用图片200余幅，于2014年11月联网运行。升级改版后的平邑县情网更改了网站域名，于2014年12月联网运行。至此，全市12个县区网站全部完成升级改版。2014年，兰陵县史志办将苍山县情网升级改造为兰陵县情网，对网站内容、框架等进行了补充完善，并将《苍山县志（1840—1996）》入库，在全国各大网站都可以通过索引的形式在线查阅。费县史志办对费县县情网进行再次改版，全新升级改版后的费县县情网于11月发布运行。临沭县将出版的志书及时录入临沭县地情资料库，已入库志书9部，600余万字。沂水县将已出版的《沂水县志》《沂水年鉴》及其他地情资料及时入库。通过组织全市范围的地情资料库建设培训，各县（区）操作人员的技术水平也得到一定提升。

德州市　2014年5月，实行统一投资、统一设计、统一培训的办法，完成了县级网站的改版升级。全市12个地情网站共更新资料6000多条（次）。德城区情网设置时政要闻、区情概况、法规政策、德城新闻视频、大事记、史志动态、方志年鉴、地域文化、历史人物、名胜古迹、名优特产、文明村镇、历史上的今天等栏目。乐陵市情网突出地域特色，增设地方特产、名胜古迹、历史故事等栏目。临邑县情网始建于2005年，是德州市的第一个县情网站，改造升级后的县情网站7月正式开通使用。陵城区地情网站改版升级后，将多年来编纂的志书等资料通过整理，建立了地情资料库。平原县情网2014年7月正式上线使用。齐河县情网上线浏览人数1.2万余人次。改版后的武城县县情网设武城要闻、史志动态、法规政策、史志成果、地情资料库、走进武城、武城旅游、投资武城、图说史志、魅力武城、历史上的今天、武城风光、友情链接13个栏目。夏津县情网改版后，设置了要闻、史志动态、县情概况、法规政策、地域文化、方志年鉴、书画天地、他山之石及其他等9大栏目。并把编纂的志书、地情书等资料通过整理，建立了地情资料库。禹城市情网2014年7月正式上线，包括：最新要闻、史志动态、法规政策、党务政务公开、文明村镇、方志年鉴、地域文化、名优特产、名胜古迹、大事记、历史人物、历史上的今天、公告等栏目。

聊城市　所属县（市、区）均建有独立的县情网站。2014年，市史志办加大信息化建设，加强对各县（市、区）网站的监督和指导工作，为各县（市、区）提供技术支持，指导完成网站的技术更新工作。8个县（市、区）级网站做到了更新及时、内容贴合实际需要，为市县交流搭建了渠道。

滨州市　各个区县的地情网站创建于2006年，滨城区、惠民县、无棣县、沾化县、博兴县建成地情网站。2007年，阳信县、邹平县也建成县情网，至此，滨州各个区县全部建成网站。2008年，阳信县进行了改版升级，2011年，滨城区、阳信县进行了改版升级。2014年，阳信县进行了第三次改版升级，邹平县进行了改版升级，11月，沾化县情网站改版升级，11月28日，沾化撤县设区，县情网站更名为“滨州市沾化区情网”。

菏泽市　2007年8月，所属8县1区地情网站和地情资料库全部建设完成。建站后，大部分县（区）经费、人员缺乏，个别县（区）信息化工作无法开展。根据实际情况，各县（区）地情网站统一模板，作为一个子站链接在菏泽市情网，市史志办负责各县（区）的日常工作和维护费用。伴随着菏泽经济发展，各县（区）的信息化建设逐步走上正轨。至2014年底，各县（区）地情网站历经了三次改版升级，设有独立的网站域名，形成符合各自地域特点和历史文化特色的网站，数字化资料达5000余万字，日均点击量150人次，成为了宣传当地历史文化的窗口，搭建了史志文化与群众工作生活连接的平台。

（黄建华）

【历下区情网】　2006年8月正式开通。网址www.lxqq.gov.cn。2006年9月，济南市地情资料库（站）建设现场会在历下区召开。2008年历下区情网改版升级；2013年在山东省优秀史志成果评选活动中获优秀地情网站奖。2014年，历下区情网进行升级改版，并入历下区政府网站，作为子网。增加了“历下老照片”“老城新貌”等地情资料、力求版面新颖，内容丰富，充分彰显“承载历史、启迪未来”的主题，截至2014年12月，点击量达到1600万人次。

（王海燕）

【市中区情网】　网址：www.szqq.gov.cn。栏目：史志动态、地情资料库、历史文化村镇、工作视窗、史志条例、城市新貌。建有史志年鉴库栏目，市中区现有志书、年鉴全部实现数字化。

（市中区史志办）

【槐荫区情网】　2006年，槐荫区情网（www.hyqq.gov.cn）开通运行。设置区情概览、领导简介、史志动态、时政要闻、方志园地、大事记、企业之窗、投资导航、槐荫指南、地情资料、槐荫新貌等栏目，成为宣传槐荫、方便社会各界读志用志的平台。槐荫区情资料库录有《槐荫区志（1904—1989）》，并与省情网资料库联网，可查阅槐荫及全省各地的史志文献资料。2014年，槐荫区情网全年累计更新各类信息近1000条，其中时政要闻600余条、槐荫新貌300余条、史志动态90余条。

（金　颖）

【天桥区情网】　网址www.tqqq.gov.cn。天桥区情网开通10余年来，收录文字资料上百万字、图片百余幅，成为“天桥政务网”的骨干数据库，全面真实的展现了天桥区的发展历程、取得成就和历史人文风情。网站先后改版升级4次，至2014年底，天桥区情网进行全新改版升级工作。

（天桥区史志办）

【历城区情网】　网址www.lcqq.gov.cn。2014年，济南市历城区史志办公室加快历城区情网站各版块信息的采集、整理和更新速度，保持与政府信息公开平台的工作进展栏目同步更新。3月，启动党的群众路线教育实践活动，结合活动，以集中学习、警示教育、参观活动、帮扶群众等方面撰写信息9条，插配照片，图文并茂。全年更新历城时政信息230余条，要闻摘报200余条，民生信息190余条，撰写史志动态文字信息26条，图片信息6条，信息数量与质量均有大幅提高。

（历城区史志办）

【长清区情网】 2006年8月，长清区情网站正式开通，网址www.cqqq.gov.cn。2008年12月，长清区情网站升级改版工作完成，正式上网运行。新版长清区情网站以“传承文明、服务现实”为宗旨，突出“山水长清、泉城新区”的地方特色，增设聚焦长清、新农村建设、长清旅游、民间传说、艺术欣赏、史志法规、历史上的今天、实用查询等24个栏目，图片资料近300余幅。长清区情资料库录有《长清县志（1840—1985）》《长清年鉴》1986—1997卷等，并与省、市情资料库联网，可查阅全省各地的史志文献资料。

（长清区史志办）

【章丘市情网】 章丘市情网，网址www.zqsq.org，设有14个栏目，10万余字文字资料，200余幅图片资料，全面反映章丘市政治、经济、文化、社会发展变化，并根据实际发展情况随时补充、修正。2014年，在《天南地北章丘人》编撰过程中，章丘市情网积极发布信息，公布工作进展，展示家乡发展面貌，对宣传家乡、凝聚乡情起到极大作用。进一步充实地情资料库内容，年内录入完成《章丘市大事记（2013）》。章丘市情资料库中共录入各类书籍17部，既有《章丘县志》《章丘市志》等两轮志书，又有《章丘企业年鉴》《李清照志》等特色地情、人文资料及自2003年始的历年大事记。年内，章丘市情网为章丘市政务网两个栏目提供内容支持；为有关部门查询历年活动资料提供信息，为个人查询家族历史、村庄变迁等服务30余次；在指导编修镇村志、部门志工作中发挥了很大作用。

（章丘市史志办）

【平阴县情网】 2006年9月开通，2008年10月完成改版。网站开通后，制定《平阴县情网站管理制度》，从上网内容、上网资料审批、工作人员纪律等三个方面进行规范。网站由专人负责，加强维护与管理，对动态栏目及时更新，不断增加信息量。截至年底，网站点击率超过100万人次。年内，平阴县在山东省情网刊发信息30篇，在济南市情网刊发信息37篇。

（于瑞东　付媛媛）

【济阳县情网】 网址：www.jyxqw.gov.cn。设有县情概况、县情动态、史志动态、业务法规、方志馆藏、史镜鉴今等17个栏目，内容涵盖政治、经济、文化、社会等各个方面，成为全县范围内资料齐全，内容详尽，具有综合性、权威性的县情资料信息网站。

（孙长根）

【商河县情网】 网址www.shxq.gov.cn。2006年9月正式开通。2008年8月15日，商河县情网完成网站的改版升级工作。改版后的商河县情网页面整体色调以黄色为主，另以红色进行点缀。商河县情网的标志采用“商河”中“商”字的第一个英文字母S进行变形设计。网站设置聚焦商河、招商引资、史志动态、地情资料、县情概况、通知公告、为您服务、新闻摘报、社会万象、文化漫谈、E线报道、老城新貌、乡镇风采、交通旅游以及征研成果等20余个栏目。2010年5月，增添了滴水流韵、文海拾贝、麦丘风情等人文栏目。至2014年底，网站征研成果栏目收录了《中共商河地方史》（第一卷）、《地方史组织资料》《商河县志（1840—1990）》《商河年鉴》2007—2010卷、《商河流长》等内容。地情资料库附有快速检索功能，可通过资料库快速检索有关山东省各市县区的志书、年鉴等历史资料。制定了《商河县史志系统地情资料库、地情网站管理制度》。完成聚焦商河栏目信息添加1000余条，发布史志工作动态信息400余条，相关业务文章10余篇。每年均对网站县情概况栏目领导简介、工业、农业、交通邮电、贸易财税、建设环保、教科文卫体等内容的进行更新。

（商河县史志办）

青岛市各区（市）地情网站建设情况表

网站名称	网站域名	建设单位	栏目数量	栏目名称	上网志书		上网年鉴		网管员人数
					册数	总字数（万）	册数	总字数（万）	
市南区情网	qdsq—sn.qingdao.gov.cn/	市南区史志办	16	机构设置、市南概况、史志动态、市南要闻、市南区志、市南年鉴、地情文献、业务信息系统、市南名胜、史志业务、区情研究、地情书讯、画说市南、民俗风情、市南大事、市南人物	0	0	3	146.1	2
市北区情网	qdsq—sb.qingdao.gov.cn/	市北区史志办	18	机构设置、市北概况、史志动态、市北要闻、市北区志、市北年鉴、地情文献、市北名胜、史志业务、区情研究、地区书讯、画说市北、民俗风情、市北大事、市北人物	1	300	2	90	1

续表

网站名称	网站域名	建设单位	栏目数量	栏目名称	上网志书		上网年鉴		网管员人数
					册数	总字数（万）	册数	总字数（万）	
青岛西海岸新区·青岛市黄岛区区情网	qdsq—hd.qingdao.gov.cn	黄岛区史志办	16	机构设置、黄岛概况、史志动态、黄岛要闻、黄岛区志、黄岛年鉴、地情文献、业务信息系统、黄岛名胜、史志业务、区情研究、地区书讯、画说黄岛、民俗风情、黄岛大事、黄岛人物	1	2.9	7	400	1
崂山区情网	qdsq—ls.qingdao.gov.cn/n18810877/index.html	崂山区史志办	25	机构设置、崂山概况、史志动态、崂山要闻、崂山志书、崂山年鉴、部门修志、街道修志、村村修志、史志业务、区情研究、地情书讯、地情文献、崂山记忆、崂山春秋、网上展厅、崂山风物、崂山名胜、崂山大事、崂山人物、民俗风情、志鉴信息系统、青岛百业	7	350	10	410	1
李沧区情网	qdsq—lc.qingdao.gov.cn	李沧区史志办	19	机构设置、史志动态、李沧要闻、区情e网通、李沧区志、李沧年鉴、地情文献、青岛百业、业务信息系统、李沧名胜、史志业务、区情研究、地情书讯、画说李沧、民俗风情、李沧大事、李沧人物	8	1255.2	4	289.6	1
城阳区情网	qdsq—cy.qingdao.gov.cn	城阳区史志办	19	史志动态、区情研究、民俗风情、城阳大事、街道志、社区志等	31	1160	8	480	1
胶州市情网	qdsq—jz.qingdao.gov.cn/	胶州市史志办	18	机构设置、胶州概况、史志动态、胶州要闻、胶州市志、胶州年鉴、地情文献、业务信息系统、胶州名胜、史志业务、区情研究、画说胶州、民俗风情、胶州风情、胶州人物、地区书讯、青岛百业	1	150	10	500	1
即墨市情网	Qdεq.jm.qingdao.gov.cn	即墨市史志办	22	即墨概况、史志动态、即墨要闻、即墨市志、即墨年鉴、地情文献、古籍校点、即墨古今、市情研究、地情书讯、画说即墨、墨邑文苑、谱牒研究、即墨市场群等	17	200	5	100	1
平度市情网	qdsq—pd.qingdao.gov.cn	平度市史志办	21	地情文献、平度县志、平度概况、史志动态、平度要闻、图片新闻、平度市志、平度年鉴、史志业务、市情研究、地情书讯、大泽文苑、民俗风情、平度大事、平度人物、城乡记忆、平度市志、平度风物、古籍焦点、基层修志、平度名胜	5	193	5	150	1
莱西市情网	http://qdsq—lx.qingdao.gov.cn/n18810860/index.html	莱西市史志办	19	机构设置、莱西概况、史志动态、莱西要闻、莱西市志、莱西年鉴、基层修志、地情文献、莱西名胜、史志业务、市情研究、地情书讯、沽水文声、月湖艺影、莱西大事、莱西人物	3	500	无	0	1

（邢延军　贾国芬）

【淄川区情网】 2005年2月建成运行，由淄博市淄川区史志办公室管理维护，网址www.zcqq.gov.cn。网站记述淄川历史，弘扬淄川文化，突出淄川特色，设淄川概况、领导简介、大事记述、史志书库、历史人物、般阳名胜、聊斋文化、招商引资、明星企业、般阳史话、图片资料、淄川服装城、淄川建材、江北瓷都、史志动态、今日淄川、淄川二十四景、淄川风光、乡镇街道、通知公告、便民服务等栏目，并链接省、市地情网站。至2014年底，淄川区情网运行文字1107万字，照片1500余幅。网站新闻栏目每日更新，及时反映淄川发生的大事、要事，网站点击率不断提高。淄川区情资料库依托淄川区情网建立，至2014年底，淄川区情资料库已经建立《淄川区志》《淄城镇志》《蒲松龄志》《渭二村志》《卫生防疫志》《泉龙村志》《西关一村志》《城一村志》《城张村志》等9个分库，文字容量达1102万字。

（淄博市史志办）

【张店区情网】 2005年开通，网站域名zd.zbsq.gov.cn。栏目设置：领导致辞、领导简介、张店大事、张店概况、决策参考、张店人物、都市风情、经济发展、民间故事、地名拾遗、图片档案、史志动态、区情政务、张店区志、张店年鉴、搜索查询、通知通告、读者反馈、史志动态、档案新闻、张店人物、图片档案、政策问答、档案法规、现行文件查询、张店区简介。网站立足张店区情，着力突出张店的地域特色。截至2014年底，张店区地情资料库已完成《张店区志》《张店十年鉴》的数据录入工作，方便广大群众查阅区志资料。

（淄博市史志办）

【博山区情网】 2005年7月始建，10月建成，网址www.bsqq.gov.cn，设有博山概况、博山大事、博山人物、历史文化、史志动态等10余个栏目。2014年，博山区情网发布“今日博山”54条，发布史志动态37条。12月，申请中文域名。年内，完成《博山年鉴》2012卷、2013卷的数据入库工作。地情资料库总入库资料达2000万字，包含近年来本区出版的各类志书、年鉴，通过扫描、编辑、索引，转换成电子文档，方便读者查阅。

（淄博市史志办）

【临淄区情网】 网址www.lzqq.gov.cn。栏目设置：走进齐都、临淄概况、临淄大事、组织机构、民俗风情、文物古迹、历史人物、志鉴资料、文史资料、影音资料、企业风采、旅游景点、足球起源、天南地北临淄人、区情政务、齐文化等一级栏目。2014年，完成《临淄年鉴》2008卷—2013卷的共近400万字的录入任务。“临淄区情”网站库存容量已达1000余万字，图片4000余幅，区情网站已成为宣传、推介临淄的重要窗口。截至年底，资料库共包括年鉴、区志等内容，字数达1900万字。

（淄博市史志办）

【周村区情网】 2004年10月，周村区情网（www.zhcqq.gov.cn）正式开通运行。网站设有周村概况、领导简介、大事记、志鉴资料、文史资料、文化旅游、经贸信息、名优特产、综合贸易、招商引资、通知公告等11个栏目。2014年，网站发布周村新闻、周村史志动态等各类信息210余条。截至年底，周村区地情资料库已完成《周村区志》《周村区志（1982—2002）》《周村年鉴》1993—1995卷的数据录入工作。

（淄博市史志办）

【桓台县情网】 网址www.htxq.gov.cn。共设置一级栏目20个，二级栏目71个。配备兼职管理人员1人，及时做好时政新闻和史志信息的宣传发布，加大对史志工作的宣传力度。2014年，录入《桓台年鉴》2011—2012卷，录入文字45万字，照片70余幅。至此，已出版志书、年鉴全部录入，总录入文字590万余字。

（淄博市史志办）

【高青县情网】 建于2004年，网址www.gqxq.gov.cn。网站共设置领导致辞、法律法规、图片库、高青概况、县情资料库、大事记、历史人物、历史事件、民俗风情、天南地北高青人、名胜古迹、风光旅游、招商引资、史志动态、政策法规、高青动态、续志专栏、文史书库、历史掌故、明星企业、名优特产、搜索查询、公告通知、读者反馈、便民服务、乡镇街道、地情资料库、淄博市情网及友情链接等29个栏目，图片2000余幅，文字达到600余万字。2014年录入了《三合店村志》及《青城县志》等志书内容。截至2014年底，共录入《高青县志》《高青年鉴》2005—2010卷、《青城县志》《青城县志续编及补遗》《三合店村志》5部志书年鉴，共计300余万字。

（淄博市史志办）

【沂源县情网】 2006年开通，网址www.yyxq.gov.cn。2014年，对网站版面进行调整、优化美化和改造升级，对县情概况、政务要闻、名胜古迹、沂源名人、乡镇天地等栏目作全面更改，以对应县域现实发展变化情况。对版面涉及的数据进行了更新。其中，“乡镇天地”栏目删除南麻镇、土门镇、鲁村镇、徐家庄乡、三岔乡基础内容，新增或更改南麻镇、南鲁山镇、鲁村镇和历山街道办事处资料计6500字。新增“沂源名人”栏目有关资料。同时，对时效性新闻进行随时更新，对历史性资料进行补充完善，新增资料近百万字、图片100余幅。截至2014年底，沂源县地情资料库已完成《沂源县志》《中共沂源县党史大事记》《中国共产党山东省沂源县组织史资料（1928—1987）》等数据录入工作。

（淄博市史志办）

【枣庄市中区情网】 2006年建成，网址sz.zzdfz.com，2007年被授予全省地情资料库、地情网站建设先进集体称号。2014年10月，完成升级改版工作。改版后的网站设史志动态、市中要闻、中兴风雨、煤城新韵、人物传略等10余个栏目，收录文字资料20余万字、图片1000余幅。并在主要位置嵌入“魅力市中”宣传片，立体的展示全区经济发展情况。

（胡乐义）

【薛城区情网】 网址xc.zzdfz.com，2014年10月完成升级改版工作，实现与枣庄市情网、山东省情网的链接。网站设区情概况、大事记、历史人物、风俗人情、历史考略、民间故事、旅游景点、政策法规等栏目，资料丰富，特色突出，内容不定期及时更新完善。

（时宏扬　唐　罡）

【峄城区情网】 2006年12月，枣庄市峄城区开通了地情网站及地情资料库，网址yc.zzdfz.com。2014年，峄城区情网改版，设峄城概况、时政要闻、史志动态、大事记、政策法规、历史人物、民俗风情、魅力乡镇、峄城风光9个栏目，主要发布峄城区的各种地情资料。

（张瑞华　王　旭）

【台儿庄区情网】 2014年，台儿庄区情网进行了升级改版，网址tez.zzdfz.com。台儿庄区情网包括区情概况、古今大事、历代人物、史志动态、法规文献、志鉴知识、方志成果、风景名胜、民风民俗、网站公告等。主要发布台儿庄区的地情地貌、风土人情、风景名胜等。

（赵　燕）

【山亭区地情网】 2004年开通，2014年进行改版升级，网址st.zzdfz.com。设置山亭概况、时政要闻、史志动态、地方史志、大记事、乡风民俗、政策法规、和谐华章、灵山秀水等栏目。

（山亭区史志办）

【滕州市情网】 网址tz.zzdfz.com，2014年10月，完成滕州市情网升级改版，并实现与枣庄市情网、山东省情网的链接。网站设有新闻中心、市情概况、大事记、电子年鉴、历史人物、风俗人情、历史考略、民间故事、旅游景点、政策法规等栏目，资料丰富且专业特色突出，所有栏目内容不定期及时更新完善，为开展区域地情研究和课题咨询提供强有力的服务保障。

（赵逢柏　丁　涛）

【东营区情网】 2002年，东营市东营区史志办建成东营区地情资料库。2006年配合区政府网站改版，将东营区情资料库更名为东营区情网。2007年9月，申请注册独立域名www.dyqq.gov.cn。至2013年底，东营区情网先后进行6次升级改版，录入《东营区志》《东营区年鉴》2001卷—2010卷、《东营区大事记》（1855—2010年）及动态信息等1000余万字，录入各栏目照片资料500余幅。2014年11月，启动区情网第7次升级改版。改版后的区情网设东营区情、东营区大事记、东营区史志、史志动态、吕剧故乡、魅力中心城、图说东营区、胜利油田概况、中国石油大学（华东）概况等10余个栏目。

（郭大勇　李　鹏）

【河口区情网】 2002年，东营市河口区史志办建成河口区地情资料库。至2004年，首部《河口区志》《河口年鉴》电子版上传地情资料库。2006年，申请独立域名www.hkqq.com.cn，上传文字500余万字。2008年，对区情网站进行升级改版，将地情资料设计为二级页面显示。2010年，鉴于河口区乡镇和区直部门单位机构调整，对区情网站的乡镇展示、地情资料、专题数据库等栏目进行调整。2011年，上传网站资料150万字。2012年，河口区史志办在山东省情网和东营市情网上发表信息36篇，为全省县区史志办在省情网、市情网发稿数量第一名。2013年，录入《河口区志（2001—2010）》《河口年鉴》2013卷、《河口区情》等1000多万字，照片资料110余幅。2014年11月，对区情网站进行升级改版，重新设计优化栏目，设史志动态、外埠史志信息、河口概况、河口史志、河口风情、油田单位、镇（街道）风采、图说河口、网上方志馆等，让读者从多视角了解区情。

（潘春芳）

【垦利县情网】 2002年底，垦利县建成县情资料库，主要登载县情、招商引资政策、历史人物和《垦利县志》等。2004年，对垦利县情资料库进行更新。2005年，垦利县地情资料库更新网页，设垦利县情、招商引资、垦利风光等板块。2006年，进行网站改版，完善垦利县情、大事记述、明星企业、垦利风光等板块。2014年，将《垦利县志（1986—2002）》，《垦利年鉴》2004、2005、2006卷近500万字充实到县情资料库。2007年9月对垦利县情网站进行改版，设历史上的今天、垦利新闻、党史史志信息、地情资料、史书馆藏、专题数据库等18版块。2014年11月，启动垦利县情网的升级改版。网站域名为www.klxq.gov.cn。改版后栏目设垦利新闻、垦利大事记、垦利名片、垦利概况、史志鉴数据库、成果展示、史志动态等12个栏目。突出垦利县“黄河从这里入海、胜利油田在这里诞生、黄蓝战略在这里叠加”的地方特色。

（陈学慧　刘艳芳）

【利津县情网】 2002年12月，利津县情资料库建成，录入《利津县情总览》1991卷、1992卷、1993—1994卷等资料300万字。2003年，在利津县政府门户网站主页设置“利津县情资料库”链接。2003年6月，利津县情资料库改版，增加史志信息、利津地图等栏目。2004年12月，利津县情资料库升级为利津县情网站。2005年2月，利津县情网站接入互联网，录入地情资料300万字。2006年6月，利津县情网站进行改版，开设利津新闻、网上方志馆、利津群英等板块。2007年，注册网站独立域名www.ljxq.gov.cn。网站设地情资料、走进利津、利津名士、利津史志、乡镇展示、服务指南等11个栏目。至2014年底，网站录入县志、年鉴、同乡英才等资料1000余万字，有图片100多幅。

（王日华）

【广饶县情网】 2002年12月，广饶县地情资料库建成。2004年，历时6个多月，重新设计制作网页，对动态资料进行更新，实名注册广饶县情网，2005年5月广饶县情网开通，申请独立域名www.grxq.com。2006年，在广饶县情网主页增设“史志动态”等栏目，为基层供稿单位人员提供业务指导。2007年9月，申请注册独立域名www.grxq.gov.cn，实现全省地情资料资源共享。此后充实史志专业栏目，通过网站发布相关知识和规范为基层志编纂人员提供业务指导。至2013年底，广饶县情网主页基本定型，成为栏目设置较为合理、服务功能基本齐全、库容资料丰富、交互功能更加优化的网站。加强对地情资料库的管理和维护，录入《广饶县志》《广饶县年鉴》2001卷—2013卷、广饶县大事记及动态信息等1000余万字，录入照片500余幅。2014年，广饶县制定完成广饶县情网站改版升级方案，进行网站设计，全年新增录入资料50余万字。设广饶概况、今日广饶、民风旅游、遗址文物、知名企业等15个主体栏目。特色栏目设广饶画册、孙武故里、吕剧之乡、历史名人、旧志博览、文化遗址等，展示广饶社会人文风采。

（彭建新　董　军）

烟台市各县（市、区）地情网站建设情况统计表

名称	始建时间	建成时间	网址
芝罘区情网	2005. 5	2005. 10	sd. infobase. gov. cn/sdgd/sd6/c61
福山区情网	2005. 5	2005. 10	sd. infobase. gov. cn/sdgd/sd6/c62
牟平区情网	2005. 5	2005. 10	sd. infobase. gov. cn/sdgd/sd6/c65
莱山区情网	2005. 5	2005. 10	sd. infobase. gov. cn/sdgd/sd6/c6d
龙口市情网	2005. 5	2005. 10	sd. infobase. gov. cn/sdgd/sd6/c67/index. htm
莱阳市情网	2005. 5	2005. 10	sd. infobase. gov. cn/sdgd/sd6/c68/index. htm
莱州市情网	2005. 5	2005. 10	sd. infobase. gov. cn/sdgd/sd6/c69/index. htm
蓬莱市情网	2005. 5	2005. 10	infobase. gov. cn/sdgd/sd6/c6a
招远市情网	2005. 5	2005. 10	sd. infobase. gov. cn/sdgd/sd6/c6b
栖霞市情网	2005. 5	2005. 10	sd. infobase. gov. cn/sdgd/sd6/c63/index. htm
海阳市情网	2005. 5	2010. 11	sd. infobase. gov. cn/sdgd/sd6/c64/index. htm
长岛县情网	2005. 5	2005. 10	sd. infobase. gov. cn/sdgd/sd6/c66

（于　雪）

【潍城区情网】 2006年9月，潍城区情网站建成开通，网址wcqqqw.wfsq.gov.cn。网站设潍城概况、名胜古迹、地方特产、历史人物、民俗风情等10余个栏目，展示了潍城区历史状况和地域风情，为公众了解潍城提供了服务。

（林荣军　刘伟勋）

【寒亭区情网】 网址htqqqw.wfsq.gov.cn。设区情概述、魅力寒亭、史志动态、人物风流、法规文献、工作机构和地方史志库一级栏目，共包含自然地理、历史沿革、人口、古迹名胜、人文遗产、文物、旅游景点、地方特产、历史文化村落、街道简介、知名企业、史志快讯、史海钩沉、风雅拾遗、志苑探微、图片新闻、历史名人、当代英才、建功立业寒亭人、法规、文献、史志工作机构沿革、历届地方志编纂委员会及年鉴编纂委员会组成人员，以及入库的《寒亭区志》《寒亭年鉴》寒亭大事记和成果展示、旧志善本、史志研究共二十七个二级栏目。网站全视角、全方位地展现了寒亭自夏朝关于寒浞建立寒国以来政治、经济、文化、社会事业、人民生活各领域社会发展前进的过程。

（林荣军　刘伟勋）

【坊子区情网】 网址fzqqqw.wfsq.gov.cn。网站设区情动态、走进坊子、文化旅游、地方史志库、坊子人物、专题专栏等栏目。地方史志库已有《坊子区志

(1990—2007)》《坊子区志》，1993 年至 2012 年大事记等资料。

（林荣军　刘伟勋）

【奎文区情网】 网址 kwqqqw.wfsq.gov.cn。网站设市情动态、区情概况、文化旅游、地方史志库、专题专栏等栏目。网站实现与潍坊市情网等网站链接，有效实现互联互通。

（林荣军　刘伟勋）

【青州市情网】 网址 qzssqw.wfsq.gov.cn。网站设时政要闻、史志动态、青州概况、地方志书、青州大事记、风景名胜、魅力镇街、企业之窗、便民查询等十余个一级栏目，一百余个二级栏目，并与山东省情网、潍坊市情网、青州政府网等网站链接，青州市的其他网站也在主页中添加青州市情网的链接。

（林荣军　刘伟勋）

【诸城市情网】 网址 zcssqw.zhucheng.gov.cn。网站设概况、时政要闻、史志动态、走进诸城、龙城文化、诸城经验等栏目。诸城市情网站升级改版后，已成为具有一定规模、设施基本完备、信息较为全面的地方志专业网站。

（林荣军　刘伟勋）

【寿光市情网】 网址 sgssqw.wfsq.gov.cn。设置史志动态、寿光概况、文化旅游、地方史志库、寿光蔬菜、专题专栏等栏目。1991 至 2010 年大事记已录入资料库。

（林荣军　刘伟勋）

【安丘市情网】 网址 aqssqw.wfsq.gov.cn，设置史志动态、市情概况、安丘史志、安丘模式、城建掠影、魅力镇街、企业撷英、文化旅游、专题专栏等栏目，对全面宣传安丘的经济建设和社会发展成就起到积极的作用。2014 年，按照“统筹规划，统一标准，互联互通，资源共享，建用并举，重点提高”的建库要求，已做好安丘市情网建设的前期准备工作。

（林荣军　刘伟勋）

【高密市情网】 2013 年 12 月，高密市情网（gmsqw.gaomi.gov.cn）经过升级改版后正式开通。网站设有高密概况、时政要闻、史志动态、地方史志、高密名人、夷安文化、企业之窗、魅力镇街等多个栏目，横陈百科，内容丰富，全方位展示了高密地情。

（林荣军　刘伟勋）

【昌邑市情网】 网址 cyssqw.wfsq.gov.cn。网站设市情动态、市情概况、文化旅游、地方史志库、专题专栏等栏目。

（林荣军　刘伟勋）

【临朐县情网】 2005 年，临朐县情网建成开通，2008 年进行第一次改版，2010 年获得中国志鉴网“我最喜爱的

临朐县情网首页

地情网站”县级组一等奖。2014年，全县地情信息资源进行优化整合，进行第二次改版，改版后的县情网站设新闻资讯、史志动态、视频播报、热点专题、县情概况、自然风光、人文遗产、历史人物、地方特产、风土人情、镇街之窗、数字乡村、奇石、书画、文学 、摄影、人物风采、临朐记忆、网上方志馆等19个栏目。网站总文章数（含图片和视频）超过600篇。

（林荣军　刘伟勋）

【昌乐县情网】 网址clxxqw.wfsq.gov.cn。设置时政要闻、昌乐概况、史志动态、图说昌乐、历史人物、镇街之窗、地方特产、热点专题、法规文献、地情资料库等栏目。

（林荣军　刘伟勋）

【任城区情网】 2014年7月，任城区情网进行第三次改版升级，网址szb.rencheng.gov.cn。网站主页设区情新闻、图片新闻、史志动态、史志工作、任城大事、网站公告、外埠信息、文献法规、学习园地等23个栏目。网站整体风格简洁明快、清新亮丽、庄重大方。

（黄　静　刘　强）

任城区情网首页

【兖州区情网】 2014年11月，兖州区情网站改版升级工作正式启动，12月，页面设计工作全面展开。改版后的兖州区情网（yzqqw.jnsqw.gov.cn）域名采用济宁市情网的二级域名，服务器挂靠兖州政府网，设立了史志动态、兖州要闻、地情资料库、图说兖州、兖州大事、历史人物、兖州名胜、文学艺术、好书推荐等板块，图文并茂地展现了兖州区经济、政治、社会发展全貌，成为宣传兖州、展示兖州的一个平台。

（陈　勇　杨北城）

【曲阜市情网】 2004年9月建成，网址qfsq.qfjdw.com/index.php。2014年底改版升级。改版后的曲阜市情网设市情资料库、省情资料库、骨干企业、大美曲阜、儒家文化、影像曲阜等6个一级栏目，辟有市情动态、史志动态、政府公文、政策法规、大事记、文物古迹、方志馆藏等20余个二级栏目，实现与曲阜市党政网站和省内史志系统网站的互联互通。市情资料库内容丰富，纵贯曲阜的各个历史阶段，突出曲阜特色和时代特征、地域特点，通过文字、图片、视频等方式充分展示曲阜市情、史志工作。

（米玉红　翟盛军　孟宪方）

【邹城市情网】 网址sqw.xinzc.cn。2014年，完成了邹城市情网站的改版升级。网站改版后，地方史志资料数据总量占比达到全网站总量的70%。重点充实了区域史料、地情研究等专业资料，为突出公共服务和吸引公众参与导向，新设影像邹城、摄影天地、书画天地、邹城地图等特色栏目。

（周广志　孟庆文）

【微山县情网】 2014年，微山县情网完成改版升级，网址www.wsxqw.com。网站以史志业务和微山县情为主要内容，包括县情动态、史志法规、微山人物、微山文化、微山风情、全景微山湖、微山文学、微山县志等主栏目。每个主栏目下设若干子栏目，录入了微山史志、地方文化、风土人情、民俗风貌，充分展现了当代微山的政治、经济、文化、旅游等地方特色。

（张西海　李　艳　闫红梅）

【鱼台县情网】 网址yutai.jnsqw.gov.cn。网站设鱼台概况、新闻中心、地方文化、图说鱼台、民俗风情、文献法规、鱼台大事记等栏目。

（鱼台县史志办）

【金乡县情网】 2014年12月正式开通，网址jxxqw.537114.com。网站栏目包括金乡概况、工作动态、金乡史志、金乡人物、金乡文化、民俗风情、金乡村落、金乡企业等内容。各个栏目下设置多个二级栏目，既有文字资料，又有图片资料，图文并茂。

（金乡县史志办）

【嘉祥县情网】 2014年12月，嘉祥地情网站完成升级改版，网址www.jxxqw.gov.cn。网站设有嘉祥概况、新闻中心、嘉祥史志、嘉祥年鉴、风俗民情、历史人物、曾子文化、本地特产、本地旅游、县情动态、史志动态、嘉祥地图、图片展示、民间艺术、名胜古迹、本地小吃等16个栏目。网站资料丰富权威且专业特色突出，主体资料是地方志、地方年鉴和主体文献，包括历史大事记、历史人物传记、县志资料、史志学术研究和地情资料等内容，占网站总数据量的75%。

（周　契　许文洁）

【汶上县情网】 2014年12月正式开通。网址www.wsgov.cn。网站有县情概况、要闻快递、史志动态、他山之石、大事之记、县情地图、历史名人、文化名县、方志书屋、史料史趣、特产荟萃、乡情镇情、特色村情、便民服务等20余个一级栏目、35个二级栏目，以文字、图片、视频等形式，不同角度地展示汶上县情，全面记述汶上县社会、经济、文化、史志状况。

（王建议）

【泗水县情网】 2014年，泗水县情网再次进行改版升级，实现与泗水政府网、宣传网、组工网、旅游网、文化网等链接。网址sd.sdsqw.cn/sdgd/sd8/c88。网站首页设泗水新闻、史志动态、史志办快讯、中外名人、你不知道的泗水、行政区划、洙泗文化等版块，内容涵盖县情简介、文化建设、地方志成果、方志馆建设、地方志法规等。

（李　莉）

【梁山县情网】 网址liangshan.jnsqw.gov.cn。网站设置梁山概况、新闻中心、地情资料库、图说梁山、民俗风情、文献法规、大事记、魅力梁山、人文梁山、历史故事等栏目。

（梁山县史志办）

【泰山区情网】 建于2004年6月，2011年改版，域名挂山东省情网站。主要栏目有：史志动态、泰山区情、乡镇概况、党史党建、风景名胜、泰山特产、史志资料库、方志成果、史志法规、招商引资等。志鉴数字化工作正在录入。

（刘玉朴）

【岱岳区情网】 建于2006年，网址daiyue.tasqw.cn。2014年筹划升级改版，补充区情资料。区情网站设岱岳概况、新闻中心、地情资料库、图说岱岳、历史故事、特产名吃、岱岳大事记、岱岳史话、民俗风情、岱岳名人、便民信息等栏目。

（张洪谱）

【新泰市情网】 2014年4月，新泰市情网改版升级，网址szb.xintai.gov.cn。新版市情网首页设置史志动态、方志研究、魅力新泰、市情资料库等九个主要栏目。网站升级后，借助政府网的技术和平台优势，方便读志用志群众查阅资料、留言咨询。

（杨　洋）

【肥城市情网】 2004年开通，网址sd.sdsqw.cn/sdgd/sdg/c96。共设肥城概况、民俗风情、大事记、街镇概况、招商引资、文物古迹、风景名胜、名优特产、肥城人物、左丘明文化研究等16个栏目，收录各类文字资料700余万字。网站安排专人负责，加强维护与管理。对动态栏目及时更新，不断增加信息量。2014年，对“肥城市情网”进行升级改版，对栏目进行增添、整合，增加时政肥城、桃文化、左丘明文化研究等栏目，突出了时代特色和地方特色，共设栏目20余个，收录各类文字资料800余万字，图片百余幅，全方位展示了全市政治、经济、文化、社会事业等方面的情况。至2014年底，肥城市情资料库共收录《肥城县志》《肥城市志》《肥城地理志》《肥城人物》《肥城风物》《肥城年鉴》1988—1992卷、1993—1997卷、2003—2007卷等资料，近600万字。

（庄惠丽　郝　航）

【宁阳县情网】 2012年，“宁阳县情网”注册了网站公益域名，中文域名为宁阳县情网·公益。“宁阳县情网”网站首页设动画，设时政宁阳、史志动态、红色记忆、方志论坛等12个栏目、35个子栏目，发布信息近800条，在线资料种类繁多，内容丰富，展现了宁阳县人文、历史、文化、地理等各方面的情况，突出了宁阳县的特色。

（赵先法　侯胜男）

【东平县情网】 2004年9月，建成开通县情网·公益（www.dpxq.gov.cn）。2005年12月，县情资料库通过省、市专家组检查验收。地情资料库网以志鉴为基础，着重突出东平经济发展、城市建设、旅游和文化等区域特色，《东平年鉴》1986—1993卷入专题库，入库字数79万字。2014年，按照省市网站升级要求，进行了网站升级改版工作。

（李姗姗　杜　梅）

【环翠区情网】 2010年10月完成升级改造工作，网址hc.whsq.gov.cn，设置环翠概况、政务公开、环翠快讯、旅游指南、大事要览、名企名品、名优特产、镇村简介、环翠人物9个栏目。年内，及时做好“环翠区情网”站的日常维护和更新，逐月发布环翠区大事、要事、党史史志工作动态等内容。

（环翠区党史市志办）

【文登区情网】 2003年11月，设立地情资料库。2010年12月，文登市情网（文登地情资料库）整体改版升级，域名:wd.whsq.gov.cn，开设聚焦文登、史志动态、文登概况、文登名片、文登志书、文登年鉴、文登大事记、续志之窗、风景名胜、民俗风情、文登特产、文登名牌、文化村镇、古今人物等20余个特色栏目。2014年，更名为文登区情网，录入《文登年鉴》2013卷，计85万字，更新各栏目文字内容3万余字、图片80余幅，丰富资料库的信息量。截至2014年底，地情资料库已录入581万字。

（高燕妮）

【荣成市情网】 2008年建立，2010年对网站进行升级改版，网址rc.whsq.gov.cn。网站主页面包括荣成概况、民俗风情、荣成市志、党史史志成果、荣成名片、风景名胜、重点企业、党务公开等8项，发布数据资料230多万字。2014年，完成数据更新8项，系统内发布数据20多万字。

（连业功 姜 潇）

【乳山市情网】 2002年7月19日创建，网址rs.whsq.gov.cn，是乳山市对外宣传的重要窗口。网站设有地情资料征集、乳山概况、乳山市志、乳山年鉴、长寿之乡等21个栏目。将《乳山市志》及历年出版的《乳山年鉴》全部入库。

（王 浩）

【东港党史网】 2014年10月1日，开通了集党史网与地情网于一体的具有东港特色的门户网站——东港党史网（网址为：www.dgdsw.gov.cn）。网站设置概况、党史研究、地方史志等十个板块，19个栏目。全年已发布资料70万字，图片40张。

（陈文祥）

【岚山区情网】 2006年，岚山区史志办开始着手开展岚山地情网站建设。2007年进行网页设计，将各种史志资料数字化，并搜集岚山的历史文化、风土人情等资料上网发行，岚山地情网站初步建成运营。网址lanshan.rzsq.gov.cn。2009年，对网页进行了重新设计，并入日照市地情网站网址和服务器。2014年底，岚山区情网进行改版升级。

（张守来）

【五莲党史（史志）网】 2009年开通，网址www.wldssz.com。共设置五莲县情、工作动态、史志工作、学习园地、机构设置、政策法规、乡镇风采、历史上的今天、活动专题、五莲生态风光等15个栏目。开通以来，坚持每周更新网站内容，通过挖掘和利用地方史志资源，收录《五莲县情》《方志政策法规》《五莲大事记》《五莲历史文化名村镇》《走进红色的五莲》《永远的楷模》等资料，加强县情资料库建设，向全县开展了征集各种新旧志书、家谱、邑人著作、回忆录等资料和图片活动。加强志鉴的数字化、网络化建设，第一轮《五莲县志》和《五莲山志》资料内容全部上传网库。《五莲县志（1989—2005）》《五莲年鉴》《中共五莲地方史》数字化工作有序推进。

（迟玉玉）

【莒县县情网】 2014年8月开通，网址为www.jxxqw.cn。网站主页面设置主栏目莒国国情、党史工作、史志工作、党史教育场馆、方志馆、历史名人、历史大事、莒文化、民俗风情、政策法规等栏目，下设13个二级栏目，完成数据11项。截至2014年底，总信息量达87条。《莒县志》《桑园镇志》《东莞镇志》《陵阳镇志》《城阳镇志》已收入资料库。

（孙凤明）

【莱城区情网】 2006年，开始建设莱城区情网站，2010年建成开通，域名www.lcqdsszw.com，与省、市地情网联网。网站设莱城概况、文献法规、志鉴文库、党史资料、莱城大事、人物传记、名胜古迹、地方特产、民间艺术、旅游景区、区情动态、史志动态12个栏目，每个栏目下设1—5个不等的二级栏目。2013年，对区情网改版设计，突出地方特点。网站增加讲话报告、考察调研、重要文件的容量，及时更新全区经济发展数据、镇（街道）概况、区情动态、史志工作动态，及时录入新出版的《莱城区志》《莱城年鉴》《中共莱城区历史大事记》等资料。

（刘少波）

【钢城区情网】 2006年，开始建设钢城区情网站，2008年申请了域名，2011年9月正式运行，域名www.gcqqw.com。2014年，对钢城区情网进行改版和内容扩充，重新设计了区情动态、党史编研等板块，添加了企业风采等板块，网站首页调整为12个大栏目，大栏目下分若干二级栏目，已开始录入相关内容。

（高　涛）

临沂市各区、县地情网站建设情况表

网站名称	网 址	创建时间	重点栏目	信息发布量
兰山区情网	www.lsqq.gov.cn	2006	今日兰山、史志动态、区情概况、中国现代商贸物流基地、区情资料库、镇街在线、魅力兰山、城市新貌、大事要览、中国优质人造板生产流通基地	25条
罗庄区情网	www.luozhuang.gov.cn	2011.01	今日罗庄、文化罗庄	2000余条
河东区情网	www.hedongqq.com	2011.11	工作动态、河东要闻、河东发展	1700余条
沂南县情网	www.yinanxq.cn	2015.04	史志动态、地情库、诸葛亮	30条
郯城县情网	szb.tancheng.gov.cn:8080	2006.05	史志动态、政策法规	32条
沂水县情网	www.ysxq.gov.cn	2003	沂水时政、史志动态、县情资料库、魅力沂水	50条
兰陵县情网	www.cangshanxq.cn	2011.09	县情动态、史志动态、兰陵概况、志鉴文库、兰陵文化、著名人物	86条
费县县情网	xq.feixian.gov.cn	2008	县情概况、魅力费县、费县奇石、历史文化、	1000余条
平邑县情网	www.pyxqw.cn	2012.01	大事记、物产风情、历史文化、魅力平邑、活力平邑、图片库	120条
莒南县情网	www.junanxq.cn	2000	史志动态、县情研究、艺术长廊、风景名胜	30条

续表

网站名称	网　址	创建时间	重点栏目	信息发布量
蒙阴县情网	www.mengyinxq.com	2013.11	魅力蒙阴、红色记忆、人物春秋	55 条
临沭县情网	www.lsxq.gov.cn	2006.12	县情概况、县情摘报、史志动态、魅力临沭、历史文化、临沭经济、图说临沭	61 条

（杨晓莉　尹双双）

【德城区情网】 网址 decheng.dzszb.com。区情网设置时政要闻、区情概况、法规政策、德城新闻视频、大事记、史志动态、方志年鉴、地域文化、历史人物、名胜古迹、名优特产、文明村镇、历史上的今天等栏目，内容更新及时，时效性强，成为群众读志用志和了解地情信息的重要平台。

（郭立功）

【陵城区情网】 网址 lingxian.dzszb.com。设要闻、史志动态、区情概况、法规政策、地域文化、方志年鉴、规划计划及其他等栏目。网站涵盖的内容更为丰富，地方特色更加鲜明，页面设计更为美观，为宣传陵城区提供了很好的平台。陵城区史志办建立了地情资料库，将多年来编纂的志书等资料通过整理，录入《陵县志》《德州年鉴》《大事记》等资料。

（刘秀芝　王志浩）

【乐陵市情网】 网址 laoling.dzszb.com。2014 年 5 月，对乐陵市情网进行改版升级，6 月正式开通。设有要闻、史志动态、市情概况、法规政策、地域文化、方志年鉴等 9 个栏目。网站突出地域特色，增设地方特产、名胜古迹、历史故事等内容，增强网站的实用性和知识性，展示了乐陵市情。

（宋秀利　李　鹏）

【禹城市情网】 网址 yucheng.dzszb.com。2014 年 7 月正式上线开通。设最新要闻、史志动态、法规政策、党务政务公开、文明村镇、方志年鉴、地域文化、名优特产、名胜古迹、大事记、历史人物、历史上的今天、公告等栏目，内容丰富。

（王　凯）

【宁津县情网】 网址 ningjin.dzszb.com/e/master/login.aspx。设要闻、史志动态、县情概况、法规政策、地域文化、方志年鉴等栏目。

（李　群）

【庆云县情网】 网址 qingyun.dzszb.com。2014 年 7 月改版升级。主要设置要闻、史志动态、县情概况、法规政策、地域文化、方志年鉴等栏目。年内，将《庆云县志（1981—2010）》部分内容录入资料库。

（张洪敏）

【临邑县情网】 建于 2005 年，是德州市建设的第一个县情网站。2014 年 7 月，进行改版升级。网址 linyi.dzszb.com。网站内容设最新要闻、史志动态、法规政策、党务政务公开、文明村镇、方志年鉴、地域文化、名优特产、名胜古迹、大事记、历史人物、历史上的今天、公告等栏目。及时更新网站内容。

（陈德波）

【齐河县情网】 网址：www.iqihe.net。2014 年 6 月上线运行。网站首页分齐河史志和全县概况两大版块，设齐河要闻、史志动态、政策法规、史志成果、方志馆、地情资料库、方志论坛、齐河概况、齐河旅游、投资齐河等 10 个一级栏目和 30 余个二级栏目。网页在设计上突出史志工作和齐河特色，将全县的史志成果进行集中展示和介绍，并增加了地情资料库的检索，重点对齐河的民俗文化、文明村镇、历史人物、名优特产、名胜古迹、齐河旅游、投资齐河等加以介绍。至年末，上线浏览人数 1.2 万余人次。

齐河县情网首页

（刘　勇）

【平原县情网】 网址 pingyuan.dzszb.com。2014 年 7 月正式开通，设置有最新要闻、史志动态、法规政策、党务政务公开、文明村镇、方志年鉴、地域文化、名优特产、名胜古迹、大事记、历史人物、历史上的今天、公告等栏目。

（王　辉）

【夏津县情网】 网址 xiajin.dzszb.com。2014 年 4 月，进行了改版升级，7 月正式上线。改版后，重新设计制作了全部网页，共分要闻、史志动态、县情概况、法规政策、地域文化、方志年鉴、书画天地、他山之石及其他等 9 大栏目。截至 2014 底，更新条目 500 多条，图片 200 多幅、视频 10 多个。建立地情资料库，把《夏津县人物志》《夏津县历史文化概览》《夏津县志（1986—2009）》《夏津棉花志》等多部志书的文字、图片资料进行上传。截至 2014 年底，共录入文字资料达 100 余万字。

（栗心利）

【武城县情网】 2014 年 12 月，武城县情网完成改版升级，正式上线，网址 wucheng.dzszb.com。改版后的武城县情网设武城要闻、史志动态、法规政策、史志成果、地情资料库、走进武城、武城旅游、投资武城、图说史志、魅力武城、历史上的今天、武城风光、友情链接 13 个栏目，其中，武城要闻和史志动态栏目，分别反映当前武城县的大事、大情和史志工作情况，以动态形式实时更新；志鉴书库栏目直接链接省情资料库，并将不断充实志书成果，增强实用性；魅力武城下设名胜古迹、地域文化、名优特产等多个分栏目，辅以图片形式展现人民生活。

（张　君）

聊城市各县（市、区）地情网站建设情况表

网站域名	网址	建成时间	主要栏目	录入信息
东昌府区情网	dcf.lcsqw.com.cn	2003	概况、新闻中心、图说东昌府、地方文化、文献法规、地情资料库、红色记忆	文字 15 万字，图片资料 100 幅。
临清市情网	sd.sdsqw.cn/sdgd/sdf/cf2/index.htm	2003	临清概况、领导简介、临清市志、地方文化、政府公文、名胜古迹、大事记、知名企业	文字 30 万字，图片资料 50 幅。
阳谷县情网	yg.lcsqw.com.cn	2003	阳谷概况、新闻中心、地情资料库、阳谷历史、历史上的今天	文字 5 万余字，图片资料 30 幅。
莘县县情网	sx.lcsqw.com.cn	2003	县情概况、城市建设、领导视察、风景名胜、遗址遗迹、民俗风情、历史人物	文字 5 万余字，图片资料 100 余幅。
茌平县情网	www.lcsqw.com.cn/cp/	2003	新闻、历史文化、史志研究、年鉴研究、县情备览、成果展示、茌平人物	文字 6 万余字，图片资料 50 幅。
东阿县情网	de.lcsqw.com.cn	2003	县情概况、历史沿革、自然资源、史志动态	文字 2 万余字，图片 20 幅左右
冠县县情网	gx.lcsqw.com.cn	2003	冠县概况、史志博览、新闻中心、图说冠县、地方文化、冠县大事记	文字 3 万余字，图片资料 30 幅。
高唐县情网	sd.sdsqw.cn/sdgd/sdf/cf8/index.htm	2003	名镇古迹、乡镇办事处、书画名人、书画艺术、民俗风情、招商引资	文字 5 万余字，图片资料 50 幅。

（葛　凤）

【滨城区情网】 2006 年 7 月，滨城区情网站建成，并与省、市情网站接通联网。2011 年对网站内容进行了全面改版，网址 quqing.bincheng.gov.cn。设区情概况、工作动态、党史天地、方志研究、成果集萃、魅力滨城、通知通告 7 个栏目。党史天地栏目下设党史人物、党史故事、党史宣传、革命遗址 4 个分目；方志研究下设滨城区志、志列表 2 个分目；成果集萃下设党史成果、年鉴、志书、调研论文 4 个分目；魅力滨城下设文化村镇、历史人物、名胜古迹、民俗风情、名优特产、图说滨城 6 个分目。2014 年在工作动态栏目中上传信息 31 条。

（刘桂珍）

【沾化区情网】 2014 年 11 月，沾化县情网站升级改版，网址 www.zhxq.gov.cn。设置区情概况、沾化要闻、大事记述、县志年鉴、政策法规、方志研究、民俗风情、名优特产、节庆活动等栏目。其中节庆活动列述 1999 年至 2014 年共 16 届沾化冬枣节的盛况，资料翔实、设计科学、更新及时，便于社会各界掌握最新动态，成为了解沾化和史志业务工作的重要窗口。11 月 28 日，沾化撤县设区，县情网站更名为“沾化区情网”。12 月，完成地情网站中文域名的申请及注册工作，并加挂事业单位统一标识。网站升级改版后，及时对资料库内容进行更新。至年底，录入《沾化县志》《沾化年鉴》1988—1997 卷，《沾化冬枣志》《沾化政

协志（1984—2006）》4 部志书、年鉴，入库总量达 500 余万字。

（张爱芹）

【惠民县情网】 网址 huiminshizhi.cn。网站设惠民概况、新闻中心、地情资料库、图说惠民、惠民人物、文献法规、惠民大事记、魅力惠民等栏目。地情资料库正录入补充资料。

（惠民县史志办）

【阳信县情网】 2007 年开通，网址 www.yxxq.org.cn，先后多次进行改版，栏目设置几经调整，信息内容充实。至 2014 年底，共开设阳信概况、阳信历史上的今天、阳信名片、志书年鉴、名胜古迹、梨乡英才、民俗风情、主导产业、地方特产、知名企业、名优品牌、企业招聘、时政关注、史志动态、阳信骄傲、梨乡艺韵、历史文化村镇、阳信方言等栏目。网站数字化资料总量达到 500 万字以上。出版的志书、年鉴等方志资料全部上传至地情资料库。

（周立辉）

【无棣县情网】 网址 www.sdwdxq.cn。网站设置无棣概况、新闻中心、地情资料库、图说无棣、无棣史话、文献法规、无棣大事记、魅力无棣、视频中心等栏目。

（无棣县史志办）

【博兴县情网】 网址 www.boxingxwq.cn。网站设置博兴概况、新闻中心、地情资料库、图说博兴、历史故事、文献法规、大事记、资料库、视频中心等栏目。

（博兴史志办）

【邹平县情网】 网址 www.zpdqw.cn。网站主要板块分为邹平概况、大事记、旅游资源、志鉴资料、镇办概况、历史名人、政策法规、联系我们等。

（王青山）

【牡丹区情网】 2007 年 8 月创建，2014 年 12 月改版，网址 mdq.hezesq.com。设置区情概况、区情动态、史志动态、机构设置、民俗风情、名优特产、牡丹区大事记、历史事件、名胜古迹、菏泽牡丹、牡丹区人物 11 个栏目。

（王　茹　李曙皞）

【曹县县情网】 2007 年 8 月创建，2014 年 3 月，曹县地情网站改版，网址 cx.hezesq.com。设有一周要闻、史志动态、县情概况、地方文化、大事记、名优特产、名胜古迹、企业风采、人物、乡镇街道、名村名居等栏目，充实网站信息 200 余条。《曹县志（1986—2009）》录入资料库。

（董梁英　刘　茹）

【单县县情网】 2014 年，单县县情网站进行了升级改版，网址 sx.hezesq.com。设单县概况、大事记、史志动态、今日单县、单县人物、地方文化、古今名胜、民间传说、名优特产 9 个栏目，每个栏目下设多个子目。网站的升级改版使栏目设置更合理，内容更丰富。

（窦颖瑞）

【成武县情网】 2014 年，成武县情网进行改版升级，网址 cw.hezesq.com。设成武新闻、史志动态、成武概况、机构设置、民俗风情、名优特产、成武大事记、成武人物等8个栏目。动态栏目做到一周一更新。完成了第二轮出版的新编县志入库任务。

（杨海涛）

【巨野县情网】 2014年12月，完成巨野县情网网页更新工作，网址jy.hezesq.com。在突出地方特色、年度特色方面进行了大胆尝试，更新了网页版面，设置了概况、史志动态、麟乡文史等12个栏目。首轮《巨野县志》《巨野年鉴》2013卷录入资料库。

（王　瑞）

【郓城县情网】 2014年，郓城县情网站进行升级改版，网址yc.hezesq.com。改版后的郓城县情网包括图片郓城、要闻快递、史志动态、县情概览、水浒文化、诚信郓城、郓城县志、名胜古迹、领导讲话、企业在线、书画摄影、民俗风情、古今人物、特产名吃14个栏目，每个栏目下设多个子目。

（王志良　刘兆全）

【鄄城县地情网】 网址jc.hezesq.com。设置县情动态、图说鄄城、地方文化、历史传说、魅力鄄城等多个栏目。县情动态及时更新，宣传鄄城县历史文化，助推县域经济发展。

（孙凤春）

【定陶县情网】 2014年，定陶县情网(dt.hezesq.com)升级改版。设县区概况、史志动态、历史人物、现代人物、名胜古迹、地方特色、志鉴库等栏目。入库资料600万字，入库图片150余幅。

（李文存　朱向勇　吴　芳）

【东明县情网】 2014年12月，东明县县情网站完成改版升级，网址dm.hezesq.com。设县情概况、县情动态、大事纵览、史志动态、文献法规、志鉴书库、史志研究、名胜古迹、民间风情、特产名吃、东明人物、友情链接、图片东明13个栏目，其中，县情动态和史志动态两个栏目，分别反映当前东明县实事和史志工作情况，以动态形式实时更新；志鉴书库栏目直接链接省情资料库，不断充实志书成果；名胜古迹、民间风情、特产名吃板块下设多个分栏目，图片栏目主要以图片形式反映东明县情况。2014年，东明县完成《东明县志》1992年版、《东明人物》《东明年鉴》2013卷的数字化编排，资料上传省情资料库，可供社会各界互联网查阅。新修《东明县志（1986—2005)》《东明年鉴》2014卷、部门专业志等县情资料正在数字化处理中。

（任东方）

责任编校：宋　涛

方志馆建设

综　述

【概况】　方志馆是集藏书、展示、科研、学术交流、资源开发利用、爱国主义教育等多功能于一体的公共文化基础设施。建设好各级方志馆，对于妥善收藏、保护、开发、利用地方文献资源，构建完善的公共文化服务体系，满足人民群众日益增长的文化需求，打造当地历史文化品牌，弘扬齐鲁优秀传统文化，建设经济文化强省具有重要的意义。

山东省、市、县三级方志馆建设始于20世纪90年代，大多以各级史志机构的资料室为基础建立。随着修志成果的不断丰富和开发利用志鉴资源的迫切要求，资料室已无法承担新形势赋予的新任务，省地方史志办公室提出了建设省、市、县三级方志馆的构想。1996年4月，山东省方志馆成立，一些市、县方志馆随后成立。省地方史志办公室对方志馆建设工作高度重视，采取积极有效措施加以推进。2005年12月颁布实施的《山东省地方史志工作条例》中明确规定要“征集、整理、保存地方史志文献”“为公众读志用志提供服务”。2009年8月制定印发《关于加快方志馆建设的若干意见》，明确方志馆建设的目标要求，加强对市县方志馆建设的工作考核。多次联合省政府督查室对全省三级方志馆建设情况进行督查。紧紧抓住国家推动文化大发展大繁荣的重大机遇，积极争取各级党委政府支持，把各级方志馆建设纳入各地公共文化基础设施建设的重要内容，力争到2020年全省省、市、县三级方志馆全部建成达标。截至2014年底，全省各级方志馆共有95家，其中省级方志馆1家，市级方志馆14家，县级方志馆80家。

2014年，全省方志馆建设工作顺利推进。泰安、德州、菏泽、临沂市方志馆新馆投入使用，淄博、东营、威海、滨州、莱芜市方志馆新馆建设顺利推进。全省各级方志馆设备设施日趋完善，馆藏日益丰富。截至年底，山东省各级方志馆共计收藏各级各类地方志文献资料40万册，形成了较为科学的馆藏体系与馆藏结构，相对完善的馆藏收集、保存、整理、服务机制，公共文化服务水平和能力不断提升。

【山东省方志馆】　1996年4月，山东省人民政府办公厅以鲁政办发〔1996〕57号文发出《关于印发山东省地方史志办公室职能配置、内设机构和人员编制方案的通知》，同意筹建山东省方志馆，为省地方史志办公室所属全额预算管理的处级事业单位。自此，山东省方志馆正式成立。2011年8月，山东省方志馆依法登记为事业法人单位，隶属山东省地方史志办公室管理。2013年7月，聘请欧阳中石担任山东省方志馆名誉馆长。

2003年3月，山东省方志馆新馆建成并投入使用，建筑面积约5600平方米，位于济南市历下区旅游路25998号。馆内设书库、阅览室、陈列室、复印室、办公室、会议室、多功能厅等，集志类成果收藏、社会服务、机关办公、学术研究、展览交流于一体。馆藏包括全国各地志书、年鉴、地情书籍、资料汇编、资料类编、方志理论著作、志书评论、方志提要、方志目录、方志考录、旧志整理等资料。截至2014年底，馆藏地方志文献资料9万余册。

2014年，省方志馆围绕"三个中心、一个基地"（史志成果和地情资料展示中心、地情研究咨询中心、地方文化对外交流中心和爱国爱家乡宣传教育基地）的目标任务，进一步丰富馆藏内容，规范管理，努力提升公共文化服务水平和能力，积极组织开展"满意在方志馆"活动。

加大收集力度，不断丰富馆藏。采取购买、征集、交换、接收捐赠等多种方式，增加志书、年鉴等地情书籍4600余册，进一步丰富了馆藏内容。购进《山东文献集成》《山东文化世家研究丛书》，《四库全书》《续修四库全书》电子版等。接收社会捐赠图书30册。积极主动与省内外史志部门加强联系，交换志鉴类书籍。2014年接收北京、上海、甘肃、四川、广西等8省（市）省际交换志鉴等志类成果79册。

构建"全省志类成果交换平台"。为了进一步拓宽全省志书、年鉴及其他志类成果流通、交换渠道，互通有无、调剂余缺，丰富和补充各级方志馆馆藏，省方志馆于2014年11月在山东省情网开辟"全省志类成果交换平台"专栏，通过运用计算机网络技术和现代信息技术手段，收集、整合、发布全省志类成果信息资源，为全省史志部门提供一个覆盖全省、资源共享、统一权威的志类成果信息发布与管理平台。

平台设立"交换动态""省方志馆"及济南、青岛等17市共19个条目。截至年底，17个市、68个县市区已按要求报送可供交换的志类成果书目及图片，平台19个条目全部制作完毕并上网发布。可通过省情网"全省志类成果交换平台"专栏或http://www.sdsqw.cn/zsjhpt两种途径进行浏览查看。平台的运行对促进全省志类成果的收集、管理和开发利用工作，具有非常重要的现实意义。截至2014年底，已经集中发布成果500余种，图片500余幅。交换平台运行以来，得到广泛关注，点击量节节攀升，已经产生一定影响并促成了部分志书成果交换业务，效果初显。

志鉴征集报送工作有序推进。省方志馆为加快全省已出版的志鉴征集报送工作进度，安排专人负责，严格按时、按量入库。截至2014年底，17市已出版志书90部，已经报送76部（占84%），2860册。

方志馆管理工作科学化、规范化、制度化逐步加强。按照办公室统一部署，结合方志馆实际，认真组织讨论调研，广泛征求意见，制订省方志馆有关管理制度7个，为方志馆管理的科学化、规范化、制度化打下坚实的基础。

搞好市县方志馆建设服务指导，支持市县方志馆建设。省方志馆采取应邀上门指导，主动解答业务问题，提供相关材料，赠送余存书籍等方式，为市县方志馆建设提供服务指导。

加强交流学习，推动事业发展。省方志馆先后组织人员赴北京、秦皇岛方志馆考察学习先进经验和做法，先后接待北京、浙江、湖北等省及省内同行，召开座谈会，加强交流合作，相互学习借鉴，共同推动方志馆事业发展。

组织开展“满意在方志馆”活动，高标准做好接待、服务工作。严格按照省史志办主任刘爱军提出的“六讲”要求，积极创建和谐文明机关，把党的群众路线教育实践活动、落实“六讲”要求与开展防止克服“门好进，脸好看，事仍然难办”不良作风活动相结合，积极开

山东省方志馆外景

山东省方志馆内景

展“满意在方志馆”活动，做到文明接待、热情服务、耐心周到，加强对查询者的引导和帮助，让查询者满意。

（陶玉宝）

市、县（市、区）方志馆建设

【济南市方志馆】 济南市方志馆成立于1997年，属于全额预算管理的正处级事业单位，编制6人。馆藏书库使用面积210平方米，安装有12组移动式密集书架，配备了除湿机、抽风机、灭火器等相应设备，有专人管理，并制定严格的书库管理和借阅规定，2010年开发书籍管理系统，实现了馆藏目录、提要检索微机化，藏有全国省、市、县各级地方志书和年鉴等地情书籍15000册，种类300余种。阅览室使用面积50平方米，可供阅览书籍1000余册，种类500余种，主要为各类工具书、理论研究书籍以及最新版的年鉴、地方志等。

2014年，济南市方志馆加强馆藏地方志资料的数字化处理，利用地情网站向社会提供全面优质服务。完成新购及交换书籍的登记上架工作，全年完成新购志书类及相关书籍1000余册，对全国各省及省会城市、副省级城市和省内17市进行第二轮志书出版情况统计，并建立第二轮志书交换关系，全年交换80余家。

（张　阳）

【济南市历下区方志室】 2007年按照省市史志办建方志馆（室）的要求，历下区史志办积极筹建区方志室，购买资料专用橱柜，于2007年11月完成方志室的筹建工作，面积约22平方米，藏各级各类图书近千册，达到相关的要求。2014年，积极协调区政府和区行政事务管理局，腾出会议室一间，作为独立的方志室，年底完成了方志室搬迁工作，新购书橱6组，图书300册，方志室面积达到50平方米，书橱12组，室藏各类志鉴等图书20余种，1270余册。方志室调整后，对图书进行分类整理，完善了方志室图书借阅制度，并对政府部门进行开放，及时为领导决策、为机关各部门和社会各界提供更全面、准确、及时的地情资料，进一步发挥地方志书的“资治、教化、存史”作用。

（王海燕）

【济南市槐荫区方志室】 2010年，建面积50平方米方志室，内设16组密集柜（可藏书1万册）、2台电脑、1台打印机，制定《槐荫区方志室图书管理规定》《槐荫区方志室图书借阅规定》，使用专用的图书管理系统，馆藏书目全部录入微机，实现网上方志室。2011年5月，方志室面向机关工作人员开放。至2014年底，书籍管理全部实现电子化，方志室藏书近5000册（套），全年新添书籍1300余册，并及时完成方志室新进图书入库、录入工作；图书外借100余册；为部门及个人提供电子版、纸质复印资料100余次。特别是在第二轮修志及《槐荫区农村概览》编纂等地情资料查询方面发挥重要作用。

（金　颖）

【济南市长清区方志馆】 1989年7月，

设立长清县志资料室，有书橱4个，藏有少量工具书和史籍。2008年，对资料室彻底清理、粉刷，淘汰原来书橱，更换8组书橱，安装橱帘，更名为长清区方志馆。2014年，结合《长清区志》编纂工作需要，与其他县市区交换或购买一批新志书，有《曹县志》《莱芜市志》《莱城区志》等。至2014年底，馆内图书全部上架，并进行分类，藏有《山东通志》《山东省志》《济南市志》《山东年鉴》《济南年鉴》《长清统计年鉴》及部分其他区县的志书、年鉴、历史书籍、工具书等近3000册。

（长清区史志办公室）

【章丘市方志馆】 章丘市方志馆是全面展示区域文化、自然状况、历史沿革、社会风貌和地方特点的载体；是开展地方志史料研究与学术交流、推动地方志资源开发利用的平台；是全市方志资料较齐全的一所综合性开放式资料馆。它不仅是为各级政府、领导决策提供可靠史料的服务中心，更是面向广大人民群众的一个综合服务平台。

2014年，章丘市史志办迁至龙泉大厦，协调一间库房作为方志馆用房，面积约80平方米，并配备书柜、办公桌椅等设施，是一个集咨询、查阅、读志用志于一体的综合性方志馆。现馆内收藏的5000多册地情资料中，大多是社会主义新方志，也有明清时期、民国时期的府、县旧志，如道光府志、明清县志等。还藏有《中国历史地图集》《中国会馆志》《王氏家族志》《山东省志》系列丛书、《山东各县乡土调查录》等，另有各类地情书、全省各级各类年鉴，以及党政机关及相关部门的内部刊物、文件汇编和区域内人物传略等。

（章丘市史志办公室）

【平阴县方志室】 平阴县方志室面积50平方米，有资料橱、资料架15个，现存各类方志资料5000余册。建成资料检索系统，积极向社会提供利用，全年提供利用800多册次。2014年，平阴县史志办积极争取领导支持，多次向县政府主要领导和分管领导汇报方志馆建设情况，并形成方志馆选址初步方案。

与各地交流志书、年鉴130余册，省市支持60余册，其中优秀志书8册，各类志书的馆藏总量达到3000余册。

（于瑞东　付媛媛）

【商河县方志馆】 2013年，在新建的县图书馆内辟出专门的展厅设立商河县方志馆，并配备书架、书橱及阅览桌椅等硬件、软件设施。同时，与有关部门沟通协调，积极同有关省、市、县取得联系，互相交流购买志书、年鉴及其他地情资料书籍，并建立起长期的志书交换协作关系，增加特色馆藏。

2013年8月29日，商河县方志馆投入使用并免费向社会公众开放。方志馆位于商河县图书馆三楼，建筑面积约200平方米。方志馆设有书库、展厅、阅览室，是一所科技含量高、管理功能齐全、方便服务公众和便于开展调查研究的现代化方志馆。

馆内收藏地情资料、志书、年鉴、党史资料、工具书等10余个门类4000余册书籍。主要分为地情文献收藏区、地情资料利用和咨询服务区。地情文献收藏区主要收藏有留存的旧方志和相关地方文献资料；全县及部分济南市行业志、部门志、专业志、谱牒等；编修志书、年鉴所搜集的相关资料；全省各县市区编修的地方志书及各种地方志、年鉴类杂志；相关地情文献资料、相关文史类资料书、工具书等。同时，收藏有方志、年鉴及其他地情资料的电子版和光盘。地情资料利用和咨询服务区主要是为社会各界查询、阅览地方志及其他地情资料提供接待和咨询服务；并根据商河经济、政治、文化和社会发展的需要及发展中的热点问题，组织开发馆藏资源，开展有针对性的地情展览。

至2014年底，方志馆数次举办图片展、地情展，向广大群众普及县情知识，对青少年进行爱国爱乡教育，使外地游客、学子、商人、出差人员能快速和宏观地了解当地地情。方志馆配备有1名专职工作人员负责方志馆的维护以及图书的管理工作。并制定《商河县方志馆图书管理办法》，严格规定志书的借阅、查询流程，实现方志馆的规范化管理。共接待社会各界查阅资料者2000余人次，期间协助读者查阅、复印资料百余份。通过回赠地情资料书籍等方式鼓励社会各界人士捐赠志书和老照片等有存史价值的资料，在丰富馆藏的基础上提高了史志工作的社会影响力。

（商河县史志办）

【青岛市方志馆】 青岛市方志馆坐落于市北区延吉路109号青岛图书馆内，由青岛市史志办公室与青岛市文化局及青岛图书馆共同创办，于2004年11月15日正式开馆。方志馆面积220平方米，可同时容纳60名读者阅览。截至2014年底，馆藏史志、年鉴等图书6000余册。另外，在市北区延吉路148号青岛市档案馆内，储藏史志、年鉴等图书450余册。

青岛市各区（市）方志馆建设情况一览表

馆　名	管理单位	地　址	建筑面积（平方米）	建设时间	开馆时间	馆藏书籍（册）
市南区方志馆	市南区史志办	青岛市市南区宁夏路286号市南区政府四楼	100	2011年	2011年	33752
市北区方志馆	市北区史志办	延吉路80号	30	2010年	2013年	200
李沧区方志馆	李沧区史志办	黑龙江中路615号	40	2011年	2014年	300
崂山区方志馆	崂山区史志办	青岛市仙霞岭路20号崂山区市民文化中心B座	700	2014年	2003年（老馆）	43000
城阳区方志馆	城阳区史志办	城阳区档案局（正阳路201号）	40	2008年	2009年	2750
黄岛区方志馆	黄岛区史志办	长江中路369号	50	2000年	2008年	16027
即墨市方志馆	即墨市史志办	即墨市图书馆四楼	100	2010年10月	2010年10月	1500
胶州市方志馆	胶州市史志办	胶州市行政服务中心西楼	180	2006年	2007年	8000

续表

馆　名	管理单位	地　址	建筑面积（平方米）	建设时间	开馆时间	馆藏书籍（册）
平度市方志馆	平度市史志办	平度市泉州路 6—1 号（暂址）	40			3000
莱西市方志馆	莱西市史志办	烟台路 82 号（暂址）	30			500

【青岛市崂山区方志馆】 2003 年 7 月，崂山区方志馆建成并开馆。2014 年 7 月，该馆整体搬迁至崂山区市民文化中心 B 楼，建筑面积约 800 平方米，设资料库藏区、家谱陈列展区、全国志鉴库藏区三大部分，新方志馆容积预留了 30 年内资料存放量。新方志馆采用电子密集架管理，配备了消毒设备、恒温恒湿设备。2014 年，设置地情、方志、古籍、年鉴等 9 大门类，馆藏资料 4.3 万卷册，其中地情资料 39000 卷册；家谱 260 卷类，涉及姓氏 110 余个；志鉴资料 3300 册。在 2014 年山东省史志系统优秀成果评选中，崂山区方志馆被评为优秀方志馆。

崂山区方志馆外景

崂山区方志馆一角

（邢延军　贾国芬）

【淄博市方志馆】 淄博市方志馆项目位于张店区联通路北京路路口以西，于 2005 年 10 月批准立项。2010 年初，淄博市文化中心建设项目启动，淄博市委、市政府高度重视，要求将其打造成全市具有较大影响力的文化品牌，建成为不同于办公楼、图书馆、档案馆和历史博物馆的“地情馆”，集地情展示与地情教育，地情资料收藏、研究与开发利用，地方文化对外交流，地方志人才培训等功能于一体的综合文化设施，全面展示淄博的自然与社会、历史与现状，充分发挥对广大群众尤其是青少年学生进行地情教育、国情教育、爱国主义教育的社会效益。在整体设计方案中，市方志馆与市档案馆一体，整个建筑为五层，五楼为方志馆馆舍，建筑面积 3000 平方米左右。为发挥市方志馆志书收藏、整理、研究、开发利用方面的功能，为信息化建设、对外交流、人才培训等传统史志工作的开展提供专业的设施和场所，市方志馆划分为四个主要功能区域：方志文化展示中心、地方文献收藏中心、地方文化交流中心、地情研究咨询中心，现主体工程已经竣工。馆藏建设情况：方志馆前身为淄博市史志办资料室，至2014年底，统计书目分7类，1500余种，3.8万余册。馆藏来源以本单位编辑出版、区县上报备案、购买、对外交换和社会捐赠等为主。藏书以地域文化、历史文献、志书年鉴、家谱等古籍类为主，能够全面反映淄博的历史文化脉搏，知识真实可信。方志理论成果：现存馆内方志理论成果100余种，500余册。

【淄博市淄川区方志馆】 淄川区方志馆始建于2003年，设专用书库，书库建筑面积40平方米，有三组六个书架，配备计算机、打印机、扫描仪、照相机及防火、防盗等设备器材，硬件设施逐步到位。2014年，淄川区志办公室先后起草制定了淄川区方志馆图书管理办法、方志馆文字资料管理规定、方志馆和书库防火制度及火灾应急预案等规定制度。实行方志馆资料借阅登记、查阅登记、资料领取登记三项制度，实现规范化管理。至2014年底，方志馆藏书共分4类（区外志书、年鉴类图书、区内志书、史志资料）、1040种、近2200册。年内，开发方志馆图书数据库管理系统，系统内部IP地址10.7.4.89，设图书管理、图书查阅、图书检索、报表打印、用户管理、密码管理等栏目，详细记录每一本图书的编号、书名、作者、地区、ISBN号、书架号、书架位置、册数、查阅次数等。截至2014年底，该系统已经收录图书838册。方志馆图书数据库管理系统的使用，极大方便了信息和资料查询，更加科学规范地对图书进行管理，系全市区县方志馆首创，得到了市史志办领导的高度评价。

淄川区志办公室高度重视志鉴成果交换工作，早在2009年该项工作就已启动，先后和全国2800多个区县史志办及个人志书收藏者进行志鉴成果交换。2014年，交换对象扩大到全国市级史志部门，图书交换的范围日趋扩大。全年交换志书200余册，极大丰富了方志馆馆藏志书。年内，继续做好读志用志工作，发挥方志馆的社会服务功能。先后接待区内外单位、个人查询资料60余次，社会效益明显。

【桓台县方志馆】 桓台县方志馆位于县文体中心图书馆楼5楼，面积200余平方米。2014年，新购置阅览桌椅、办公桌椅、电脑，制定了《方志馆管理人员岗位职责》《方志馆志书资料管理制度》等相关制度，有兼职管理人员1人，书籍、书架、地面定期清理保洁，达到初步开放条件。

馆内收藏有本部门已出版志书、年鉴等，共有图书2200余套册，另有县档案馆移交的16套族谱。积极开展馆藏资料的社会化征集活动，开设咨询热线接受社会咨询，年均咨询查阅量50余人次。

【高青县方志馆】 2014年，高青县方志馆有办公用房3间，面积约60平方米，库房藏书约2000余册，包括《高青县志(1978—2004)》《青城县志》《千乘之洲高青》《高青年鉴》等志书及与外地史志系统交流的各类志书、年鉴等。

【沂源县方志馆】 2014年5月，沂源县史志办联合文化出版局在县文化中心设立沂源县方志馆，方志馆设在文化出版局图书资料室，专门设置两排书架放置各类志书近千本，其他资料书籍几千本。同时，充分利用“山东省情”网站志书交换平台，继续积极与外地史志部门交换志书，先后与省内外区县市交流《济南市志（第一部）》《奉贤县续志》《福山区志》和《天桥区志》等志书10余部，进一步丰富和扩大馆藏。

（淄博市史志办）

【枣庄市方志馆】 枣庄市方志馆成立于2009年12月，前身为枣庄市地情资料室，是展示史志成果的重要平台和史志工作联系服务群众的重要窗口。面积50余平方米，藏书3500余册，其中，省内志书631部，省外志书89部，省内年鉴474部，省外年鉴172部，地情资料及其他相关史书2100余本。2014年，健全完善了《方志馆工作规定》，明确由专人负责方志馆的管理工作，定时免费对全市民众开放。通过购买、交流、向社会征集等方式增加志书、年鉴、地情方面的书籍馆藏，尤其是9月初，新增影印版《山东通志》（宣统版），该书共12函、128册、200卷，考据精核，体例周详，记载系统完备，具有极高的史料价值。年中，对全部藏书编号存档，全部免费借阅。

枣庄市方志馆一角

（王正伟）

【枣庄市市中区方志馆】 枣庄市市中区方志馆于2009年2月建成，位于市中区胜利路16号市中区政府行政服务中心一楼，拥有3间办公室、1间馆藏室，面积约90平方米。区方志馆馆藏资料大致包括地方文献、志鉴成果、历史书籍及工具用书等四大类。地方文献、工具用书共计1000多种2000余册，另有手写稿200余万字，以及大量胶片、图片、录音带等音像资料。2014年，先后与广西钦州港经济技术开发区、深圳市南山区、济南市、河北省滦平县、河北省涿州市等省内外各兄弟区市交流志书、年鉴、志类成果40余册，进一步丰富了馆藏。方志馆先后为市区发展改革、国土资源、建设、环保、旅游等部门制定规划等提供市志、区志、年鉴资料近100册，为200余名社会各界人士提供房屋、产权、工龄、履历等有价值的佐证资料300余份，在社会各界形成良好的舆论环境，充分发挥了“读志用志”的服务功能。

（胡乐义）

【枣庄市台儿庄区方志室】 台儿庄区史志办积极开展与其他区、市志书交流活动，充实了方志书库，方志室现有面积18平方米，2014年，室藏资料318种，1000多册。其中，志书900余部，年鉴10余部，地情资料及其他相关史书100余本。现有专人负责管理并对外开放，为全区读者提供方志阅览服务。

（赵　燕）

【东营市方志馆】 2005年4月28日，东营市政府常务会议同意建设方志馆，并列入2006年东营市十大重点工程，后因东营场馆建设总体规划调整搁浅。

2008 年底，市史志办把方志馆建设纳入重要工作日程，制定《东营市方志馆建设及资料征集方案》，边筹办临时方志馆，边争取新馆早日立项建设。2009 年 4 月 17 日，省史志办以鲁史志办发〔2009〕1 号文件转发《东营市方志馆建设及资料征集方案》。4 月 29 日，市史志办向市政府提报《关于突出黄河文化，推进东营特色方志馆建设的报告》。8 月 12 日全省方志馆建设工作会议召开后，8 月 24 日，市史志办向市政府提报《关于贯彻全省方志馆建设工作会议精神的意见和建议》，分管副市长批转市发改委、规划、人事、财政等四部门提出落实意见。四部门均表示予以支持。同时，加大地情资料征集力度，以“黄河文化”为切入点，开展沿黄九省区地方志书上门征集活动，实现沿黄省、市、县三级政府志书和地情资料征集率达 90% 以上。

2014 年 6 月，建设中的东营市方志馆

东营市方志馆临时馆舍（摄于 2009 年）

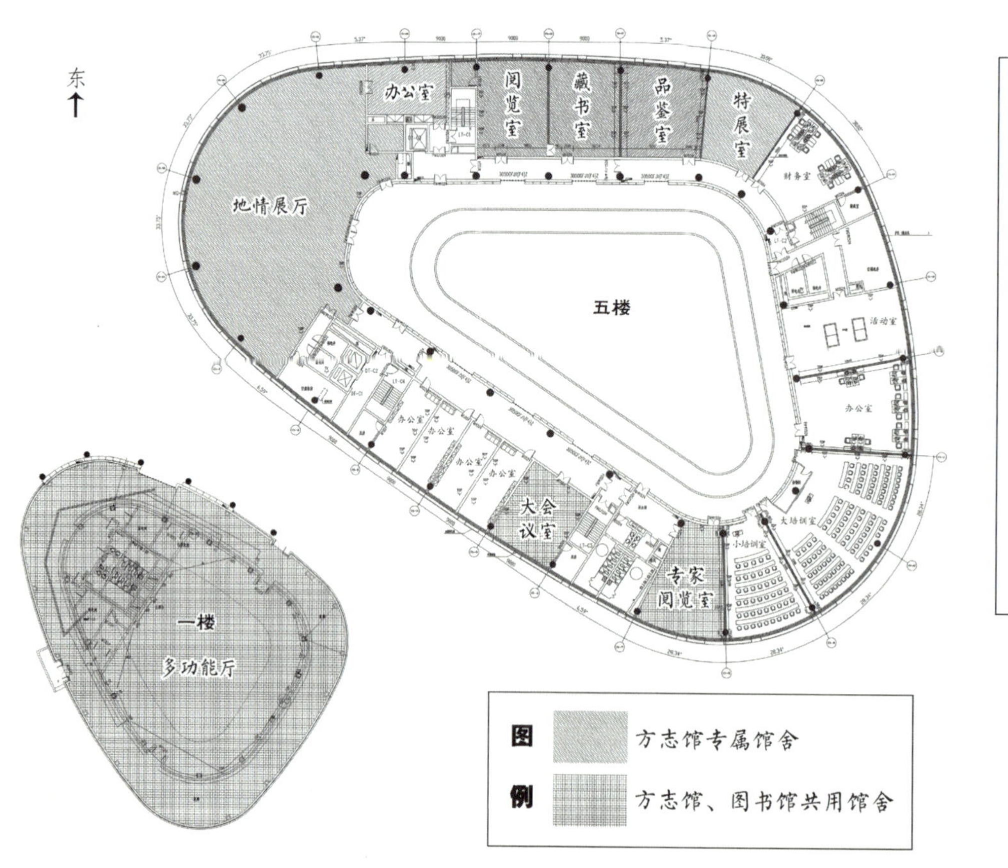

东营市方志馆功能区划图

10月，与市图书馆合作实行资源共享，初步建成200平方米的临时方志馆。同时规范方志馆管理，探索创建《东营市方志馆图书分类编目大纲》和《东营市方志馆图书分类编目检索手册》，实现一本书一个条形码、一个统一编号、一枚馆藏图章。2010年，市编办批复方志馆机构，市史志办加挂方志馆牌子。同年市方志馆被表彰为全省优秀方志馆。

2012年，市方志馆建设取得重大进展，新馆舍建设同新建图书馆合建，列入全市2012年实施的30个重点建设项目。市史志办按照市重点项目督查安排，配合主体工程进度，做好相关准备工作，制订《东营市方志馆项目建设意见》《东营市方志馆内部装修意见》《东营市方志馆项目说明》，及时报送有关部门，为新馆划分创造有利条件。2012年8月，市史志办组织赴北京、杭州、江苏三地学习考察，为推进东营市方志馆建设理清工作思路。2013年，市长申长友对市方志馆建设作出重要批示：要按照省史志办的要求把方志馆规划建设好。市里划分给方志馆馆舍套内使用面积2566平方米，其中独立使用面积1239平方米（包括藏书室、阅览室、办公室、特展厅、地情展厅），共用面积1327平方米（包括报告厅、接待室、会议室）。

2014年4月，东营市史志办在学习北京、秦皇岛等地方志馆建设经验的基础上，结合自身的黄河文化特色，提出东营市方志馆加挂国家方志馆黄河分馆的设想，由省史志办于9月24日向中指组报送《关于东营市方志馆加挂“国家方志馆黄河分馆”的请示》。年内，方志馆馆舍工程建设已近尾声，正在进行内部装修。至年底，通过赠送、交换、购买等方式，东营市方志馆新征集并登记各类书籍370余册，征集并登记东营首任市委书记李晔的遗物、石油部副部长兼胜利油田会战指挥部指挥李敬的工作日记以及老照片、杂志、票据等实物160余件。是年，市委宣传部从全市文化产业发展专项资金列支10万元，用于史志办面向社会征集老物件工作，以丰富方志馆馆藏。至年底，东营市方志馆藏书达6300余种、16000余册、图片资料12万幅。

（李中华　刘曙光　黄学桂　任　丽）

【东营市东营区方志馆】 2000年，通过交换、购买等方式，搜集各地志鉴及全区地情资料丛书，建设东营区方志室。2005年10月，利用区政府办公场所搬迁，单独设20余平方米的方志室，配套完善书架、桌椅等基础设施。区史志办加强规范化管理，建立地情书籍交换、管理等规章制度。2009年8月12日，全省方志馆建设工作会议召开。为贯彻会议精神，区领导提出按省里的标准和要求建设区方志馆。2010年，经区政府协调，确定在区档案局办公楼辟出部分馆舍设立东营区方志馆，馆舍及书库面积100余平方米。2011年，利

东营区方志馆一角

用区方志馆筹建经费10万元，添置书架、电脑、打印机、复印机等设施，并购置《北京市志》《上海通志》等志书，联系购买图书录入、检索管理软件。至2013年底，区方志馆有各类志书、年鉴及地情丛书等藏书5700余册。2014年，与外省、市、县区交换志鉴70余部，购买志鉴166部，购置凤凰出版社《中国地方志·省志辑》22种157册，区方志馆有各类志、鉴及地情丛书等藏书近6000册。

（郭大勇　李　鹏）

【东营市河口区方志馆】　1996年，河口区史志办筹建河口区方志室。2002年，在区史志办隔出半间办公室作为方志室，

河口区方志馆一角

藏书1400册。2003年，建立健全查询、借阅、管理等制度。2004年，购进开放式书架4组。2006年，方志室有各类藏书1800册。2008年，向社会各界征集补充有关资料。2009年，河口区方志室更名为河口区方志馆，在区图书馆开辟方志馆专区，设基本书库、借阅库、阅览室等。2010年，在区老年活动中心建设河口区方志馆，面积100平方米。投资2万余元进行书橱更新，配备电脑、办公桌等办公设备。面向社会征集各类书籍资料，征集资料400多种。2011年8月8日，河口区机构编制委员会批准设立河口区方志馆，在区地方史志办公室加挂牌子，明确职责、工作任务和要求。至2014年底，新购和交换志书200余种、500余册，馆藏1180种、6000余册，接待查阅、借阅人员200人次。

（潘春芳）

【垦利县方志馆】　自2008年起，垦利县党史史志办筹划推动县方志馆和县党史馆两馆建设工作。2009年8月12日，全省方志馆建设工作会议召开后，县领导要求按省里的标准和要求建设县方志馆。2011年县文化大厦建成后，县主要领导同意将县方志馆安排在县文化大厦A座二楼，总面积200余平方米，县财政安排30万元专项资金作为方志馆筹建经费。2013年，县财政拿出60万元专项经费作为方志馆购书经费，并将方志馆建设纳入2013年度全县重点工程项目。2013年3月，县机构编制委员会办公室同意成立垦利县方志馆和垦利县

垦利县方志馆一角

党史馆机构，为县党史史志办公室内设股级机构，编制2人，配备馆长1名。2013年在山东省史志系统优秀成果评选中，垦利县方志馆被评为优秀方志馆。2014年起，财政每年拨付5万元方志馆专项经费。县方志馆馆藏志书集中购买沿黄和环渤海省市县三级志书，打造特色鲜明的县级方志馆。截至2014年底，垦利县方志馆馆藏图书5000余册。

（陈学慧　刘艳芳）

【利津县方志室】 1996年，利津县史志办按照省史志办建设方志室的工作要求，整理保存已有的各类志书、年鉴等资料。2002年，在县政府办公楼5楼争取两间办公室，建起利津县方志室，当年库存书籍2000余册。2004年，购进3组书架。2006年，方志室建立《志书入库制度》《借阅人须知》等制度。2009年12月，根据全省方志馆建设工作会议精神，县史志办向县政府报送《关于建设利津县方志馆的建议》和《关于加快利津县方志馆建设的报告》，得到县政府领导的肯定和支持。2010年，县委、县政府初步确定将方志馆安排在县博物馆内，馆舍面积200平方米，按博物馆的整体设计统一装修。2012年7月，县史志办被安排到县油区办公楼12层办公，在该楼12层重建县方志室3间。至2014年，利津县方志室有志书、年鉴等地情资料1000余种、5000余册。

（王曰华）

【广饶县方志馆】 1996年起，广饶县史志办整理保存的志书、年鉴、地情丛书等，设立地情资料库。2000年，在地情资料库基础上，建设专门方志室。此后不断丰富方志室所藏资料，确保每年增加地情资料。2005年，加强方志室建设，逐步健全管理制度。2009年，全省方志馆建设工作会议召开后，广饶县确定在县国际会展中心规划出1000平方米作为方志馆专用馆房，并配套建设和征集文献资料资金45万元。县史志办制定《方志馆建设工作实施方案》，设管理办公室、基本书库、借阅库、阅览室、县情展览室、地情研究室等功能室。县政府办公室发布《关于征集地方文献资料的通知》，全力开展征集工作。坚持文献征集和整理登记同步，对征集的资料及时进行分类整理，编排号码，张贴标签，录入微机，入架陈列，编印文献目录索引，做到一本书一个条形码，一类书一个统一编号，一种特色一排书架。2011年3月，县机构编制委员会批复县方志馆机构和编制。同年3月，广饶县方志馆在全省史志系统“八个一”评选中获“优秀方志馆奖”，6月又获“齐鲁新方志奖”优秀方志馆奖。10月27日—28日，全省方志馆建设工作座谈会在广饶县召开。至2014年底，广饶县方志馆藏各类方志、年鉴、地情资料、古籍等2200余种、12000余册，

广饶县方志馆一角

各类音像图照资料 5000 余份。

（彭建新　董　军）

【烟台市方志馆】 烟台市方志史料陈列馆坐落于烟台山风景区内，占地面积 600 多平方米，建筑面积 251 平方米。该馆建于 2002 年 5 月，馆内设有 3 个展室，1 个图书室，1 个特藏室，现藏有各类图书 5000 余册。该馆自成立以来，积极为社会发展和经济建设服务。常年举办《烟台老图片》《胶东面塑》《烟台港港史发展史》等展览，以图片形式展现烟台百年发展历程和烟台光辉灿烂文化，每年接待参观和查阅资料的中外游客近万人次，藏书目录实现微机化管理。

2010 年 5 月 13 日，中央电视台文献片《方志中国》摄制组在烟台拍摄了史志工作特别是方志馆建设情况。根据鲁史志编发〔2009〕3 号《关于加快方志馆建设的若干意见》要求，烟台市委、市政府初步确定建设 5000 平方米的市级方志馆，烟台市史志办已完成方志馆新馆建设建议方案的调研论证工作，该项目正在积极运行中。2014 年 7 月 1 日，为弘扬胶东红色文化，由烟台市史志办和芝罘区史志办联合举办的“巍巍丰碑”历史图片展在烟台市方志馆展出，这是烟台市红色文化建设的重要成果。图片展分撒播火种、浴血抗战、保卫和平、走向胜利 4 个板块，共 33 块展板，近 300 幅照片，以图文并茂的形式，从不同视角再现 1921 年—1949 年间芝罘党组织领导人民走过的艰难曲折的革命道路，让观众近距离的触摸那段峥嵘岁月，感受革命先辈百折不挠、可歌可泣的英勇壮举，领略他们的高尚情操和优秀品质，激发大家在新的历史征程中更好继承和发扬革命传统，不断创造新的辉煌。

烟台市各县（市、区）方志馆建设情况一览表

名　称	始建时间	建成时间	面积（平方米）
芝罘区方志馆	2010 年	2010 年	80
福山区方志室	2002 年	2003 年	40
牟平区方志馆	2003 年	2003 年	60
莱山区方志室	2006 年	2007 年	20
龙口市方志室	2008 年	2008 年	20
莱阳市方志室	2008 年	2008 年	60
莱州市方志馆	2006 年	2006 年	20
蓬莱市方志馆	2010 年	2010 年	20
招远市方志馆	2001 年	2003 年	25
海阳市方志室	2008 年	2008 年	60
长岛县方志室	2008 年	2008 年	30

（刘明霞）

【潍坊市方志馆】 潍坊市方志馆是展示潍坊方志文化、集中反映市情的文化场所，是面向社会、服务当代、传承文化，发挥地方志资政、存史、教化作用的重要阵地。根据山东省史志办关于加强方志馆建设的有关精神，潍坊市史志办积极向市委、市政府领导汇报，多次与编制部门沟通协调，得到领导的重视与编制部门的支持。2010年潍坊市机构编制委员会办公室发文，批准在潍坊市史志办内增设方志管理科，对外挂潍坊市方志馆牌子。2012年，市史志办主动邀请市政协委员调查了解情况，提出《关于加快潍坊市方志馆建设的建议》的提案，被确定为2012年市政协10件重点提案之一。市委副书记、市长刘曙光作出重要批示，要求由政府办牵头，协调市财政、城建、史志等有关部门，尽快拿出方案，将方志馆建设落到实处，大大推进了潍坊市方志馆的建设进程。2013年，经多方协调，初步落实了方志馆临时馆舍。已将全部资料迁入新址，确保了市情资料及志书的安全。馆内以收藏志书、年鉴为主要特色，主要收藏潍坊市、县（市、区）、乡（镇、街道）三级新方志、年鉴、地情书，全国各省、市、自治区的新方志和年鉴，极具价值的旧志及其他重要历史文献资料。至2014年底，全馆共有图书资料5000册（件），各类期刊资料30余种，数字方志文献、地情资料2000种。方志馆结合自身特点和图书管理专业的要求，对各类图书进行分类、编目，方便了读者查阅。

在确保市情资料及志书安全基础上，积极对馆藏资料开展初步的整理研究利用工作。自2013年起，充分利用电子数据平台，加大数字方志文献电子资料的征集力度，既解决了馆舍面积较小、征集经费不足的矛盾，又保证了地情资料收集和方志理论研究的需要。2012年—2014年，为社会提供地情资料免费查阅工作，共接待来电来访90余批次；搜集、整理、研究、开发利用各类市情资料，三年内共搜集、整理各类资料100余份，向社会提供资料查询服务130余次；在为安丘市石堆镇“石堆伏梨”、安丘市柘山镇“柘山花生”、昌乐县宝都街道高家河村“高家河苦菊”等当地特产申请注册 “国家地理标志产品”过程中，积极为基层无偿提供权威资料查询、认证服务，为《潍坊市地图集2014》《潍坊历史名人遴选》《潍坊历史文化名城保护规划》等提供了相关地情资料和修改意见。

（吕俊峰 吴士清）

【潍坊市坊子区方志馆】 2014年底，坊子区方志馆存放各类志书160本，年鉴110本，史志资料25册。制定了馆藏制度、借阅制度，开展了对志书资料的开发利用，为坊子区政治、经济建设提供了史料依据，确实发挥了地情资料库的功能优势。

（赵兴书）

【潍坊市寒亭区方志馆】 寒亭区方志馆占地面积30平方米，共藏有6大类、300余册各类地方志丛书及有关寒亭区区情资料，方志馆设管理人员1名。主要特点是反映当地的风筝年画类资料。方志馆定向开放时间为每周星期五。

（孙朋波）

【青州市方志馆】 青州市方志馆位于青州市级机关综合办公大楼，2010年8月建成投入使用。馆内使用面积40平方米，馆藏志书、年鉴、党史书籍和其他工具书籍达500余种、6000余册。为规范管理，提高方志馆的管理水平，制定了《方志馆工作职责》《方志馆管理制度》等。2012年—2014年，接待前来查询资料的单位和个人100余人次，对来馆查阅资料的人员做到热情接待、周到服务，为社会各界读志用志提供更为方便和快捷的服务，发挥了方志馆宣传青州的阵地作用。

（林荣军）

【诸城市方志馆】 诸城市方志馆建成使用后，为进一步丰富馆藏，2014年诸城史志办向全市发布了征集有关地情资料的公告，通过向有关部门征集、面向社会搜集、与外县（市、区）交换等形式，征集了部分地情资料及相关书籍。馆藏志书、年鉴、党史书籍和其他工具书籍达500余种、6000余册，成为诸城最大的地情资料库。为规范管理，不断加强制度建设，制定了《方志馆工作职责》《方志馆管理制度》等。2014年，接待前来查询资料的单位和个人100余人次，对来馆查阅资料的人员做到热情接待、周到服务，为社会各界读志用志提供更为方便和快捷的服务。

（孙铭杰）

【寿光市方志馆】 寿光市方志馆与寿光市图书馆采取“两馆共建、两馆共管、资源共享”的运作模式，于2010年6月筹建，12月开馆。该馆位于市文化中心四楼，建筑面积300平方米。

（林荣军）

【安丘市方志馆】 按照省史志办关于方志馆建设的相关要求，及时向市政府分管领导汇报了方志馆建设的要求，初步同意在科学规划前提下，尽快建设方志馆。2014年底，确址青云山西侧文化广场。

（林卫成）

【济宁市方志馆】 2014年，济宁市史志办积极努力争取方志馆的规划建设，集中开展了方志馆专项调研督导，上报了《关于申请解决方志馆馆址的请示》，拟定了市方志馆规划建设意见，力争尽快列入市文化中心项目建设计划。现有市方志馆不足100平方米，藏书量共24000余册。

（陆　波　孟昭华　郭赟燕　）

【济宁市任城区方志馆】 任城区政府在在建的任城科技中心预留了方志馆场所，任城区史志办明确分管领导和人员，负责方志馆管理工作。方志馆投入使用后，区史志办将重新整理登录原市中区、原任城区史志留存书籍，逐步开放，充分发挥史志资料的社会效用。2014年，任城区史志办继续开展志书交流工作。

（黄　静　刘　强）

【曲阜市方志馆】 曲阜市方志馆是曲阜市地方文献中心，由曲阜市史志办公室建设和管理，内设办公室、图书阅览室、荣誉展览库等场所。方志馆于2012年10月建成投入使用，建筑面积400余平方米，馆藏各类方志、年鉴、地情资料、古籍等6500余册，各类音像、图照、实物资料2000余件、电子库馆存量1000多G，包含《四库全书》《中国地方志集成》等国家大型古籍。有专用电脑7台，专用相机2架，摄像机1架，录音笔1个，扫描复印机3台，专用储存电子硬盘5个。主要设有山东省志专柜、山东年鉴专柜、济宁市志济宁年鉴专柜，曲阜市志年鉴专柜，省市区志专柜，地市区志专柜，县市区志专柜，省市区年鉴专柜，地市区年鉴专柜，县市区年鉴专柜，曲阜市政府荣誉专柜，儒家文化专柜，韩国友人赠书专柜，曲阜地方文史资料专柜，各地文史资料专柜，志鉴理论研究专柜，各类杂志专柜，图片资料专柜、视频资料专柜，文件专柜，古本图书专柜等。建立健全资料信息征集、补充机制，馆藏内容日益丰富。曲阜市方志馆具备鲜明的志书、年鉴、地情资料专业特色、浓郁的曲阜地方特色和以儒家文化为主流的历史文化特色。制定科学的管理制度，悬挂阅览须知、服务标准和工作职责。防火、防盗、防潮、防有害生物、温湿度调控设施符合国家档案图书管理标准。有专人负责方志馆管理和对外服务，有专门的借阅登记簿等。截至2014年，与兄弟单位实现多次交流互访，先后接待咨询、函询及查阅资料150余人次，受到社会各界的好评。在山东省2012年度史志系统优秀成果评选中，曲阜市方志馆被评为优秀方志馆。

（米玉红　翟盛军　孟宪方）

【邹城市方志馆】 2014年，为妥善收藏、保护、开发、利用邹城地方文化资源、完善邹城公共文化服务体系，积极争取建设了邹城市方志馆，并不断充实方志馆藏。现已收集全国各地志书、年鉴、地情资料等图书400余册。

（周广志　孟庆文）

【鱼台县方志馆】 2014年，鱼台县史志办建成200平方米的方志馆，收藏以地方志为主的史志书籍1万余册，为读者查阅信息资料提供方便。

（杨景春　李　明　刘宝超）

【泗水县方志馆】 泗水县方志馆积极与省内外史志办联系，加强志鉴交流，从经费中抽出部分资金购买历史名著和史志相关资料，不断充实方志馆藏。2014年，与30多个县市区开展了图书交流，收集全国各地志书、年鉴、地情资料等图书400余册，馆藏图书达到450余种5400余册。全年，接待社会各界查阅史志资料100余人次。积极为县生态旅游、城乡建设、文化发展等规划提供历史资料和建议，为县文化执法局申报泗水砭石国家地理标志提供所需材料，积极为现实服务。

（李　莉）

【梁山县方志室】 2014年，梁山县方志室面积为20平方米，采用交换或购买的方式藏书1000余册，以全国各市及县市区志书和年鉴为主，设专人管理。

（刘传镇）

【泰安市方志馆】 泰安市方志馆是集志书收藏、地情资料咨询、方志资源开发、方志学研究、方志文化交流等多功能于一体的事业单位。原为泰安市地方史志办公室方志室， 2002年10月市编委批准成立市方志馆， 2006年3月经泰安市政府批准迁入泰安市图书馆四楼（普照寺路6号）。2014年11月，经市政府领导协调，借用泰安市文化艺术中心图书馆读者服务区作为方志馆新址，设办公区、阅览区和藏书区各1处，独立对外办公。年图书交换量300册，接待读者咨询、查阅200人次。

（贾冉冉）

【泰安市泰山区方志馆】 2004年5月，腾出1间18平方米的办公室用于建泰山区方志馆，购置书橱及防火、防虫、防盗等设备。2006年8月泰山文化大厦竣工，方志馆迁入该大厦。馆舍面积80平方米。2011年5月，泰山区方志馆被山东省地方史志编纂委员会授予“齐鲁新方志奖”优秀方志馆奖。方志室建立后，管理人员由史志办内部调剂，不增加人员编制。至2004年10月编制了馆藏目录、索引等。2006年8月，迁入泰山文化大厦后，在管理方式上同区图书馆一并管理。年借阅图书3000人次。馆藏图书主要为省内外各类志书、年鉴和史志、党史资料、工具书。2004年藏书1000余册，至2014年藏书增至2000余册。其中志书1200余册、年鉴400余册，史志、党史资料、工具书400余册。

（刘玉朴）

【泰安市岱岳区方志室】 岱岳区于2014年建成方志室，面积21平方米。2014年，方志室藏书3000册，均放置于书橱，排列整齐。

（张洪谱）

【肥城市方志馆】 肥城市地方史志办公室成立之后，陆续购买、交换全国各地志书、年鉴和其他地情资料，初步建成方志资料室。1999年，在原资料室的基础上初步建成方志馆，隶属于肥城市地方史志办公室。之后历经几次搬迁，于2012年迁入市委7号楼。建立健全各项管理制度、借阅制度，对藏书整理、登记，提高了管理服务水平。每年采用购置交换、征集等方式，收集各地各类志书、年鉴，丰富方志馆馆藏，年均新增各类志书、文史资料100余册。至2014年底，共有房屋3间，总面积70余平方米，藏书2000余册（套）。积极面向社会开展利用服务，年均接待前来咨询、查找资料20余人（批）次，是集征集、保存、借阅、市情展览、资源开发利用和服务为一体的文化场所。

（庄惠丽　郝　航）

【宁阳县方志馆】 2010年，宁阳县党史史志办公室开始规划建设宁阳县方志馆。宁阳县方志馆规划面积200平方米，2014年，有面积23.1平方米，藏书500余种，2000余册。

（赵先法　侯胜男）

【东平县方志馆】 2006年9月，落实省、市部署和要求，设立东平县方志馆，面积30平方米，购置书橱20多个。通过与全国史志同行交换、向老干部交换，在电视、报纸上做广告、发通知征集和购买等多种方法，丰富藏书6400余册。安排专人管理，向社会免费开放。2011年12月，方志馆面积扩大至45平方米，馆藏图书逐年增多。至2014年，入馆书籍资料达到8000册，另收集、整理、存储图片、音像资料一大宗。先后接待1万余人次到方志馆查阅历史文献、史志书籍、地情资料，促进了各项社会工作的开展。

（李姗姗　杜　梅）

【威海市方志馆】 威海市方志馆本着“长远规划、功能齐全、科技领先、服务公众”的原则修建，集图书与数字化双阅览效能于一体，建成地方文献资料收藏中心、地情资料开发利用中心、地方史志交流中心、市情教育中心的现代化方志馆。结合威海市方志馆建设的实际情况，本着与图书馆功能互补、资源共享的原则与威海市图书馆合建。方志馆建筑面积3000余平方米，预计2015年底开工。2014年，落实100多平方米的房间作为临时馆舍。方志馆对馆藏资料进行整理、分类和上架。截至年底，整理、上架志书700册、年鉴1160册、地情书籍1052册、工具书类608册、家谱80册，并将威海市志的原始稿及修改稿整理归档，共整理250个档案盒，入馆文献资料共1874种3850册，整理影像资料2万余张。做好方志馆馆藏资料的征集工作。继续面向社会各界征集馆藏资料。自2012年下发征集威海市方志馆展藏资料的通告以来，收到各种捐赠资料100余册。馆藏资料主要是通过交换的办法收集，与多家史志办达成志书、年鉴交换协作关系。年内交换、征集志书、年鉴等各类史志资料500余册，影像资料1万余张。及时向省志类成果交换平台报送威海市可供交换的志类成果书目。

（王　瑛）

【威海市环翠区方志馆】 环翠区方志馆2009年8月建成，建筑面积70平方米，总投资3万元，购置了档案柜20多个，电脑、复印机等相关配套硬件设施，馆藏资料分为6大类：典藏类、资料类、志书类、年鉴类、史志理论类和音像类。2011年5月迁新址（威海市远遥墩路99号），建筑面积达140平方米（包括资料室），2014年，环翠区方志馆以志书交换的方式，与四川、河北、浙江等地的23　家县（市）史志部门交换志书52部，为社会各界查阅地情资料提供服务。至年末，方志馆藏书800多种，6000余册。

（刘威华）

【威海市文登区方志馆】 始建于2002年12月，2006年建成，2014年更名为文登区方志馆。2014年末，方志馆面积共300余平方米（含展示室、库区），配备多功能书架、书柜，展示全国各地的志鉴等地情资料书15类2000余种，库藏总量达1.2万册。其主要特色是馆藏全国各地的三级志书、年鉴及其他地情文献29种、地方志编纂必备的历史资料、业务期刊、工具书等，分类科学，放置整齐有序。制定管理规范制度，专人兼职负责，实现微机管理。配备除湿机、灭火器等，防火、防盗、防潮、防有害生物。2012年12月12日，建立文登市图书馆地方志分馆，将馆藏的方志丛书、年鉴及其他地情图书逐一录入微机，建成“网上方志馆”，至2014年12月，已录入志鉴图书及其他方志资料2969种。利用图书馆便捷的借阅平台，实现资源信息共享。年接待上门查询、电话网络查阅服务300余人次，发挥史志资源为文化服务、为社会服务的有效功能。在2014年度山东省优秀史志成果评选活动中，文登区方志馆被评为优秀方志馆。

（高燕妮）

【荣成市方志馆】 荣成市方志馆于2011年8月建成，位于荣成市体育馆内，面积200多平方米，馆内藏书50余种，

13000余册，配备了计算机、扫描仪、打印机、照相机等电子资料处理系统和防火防潮等办公器材，并制作方志馆简介指示牌和《方志馆工作职责》《方志馆管理制度》看板等。安排专人管理，实行对外免费开放。2012年荣获省史志办“八个一”优秀成果入围奖。2014年加强方志馆的管理和服务功能，与其他县市区交换志书、年鉴30余册，购置相关地情资料、书籍80余册。

（连业功　姜　潇）

【乳山市方志馆】　乳山市方志馆2005年建成，面积68平方米。至2014年12月，内设木质书柜16个，藏有各类文献资料2000多本，历史档案200多卷，库存图片1000多幅。其中，各级各类新旧地方志书资料200余种，各地各种年鉴资料312种，党史资料690种，地情出版物50余种，地情内部资料230余卷（册），期刊500余册，其他200余种。文献来源大部分为交换，少量为购买。另外，还收藏电子图书2万多册，包括历史、地理、政治、法律、文学及年鉴等。同时，建立图片资料库。乳山市方志室具有3个特点：一是突出地方特色。以收藏志书、年鉴、地方文献和地情研究成果为主，收藏《乳山市志》，历年出版的《乳山年鉴》、党史资料及各类地方文献60余种。二是突出专业特点。在重点收藏乳山各类地方志文献的基础上，还收藏覆盖范围为除西藏、海南和港澳台外的全国各省市、自治区的各类志书500余种。三是检索查阅方便。实现方志室藏书电子扫描，目录微机检索的目标，为读者查阅提供了方便服务。

（王　浩）

【威海经济技术开发区方志馆】　威海经济技术开发区地方史志办公室无单独的方志馆，历年收集的志书、年鉴及编撰的《威海经济技术开发区志》《威海经济技术开发区年鉴》等史志资料全部存放在综合档案室，与档案资料库、馆合一，占用密集架长度约为45米。2014年，有史志类图书550册。

（徐敬侠）

【威海火炬高技术开发区方志馆】　威海火炬高技术开发区方志馆建于2012年，面积为231平方米，设有密集架18列，报架26个，现收藏各类志书1500多本，报纸1万余份，其他书籍6000余本。2014年，对馆内的图书进行了分类整理，建立健全了一系列规章制度，更加全面规范地收藏各类地情资料，为大家更好地利用各种方志资料提供了方便。

（张楷昕）

【日照市方志馆】　日照市自1981年史志机构建立以来，随着志书、年鉴编纂的逐年进行，积累了大量珍贵的史志资料，以及同全国各地交流的12000余册藏书，因无专门仓库存放，只能借助市博物馆的地下室暂置，其温度、湿度、防虫、安全保密性等都无法保证，极易造成这些史料的损毁。多次向市政府请示汇报，就方志馆的建设规划问题提出了建议。对此，市委、市政府主要领导及分管领导都做出了重要批示，方志馆建设问题正逐步落实。结合日照市事业单位机构改革，多次向市编办进行汇报争取。2010年7月16日，市政府办公室党组就市方志馆的机构设置和人员编制问题向市编办报送了《关于增加市史志办内设机构及人员编制的请示》（日政办党字〔2010〕12号），申请在市史志办内部增设方志馆，增加编制2人。2011年12月30日，市机构编制委员会办公室《关于市史志办增设内部机构的批复》（日编办〔2011〕61号）确定，同意市史志办公室内部增设方志馆，增加事业编制2名。

2014年，按照省里的建馆要求，借鉴兄弟市的经验，根据现有的资料数量以及以后的业务扩展需要，日照市拟在市图书馆4楼申请1200—1500平方米作为方志馆馆舍，规划设置了具体功能区。

向公众免费开放的公开展区。设自然环境、建制沿革、城市变迁、人口、经济发展、文化事业、方志编修7个展厅，采用模型、塑像、展板、影视等形式把地情实物化、展品化，清晰地记述日照的发展脉络，呈现日照这座城市的历史与现状。

藏书区。设志书区、年鉴区、古籍区、杂志区、年报报刊区等。

阅览室。需放置复印机、扫描仪、长条书桌、椅子等，为读者查阅和摘抄资料提供便利。

数字信息室。加快志类产品的信息化、数字化、网络化，为读者和专家学者查阅资料提供更加快捷的服务。

方志馆工作人员办公室及资料分类整理室和会议室。主要用于工作人员日常办公，对征集的资料进行分类整理、登记造册，举办史志学术交流活动等。

（范芳丽）

【五莲县方志馆】 2009年11月，五莲县方志馆建成开放。方志馆的建成，成为全县收藏、保护、开发、利用地方文化资源的有效服务平台。在2011年度全省史志系统“八个一优秀”评选中荣获优秀方志馆入围奖。

该馆总投资10万余元，建筑面积60平方米，设置了7列14组密集架和用于图书管理、借阅的附属设施，配备了计算机、扫描仪、复印机、照相机、录入笔等设备。至2014年底，馆藏的地情资料、方志资料、年鉴资料、历史典籍、声像资料、名人名作、工具书、方志业务期刊等8类书籍，共计5400余册（卷）。

方志馆建成后，建立健全了书库安全管理、借阅阅览以及出版物购买、征集、交换、呈缴等制度。配备了专职人员2名，并对所有藏书进行分类统计，完善藏书和借阅登记簿，整理了影像档案，逐步实现了方志馆规范化管理。同时积极开展外借、阅览、复制、展览、资料摘编、咨询等多项服务。

2014年，不断丰富方志馆馆藏，着力强化资料征集、硬件建设、内部管理等工作，全年交流引进史志类资料120余本（套）。注重发挥志书资政服务功能。年内先后为各级领导提供地方史、县志、年鉴等地情资料50余套，到方志馆查阅资料的各界人士达210余人次。据统计，自方志馆建成开放至2014年底，来馆查阅资料的社会各界人士达1300余人次，为社会各界提供了了解五莲、研究五莲的服务平台。

（迟玉玉）

【莒县方志馆】 2013年5月，莒县方志馆成立。莒县方志馆是莒县地方史志办公室与莒县文体广电局联合成立的县级方志馆，该馆面积60平方米，集全县的方志、谱牒、党史资料于一馆，共收藏莒地及周边地区的方志、谱牒、党史资料等资料1000余册，其中，莒地各氏族家谱资料162部536卷，县志2种，乡镇志14种，部门志16种，党史资料6种。方志馆面向社会开放，免费查阅。

（孙凤明）

【莱芜市方志馆】 按照山东省地方史志编委会《关于加快方志馆建设的若干意见》要求，莱芜市地方史志办公室把莱芜市方志馆建设列入重要议事议程，自2010年开始，积极协调，争取市政府支持，将莱芜市方志馆建设列入了市文化中心图书馆的建设规划。同年，市编委批复设立了地情资料科，同时挂莱芜市方志馆牌子，配备科级职数1名。2013年，市政府从市图书馆中给予1000余平方米的区域用于建设莱芜市方志馆。2014年5月，莱芜市方志馆完成了图书库房用品招标采购；11月，莱芜市方志馆馆舍交付使用，并完成图书库房设备安装。正在进行馆藏图书资料登记、分类、编目、上架等工作，计划2015年底开馆运行。年内，通过征集、购买、交换等方式，添置了一批志鉴资料，丰富了馆藏。全年共接待单位和个人查阅服务300多人次，提供资料信息311条，内容涉及人物、城建、村庄等方面内容。

（亓军华）

【莱芜市钢城区方志馆】 钢城区方志馆于2007年开始建设，2008年4月正式运行，面积138平方米，分为方志展室和方志借阅室，有书橱30个，阅览桌椅16套，并配有等离子电视机、DVD播放机等设备。2009年3月，在全省史志系统“八个一优秀”评选中荣获全省优秀方志馆入围奖。2012年5月，在“齐鲁新方志奖”评选中被评为优秀方志馆。2014年，为不断丰富方志馆馆藏资料，购买影印宣统版《山东通史》一套，共计12函、218卷、635万字。截至2014年，馆藏资料1829种，其中，图书1108种，报纸95种，刊物433种，录像带160种，光盘33种。资料内容涵盖了境域内自然和社会的历史与现状，收藏特色突出，能准确地提供地情文献资料，为社会服务。

（高　涛）

【临沂市方志馆】 临沂市方志馆是经临沂市人民政府批准成立、临沂市地方史志办公室主管的当代新型方志馆，为正科级全额拨款事业单位，编制3人。馆址位于临沂市兰山区（主城区）金雀山路（原临沂市档案局），属于国家投资建设的市级方志馆。方志馆总面积1200余平方米，设有展室、专用书库、仓库、阅览室、办公室等。馆藏图书5000余种，5万余册。2014年1月正式开馆。

临沂市方志馆是将原临沂市档案局部分库房及办公用房作为办公场所，主要位于办公楼（共五层）的一、二层。馆舍属于现代砖混结构。一楼设有展室，面积560平方米，2014年1月完成布展。包括临沂地情资料展和修志成果展。展室以突出临沂地方和时代特色为原则，通过展板、灯箱、实物等，展示临沂社会发展史、修志历史与修志成果。内容具体包括6部分，分别为：前言——《史志千秋，爱我沂蒙》；临沂历代区划、大事记；临沂社会（文明）发展史，分为3个小节：琅琊春秋、红色记忆、前进足迹；方志编纂；旧志概况；新志集萃。整个展室共展示临沂市历代所修旧志、新志共计近200种。

二楼有1个阅览室、1个专用书库和2个专用仓库。其中专用书库，面积462平方米，有密集书架60组，电子监控、空调、除湿设备齐全，馆藏图书包括临沂以及全国其他各地的旧志新志、年鉴、工具书、文学作品、地情统计资料、报刊5000余种，2万余册。根据图书分类统计情况，专用书库分为志书库、年鉴库、工具书库、地情资料库、报刊库、文学作品库共6个专业库。专用仓库2个，总面积80平方米，用于存放本办公室编印志书、年鉴、杂志等共3万余册。阅览室一个，面积60平方米，可容纳20余人同时阅读，配备电脑、打印机、扫描仪、饮水机、花镜、放大镜、纸笔等，方便读者阅读、抄录。

临沂市方志馆通过购买、交换、征集等方式增加方志馆馆藏图书。2014年共购买图书3400余册，交换图书147册，接受社会捐赠4批次共计561册。

方志馆自2014年开馆以来，共接待省市领导、专家、学者以及同行集体参观达30余次，展厅接待大众参观达3000多人次，阅览室接待1000余人，专题查阅资料100多人次，咨询200余人次。在2014年山东省史志系统优秀成果评选中，临沂市方志馆被评为优秀方志馆。

（徐希冕）

【临沂市兰山区方志馆】 2001年，兰山区在全市县区中率先建立起方志馆，并积极对外开展信息服务。近年来加大方志馆建设力度，采取购买、交换等形式，多方收集资料，充实了馆藏含量。同时对现有资料进行分类、编排和建档，截至2014年，已形成了志、鉴、史、记等500余种2000余本（套）的规模。方志馆累计接待区内外单位和个人150余人次，提供了200余条资料信息，内容涉及旅游开发、村庄沿革、历史名人、烈士名录等，尤其是汤头温泉、东北移民等信息资料，受到了社会的好评。

（魏海荣）

【临沂市罗庄区方志馆】 罗庄区方志馆建立于2010年，位于区文化中心8楼。2014年，方志馆已有书架15组、图书5000余册。罗庄区史志办将按照图书馆建设的标准，进一步加快方志馆建设，购置阅览桌和用于图书管理、借阅的计算机、扫描仪等电子资料处理设备和系统，力争尽早建成档次较高、对市民开放、实行电子化管理的县区级方志馆。

（朱洪厂）

【临沂市河东区方志馆】 河东区方志馆建立于2011年。2014年，河东区采取交流与购买相结合的方式，充实方志馆藏书种类和数量，全年共向外县区交流书籍15种，共30本；购买图书10种，共12本。截至2014年底，河东区方志馆面积50平方米，有藏书162种，计2023册。

（张永民　刘楠楠　李瑞祥）

【郯城县方志馆】 郯城县方志馆位于文体中心，于2014年初开始启用，面积约130平方米。在原有设施的基础上，方志馆新添了书橱和办公桌椅等基础设施。年内，在原有350部藏书的基础上，方志馆积极加强与外省，市、县地方志书成果的交流和交换，先后交流了30余部志书和年鉴。同时为地方居民查询史志、资料提供便利，更好地服务了地方经济发展和文化事业。

（唐宏刚）

【沂水县方志馆】 沂水县方志馆建立于2005年。现有专用书库面积130平方米，阅览室面积20平方米。方志馆内部管理规范，设施完善，建立健全了《图书管理》《图书借阅》等制度，首轮修志以来出版的方志、年鉴和其他地情文献，有详细的统计，且收藏齐全，外地的史志文献也有较丰富的收藏，地方志编纂必备的历史资料、业务期刊、工具书等有适量收藏。藏书分类严格，按照图书馆藏书分类目录进行编排，实现微机管理。2014年，投资4万余元，先后购买了《山东通志》《齐鲁诸子名家志》《沂州府志》等书籍，进一步丰富了方志馆馆藏。注重多渠道征集资料，丰富方志馆馆藏。积极与省内外史志机构联系交流，2014年，共交换志书100余册。近年来，沂水县十分注重野外地情资料的征集工作。自2013年开始，先后5次聘请专业拓片人员，对县内具有一定历史价值的摩崖石刻、碑刻等进行拓片存档，既加大了对实物档案的文化留存，又进一步丰富了方志馆馆藏，这项工作也走在了全省全市的前列。同时，积极开展借阅服务。一年来，为社会各界提供阅览、外借、咨询等服务500余人（次）。县方志馆馆藏资料丰富，收藏特色突出。现存方志图书6000余册，碑文及摩崖石刻拓片100余幅，书画作品30余件。

（韩　笑）

【沂南县方志馆】 沂南县方志馆建立于2002年。沂南县积极推进方志馆建设，按照上级要求，坚持高起点规划，高标准建设，高效能管理，加大工作力度，加快工作步伐。沂南县方志馆现有专用书库面积40平方米，建立健全了《志书管理办法》及《志书借阅办法》等制度，志书、年鉴及其他地情文献，都有详细的统计，编纂地方志必需的工具书、参考资料等有适量收藏，实现了微机化管理。2014年，方志馆藏书近5000册，成为全县重要的地情资料中心之一。

（吴耿彬）

【费县方志馆】 2013年，费县史志办通过与费县文广新局联合的方式，在费县图书馆建成了方志馆，设有藏书室、借阅室、办公室等。投资3万余元，配备了电脑、除湿机、灭火器等设备。截至2014年底，费县方志馆拥有各类志鉴资料和图书8015册，提供各类借阅服务3000余次。

（刘　露　赵志纯）

【蒙阴县方志馆】 蒙阴县方志馆建立于2011年，面积20平方米。配备人员作为方志馆管理员，完善方志馆管理制度，购置书橱等设施，通过发函、市场收购、与兄弟单位交换等方式增加馆藏资料，2014年，已收集各类书籍资料5000余册。

（张　军）

【莒南县方志馆】 莒南县方志馆建立于2000年，建筑面积约50平方米。馆内设10个橱柜，馆藏志书类6000余册。馆藏目录分为资料工具书类、历史典籍类、志书类、年鉴类、其他书五个大类。莒南史志办出版的年鉴、志书、地情资料电子版也上传到数字方志馆，受到读者广泛好评。

2014年，根据省市史志部门要求，结合党的群众路线教育实践活动征求意见情况，确定将“对方志馆建设重视程度不够，不能为群众提供优质高效的服务，造成群众资料查阅不方便、查阅内容不充分，读志用志作用发挥不够好”作为先行整改事项，并有针对性地采取四项措施，确保整改扎实有效。一是实施领导班子包项目负责制度，明确责任，明确时限，明确内容，切实加快方志馆提升改造工作；二是新购部分档案书架，拓展方志馆空间，完善相关设施，营造舒适良好的阅读环境；三是充实地情资料书籍，通过购买、交流等方式，为方志馆增加300册最新地情资料；四是加强方志馆管理，充分发挥方志馆展示区域文化、自然状况、历史沿革、社会风貌和地方特点的载体作用，推动地方志资源开发利用。

（咸世文　王洛泉）

【德州市方志馆】 2014年12月5日，中共德州市委副秘书长、德州市档案局（馆）长张岩和市史志办主任李其常共同为德州市方志馆揭牌，标志着德州市方志馆正式落成。德州市方志馆设在2014年落成使用的3万平方米市档案楼，阅览、展览、藏书面积1000多平方米，藏有志书、年鉴、地情资料等书籍6000册。与市档案馆实行设施共用、资源共享，方志馆作为专业馆，优先重点完善。德州市史志办将秉承“开门办馆”的理念，做好“一圈四线”（以德州为点，方圆100公里圈、京沪经济线、黄河渊源线、运河文化线、京福吏治线）地市级志书的征集交流，并加快原有书籍的数字化，为社会读志用志提供便捷平台。

（王立云）

【禹城市方志馆】 禹城市方志馆于2014年10月建成并投入使用，地址在禹城市委原档案楼三楼，外墙厚度63公分，门窗双层密闭。房屋四间，面积120平方米，密集架11组，馆藏资料5000余册。集史志资料征集、保管、展示、服务于一体，免费向广大市民开放。

馆藏资料分志书、年鉴、地情资料三大部分，包括外地县志、外地年鉴；德州地区内各县市县志、年鉴；外地部门志、部门年鉴；禹城各部门志书、年鉴；建国前老县志；地情资料及保存的部分老档案等。

（王　凯）

【临邑县方志馆】 临邑县方志馆始建于2010年，2011年6月获省政府办公厅授予的“齐鲁新方志奖”优秀方志馆奖。主要馆藏地方志、各类年鉴、地情书籍、古籍资料等共1800余册，是临邑县的重要文化建设工程设施，对于继承和弘扬中国传统文化具有重要意义。该方志馆的建成，对有效收藏、保护、开发、利用地情资源创造了良好的条件，并为公众读志用志开展提供了一个有益的服务平台。

（陈德波）

【齐河县方志馆】 齐河县方志馆2011年

10月建成开放。位于齐河县文化中心东门，投资10万余元，面积72平方米，设有馆藏室和阅览室，购置7列28组密集架，配齐防火、防潮等器材，并添置计算机等电子检索设备。2014年，馆藏方志资料、地情资料、古籍资料、年鉴资料等近1000册。

（刘　勇）

【聊城市方志馆】 聊城市方志馆成立于2009年7月，面积100平方米，是全面展示聊城方志文化的重要平台，也是面向社会、服务当代、传承文化，发挥地方志资政、存史、教化作用的重要阵地。馆内以收藏志书、年鉴为主要特色，主要收藏山东省、市、县（市、区）三级新方志、年鉴、地情资料书，全国各省、市、自治区的新方志和年鉴，极具价值的旧志及其他重要历史文献资料。截至2014年底，全馆共有各类图书680种，12000余册，其中省内志书1070册，省外志书148册，省内年鉴6145册，省外年鉴142册，地情资料书2390册，其他相关史书2135册。方志馆由专人负责日常管理工作并免费对全市民众开放。

聊城市方志馆积极组织参加志书交流活动增加志书、年鉴的书籍馆藏，2013年5月，参加了第二届中原志鉴评估交流大会，搭建起交流互动平台，交换志书26部(36册),年鉴11部(15册),其他地情书籍7册，丰富了志鉴馆藏数量，学习了成功的办馆经验，拓宽了志鉴交换渠道。2014年，聊城市方志馆交换志类产品123部（套）。

（孙善英）

【聊城市东昌府区方志馆】 东昌府区方志馆成立于2004年，2009年开馆。现位于柳园南路65号区政府院内。馆库面积30平方米，馆藏各种地情文献约1000本，500余种，设管理人员2名，负责各种地情资料和文献的分类、整理和归档工作，并建立健全书库安全管理、借阅阅览以及出版物购买、征集、交换、呈缴等项规章制度，实行规范化管理。日常管理中，东昌府区方志馆不断突出馆藏特色，丰富馆藏内容，以收藏本地资料、近现代资料为主，同时收藏其他地区相关的资料。资料收集突出专业特点，主要包括各地各类地方志书、地方年鉴、地情文献、方志理论著作、旧方志等。同时注重扩大对外交流，采取集中收集和日常收集两种方式，丰富馆藏品种，完善方志馆建设。2014年采用购买和交换两种方式丰富馆藏。与临朐县地方志办公室、青岛市城阳区史志办公室等10余处单位进行志鉴交换20余本。在省方志馆志类成果征集交换平台上展示了《东昌府区志（1986—2005)》《东昌府年鉴（2006—2011)》《东昌府区人大志（1949—2013)》3本书。

（杨　静　管振芹　白　雪　李　敏）

【临清市方志馆】 临清市方志馆成立于2010年9月1日，位于临清市图书馆内，方志馆使用面积50平方米。临清市史志办通过广泛函征、交换征集，建立联系网络、复印等方式扩大图书馆藏，现有藏书19类，2000余册。图书管理方面：一是分类登记。将省内外古今地方志书、省内外各种年鉴、地方姓氏族谱、论著文集、刊物图片音像资料等分为五大类。同时，还利用现代技术手段保存历史数据，配备了3台电脑。二是建立台账。将已登记造册的书刊建立台账，和图书馆的人员人手一份，以确保书刊的完整性和不丢失。三是明确责任。明确一名兼职人员具体负责，一名副主任分管。2014年临清市史志办继续做好方志馆建设，充分利用各项资源，持续扩大方志馆藏书规模，分别与东昌府区史志办、阳谷县史志办、浙江嘉善史志办、枣庄市中区史志办、青岛市城阳区史志办、青岛市李沧区史志办、潍坊市潍城区史志办交换志书10余本。

（方玉群　宁柳云）

【阳谷县方志馆】 阳谷县方志馆始建于2009年9月，馆库面积50平方米。现有橱柜6套，志书及地情资料1200余册。分志书、年鉴、其他三个大类，为方便读者查阅，制订了借阅、库房管理等制度，设置了借阅登记簿、存放位置索引牌等。在管理设备上，添置了除湿机、温湿度仪等，库房安置了防盗门窗。2014年，继续加强志书、年鉴的征集、交换，与外地市积极开展图书交流，扩大馆藏数量，共交流增加志书50册，方志馆志书馆藏量达3850册。

（曹　淼）

【莘县方志馆】 莘县方志馆始建于2009年9月，2010年2月初步建成，位于莘县政府办公楼4楼，面积20余平方米。购置书橱5套，中型阅览桌1张，椅子6张，配备扫描仪、电脑等电子资料处理设备。截至2014年底，馆藏各种志书、年鉴及其他书籍200余种、2000余册，其中与外地交流志书200余册。馆存可交换志书500余册。

（赵艳霞）

【茌平县方志家谱馆】 茌平县方志馆正式成立于2010年，位于县政府办公楼6楼，库馆面积60平方米。截至2014年，通过搜集、交流、购买等方式使馆内藏书达220余种，5100余册，涉及各类志书、年鉴、地情文献、方志理论及各种旧版方志。

茌平县方志馆成立后，开展了一系列图书搜集和整理工作。一是深入挖掘、发掘与茌平相关的历史文献、史志资料，对于散落、流失民间的有历史价值的物品采取赠予、免费保管、现金购买等方式充实方志馆内容；二是对县史志办库存的书籍、物品分门别类进行整理、归档；三是以书易书的形式与全国县级以上史志办、方志馆加强联系，互通有无，积极开展各类志书的交流互换工作；四是积极争取上级史志办领导的支持，加强和上级领导的联系。工作开展以来，县方志馆存书结构进一步优化，馆藏实物进一步充实，《山东省志》各分志，历年《山东年鉴》《聊城年鉴》等省内重要志书、年鉴全部收藏齐全。

2014年，为进一步丰富县方志家谱馆展藏资料，充分发挥其在地情资料研究、开发、利用等方面的重要作用，完善公共文化服务平台功能，促进经济文化强县建设，经县政府批准，更名为“茌平县方志家谱馆”，特向社会各界征集展藏资料。征集内容为：（一）家谱类包括：村志、宗谱、家谱等。（二）书籍类包括：1. 刊载史料的报章、杂志、图书、私人著述及回忆录等。2. 茌平籍作者出版的书籍或记述茌平的书刊等。（三）图片类、视频类、字画类、碑刻包括：1. 人物资料。包括在国内外有较大影响的茌平籍人物，如著名的仁人志士、军政界代表、有突出贡献的专家、学者和能工巧匠等；对茌平作出重大贡献或产生重大影响的客籍人物。2. 文物古迹资料。如古建筑、古墓葬、古石刻碑记等图片及文字资料，字画等。3. 民情风俗方面的资料。如集市、节日、生产生活习俗及方言、谚语、民谣、民间轶闻；反映人民生活变迁和新人、新事、新风尚的图文视频资料等。

（尉环环）

【东阿县方志馆】 东阿县方志馆成立于2009年，位于县政府院内。馆库面积50平方米，馆藏各种地情文献约1000册，500余种，由专人负责各种地情资料和文献的分类、整理和归档工作，并建立相关规章制度，实行规范化管理。日常管理中，县方志馆不断突出馆藏特色，丰富馆藏内容，以收藏本地资料、近现代资料为主，同时收藏其他地区相关的资料，主要包括各地各类地方志书、地方年鉴、地情文献、方志理论著作、旧方志等。同时注重扩大对外交流，采取集中收集和日常收集两种方式，丰富馆藏品种，完善方志馆建设。2014年采用购买和交换两种方式丰富馆藏。与青岛市崂山区史志办公室、淄博市地方志办公室、济南槐荫区史志办公室等多地史志机构进行志鉴交换10余本。

（张　斌）

【冠县方志馆】 冠县方志馆始建于2009年9月，位于县政府办公大楼5楼，面积18平方米，现有藏书200余种，共2000余册，内容包括省志、市志、县志、各类年鉴、图片、杂志、当地文学作品等，有管理人员1名。配备电脑、多功能打印机、空调各一台。2014年，从山东省方志馆征集各类志书200余册；与其他市、县史志办交换志书20余种。

（崔海坡）

【高唐县方志馆】 高唐县方志馆始建于2010年，馆库面积50平方米。2011年和2014年因两次搬迁办公地点，办公面积紧张，现仅有15平方米的方志馆1间。在馆藏志书及地情资料的管理上，主要分志书、年鉴、其他等几个大类，存书近20余种、2000余册。2014年，通过购买、与外地市开展图书交流等方式，继续加强志书、年鉴等书籍的征集、交换，扩大馆藏数量，同时积极争取增加方志馆面积。

（唐艳红）

【滨州市方志馆】 2014年，滨州市史志办有方志馆三处，分别位于滨州市政府大厦一楼、市档案楼五楼、市文化中心博物馆三楼，总面积1650平方米。其中，市政府大厦一楼、市档案楼五楼两处面积350平方米，设有专用书库和阅览室，借阅室等场所防火、防虫、防鼠防潮等设备器材齐全。配有专用书橱、密集架，配备计算机、复印机、扫描仪、照相机等电子资料处理系统。自主开发方志馆管理软件，实现馆藏图书的微机化管理，软件为全国首创，在全省推广。市文化中心博物馆三楼1300平方米馆舍为2014年市委、市政府新批准的方志馆用房。7月，滨州市史志办主任柴德杰接受《滨州日报》关于方志馆建设的专访，发表于7月14日的《滨州日报》。2014年征集、交换、购买各种志鉴资料1000余册，提供咨询服务110余人次。

（吕红英）

【滨州市滨城区方志馆】 滨城区史志办与党史征委合署办公期间，两单位共用一间45平方米方志馆，并配备专职管理人员，对藏书进行分类编号，制定了《滨城区方志馆借阅登记制度》。2014年10月史志办与党史征委分设后，史志办开始着手方志馆重建工作，经过多方努力，建成集借阅、馆藏、区情展厅于一体的方志馆，面积50平方米，11组书架全部到位。馆藏志、鉴、地情资料类425种，藏书3100余册；其他400余册。为社会各界人士提供查询服务多次，为杜氏故居修复提供大量杜受田故居资料。

（刘桂珍）

【滨州市沾化区方志馆】 2014年，滨州市沾化区史志办不断充实方志馆藏书，通过交换、购买等方式，增添《滦平县志》《李沧区志（1994—2004）》《迁西县志（1987—2005）》《崂山年鉴（2012）》等志、鉴20余部。至年底，方志馆共存志书300余种、1000余册，其中年鉴100余种、300余册，地情资料、方志研究、工具书等各类书籍100余种、700余册。年内，修订《滨州市沾化区方志馆管理办法》，图书安全管理、保管、借阅以及出版物购买、交换等规章制度有了明确规定，方志馆管理更加规范。全年共为各级领导及外地客商提供志鉴200余部；接待前来咨询、查阅资料人员百余人次，为领导决策和投资兴业以及公众读志用志提供了一个有效的服务平台。

（张爱芹）

【阳信县方志馆】 阳信县方志馆建设工作自2007年启动，2014年4月，在县商务中心建成并开馆。方志馆使用面积80多平方米，集收藏、展示、服务为一体，内设阅览室、地情资料储备库等。馆内藏书主要为志鉴典籍，共3000余册。《方志馆工作职责》《工作人员管理制度》《借阅库管理制度》和《阅览管理制度》等制度健全。

（周立辉）

【邹平县方志馆】 邹平县方志馆18平方米，截至2014年底，存有与全国大部分市、县交换和购买的志书、年鉴、文史资料和部分工具书、理论书等，计100余种8000余册。

（王青山）

【菏泽市方志馆】 菏泽市方志馆是2010年8月经菏泽市机构编制委员会批准设立的，是菏泽市地方史志办公室所属的正科级事业公益一类单位，于2014年1月1日开馆试运行，8月26日正式开馆。该馆位于菏泽市丹阳路669号新建图书馆四楼北区，建筑面积1000多平方米，设有地情展览厅、志鉴书籍室、专家研究室（阅览室）、古籍珍本室、电子阅览室（与图书馆合用）、学术报告厅（与图书馆合用）、展览厅（与图书馆合用），其中，地情展厅内容丰富，分为11大部分、29个小版块，图文并茂，将远古文明起源到新中国建立后，菏泽各时期的历史发展轨迹、脉络清晰地呈现在参观者眼前；志鉴书籍室，馆藏各级各类志书、年鉴及地情资料书近万册；古籍珍本室藏有明代《曹州志》（影印）、《定陶县志》（影印）、《濮州志》（影印）、《巨野县志》（影印）、《曹州府志》1984年重版、《东明县志》重版本、民国本《归德府志》及李氏族谱等10余种30余册；专家研究室（兼阅览室）陈列报刊60余种。馆内设备先进，功能完善，配有各类先进的软硬件设施，集志、鉴、网、库和声、光、电、影像等于一体，是全市唯一一座现代化的、志鉴收藏规模最大的专业场馆，也是目前省内现代化程度较高的地情馆。自菏泽市方志馆开馆以来，为地方经济文化建设提供了可借鉴的资料，发挥了应有的功能，多次受到省、市领导的表扬。2014年3月，被山东省人民政府办公厅表彰为“优秀方志馆”。

截至2014年，菏泽市方志馆馆内收藏各类古籍、旧志、文献等约60余种377册；全国31个省（市）志书、年鉴近10000册（除台湾、澳门、香港）；阅览室上架杂志870余册、报纸24种、地情汇编及其他书画作品、影像资料等藏品100多件，展厅资料200余份，是一所集报刊阅览、志鉴书籍借阅、方志信息情报、文化信息资源共享工程、多媒体电子阅览、展览与学术交流等为一体的现代化方志馆，可向读者免费提供志鉴查阅、地情文献参考、报刊阅览、信息检索、展览讲座等多类型、多层次的综合性服务。2014年，菏泽市方志馆接待读者、参观者约10000多人次。

菏泽市各县（区）方志馆（室）建设情况一览表

县（区）	成立时间	面积（平方米）	藏书（册）	备注
牡丹区	2014年9月	300	3000	
曹县	2008年4月	30	1000	
单县	2010年月	20	1000	
成武县	2011年4月	80	2400	新建方志馆在县城西部（文化馆、博物馆、方志馆三馆合一），主体已竣工，面积初步定为300平方米。
巨野县	2012年8月	50	1200	
郓城县	2008年	20	3000	
鄄城县	2014年5月			
定陶县	2014年	70	800	
东明县	2008年	30	1300	

（乔方辉　王金芳）

责任编校：郭　焱

地方志资源开发与利用

地情书编写与出版

【《齐鲁历史名人传略》丛书编纂工作座谈会召开】 2014年8月1日，《齐鲁历史名人传略》丛书编纂工作座谈会在山东省方志馆召开，会议由省史志办副主任、丛书编委会副主任刘娟主持。省史志办原副主任、丛书编委会副主任张敬忠等6位学术主编及丛书编辑部工作人员参加会议。会上，张敬忠详细评析了丛书11卷、62篇、20余万字的样稿在文字表述、资料使用、体例等方面存在的问题及学术主编在以后组稿、审稿和编稿等环节的注意事项。会议还就丛书编纂工作计划及丛书学术主编职责向与会人员征求了意见。6位学术主编反映了在

资料选取、撰稿人员组织、编纂进度等方面存在的困难和问题，并就提高丛书编纂质量提出意见和建议。

（李　坤　孙　杰）

【《山东省历史地图集（远古至清）·古地图》等两部分册出版】 2014年12月，由山东省史志办公室主持编纂的《山东省历史地图集（远古至清）·古地图》《山东省历史地图集（远古至清）·村镇》两部分册，由山东地图出版社出版发行。全书包括《政区》《自然》《经济》《文化》《社会》《军事》《村镇》《古地图》8个分册，是一部全面展示山东省行政区域内五千年自然与人文地理变迁的大型历史地理著作。《古地图》分册，突出了山东地区的历史地理沿革和资料特点，分为建置、城垣、海疆、运河、黄河河工、州县水道、源泉、名胜古迹8个图组，计收图500余幅。其中明清时期的海疆、黄河、运河及古迹名胜数十幅彩绘图，是最有研究和鉴赏价值的部分，也是专题整理旧志的重要成果。《村镇》分册，分为“市镇”“村庄集市”“历史文化村镇”3个图组，包括地图35幅、文字资料20多万字、清代地图资料50多幅，历史图片300多幅，全面展示了宋代以来山东地区古村镇和历史街区的发展规律和丰富遗存。其中一批清代以来市镇、村庄资料图和历史图片最具资料价值。《山东省历史地图集》整体上具有以下特点：一是品位高，该书被列为山东省“文化强省建设的标志性工程”，是山东省“十二五”重点图书。二是影响深远，填补了山东省文化

史志出版领域的空白，得到省内外专家学者的广泛关注和盛赞。三是历史跨度大，用地图的形式描述了山东地区5000年自然和人文地理的变迁。四是门类齐全，内容丰富，图文并茂。五是资料来源广泛，计参考文献2000余种，使用资料均有出处，可信度高。六是实用性强，对历史地理学研究、城乡规划与建设都具有重要参考价值。七是丰富了山东省地方史志工作成果。八是印装考究，装帧设计美观而典雅。

（李　坤　孙　杰）

【《欧阳中石》出版】 2014年12月，山东省人民政府办公厅党组成员、山东省地方史志办公室主任刘爱军编著的《欧阳中石》一书由山东人民出版社出版发行。欧阳中石是山东肥城人，1928年生，1954年毕业于北京大学，现为全国政协委员（连续五届），中央文史研究馆馆员，首都师范大学教授、博士生及博士后导师，中国书法文化研究院名誉院长，中国艺术研究院戏曲专业博士生导师，山东省方志馆名誉馆长，先后荣获“中国书法兰亭奖——教育特别贡献奖、终身成就奖”“全国模范教师”“全国先进工作者”、第二届“中华艺文奖——终身成就奖”等几十项荣誉称号，是国内外享有盛誉的著名学者。《欧阳中石》一书从2013年11月开始撰写，历时一年，共41万字，图片百余幅。全书分为家世与幼学启蒙、中学时代、大学时代、教学生涯、逻辑的运用与实践、书法成就、京剧成就、情系齐鲁文化、心系公益、和睦家人　情深友人、国事在心　建言献策、荣誉与影响等十二章，并附有欧阳中石的大事年表和部分书画作品集萃。作者从编史修志的独特角度，全方位记载了欧阳中石不平凡的人生，把他的艺术成就、成功经验、突出贡献以及他那无私坦荡的精神品格和对祖国、对家乡的悠悠赤子情记入书中，具有重要的存史、资政、教化价值。作者刘爱军，1962年1月生，环境法学博士，现任山东省人民政府办公厅党组成员、山东省地方史志办公室主任，中国生态文明研究与促进会常务理事，山东省生态文明研究会会长，山东省法学会常务理事，山东师范大学兼职教授。长期从事生态文明理论研究工作，是国内著名的生态文明研究专家。率先提出将生态文明作为基本国策写入党章、写入宪法，积极为党的十七大和十八大建言献策，得到中央有关领导同志的高度重视和充分肯定。2009年1月，发起成立山东省生态文明研究会。2007年8月出版专著《生

态文明与环境立法》。发表《生态文明与中国环境立法》《生态文明的哲学思考与建构》等多篇文章。主持《生态文明及其发展对策研究》等多个省级课题，获得山东省科技进步二等奖、山东软科学优秀成果一等奖。主编《生态文明研究》。主编《第十届中国艺术节志》、影印宣统版《山东通志》《山东省历史地图集》《山东省志》《山东年鉴》等多项史志成果。

（李　坤　孙　杰）

【济南市地情书编写与出版概况】 据不完全统计，济南市史志系统历年组织编纂地情书16种（含未公开出版的5种）。其中，市史志办组织编纂出版地情书《济南历代著述考》《济南泉水志》《济南概览》3种，历城区史志办编辑出版《锦绣历城》《历城建区20年大事记》2种，平阴县史志办编纂出版《平阴县情手册》2册、《科学发展新平阴》《平阴概览》和《突破平阴》系列画册4种，商河县史志办编纂出版《商河流长》1种，章丘史志办编辑出版《章丘市大事记》1种11册。此外，历城区史志办编印《历城县志地名资料》《历城区概况》《历城区在外工作人名录》《济南市历城区村庄名录考略》和《新编〈历城县志〉评介集》5种，仅内部发行。2014年，济南市史志办主持编纂出版《济南历代著述考》。

（张　阳）

【《济南历代著述考》专家审定会召开】 2014年11月12日，《济南历代著述考》专家审定会召开。山东大学儒学高等研究院教授刘心明，山东省图书馆馆长李西宁、山东师范大学齐鲁文化研究院研究员郭玉峰，山东省图书馆文献学专家

徐泳，济南出版社第三编辑室主任戴梅海等专家学者出席会议。济南市副市长巩宪群出席活动并讲话指出：这项工作的开展，首次全面系统地梳理了济南市的地方文献，填补了济南地方文献研究的一项空白，是挖掘济南市优秀传统文化遗产的又一重要成果和重大突破。要认真吸收专家领导们的意见和建议，做好《济南历代著述考》的正式出版工作，共同打造一部可以传世的精品佳作，促进史志事业的进一步提升和发展。济南市史志办党组书记、主任翟旭东就《济南历代著述考》编纂工作有关情况向在座领导及专家作了汇报。与会专家充分肯定了编纂该书的重要意义，并对样书给予了高度评价。专家一致认为该书资料全面丰富、体例严谨完善、文笔简练并富有意趣，对于继承、弘扬泉城文化和做好地方历史文化研究将发挥不可忽视的作用。山东大学儒学高等研究院杜泽逊教授认为该书是迄今为止省会一级城市历代著述目录中最优秀的专著，为下一步济南文化遗产的发掘、抢救、保护和整理出版，奠定了基础。

（张　阳）

【《济南历代著述考》出版】 2014年12月，由济南市史志办公室主持编纂的《济

南历代著述考》出版面世。全书共120万字，分上下两册，16开本精装，繁体横排。作为一部全面反映济南地区先秦至近代文献的提要式目录工具书，该书编纂以人为纲，依时代先后为次，把现存的和曾经见于著录而现已亡佚的济南文献全部著录在内，凸显了学术史的价值，全面展示了济南丰厚的文化积淀。

（张　阳）

【《济南市槐荫区村庄概览》出版】 该书由济南市槐荫区人民政府主办，槐荫区史志办公室承编，于2012年4月正式启动编纂。资料收集大多来源于走访、座谈等整理的口述资料，数易其稿，2014年12月19日，由济南出版社正式出版发行。全书从大事记、村庄概况、村级组织、经济、文化、村民生活、名胜古迹等方面，图文并茂，客观、真实记录了济南解放后至2011年，全区103个村（居）的历史与现状，凸显了农村在城市化进程中的发展变迁。该书主编印东、执行主编杨军，图书编号ISBN978-7-5488-1284-5，16开本，总印1800册，950千字，定价380元。该书的出版，丰富了全区传承和发扬历史文化的成果，增强了村民的认同感和归属感，让更多的槐荫人"记得住乡愁""留得住乡情"。

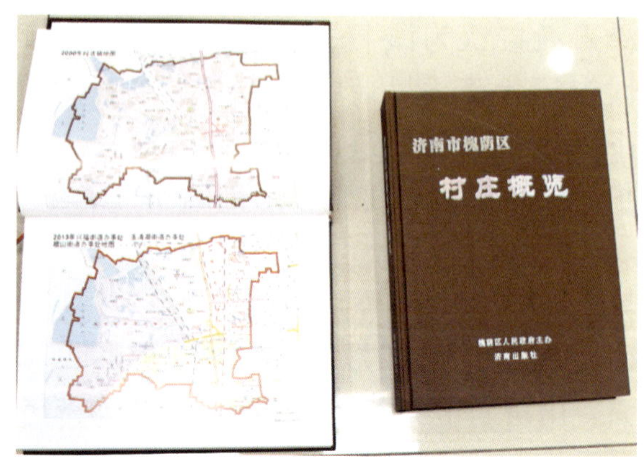

（金　颖）

【《济阳艾氏族谱》出版】 2014年1月，济阳县艾氏后裔艾铭义主编的《济阳艾氏族谱》(四修)出版发行。《济阳艾氏族谱》第四次编修历时四年半，编辑4卷共100多万字。本次艾氏族谱编修在三修基础上形式内容都有所创新，理清和续修了80余年间的脉细门支，对丰富济阳县艾氏家族史，提高家族凝聚力具有重要意义，对传承济阳当地文化、历史具有重要作用。

（孙长根）

【青岛市地情书编写与出版概况】 青岛市启动第二轮修志工作之后，同时开展了地情书编写和出版工作。2002年初，市史志办按照"统一框架设计，统一重点资料内容、统一编纂审核、统一装帧设计"的原则，组织编纂区市概况丛书。至2003年2月，完成市南、四方、李沧、崂山、城阳、黄岛、胶州、平度8个区市概况编纂出版工作。同年，配合青岛市滨海大道开建，编纂完成《青岛滨海公路地情资料》一书。各区市史志办在开展第二轮修志过程中，组织开展地情书编写。此后，市史志办多次编辑出版

《青岛概况》。2012年9月，青岛市史志办公室编纂出版《青岛市情资料手册》。该书390千字，小32开本，内容丰富，携带方便，是一本便于各级各部门和社会有关方面了解熟悉市情的简明实用的工具书。城阳区史志办2002年组织编纂的《城阳民间故事集》、2003年出版的《红岛民间文学集》，先后列入区非物质文化遗产第一批和第三批名录。崂山区史志办2012年出版《文化经纬》《沧桑纪事》《乡情民俗》系列丛书。即墨市史志办编纂出版《即墨掌故》《史记即墨》《即墨历史人物脸谱》。市北区编纂的《记忆中的市北》系列丛书自2010年4月至2014年已连续出版五册。胶州市史志办出版《胶州概况》、平度市出版《平度市大事记》等。至2013年底，青岛市共编纂出版各类地情著述180部，其中，青岛市史志办12部，市南区9部，市北区13部，李沧区14部，崂山区36部，黄岛区6部，城阳区18部，即墨市20部，胶州市12部，胶南市14部，平度市16部，莱西市10部。

（邢延军　贾国芬）

【《党的群众路线档案展览图册》印制】该图册由青岛市市北区史志办编纂，为内部资料，16开本，共含有珍贵档案资料300余件，全部由中央档案馆提供，2014年5月完成编辑印制。图册以“一切为了群众、一切依靠群众”为主线，循着中国共产党成立、土地革命、抗日战争、解放战争、社会主义革命和建设及改革开放新时期的历史脉络，循着毛泽东、刘少奇、周恩来、邓小平等老一辈革命家和焦裕禄、王进喜、雷锋、孔繁森等先锋模范人物的历史足迹，再现群众路线产生、发展、完善的历史进程以及贯彻群众路线所取得的巨大成就，再现老一辈革命家和先锋模范人物践行“全心全意为人民服务”宗旨的光辉风范，阐释了“群众路线是党的生命线和根本工作路线”的伟大真理。

（邢延军　贾国芬）

【《市北区大事记(2004.6—2012.12)》印制】该大事记为内部资料，16开本，作为《市北区十年大事记（1994.5—2004.5）》的续篇，本着大事突出、要事不漏、琐事不录、记述客观、简明扼要的原则，实事求是地记述了2004年6月1日至2012年12月3日合区前发生在原青岛市市北区的重大事件，于2014年10月编写完成。共计11万字，配图100余张。《市北区大事记》是青岛市市北区档案局组织编纂的一本历史资料性工具书，是档案局开发利用馆藏资源、传承历史、服务现实的一项重要编研成果。

（邢延军　贾国芬）

【《记忆中的市北（第五辑）》出版】《记忆中的市北》系列丛书是青岛市市北区档案馆、市北区史志办编辑的重点书刊之一，主要用来记录青岛市市北区的历史文化和民俗风情，2014年10月由中国文联出版社出版发行。第五辑分红色的道路和不朽的史话，追溯大杂院、道路和村庄的渊源，淳朴的民俗和昨天的记忆，漫谈市北的医疗、学校和老企业等四个部分，收录文章87篇，合计33万字。原青岛警备区政委、老将军，中国作家协会会员李治亭为书刊作序。本辑在沿用前四辑选材和行文风格的基础上，将笔触到更广阔、更细微的历史空间中去，力求挖掘出更真实、更生动的历史记忆，从而呈现出更多元、更丰厚的历史文化底蕴。本辑的出版不仅将继续发挥档案存史、资政、育人的重要作用，也为广大人民群众认识档案及了解市北历史和文化提供了一个可行的通道和一个可望的窗口。

（邢延军　贾国芬）

【《档案纪实·人物篇》出版】《档案纪实》系列丛书由青岛市市北区档案馆、青岛市市北区史志办主持编写，2014年12月由中国海洋大学出版社出版发行。《档案纪实》是继《记忆中的市北》之后编辑出版的又一重要书刊，同属青岛市市北区历史文化丛书系列。此次出版的“人物篇”选入文章59篇，合计48万字。全书分忠魂英烈篇、闻之知士篇、科教英才篇、企业精英篇、艺术魁星篇和体坛金榜篇六个部分，以人物为切入点，对曾经和现在正在青岛市市北区这片土地上忘我奋斗、甚至英勇牺牲的59位名人进行如实载述。通过对他们炫彩壮丽人生的记述，集中凸显富聚在名人身上的牺牲精神、奉献精神、创造精神和科学精神，以启迪继往开来的一代代人继承和弘扬他们的优良品质，为建设繁荣的新市北，为实现中华民族的伟大复兴而不断努力。本书的出版在发挥档案存史、资政、育人作用的同时，也为广大人民群众奉上了一道记录市北历史变迁、演绎市北百年风情的精神大餐。

（邢延军　贾国芬）

【《崂山方志文化系列丛书·乡情民俗》出版】2014年2月，青岛市崂山方志文化系列丛书第三卷《乡情民俗》出版发行。该卷共收录文章76篇，30余万字，记述了崂山的姓氏人脉、节日习俗、方言俗语、生活习惯等方面内容，展示崂山人的生产生活经历及由此形成的独特的文化符号。崂山方志文化系列丛书是一套本着挖掘崂山文化内涵、传承崂山文化精髓、发扬崂山文化精神的原则编撰的文化系列丛书，真实再现了崂山各个历史时期经济、社会、文化、自然等方面的情况。该丛书自2011年开始编纂，已出版《沧桑纪事》《文化经纬》《乡情民俗》三卷。系列丛书的出版发行，对于推动崂山优秀地域文化的挖掘、保护与发展，服务当地经济社会发展具有积极意义。

（邢延军　贾国芬）

【《崂山方志文化系列丛书·游崂闻人补录》出版】　2014年12月，由青岛市崂山区档案局、崂山区史志办、中共崂山区委党史研究室编纂的崂山方志文化系列丛书《游崂闻人补录》出版发行。该书共收录游览崂山、记录崂山、描绘崂山的人物84位，30余万字。该书的出版是在2010年出版的《游览崂山闻人志》基础上对游崂人物的深入挖掘和有益补充，具有重要的存史价值，对于丰富崂山的人文历史厚度具有重要意义。崂山方志文化系列丛书是一套本着挖掘崂山文化内涵、传承崂山文化精髓、发扬崂

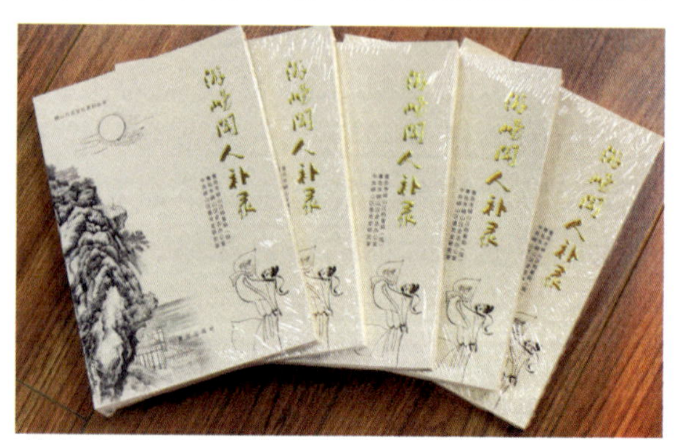

山文化精神的原则编纂的文化系列丛书。该套丛书自2011年开始编纂，已出版《沧桑纪事》《文化经纬》《乡情民俗》《游崂闻人补录》《〈崂山志〉校注》，其出版发行对于推动崂山优秀地域文化的挖掘、保护与发展，服务崂山经济社会发展具有积极意义。

（邢延军　贾国芬）

【《城阳之光——荣誉档案专辑》出版】 2014年4月，青岛市城阳区档案局、史志办编纂，记载城阳发展史的《城阳之光——荣誉档案专辑》，由黄河出版社出版发行。该书辑录了青岛市城阳区自1994年建区至2012年间各行各业在完成本行业担负的责任与任务中所荣获的市委、市政府以上荣誉，共达千余项；内容分为历史沿革、政治建设、经济发展等8个栏目；从特定角度全面详实地记述和反映了城阳建区以来在政治、经济、文化等各个领域所取得的丰硕成果，共计7万余字，选用图片500余幅。

（邢延军　贾国芬）

【《城阳人物专辑》出版】 为彰显城阳人物风采，有效发挥地方志存史、资政、教化的作用。2014年青岛市城阳区史志办编纂出版《城阳人物专辑》，共收录在城阳域内乃至全市、全省、全国有较大影响和作用的已故人物398人，分别以人物传记、人物传略、烈士简介的形式予以记述。

（邢延军　贾国芬）

【《即墨掌故》出版】 该书主编张可先，副主编王洪涛，于2014年11月由济南出版社出版，青岛新华印刷有限公司印刷，书号ISBN978-7-5488-1351-4，16开本，28万字，印数3000册，定价58元。即墨是一座拥有7000多年人类活动史、2300多年建置史和1400多年建城史的开放性现代化城市，自古即享渔盐之利，兼得舟船运输之便，春秋战国时与齐国国都临淄“并夸殷盛”，在中国几千年的历史长河中演绎了激越绚丽的华章，烙下了不可磨灭的印记。物华天宝、钟灵毓秀、人杰地灵、历经沧桑的即墨，孕育了灿烂的地域文化，留下了厚重的历史遗存，涌现出众多名垂青史的人物和脍炙人口的故事。为传承文明，荐古启今，即墨市委办公室主任袁瑞先拟题《即墨掌故》，市史志办公室于2013年底开始编修，2014年11月份正式出版。此书挖掘史料，采集民俗，内容涵盖地方成语、古城春秋、名人轶事、地名溯源、风物民俗、轶闻传说、方言俚语等，旨在彰显即墨史深、文昌、境优、物华的特点，为后人传递精神财富，为城市留存文化印记。

（邢延军　贾国芬）

【《即墨市村落姓氏概况》（第1辑）印刷】 主编黄济显，副主编孙鹏，2014年底由青岛联友印刷有限公司印刷，16开本，35万字，印数2000册，定价118元。即墨市共有1083个村落，分属1033个行政村。据文献记载，这些村落最早形成于汉代，距今已有两千余年的历史，而大多数形成于明代，距今亦有五六百年。由于这些村落形成于农耕时代，人们除非遇到重大灾荒和战乱，很少迁徙流动，因而在各个村落中形成了聚族而居的格局。一个村落居住着一个或几个姓氏的人们，他们以血缘关系为纽带形成了同宗共祖的族群，并逐渐形成了浓重的村落文化和宗教文化。然而，随着社会的发展，城镇化进程的加快，全市正向城乡一体化迈进，农村向城市转化，农民向市民转变，许多古老的村落已经为现代社区所替代，预计在很短时间内整个农村的自然村落都将被新型社区所替代，因此，对村落史料的抢救，已成为当务之急。为了给人们留下历史的记忆，也为了给人们认祖归宗保持血缘亲属联系提供线索，即墨市谱牒研究会企划编写了《即墨市村落姓氏概况》。本书为内部资料性著述，以村（社区）为主体，对镇（街道）情况概况叙述，各行政村作全面记述；主要内容有村庄概况、村名来历、隶属沿革、居民姓氏、古迹简介、历史人物六个方面。本书搜集了全市部分村落资料，具有存史价值。

（邢延军　贾国芬）

【平度市《草民的抗战——国共两党地方武装鲜为人知的抗日真相》出版】 该书是山东知名作家谢维衡历经十年调查、采访抗战老人，查阅地方史志写作而成，首次全景式再现了山东胶东地区国共两党地方武装敌后抗战的历史真相。该书选材新颖，以纪实文学笔法叙写胶东抗战的真人真事，堪称一部以国共合作为主体、由全国各阶层爱国人士组成的全民族抗日统一战线共同参加的抗日战争的主旋律作品。2014 年 12 月，由中国文史出版社出版。被中国文史出版社(在封面）标注、评价为“新中国成立以来首部描写国共两党地方武装抗战的铁血雄章”。《消费日报》《老年生活报》《齐鲁晚报》《中华读书报》《青岛日报》《今日平度》《平度视窗》及“红色文化网”“光明网”等多家媒体纷纷宣传报道。

（邢延军　贾国芬）

【平度市《胶东战事》出版】 该书共 33 章，33 万字，90 余幅资料照片。2014 年 12 月，由团结出版社出版。作者王琳珺，历时四年时间，先后搜集查阅了上百份档案资料和史料文献，调查了许多亲历者，考察了部分当年战斗的发生地等。对零乱分散的众多史料，鉴别考证，去伪存真，实事求是，以史料为依据，公正再现了当年发生的战斗、事件和人物历史面貌，在洞悉人心人性，对政治现象和社会发展深刻认知的基础上，进行了准确详尽的阐述。

（邢延军　贾国芬）

【《故乡红色印记》出版】 该书为原中共平度市委党史办副主任、85 岁的张升善老人 30 多年埋头灯下、笔耕不辍的心血，全书分人物篇、政史篇、践行篇三个章节，共 89 篇文章，从不同侧面反映了平度丰富的红色文化和光荣革命传统，形象地展示了平度党组织带领党员干部、人民群众不畏艰辛、不怕牺牲、无私奉献的精神风貌，实事求是地记载了众多革命先辈和为国捐躯的先烈在平度的战斗历程和英雄业绩。2014 年 1 月，由中国文史出版社出版。《故乡红色印记》是一本记录历史、启迪后人的生动爱国主义教材和地方史资料，具有以史鉴今、资政育人的重大意义和积极作用。

（邢延军　贾国芬）

【《源远流长的东莱文明》出版】 2014 年 5 月，由山东美术出版社出版。以“岳石文化”为代表的东莱文明为依托，广征博采、网罗众家，突出平度文化的多元性、多面性、多样性和地域性等特点，深入挖掘丰富的文化蕴藏，整合散落的文明碎片，分《平度文化概览》《平度民间艺术》《平度文物精粹》《平度名家书画》《宗家庄木版年画》五卷，对平度地域的各种文化形态进行了全方位、多角度的整理诠释。是一部写满平度文化符号，闪烁“莱夷故地、胶东门户”地域特色的厚重“文化史诗”，是一套普及、深化、传承、延续平度文化的必备“教科书”，是一张塑造、宣传、推介、光大平度形象的闪亮“城市名片”。该书印刷装订精美，图像清晰美观，说明文字准确，不失为一部优秀的地方资料性文献。

（邢延军　贾国芬）

【淄博市地情书编写与出版概况】　淄博市地方史志办公室在地情书编写与出版方面，注重创新，严把质量关。《淄博市情手册（2014）》2014 年 11 月出版发行，展示了淄博市 2013 年在经济、政治、文化、社会和生态文明建设方面取得的新成就。同时淄博市地方史志办公室加强对各区县地情书籍编纂工作指导。由张店区史志办公室编纂整理的《幸福张店》稳步推进。2014 年 3 月，由淄川区史志办公室编写的淄川区首部综合性图片资料书籍——《影像淄川（1949—2013）》出版发行，推进地情成果为现实服务。博山区史志办公室通过聘请专业人员、举办史志业务培训班等工作，推进《博山山水》编纂工作。周村区史志办公室编写的《周村史志之窗》自 2014 年 3 月起，每出版一期均送至城区每一处小学。2014 年，由高青县史志办公室编写的《新编天南地北高青人》出版。

（王　娟）

【《淄博市情手册（2014）》出版】　2014 年

11 月，由淄博市地方史志办公室编纂的《淄博市情手册（2014）》出版。《淄博市情手册（2014）》以 2013 年淄博市经济社会发展的相关信息为重点，部分栏目适当上溯。按照覆盖到面、突出重点、理清脉络、展示渊源、贴近需要、力求经典的原则，设置了市情概况、经济发展、城乡环保、社会事业、区县概况、经济园区、组织机构、淄博名人等栏目。与 2013 卷相比，该手册精简了文字，调整了结构，增加了 70 幅照片以及部分图表，重在展示改革开放以来的发展成就，特别是全市在经济建设、政治建设、文化建设、社会建设和生态文明建设方面取得的新成就。该手册为小 32 开本，图文并茂、内容丰富、易于携带，是一本便于了解市情的工具书，具有较强的史料性和可读性。

（淄博市史志办）

【《影像淄川（1949—2013）》出版】　2014 年 3 月，《影像淄川（1949—2013）》出版发行。该地情书籍的编写工作始于 2011 年 2 月，编写人员深入基层，发动群众积极参与，并先后多次赴市档案局、淄博日报社、淄矿集团等单位查阅近千卷宗资料，征集到相关图片、物件 4000 余件。经过编写人员甄选整理，共收录各类反映淄川新老变化的图片620余幅，分成农业农村篇、工矿企业篇、城乡面貌篇、社会事业篇等方面编辑成册。该地情书籍由中共淄川区委、淄川区人民政府主办，淄川区人民政府办公室承办，淄川区志办公室编写，主审尚武，副主审王鉴，主编刘波，副主编朱玉峰、李祖炬、董忠山、李利。由中国文史出版社出版发行，书号ISBN978-7-5034-4726-6，开本889毫米×1194毫米，字数300千字，定价580元。《影像淄川(1949—2013)》系淄川区首部综合性图片资料书籍，具有重要的史料价值和保存价值，对于进一步挖掘和保护历史资料，服务全区中心工作发挥了重要作用。

（淄博市史志办）

【《新编天南地北高青人》发行】 《新编天南地北高青人》由高青县人民政府主办，高青县地方史志办公室承编。2013年5月启动编辑，2014年2月发行，全书收录了高青籍在外地工作及在高青工作过的客籍领导干部、其他各行各业做出突出贡献的先模人物和知名人士共1011人，记录和展示了在外高青人在各自工作岗位上取得的辉煌业绩。此书前面加入反映全县工业、农业、社会民生、文物古迹、旅游美景等彩色图片，及时反映了高青县近几年来经济社会发展新面貌，为在外游子提供了最直观的家乡印象，为宣传高青城市形象、弘扬改革开放主旋律，构建和谐秀美新高青做出了重要贡献，受到社会各界一致好评。

（淄博市史志办）

【《博山山水》编纂情况】 2014年，淄博市博山区史志办加大《博山山水》整理力度，创新工作思路，扩大征稿范围，编辑人员多次进行山、水的实地勘查，征求当地居民的意见，几易其稿，编纂进一步精细化。截至年底，聘请12名人员，历时一年零八个月，完成前期准备工作。期间，参与撰稿人员80多人，完成近300篇文章。考察的山头达900多座，形成文字稿60多万字，记录景点800多个，现场拍照及征集到1990年以前的老照片累计3000多张。9月16日，博山区举办史志业务培训班，邀请市史志办副主任徐杰、史志科科长郭延志结合博山区实际，对《博山山水》一书从框架结构、篇目设置、语言规范、资料考证等方面提出指导性的意见和建议，为提高《博山山水》的编纂质量、打造精品文献奠定基础。

（淄博市史志办）

【枣庄市地情书编写与出版概况】 枣庄历史资源丰富，名人辈出，市县两级史志办自成立以来依托资源优势，围绕中心工作，独立或与其他部门合作，共编辑出版11种18本地情书。其中，枣庄市史志办编辑出版地情书5种6本，市中区史志办编辑出版地情书3种4本，滕州市史志办编辑出版地情书3种3本，峄城区史志办、台儿庄史志办、薛城区史志办各1本。为便利首轮及第二轮志书编修保存资料，枣庄市及所辖的5区1市均编辑出版相关时间断限大事记，其中，枣庄市史志办依据时间断限连续出版1949—1992、1992—1995两本《枣庄大事记》。《枣庄新况》《市中区情》《爱我市中》《滕州史话》《爱我滕州》《山亭区情》等地情概况书成为百姓喜闻乐见的乡土教材。围绕相关纪念活动，市中区出版《辉煌三十年》《市中建区20周年画册》，峄城区出版《峄城区建区30周年大型画册》，这些地情书对宣传枣庄起到很好的作用。2012年，枣庄市史志办与枣庄市纪委合作编写《枣庄古代清官廉吏史话》一书，该书精心挑选枣庄境内先秦至晚清各时期具有代表性的清官廉吏，按其出生年代为序，各自成篇，成为全市党员干部以廉为荣、以贪为耻良好道德观念形成的教材，并获得山东省史志办评选的2013年度优秀读志用志成果奖。

（王正伟）

【东营市地情书编写与出版概况】 2008—2014年，以对外展示城市形象、对内服务全市经济社会发展为宗旨，东营市史志办每年编辑出版《东营市情》。2014年8月，《东营市情2014》出版发行。

该书简要记述了2013年东营市情，突出文化与城市特色，侧重经济、社会和城市发展，设市情概况、东营名片、黄蓝两区建设、经济建设、城市建设、社会事业、旅游与名胜古迹、古今要事、古今名人、土特产品、区县概况、便民服务、附录13个部类。该书为48开，21.6万字，双色印刷，为东营市干部职工更好地了解、掌握基本市情，指导工作开展，提供了一本简约便携的市情读本。

（李中华 刘曙光 黄学桂 任 丽）

【东营市东营区地情书编写与出版概况】 2010年11月编辑出版《东营区首届摄影比赛作品集》。2010年12月《东营区阳光服务便览》出版。2011年12月，在全区开展老照片资料征集活动，2013年底，《东营区老照片》（第一辑）出版发行，该书为32开，收录文章22篇、照片125幅、地图6幅、表格2个，12万字。2014年，东营区史志办拓宽老照片的征集工作思路，与八路军山东抗日根据地研究会渤海分会等建立联系。通过外出寻访，先后搜集到原渤海区领导杨国夫、

景晓村、袁也烈和原广北县领导张力群、门金甲、宋立言，抗美援朝特等功臣逯松亭、广北农场原场长李子元等人物的革命经历和照片资料。10月完成初稿；12月，《东营区老照片》（第二辑）由山东画报出版社出版，收录照片179幅，12万字。2013年10月，东营市东营区地方史志办公室与区委党史研究室合作，启动《东营区大事记》（1984—2013）编辑工作。该书与2014年11月由山东画报社出版发行。全书47万字，收录图片360幅。

（郭大勇 李 鹏）

【《河口区大事记（1984—2013）》出版】2014年是河口区建区30周年，东营市河口区史志办组织编纂《河口区大事记（1984—2013）》，11月出版发行，36万字，收录图片300余幅。内设特载、特记、行政区域、专记、大事记、大事年表、附录，记录了河口区30年间改革开放和社会主义现代化建设的发展历程，展示了油地军团结协作、共建区域经济的新成就、新业绩。

（潘春芳）

【《沧海桑田黄河口》出版】 2012年，垦利县党史史志办推进《沧海桑田黄河口》征编，2014年6月出版，全书30万字，四色印刷。前设图片专辑60页，正文设概述、黄河口、移民安垦、烽火硝烟、迈上社会主义大道、走进新时代、黄蓝战略在垦利7部分，以新视角展现以垦利县为核心的黄河口地区上千年来的沧桑变迁；历代先民筚路蓝缕、披荆斩棘、开荒拓土的顽强毅力；革命前辈在黄河口地区冒着炮火烽烟开展对敌斗争的丰功伟绩；新中国成立尤其改革开放以来垦利县取得的辉煌成就。

（陈学慧　刘艳芳）

【利津县地情书编写与出版概况】 利津县史志办注重地情资料的开发和利用，通过编辑出版县情书籍，为全县经济社会发展服务。编辑出版《利津名人荟萃》《黄河尾闾凤凰城》《渤海金岸——刁口》等书籍，展示利津丰富的自然资源、悠久的地域文化等。面对“大招商、大发展、大跨越”的新形势，编辑出版《利津县情读本》《利津同乡英才》《利津指南》《利津商业文化史话》《我们利津人》等。2014年初，利津县教育局、利津县史志办决定合作编辑《利津县中小学生地方教材》，对全县中小学生进行县情教育，培养学生热爱祖国、了解利津、建设家乡的情怀；年底完成该书编写任务。主要内容包括“得天独厚、资源阜丰，古今建筑、巧夺天工，大河更迭、息壤育民，名士英才、光耀千古，革命志士、名垂青史。”

（王曰华）

【《利津史略》出版】 2014年，利津县史志办主编的《利津史略》由线装书局出版发行。该书采用通史体，系统记述了利津县自金代建县以来800多年的历史发展脉络和发展衍变的史实，是一部贯通古今的地方史书，也是一本地域特色鲜明的乡土教材，全书共计12章60节，22万余字。

（王曰华）

【《广饶历史文化通鉴》出版】 2014年2月，由广饶县政协文史资料委员会主编、广饶县史志办公室参编的《广饶历史文化通鉴》出版发行。全书共分六编，52.6万字，对广饶县历史文化资源进行了系统的挖掘和整理，是广饶县第一部全面、系统研究记载全县历史文化的书籍，填补了广饶历史文化研究的空白。

（彭建新　董　军）

【烟台市地情书编写与出版概况】 2014年烟台市编辑出版《烟台大事记》2013年合订本和《改革时代烟台大事记》，按月整理2014年大事记。配合市政协编写《烟台市改革开放30年》，为其提供“烟台市改革开放大事记”史料。审核校对《烟台开埠》《胶东烽火》等专题片，已在央视播出。出版《胶东红色人物志》。《蓝色文明幸福新烟台》地情图书已形成初稿。

（渠敬伦）

【《改革时代烟台大事记》出版】 该书由烟台市地方史志办公室、烟台市地方史志学会编纂，烟台市地方史志学会会长于瑞友主编。采用编年记述体与分类编辑法相结合的体例，客观记述1978年12月18日党的十一届三中全会以来至2013年12月31日烟台市改革开放的辉煌历程，反映烟台市的巨大变化和光辉业绩。全书45万字，540幅照片，2014年由黄海数字出版社出版发行，印数3000册。

（云　霞）

【《胶东红色人物志》印行】 为弘扬烟台作为胶东革命老区的红色文化，加强革命传统教育、爱国主义教育和国防教育，烟台市史志办编辑印行《胶东红色人物志》。该书记录了烟台现行政区划内在第一次国内革命战争、第二次国内革命战争和抗日战争、解放战争时期涌现出来的有代表性、有影响力的革命人物260位，力求用辩证唯物主义和历史唯物主义的观点、方法，用翔实、生动的史料记述人物的革命生涯和动人事迹。2014年11月印行，内部资料，全书18万字。

（王锡东）

【《烟台美食　丹桂记忆》出版】 2014年1月，烟台市芝罘区史志办编纂的《烟台美食　丹桂记忆》一书，由黄海数字出版社出版发行。该书是芝罘区史志办拓展史志工作服务经济发展的一项重要成果。为加强烟台美食历史文化的挖掘和宣传，让更多读者了解丹桂街，了解烟台美食，更好地配合“烟台小吃城”开业活动，芝罘区史志办多方征集资料，认真谋划，与《烟台晚报·今日芝罘》编辑部自2013年9月开始，以9个整版的篇幅，联合推出“烟台美食·丹桂记忆”系列报道，展示烟台美食文化的魅力。在此基础上，芝罘区史志办将系列报道的文章以及由于报纸版面所限，未能刊载的文稿，一并辑录成册。

（刘学廷　唐　娅）

【《郭寿生纪念图文集》出版】 该书由中共烟台市芝罘区委组织部、中共烟台市芝罘区委党史研究室编纂，2014年12月出版发行。主编李绪政，执行主编马骏杰、陈美慧。内部准印号2014烟台第17号，字数19.7万字，开本880毫米×1230毫米，16开本，印张11，印数

2000，工本费25元。郭寿生是烟台第一个共产党员，是烟台第一个党组织的创建者，是策动林遵起义的幕后英雄，出版该书旨在深切纪念郭寿生的丰功伟绩，进一步深入挖掘革命先辈的奋斗历程和精神内涵，为全区各级党组织和广大党员干部提供一部展现革命先辈优秀品质、继承革命光荣传统、弘扬党的优良作风的生动教材。该书在《前言》中简要介绍了郭寿生的生平事迹，正文分三大部分，第一部分回忆与纪念，共收录31幅与郭寿生有关的珍贵照片和8篇文章，第二部分郭寿生文稿选编，共选编文稿20篇，第三部分郭寿生文稿存目，共收录文稿篇名29篇。

（刘学廷　唐　娅）

【《芝罘史海撷英》出版】 该书由烟台市芝罘区地方史志办公室编纂，2014年12月由中国文史出版社出版发行。主编王景文、戚力群。书号ISBN978-7-5034-5530-8，19万字，开本710毫米×1000毫米，16开本，印张16，印数2000，定价42元。如今已是耄耋之年的王景文1931年2月出生于龙口市，平生喜好集邮和文史资料收藏，20世纪80年代至90年初长期在芝罘区党史部门工作并担任领导职务，1991年离休后，他兴趣不减，笔耕不辍，仍致力于解放区和地方文史的考证研究，成果丰硕，先后在国内外各大邮刊发表学术研究论文千余篇，出版学术专著3部，被誉为“山东战邮专家”，2007年7月荣获“中华全国集邮联合会会士”称号。2013年，他向烟台市红色文化建设工作领导小组办公室无偿捐赠胶东革命史料889件实物、126张老照片。“编校助手”戚力群是王景文的老伴。芝罘区地方史志办公室把《芝罘史海撷英》作为《芝罘记忆文丛》的第一部专著编纂出版，旨在记载、见证、传播两位老一代党史人对芝罘、对胶东历史文化研究的重要成果。全书由“百年史话”“古籍旧报”“古信邮史”“红色文物”“收藏之路”五个专辑组成，其中大多是他们对邮史、邮品、书报文物、革命史料的考证研究成果，还有在重要史料挖掘整理中的重大发现，更有从事收藏集邮时的甘苦慨叹。本书共收录各类文章78篇，各类图片180余幅，图文并茂，简短精悍，引人入胜，具有很强的学术性、资料性和可读性。

（刘学廷　唐　娅）

【潍坊市地情书编写与出版概况】 潍坊市史志办注重地情资料的开发、挖掘、研究、探索，相继出版一系列地情书籍——潍坊地方志丛书。包括：《潍坊大事记》1983年始，1991年3月正式出版。《当代潍坊概览》2009年启动编纂，2009年12月印刷出版，为山东省内部资料性出版物。《新方志论丛》1991年启动编纂，1月出版，该书集广大史志工作者论文之所成。《潍坊古今人物》1992年编纂，12月印刷出版。潍城区政协编纂《潍县民俗史料》，2014年1月始编，12月出版。《寿光掠影》2011年由寿光史志办启动整理，图片形式印刷，2012年出版。高密市史志办于2005年启动编纂《天南地北高密人》，2006年出版。临朐县史志办主办《临朐古今》，2006年8月创刊，至2008年共出版6期；《骈邑遗墨》2008年启动，当年10月出版；《岁月留痕》2009年编纂并于当年出版。《临朐指南》由临朐县史志办公室、县地方志学会主办，2010年始编，至2013年共出版3期。

（林荣军）

【《潍坊年鉴》（2014·袖珍本）出版】 《潍坊年鉴》（2014·袖珍本）由潍坊市人民政府主办，潍坊市地方史志办公室承编，为内部资料性出版物，2013年创刊。2014卷于2014年8月出版，系创刊以来的第2卷，主编傅廷伟，副主编赵文果、吕俊峰、葛诗忠、李长山，30万字，32开本，印刷1000册。《潍坊年鉴》（2014·袖珍本）是《潍坊年鉴》2014卷的缩编版，全书设特载、大事记、全市概况、组织机构、市委、市人大、市政府、市政协、市纪委、民主党派·工商联·人民团体、人民武装、法治、经济监督管理、农业、工业、交通·邮政·通信、建设·环保、商贸·旅游、财税、金融、教育·科学、文化·卫生·体育、社会生活、县（市、区）、开发区24个部类。

（吕俊峰　王　伟　林荣军）

【《潍县民俗史料》出版】 该书由潍城区政协《潍县民俗史料》编辑委员会编纂，始编于2014年1月。2014年12月出版，主编孙超、副主编穆锡罡。全书18.8万字，分为三部分：物质生活民俗、社会生活民俗、精神生活民俗。该书较详细地记述了潍县（今潍城区）的生产生活、衣食住行、婚丧嫁娶、方言土语、游艺竞技、岁时节令、信仰禁忌等地方传统民风民俗，资料翔实，文图并茂，为研究地方民俗提供了资料。

（林荣军）

【济宁市地情书编写与出版概况】 近几年由于资金人员等原因，济宁市及所属县市区在地情书编写与出版方面工作成果较少。仅有济宁市地方史志办公室编纂的《当代济宁概览》和泗水县地方史志办公室编纂的《泗水之窗》。《当代济宁概览》作为“当代山东地方概览丛书”分册之一，《当代济宁概览》于2010年5月独立出版发行。该书共设魅力济宁、经济建设、城市建设、社会发展、中华文化标志城建设等9个栏目，下设分目和条目。卷首、卷中收录图、表、照片。全面客观地反映了济宁市的经济社会发展及自然环境、资源禀赋和历史文化状况，突出了改革开放以来取得的重大成就，体现了浓郁的济宁特色和鲜明的时代精神，对济宁市物质文化资源的开发利用有着重要的参考价值和借鉴意义。《泗水之窗》于2013年6月出版。重点围绕反映泗水地方特色、展现泗水发展新貌两个方面进行记述，共设中国泉乡、优势产业、名优特产、泉乡胜景等8个大栏目52个分目，分别记述了泗水的县情概况、三次产业、名优特产、名胜古迹等。该书文字简约、图片丰富，图文并茂，既是一部面向海内外宣传推介泗水，吸引远方游子、四海宾朋到泗水投资兴业、观光游览的书记，也是一部文约事丰、通俗易懂的地情资料、乡土文化教材书籍，对于普及县情颇有裨益。

（陆　波　孟昭华　郭赟燕）

【泰安市地情书编写与出版概况】 泰安市史志办先后编辑出版《东岳志稿》8辑，出版《泰安乡镇》《泰安五千年大事记》《泰安三千年人物传》《泰安风物》《泰安人手册》《泰安民营经济》《泰安市情概览》《泰安概览》《泰安市情资料手册》等多部地情书籍，自2013年起连续编辑出版《泰安年鉴·袖珍本》为各级党委、政府科学决策提供信息咨询和史料支撑，为社会各界了解、认识泰安提供载体平台。各县（市、区）史志办均结合各自实际，开发利用地方志资源，服务当地经济社会发展。泰山区史志办先后编辑出版《今日泰山区——建区二十五周年发展纪实》画册、《魅力泰山区——泰山区区情概览》；肥城市史志办先后编辑出版6辑《肥城春秋》《肥城风物》《肥城概览》等地情书籍，编写乡土教材《可爱的家乡》，编纂出版《左丘

明史料选辑》；宁阳县党史史志办公室先后编辑出版《宁阳县群英谱》《百名老人革命史》《攻坚·宁阳2011》《宁阳历史文化人观》等地情书籍；东平县史志办编辑出版《东平历史图集》《可爱的东平》（与县教育局联合）、《运河明珠——戴村坝》《第一责任　第一使命——省直单位选派"第一书记"在东平》等地情书籍。

（戚淑娟）

【《泰安年鉴（2014·袖珍本）》出版】　2014年3月，由泰安市人民政府主办、市地方史志办公室编辑的《泰安年鉴（2014·袖珍本）》出版发行。该书设领导讲话、市级领导班子、2013年大事记、2013年经济和社会发展综述等栏目，系统总结2013年全市科学发展成就，记载全市"推进富民强市、建设幸福泰安"进程，反映各级各部门、各单位在富民强市进程中取得的突出成绩，总字数22.3万字。内容全面，记述精炼，出版及时，小32开印刷，易于携带，便于查阅。

（戚淑娟）

【威海市地情书编写与出版概况】　2014年，威海市史志办编辑出版《威海史志论文集》，收录全市论文大赛获奖论文及历年史志系统人员发表的理论文章91篇，35万字，是威海市史志系统的第一部论文集，展示全市史志工作者的理论研究成果。各区（市）史志部门充分利用地情资料，面向社会，开发一批史志成果。《环翠区大事记(1993—2013)》《〈废铎呓〉点校译释》《天润曲轴股份有限公司大事记》《荣成籍著名人物》《荣成市村庄图志》《市情博览——走进乳山》《乳山籍人物》出版发行。

（任天庆）

【《环翠区大事记（1993—2013）》出版】　2014年12月，威海市环翠区党史委（史志办）编著的《环翠区大事记（1993—2013）》由中国时代经济出版社出版，主编许新贵、副主编刘威华。大事记承接《中共威海市环翠区党史大事记（1949—1992）》，记述地域范围为断限内环翠区实际管辖区域。正文288页，全书561千字，开本为889毫米×1194毫米，印数2000册，定价230元。《环翠区大事记（1993—2013）》以史为线，全面、客观、真实地记述了1993年—2013年间，环翠区政治、

经济、文化、社会等各方面的发展变化轨迹，展现了重大事件的历史原貌，反映了时代的脉搏。既是一部环翠人民的创业史，也是一部全区各项事业的发展史，对于全区更好地了解过去、正确地把握未来，具有十分重要的意义；也为社会各界了解环翠、认识环翠提供了新的渠道，是环翠区史志工作一座重要的里程碑。

（刘威华）

【《环翠要事月报》印发】 2014年，威海市环翠区党史委（史志办）编辑印发《环翠要事月报》12期，每月一期，每期150份。《环翠要事月报》主要记载环翠区域内发生的重要事件和重大活动，其内容包含区委、区政府中心工作的进展情况和社会政治、经济、文化等各领域发展中发生的重大事件。发放范围为区级领导和区直各部门，为各级领导及时了解全区大事、要事和各行各业发展的状况，发挥参政议政作用，同时也为环翠区续修地方志和研究地方发展史储备资料。

（刘威华）

【《中共威海环翠历史（第一卷）》评议会召开】 2014年11月4日，环翠区党史委（史志办）组织威海、文登、荣成、乳山等地的党史部门负责人和专家学者，在威海宾馆召开《中共威海环翠历史（第一卷）》评议会。区委常委、宣传部部长孙青松出席会议并讲话。与会人员对《中共威海环翠历史（第一卷）》进行了认真评议，并提出客观、中肯的修改意见。《中共威海环翠历史（第一卷）》主要记述1932年威海第一个党小组成立到1949年中共威海党组织领导威海人民进行新民主主义革命的曲折历程，突出反映党在革命斗争中不断发展壮大，以及不断加强自身建设的历史过程。该卷分为土地革命、抗日战争、解放战争三个时期。

（刘威华）

【《〈废铎呓〉点校译释》出版】 2014年10月，威海市文登区地方史志办公室编纂的《〈废铎呓〉点校译释》一书由天津古籍出版社出版发行。《废铎呓》是清代文登籍贡生林培玠编著的一部纪实性文言短篇故事集，包罗万象，涉及当时的经济、政治、文化、教育、天文、地理、历史、民俗以至彼时的开放、环保等各个方面，是整个东海地区的百科全书，被誉为胶东的《聊斋》。该书于道光二十六年（1846年）完稿，但未付梓；1917年由在上海经商的乡邻原文山资助出版。由于多种原因，该书几近失传。鉴于其文艺性强，颇有可读性，且极具史料价值，文登区地方史志办公室历经两年的时间对此书进行点校译释。全书100万字，其中原著文约20万字、译释文约50万字。剔除其封建糟粕等不健康因素，所讲述的诸多故事，寓含着劝善惩恶、仁者爱人、孝友立身、谦和好礼、包容辞让、诚实守信、知恩图报、修己慎独、自律克制、见利思义、学而不厌等中华传统美德，契合当今倡导的文明、和谐、公正、诚信、友善的社会主义核心价值观，对于建设"和谐社会"有着特殊的警示意义和现实价值。

（高燕妮）

【《荣成籍著名人物》出版】 2014年11月，由荣成市史志办编纂的《荣成籍著名人物》出版发行。该书主要收录政界、科教文卫界、企业界荣成籍著名人物百余人，记载了他们的成长经历、创业历程和成功经验，通过各自的人生经历和奋斗足迹，反映了他们不懈追求的美好梦想始终与振兴中华的历史进程紧密相联的心路历程和风采，是一部激励后人奋发向上的教科书，也是一笔丰厚的精神财富。

（连业功　姜　潇）

【充实整理《乳山籍人物》】 2014年，乳山市党史市志办公室在原有资料的基础上，广泛收集充实乳山籍在外行政为处级、部队为团职以上，或职称为教授级以上、学历为博士以上，或在经济、科教文卫、工商企业界等社会各界有成就、有影响的人士849人，经整理后作为内部资料，为市级领导提供参考。

（王　浩）

【编写新版《市情博览——走进乳山》】 2014年，乳山市党史市志办公室通过反复编辑、考证、编写新版《市情博览——走进乳山》。主编栾法龙，副主编勇天磊、王浩、陈宗坚。由延边大学出版社出版，书号ISBN978-7-5634-6954-3，16开本，2014年6月，乳山市机关印刷所第一次印刷5000册。全书设置乳山概况、长寿之乡、名贵物产、镇区域情、重点产业、名胜古迹、名人轶事等栏目，共计36万字，收录图片120张。该书内容全面系统、资料翔实可靠、体例严密整齐、文字流畅洗练，成为反映乳山各方面情况的精品书籍，为宣传推介乳山和招商引资发挥积极作用。

（王　浩）

【日照市地情书编写与出版概况】 由日照市东港区地方史志办公室组织编写近十万字的《简明茶典》，全书共分话说日照绿茶、中国茶文化简史、茶道、茶具、茶艺、茶保健与养生之道等八章。挖掘地方茶文化资源，宣传提升了日照绿茶的社会影响。编纂出版《红色五莲》，充分挖掘利用日照市五莲红色文化资源，由日照市五莲县地方史志办公室编纂出版。设置了重大事件、重要人物、回忆录、专题研究、大事记、历届党代会、诗词民谣场馆和附录八个部分，作为全县党的群众路线教育实践活动的必读教材，对发扬党的革命优良传统，践行“为民务实清廉”，发挥了重要的历史借鉴和现实启迪作用。

（范芳丽）

【莱芜市地情书编写与出版概况】 近年来，莱芜市地方史志办公室发挥优势，积极参与挖掘整理莱芜优秀历史文化，为文化强市建设做好服务。先后编纂出版《莱芜钢铁》《莱芜概况》《当代莱芜概览》《莱芜历史文化村镇》等志类产品；着力打造历史文化研究交流平台，编辑出版《莱芜古今》；2014年《莱芜古今》口镇历史文化专辑定稿，2015年上半年出版。加强与有关部门合作，与莱芜电视台合作拍摄莱芜《村庄影像志》《口述历史·莱芜记忆》；参与市委宣传部历史文化丛书编纂，独立编纂《长勺之战》卷，参与编纂《大爱莱芜》《莱芜风韵》等；积极参与境内嬴秦历史文化研究工作，研究成果收录在新修《莱芜市志》附录部分；参与市政协《区域文化通览》编纂；参与《齐长城志》编纂等。两区结合地方特色，相继出版《永不风化的历史》《中共莱城区历史大事记》(1996—2007)《莱城区历史文化概览》《中共莱城区历史大事记》（2008—2013）等地情资料。

（亓军华　刘少波　高　涛）

【《中共莱城区历史大事记》（2008—2013）】　由莱芜市莱城区党史史志办公室编写，书号ISBN978-988-75285-6-2，主编刘佃银，执行主编亓洪刚、副主编刘少波，精装16开本，2014年5月由中国图书出版社出版，济南世同华印图文有限公司印刷，全书439千字，500册。内容包括区委区政府的重点工作、重大活动、重要会议和制发的重要文件、领导人职务变动和机构、区划调整等，是一部服务当代、惠及后世的区情资料书籍。12月，在省委党史研究室组织的全省党史部门党史优秀成果评奖活动中被评为著作类三等奖。

（刘少波）

【临沂市地情书编写与出版概况】　临沂市历史文化悠久，地情资料丰富，市地方史志办公室自成立以来，以服务地方经济社会发展为目标，共组织编纂出版地情书10余种，如《临沂地区概况》《临沂市概况》《临沂百年大事记》《当代临沂概览》《临沂市望族文化志》《琅琊王氏文化志》《琅琊符氏文化志》等。不定期编写《沂蒙史志动态》《临沂方志》等刊物。2011年，为挖掘历史内涵，展示老区魅力，弘扬沂蒙精神，助推临沂文化名城建设，双月刊的《沂蒙史志》正式创刊，2013年，临沂市史志办加大为社会发展服务力度，作为《沂蒙史志》典藏书系之一的《沂蒙名医》于8月正式出版。截至2014年底，《沂蒙史志》已发行24期。

各县区也积极编辑出版各类地情资料文献，《平邑县概况》《沂水县概况》《沂水方志》《沂南县大事记》等。2009年9月，由临沭县地方史志办公室编纂的《临沭文化概览》出版，该书为临沭经济文化强县建设“六大文化建设工程”之一，时间断限，上起考古发现文物的新石器时代，下止于2008年，但历史事件和人物下限止于1949年新中国成立。设12篇67目，28万字。采用述、记、志、传、图、表等多种体裁，系统全面地介绍了临沭地域内自新石器时代以来的建置沿革、自然地理、文物古迹等情况。2010年3月，获2009年度全省史志系统优秀读志用志成果奖。2010年10月，获临沂市第十六次社会科学优秀成果二等奖。2013年2月，由莒南县史志办编纂的《莒南县大事记》出版，该书为内部资料，主要记述了1939年6月（中共莒南县委建立）至2011年12月莒南县的大事。

（徐希冕）

【《沂蒙革命根据地志》出版】　2014年7月1日，值中国共产党成立93周年之际，由临沂市地方史志办公室承编的《沂蒙革命根据地志》由中华书局正式出版。该书于2010年开始编纂，历时四年，六易其稿，全书分为上下两册，记述时限上起1921年7月1日，下迄1949年9月30日。记事区域范围，以鲁中、鲁南、滨海三个中心区为主，亦兼及相关连地区，基本上涵盖了原临沂地区的13个县市。志书体例采用条目体，按入志内容设卷。志首设概述，以下分列十卷，依次为：卷一　大事记；卷二　根据地建立；卷三　抗日根据地（上）；卷四　抗日根据地（中）；卷五　抗日根据地（下）；卷六　沂蒙解放区（上）；卷七　沂蒙解放区（中）；卷八 沂蒙解放区（下）；卷九 人物；卷十 革命纪念地。全书240多万字，插图1000多幅。志书真实、全面、系统、翔实地记述沂蒙革命根据地的历史，填补沂蒙革命根据地没有志书的空白。《沂蒙革命根据地志》出版后，得到社会高度评价。临沂市委、市政府主要领导要求把《沂蒙革命根据地志》作为党的群众路线教育实践活动学习材料，免费发放到全市村居社区以上各级党组织和副市级以上在职、离退休领导干部手中，这是临沂市史志机构成立以来的第一次送史志成果进农村、进社区，也是史志系统践行群众路线的具体举措。

（徐希冕）

【德州市地情书编写与出版概况】 德州市历年组织编纂出版地情书10种。2014年，德州市组织编纂出版地情书4部，其中，市史志办组织编纂出版地情书3部。夏津县史志办编纂出版地情书1部。2014年，德州市史志办组织编写了《德州往事》《德州概览》《德州年鉴简明手册》，夏津县史志办组织编写了《夏津历史文化概览》。

（王立云）

【《德州往事》出版】 2014年10月，由德州市史志办组织编辑的《德州往事》出版发行。《德州往事》是德州市地域文化研究的文章结集，共收入文章111篇，内容涉及德州历史概述、历史事件、历史人物、历史古迹、历史典籍以及文化名人与德州等，所收录的文章内容和观点具有学术性，体现研究价值，兼顾可读性，是对德州历史文化研究阶段性成果的展示。全书共40万字，由中国文史出版社出版，国内外公开发行。该书的

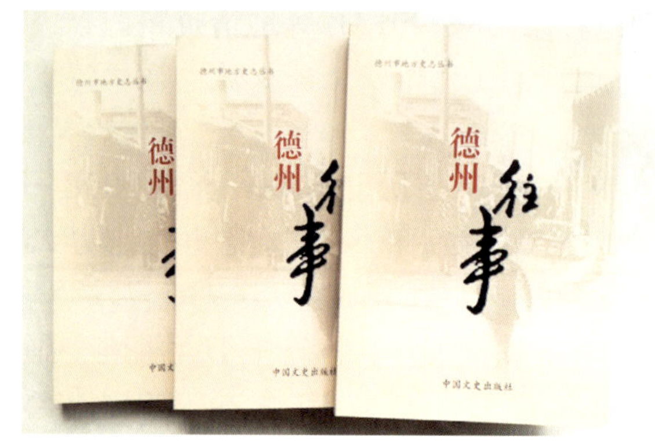

编辑出版，旨在利用史志平台传播德州历史文化，激发人们热爱祖国家乡、建设国家和家园的热情。

（王立云）

【《德州概览》出版】 2014年10月，由德州史志办编辑的《德州概览》出版发行。出版《德州概览》旨在更好地宣传德州、推介德州，让更多的人了解德州、走进德州，更好地服务经济社会发展和招商引资，促进文化强市建设。《德州概览》本着“一书在手，遍览德州”的原则，以全新的角度，客观准确、全方位地介绍德州。全书共分15个部分，以政区为单元，以乡镇街道为基本单位，分别介绍德州市及11个县（市、区）和2个经济开发区，内容涉及历史沿革、自然环境、经济发展、社会发展、旅游资源、重大事件、基础设施建设、知名企业等数十项内容，并设有专章附录，数据以2013年末统计数字为主，内容丰富，资料翔实，实效性实用性强，是权威的市情资料工具书。该书由中国文史出版社出版，共计38万字，插图150幅，精装印刷，公开发行。

（王立云）

【《2014德州年鉴简明手册》出版】 由德州市地方史志办公室编辑，中国文史

出版社于2014年10月出版发行。字数140千字，印数500册。全书共分11个部分，数字德州、2013年十大新闻、2013年十大民生工程、自然人文概况、全市经济社会简况、县市区概况、市委重要决策、市政府施政纪要、机构设置

及主要负责人、统计资料、便民信息。该手册简要记述了2013年德州市自然、经济、政治、文化和社会发展的基本情况，内容丰富，资料详实，是各级领导干部和社会各界人士随身携带，随时翻阅，简明实用的市情资料口袋书。

（王立云）

【《夏津历史文化概览》出版】 2014年12月，由夏津县史志办历时一年编写的《夏津历史文化概览》，由中国文史出版社出版发行。全书共设建置沿革、姓氏文化、历代人物、文物古迹、文选、诗词歌谣、科举、职官、乡射·乡

饮·宾兴、物产、老字号、重点军事、民间艺术、传闻轶事14章40多万字，图片90余幅。图文并茂地勾勒出夏津历史人文的风貌轮廓，展现了夏津深厚的历史文化积淀。该书的出版发行对于启发人们保护古文化遗存意识，激发热爱家乡、建设家乡、再创辉煌的拼搏精神，具有重要作用。同时，也对宣传夏津、推介夏津起到不可替代的作用。

（栗心利）

【聊城市地情书编写与出版概况】 聊城市历年组织编纂出版地情书32种，其中，市史志办组织编纂出版地情书6种，东昌府区史志办编纂出版地情书2种，临清市史志办编纂出版地情书1种，冠县史志办编纂出版地情书6种，莘县史志办编纂出版地情书8种，东阿县史志办编纂出版地情书6种，高唐县史志办编纂出版地情书3种。2014年，聊城市史志办组织编写《聊城地方史研究》（第一辑）、《聊城市历史文化遗址遗迹概览》与《聊城大事记》，东昌府区史志办编纂出版《东昌府区情手册（2014）》，东阿县史志办编纂出版《东阿人物》（中）。

（张　静）

【《聊城地方史研究》（第一辑）完成组稿】 2014年，聊城市史志办与聊城市地方史研究会共同完成《聊城地方史研究》的组稿任务，汇集论文51篇。分为历史交集、达官风采、文迹寻踪、城镇肌理、乡村记忆、名品溯源等栏目，476千字。该书集历史尖端论述与市情研究新成果于一身，具有较强的可读性与历史研究探索价值，有力地宣

传了聊城的历史文化。

（张　静）

【《东昌府区情手册（2014）》出版】 2014年7月，《东昌府区情手册（2014）》出版发行。该书立足于综合反映聊城市东昌府区整体面貌，系统、精炼地记录了全区自然、政治、经济、社会等方面的发展情况，内容丰富，覆盖到面，突出重点，携带方便，是一本便于各级各部门和社会各界了解熟悉东昌府区情的简明实用的工具书。该书采用分类编辑法，栏目、分目、条目、子目构成框架结构的主体部分。内容以2013年为重点，展示全区人民在区委、区政府的领导下，解放思想，不断开创东昌府区科学发展新局面所取得的新成就，有的内容适当上溯。简明实用，小32开本，是东昌府区第一本以便览手册形式展示区情的工具书，具有较强的史料性和可读性。

（杨　静　管振芹　白　雪　李　敏）

【《东阿人物》（中）出版】 东阿县史志办从2010年1月起开始编纂《东阿人物》系列丛书，全书分上、中、下三册。上册主要记载春秋至清朝末期历史各朝代的进士、举人、名门望族、县令、知县。主要依据古东阿县志和搜集的材料。于2010年10月正式出版。中册主要记载民国至1949年新中国成立初社会知名人士和为新中国成立做出重要贡献的英雄人物及革命烈士，全书记载2000余人，2014年4月出版。下册主要记载新中国成立后东阿籍为新中国建设或为地方社会、经济发展做出突出贡献重要人物和社会各界知名人士。全书共征集来电、函信、邮件1000余份，从中选录500余人。《东阿人物》（中）出版后，启动《东阿人物》（下）编纂工作。

（张　斌）

【滨州市地情书编写与出版概况】 滨州市历年组织编纂出版地情书64种，其中，市史志办组织编纂出版15种，滨城区史志办组织编纂出版15种，沾化区史志办组织编纂出版2种，惠民县史志办组织编纂出版7种，阳信县史志办组织编纂出版5种，无棣县史志办组织编纂出版2种，博兴县史志办组织编纂出版4种，邹平县史志办组织编纂出版14种。2014年，滨州市史志办编辑出版《滨州百家诗歌词曲》和《滨州杜氏家族故事》，阳信县史志办组织编辑出版《韩信屯兵——阳信历代名人集萃》。

（侯玉杰）

【《滨州百家诗歌词曲》出版】 2014年6月，由滨州市史志办侯玉杰编著的《滨州百家诗歌词曲》一书正式出版。《滨州百家诗歌词曲》选录了近150位古今作者的1100余首诗词，为16开本，共36万字，由山东人民出版社出版发行。此书以“滨州人在滨州写滨州、滨州人在外地写滨州、外地人在滨州写滨州”为选录范围，以“诗言志表情，词表情言志”为选录标准，由作者历经两年多时间精心编著而成。《滨州百家诗歌词曲》是作者计划编著的《滨州通史》六部曲（《滨州百名历史人物》《滨州百件历史大事》《滨州百幅历史图表》《滨州百家名门望族》《滨州百家诗歌词曲》《滨州百件趣事轶闻》）的第二部著作，第一部著作《滨州百名历史人物》已于2013年11月出版发行。

（夏　侯　李文哲）

【《滨州杜氏家族故事》出版】 2014年11月，《滨州杜氏家族故事》由山东友谊出版社出版发行。《滨州杜氏家族故事》大32开本，20万字，设帝师杜受田、杜受田故居、杜受田家族、逸闻轶事四篇及附录，彩图8幅，内文照片74幅，滨州市史志办侯玉杰主编。书后附有滨州杜家20人的诗歌作品50余首。该书语言通俗朴实，描述贴切、注解浅显易懂，多角度展现滨州杜氏家族情况。《滨州杜氏家族故事》是《滨城文化系列丛书书目》其中的一部。《滨城文化系列丛书书目》包括《〈滨城志〉（咸丰版）校注》《滨城古代诗歌选注》《滨城民间故事》《滨城方言、谚语、歌谣》《滨城庙会》《滨城民间音乐》《滨城民间美术》《凤凰城传奇》《滨州杜氏家族故事》《从渤海窗花到民间剪纸》10部书。

（夏　侯　李文哲）

【菏泽市地情书编写与出版概况】 截至2014年，菏泽市史志办组织编纂出版地情书《菏泽市政府服务指南》《菏泽历史文化集萃》《可爱的菏泽》《中国·菏泽》《菏泽概览》，牡丹区史志办编纂出版地情书2部，曹县县志办编纂出版地情书1部，成武县志办编纂出版地情书2部，巨野县志办编纂出版地情书6部，定陶县志办编纂出版地情书5部，单县县志办编纂出版地情书1部，东明县志办编纂出版地情书3部。2013年，菏泽市史志办与市教育局联合编纂出版《可爱的菏泽》，该书是一本富有浓郁地方特色和鲜明时代气息，融知识性、趣味性和可读性为一体的综合性乡土教材，首次印刷6000册，免费发送给部分中小学校，受到了教师、学生的普遍好评。2014年，东明县志办编纂出版《烽火岁月》——“东明人民抗日斗争专集”。曹县县志办编纂出版《商都亳研究——兼论商代第一都在曹县合理性》。

（丁　萧）

【《商都亳研究——兼论商代第一都在曹县合理性》出版】 该书是曹县人民政府

申报，曹县县志办承办的山东省十一五社会科学研究历史学科重点项目。2014年3月由中国言实出版社出版。全书以历史主要文献、甲骨卜辞、考古、竹简、金石、碳十四测年技术拟合数据为依据，结合见于曹县的商代遗址遗存、古山水、古地名，以及曹县历史地理、历史沿革、民俗等方面，分36个专题深入分析论证，在缺少实地考古发掘的情况下，全面论述商代第一个都城亳在山东曹县的合理性，解决了许多先秦史学家长期无法解释、悬而未决的问题，在史学界引起很大反响，受到史学家们的好评，扩大了曹县商代第一都的影响，促进了曹县文化旅游事业的发展，是曹县地情研究的一项重大突破。

（董梁英　刘　茹）

【《烽火岁月》——“东明人民抗日斗争专集”出版】 2014年12月，由中华书局出版发行。书号ISBN978-7-101-06987-7，主编王连生，执行主编陈银生，特邀编辑杨洁、岳永勇。这是一部纪念世界反法西斯战争胜利70周年，也是中国人民抗日战争胜利70周年的献礼。全书分腥风血雨、奋起抵抗、坚持斗争、英模人物、词曲歌谣5部分，共辑录文稿52篇，英模人物33人，抗日词曲歌谣67首，计27万余字。除查阅大量有价值的相关文献外，还走访了部分参加过抗日工作的老领导、老干部以及抗日战争亲身经历者、目击者与耳闻者。

（任东方）

为现实服务

【欧阳中石谈史志工作】 2014年1月21日，山东省政府办公厅党组成员、省史志办主任刘爱军带领《山东史志》记者拜访了山东省方志馆名誉馆长欧阳中石，感谢欧阳中石对山东史志工作的关心支持。《山东史志》记者还就如何做好新形势下的史志工作对欧阳中石进行了专题采访。欧阳中石说，盛世修志，志载盛世，把人们的诸多荣耀记录下来就是历史，不记录的话什么也没有。他强调，作为历史的记录者，有可能是站在一个侧面的角度，也可能是一个全面的角度，观点决定了记录者站的立场，全面看一个样，侧面看另一个样。史志工作者是当代史官，要坚持马克思主义的唯物史观，从多个角度看问题，秉笔直书、不偏不倚地记录历史，尽管这很难做到。作为记史者，本身就有主观性，怎么样把主观变成客观，这是个认识水平问题。“自古无信史”这句话有它的客观性，但是没有“信史”就完全不能信了吗？这里也有一个读史者的读史水平问题。历史，客观地说很难记得准，记史者可以站在某个角度看问题，所以“怎么记”“怎么看”既是两个问题，又是一个问题，很值得思考。史志工作在文化大发展、大繁荣的时代背景下应当发挥很好的作用，要从服务经济社会发展和全面深化改革的角度来看待问题，要尽可能往好处做，相信做这项工作的每一个人都有一颗善良、公正的心，都想着把神州大地装扮得美好，尽可能地美化，即使小有出入，也大差不差。欧阳中石学识渊博，桃李满园，在书法、京剧、逻辑、教育等多个领域卓有建树。他一直以来十分关心、支持山东省史志事业的发展，为《泰安市志》《肥城市志》《汶阳镇志》等多部志书题写书名，2013 年 11 月还为正在编纂的《第十届中国艺术节志》题词。他的这番论述，见解独到、富有哲理，对做好新时期史志工作具有非常重要的启发、指导意义。

（李　坤　孙　杰）

【欧阳中石“中华文化与逻辑”讲座在省方志馆举行】 2014 年 4 月 11 日，全国政协委员、中央文史馆馆员、首都师范大学教授、博士生及博士后导师、中国书法文化研究院名誉院长、中国艺术研究院戏曲专业博士生导师、山东省方志馆名誉馆长欧阳中石“中华文化与逻辑”讲座在省方志馆举行。省政府办公厅党组成员、省史志办主任刘爱军主持讲座，

省史志办、济南市史志办全体干部职工及省政府办公厅、省直机关工委部分同志 110 多人共同聆听了讲座。在讲座中，欧阳中石结合自身学习和工作实际深入浅出地阐明了中华文化的内在逻辑。他认为，逻辑学研究事物“怎么来、怎么去、干什么”等本质问题，通过分解辨析“根、本、枝、叶”的组合，构成系统性的“知识树”，许多工作都会运用到逻辑学。中华文化是中华儿女智慧的结晶，尤其是中国的文字，是反映事物本质的重要手段和记录历史的直接办法，具有很强的逻辑性和系统性，需要好好研究和继承发扬。欧阳中石特别提到北京紫禁城中保存明清皇家史册的档案机构“皇史宬”，勉励广大史志工作者要学习先辈的经验，研究和运用好汉字，按照“根、本、枝、叶”的逻辑顺序完整地记录历史，将中华文化发扬光大。欧阳中石还和现场听众进行了互动，为现场听众答疑解惑，阐释了逻辑、书法、中国文化等方面的问题。大家一致表示，欧阳中石的讲座，既有理论高度，又有具体实例，特别是与史志工作紧密结合，针对性、指导性很强，听后深受启发，收获很大；欧阳中石渊博的学识、谦逊的为人以及深厚的故乡情怀，是大家学习的榜样。刘爱军在总结讲话指出，中华文化博大精深、源远流长，需要世代传承、发扬光大；逻辑学是基础学科，无论工作学习都离不开这门科学的指导，特别是搞文字工作和史志工作的同志更需要学好逻辑。他要求大家认真学习领会欧阳中石所讲的知识和方法，正确运用到实际工作中去，为全省史志事业科学发展作出积极贡献。

（李　坤　孙　杰）

【欧阳中石“中华文化与书法”讲座在省方志馆举行】 2014 年 10 月 16 日，欧阳中石“中华文化与书法”讲座在省方志馆举行。副省长季缃绮在讲座前会见了欧阳中石一行，对他长期关心支持山东文化建设表示感谢。省政府办公厅党组成员、省史志办主任刘爱军主持讲座，副主任翟世林、郭永生，省书法家协会顾问荆向海等与省史志办全体干部职工、省政府办公厅部分同志 100 多人共同聆听了讲座。在讲座中，欧阳中石深入浅

出地阐述了中华文化和书法的内在联系和深刻理解，对中华文化和书法的传承弘扬等重要问题提出独到见解。他强调，中国的文字是中华文化的重要载体，是传承弘扬中华文化的重要工具，凝结着前人的智慧。尤其是书法，要在老老实实将前人经验学习到位的基础上再进行创新。他勉励广大史志工作者要运用好文字，切实发挥好方志馆存史的重要作用，将中华文化保护好传承好，为发扬光大中华文化奠定良好的基础。大家都深受启发，获益匪浅，对中华文化有了更深层次的认识。刘爱军在讲话中指出，编史修志是传承弘扬中华文化的重要组成部分，史志工作者要有高度的文化自觉和文化自信，真正担当起传承弘扬优秀中华文化的重任。他要求大家认真学习领会欧阳中石所讲的内容，切实做到融会贯通，正确运用到实际工作中去，为全省史志事业科学发展做出新贡献。

（李 坤 孙 杰）

【《山东通志》（宣统版）赠书仪式举行】 2014年10月27日，《山东通志》（宣统版）赠书仪式在济南举行。方志出版社社长、总编辑冀祥德，中国地方志指导小组办公室方志期刊指导处处长、《中国地方志》主编于伟平，省史志办副主任刘娟、翟世林、郭永生出席活动，并为省档案馆、省图书馆、省博物馆、济南市图书馆、山东大学图书馆、山东师范大学图书馆等受赠单位授书。由省史志办整理出版的《山东通志》（宣统版）出版发行后广受好评。为更好地发挥《山东通志》（宣统版）的学术价值和社会效益，省史志办决定向相关公共文化服务机构和17市方志馆各赠送一套《山东通志》（宣统版），让社会各界更方便地阅读、研究和利用。

（李 坤 孙 杰）

【欧阳中石书中华美德古训展在省美术馆开幕】 2014年12月16日，由中共山东省委宣传部、省文化厅、省文联、省档案局、省史志办、首都师范大学联合主办的欧阳中石书中华美德古训展开幕式在省美术馆举行。欧阳中石和夫人张茝京，省人大常委会党组副书记、副主任柏继民，副省长季缃绮，省九届人大常委会副主任董凤基、王玉玺、王克玉，省十届人大常委会副主任曹学成，政协第九届山东省委员会副主席谢玉堂，济南军区联勤部书画协会会长刘兆山，首都师范大学纪委书记潘亮、宣传部部长苏寄宛，中国书法文化研究院院长王元军等出席了开幕式。副省长季缃绮宣布展览开幕。开幕仪式由省政府办公厅党组成员、省史志办主任刘爱军主持。欧阳中石在现场作了讲话，省委宣传部副部长王红勇，首都师范大学纪委书记潘亮致辞。省政府办公厅、省文化厅、省文联、省档案局、省史志办、省美术馆、山东大厦、舜耕山庄的部分同志，以及来自山东财经大学、山东艺术学院、山东工艺美院等高校的专家学者、师生和社会各界群众1000余人参加开幕仪式并观看了展览。

2014年7月，首都师范大学组织编写了《中华美德古训》一书，选择中华传统美德论著中最具有代表性的古训60余则，由欧阳中石书写。9月份，国家博物馆展出了欧阳中石书写的中华美德古训墨宝，得到社会各界广泛关注，吸引了海内外近百万观众的参与，产生了巨大的影响。本次展览，是欧阳中石书写的中华美德古训墨宝首次离京展览，充分体现了欧阳中石对家乡的关心和厚爱。省委宣传部副部长王红勇受省委常委、宣传部长孙守刚委托，代表省委宣传部对展览表示祝贺。他指出，欧阳中石将中华美德古训巡展第一站放在山东，是对家乡文化建设的莫大关怀和支持。他强调，要向欧阳中石学习，落实习近平总书记在文艺工作座谈会上的重要讲话精神，加强对优秀传统文化的挖掘和阐发，高扬社会主义核心价值观，把社会主义核心价值观体现在文艺创作之中，为做好改革、发展、稳定提供强大精神力量。首都师范大学纪委书记潘亮在讲话中指出，通过欧阳中石古朴厚重、气势浑厚的作品，不仅让人感受到书法艺术的魅力、中华文化的韵味，更重要的是对于发挥文化育人的作用，对于进一步深化传统美德教育，培育和践行社会主义核心价值观将产生积极的影响和作用，成为激励前行的精神力量。

（李　坤　孙　杰）

【平阴县史志办开展党史史志进社区活动】 2014年8月6日，平阴县史志办举行“党史史志进社区”活动暨首场报告会，让社区居民更多了解平阴县情，共享地方党史史志文化成果。在这次活动中，平阴县史志办向社区居民介绍了县党史地方志工作情况，作了题为“浅谈平阴历史文化”的首场报告，为榆山街道六个社区活动中心和社区居民送去《济南市志》《济南年鉴》《平阴县志》《平阴年鉴》《平阴概览》《突破平阴》等党史史志书籍300多部，并在文汇社区建立平阴县首个党史县情书籍阅读点，方便社区居民阅读。开展“党史史志进社区”活动，举办历史文化讲座，既是扩大党史史志宣传的重要举措，也是党史史志部门深入开展群众路线教育活动的一种实践形式。旨在推动党史史志工作走向社会、服务基层，满足基层对地方历史文化的需求。平阴县副县长陈淑平参加本次活动，要求史志部门做好书籍保管利用，建立长效机制，对活动开展情况及时进行总结，使党史史志进社区工作富有成效。

（于瑞东　付媛媛）

【平阴县史志办推进历史文化进课堂】 2014年5月，平阴县史志办工作人员到县实验学校，为初一学生做了一堂《漫谈家乡历史》的报告。在两个小时的时间里，通过近200幅家乡发展变化的精美图片，通过革命先烈的英雄事迹，通过衣食住行等发生在身边的、看得见摸得着的变化，通过深入浅出的讲解和现场的互动交流，增进了青少年学生对家乡历史文化的了解，开展了一次系统的革命传统教育。为进一步增进对家乡的认识，县史志办还为学生们送去《平阿烽火》革命传统教育读本和《平阴概览》县情知识读本、《红玫颂》党史文献片等党史县情读物。

（于瑞东　付媛媛）

【商河县史志办向县实验小学赠送书籍】 2014年4月14日，商河县史志办向县实验小学阅览室赠送《中国共产党简史》《济南年鉴（2013）》《当代济南概览》《商河年鉴（2007—2010）》《中共商河地方史（第一卷）》《中共商河历史（1949—1978）》《中共商河县组织史资料（2000—2010）》以及商河地方文化系列丛书《商河流长》等，共计40余册。这些书籍资料，通过不同形式，翔实地记录了商河人民在党的领导下进行社会主义革命和社会主义建设的实践历程，全景式展示了商河党组织领导全县人民在社会主义建设的道路上战胜无数艰难险阻，在曲折和探索中不断前进的历史。此次活动对于在青少年中开展革命传统教育和爱国主义教育具有重要的探索意义，为下一步深入开展党史教育进校园活动奠定了基础。

（商河县史志办）

【青岛市崂山区成立20周年图片展】 2014年4月23日，由青岛市崂山区史志办承办的"追梦——庆祝崂山区成立20周年图片展"在区行政大厦一楼大厅开展。图片展用一幅幅照片记录下崂山区发展的一个个精彩瞬间，从政治社会、经济发展、城乡建设、生态环境、文化事业、人民生活六个方面图文并茂地展现了崂山区20年发展历程及所取得的辉煌成就。崂山区史志办以建区20周年为契机，将图片展工作列为2014年的一项重点工作，年初成立办展小组着手筹划准备展览的方案、主题、形式、结构、文字、图片等内容，充分利用史志部门文字资料全、图片资源丰富、历史脉络清晰的优势，理清崂山区20年的发展历程及取得的突出成就，采用文字引领、图片展现的形式，全面展现了崂山区20年的发展概貌。参展图片代表性强、对比感突出，文字精准、震撼力强，得到了参展领导和广大参展人员的广泛好评。本次图片展充分展示了史志部门服务经济社会发展的能力，展现了崂山区史志办的形象，使大家对史志工作有了深入认识。

（邢延军　贾国芬）

【青岛市城阳区开展"区情知识进课堂"活动】 2014年6月5日，青岛市城阳区档案局、史志办向城阳实验中学捐赠《城阳之光》地情资料系列丛书一套，并由区史志办工作人员为同学们上了一堂《城阳区非物质文化遗产保护》区情教育课。近年来，城阳区史志办充分整合资源，深入挖掘地情资料，陆续编纂出版《城阳区志》和8部街道志，《城阳年鉴》及《城阳之光》系列丛书，积累和掌握了大量的区情资料。为了深化读志用志活动，充分发挥志类书籍经世致用的作用，区史志办与区实验中学合作，开展"区情知识进课堂"活动，每周一节课，义务为学生普及区情知识。活动中，区史志办工作人员结合城阳历史沿革、城阳文物古迹、城阳旅游、城阳节庆会展、城阳文化、城阳非物质文化遗产保护、城阳规划和展望等板块内容，利用现代媒体技术，为学生展现大量图片，并在课堂中穿插轶闻故事，图文结合，声情并茂，让学生多渠道了解城阳的历史渊源和古今变化，了解城阳的灿烂文化和辉煌成就，深受学校和学生们的欢迎和肯定。

（邢延军　贾国芬）

【淄博市周村区史志办举办纪念周村开埠110周年书画摄影展】 2014年8月15日，在周村开埠110周年之际，周村区史志办举办“史志杯”纪念周村开埠110周年书画摄影展。省史志办副主任翟世林，省史志办市县基层志编纂指导处处长李刚，淄博市史志办主任毕建国及周村区部分领导出席开幕式。开幕式由周村区副区长陈安平主持。周村区史志办公室主任吴卓春汇报办展情况。书画摄影展共分两部分：一是纪念周村开埠110周年图片展，内容包括周村开埠、老商埠风采、周村解放、建国初期的周村和部分老字号匾额和楹联以及部分老字号在省外、国外开办分号的发展轨迹等。二是书画摄影部分，展出95名书画摄影家记录、见证周村历史变迁的174幅作品。同时，为加强宣传，还从参展作品中评选出95件优秀作品编纂成册，出版《“史志杯”纪念周村开埠一百一十周年书画摄影展作品集》。区委宣传部部长耿玉河在致辞中说，展出的作品从不同视角展现了周村区110年的辉煌历程，记录了周村区经济社会日新月异的发展变化，描绘出周村区的美丽风景和民俗风情，对提升周村地区文化软实力，建设文化强区必将起到有力的推动作用。翟世林充分肯定周村区史志办为服务经济社会发展所做的努力，指出书画摄影展是史志成果开发利用的一个新的尝试，加快史志事业发展和成果转化利用，是史志工作者的历史责任。

（淄博市史志办）

【淄博市周村区史志办在《今日周村》开辟专栏纪念周村开埠110周年】 2014年4月，淄博市周村区史志办与《今日周村》编辑部联合开辟“纪念周村开埠110周年”历史文化宣传专栏，介绍周村开埠有关史实及历史文化资源，弘扬传承优秀历史文化，助推文化强区建设，挖掘周村历史，弘扬商埠文化，在史志成果宣传和转化利用上下工夫，不断增强地域文化软实力，为建设“富而强，精而美”的幸福新周村作出更大贡献。首期专栏于2014年4月28日刊印，以《经百年风云看世纪沧桑》为题，刊登《周村开埠的背景》《直隶总督袁世凯等为添开济南潍县及周村商埠事奏折》《袁世凯与周村开埠》《开埠引发外交涌入的浪潮》等文章。

（淄博市史志办）

【沂源县史志办利用史志资源为现实服务】 沂源县史志办为沂源县拟建“沂源历山齐鲁之心生态文化主题公园”，设计大型文化主题景点布局构想。该构想用较高的文化主题和置景理念定位公园文化布局，起点高、有气势。设计方案在公园3条主轴线各设计8—10个主题文化景点布局。将山东古老文化发祥地、海岱之光、民族融合丰碑、盟约促和图大业、儒学滥觞、古郡威仪、牛郎织女、吕尚伟业、管荀、百家争鸣与稷下学宫、桓公霸业、晏婴宏相等文化内涵植入主体文化公园，深刻地展示了沂源作为山东古老文化发祥地的文化生发和传承现象，以及齐鲁文化产生和传承发展的概况，努力体现齐鲁大文化和沂源地域特色。设计构想共计4500字。该设计方案呈报后，获得县委常委扩大会审查一致通过。同时，为县民政局《沂源县城市地名规划》、县旅游局《全县旅游发展总体规划》、县林业局《全县林业发展总体规划》和县水务局水资源办公室《全县水资源利用总体规划》提供方案资料和修改意见。

（淄博市史志办）

【枣庄市史志办为抗战胜利70周年纪念书籍供稿】 抗战胜利70周年纪念宣传活动是省史志办重点项目，枣庄市史志办自2014年底开始积极行动，按照通知中文献征集的范围和形式，研究讨论落实具体工作的方案和计划，向市宣传部、枣庄日报社、市档案馆、党史办等多家单位寻求配合，收集相关资料。先后对台儿庄大战纪念馆、台儿庄大战遗址、滕州市烈士陵园、铁道游击队纪念园、北沙河惨案纪念馆、八路军抱犊崮抗日纪念园6个抗战遗址和纪念设施的资料进行了搜集和整理，共形成约1万字的文字资料和29幅图片。搜集相关抗日将士照片19幅，并完成上报。经多方寻找线索，与台儿庄区委宣传部取得联系，利用其采访素材，搜集整理了7位台儿庄大战参战老兵的口述回忆资料。与台儿庄大战纪念馆和滕州市烈士陵园联系，争取协助配合。

（王正伟）

【枣庄市薛城区史志办参与临山阁布展工作】 2014年5月10日，临山阁布展方案汇报会在区委召开，临山阁是薛城区的标志性建筑，区委、区政府决定在临山阁上布置展厅，展示薛城区文化发展历程和经济发展成就。区史志办是临山阁布展成员单位，负责提供“薛城历史沿革”资料和“古薛圣贤”展厅的设计布置工作。薛城区史志办查阅了大量资料，提出了清晰的布展思路，为布展提供重要支撑。

（时宏扬　唐　罡）

【东营市史志办启动建市初老领导李晔有关资料征集工作】 2014年1月18日，东营市首任市委书记，山东省原副省长、省人大常委会原副主任李晔在东营逝世，享年86岁。为发掘东营建市前后相关史料，丰富东营历史文化，东营市史志办会同东营石油企业文化促进会一起，围绕李晔在胜利油田、东营市工作期间相关史料开展了一系列采访征集活动，包括采编口述史、征集文物史料等。先后采访李晔的子女李宇锋、李宇玲，东营市第二任市委书记、石油部原副部长李敬，李晔在建市前后的秘书、现任中石化青岛炼油化工有限责任公司党委书记李玉卿等人。采访到口述史资料3万余字，同李晔子女达成收藏李晔有关文稿和生前用品的初步协议，并收藏《李敬日记》（1983—1992）共11册。

（李　坤　孙　杰）

【河北省枣强县政协移民研究会到东营查阅移民资料】 2014年11月，河北省枣强县政协移民研究会到东营市史志办查阅有关移民资料，以便深入研究枣强移民东营地区的历史。东营市史志办向其介绍了东营境内的移民情况，并提供首部《东营区志》《河口区志》《广饶县志》《垦利县志》等志书资料。座谈交流中双方表示，今后将借助移民文化研究这个平台，加强相互交流合作，进一步挖掘移民文化，弘扬移民文化精神，不断丰富移民文化的历史内涵。

（李　坤　孙　杰）

【东营市东营区史志办利用史志资源为现实服务】 2004年10月，东营区史志办为东营区成立20周年庆典活动提供东营区籍在外工作人员名单，并筛选确定邀请人员名单。2005年，在抗日战争胜利60周年期间，区史志办为中小学生作爱国主义宣讲报告。2007年，区史志办给新录用的事业单位人员讲授区情知识。2009年12月，组织开展“送志书进学校、进社区、进农家书屋”活动，为全区37所学校、47个社区、86个农家书屋赠送《东营区志》181套。2010年7月，举办东营区首届摄影比赛，收到参赛作品400余幅，评选自然类、社会类作品一、二、三等奖各1、2、3名，优秀奖各6名。

（郭大勇　李　鹏）

【利津县史志办利用史志资源为现实服务】 利津县在营造全民招商、服务经济建设方面凸显了史志办的部门优势，受到县委、县政府领导及社会各界的好评。县史志办出版《利津地方史志30年》《资政文集》《调查与思考》等资政类作品。县史志办提报的《关于铁门关遗迹修复的调研报告》等涉及旅游、生态农业、盐文化等方面的报告或文章，引起县委、县政府领导的重视。自2005年开始，县史志办在县委党校科级干部进修班（短训班）授课，介绍利津历史和地域文化成为惯例。

（王曰华）

【广饶县部署史志“采风”工作】 2014年7月2日，广饶县史志办召开动员会，对史志“采风”工作进行部署安排。会上印发了《关于建立完善地情资料搜集整理日常工作机制的通知》。建立史志工作人员日常“采风”制度，动员史志工作人员深入民间，实地寻访、考证，采集地情文献资料。计划自2015年起，每年编辑出版一册《广饶史志》地情文献资料专辑。

（彭建新　董　军）

【烟台市史志办协助拍摄制作的《胶东烽火》在中央电视台播出】 2013年，烟台市为进一步挖掘本地革命历史资源，提升胶东红色文化品牌知名度和影响力，启动胶东红色文化建设工作，并列入全市“一号工程”，同时成立以市委书记张江汀为组长的领导小组。烟台市史志办作为小组成员单位之一，充分发挥自身优势，广泛参与、积极作为。烟台市委联合中央电视台拍摄制作的《胶东烽火》是宣扬烟台红色文化的一部力作。该纪录片共12集，从2014年3月10日开始在中央电视台四套《国宝档案》栏目播出，每日播出一集，连续播放两周。烟台市史志办作为该片的四个协助拍摄单位之一，全程参与，协助确定采访人员名单、提供相关史料、先后3次到北京参与审片，做了大量基础性和服务性工作。纪录片播出后在烟台引起较大反响，烟台各种新闻媒体多次采访史志办工作人员并进行广泛宣传报道，市史志办的知名度和影响力不断扩大。

（郭恩革）

【《烟台大事记》受权全文刊发大型电视纪录片《烟台开埠》脚本】 反映近代烟台历史风貌的大型电视纪录片《烟台开埠》在中央电视台纪录频道黄金时段开播以后，在社会上引起强烈反响，很多观众在被烟台历史所震撼、被发生在自己脚下土地上的历史所感动之余，期冀一睹电视脚本文采，以作更深更细的探究。《烟台大事记》期刊，全文刊发了《烟台开埠》大型电视纪录片脚本，真实再现了烟台开埠的历程及细节，这是目前唯一一家受权文字发布的平面媒体。《烟台大事记》是烟台市史志办主管、烟台市地方史志学会主办的期刊，自 2013 年 12 月正式出刊以来，受到各有关方面的高度关注和好评，这次独家受权发布大型电视纪录片《烟台开埠》脚本，不仅把刊物的水准向上提升了一大块，同时也开创了把视频作品的核心内容全部转化为平面媒体纸质媒介永久存史入志、惠及当今，泽被后世的新路。

（云　霞）

【潍坊市寒亭区举办“党史·国史”教育图片展】 2014 年 6 月 24 日，潍坊市寒亭区“党史·国史”教育图片展在寒亭红色文化纪念馆正式开展。该展览由潍坊市寒亭区关心下一代工作委员会、区史志办等单位联合举办。潍坊市关工委副主任程茂仁，寒亭区委副书记、关工委主任王文琦，区委常委、组织部长、关工委副主任孙吉海以及区直有关部门负责人参加开展仪式，寒亭六中 300 多名师生参观了展览。展览包括“璀璨中华”“革命风云”“伟人探索”“毓秀寒亭”四个板块 30 多个版面，全面介绍了中国历史、中共党史和寒亭区人文历史发展历程，简洁明了、图文并茂。展览内容还被印成画册，赠送区内学校、部门、企业、社区，受到社会各界好评。

（林荣军）

【安丘市史志办利用史志资源服务群众】

为革命老区认定提供帮助　2014 年，为帮助安丘恢复革命老区身份，获得国家相关政策扶持，安丘市史志办积极帮助市发改局筹划安丘划入沂蒙革命老区认定工作，并提供大量价值高、针对性强的文字材料和图片史料。主要包括革命战争时期，中国共产党在安丘成立组织到发展壮大，再到抗日战争和解放战争时期，安丘革命老区人民为民族独立和人民的解放事业做出的巨大贡献和牺牲。安丘史志办通过提供翔实的史料以及战争遗址和历史人物图片等最大限度还原当时历史，为革命老区的认定工作提供坚实支撑。

助力企业发展　安丘农业发达，高端出口农业尤为突出，安丘大姜、柘山花生、石埠子樱桃等一批国家地理标志产品申请成功，对于提高安丘农业知名度，增强农产品竞争力起到巨大带动作用。安丘史志办从服务全市经济发展大局出发，积极对申请地理标志意向的企业提供地情帮助。为安丘圣川饮品有限公司牛蒡系列产品申请地理标志产品建言献策，并通过《潍坊年鉴》对其产品进行宣传、鉴定。

为乡村旅游提供服务　积极助推镇（街区）发展乡村旅游。对镇（街区）旅游规划制定、线路设计和特色景点建设提供地情服务。如为石埠子镇召忽墓修复提供召忽个人生平史料，对墓地建设选址及建筑风格提出意见建议并被采纳。召忽墓修复对于增强该镇文化底蕴，优化人文景点布局作用明显。

农家乐特色旅游项目策划　市委、市政府将乡村旅游列为全市旅游业发展的重点，制定出台相关政策，设立专项资金，安排专门力量，抓落实，着力推动乡村旅游由传统观光游向现代休闲度假体验游的转型跨越发展。安丘史志办结合柘山镇实际，以突出特色生态旅游，重在亲身参与体验农村纯朴生活，最大限度贴近自然为出发点，以感悟老子文化为纽带，对镇辖区内旅游线路设计、种植板块布局、重点景点建设给出策划建议。项目实施以来，整体带动效应逐渐显现，农民增收明显，该镇张家宅村已成为山东省闻名的旅游特色村。

（林荣军）

【安丘市地情资料搜集工作】　2014年协助临朐县史志办做好《东镇沂山志》地情资料搜集工作。《东镇沂山志》是经山东省地方史志办公室批准编纂，并列入山东省地方史志编纂委员会规划的《齐鲁山水志系列丛书》。该志由临朐县史志办公室承编，各涉及县（市）帮助搜集提供资料。安丘史志办将涉及安丘部分地域历史遗迹、文物石刻、宗教祭祀、名人莅山、文人吟咏、民间传说、风景名胜、土特名产、稀有动（植）物、旅游开发等方面的实物照片、拓片、山志、古籍、档案、回忆录及相关文字资料等内容进行认真收集整理，并组织农业、国土、林业、军事、工商等相关部门对资料进行审核确认，高质量完成供稿工作。

（林荣军）

【临朐县史志办为第二届中国沂山文化节提供资料】　2014年5月4日—17日，“第二届中国沂山文化节”在沂山风景区举行。沂山文化节囊括了东镇庙庙会、东镇沂山祀山大典、2014中国沂山国际百公里山地户外挑战赛、沂山槐花节四大版块。其中5月7日举办“2014年东镇沂山祀山大典”，依据临朐旧志等史料，还原东镇沂山祀山大典的场景。

（林荣军）

【济宁市史志办利用史志资源为现实服务】　2014年，济宁市史志办充分利用济宁丰厚独特的文化资源，大力推广读志用志活动，持续开展送志书、送年鉴进社区、进学校、进村居，努力扩大志书、年鉴的社会服务范围。市史志办作为市地名委员会成员单位，主任黄崇民为市地名委员会委员，多次参加市地名委员会召开的地名、道路命名会议，并提出指导性意见。4月25日到嘉祥县嘉祥镇北石庄开展驻村走访活动，赠送村两委《济宁市志（1840—1990）》2套、《济宁年鉴》（2014卷）4套、《济宁市情概览》10套。6月6日副主任陆波参加济宁市域综合交通体系规划编制工作座谈会、8月30日主任黄崇民参加市地名委员会关于太白湖周边地名道路的命名会议、12月副主任邵鸿志参加济宁市旅游规划编制工作座谈会，均提出了合理化建议。

（陆　波　孟昭华　郭赟燕）

【微山县史志办与县新闻中心等单位联合举办摄影大赛】　2014年2月14日，微山县史志办联合县新闻中心、县外宣办在悦达广场举行悦达广场杯聚焦“中国十大魅力湿地——微山县微山湖”摄影大赛启动仪式。本次摄影比赛的主要目的是收集地情资料。参赛作品题材分为风光、民俗以及经济建设三大部分，且必须取材于微山境内的自然景观、人文景观、民俗风情、经济建设、历史古迹等相关内容。征稿时间从启事发布之日起至2014年6月30日截止。2014年7月初公布评选结果发奖并举办展览，出版画册。

（张西海　李　艳　闫红梅）

【微山县史志办利用史志资源为现实服务】 2014年3月20日，微山县委组织召开微山湖风景名胜区总体规划统筹会。微山县志办发挥自身优势，积极为中心工作服务，及时提供微山县志、微山湖志、微山历史沿革、民间传说、民风民俗及微山湖风景区范围内的历史、文化、风情等资料，为微山湖风景名胜区的建设起到了积极的推动作用。

（张西海　李　艳　闫红梅）

【泗水县史志办利用史志资源为现实服务】 近年，泗水县充分利用丰富独特的自然资源和物产，申报获得了“泗水地瓜”“泗水花生”“泗水粉条”“泗水裘皮羊”“黄沟池藕”“柘沟土陶”等13个国家地理标志商标证明。县史志办根据史料记载，为其提供历史资料，大力支持申报工作，拓宽了为现实经济服务的渠道。

（李　莉）

【泰安市泰山区举办“泰山地方党组织发展史”历史图片展】 2014年5月—9月，泰安市泰山区为配合党的群众路线教育实践活动，利用史志资源举办“泰山地方党组织光辉历程”图片展，展出历史图片200余幅。展览按时间顺序分设泰汶星火、栉风沐雨、抗战壮歌、解放风云4个部分，集中反映大革命、土地革命、抗日战争、解放战争4个历史时期泰山地方党组织放手发动群众，密切联系群众，全面依靠群众，以为人民谋利益为出发点，密切同人民群众的血肉关系，带领广大党员和人民群众栉风沐雨，浴血奋战，前仆后继，地方党组织和党员队伍由小变大，由弱变强，以“星星之火，可以燎原”之势，不断发展壮大，从胜利走向胜利的辉煌历程。展览以展板为主，声光电结合，并设置“重温入党誓词”“一句话感言”等互动环节，受到广大党员干部群众的欢迎和广泛好评，累计组织260批次、1.2万人进行现场参观教育。

（刘玉朴）

【新泰市史志办探索读志用志新途径】 2014年，新泰市史志办结合党的群众路线教育实践活动的开展，针对读志用志群众意见，积极开展史志文化进村居、进学校活动，努力开辟读志用志新路径。5月，全面梳理已出版发行的各类史志书籍10余部，以翟镇春阳村、龙廷镇西枣林村为史志文化联系点，在活动室、农家书屋增设史志书籍专柜，为群众提供优秀史志资源。11月，邀请清华大学思想文化研究所教授羊涤生到新泰市羊祜学校，举行赠书仪式并与师生展开羊祜研究交流。通过开展史志文化走进群众的尝试，增强了群众对史志文化的认同感和自豪感。

（杨　洋）

【肥城市史志办利用史志资源为现实服务】 2014年，编辑《左丘明研究文集》。

根据市委、市政府提出的大力倡扬“秉德明礼、包容谦让、守信知耻、向善向上”的君子文化要求，对肥城厚重的君子文化进行挖掘研究。对历年来专家、学者关于左丘明的著述及其学术思想、里籍、祠墓、姓氏等方面的研究论文结集出版，收录研究文章10余篇，共计约16万字。对弘扬肥城优秀传统文化，增进左丘明文化和肥城历史文化研究、交流起到积极的作用。

（庄惠丽）

【宁阳县史志办利用史志资源为现实服务】 2013年，宁阳县史志办配合县规划局完成文庙社区规划；配合县执法局对广场文化墙内容精心设计，提出饱含宁阳历史文化韵味的设计方案，提供包括历史人物等史料在内的大量素材5000多字；为县国资局、规划局提供关于复圣公园主题设计提供历史线索、提出设计理念，并提供参考资料5000多字；为县网络公司出谋划策，提供历史文化宣传内容，帮助完成其《网络公司宣传手册》的制作。

2014年，宁阳县史志办赴东疏镇指导攻济打援指挥部旧址改造，作为宁阳县第一批党史教育基地的“攻济打援”指挥部旧址，建设面积已达1200多平方米，布展近300平方米。

（赵先法　侯胜男）

【威海市史志办开展志书“六进”活动】 2014年4月10日，威海市史志办副主任冷文波带领有关人员先后到环翠区桃园社区、威海市实验小学，向社区图书室、学校图书馆赠送《威海年鉴》《威海卫志》《威海概览》《威海历史上的今天》《威海历史文化村镇》等书籍200余册，深入开展新一轮史志文化“六进”（进企业、进社区、进军营、进学校、进图书馆、进农村）活动。活动过程中，还听取了广大群众对做好普及威海市情知识和传承历史文化工作的意见和建议，实现“书籍温暖送下去，民意资料带回来”。

（任天庆）

【威海市文登区史志办利用史志资源为现实服务】 2014年，威海市文登区史志办发挥史志资料为现实服务的功能，激活馆藏资料信息，为旅游开发、招商引资和文化强市建设提供无偿优质服务。其中为天润曲轴股份有限公司、文登奥文电机有限公司、审计局、公安局、高级技工学校及南桥村等提供基层志鉴编纂所需的各类史料。收集《齐乘》《宁海州志》《废铎吃》等底本资料，扫描留存。

（高燕妮）

【荣成市史志办为拍摄谷牧宣传片提供资料】 2014年9月29日是已故荣成籍第七届全国政协副主席谷牧诞辰100周年纪念日。全国政协安排采访组到荣成市拍摄谷牧同志青年时期在荣成参加革命活动的宣传片。荣成市史志办积极配合采访和拍摄工作，为采访组提供了谷牧同志早期在荣成入党、参加革命活动的有关历史资料，还组织从事党史工作的老干部、党史工作者为采访组讲述荣成早期党组织的成立及谷牧同志早期在荣成、文登参加革命的经历。

（连业功　姜　潇）

【乳山市党史市志办公室利用史志资源为现实服务】 2014年，乳山市党史市志办公室以史志成果开发利用、参与红色文化建设、开展咨询服务等形式，共提供文字资料10万字，照片120张，赠送地情书籍200多本。

史志成果开发利用　一是将全市601个村的村庄简介、乳山撤县设市20周年大事记等资料，在《乳山时讯》刊登连载，为人们了解全市村庄发展变迁及20年全市发展变化提供帮助；二是利用“乳山市情网”发布《巍巍马石山》等地情资料书籍，增加网站信息量。在“乳山英文市情网”发布地情、招商引资等信息，为外地客商来乳投资兴业提供信息服务；三是向社区、学校、宾馆等场所发放《乳山年鉴》《市情博览——走进乳山》等书籍400多本,价值2.4万元。

参与红色文化建设　一是为威海(乳山）红色教育基地馆内布展提供资料。全面搜集整理土地革命时期、抗日战争时期、解放战争时期资料3.2万字，照片200多幅。提供《谷牧回忆录》《宋澄回忆录》《巍巍马石山》《胶东子弟兵》（上、下册）《血染马石山》《中共乳山地方史》（一、二卷）等各类书籍50多本。二是配合乳山市委宣传部、电视台做好大型专题片《红色的爱》前期资料和照片的提供工作，并参与节目的录制和审核，经过3个月的时间完成拍摄工作。该片集中展现了革命战争年代在乳山这片红色土地上涌现出来的英雄群体和感人事迹，于2014年“七一”前，在乳山、威海、省电视台播放后反响良好。三是开展送齐鲁红色文化讲坛光盘进学校活动。光盘展现了抗战期间发生在马石山地区乳山人民在中共乳山地方党组织领导下与部队、地方武装共同与日伪军英勇奋斗的辉煌历史，教育学生知过去惜今天，努力学习，为伟大的中华民族复兴贡献力量。

（王　浩）

【乳山市史志办为济南军区总医院到乳山寻根提供资料】　乳山市党史市志办公室以存史资政服务社会为宗旨，免费为社会提供咨询服务。2012年3月2日，济南军区总医院院史办公室请求乳山市党史市志办公室帮助查询“济南军区总医院的前身胶东军区卫生部四所，1943年秋，在山东省乳山县乳山寨镇小管村正式成立，隶属胶东军区卫生部建制领导，以上情况是否属实。”乳山市党史市志办公室安排人员查找馆藏资料、电话咨询、现场核实后，确定有部队在此居住过。信息反馈济南军区总医院后，经到小管村实地查看当时部队和伤病员住的房子和拜访当年在四所工作过的单桂芳老人，确认济南军区总医院前身就是在乳山寨镇小管村成立。现保存下来的设施主要包括原卫生四所伤病房、办公室、战士食堂、烈士墓地、防空洞等。济南军区总医院投资30多万元对四所旧址进行整理，安排2人从事日常维护，多次组织干部职工前来接受教育。2014年11月13日，济南军区总医院旧址揭牌仪式在乳山市乳山寨镇小管村举行，参加仪式的有济南军区总医院政治部副主任马成龙、乳山市政府副市长陈卫萍和镇、村负责同志共30多人。

（王　浩）

【日照市史志办利用史志资源为现实服务】

建设系列展厅　一是2014年日照市史志办启动莒县抗日战争展览馆布展工作，展览主要选取抗日战争时期莒县重大历史事件、重要历史人物及典型人物事迹，展现中共莒县地方组织带领全县人民艰难曲折的抗日斗争历程。预计2015年8月底开馆。二是五莲县利用史志资源优势，2007年在松柏乡王家口子村建立“县委、县政府成立旧址展览室”，2012年、2014年重新进行了装修和布展，展现了五莲建县以来的光辉历程和辉煌巨变。2009年在于里镇管西庄村建设“莒北革命史教育陈列馆”，建设面积600平方米，2014年对展馆的房屋、院墙、标识碑重新进行了整修，再现了莒北县的革命历史。2012年结合县烈士陵园搬迁，在陵园内建设“五莲党史馆”，该馆建筑面积1694平方米，分为上下二层，共设置150个大板面、1000余幅图片、6万余文字，系统记述了从19世纪初至2011年底，五莲人民为争取自由、解放、幸福和全面建设小康社会的英雄业绩与历史轨迹。上述3馆，为全县开展党的群众路线教育实践活动提供了红色教育阵地。

筹办（东港）日照绿茶免费品尝活动　2014年8月15日筹办东港（日照）名优绿茶免费品尝活动，挖掘地方茶文化资源，宣传提升了东港绿茶的社会影响。

拍摄电视专题片　五莲县利用全县历史文化资源，联合县电视台拍摄《永远的楷模》《走进红色五莲》《党旗飘飘》等5部电视专题片，“七一”前后在电视台滚动播放，进一步扩大了党史（史志）工作影响力和覆盖面。

开展“资政＋特色”专题研究　注重总结运用历史经验，开展具有地方特色的专题资政研究，先后完成“五莲精神的形成与发展”“五莲山区开发建设基本历程与经验启示”“践行群众路线的典范——张鼎丞”等资政专题研究，为加快建设五莲提供了历史借鉴，得到县委肯定。完成“五莲县土改实验县”“五莲县农业学大寨先进县”“日照暴动与五莲精神”等专题研究，发挥了为现实服务的职能作用。

（范芳丽　陈文祥　孙凤明　迟玉玉）

【莱芜市史志办利用史志资源为现实服务】 2014年，全市史志部门发挥优势，围绕市委市政府中心工作，积极投入到村庄记忆工程和村史馆建设中。莱芜市史志办与莱芜广播电视台联合录制《村庄影像志》，制作播出25集，生动立体地反映了莱芜村庄的历史变迁；莱城区党史史志办配合区委宣传部建设全市第一家村史馆——口镇下水河村史馆，全馆包括村庄印象、氏族沿袭、永恒记忆、光辉历程、继往开来等部分，展现了一代又一代下水河人艰苦奋斗的艰难历程，2015年上半年建成开馆。

（亓军华　刘少波　高　涛）

【德州市史志办利用史志资源为现实服务】 2014年，德州市史志办与市关工委、市委宣传部、市教育局、市委党史研究室等部门，联合举办首届“学党史、知国情、圆梦想”党史国史知识竞赛，全市200多所学校、近10万名师生参加。开展志书“进学校、进社区、进军营”活动，在全市人代会和政协会议期间向全体代表委员赠送《德州年鉴》800多册。向德州学院、德州职业技术学院、德开小学、德州一中、德州二中、德城区于赵社区赠送《德州年鉴》《德州概览》《德州文集》600多册。

（王立云）

【德州市史志办联合市公安局启动族系图绘制工作】 2014年，德州市史志办和市公安局在全市范围内联合启动族系调查、世系图谱绘制工作，印发相关文件并在夏津县、禹城市、临邑县、庆云县进行试点工作，以继承和发扬中华民族传统文化，推进社会管理创新，促进社会和谐、家庭和睦。

（王立云）

【平原县史志办向全县中小学赠送志书】 2014年5月22日，平原县史志办向全县113处中小学图书室赠送首轮、第二轮《平原县志》各200本，其中，较大的学校图书室平均2套，普通学校平均1套，其余由县教育局调配。两部县志涵盖平原县上自1840年、下迄2008年的自然、政治、经济及各项社会事业的历史资料，对全县师生了解县情、纵览发展、启迪教化具有重要作用和深远意义。

（王　辉）

【聊城市史志办利用史志资源为现实服务】 2014年，聊城市史志办加大为经济社会发展服务力度，通过加大理论论证力度，将旧志、历史史料相结合，推动区域地情研究，拓展文化历史空间与视野，进一步打造城市品牌，上古历史文化核心探源、黄帝故里研究取得突破性进展；临清市史志办协助《古县神韵》摄制组完成资料汇编工作；高唐县史志办为《高唐州报》“史志档案”专栏撰写报送资料，扩大了史志影响力。东昌府区史志办在聊城市东昌府区革命老区建设促进会第一届二次动员大会上赠书160本。东阿县史志办对现有地情资料归纳分类，向社会宣传志书功能，挖掘历史文化内涵。协助完成多个产品地理标志证明和地理标志认证工作。

（张　静）

【临清市协助“古县神韵”摄制组完成资料汇编】 2014年，百集大型电视文献系列片《古县神韵》摄制组到临清征集资料，临清市史志办负责提供历史渊源、建制沿革、疆域变化、主要历史事件、历史人物等方面的资料，临清市史志办通过查阅志书、历史资料，完成资料汇编工作。

（方玉群　宁柳云）

【滨州市史志办主任柴德杰接受《滨州日报》专访】 2014年7月14日，滨州市史志办主任柴德杰接受《滨州日报》专访，文章以“用动漫视频方式传播地方志”为标题刊发在《滨州日报》“要闻”版。

全省史志工作电视会议召开后，滨州日报社就史志编修工作进展及方志馆藏书情况采访滨州史志办主任柴德杰。柴德杰分别就相关问题做了详尽回答，一是滨州市方志馆的综合设施建设处全省先进水平，馆藏面积共计350平方米，最多可藏书10万册，2008年方志馆管理系统软件开发成功，成为全国首套方志馆数字化管理软件。二是滨州市史志办拟于2018年前高质量完成第二轮修志任务，市方志馆现藏书20000册，在2015年要达到23000册，虽然存在较大压力，但是滨州市史志办会想尽一切办法、尽最大努力、争取多渠道支持，强力推进这项工作。三是滨州历史上共有三部《滨州志》旧志，即：明·万历《滨州志》、清·康熙《滨州志》和清·乾隆《滨州志》，2013 年一次性进行了整理，影印版与点校版配套于 2013 年 10 月正式出版。四是滨州市的方志成果社会利用率虽较之前有了一定提升，但是利用率仍不是很高，要积极探索多种途径，运用动漫、视频等人们喜闻乐见的方式利用、传播地方志，滨州市方志馆于 2006 年 4 月正式开放，至今已接待查阅 1 万余人次。

（唐彩云）

【菏泽市史志办利用史志资源为现实服务】 为谋求史志工作新发展，搞好读志用志工作，2014 年，菏泽市史志办把史志工作变为直接为社会服务的工作，将史志资源开发利用不断引向深入。

“菏泽历史知识进万家”活动 做好中小学历史文化教育读物——《可爱的菏泽》校园免费赠送工作。开通史志办公室公共微博，利用微博平台普及菏泽历史文化知识，运用平台功能与网民进行交流互动；在“菏泽信息港”的“牡丹杂谈”论坛开设“学历史，知菏泽，爱家乡”专贴宣传菏泽历史名人和事迹，向社会传递正能量，开设一年来，浏览量达 40 余万人次。菏泽市史志办副总编、方志馆馆长乔方辉做客菏泽电视台《百姓讲坛》栏目，讲述菏泽历史文化与民俗，不仅普及了菏泽历史文化知识，创新了史志工作服务现实的渠道，同时也展示了修志人员的风采。

“菏泽历史知识进社区”活动 根据“法制菏泽”宣传月活动统一安排，12 月 18 日，菏泽市史志办组织人员走上街头，通过悬挂横幅、设立展板、发放宣传材料和现场讲解等形式，向广大市民宣传两个《条例》精神和依法修志的重要意义。活动共发放宣传材料 1000 多份，接受现场咨询 300 多人次，进一步增强了广大市民依法修志和读志用鉴意识，达到了预期宣传效果。

“菏泽方志理论大家谈”活动 为保证全市第二轮修志工作健康、有序开展，切实督促广大史志工作者加强理论研究，深化业务学习，提升综合素质，锻炼史志队伍，发挥史志工作“存史、资政、育人”功能。2014 年，菏泽市史志办在全市范围内广泛开展方志论坛资政论文征集活动。本次活动以史志系统业务人员为主体，以“菏泽市情网”为阵地，开辟“方志论坛资政论文”活动专栏，及时上传大家在第二轮修志中的新思想、新观点、新方法、新体会等。征集活动结束后，市史志办组成专家组，采取无记名投票方式，对征集的论文认真评选，共评选出一等奖 10 名，二等奖 10 名，优秀单位组织奖 2 个。参与活动的获奖论文在菏泽市情网的“志鉴论坛”栏目刊登。本活动贯穿第二轮修志全过程，今后将每年年底组织一次。

（陈　娅）

【菏泽市史志办乔方辉登上市电视台《百姓讲坛》】 2014 年 8 月 14 日，菏泽市史志办副总编、方志馆馆长乔方辉登上菏泽电视台《百姓讲坛》栏目，讲述菏泽民俗与百姓生活的密切关系，一展志家风采，这是菏泽史志工作挖掘整理历史文化、创新发展、服务现实的里程碑。《百姓讲坛》是菏泽电视台倾心打造的公益性讲座式栏目，于 2011 年 3 月 27 日正式开播。乔方辉主讲《菏泽民俗——传统节日习俗》，共 16 集，每集 5000 字左右，时长 30 分钟。她结合自己多年调查采风和修志实践成果，选摘鲜为人知的第一手资料，深入浅出地讲述了菏泽节日习俗的起源、发展、传承、播布及其与百姓生活息息相关的联系。讲座从微观事项出发，勾勒区域民俗特色，揭示民众生活中的文化逻辑，从不同的层面展示至深至厚的菏泽民俗文化系统的内在结构。以丰富个案阐释民俗与整体社会语境之间的共性关系，尝试以比较灵活的画面与语言结构去把握具有流动性特点的民俗知识，有意识地从民俗的区域结构中找寻能够带动当地整体生活之流的重要民俗活动，努力从文化意义的层面去贴近民众的知识形态。《菏泽民俗》播出后深受广大观众的喜爱。

（陈　娅）

【曹县史志办利用史志资源为现实服务】 曹县史志办参与编制曹县文化旅游产业发展规划；参与设计制作文化符号融入城市建设，编制环岛公园名人墙文字稿8件；编写人民广场历史甬道文化内容，筛选设计地雕承载历史事件、图像、文字6组；把关礼仪广场文字内容，提出修改意见6条；为人民公园内孝礼园设计文化内容，提供具体布局方案；编写东顺河两岸历史文化小品8个，完成小品场景设计并实施4个。10月，参加曹县规划展览馆历史厅布展工作。

（曹县史志办）

【郓城史志办配合做好郓城历史陈列馆布展工作】 2014年3月26日，郓城历史陈列馆布展设计初步方案研讨会在水浒好汉城的水浒书画院三楼召开。会上，北京“清华工美”专家组介绍了郓城历史陈列馆布展设计初步方案。方案以郓城的历史发展为主线，以民族文化为基本出发点，以现代化的装饰材料为基础，改造旧房屋为新展厅，根据内容设计分割方案、打通游客通道和进行其他必要的改造，改造成精小别致、面貌一新的郓城历史陈列馆。郓城县志办组织全体工作人员对现存的志书、年鉴资料筛选，查找摘录郓城方面的内容，按照布展要求，对郓城历史文字、图片资料进行编纂整理，力争真实生动形象全面地展现郓城五千年政治、经济、文化等历史发展进程，全面反映郓城的历史文化和民俗风情。

（王志良　刘兆全）

责任编校：郭　敏

学术交流与活动

学会活动

【山东省地方志学会】 山东省地方志学会是山东省地方志工作者的群众性学术团体，是省内地方志行业自愿结成的非营利性社会组织。学会的宗旨是以马列主义、毛泽东思想、邓小平理论、“三个代表”重要思想、科学发展观为指导，遵守宪法、法律、法规和国家政策，遵守社会道德风尚；探讨和交流方志学理论与方志编纂经验，团结全省地方志工作者，促进地方志事业健康发展，为全面建成小康社会贡献力量。学会接受山东省民政厅的监督管理，主管单位为山东省地方史志办公室，秘书处设在山东省地方史志办公室市县基层志编纂指导处。

学会成立于1985年2月，分别于1988年12月、2005年3月、2014年7月举行三次换届选举工作。30年来，学会团结带领全省广大会员紧紧围绕全省史志工作大局，积极组织开展调查研究、学术交流、业务培训、论著评奖、咨询服务等各项工作，认真参与省、市、县三级志书，各级部门志、行业志、专业志，乡镇村志、街道社区志等各类志书的编纂业务指导，对促进全省史志事业科学健康发展发挥了重要作用。

2014年工作　换届选举及登记变更工作。2014年7月23日，山东省地方志学会第四届会员代表大会在济南召开，来自全省史志系统及省直有关部门的会员代表120人参加会议。会议审议通过《山东省地方志学会第三届理事会工作报告》《山东省地方志学会章程（草案）》，选举产生第四届理事会理事及领导成员。同时，按照省民政厅相关要求，变更学会法定代表人，对选举产生的会长、副会长实施了备案登记工作。

为贯彻落实第五次全国地方志工作会议和全省史志工作电视会议精神，进一步提高修志人员业务素质和能力，全省第四期修志业务培训班于2014年7月21日—27日在山东行政学院举办。本期培训以提高志鉴编纂质量为主题，以促进史志事业全面发展为主线，紧紧围绕修志工作中遇到的热点难点问题，优化课程设置，改进培训方式，采取专家辅导与个人自学、分组讨论与集体交流相结合的形式进行。中指组办公室副主任邱新立出席开班仪式并授课，刘爱军主任作动员讲话，对办好培训班、确保培训效果提出明确要求。各市、县（市、区）史志机构分管业务工作副主任、主编，部分省志承编单位、省直年鉴供稿单位撰稿人员参加培训。15名专家、学者分别就志鉴编纂，旧志、口述史料的搜集整理，公文规范与写作等内容进行了系统讲解。为切实提高乡镇村志编修人员业务水平，保证乡镇村志编纂质量，全省乡镇村志编修业务培训班先后于2014年12月2日—4日、12月9日—11日分东西两片分别在青岛市崂山区、济南市平阴县举办，共培训学员180余人。培训围绕如何开展好、编修好乡镇村志这一主题，邀请郝德禄、刘建国、于瑞东、高振康、纪兴本5名基层志编修专家，系统讲授方志学基础知识、编修乡镇村志的突出问题和解决途径以及怎样编修乡镇村志等基本问题。培训采取专题讲座与个人学习、知识讲解与案例分析、分组讨论与现场交流的形式，充分调动了学员的学习积极性。崂山区和平阴县在乡镇村志编修方面开展得较好，培训选择在两地举办，可以近距离学习借鉴好经验和做法，达到“进门是课堂，出门是现场”的培训效果。

（屈婉情）

【山东省年鉴学会】 学会于1994年5月在济南创立，创办单位山东省地方史志办公室。学会宗旨为探讨和交流年鉴学理论与年鉴编纂经验，积极开展年鉴学术研讨、推动年鉴理论研究、促进学术交流，发挥学会的桥梁、纽带作用，加强年鉴业务培训，推进全省年鉴队伍和人才建设。学会现有理事160多人，会员单位110家，个人会员2000多人。2014年，学会加强年鉴业务指导，充分发挥群众性学术团体专业齐全、人才密集、联系广泛的优势，通过多种形式开展学术活动，指导年鉴业务工作开展。继续宣传国务院《地方志工作条例》《山东省地方史志工作条例》和中国地方志指导小组《地方综合年鉴编纂出版规定（试行）》，要求会员单位和广大会员自觉贯彻执行两个《条例》以及《规定》的要求，从法制高度认识年鉴质量问题，把提高年鉴质量落到实处。各会员单位结合自身实际情况，根据《条例》规定的年鉴质量要求，建章立制，规范内部质量管理制度，使年鉴质量从制度上得到切实保障。通过年鉴组稿会、撰稿人培训班等形式，普及年鉴知识，提高年鉴编纂人员和撰稿人的业务素质。组织业务骨干深入各地各单位调查研究年鉴工作开展情况，指导年鉴编纂业务。年内，学会承办了第五届全省优秀年鉴评奖活动，共评出全省优秀年鉴综合特等奖41项、一等奖32项、二等奖22项，条目编写奖18项，框架设计奖17项，装帧设计奖16项。

业务交流 2014年1月，省档案局制定出《〈山东档案年鉴〉2014卷编辑大纲》，并送学会征求意见。1月22日，学会应邀到省档案局交流年鉴编纂工作，对《大纲》的修改建议作了说明，提出指导性意见。双方还围绕《山东档案年鉴》的栏目设置、条目编写、资料取舍、装帧设计等方面进行了充分的交流。省档案局副局长苏东亮全程参加了交流活动，并要求编辑人员根据学会的修改建议，对《〈山东档案年鉴〉2014卷编辑大纲》进行调整完善，保证在体例上符合规定，将全省档案系统上年度内的工作业绩和新事、要事记深、记透，提高质量，打造精品。

2014年10月30日，广东省人民政府地方志办公室年鉴工作处处长刘波来山东考察年鉴工作。省年鉴学会会长郭永生和学会有关负责人参加了座谈会。双方围绕加强年鉴管理，全面提升年鉴编纂质量；拓宽年鉴资料来源，坚持规范，积极创新，做到常编常新；做好年鉴资源的开发利用等方面进行了座谈交流。刘波简要介绍了广东省的年鉴编纂出版情况，希望加强两省间年鉴编纂工作经验的学习和交流，共同提高年鉴编纂质量水平。

业务指导　2014 年 5 月 16 日，应德州市史志办邀请，学会派员到德州市史志办，就年鉴的文体、语体和语言文字规范，年鉴的写作原则，年鉴来稿中存在的问题，如何写好年鉴条目等编辑业务问题作详细辅导。德州市史志办全体人员及部分县、市史志办工作人员参加了辅导。11 月，学会派员参加济南市县区业务培训班，并作专题辅导。

考察调研　2014 年 8 月 28 日—29 日，学会到东营市总结《河口年鉴》改革创新、提高时效性的经验，同时调研各区县年鉴编纂“一年一鉴”的经验做法，了解对《山东年鉴》组稿、编辑、时效、创新方面的意见和建议。《河口年鉴》2014 卷实现了出版年度内上半年出版，进度快，同时，在组稿方式、栏目设置、编校流程、装帧设计等方面做了许多创新和探索。东营市所属县区均编纂年鉴，是全省唯一实现“一年一鉴”全覆盖的市。东营市史志办积极作为，赢得领导支持；完善制度，做好组织保障；编纂《年鉴编纂手册》，保证质量和效率；将年鉴编纂工作纳入县区史志考核。学会还与东营市各区县史志办的领导进行了座谈，听取对《山东年鉴》组稿、编辑、时效、创新方面的意见和建议。

自身建设　一是完成省年鉴学会的组织机构代码证的年检工作。按照省民政厅的年检要求，认真填写《社会团体年度检查报告书》，报送学会的年度工作总结以及学会党建活动开展情况。按照省新闻出版局的年检要求，报送山东年鉴的年检材料，并顺利通过年检。二是 7 月 23 日，组织召开山东省年鉴学会第五届会员代表大会，听取并通过学会第四届理事会工作报告，审议了《山东省年鉴学会章程（草案）》，表决通过新修订的《山东省年鉴学会章程》，选举产生学会第五届理事会和领导班子，完成换届选举工作。

（宋　涛）

【山东省地方志学会第四届会员代表大会召开】　2014 年 7 月 23 日山东省地方志学会第四届会员代表大会在济南召开，

120 名会员代表参加会议。会议选举产生学会理事 55 人，省史志办副主任翟世林当选会长，省史志办市县基层志编纂指导处处长李刚、省史志办原副主任王文恒、山东大学历史文化学院院长方辉、山东师范大学历史与社会发展学院院长朱亚非当选副会长，李刚兼任秘书长。翟世林代表学会第四届理事会，就今后五年的工作提出四点意见：一是以党的十八大和十八届二中、三中全会精神为指导，进一步明确发展方向；二是以提高志书质量为导向，努力提高方志理论研究水平；三是以加强队伍培训为根本，全面提升会员业务素质；四是以规范化管理为依托，不断提高自身建设水平。会后制定文件，将《山东省地方志学会章程》和学会第四届理事会理事及领导成员名单印发至各会员单位。

（屈婉情）

【山东省年鉴学会第五届会员代表大会召开】 2014年7月23日，山东省年鉴学会第五届会员代表大会在济南召开，110名会员代表参加会议。会议由省史志办副主任翟世林主持。会议听取并通过了学会第四届理事会工作报告，审议《山东省年鉴学会章程（草案）》，表决通过新修订的《山东省年鉴学会章程》。选举产生学会第五届理事会和领导班子，于在水等46人为学会第五届理事会理事，省史志办副主任郭永生为学会会长，省史志办年鉴工作处处长徐尉、省建设发展研究院院长朱洪祥、省科技情报研究院院长刘显福、中国人民银行济南分行调查统计处调研员宋文胜为副会长，徐尉兼任秘书长，郭永生会长代表第五届理事会领导班子讲话。他指出，省年鉴学会作为年鉴工作者组成的群众性学术团体，自成立以来，在开展年鉴学术研讨、推动年鉴理论研究、促进学术交流、

发挥学会桥梁纽带作用等方面做了大量工作，有力地促进了山东省年鉴事业的健康发展。下一步，要继续发挥建言献策的参谋作用，全力做好全省的年鉴编纂工作；要坚持质量第一、有序推进的原则，结合山东省实际，集中抓好各级综合年鉴的编纂；鼓励有条件的单位编好专业和部门年鉴；搞好对外交流，学习外省兄弟单位编纂经验；组织好年鉴评奖活动，不断提高全省年鉴编纂水平。

（宋　涛）

【即墨市谱牒研究会】 即墨市谱牒研究会是即墨市史志办公室名下的社会团体，2012年成立，主要业务工作是征集谱牒资料、开展明清即墨历史人物的著述研究和指导各族续修新修族谱，以及帮助寻根问祖等。研究会通过采取交换、购买和借用复印等多种渠道征集族谱。截至2014年8月13日，已将全市237个姓氏的族谱征集到152姓，506种、1498册。该研究会建立了《谱牒资料借阅利用制度》《寻根问祖登记档案》等严格的管理制度，使谱牒档案管理由初始化逐步走向规范化。三年来，该研究会接待查阅利用族谱资料的166人次，继续帮助查询祖源的有46处。谱牒研究会还先后对即墨杨氏、蓝村黄氏、孙氏、鳌山杜氏、何氏、焦氏、韩氏、韩村宫氏、黄甲山纪氏等诸多姓氏进行续修族谱业务指导，并点校了《即墨杨氏家乘》、杨氏族谱和即墨卢氏、鳌山杜氏、黄甲山纪氏、蓝村孙氏等谱序。谱牒研究会注重对谱牒研究的宣传。自2014年7月份，开始对馆藏的部分族谱进行电子录入。已将胶东（莱阳富山）《孙氏族谱》八卷、即墨障村支《蓝氏族谱》二卷开始扫描录入，制作电子版。在“新浪网”创建《即墨谱牒》博客，把谱牒研究会

成立及《即墨谱牒》一至四期刊登的文章先后在博客上转发宣传100多篇，访问者超万人次。山东省情网、青岛市情网、即墨政务网、胶东书院、即墨市情网等网站都进行了转载。2014年，即墨谱牒研究会共出版《即墨谱牒》两期刊物。

（邢延军　贾国芬）

【东营市地方史志学会】　2011年6月8日，东营市地方史志学会成立大会召开。大会审议通过了学会《章程》，选举产生第一届理事会、常务理事、会长、副会长、秘书长，聘请副市长王吉能为学会名誉会长。学会是东营市地方史志工作者的群众性学术团体，是市内地方史志行业自愿结成的非营利性社会组织。2012年，市史志办组织开展老照片及其背后的故事有奖征集活动，发动学会会员积极投稿，共征集老照片2000余幅。2013年，东营市地方史志学会成为东营石油企业文化促进会的主管单位。2014年，依托学会平台，组织开展口述史采访、老物件征集等活动；下半年，吸纳2名会员参与续修《东营市志》相关工作。

（李中华　刘曙光　黄学桂　任　丽）

【烟台市地方史志学会】　2009年6月3日，烟台市地方史志学会成立。2014年，创刊《烟台大事记》期刊。编纂出版《改革开放烟台大事记》（1978—2013）。年内，积极参加学术研究及社会公益活动。3月30日，参加鲁东大学主办的胶东柳氏文化暨《胶东郡望》出版座谈会；4月22日，参加由中国现代史学会、中华民国史研究中心、山东社会科学院共同主办的吴佩孚国际学术研讨会；5月18日市史志学会与烟台市京剧院联合举办红色经典京剧演唱会，弘扬红色文化正能量；12月18日，参加地名姓氏文化研究活动咨询论证会。年内走访帮扶村，先后三次参加烟台电视台、烟台市慈善总会举办的慈善拍卖捐献拍品鉴评活动。

（云　霞）

【泰安市市情研究会】　2006年4月20日泰安市市情研究会正式成立。该会系泰安市开展市情研究及其科学理论研究的学术性社会团体，是由从事修志编鉴和市情研究的专家、学者和业务工作者及有关单位自愿组成的地方非营利性社会组织。主要组织开展市情学会研究、史志年鉴工作研究及相关业务活动，进行专业培训，加强对外联络和交流，推进全市市情研究工作的开展。该会接受业务主管单位泰安市地方史志办公室、社团登记管理机关泰安市民政局的业务指导和监督管理。2014年，该研究会组织部分研究会成员参加泰安市情调研活动，积极开展市情咨询服务，充分发挥市情研究会联络交流、学术研讨、普及市情、服务社会的作用。

（冯宪谟）

【威海市地方史志学会】　2008年7月16日，威海市地方史志学会成立。大会通过了学会章程，选举产生了威海市地方史志学会第一届理事会、第一任会长、副会长、秘书长。威海市地方史志学会是全市地方史志工作者的群众性学术团体，是市内地方史志系统自愿组成的非营利性社会组织。2014年，学会组织会员参与第五届威海国际食品博览会暨中韩（威海）品尚生活博览会、第七届中国威海国际渔具博览会、2014年威海长

距离铁人三项世界锦标赛、山东文博会威海分会、第17届韩国仁川亚运会（中国·威海）火炬传递、威海市烈士公祭

仪式等重大活动记录拍摄工作；组织会员拍摄反映市区当前现状的图片资料；与有关部门及个人沟通，收集图片3000余张，储备了宝贵的历史资料。年内，与办公室联合编纂威海市首部史志文集《威海史志文集》。

（李传强）

【莱芜市年鉴学会】 2006年3月，莱芜市年鉴学会成立，2011年3月进行了换届。莱芜市年鉴学会围绕全市改革开放和建设经济文化强市这个中心，团结带领全体会员，充分发挥学会的桥梁和纽带作用，促进全市年鉴事业的持续健康发展。《莱芜年鉴》共编纂出版2006—2014卷共9卷年鉴，整理保存了700余万字资料。组织境内年鉴参加省政府办公厅和省史志办组织的全省优秀年鉴评奖。积极组织开展各种业务交流活动，按时参加省年鉴学会年会、学术交流会议和理论研讨班；与中国年鉴研究会和北京大学知网合作，出版《莱芜年鉴》1994—2005卷电子版集成，拓展了年鉴业务范围，方便了读者阅读与查阅；有计划组织会员单位到先进地市学习取经，开阔了眼界，提高了办鉴的质量和水平；及时准确地向会员单位提供省内外、国内外年鉴发展的最新情况，指导会员单位提高办鉴质量，促进年鉴事业健康发展。积极开展地情资料课题研究。坚持边修志边总结经验，组织撰写《浅谈志书的体裁》《地方史志工作深化改革初探》《志书编纂中应如何准确运用数据》等10余篇论文，编印成册，作为优秀论文在全省方志理论研讨会上作交流。为挖掘整理莱芜历史文化资源，保护优秀传统文化，为全市史志工作者和爱好者提供学习交流平台，编辑出版不定期史志刊物《莱芜古今》，已出版5辑和口镇专辑，为编史修志积累了珍贵历史资料。

（亓军华）

【临沂市地方志学会】 2010年12月29日，临沂市地方志学会成立。2014年，临沂市地方志学会积极开展点评志书活动，点评了《济南市志》《白银市志》《费县志》等多部志书，并邀请多位史志专家参与，探讨志书编纂过程中应该注意的问题。通过开展志书点评，锻炼了全市史志工作者的业务理论水平，对第二轮修志工作起到了促进作用。2013年9月，在全市史志系统举办史志知识竞赛活动，各会员都认真参赛，营造了“比、学、赶、帮、超”的良好氛围。

（杜　帅）

【临沂市首家地方历史学会在莒南成立】 2014年1月11日，莒南县地方历史学会在县委党校成立。莒南县直部门和乡镇（街道）专、兼职地方历史工作者、研究人员及热心地方史志事业的各界人士共50余人参加了成立大会和第一次会员大会。会议选举产生学会理事、常务理事、会长、副会长、秘书长，杨永早

当选会长。莒南县地方历史学会属地方性、学术性、非营利性组织，接受莒南县史志办业务指导和县民政局监督管理。学会在遵守国家法律政策前提下，广泛团结全县从事地方历史编修、整理、研究、出版等方面的专业人员，以及有关专家、学者和业余爱好者，依靠学会开展活动，培养史志工作人才，营造读史修史的良好社会氛围，为莒南经济文化强县建设做出贡献。

（咸世文　王洛泉）

【临沂市望族文化研究会】 2014 年，临沂市望族文化研究会深入挖掘临沂传统文化资源，取得较大成果。发行《琅琊王氏文化志》《琅琊符氏文化志》，拓展沂蒙历史文化资源，加深了与海内望族后裔的联系，为全市经济文化建设服务；启动《东海徐氏文化志》编纂工作，召开多次关于东海徐氏文化志的工作会议，确立了编纂提纲，积极搜集资料，并撰写了相关章节。对徐部落及古徐国初期阶段的发展脉络做了初步挖掘、考证和探讨研究，为研究徐国历史文化提供了有价值的新线索；广泛开展宗亲联谊活动。5 月，研究会和郯城县徐氏宗亲联谊会派人出席了在洛阳召开的全球宗亲联谊会秘书长会议；7 月，参加了济宁宗亲联谊会。积极联络各地徐氏后裔，开展寻根问祖活动。

（杜　帅）

评奖活动

【山东省优秀史志成果奖】 2006 年，省史志办向省政府申请每年在全省范围内组织开展“八个一优秀”评选活动，获奖情况由省政府办公厅发文公布。2012 年，“八个一优秀”评选活动变更为山东省优秀史志成果奖评选活动，获奖成果继续以省政府办公厅名义发文公布。经省政府同意，省史志办组织开展了 2014 年度山东省优秀史志成果奖评选活动。共上报 129 项成果，按类别分：省志分志 7 部，市县级志书 14 部，基层（专门）志 21 部，综合年鉴 23 部（其中，市级综合年鉴 13 部，县级综合年鉴 10 部），地情网站 13 个，方志馆 10 个，旧志整理成果 14 项，地情研究成果 27 项。按地域分：省直 9 项，济南 11 项，青岛 7 项，淄博 6 项，枣庄 3 项，东营 8 项，烟台 7 项，潍坊 9 项，济宁 4 项，泰安 4 项，威海 7 项，日照 4 项，莱芜 8 项，临沂 10 项，德州 12 项，聊城 7 项，滨州 5 项，菏泽 8 项。省政府办公厅党组成员、省史志办主任刘爱军主持召开了评审会议，62 项成果荣获 2014 年度山东省优秀史志成果奖。省政府办公厅印发《山东省人民政府办公厅关于山东省优秀史志成果奖的通报》（鲁政办字〔2015〕62 号）。

（李　坤　孙　杰）

【2014 年度“山东省优秀史志成果奖”名单】

优秀省志分志：《山东省志 · 国土资源志（1949—2005）》（上、下）、《山东省志 · 农业志（1986—2005）》《山东省志·档案志（1991—2005）》《山东省志 · 外事志（1986—2005）》《山东省志 · 民主党派工商联志（1998—2005）》

优秀市县级志书：《济南市志

(1986—2010)》(第六、七册)、新修《莱芜市志》《济南市历城区志(1986—2007)》《巨野县志(1986—2005)》《青岛经济技术开发区·青岛市黄岛区志(1984—2005)》《奎文区志(1994—2010)》《蓬莱市志》《高密市志(1986—2008)》《临沭县志(1986—2007)》《济南市长清区志(1986—2008)》

优秀基层(专门)志:《第十届中国艺术节志》《潍坊人居环境志》《沂蒙革命根据地志》《大桥镇志》《山东河口经济开发区志》《曹口村志》《东昌府区人民代表大会志》《莲花山志》《东流亭社区志》《鲁中职业学院十年发展志》《大店镇志》

优秀综合年鉴:《济南年鉴》(2014)、《日照年鉴》(2014)、《威海年鉴》(2014)、《东营年鉴》(2014)、《烟台年鉴》(2014)、《环翠年鉴》(2014)、《滕州年鉴》(2014)、《乐陵年鉴》(2014)

优秀地情网站(优秀信息化建设成果):菏泽市情网、德州市情网、临朐县情网、招远市情网、齐河县情网、“沂蒙史志”微信

优秀方志馆:崂山区方志馆、文登区方志馆、沂水县方志馆、诸城市方志馆、章丘市方志馆

优秀旧志整理成果:《山东通志》(清宣统版)、《安丘古志集成》、《德州志》(明嘉靖、天启、万历版)、《费县志》(清康熙版)、《广饶旧志集成》、《泗水县志》(清光绪版)、《博山县志》(清乾隆版)、《莒州志》(清雍正版)

优秀地情研究成果:《淄博史志》《威海史志文集》《商都亳研究》《济南历代著述考》《滨州百家诗歌词曲》《村庄影像志》《东营区老照片》《胶东红色人物志》《东昌府区情手册》。

(李　坤　孙　杰)

【第五届全省优秀年鉴评奖活动】 2014年,为检阅山东省年鉴编纂成果,总结年鉴编纂经验,查找存在问题和不足,积极探索和拓展年鉴科学发展的新思路、新方法,进一步提高年鉴编纂水平,推进年鉴事业健康发展,举办了第五届全省优秀年鉴评奖活动。本届评奖活动由省地方史志编纂委员会主办,省地方史志办公室、省年鉴学会承办。7月,省政府办公厅下发《关于举办第五届全省优秀年鉴评奖活动的通知》。本届评奖共收到参评年鉴97部,其中,市级综合年鉴17部,县级综合年鉴47部,专业年鉴33部,创历届年鉴评奖数量新高。学会对报送的年鉴进行审查,分检出不符合要求的年鉴,淘汰2部年鉴。对每部年鉴抽审2万字,完成95部年鉴编校质量的审核任务。12月22日—24日,第五届全省优秀年鉴评奖会议在济南举行,来自各市史志办和山东年鉴学会副会长单位的领导担任评委并参加了会议。郭永生副主任作了动员讲话,提出了要求。会上,通过了评奖守则和评分标准。本次评奖,共评出综合特等奖41项、一等奖32项、二等奖22项,条目编写奖18项,框架设计奖17项,装帧设计奖16项。评奖结果以省史志编委会名义印发《第五届全省优秀年鉴评奖结果的通报》。本次评奖活动,与往届相比,年鉴编纂质量明显提高。市级综合年鉴好于县级综合年鉴,县级综合年鉴好于专业年鉴。在专业年鉴中,省直部门编纂的年鉴好于市、县部门和企业、院校编纂的年鉴。同时,有些年

鉴的框架设计不够科学、合理，特色不明显；装帧设计不规范，正文空白较多，内文插图不够严谨，开本不统一；编校质量有待提高。

（宋　涛）

【第五届全省优秀年鉴评奖结果】　综合奖项　特等奖：《济南年鉴》（2014）、《淄博年鉴》（2014）、《威海年鉴》（2014）、《东营年鉴》（2014）、《烟台年鉴》（2014）、《青岛年鉴》（2014）、《临沂年鉴》（2014）、《莱芜年鉴》（2014）、《泰安年鉴》（2014）、《天桥年鉴》（2011—2013）、《环翠年鉴》（2014）、《垦利年鉴》（2014）、《历下年鉴》（2014）、《滕州年鉴》（2014）、《崂山年鉴》（2014）、《东营区年鉴》（2014）、《乐陵年鉴》（2014）、《博山年鉴》（2014）、《周村年鉴》（2013）、《莱城年鉴》（2013）、《河口年鉴》（2014）、《市南年鉴》（2013）、《肥城年鉴》（2008—2011）、《钢城年鉴》（2013）、《曲阜年鉴》（2008—2011）、《高青年鉴》（2013）、《东昌府年鉴》（2006 2011）、《滨城年鉴》（2008—2012）、《山东建设年鉴》（2014）、《山东科技年鉴》（2013）、《山东金融年鉴》（2014）、《山东统计年鉴》（2014）、《胜利油田年鉴》（2014）、《山东人力资源和社会保障年鉴》（2011）、《山东理工大学年鉴》（2014）、《威海经济技术开发区年鉴》（2014）、《山东水利年鉴》（2012）、《潍坊人物年鉴》（2014）、《山东教育年鉴》（2013）、《山东广播电视年鉴》（2013）、《山东社会科学年鉴》（2014）

一等奖：《日照年鉴》（2014）、《枣庄年鉴》（2014）、《济宁年鉴》（2014）、《潍坊年鉴》（2013）、《滨州年鉴》（2014）、《德州年鉴》（2014）、《菏泽年鉴》（2014）、《聊城年鉴》（2013）、《文登年鉴》（2013）、《曹县年鉴》（2010—2013）、《莒南年鉴》（2014）、《章丘年鉴》（2006—2010）、《临淄年鉴》（2013）、《李沧年鉴》（2014）、《胶州年鉴》（2013）、《泗水年鉴》（2014）、《成武年鉴》（2014）、《沂水年鉴》（2012）、《黄岛年鉴》（2013）、《利津年鉴》（2014）、《临沭年鉴》（2013）、《乳山年鉴》（2014）、《山东地方税务年鉴》（2013）、《济钢年鉴》（2013）、《山东省烟草专卖局年鉴》（2012）、《济南铁路局年鉴》（2013）、《山东工会年鉴》（2013）、《莱钢年鉴》（2013）、《山钢年鉴》（2013）、《山东档案年鉴》（2014）、《山东商务年鉴》（2014）、《山东科技大学年鉴》（2013）

二等奖：《峄城年鉴》（2010—2011）、《沂南年鉴》（2011—2012）、《东明年鉴》（2014）、《五莲年鉴》（2014）、《鄄城年鉴》（2013）、《兰山年鉴》（2012）、《苍山年鉴》（2007—2012）、《东阿年鉴》（2005—2010）、《蒙阴年鉴》（2004—2008）、《广饶年鉴》（2014）、《即墨年鉴》（2014）、《长岛年鉴》（2012）、《兖州年鉴》（2010—2012）、《山东农业大学年鉴》（2013）、《青岛科技大学年鉴》（2013）、《石特年鉴》（2011—2012）、《曲阜师范大学年鉴》（2014）、《山东交通学院年鉴》（2012）、《山东轻工业学院年鉴》（2009）、《潍坊医学院年鉴》（2012）、《日照港年鉴》（2009—2011）、《鲁信集团年鉴》（2013）

条目编写奖　《日照年鉴》（2014）、《枣庄年鉴》（2014）、《济宁年鉴》（2014）、《文登年鉴》（2013）、《曹县年鉴》（2010—2013）、《莒南年鉴》

(2014)、《章丘年鉴》(2006—2010)、《临淄年鉴》(2013)、《李沧年鉴》(2014)、《胶州年鉴》(2013)、《泗水年鉴》(2014)、《成武年鉴》(2014)、《利津年鉴》(2014)、《山东地方税务年鉴》(2013)、《山东省烟草专卖局年鉴》(2012)、《济南铁路局年鉴》(2013)、《山东工会年鉴》(2013)、《山东商务年鉴》(2014)

框架设计奖 《潍坊年鉴》(2013)、《滨州年鉴》(2014)、《德州年鉴》(2014)、《沂水年鉴》(2012)、《黄岛年鉴》(2013)、《临沭年鉴》(2013)、《乳山年鉴》(2014)、《长岛年鉴》(2012)、《峄城年鉴》(2010—2011)、《沂南年鉴》(2011—2012)、《东明年鉴》(2014)、《五莲年鉴》(2014)、《山东档案年鉴》(2014)、《山钢年鉴》(2013)、《济钢年鉴》(2013)、《潍坊医学院年鉴》(2012)、《日照港年鉴》(2009—2011)

装帧设计奖 《菏泽年鉴》(2014)、《聊城年鉴》(2013)、《鄄城年鉴》(2013)、《兰山年鉴》(2012)、《苍山年鉴》(2007—2012)、《东阿年鉴》(2005—2010)、《兖州年鉴》(2010—2012)、《蒙阴年鉴》(2004—2008)、《广饶年鉴》(2014)、《即墨年鉴》(2014)、《莱钢年鉴》(2013)、《山东科技大学年鉴》(2013)、《山东农业大学年鉴》(2013)、《石特年鉴》(2011—2012)、《山东交通学院年鉴》(2012)、《山东轻工业学院年鉴》(2009)

(李坤 孙杰)

理论研讨

【全省方志理论研讨会暨方志期刊座谈会召开】 2014年10月27日—28日，全省方志理论研讨会暨方志期刊座谈会在济南召开。方志出版社社长、总编辑冀祥德，中国地方志指导小组办公室方志期刊指导处处长、《中国地方志》主编于伟平，省史志办副主任刘娟、翟世林、郭永生出席会议。各市史志办主任或分管副主任、业务科（处）长，重点论文作者代表和方志期刊主编等60余人参加会议。

冀祥德在讲话中指出，方志理论研究具有十分重要的功能与意义，特别是在当今经济发展和社会繁荣到一定程度之后，方志理论研究需要有新的平台和提速空间。他对当前方志理论研究新的发展方向和趋势进行了深刻阐释，提出要重新定位地方志工作的功能，重新理解地方志存史、传承、资政、教化的功能；重新认识当前地方志工作的任务和要求，按照习近平总书记、李克强总理的重要指示和第五次全国地方志工作会议精神，指导地方志工作；重新界定地方志理论研究的视野与主题，不能就地方志而地方志，要结合国际国内形势确定研究主题，按照党的十八届四中全会的要求，积极开展“依法治志”等重大课题研究。

于伟平在讲话时对山东省方志期刊工作给予充分肯定。她强调，做好方志期刊工作，要发挥方志期刊应有的组织和引导功能，重视对方志理论研究的组织和引导，转变思维，主动出击，积极主动地开展期刊工作；要有大局意识和问题意识，关注修志工作中亟需解决的问题，不断研究新问题，解决新问题，找到方志期刊工作与修志中心工作的契合点，推出对实践具有推动意义的研究成果；要重视对地域文化深层次的研究，关注地域文化的内涵、外延、功能、作用等问题，建立起同方志文化之间的关联。

刘娟在讲话中指出，方志理论研究是史志事业发展的动力源泉，各级史志机构要高度重视方志理论研究，采取更多创新举措，切实把山东省方志理论研究工作提高到一个新水平。一是进一步深化对方志理论研究重要意义的认识，增强推进理论创新的紧迫感和责任感。二是积极推进方志理论创新，服务史志事业科学发展。三是加强机制建设，为方志理论研究注入新的动力。

翟世林在讲话中对做好新形势下方志期刊工作提出要求。一是统一思想，提高认识，增强做好新形势下方志期刊工作的责任感和使命感。二是改革创新，开拓进取，切实提高办刊水平和办刊质量。三是加强领导，形成合力，切实完善期刊发展的保障机制。努力打造一批全国知名的方志期刊，为山东省史志事业科学发展提供强有力的学术支撑和理论支持，为加快经济文化强省建设做出积极贡献。

会上，收到论文83篇，其中，涉及修志理论的55篇，涉及年鉴编纂、地情资料库和方志馆建设、旧志整理、乡镇村志编修、地情资源开发利用等28篇。会议采取大会发言与会外交流的形式进行。青岛市、枣庄市峄城区、夏津县、聊城市、菏泽市史志办的重点论文作者作了交流发言，《淄博史志》《烟台大事记》《崂山春秋》《乡情》主编作了典型发言。

（王耀生）

【淄博市地方史志办公室学术交流活动】 2014年7月，淄博市史志办副主任徐杰、年鉴科科长王娟参加中国出版协会年鉴工作委员会在哈尔滨组织召开的第二十四次全国城市年鉴研讨会，并进行发言交流。

（淄博市史志办）

【枣庄市业务理论“一人一讲”活动】 2014年初，为提升工作人员业务素养，掀起业务学习热潮，枣庄市史志办开展史志业务理论“一人一讲”活动，由工作人员在史志业务相关领域自由选题，每人2个月准备时间，之后轮流授课，全办人员参加听课。全年共举办了4期“一人一讲”活动，四名工作人员分别讲授了修志、年鉴编辑等方面的相关理论，通过这种方式，提高了授课人和听课人的业务理论素养，同时也交流了思想，锻炼了队伍。

（王正伟）

【潍坊市史志办理论研讨活动】 为贯彻第五次全国地方志工作会议精神，大力加强方志理论研究和方志学科建设，推动全市史志事业科学发展，潍坊市史志办按照省史志办5月印发的《关于召开全省方志理论研讨会的通知》，组织史志专家进行课题研讨及各县（市、区）业务骨干撰写研讨论文，共撰写论文9篇，参加了2014年10月27日省方志理论研讨会，从不同角度、不同层面，探讨史志理论。

（林荣军　王春艳）

【济宁市史志办理论研讨及业务培训活动】 济宁市史志办深入挖掘利用济宁丰

厚独特的文化资源，经常性地开展地方志工作交流和理论研究活动，动员史志工作者撰写有理论深度、有参考价值的地情研究论文，收到良好成效。2014年，参与《第十届中国艺术节志》《济南史志》《历城区志》等的审稿、评稿工作，在《山东史志》刊物上发表业务文章1篇，在《济宁日报》刊登《济宁历史上的廉政故事》4篇，上报全省方志理论研讨会方志论文3篇。7月21日，市史志办，任城区、兖州区史志办，泗水县、微山县、汶上县史志办共8人，参加全省第四期修志业务培训班，增强业务理论知识。10月27日—28日，市史志办副主任邵鸿志参加全省方志理论研讨会暨方志期刊座谈会。11月24日—25日，市史志办，任城区史志办，鱼台县、金乡县史志办共4位同志参加《山东年鉴》2015卷市县组稿及培训会议。

（陆　波　孟昭华　郭赟燕）

【临沂市理论研讨及业务培训】 2014年1月30日，临沂市史志办召开各县区史志办主任座谈会暨方志理论研讨会。会议就志书编纂、年鉴编辑、历史文化资源挖掘等议题开展研讨，有5篇论文作了会议交流发言。4月22日，临沂市史志办召开全体工作人员会议，传达学习第五次全国地方志工作会议精神。与会人员围绕第二轮修志、年鉴编纂、县区志鉴业务指导等议题开展研讨交流。2014年，市史志办组织骨干业务人员，对河东、蒙阴、郯城、平邑4县区的县区志撰稿人员进行业务培训；并应邀对市农业综合开发办、市疾控中心、市红十字会3个单位进行业务培训。随着第二轮修志工作的全面推进，不少县区和单位陆续启动县志和部门志编修工作，为加快志书编撰速度、提高志稿质量，市史志办根据各县区和单位具体情况，采取走出去、请进来的办法，对相应县区和单位撰稿人员分批进行培训。针对不同培训对象，制作不同内容及各有侧重的培训课件，提高培训质量。全年共组织各类培训20余次，培训人员600余人次。

（杜　帅）

【聊城市续志理论研讨会】 2014年12月19日，聊城市史志办组织召开续志理论研讨会。全办志书编纂人员参加了会议，会议就修志需要注意的问题集中研讨，为下一步续修新志打好理论基础。

（张　静）

理论文章与著述

【2014年全省史志系统在《中国地方志》期刊发表的理论文章】 《浅谈村志编写工作》，青岛市崂山区史志办公室，《中国地方志》2014年第1期；《新形势下史志工作创新发展的重要性——以临朐修志工作为例》，刘爱军，《中国地方志》2014年第2期；《浅论第二轮省志政治部类编纂》，刘娟，《中国地方志》2014年第3期；《对志书政治部类几个问题的思考》，綦延辉、庞新华，《中国地方志》2014年第5期。

2014年全省史志系统在《山东史志》期刊发表的理论文章

作 者	题 目	单 位	期 数
刘爱军	贯彻党的十八届三中全会精神推动全省第二轮修志科学发展	省地方史志办公室	2014年第1期
邵鸿志	《济宁市志（1991—2010）》编纂刍议	济宁市史志办公室	2014年第1期
焦 凌	提升志书文化品位的有益尝试	潍坊市史志办公室	2014年第1期
孙善英	年鉴概述性条目优化的路径选择	聊城市史志办公室	2014年第1期
张 阳	道光《济南府志》整理的做法和体会	济南市史志办公室	2014年第1期
王继营	求获务耕	淄博市临淄区史志办公室	2014年第1期
于瑞东	平阴县镇村志编纂工作的思考与实践	平阴县史志办公室	2014年第1期
吴德明	如何编写好乡镇（街道）志	青岛市城阳区史志办公室	2014年第1期
王笃银	简谈方志记述的竖写技巧	泰安市史志办公室	2014年第2期
张明峰	正确认识地方志学科的属性	无棣县史志办公室	2014年第2期
李丙新	鉴为志纂 熔鉴铸志	成武县史志办公室	2014年第2期
李大晋 李 明	旧志标点刍议	蒙阴县史志办公室	2014年第2期
张海峰	浅议在平历史名人的群众观	茌平县史志办公室	2014年第2期
省史志办年鉴工作处	改革创新 提速增效 东营市河口区实现年鉴编纂新突破	省史志办年鉴工作处	2014年第3期
任银睦 张少军	搭建区域地情研究平台 营造史志事业发展环境	青岛市史志办公室	2014年第3期
庞新华	对志书政治部类几个问题的思考	济南市史志办公室	2014年第3期
齐家璐	谈《淄博市志（1986—2002）》对宏观经济的设置和记述	河北省秦皇岛市	2014年第3期
刘 丹	试论方志馆建设的六个维度	中国地方志指导小组办公室	2014年第3期
夏传玉	关于对当前旧志整理工作的几点思考	德州市史志办公室	2014年第3期
青岛市崂山区史志办公室	浅谈村志编纂工作	青岛市崂山区史志办公室	2014年第3期
许华北 侯胜男	聚焦新农村 传承古风化——《宁阳县村庄简志》的探索	宁阳县党史史志办公室	2014年第3期
曲福刚	孙葆田方志学思想管窥	潍坊市潍城区史志办公室	2014年第3期

续表

作　者	题　目	单　位	期　数
孔祥龙	从《氏族表》看章学诚谱牒入志思想	德州市史志办公室	2014 年第 3 期
邹卫平	金声玉振续箫听——欧阳中石先生对京剧艺术的传承	济南市文学艺术界联合会	2014 年第 3 期
刘存祥	诸葛亮忠孝品德在组织路线中的体现	沂南县史志办公室	2014 年第 3 期
赵亚伟 渠开选	续修志书中资料收集和处理的实践及其认识	枣庄市峄城区史志办公室	2014 年第 4 期
王国华	如何提高志书记述的深度	济宁市史志办公室	2014 年第 4 期
杨　慧	志书彩色插页漫谈	枣庄市史志办公室	2014 年第 4 期
刘见华	方言入志问题浅析	枣庄市史志办公室	2014 年第 4 期
李长山	村镇志略编修在潍坊的实践	潍坊市史志办公室	2014 年第 4 期
徐　艳	建立年鉴质量保证体系的思考	沂水县史志办	2014 年第 4 期
赵　崭	浅谈年鉴供稿存在的一些问题	惠民县史志办公室	2014 年第 4 期
于文华 高燕妮	琐谈志鉴文稿的校对	威海市文登区史志办公室	2014 年第 4 期
王耀生	从历代方志文本的建构与重构看核心价值观构建历史规律及对践行社会主义核心价值观的历史启示	省地方史志办公室	2014 年第 4 期
李宏升	皖籍修志名家方学成与清乾隆本《夏津县志》	夏津县史志办公室	2014 年第 4 期
夏传玉	展现新市情　服务大发展——《德州概览》的探索与思考	德州市史志办公室	2014 年第 4 期
孙春丽	山东抗日根据地的建立与中国抗日战争	省地方史志办公室	2014 年第 4 期
屈婉情	抗日名将张自忠	省地方史志办公室	2014 年第 4 期

（王耀生）

【利津县理论著述】《志苑文集》由利津县史志办原副主任、副编审、《利津县志》（1990 年版）主编、《利津县志（1986—2002)》编修指导孙明钦编著，2011 年 12 月由中国国际文化出版社出版，为作者从事史志工作近 30 年来发表在国家和省级方志刊物上的论文辑存。全书 16 万字，收录方志编纂和地方史编写相关论文共 34 篇。《部门志编修三十题》也是其在县直部门、乡镇修志人员培训班上授课讲义进行编辑整理而成，2011 年 12 月由中国国际文化出版社出版。该书对部门志的性质、体例、资料征集、文体文风，以及各类志稿的撰写、志稿的修改等方面进行阐述，有较强的指导作用。全书 11 万字，收录文章 30 篇。

（王曰华）

【泰安市理论文章】 2014年，全市参加2014年度省方志论坛共报送论文7篇。分别是：《泰安市地方史志资源开发研究动态及其主要成果》（马辉）；《让“官书”少些“官气”——对志书“公文化”现象的几点思考》（赵兵）；《羊祜家族与莲花山佛教渊源探寻》（杨洋）；《开展乡镇村志编修 及时有效保存乡村记忆》（庄惠丽）；《以肥城市为例论地方志在文化兴市中的作用》（郝航）；《宁阳县编纂村庄简志的做法与思考》（侯胜男、赵先法）；《村志编修之我见》（杨福中）。

（冯宪谟）

【东平县理论文章与著述】 2014年，东平县史志办认真考察坐落在旧县乡的项羽墓，走访当地群众，查阅有关资料，撰写调研报告《荒冢漫漫话项羽》，并在县政协会议上提交《关于对西楚霸王墓进行保护、开发和利用的建议》提案，引起代表、委员和县政府重视。为纪念抗日战争胜利69周年，撰写《1939，八路军一一五师在东平》一文，省情网站、《泰汶春秋》杂志、《今日东平》报纸和《乡情》刊物分别予以转载。县史志办与浙江省淳安县委党史办公室多方联系，抢救性挖掘东平县南下干部的珍贵资料，撰写《南下干部纪实》一文，在《乡情》刊物刊载发行后，社会反响较大。

近年来，随着东平县旅游业的发展，蕴含丰富文化内涵的“水浒”和“东平湖”牌日益受到专家学者的重视，成为东平吸引游客的金字招牌。县史志办充分利用掌握的有关史料，先后在县内外报刊发表《东原出了罗贯中》《解读水浒文化内涵》《罗贯中本是东平人——〈三国演义〉〈水浒传〉作者故里考》《〈三国演义〉作者罗贯中籍贯考》等理论研究文章10余篇；出版《东原罗贯中研究文集》《罗贯中早期作品选读》《贯中故里说水浒》等有关水浒文化的书籍；翻印1984年版《水浒传》连环画1000套；在中国·东平罗贯中与《三国演义》《水浒传》国际学术研讨会上，提交论文3篇。

（李姗姗　杜　梅）

【《威海史志文集》出版】 2014年10月，由威海市史志办和威海市地方史志学会编辑的《威海史志文集》出版发行，这是威海市第一部史志文集。该文集设年鉴编纂、志书编修、工作研讨、方志利用、史海钩沉、方志评论六部分，收录全市史志工作者在各类刊物上公开发表或在一些论文大赛中获奖的论文作品，共计91篇35万字。该文集的出版发行，为第二轮修志提供了宝贵的经验，对于进一步推动全市史志系统加强地情调研和工作探讨，营造浓厚的理论研讨氛围，提升理论和实践水平，不断开创史志工作的新局面具有积极的指导和借鉴作用。

（李传强）

【德州市理论文章撰写】 由夏传玉撰写的《关于对当前旧志整理工资的几点思考》发表于《山东史志》2014年3期；《展现新市情，服务大发展——〈德州概览〉的探索与思考》发表于《山东史志》2014年4期；《邢侗书法历史地位研究》发表于《德州通讯》2014年3期、《中国书画报》2014年1期；《晚明书画家邢慈静研究》发表于《德州政协》2014年2期；《从文化建设看德州博物馆事业发展》发表于《德州通讯》2014年6期；《读〈资治通鉴〉等史集，看唐朝如何选用官员》发表于《德州通讯》2014年11期。由孔祥龙撰写的《从〈氏族表〉看章学诚谱牒入志思想》发表于2014年《山东史志》第3期。

（王立云）

【聊城市理论文章】 2014年，全市发表各类地情研究论文7篇，张静撰写的论文《上古九河踪迹考》发表在《速读》杂志上；宫磊撰写的《如圭如璋　令闻令望——记元代中书左丞王懋德》在《聊城宣传》杂志上发表、《解读菏泽古牌坊》在《人文天下》杂志上发表、《河清海晏百姓太平》在《走向世界》杂志上发表；张建广撰写的《东昌老街巷　历史活化石》在《光岳论坛》上发表；孙善英撰写的《挖掘地域特色　彰显聊城运河古城魅力》在《光岳论坛》上发表。茌平县史志办主任张海峰撰写的《茌平历史名人的群众观》在《山东史志》《聊城日报》上发表。2014年，全市发表的史志理论文章3篇，其中，聊城市史志办孙善英撰写的《谈年鉴概述性条目的优化》及《年鉴概述性条目优化的路径选择》分别在《广东史志》及《山东史志》上发表。茌平县史志办张海峰撰写的《浅议新旧县志的风格差异》发表在《茌平周讯》。赵崭撰写的《浅谈年鉴供稿存在的一些问题》发表在《山东史志》2014年第4期。7月，聊城史志办报送理论研讨文章《方志馆建设刍议》参加山东省第二届方志理论研讨会。《史志工作为现实服务创新性思考》与《地情网站建设中的常见问题及其处理》两篇论文在《黑龙江史志》（2014年第17期）发表。

（张　静）

期刊出版

【概况】 截至2014年，山东省各级史志机构创办的业务指导和地情普及类刊物主要有省史志办的《山东史志》、济南市史志办的《济南史志》、青岛市史志办的《史鉴》、淄博市史志办的《淄博史志》、泰安市史志办的《泰安市情》、莱芜市史志办的《莱芜古今》、临沂市史志办的《沂蒙史志》、滨州市史志办的《滨州史志》以及由县级史志机构主办的《崂山春秋》《城阳纵横》《即墨古今》《周村史志之窗》《芝罘历史文化丛刊》《泗水之窗》《乡情》等。各级方志期刊坚持正确的办刊思想，紧紧围绕全省史志工作重点，密切关注热点问题，不断推进学术和业务研究，及时刊登最新学术成果，全面报道山东省史志工作的发展动态，深入挖掘地方历史文化资源，努力营造良好的舆论宣传氛围，为实现全省史志事业全面、协调、可持续发展作出了应有的贡献。

（屈婉倩）

【《山东史志》】 《山东史志》是山东省方志界唯一的省级方志理论刊物，前身是1996年创刊的《志与鉴》，季刊。2008年，面对“志、鉴、库、馆、开发服务”五业并举蓬勃发展的方志事业，《志与鉴》从内容到形式上，都不能较好地满足全省方志工作全面推进的需要，要求改版与创新的呼声越来越高。为了更好地服务于全省方志事业的全面发展、快速发展、科学发展，根据办公室领导的指示精神，编辑部全体人员反复讨论研究改版方向与措施，经办公室领导同意并报山东省新闻出版局批准，自2009年第一期起，《志与鉴》正式改版为《山东史志》。版本改为大16开，页码由48页增至56页，目录分栏，增加书眉，仍为季刊。栏目设置以志鉴编纂业务为主，兼顾旧志整理、地情网建设、方志馆建设、读志用志等各个方面，强调针对性、指导性、实用性，为方志工作者提供一个理论探讨、实践交流的平台。

《山东史志》实行严格的主编负责制和编辑岗位负责制。每期稿件都由责任编辑、副主编、主编逐级编辑审校。要求稿件理论联系实际，来自实践，来自工作，有较强的针对性和可操作性。对所发稿件的政治观点、保密问题、文字编辑上层层把关，严格审查。刊物出版后，再由省史志办内部核查，确认无误后始对外交流。发行范围扩大至省内外史志系统刊物编辑部、山东省地方史志编纂委员会成员、山东省地方志学会成员、省委常委、省人大领导、省政府领导、省政协领导、省直部门、全省各市、县（市、区）史志办、外省史志办主任、副省级城市史志办等。

2014年全年编发4期40多万字，编辑工作与时俱进，常编常新。为进一步彰显刊物的文化内涵，办公室特意邀请中国书法文化研究院名誉院长欧阳中石题写刊名，请设计公司对封面进行了重新设计，在广泛征求意见的基础上反复修改。新封面简洁大方，文化韵味浓厚，视觉效果良好。同时，集中刊发《山东省方志馆名誉馆长欧阳中石谈史志工作》《繁荣一片　如被春风——欧阳中石先生欣然为〈第十届中国艺术节志〉题辞》《中华文化与逻辑》等文章，记录了欧阳中石情系山东史志工作的点点滴滴，提高了刊物的文化品位和可读性。

7月，《山东史志》作为省级方志期刊的优秀代表，应邀参加了在内蒙古举办的全国方志期刊工作座谈会，与会人员在会上作了题为《开拓创新　锐意进取　全力提升〈山东史志〉办刊水平》的发言，在与会代表中引起强烈反响，扩大了《山东史志》的影响力和知名度。

（屈婉情）

【欧阳中石为《山东史志》题写刊名】2014年4月，欧阳中石为《山东史志》题写刊名。《山东史志》是山东省史志系统唯一的省级期刊，是修志经验交流的平台、方志理论研究的阵地、对外宣传的窗口。为充分展现方志文化的独特魅力，进一

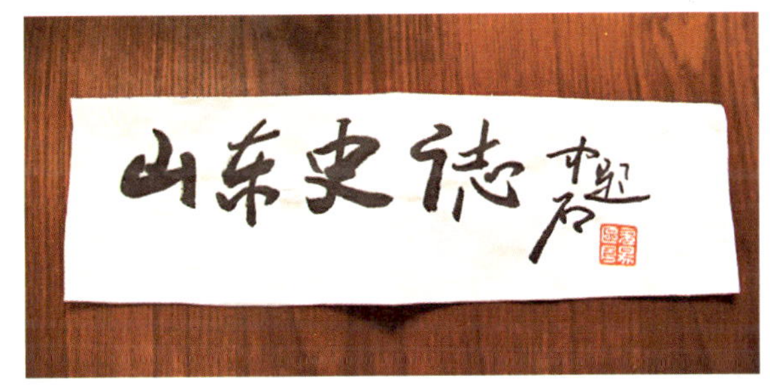

步扩大史志工作的影响力，省政府办公厅党组成员、省史志办主任刘爱军恳请欧阳中石题写《山东史志》刊名。欧阳中石为《山东史志》题写刊名，丰富了期刊的文化内涵，提高了期刊的知名度，扩大了期刊的社会影响。

（李　坤　孙　杰）

【《济南史志》】　为弘扬济南历史文化，增加济南市领导干部对济南历史文化的认知度和感受度，2012年7月，《济南史志》正式创刊。2013年变更主办单位，由济南市史志办主办变为史志办主管、

济南市地方史志学会主办。2014年,《济南史志》期刊继续秉承“挖掘文化内涵,彰显泉城魅力”的办刊宗旨,大力弘扬济南历史文化,积极彰显济南深厚的历史文化底蕴。全年编辑出版四期,刊用文章60余篇,向社会各界赠阅6000余册。特别是在“作风建设年”活动中,单位主要负责人亲自向济南社会福利院、济南市干休二所、开元山庄社区等基层群众赠阅《济南史志》期刊,使济南历史文化走进基层,贴近群众,受到广泛欢迎和好评。

(张　阳)

【《史鉴》】《史鉴》由青岛市史志办公室编纂,2014年出版4期,刊登历史、地情和方志理论等文章100余篇。面向全市各级党政领导、部分大企业负责人、10个区市领导,以及全市近200个《青岛市志》承编单位发行。同时,寄送到全市166个镇、街道一级行政单位,配发到各市区交通、旅游等重要公共场所,并将每期内容录入青岛市情网,拓展了史志工作的服务领域。

(邢延军　贾国芬)

【《淄博史志》】淄博市史志期刊出版工作始于1982年4月《淄博市志通讯》的创刊,该刊由淄博市市志办公室主办,为正度16开本,内部发行,出版至第17期后,更名为《淄博史志》。1990年5月,市委宣传部批准《淄博史志》为市内公开发行的刊物,用鲁淄出准字期刊准印证,至1991年停办,共出版25期,另加增刊2期。每期60页左右,最初印3000册,以后逐渐减至1000册,主要在淄博市内发行,也通过交换的方式发至全省、全国的大中城市史志部门。主要栏目有:文献辑要、史志论坛、工作研究、资料园地等。曾发表过市史志办公室关于编纂地方志和年鉴的规定、意

见,地方志、年鉴工作者的学术研究和理论研讨文章等,对于开展地方志、年鉴编纂起了促进作用,受到广大地方志、年鉴工作者的好评。1991年10月被评为淄博市内部刊物优秀成果二等奖。

全市第二轮修志任务完成后,为进一步探索史志资源开发利用新途径,弘扬淄博优秀传统历史文化,深入挖掘淄博历史典籍、事件和人物,更好地服务全市经济社会发展,市史志办于2013年底拟定出版连续性内部资料出版物《淄博史志》,并报请省新闻出版管理部门批准。《淄博史志》由淄博市地方史志办公室主办、主管,以“记录历史,传承文明,服务现实,面向未来”为办刊宗旨。主要栏目有:大事辑录、志鉴笔谈、山河掠影、文明印记、峥嵘岁月、人物春秋、物华天宝、地名故事、曲水流觞、艺海泛舟、史志动态等。《淄博史志》为季刊,大16开本、64码,每期印刷1000册,2014年7月,经山东省新闻出版广电局批复,同意出版连续性内部资料《淄博史志》,以弘扬淄博历史、挖掘地域文化、

普及地情知识、展示史志成果、为现实服务为主要内容的内部刊物——《淄博史志》创刊。截至年底已连续出版两期。期刊免费发行，发行对象主要为淄博市各大班子领导干部,各区县委、区县政府,市直各部门，市属企事业单位，全市各高等院校，全国部分地市级城市以上史志部门等。

（淄博市史志办）

【东营市地方史志学会成为《石油纵横》主管单位】 2014 年 1 月，东营市地方史志学会成为《石油纵横》期刊主管单位。东营市地方史志学会自成立以来，围绕地方史志编纂和区域文化挖掘开展工作，取得明显成效，在当地的影响力日益增强。2013 年，学会围绕地方特色，以石油文化为重点，同东营石油企业文化促进会联合开展石油文化挖掘工作，吸纳该会主办的刊物《石油纵横》为载体，成为该刊的主管单位。《石油

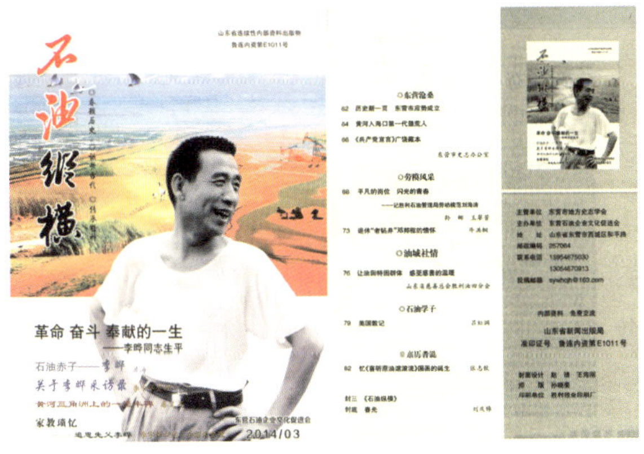

纵横》创刊于 2012 年 9 月，以“眷顾历史,讴歌当代,传承精神”为办刊宗旨，重在回顾胜利油田和东营有关石油企业创业、改革、发展的历史，讴歌当代胜利人和东营有关石油企业职工为国家为社会做出的重大贡献，宣传、弘扬胜利职工爱岗敬业、创新奉献的时代精神和人生追求，真实反映石油人物的石油人生、历史事件和当代石油人的工作、生活、情感。东营市地方史志学会成为《石油纵横》期刊的主管单位后，既为《石油纵横》扩大影响提供了新的更高平台，也为东营地方史志学会发挥作用开拓了新的领域。

（李中华　刘曙光　黄学桂　任　丽）

【《烟台大事记》】 第 1 期《烟台大事记》于 2014 年 1 月 6 日正式出版，该期也是 2013 年度合刊，刊发了烟台市 2013 年 1 月—12 月大事记。年内，先后出版 2014 年第 1—4 期《烟台大事记》。《烟台大事记》出版发行后受到领导及社会各界广泛好评和高度重视，7 月 18 日，全国政协委员、中国书法家协会驻会副主席、中国书法家协会原分党组书记赵长青为《烟台大事记》期刊题写刊名。10 月 28 日《烟台大事记》期刊受到省地方史志办公室表扬，并在全省方志理论研讨暨地方史志期刊座谈会上做典型交流发言。《烟台大事记》实时记录烟台市发生的大事、新事、要事、特事，研究烟台市情，弘扬正能量，为宣传烟台、研究烟台，促进烟台经济社会文化事业发展服务，地方史志储备资料。

（云　霞）

【《沂蒙史志》】 2014 年临沂市史志办继续做好《沂蒙史志》编纂出版工作。《沂蒙史志》创刊于 2011 年 1 月，双月刊，全年出版 6 期，至 2014 年底出版 24 期。杂志以“挖掘历史内涵、展示老区魅力、弘扬沂蒙精神、助推社会发展”为宗旨，包括了“峥嵘岁月”“史海撷萃”“蒙山沂水”“史料辑存”“诗画赏析”“史志动

态”等十余个栏目，刊发各类文章稿件400余篇，内容涉及遗址遗存、历史名人、民俗文化、红色文化的方方面面，全面深入地开展沂蒙历史文化的挖掘工作，具有鲜明地方特色和行业特点，集研究性、可读性于一体，受到各级领导和社会各界的高度评价，在2011年“齐鲁新方志”评选中，《沂蒙史志》获得“工作创新奖”。

（杜　帅）

【《崂山春秋》】《崂山春秋》是由青岛市崂山区档案局、崂山区史志办公室、中共崂山区委党史研究室编纂的区域历史文化刊物，创刊于2003年9月，内部季刊，每期约7万字、发行350册，至2014年12月已发行46期。刊物内部设卷首语、关注崂山、崂山研究、崂山风物、修志论坛、乡情民俗、走读崂山、文化经纬、工作动态等栏目。2014年出版4期，每期发稿20余篇。

（邢延军　贾国芬）

【《城阳纵横》】《城阳纵横》由城阳区档案局、城阳区史志办公室编纂，2012年4月份创刊，设时政举要、重点解读、调查研究、党史温故等10余个栏目及今日城阳、档案史风采2个专版彩页，每季度发行1期。为提升办刊质量，彰显工作特色，突出工作亮点，2013年起新增“工作视窗”“社区修志”“经典品读”等栏目，至2014年共出刊12期，编稿80余万字，向全区党政机关、街道等发行3600余册，较好地发挥了史志工作服务现实、资政辅政的作用。

（邢延军　贾国芬）

【《即墨古今》】《即墨古今》由即墨市史志办公室编纂，2014年出版2期。

（邢延军　贾国芬）

【《周村史志之窗》】 2014年，《周村史志之窗》继续出版发行。年内出版刊物4期，刊载文章42篇，约10万字。《周村史志之窗》创刊于2012年6月，由李振声院士题写刊名，旨在通过挖掘、整理周村历史，介绍宣传商埠文化，鉴别形成地方史料，努力促进史志成果转化利用，打造地方文化快餐。2013年8月，在山东省方志期刊工作座谈会上，周村区作为唯一一家区县级期刊代表作典型发言，得到与会领导和代表的一致肯定，典型经验材料被《山东史志》全文刊登。截至2014年底，《周村史志之窗》共出版12期，为服务现实、弘扬优秀传统文化发挥了积极作用。

（淄博市史志办）

【《芝罘历史文化丛刊》】 为深入挖掘芝罘的历史文化内涵，着力普及地方历史文化知识，进一步“存史芝罘、宣传芝罘、展示芝罘”，烟台市芝罘区地方史志办公室主办的《芝罘历史文化丛刊》创刊号于2011年1月正式出版发行。本刊集思想性、学术性、知识性、艺术性和趣味性于一体，常设“世纪风云”“人物春秋”“开埠记忆”“文经史纬”“史海钩沉”“口述历史”“芝罘笔会”“史林一叶”等栏目。发行范围主要针对区属机关、事业单位干部职工，区人大代表、政协委员和全区各行各业的地方历史文化研究者、爱好者。本刊自2013年5月出版的总第六期起，改由烟台市芝罘历史文化研究会和烟台市芝罘区地方史志办公室联合主办，每年不定期出版2—3期，截至2014年12月，总共出版10期，其中2014年出版2期。2014年8月出版总第九期，主要篇目有《烈士身后事——许端云妻女访问记》《城市党报探索者于大申》《到麦田去“开荒”》《芝罘名称考略及建制沿革》《毓璜顶上的美国公墓》；2014年12月出版总第十期，主要篇目有《陈毅在烟台等城市工商业政策问题上的远见卓识》《姚仲明早年在山东的革命活动》《烟台名称及城市形成钩沉》《芝罘的古村落》《那些年，那些事》。

（刘学廷　唐　娅）

【《乡情》】 2010年初，东平县史志办创办的《乡情》杂志第一期出版发行。《乡情》为季刊，以贴近现实、紧扣史志，内容丰富、涉及面广、栏目设置灵活，得到县内各界和在外老乡认可。2010年3月，在全省史志系统“八个一优秀”评选中，获得“优秀读志用志成果入围奖”。2014年，县史志办在提高刊物质量上下工夫，增设党史天地、民族先贤、民间艺人、民间艺术、水浒故事、书讯、家乡记忆、成就快递、诗词苑、地方特产等特色性栏目，为不同层次的读者群体提供了文化“美餐”。全年出版《乡情》杂志4期，计6000册。2014年10月，在全省方志理论研讨暨方志期刊座谈会上，县史志办介绍的“开发利用史志资源，坚持办好《乡情》期刊”的经验得到与会领导和专家好评，并在《山东史志》刊发。至2014年，《乡情》杂志共出版20期，每期发行1500册，累计发行30000册。

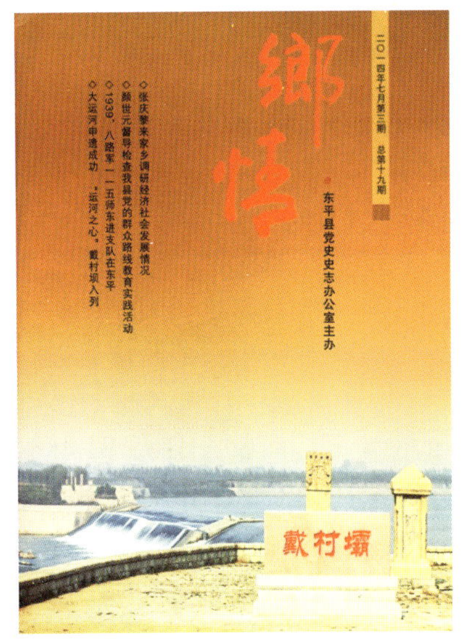

（李姗姗　杜　梅）

责任编校：郭　敏

法制化建设

综　述

【山东省史志工作法规体系在全国率先实现“全覆盖”】 山东省十分重视修志立法工作，早在1985年山东省第六届人大常委会第十五次会议就通过了《山东省人民代表大会常委会关于加强地方志工作的决议》。2003年，开始酝酿《山东省地方史志工作条例》的实施工作，期间得到省委、省人大、省政府的重视和支持，列为立法调研项目。2004年列为立法争取项目。2005年列为年度立法计划；7月4日，省政府第48次常务会议讨论通过；9月29日，省第十届人大常委会第16次会议通过,12月1日起施行。成为全省首部、全国第二部地方修志法规。这是山东修志史上具有全局性、根本性、战略性的一件大事，对于建立修志工作长效机制，保障史志工作持续健康发展，具有重要意义。

2010年1月1日，全国第一部市级地方史志工作法规——《淄博市地方史志工作条例》正式施行，成为淄博市地方史志事业发展史上一个重要里程碑。为加快史志事业法制化、制度化进程，山东省地方史志办公室把加大地方史志法规的制订力度，作为全省史志事业的一项重要工作。2011年初，山东省地方史志编纂委员会印发了《关于加快全省史志工作法制化建设的意见》,要求各市、县（市、区）“十二五”末制定出台史志工作条例、政府规章和政府规范性文件。2011年3月，临沂市12个县（区）全部制定史志工作政府规范性文件，成为全省第一个完成史志工作法规化体系建设的市。7月，全省史志办主任工作座谈会在青岛召开。会议围绕全省史志工作法规体系建设进行了交流座谈，并提出全省各级史志机构要根据当前史志工作实际，在法规、规章及规范性文件的内容上力求达到“合理确定两个《条例》的调整范围、进一步明确市县两级政府的领导职责、明确和增加市县两级史志工作机构的职责、强化确保地方志书编纂质量的制度设计、进一步细化对史志资料工作的要求”的五个目标，并就不断加快史志工作法制化建设步伐提出要求。

省政府办公厅党组成员、省史志办主任刘爱军高度重视修志立法工作，明确要求各市、县（市、区）将立法工作提到议事日程，加大立法力度，争取2014年底全省史志工作法规体系建设实现全面覆盖。各级史志工作机构积极争取同级人大和政府对史志工作立法的支持，结合各自实际，认真开展立法调研，广泛分析论证。省史志办加强对市、县两级法规体系建设的考核，并提请省政府督查室开展政务督查；在《中国地方志》《山东史志》等刊物上发表相关理论文章，介绍相关市、县（市、区）好的经验和做法；深入各市、县（市、区）史志机构进行调研，针对存在的困难和问题，帮助出主意，想办法；制定倒排工期计划表，每月一调度，定期通报各市立法进展情况；在召开的各类会议上，采取领导讲话通报的形式进行督导。通过以上措施，有效保证了法规体系建设的顺利开展。

全省史志工作法规文件主要有四个特点。一是科学界定了“地方史志”的内涵和外延。增加有关部门志、专业志、乡镇（街道）志、村志编纂的规定，同时，强调确保志书质量，接受当地史志机构的指导和监督。二是强化了市、县两级政府的领导职责。充分体现地方志“官修”原则，明确市、县政府纳入国民经济和社会发展规划，制定总体工作规划和编纂方案，组织编纂已撤销和新设立行政区域的地方志书。三是细化和延伸了史志机构的工作职责。主要是增加开展地情调查研究、编写地情文献、培训编纂人员、建设地情网站和方志馆、开展学术研究、组织业务培训以及完成本级政府和上级史志机构交办的其他事项等职责。四是强化了确保地方志书编纂质量的制度设计。明确地方志书和综合年鉴由史志机构组织审查，出具审查验收报告，报同级政府批准出版，出版社保证出版质量，行政部门依法加强监督检查。五是细化了对史志资料工作的要求。规定史志机构和承担编纂任务的单位建立以史志资料年报制度为基础的资料征集机制，依法征集文字、口述史料及图片、照片、音像、电子文本、实物等资料，指定专人统一保管、妥善保存，依法移交本级档案馆或方志馆。山东省史志工作法规体系建设全面覆盖，为依法修志、依法管志、依法用志等“依法治志”各项工作奠定了坚实基础。

截至2014年底，全省制定出台省级条例1部，市级条例1部，市级政府规章和规范性文件16个，县级政府规范性文件137个，省、市、县三级实现法规体系建设全面覆盖。

（省史志办人事秘书处
市县基层志编纂指导处）

各市法制化建设

【济南市法制化建设概况】 2014年12月3日，济南市人民政府办公厅印发《济南市地方志工作管理办法》(以下简称《办法》)。该《办法》共十六条，是根据国务院《地方志工作条例》和《山东省地方史志工作条例》制定的。《办法》界定了地方志的范围，明确地方志工作机构的职责，限定地方志的编修主体，指明地方志编修的基本要求，对社会单位及个人在地方志工作中应承担的责任也作了明确规定。《办法》是济南市编修地方志以来制定的第一个有关地方志工作的规范性文件，对于促进依法修志、规范地方志工作、扩大地方志工作的社会影响以及发动社会各界支持地方志工作将发挥重要作用。

济南市各县(市、区)史志工作法制化建设情况表

名　称	制发机关	公文性质	条款数量	公布时间	施行时间
历下区地方史志工作管理暂行办法	历下区人民政府	政府公文	19条	2011.6.13	2011.7.15
市中区地方志工作管理暂行办法	市中区政府办	规章	18条	2011.12	2012.2
槐荫区地方史志工作管理暂行办法	槐荫区人民政府	规范性文件	19条	2012.3.13	2012.5.1
天桥区地方史志工作管理暂行办法	天桥区政府	规范性文件	16条	2011.11.23	2011.12.10
历城区地方史志工作管理暂行办法	历城区政府	政府发文	20条	2011.9.29	2011.10.29
长清区规范地方志编纂工作暂行办法	长清区人民政府	暂行办法	17条	2012.11.29	2012.12.1
章丘市规范地方志编纂工作暂行办法	章丘市人民政府	规范性文件	16条	2010.12.31	2011.2.1
平阴县地方志工作管理办法	平阴县人民政府	规范性规章	17条	2011.8.31	2011.10.1
济阳县地方志工作管理暂行办法	济阳县人民政府	规范性文件	17条	2011.7.1	2011.8.1
商河县地方史志工作管理暂行办法	商河县人民政府办公室	规范性文件	16条	2010.12.31	2011.2.1

（张　阳）

【青岛市法制化建设概况】 青岛市史志工作法制化建设工作始于2011年下半年。根据山东省地方史志办公室《关于加快全省史志工作法制化建设的意见》（鲁史志编发〔2011〕5号）文件要求，青岛市政府办公厅转发市史志办《关于进一步做好依法修志工作的通知》（青政办字〔2012〕4号），明确要求“到2013年，市制定出台史志工作条例，12区（市）制定出台关于史志工作的规范性文件。”

根据省史志办关于地方志工作立法要求和市政府2012年政府立法工作计划，市史志办在充分调研的基础上起草了《青岛市地方志工作规定（送审稿）》。市政府法制办接到送审稿后，召开相关部门和区市政府的征求意见会，并组织部分人大代表、政协委员和专家进行座谈和论证。2012年10月10日，《青岛市地方志工作规定（征求意见稿）》在《青岛晚报》、青岛政务网站和市政府法制网全文刊发，通过媒体广泛征求社会各界的意见。11月2日，副市长栾新主持召开由有关部门和区市政府分管领导参加的协调会，对相关问题进行了协调确认。经反复修改形成了《青岛市地方志工作规定（草案）》，2012年12月18日，经青岛市十五届人民政府第14次常务会议审议通过，市长张新起于2012年12月28日签发青岛市人民政府令（第224号）公布《青岛市地方志工作规定》，自2013年2月1日起施行。

青岛市各区市史志工作法制化建设情况表

名　称	制发机关	公文性质	条款数量	公布时间	施行时间
市南区地方志工作规定	青岛市市南区人民政府	法规性文件	26条	2013．1.28	2013．12.1
市北区地方志工作管理办法	市北区人民政府	政府公文	26条	2013．9.16	2013．9.16.
李沧区地方志工作管理办法	李沧区人民政府	规定	6章26条	2014.12.25	2015.1.1
崂山区地方志工作管理办法	崂山区人民政府	规范性文件	6章25条	2013．6.7	2013．6.1
黄岛区地方志工作管理暂行办法	中共青岛市黄岛区委办公室 青岛市黄岛区人民政府办公室	通知	18条	2014．10.15	2014.10.15
城阳区地方志工作管理办法	城阳区人民政府	规范性文件	6章26条	2013.11.21	2013.12.1
即墨市地方志工作管理办法	即墨市人民政府	规范性文件	6章26条	2013.8.1	2013.8.1
胶州市地方志工作规定	胶州市人民政府	规范性文件	6章26条	2014．2．26	2014．3．1
平度市地方志工作管理办法	平度市人民政府	地方性法规	6章25条	2013.12	2014.1
莱西市地方志工作管理办法	莱西市人民政府	通知	6章25条	2014．12．24	2014．12．24

（邢延军　贾国芬）

【淄博市法制化建设概况】　淄博市史志工作法制化建设工作始于2009年下半年。2009年10月30日，淄博市第十三届人民代表大会常务委员会第十五次会议通过了《淄博市地方史志工作条例》，淄博市方志工作法制化建设步入正轨。2010年1月1日起，全国第一部地市级地方史志工作法规——《淄博市地方史志工作条例》正式施行，成为淄博市地方史志事业发展史上重要的里程碑。至2011年7月，全市8个区县和高新区相继以政府名义出台地方史志工作政府规章。省史志办向全省推广淄博市的经验。国务院法制办网站宣传介绍《淄博市史志办贯彻落实三级条例依法推进修志进程》的做法。2013年4月，市史志办积极争取市人大常委会支持，对全市贯彻实施省、市两级《条例》情况进行执法检查，有效推动了全市史志工作法制化建设。2014年，积极参加淄博市社会科学普及周和依法行政宣传日活动，宣传史志工作法规政策，展示依法修志成果。坚持用法治思维和法治方式推动史志工作，从建立健全各项规章制度入手，建立行政执法人员档案、行政执法证件管理档案，规范健全执法主体资格审查、执法人员资格认证等规章制度。相继制定《〈淄博年鉴〉编纂质量管理办法（试行）》《关于规范史志出版物报送工作的通知》《淄博市及区县地情网站管理规定》

《关于做好全市基层志编修工作的意见》等以依法修志、管志为依托的业务规范和督查督办工作制度，努力营造有章可循、管理严明、共谋发展的良好局面。

淄博市各区县史志工作法制化建设情况表

名　称	制发机关	公文性质	条款数量	公布时间	施行时间
周村区地方史志工作暂行办法	周村区人民政府	通知	20条	2011.3.16	2011.3.16
高青县地方志工作暂行管理办法	高青县人民政府	规范性文件	23条	2011.7.7	2011.7.7
博山区地方史志工作暂行办法	博山区人民政府	规范性文件	21条	2010.11.16	2010.11.16
淄川区地方志工作管理暂行办法	淄川区人民政府	规范性文件	21条	2011.6.26	2011.6.26
张店区地方史志工作暂行办法	张店区人民政府	通知	21条	2011.4.14	2011.4.14
关于印发沂源县史志工作管理办法（暂行）的通知	沂源县人民政府	通知	23条	2011.7.7	2011.7.7
临淄区人民政府关于印发临淄区地方史志工作管理暂行办法的通知	临淄区人民政府	通知	21条	2011.5.13	2011.5.13
桓台县规范地方志编纂工作暂行办法	桓台县人民政府	规范性文件	16条	2011.3.28	2011.3.28

（淄博市史志办）

【枣庄市法制化建设概况】 2011年3月，省史志办提出“加强法制化建设，使史志工作步入法制化、规范化的良性发展轨道”以来，枣庄市史志办加大推进全市史志工作法制化建设力度，动员各区（市）迅速行动、抓紧操作，加快制定出台以政府名义下发的规范性文件。2011年4月至9月，各区市相继出台了管理办法。2011年9月29日，《枣庄市地方史志工作办法》（政府令第131号）正式颁布。至此，枣庄市及区（市）两级史志工作规范性文件全部出台。

枣庄市各区市史志工作法制化建设情况表

名　称	制发机关	文　号	发布时间
市中区地方志工作管理暂行办法	市中区人民政府	市中政发〔2011〕25号	2011.4.27
薛城区地方志工作管理暂行办法	薛城区人民政府办公室	薛政办发〔2011〕35号	2011.7.11
峄城区地方志工作管理办法（暂行）	峄城区人民政府办公室	峄政办发〔2011〕31号	2011.5.13
台儿庄区地方志工作管理暂行办法	台儿庄区人民政府办公室	台政办发〔2011〕38号	2011.8.9
山亭区地方志工作管理暂行办法	山亭区人民政府办公室	山政办发〔2011〕12号	2011.9.29
滕州市地方志工作管理办法	滕州市人民政府	滕政发〔2011〕108号	2011.8.23

（王正伟）

【东营市法制化建设概况】 2011年，东营市制定《2011—2015年东营市地方史志事业发展规划》，提出根据全省进一步完善史志事业法制化、制度化体系的要求，市及县（区）政府要择机制定出台关于史志工作的政府规章，逐步健全完善与两个《条例》相配套的法规制度和实施细则，为全市史志事业发展提供法律依据和制度保障。2010年—2011年，各县区先后制定出台《地方史志工作管理暂行办法》。2012年10月19日，市长申长友签署第168号政府令，发布实施《东营市地方史志工作管理办法》（以下简称《办法》）。《办法》明确了史志工作管理职责、管理范围、法律责任，规范了审查程序。至此，市及县区全部出台史志工作规范性文件，东营市史志事业进入依法修志的新阶段。

东营市各区县史志工作法制化建设情况表

名　称	制发机关	文　号	发布时间
东营区地方志工作管理暂行办法	东营区人民政府办公室	东区政办发〔2011〕44号	2011.6.2
河口区地方史志工作管理暂行办法	河口区人民政府办公室	东河政办发〔2011〕19号	2011.5.23
垦利县地方志工作管理暂行办法	垦利县人民政府办公室	垦政办发〔2011〕19号	2011.4.6
利津县地方志工作管理暂行办法	利津县人民政府办公室	利政办发〔2011〕4号	2011.3.15
广饶县地方志工作管理暂行办法	广饶县人民政府办公室	广政办发〔2010〕52号	2010.12.18

（李中华　刘曙光　黄学桂　任　丽）

【烟台市法制化建设概况】 2012年12月7日，烟台市政府办公室制定《烟台市史志工作管理暂行办法》，以文件的形式在全市颁布实施。所属县市区于2011年至2014年相继出台地方史志工作管理办法。2014年，烟台市地方史志工作法制化建设稳步推进。

烟台市各县（市、区）史志工作管理办法颁布情况表

名　称	发布单位	发布时间
芝罘区地方史志工作管理暂行办法	芝罘区政府办	2012年1月1日
福山区地方史志工作管理暂行办法	福山区政府办公室	2011年11月
牟平区地方史志工作管理暂行办法	牟平区政府办公室	2012年12月28日
莱山区地方志工作管理暂行办法	莱山区政府	2011年11月26日
海阳市地方志工作管理办法	海阳市政府办公室	2014年7月1日
莱阳史志工作管理暂行办法	莱阳市政府办公室	2010年12月2日

续表

名 称	发布单位	发布时间
蓬莱市地方史志工作管理暂行办法	蓬莱市政府	2011 年 9 月 13 日
长岛县地方史志工作管理暂行办法	长岛县政府	2011 年 10 月
龙口市地方史志工作管理暂行办法	龙口市政府	2011 年 10 月
关于加强全市史志编纂管理工作的实施意见	招远市政府办公室	2010 年
关于印发莱州市史志工作管理办法的通知	莱州市政府	2011 年 11 月
栖霞市地方史志工作管理暂行办法	栖霞市政府办公室	2014 年 12 月

（渠敬伦）

【潍坊市法制化建设概况】 2014 年，潍坊市史志办结合贯彻中共十八届四中全会精神，把史志工作法制化、规范化建设提上重要日程，在 2013 年市政府发布《潍坊市地方史志工作管理办法》基础上，积极督促落实，召开全市史志办主任会议专题调度法制化建设和网站建设工作。全市 12 个县（市、区）政府均出台史志工作规范性文件，史志工作进入了有法可依、有章可循的新阶段，为史志事业健康有序发展奠定了法制基础。

潍坊市各县（市、区）史志工作法制化建设情况表

名 称	制发机关	公文性质	条款数量	公布时间	施行时间
奎文区地方史志工作管理办法	奎文区人民政府	规范性文件	28 条	2014. 12. 24	2014. 12. 24
潍城区地方史志工作管理办法	潍城区人民政府办公室	规范性文件	22 条	2014. 11. 28	2014. 12. 28
坊子区地方史志工作管理办法	坊子区人民政府办公室	规范性文件	21 条	2013. 7. 4	2013. 7. 4
寒亭区地方史志工作管理暂行办法	寒亭区人民政府	规范性文件	19 条	2011. 01. 27	2011. 01. 27
青州市地方史志工作管理暂行办法	青州市人民政府	规范性文件	20 条	2014. 11. 13	2014. 11. 13
诸城市地方史志工作管理暂行办法	诸城市人民政府办公室	规范性文件	16 条	2012. 04. 10	2012. 04. 10
寿光市地方史志工作管理办法	寿光市人民政府办公室	规范性文件	24 条	2010. 11. 26	2010. 12. 01
安丘市地方志工作管理暂行办法	安丘市人民政府办公室	规范性文件	21 条	2011. 11. 3	2011. 11. 3
高密市地方史志工作管理办法	高密市人民政府办公室	规范性文件	23 条	2014. 11. 29	2014. 12. 29
昌邑市地方史志工作管理办法	昌邑市人民政府办公室	规范性文件	22 条	2015. 1. 16	2015. 2. 16
临朐县地方史志工作管理办法	临朐县人民政府办公室	规范性文件	21 条	2014. 10. 22	2014. 11. 1
昌乐县地方史志工作管理办法	昌乐县人民政府办公室	规范性文件	23 条	2014. 4. 24	2014. 4. 24

（程森枝　林荣军）

【济宁市法制化建设概况】 济宁市史志办认真贯彻国务院《地方志工作条例》《山东省地方史志工作条例》，通过规范修志机构的设置，理顺领导体制，济宁市史志工作法制化进程不断加快。按照省史志办要求，市县两级全面加强史志工作法规化建设，相继颁布实施史志工作规章、管理办法等规范性文件。为确保《条例》和地方规范性文件的实施，市县两级不断加强对法规的宣传，在实际工作中严格依照法规办事，推进地方史志事业的健康发展。《济宁市地方志工作管理办法》共22条，自2013年4月1日起正式实施。

济宁市各县（市、区）史志工作法制化建设情况表

名称	制发机关	公文性质	条款数量	公布时间	施行时间
嘉祥县地方史志工作管理办法	嘉祥县人民政府	规范性文件	24条	2011.08.13	2011.09.13
曲阜市地方志工作管理暂行办法	曲阜市人民政府	通知	22条	2011.09.27	2011.11.01
邹城市地方志工作管理暂行办法	邹城市人民政府	通知	22条	2012.02.28	2012.02.28
兖州市规范地方志编纂工作暂行办法	兖州市人民政府办公室	规范性文件	16条	2011.10.24	2011.11.01
金乡县规范地方志编纂工作暂行办法	金乡县人民政府	规范性文件	17条	2010.10.28	2010.10.28
微山县地方志史志工作管理暂行办法	微山县委、县政府	规范性文件	20条	2011.11.28	2012.01.01
泗水县规范地方志编纂工作暂行办法	泗水县人民政府	规范性文件	17条	2009.11.19	2010.01.01
梁山县地方志工作管理暂行办法	梁山县人民政府办公室	规范性文件	26条	2011.12.01	2011.12.01
济宁市市中区地方志工作管理暂行办法	济宁市市中区人民政府办公室	政府公文	22条	2011.06.20	2011.07.01
任城区地方志工作管理办法	济宁任城区人民政府	政府公文	20条	2010.12	2011.01.01
鱼台县规范地方志编纂工作暂行办法	鱼台县人民政府办公室	规范性文件	17条	2011.09	2011.11.01
汶上县地方史志办工作管理暂行办法	汶上县人民政府	通知	19条	2011.02.22	2011.03.22

（陆　波　孟昭华　郭赟燕　何飞飞）

【泰安市法制化建设概况】 泰安市史志工作法制化建设工作始于1999年。当年，第二轮续修新志工作在全市正式启动。3月17日，泰安市政府印发《关于续修新方志有关问题的通知》，全面部署续修新志工作，就修志体制、机构、队伍、办公条件和经费等方面提出要求和规定。1999年8月28日，市政府印发《泰安市地方志编纂管理办法》，明确地方志书应延续不断，实行党委领导，政府主持编修，史志工作部门负责组织实施，修志经费由同级政府财政拨付。明确提出志书编修实行登记备案制度和审查验收制度。2006年5月15日，市政府办公

室印发《关于积极推进基层志编修工作的通知》，对基层志编修工作提出要求，对编修规划、实施方案、工作机构、人员队伍、经费保障和质量标准作出规定，明确规定基层志编修要严格执行备案审查验收制度。

2011年，根据省史志办关于地方志法制化建设要求，泰安市史志办起草《泰安市地方史志工作管理办法》，并与市法制办多次对接修改后，报市政府审批。10月20日，《泰安市地方史志工作管理办法》颁布实施。《泰安市地方史志工作管理办法》共21条，自2011年12月1日起执行。

泰安市各县（市、区）史志工作法制化建设情况表

名称	制发机关	公文性质	条款数量	公布时间	施行时间
泰安市泰山区地方史志工作管理办法	泰安市泰山区人民政府	规范性文件	23条	2012.3.29	2012.5.4
泰安市岱岳区地方史志管理办法	泰安市岱岳区人民政府	规范性文件	19条	2012.6.1	2012.6.1
新泰市地方志编纂工作管理办法	新泰市人民政府办公室	规范性文件	16条	2013.11.5	2013.12.1
肥城市地方史志工作管理办法	肥城市人民政府	规范性文件	21条	2011.11.29	2012.1.1
宁阳县地方史志工作管理办法	宁阳县人民政府	规范性文件	22条	2012.5.23	2012.6.1
东平县地方史志工作管理办法	东平县人民政府	规范性文件	20条	2012.8	2012.8

（赵　兵）

【威海市法制化建设概况】 自2005年12月《山东省地方史志工作条例》颁布实施，2006年5月，国务院《地方志工作条例》颁布实施以来，威海市史志办认真贯彻落实两个《条例》，推动威海市地方史志立法工作。2011年7月，威海市史志办专门成立管理办法起草班子，结合威海市实际情况，借鉴其他城市的经验和做法，起草《威海市地方史志工作管理办法（讨论稿）》，并向全市各级史志部门和承担修志工作的单位广泛征求意见，形成《威海市地方史志工作管理办法（草案）》。9月23日，威海市人民政府印发《威海市地方史志工作管理办法》（威政发〔2011〕40号）（以下简称《办法》），自10月1日起施行。《办法》明确了各级政府对史志工作的责任和地方史志工作机构的职责范围，各行各业各部门共同参与修志、提供资料及实行资料年报的责任和义务。《办法》的颁布施行对于威海市地方史志事业的发展具有里程碑的意义。至2011年底，各区（市）政府均出台了加强史志工作管理的规范性文件，完善与两个《条例》相配套的法规制度和实施细则，为威海市史志事业发展提供了法律依据和制度保障。

2014年5月18日是国务院《地方志工作条例》颁布实施八周年纪念日，威海市史志办采取多种形式纪念《条例》颁布实施。5月15日，在“威海市情网”

主页上打出庆祝字幕，并在市区主要街道悬挂“庆祝《地方志工作条例》颁布实施八周年”横幅。5月16日，市史志办召开全体会议，就如何更好地贯彻落实《条例》，推动威海史志事业大发展进行了研讨。

威海市各区（市）史志工作法制化建设情况表

名称	制发机关	公文性质	条款数量	公布时间	施行时间
威海市环翠区地方志工作管理暂行办法	威海市环翠区人民政府	规范性文件	22条	2011.10.17	2011.10.17
文登市地方志工作办法	文登市人民政府	规范性文件	18条	2011.12.28	2011.12.28
荣成市地方史志工作管理办法	荣成市人民政府	规范性文件	25条	2011.10.27	2011.11.1
乳山市地方史志工作管理暂行办法	乳山市人民政府	规范性文件	24条	2011.12.16	2011.12.16

（陶晓红）

【日照市法制化建设概况】 在2011年7月全省史志工作法制化建设座谈会召开之前，五莲县和莒县率先出台了有关地方志工作的政府规范性文件。会议结束以后，日照市史志办把会议精神的贯彻落实作为重点工作来抓，及时向市政府领导作了全面汇报。市政府领导明确指示，要按照省史志办部署，抓紧制定出符合日照市实际的规范性文件，之后，召开了区县史志办主任座谈会议，认真传达学习省会议及领导指示精神，对法规体系建设进行了重点安排，整体工作有序推进。

2011年9月23日，日照市人民政府以日政发〔2011〕34号文件印发了《日照市地方史志工作管理办法》（以下简称《办法》），该《办法》共有23条，对地方史志工作的地位和作用、任务和要求、组织和保障、审查和验收、编纂和出版、管理和使用以及违法处罚等，作出了具体规定。

日照市各县（区）史志工作法制化建设情况表

名　称	制发机关	文　号	发布时间
日照市东港区地方志工作管理办法	东港区人民政府办公室	东政办发〔2014〕26号	2014.11
岚山区地方志工作管理暂行办法	岚山区人民政府办公室	岚政办发〔2011〕18号	2011.10
五莲县地方志工作管理暂行办法			2008.9
莒县地方志编纂工作管理办法	莒县人民政府	莒政发〔2010〕65号	2010

（范芳丽）

【莱芜市法制化建设概况】 2011年，莱城区、钢城区以区政府文件下发了《地方史志工作管理暂行办法》。2014年8月，莱芜市政府印发《莱芜市地方史志工作管理办法》（莱政发〔2014〕15号），该办法共26条，自2014年10月1日起正式实施。对地方史志概念内涵、组织保障、审查验收、管理使用、违法处罚等方面做出具体规定，进一步明确了市、区两级政府的责任和地方史志管理机构的职责范围及各部门行业配合修志、提供资料的义务。办法的出台标志着莱芜市地方史志工作法制化建设迈入新的轨道，对于保障莱芜市地方史志编纂出版质量，推动莱芜史志事业科学发展、更好地服务全市经济社会建设具有重要意义。

2014年，按照莱芜市编办要求，对莱芜市地方史志办公室行政权力进行了调查摸底，编制了市级行政权力清单并在政府网站和市情网站上进行公示。莱芜市地方史志办公室市级行政权力清单包括四项：行政监督类——对地方史志编纂工作的检查指导；其他行政权力类——地方史志编写方案批准，地方史志出版备案，自行编纂的志书、年鉴或者其他地情文献备案。并公布了实施依据、实施主体和流程图。

莱芜市各区地方史志工作管理办法颁布情况表

名　称	文　号	颁布时间	施行时间	条款（条）
莱城区地方史志工作管理暂行办法	莱城区政发〔2011〕10号	2011年7月6日	2011年7月6日	23
莱芜市钢城区地方史志工作暂行办法	钢城政发〔2011〕10号	2011年9月22日	2011年9月22日	28

（亓军华　刘少波　高　涛）

【临沂市法制化建设概况】 2014年，临沂市史志办结合二轮修志工作，开展形式多样的学习宣传《地方志工作条例》《山东省地方史志工作条例》活动。组织全市史志系统骨干，认真学习《条例》内容，领会《条例》条款含义，重点掌握《条例》实质，充分履行好《条例》赋予的职责，年内共组织市直集体学习3次、县区集体学习1次；利用“临沂市情网”和“沂蒙史志”微信平台，不断宣传《条例》要点知识；与市法制办联合，把《条例》纳入“五五”普法学习规划。年内向130多个单位发放《条例》学习手册160余册，为进一步贯彻落实《条例》和第二轮修志工作的顺利进行打下了良好的基础。

市政府下发了《关于加强地方志工作的意见》，市史志办按照政府法制部门的要求进行了行政执法梳理，明确了执法行为、执法主体、执法依据和执法程序。年内重新梳理完善了《临沂市地情网站管理规定》、《临沂市第二轮志书编纂行文规范》、《临沂市年鉴编纂业务管理办法》等规范文件，12个县区政府也相继制定下发了贯彻两个《条例》的实施办法。全市共出台各种规范性文件71部，为全市史志事业发展提供了法律依据和制度保障。

贯彻落实两个《条例》，依法开展各项史志工作。随着《条例》学习宣传和贯彻落实的逐步深入，政府和社会各界对史志工作的认识不断提高，各级史志机构建设不断加强，对史志工作的经费投入逐步增加，史志系统凝聚力、战斗力显著提高；全市各级各部门高度重视第二轮修志工作，普遍将修志工作纳入国民经济和社会发展“十一五”规划，写入政府工作报告，同时制定一系列规章制度保障了第二轮修志扎实有序开展；各级各部门积极开展基层修志工作，编纂出版了一大批部门志、乡镇志、街道志、社区志、村庄志。锻炼了修志队伍，充实了地方史志资料，也为史志机构进行执法探索创造了有利条件；根据《条例》明确要求，加强了年鉴规范化编纂，市、县综合年鉴均由政府主持、史志部门负责编纂，县级综合年鉴编纂出版数量显著增多，出版周期逐步缩短，多数县区已经达到一年一鉴的工作模式；地情文献库和地情文献网站建设成效卓著。全市史志系统按照《条例》要求，加大地情网站、地情资料库建设力度，市直和12个县区均建成方志馆和史志网站并运转良好，有力地推动了史志成果服务载体的建设；地情研究和读志用志成果丰硕，史志机构利用自身优势，大力开展地情研究和读志用志工作，依托临沂市文化资源特点重点开展“望族文化研究”，促进了招商引资工作，积极为当地经济建设和社会发展服务。

临沂市各区、县史志工作法制化建设情况表

名称	制发机关	公文性质	条款数量	公布时间	施行时间
兰山区地方志工作管理暂行办法	兰山区人民政府	通知	22条	2011.3.18	2011.3.18
罗庄区地方志工作管理暂行办法	罗庄区人民政府办公室	通知	20条	2011.2.23	2011.3.1
河东区地方志工作管理暂行办法	河东区人民政府办公室	通知	20条	2010.12.10	2011.1.1
郯城县地方史志工作管理暂行办法	郯城县人民政府	通知	24条	2011.3.16	2011.3.16
苍山县地方志工作管理暂行办法	苍山县人民政府	通知	23条	2010.12.31	2011.1.1
沂水县地方志工作管理暂行办法	沂水县人民政府办公室	通知	20条	2010.11.19	2010.11.19
沂南县规范地方志编纂工作暂行办法	沂南县人民政府办公室	通知	16条	2011.12.15	2011.12.15
平邑县地方志工作管理办法（试行）	平邑县人民政府	通知	22条	2011.3.7	2011.3.7
费县规范地方志编纂工作暂行办法	费县人民政府办公室	通知	24条	2010.11.30	2010.11.30
蒙阴县地方志编纂工作管理办法	蒙阴县人民政府	通知	15条	2010.12.27	2010.12.27
莒南县地方志编纂工作管理办法	莒南县人民政府	通知	17条	2010.11.16	2010.12.1
临沭县地方志工作管理暂行办法	临沭县人民政府	通知	24条	2010.9.21	2010.10.1

（杜　帅）

【德州市法制化建设概况】 德州市史志法规体系建设自2011年5月开始部署。7月召开全市史志办主任座谈会，会议要求在全市开展地方志质量标准体系的建设，以法制化和规范化为中心，全面推进第二轮地方志修编工作的开展。工作部署以后，各县（市、区）史志办纷纷加大工作力度，起草相应的管理办法。至2011年底7个月的时间里，各县（市、区）相继颁布施行了本行政区域的地方志工作管理办法。

2011年9月22日，德州市政府办公室印发了本市首个《德州市地方志工作管理办法》，加强对地方志工作的管理。该办法自2012年1月1日起施行。此管理办法共分22条，对全市地方史志工作的地位和作用、任务和要求、组织和保障、审查和验收、编纂和出版、管理和开发利用以及违法处罚等作出了具体规定。并进一步明确了各级政府对史志工作的责任和地方史志工作机构的职责范围，各行各业各部门共同参与修志、提供资料及实行资料报送的责任和义务。

平原县人民政府于2010年11月率先印发了全市第一部地方志工作管理办法。2011年，夏津、齐河、禹城、乐陵、宁津、陵县、临邑、武城、庆云相继出台地方志工作管理办法，12月20日，德城区人民政府印发《德城区地方志工作管理办法》。至此，德州市以及11个县（市、区）全部颁布实施了地方志工作规范性文件，全市建立起完备的地方志法规体系，标志着德州市地方志工作进入依法修志、科学发展的新阶段。

《德州市地方志工作管理办法》由德州市人民政府办公室颁发，11个县（市、区）《地方志工作管理办法中》中5个县以政府文件印发，其余6个县以政府办公室文件印发。市县《地方志工作管理办法》（以下简称《管理办法》）进一步明确了史志工作机构应承担的职责。《管理办法》明确了史志工作机构是编纂本行政区域综合性地方志书和地方综合年鉴的唯一合法机构，其他单位和个人不得编纂，同时鼓励机关、社会团体、企业事业单位、其他组织和个人编纂出版有助于经济社会发展的其他志书，但必须接受史志工作机构的业务指导，并上报史志工作机构做好备案工作。《管理办法》科学界定和调整了地方志工作的业务范畴。增加了乡镇志、村志、部门志、行业志编纂的有关规定，将本行政区域史志工作的组织、协调、业务编纂、地方文献的征集整理和资源开发服务等纳入史志工作范畴。《管理办法》进一步明确了对史志资料的要求，对国务院《地方志工作条例》和《山东省地方史志工作条例》关于史志资料的征集、保存、开发利用、服务进行了细化和补充，促进了全市二轮修志资料报送工作的顺利开展。

德州市各县（市、区）史志工作法制化建设情况表

名　称	实施时间
德城区地方志工作管理办法	2011 年 12 月 20 日
陵县地方史志工作管理办法	2011 年 8 月 26 日
乐陵市规范地方志编纂工作暂行办法	2011 年 7 月 1 日
禹城市地方志工作管理办法	2011 年 8 月 2 日
宁津县地方志工作管理办法	2011 年 11 月 20 日
庆云县地方志工作管理办法	2012 年 1 月 1 日
临邑县地方志工作管理暂行办法	2011 年 11 月 18 日
齐河县地方志工作管理暂行办法	2011 年 7 月 18 日
平原县地方志工作管理办法	2010 年 11 月 19 日
夏津县地方史志工作管理暂行办法	2011 年 4 月 18 日
武城县地方史志工作管理暂行办法	2011 年 12 月 26 日

（德州市史志办）

【聊城市法制化建设概况】 聊城市史志工作法制化建设工作始于 2011 年下半年。根据山东省地方史志办公室《关于加快全省史志工作法制化建设的意见》文件要求，2012 年 1 月 29 日，聊城市人民政府印发《聊城市地方史志工作管理办法》，自 2012 年 3 月 1 日起施行，有效期 5 年。2014 年，制定权力清单，确定行政监督权力 2 项，其他权力 1 项。

聊城市各县（市、区）史志工作法制化建设情况表

县(市、区)	名 称	制发机关	公文性质	条款数量	公布时间	施行时间
东昌府区	东昌府区地方志工作管理暂行办法（《东昌府区地方志工作管理办法》正在会签行文中）	东昌府区人民政府办公室	规范性文件	25 条	2011. 08. 09	2011. 09. 01
临清市	临清市地方志工作管理暂行办法	临清市人民政府	规范性文件	22 条	2011. 5. 12	2011. 5. 12
冠县	冠县地方志工作管理暂行办法	冠县人民政府	规范性文件	25 条	2011. 12. 16	2011. 12. 16
莘县	莘县地方志工作管理暂行办法	莘县人民政府办公室	规范性文件	20 条	2011. 6. 3	2011. 6. 3

续表

县(市、区)	名 称	制发机关	公文性质	条款数量	公布时间	施行时间
阳谷县	阳谷县地方志工作管理办法	阳谷县政府	规范性文件	24条	2012. 3. 1	2012. 3. 1
东阿县	东阿县地方史志工作暂行办法	东阿县政府办公室	规范性文件	21条	2011.8.1	2011.8.1
茌平县	茌平县地方史志工作管理暂行办法	茌平县人民政府	规范性文件	21条	2011.5.24	2011.6.1
高唐县	高唐县地方史志工作管理暂行办法	高唐县人民政府	规范性文件	21条	2011.12.1	2011.12.1

（聊城市史志办）

【滨州市法制化建设概况】 滨州市史志工作法制化建设工作始于2011年底。2012年初，根据省史志办关于地方志工作立法要求，滨州市史志办积极与滨州市法制办联系、沟通，在充分调研的基础上起草了《滨州市地方史志工作管理办法（送审稿)》。2012年7、8、9月，市政府法制办连续召开相关部门和区县政府的征求意见会，并组织部分人大代表、政协委员和专家进行座谈和论证，到区县史志办调研。2012年12月14日，滨州市委副书记、市长张光峰主持召开十届市政府第九次会议，会议听取了市法制办关于《滨州市地方史志工作管理办法》（草案）起草情况的汇报，会议原则同意《滨州市地方史志工作管理办法(草案)》。会议指出，地方史志既系统地反映历史，又客观地反映现状，是了解一个地方的工具。各级、各部门要结合《办法》的颁布实施，坚持尊重历史的原则，严格执行《办法》要求，促进地方史志工作的法制化、规范化。2013年1月18日，滨州市人民政府发出滨政发[2013]3号文《滨州市人民政府关于印发〈滨州市地方史志工作管理办法〉的通知》，自2013年3月1日起施行，有效期至2018年2月28日。

滨州市各县（区）史志工作法制化建设情况表

名 称	制发机关	公文性质	条款数量	公布时间	施行时间
滨城区地方志工作管理暂行办法	滨城区人民政府办公室	规范性文件	20条	2011.7.27	2011.7.27
沾化县地方志编纂工作管理办法	沾化县人民政府办公室	规范性文件	17条	2011.6.9	2011.7.1
惠民县地方史志工作管理办法	惠民县人民政府	规范性文件	17条	2011.9.7	2011.10.1
阳信县地方史志工作管理暂行办法	阳信县人民政府	规范性文件	24条	2011.6.17	2011.6.17
无棣县地方志工作管理暂行办法	无棣县人民政府	规范性文件	21条	2011.7. 5	2011.7.5
博兴县地方志工作管理暂行办法	博兴县人民政府	规范性文件	22条	2012.5.4	2012.6.10
关于加强基层修志工作管理的通知	邹平县人民政府办公室	通知	5条	2007.8.8	2007.8.8

（滨州市史志办）

【菏泽市法制化建设概况】 2011年9月7日，菏泽市人民政府办公室印发了《菏泽市地方史志工作管理暂行办法》，该办法自2011年9月7日起施行。

2014年12月18日，菏泽市史志办组织人员走上街头，通过悬挂横幅、设立展板、发放宣传材料和现场讲解等形式，向广大市民宣传两个《条例》精神和依法修志的重要意义。活动共发放宣传材料1000多份，接受现场咨询300多人次，进一步增强了广大市民依法修志和读志用鉴意识，达到了预期宣传效果。

菏泽市各县（区）史志工作法制化建设情况表

名　称	制发机关	公文性质	条款数量	公布时间	施行时间
牡丹区地方志工作管理暂行办法	牡丹区人民政府办公室	通知	19条	2011.3.28	2011.3.21
曹县地方志工作管理暂行办法	曹县人民政府	通知	17条	2011.9.13	2011.10.1
单县地方志工作管理暂行办法	单县人民政府办公室	通知	19条	2011.9.14	2011.9.16
成武县地方史志工作暂行办法	成武县人民政府	通知	18条	2010.11.26	2011.1.1
巨野县地方史志工作管理暂行办法	巨野县人民政府办公室	通知	18条	2011.3.8	2011.3.1
郓城县地方史志工作暂行办法	郓城县人民政府	通知	18条	2011.7.15	2011.7.15
鄄城县地方史志工作管理暂行办法	鄄城县人民政府办公室	通知	18条	2011.9.20	2011.9.20
定陶县地方史志工作暂行办法	定陶县人民政府	通知	18条	2011.9.15	2011.9.20
东明县地方史志工作管理办法（暂行）	东明县人民政府	通知	24条	2011.2.17	2011.2.17

（菏泽市史志办）

责任编校：刘　敏

工作机构与队伍

综　述

【概况】　全省17个市都设有史志机构，隶属市政府或市政府办公室领导，其中副厅级单位2个，正处级单位11个，副处级单位4个，全部参照公务员法管理。137个县（市、区）均设有独立的史志机构。全省三级史志机构共有编制近1200人，加上聘用和兼职人员，全省史志系统有工作人员近2000人。

全省地方史志工作人员情况统计表

（截止时间：2014年12月31日）

项目 种类	定编	在编	聘用	在编人员情况														
				行政管理人员							专业技术人员			学历学位情况				
				正厅（局）级	副厅（局）级	正处级	副处级	正科级	副科级	科员及以下	高级	中级	初级及以下	博士	硕士	本科	大专	高中以下
省级	61	61				8	14	24	1	4	5		5	1	5	48	6	1
市级	268	268	22		5	34	51	96	36	31	6	4	4	1	42	189	21	10
县级	849	864	82			13	17	132	214	356	53	81	62		37	593	201	38
合计	1178	1193	104		5	55	82	252	251	391	64	85	71	2	84	830	228	49

山东省地方史志办公室机构与队伍

【概况】　山东省地方史志办公室成立于1981年10月，原名山东省地方史志编纂委员会办公室，为省社会科学院代管的处级单位。1983年，省政府第26次常务会议决定省地方史志编纂委员会办公室为低半格的厅局级机构。1984年3月，省编制委员会确定省地方史志编纂委员会办公室编制30名，内设秘书处、省志编审处、县志编纂指导处、资料编辑部。同年4月，省政府决定省地方史志编纂委员会办公室为省政府办公厅代管的事业单位。1986年3月，省编制委

员会决定在省地方史志编纂委员会办公室内增设《山东年鉴》编辑部，编制10名。1995年8月，根据《山东省省级机构改革实施意见》，省地方史志编纂委员会办公室改为省地方史志办公室，副厅级规格，隶属省政府办公厅领导。1996年4月，省政府办公厅发出《关于印发山东省地方史志办公室职能配置、内设机构和人员编制方案的通知》，确定省地方史志办公室为全额拨款副厅级事业单位，内设人事秘书处、省志编审处、市县基层志编纂指导处、年鉴工作处（与省情资料处合署）等4个处，事业编制42名；筹建山东省方志馆，为省地方史志办公室所属全额预算管理的处级事业单位，编制10名；同意省人文和自然遗产保护与开发促进会秘书处挂靠省地方史志办公室。2007年7月18日，中共山东省委组织部、山东省人事厅联合发出通知，批准省史志机关参照公务员法管理。内设人事秘书处、省志编审处、市县基层志编纂指导处、年鉴工作处、省情资料处等5个处，编制45人，目前在编45人。省方志馆为省史志办所属全额拨款事业单位，编制16人，现有16人。省史志办领导班子编制主任1名，副主任3名。2014年9月4日，山东省事业单位改革领导小组办公室发出《关于事业单位类型划分的意见》，明确省史志办机关暂不参与事业单位分类改革，省方志馆定为公益一类。2014年9月16日，山东省人力资源和社会保障厅、省公务员局发出《关于省地方史志办公室设置厅级非领导职务职数的函》，为省史志办增设1个副巡视员职位。

机构设置：5处1馆。人事秘书处：负责文电处理、秘书事务、保密保卫、人事劳资、资产财务和后勤管理工作；协助办公室领导对重要工作进行综合、协调、督促和检查；承办日常党务和思想政治工作。省志编审处：负责拟订省志编纂方案并组织实施，承担省志的编辑加工、总纂和出版发行工作。市县基层志编纂指导处：负责市县志及基层各类志书的编纂指导工作；负责市级志书的审查验收工作；负责编辑内部指导刊物和地方志理论研究。年鉴工作处：负责组织编纂《山东年鉴》，指导全省综合年鉴和专业年鉴的编纂工作。省情资料处：负责省情网站和省情资料库的开发研究工作，指导市、县级地情网站和地情资料库建设。省方志馆，负责征集、整理、保存各级各类史志文献。

主要职责：在省委、省政府和省政府办公厅党组领导下，贯彻落实国务院《地方志工作条例》和《山东省地方史志工作条例》，规划、管理全省地方史志工作；组织、检查、指导全省地方史志、综合年鉴编纂工作；审查验收省、市两级志书及相关地情文献；负责《山东省志》、《山东年鉴》的组织编纂及出版工作；建设管理省情网站，收集、整理和开发利用省情资料；建设管理方志馆，征集、保存地方史志和地情文献；研究、开发地方历史文化，宣传推广地方史志成果，开展方志理论研究；负责旧志整理工作，促进史志文化遗产保护；培训史志工作队伍，完成省政府交办的其他事项等。

行政权力基本信息表

权力事项编码	3700001906701		
权力事项名称	自行组织编纂有关志书、年鉴或地情文献的备案		
权力类别	其他行政权力		
实施依据	《山东省地方史志工作条例》		
实施依据内容提要	《山东省地方史志工作条例》第十五条：“有关组织和单位可以自行组织编纂本条例第十三条、第十四条规定以外的志书、年鉴或者其他地情文献。编纂单位应当按照隶属关系或者注册登记关系报人民政府史志工作机构备案。”		
实施主体	省史志办	承办机构	省志编审处、市县基层志编纂指导处、年鉴工作处
实施对象	机关、事业单位、企业、社会组织	办理情况公开范围	向社会公开
共同实施部门	无	收费（征收）的标准及依据	
法定时限		承诺时限	
咨询电话		投诉电话	

（李　坤）

济南市史志机构与队伍

【济南市史志办公室】 济南市史志办公室是济南市政府直属的参照公务员管理的副厅局级单位。主要职责是：负责拟订全市地方志工作规划，制定各项规范标准及管理办法，并组织实施。负责《济南市志》《济南年鉴》等市级市志及市情资料性书籍的编纂、出版发行及旧志的整理研究工作。对市直各部门、各县（市、区）及基层地方史志工作进行业务指导；审定县（市、区）志稿。负责市情资料的收藏、整理和开发利用，进行地域情况的研究和咨询服务。承办市委、市政府交办的其他事项。至2014年底，济南市史志办公室编制19人，实有19人。其中，在编行政管理人员17人，工勤2人；研究生5人，本科生13人，高中1人；正局级主任1名，正局级巡视员1名，副局级主任2名，副局级巡视员1名，处长3名，副处长3名，副调研员1名，主任科员3名。另有处级下属事业单位——济南市方志馆，编制6人。2014年5月，经十届市委第62次党委会议审定，将济南市史志办公室原20人编制缩减为19人。

（张　阳）

【济南市历下区史志办公室】 历下区史志办公室为区政府直属全额拨款正处级事业单位，编制4人，现有人员8人（含3名返岗人员），其中主任1人，副主任2人，正处级返岗1人，副处级返岗2人，副科级1人，科员1人。大学专科1人，本科6人，研究生1人。

（王海燕）

【济南市市中区史志办公室】 市中区史志办公室为市中区政府办公室管理的正处级事业单位。定编5人，在编9人，聘用人员2人。在编人员全部为行政管理人员，本科6人，专科3人。正处级2人，副处级2人，正科级3人，副科级1人，科员1人。

（市中区史志办公室）

【济南市槐荫区史志办公室】 槐荫区史志办公室为正处级全额预算管理事业单位，隶属槐荫区政府办公室管理，定编14人。2014年，从事地方志工作2人，其中正处级1人、正科级1人。

（金 颖）

【济南市天桥区区志办公室】 1984年8月4日，济南市编制委员会印发《关于加强市、县、区地方志办事机构的通知》（济编发〔1984〕67号），规定区志办公室为区局级事业单位，配事业编制5名，经费市财政拨付；12月10日，天桥区设立区志编纂委员会办公室，局级事业单位，事业编制5名。1987年9月10日，事业编制5名、实有5人（行政4人、区自筹1人）。1989年7月31日，核定事业编制5名；11月7日，实有6人（含集体混岗1人）。1991年5月8日，增加事业编制2名，经费自筹；8月25日，建制级别局级，全民事业单位，事业编制7名，实有7人。1996年8月12日，明确区志编纂委员会办公室为区政府办公室所属正处级事业单位；12月2日，更名为区史志办公室，核定事业编制5名，领导职数主任1名、副主任1名。至2014年年底，领导职数配备未变，事业编制5名，实有5人。

（天桥区区志办公室）

【济南市历城区史志办公室】 济南市历城区史志办公室是县（处）级全额财政拨款事业单位，管理单位是济南市历城区人民政府办公室。现编制9人，实有10人。具有研究生学历1人，本科学历6人，专科学历3人，其中，在读研究生2人。

（历城区史志办公室）

【济南市长清区史志办公室】 长清区史志办公室是长清区政府独立设置的正处级事业单位，内设综合编纂科，主任1人，副主任1人，科级1人，编制6人。2014年，实有5人，其中正处1人，副处1人；大学本科学历2人，专科学历2人，中专学历1人。

（长清区史志办公室）

【章丘市史志办公室】 1981年12月章丘县地方史志编纂委员会办公室成立，下设办公室，为临时机构，工作人员5人。1984年9月，县志编纂委员会成立后，下设办公室，工作人员增至6人。1985年1月15日，县政府以章政发［1985］3号文公布县志办公室为局级事业单位，配事业编制10人，业务归属县政府办公室领导。同年8月，地名办公室与县志办公室合署办公，改称县志地名办公室。1988年4月，地名工作建制划归县民政局，县志地名办公室改称县志编纂办公室。1992年2月，县志编纂办公室改称县志办公室。撤县设市后，县志办公室改称市史志办公室。1996年7月，为适应工作局面，经市政府领导同意，报市人事局备案，市史志办内设秘书和基层志书编纂指导2个正科（股）级科室。至2014年底，全办11人，其中主任1人、副主任4人、管理人员5人，工勤人员1人。

（章丘市史志办公室）

【平阴县史志办公室】 平阴县史志办公室与中共平阴县委党史研究室一个机构、两块牌子，为参照公务员管理的正科级事业单位。至2014年底，共有编制12人（含县委旧址管理中心全额事业编制

5人）；实有在编工作人员10人，均为行政管理人员，其中研究生1人，硕士1人，本科5人，专科3人。

（于瑞东）

【济阳县史志办公室】 济阳县史志办公室工作机构性质是全额拨款事业单位，正科级，定编5人，在编5人，聘用人员1人。

（孙长根）

【商河县史志办公室】 商河县县志编纂委员会办公室成立于1982年2月。2003年10月，县志编纂委员会办公室与县委党史资料征集研究委员会办公室合署办公，称“商河县党史县志办公室”，为县委、县政府主管党史和县志工作的职能部门。2011年8月，商河县党史县志办公室更名为中共商河县委党史研究室，挂商河县史志办公室牌子，为县委直属正科级事业单位。有事业编制11人，其中领导职数配主任1名，副主任2名；管理人员6名，工勤人员1名。实有人数为12人，其中主任1名，副主任3名，管理人员6名，专业技术人员2名。聘请1人。全体人员中，研究生1人，本科7人，大专2人，中专2人。

（商河县史志办）

青岛市史志机构与队伍

【青岛市史志办公室】 青岛市史志办公室是青岛市人民政府直属的正局级事业单位，参照公务员法管理，设置秘书处、编审处、业务指导处3个职能处室，编制20人，2014年末在编行政管理人员23人。下设自收自支事业单位青岛年鉴社，正处级，编制15人，年末在编行政管理人员和专业技术人员8人。青岛市所辖10个区市中，即墨市成立了独立的史志办公室，市南区、市北区、李沧区、黄岛区、城阳区、胶州市、平度市、莱西市史志机构与区档案局合署办公，崂山区史志机构与区党史办、档案局合署办公。区市史志机构共有在编人员48人。

青岛市地方志工作人员情况统计表

（截止时间：2014年12月31日）

项目 \ 县区	定编	在编	聘用	在编人员情况														
				行政管理人员							专业技术人员			学历学位情况				
				(局)级	副厅(局)级	正处级	副处级	正科级	副科级	科员及以下	高级	中级	初级及以下	博士	硕士	本科	大专	高中以下
青岛市史志办	35	29	8		2	9	5	9				1	3	1	4	23	1	
市南区史志办	3	2	6						1			1			1	1		
市北区史志办	4	5				2		1		2					1	4		
李沧区史志办			2				1										2	
崂山区史志办		9				1	4	1		1	1	1	1		1	8		
黄岛区史志办		5				1	1	1	1	1						5		
城阳区史志办		5				1	1		1			1				5		
即墨市史志办	9	8	1					1	1	3	1		3		1	3		4
胶州市史志办	5	5								5								
平度市史志办	4	4	1									2	2			3	1	
莱西市史志办	5	5							1			2	2			3	2	
合计	65	77	18		2	14	12	13	5	12		8	11	1	8	55	6	4

（邢延军　贾国芬）

淄博市史志机构与队伍

【淄博市地方史志办公室】 1981年10月，淄博市市志编纂委员会办公室成立，负责全市地方史志的组织编纂、管理和开发利用工作。1996年10月，更名为淄博市地方史志办公室，为正县级事业单位。2008年4月，被列为全市第一批36个参照公务员法管理事业单位之一。2014年，市史志办编制20人，内设秘

书科、史志科、年鉴科、资料科和机关党支部。全市五区三县、高新区均已设立正科级史志工作机构，其中张店区史志办与张店区档案局合署办公，周村区史志办、博山区史志办为独立机构（其中周村区为行政编制），其他区县史志办均为区县政府办公室的二级机构。文昌湖区史志工作由管委会办公室负责。各区县史志办工作人员基本在3到5人之间，多为专职与社会聘请人员组成。市委、市政府非常重视史志工作，在2014年大幅精简议事协调机构及联席会议的情况下，继续保留淄博市地方史志编纂委员会，市委书记任名誉主任，市长任主任，分管副市长任第一副主任，市直有关部门主要领导为成员。

（淄博市史志办）

【淄博市张店区史志办公室】 张店区史志办公室，为全额财政拨款正科级事业单位，与张店区档案局（馆）合署办公。编制3人，均为大专以上学历。

【淄博市淄川区史志办公室】 淄川区史志办公室为淄川区人民政府办公室管理的正科级事业单位。2014年，区史志办公室编制2人，在岗人员7人，其中主任1人，副主任3人，工作人员3人。大学学历6人，大专学历1人。至2014年底，内设志鉴科、指导科、资料科3个科室。

【淄博市博山区地方史志办公室】 1997年4月，设博山区地方史志办公室，隶属区政府办公室，为正科级事业单位，核定编制4人，其编制由原区史志档案局20个编制和原从事地方史志工作的人员中调剂。同月，设立内部机构“文秘科”“史志年鉴科”。2014年12月，设立地情资料科。2014年，博山史志办定编4人，在编5人，聘用人员5人。在编人员专科以上学历。

【淄博市临淄区史志办公室】 临淄区史志办公室成立于2003年10月，为正科级财政预算拨款全额事业单位，隶属于临淄区人民政府办公室，定编4人，在编4人。聘用人员5人。

【淄博市周村区史志办公室】 周村区史志编纂委员会办公室1982年4月28日成立，隶属中共周村区委，正科级事业单位。1984年4月起归属区政府领导，编制5人。1993年12月区机构改革，周村区志编纂委员会办公室改称周村区地方志工作室，属区政府办公室内含机构。1997年7月周村区地方志工作室改称周村区史志办公室，归区政府办公室领导。2014年，周村区史志办公室行政编制6人，在职人员6人。

【桓台县史志办公室】 桓台县史志办公室为正科级事业单位，归口县政府办公室管理，定编3人，在编3人，聘用4人；在编行政管理人员3人，学历均为大学本科。

【高青县史志办公室】 高青县史志办公室成立于2003年，为正科级全额预算管理事业单位，隶属县政府办公室。2014年10月，县史志办与县档案局、县委党史办合署办公，仍隶属县政府办公室。高青县史志办均为在编管理岗位，学历均为大学学历。定编3人，在编4人（其中正科1人、副科2人、科员1人）。

【沂源县史志办公室】 沂源县史志办公室前身为沂源县地方志编纂委员会，成立于1982年10月，时为非常设机构，1984年6月调整为常设副科级全额预算管理事业机构。1990年6月沂源县县志编纂委员会办公室升格为正科级机构。1993年12月，全县机构改革时撤销县志编委会办公室，职能移交县政府办公室成立的县志科（股级行政机构）。2001年6月恢复建立沂源县史志办公室，为县政府办公室内设正科级全额预算管理事业机构，编制5人，至2014年未变。2014年，沂源县史志办公室为全额预算管理事业机构，定编5人，在编5人，设主任1人，副主任2人，县志科科长1人，年鉴科科长1人。在编5人中，大学本科5人，有职称1人。

（淄博市史志办）

枣庄市史志机构与队伍

【枣庄市地方史志办公室】 枣庄市史志办为副县级全额财政拨款的参公管理事业单位，是独立的一级法人单位。内设秘书科（下挂方志馆牌子）、编辑科、业务指导科等3个科室，承担编写枣庄史志及枣庄年鉴，指导区（市）和市直部门编撰史志，收集枣庄境域地情资料等职能。编制11人，现有在职在岗工作人员10人，其中副处级行政管理人员2人，科级正职工作人员4人，科级副职工作人员3人，8人为大学本科学历，2人为大学专科学历。外聘3人，2人正高级职称，1人为正县级退休干部。

（王正伟）

【枣庄市市中区史志办公室】 1982年3月，市中区史志办公室成立。1993年底，并入区政府办公室。2003年12月，升格为隶属区政府办公室二级事业单位。至2014年底，市中区史志办编制4人，在编3人，其中1人为返岗人员；副科级2人（其中1人为编审职称）；除在编

人员外聘用1人。所有在岗人员均具有大专及大专以上学历。

（胡乐义）

【枣庄市薛城区史志办公室】 薛城区史志办公室是隶属于薛城区人民政府办公室管理的副科级事业单位，编制5人，在编4人。其中1人为返岗人员，1人为主任（副科级，硕士研究生学历）、2名工作人员。聘用2人，主要负责第二轮薛城区志续修编辑工作。

（时宏扬　唐　罡）

【枣庄市峄城区史志办公室】 峄城区史志办公室是峄城区人民政府领导下的正科级事业单位，内设秘书科、编审科、资料科，在编在岗8人，先后聘请5人参与《峄城区志》（1991—2010）的编修工作，其中副高级职称1人，专科以上学历4人。

（张瑞华　王　旭）

【枣庄市台儿庄区史志办公室】 台儿庄区史志办是正科级事业单位。承担台儿庄区的历史资料收集、整理、编纂和相关业务指导等职能。定编4人，在编行政管理人员5人，其中正科级人员3名，副科级人员1名，4人专科学历，1人高中学历。借调人员2人（本科学历）。

（赵　燕）

【枣庄市山亭区史志办公室】 山亭区地方史志办公室为正科级事业单位，管理单位是山亭区人民政府。山亭区史志办公室在编人数为14人，没有定编。主任1人，副主任3人；有副高级技术职称2人，中级技术职称2人。

（孙成凤）

【滕州市史志办公室】 滕州市史志办公室是滕州市人民政府办公室管理的正科级事业单位，编制5人，在编6人，其中4人为返岗人员，2名在编在岗人员，1人为主任（正科级，大专学历）、1人为副主任（副科级，本科学历）；4名返岗人员中，1人为正科级、副编审职称、本科学历，2人为副科级（其中1人为本科学历、1人为大专学历），1人为正股级、副编审职称、大专学历。除正式在岗工作人员之外，聘用2人，其中司机1人、打字员1人。

（赵逢柏　丁　涛）

东营市史志机构与队伍

【东营市史志办公室】 1984年8月16日，根据《关于市政府办公室内设科室的批复》（东编发〔84〕046号），设立史志办公室，为市政府办公室内设科室；1985年9月16日，根据《关于史志、地名办公室级别和人员编制的通知》（东编发〔85〕047号），更名史志编纂办公室，为副县级事业单位，定编5人。1986年6月2日，根据《关于市史志编纂委员会办公室增加编制的通知》（东编发〔86〕013号），人员编制增至10人。1988年4月5日，根据《关于史志办公室内设科室的批复》（东编发〔88〕020号），设置内设科室编辑科、秘书科，均为副科级单位。1997年5月12日，根据《东营市人民政府办公室关于印发东营市史志办公室职能配置内设机构和人员编制方案的通知》（东政办发〔1997〕68号），更名为东营市史志办公室，内设秘书科、编辑科2个科室，事业编制10人，配备主任1人，副主任1人，科级领导职数4人，工勤人员1人。2008年4月28日，根据《关于东营市市委党史研究室等41个事业单位参照公务员法管理的批复》（鲁人字〔2008〕93号），市史志办实行参照公务员管理。2010年7月15日，根据《关于市史志办非领导职务设置的函复》（东人社字〔2010〕115号），增设主任科员1名，副主任科员1名；7月27日，根据《关于市史志办机构编制问题的批复》（东编办发〔2010〕110号），市史志办加挂“东营市方志馆”牌子，内部科室增设地情资料科，人员结构为管理人员9人、工勤人员1人，科级领导职数调整为秘书科1名、编辑科2名、地情资料科1名。2013年4月1日，根据《关于市史志办公室编制问题的批复》（东编办发〔2013〕25号），人员结构调整为管理人员10人。2014年4月

25 日，根据《东营市机构编制委员会关于贯彻落实鲁办发〔2014〕4 号文件的通知》（东编发〔2014〕17 号），核减编制 1 人。至 2014 年底，东营市史志办公室（东营市方志馆），内设秘书科、编辑科、地情资料科，编制 9 人，配备主任 1 人，副主任 1 人，科级领导职数 4 名，主任科员 1 名，副主任科员 1 名。2014 年底，市史志办公室实有工作人员 8 人，其中，主任 1 人，副调研员 1 人，副主任 1 人。聘用人员 2 人。

（李中华　刘曙光　黄学桂　任　丽）

【东营市东营区地方史志办公室】 1986 年 6 月 5 日，根据国办发〔1985〕33 号文件和东营市人民政府常务会议决定事项通知精神，东营区研究决定设立东营区地方史志编纂办公室，为正科级事业单位，隶属区政府办公室领导，编制 3 人。经数次调整，至 2014 年底，区地方史志办公室隶属区政府办公室管理，为正科级事业单位，编制 8 人，实有工作人员 5 名，其中主任 1 人，副主任 1 人。

（郭大勇　李　鹏）

【东营市河口区地方史志办公室】 1985 年 5 月 3 日，河口区设立河口区地方史志办公室，为正科级事业单位，隶属河口区人民政府。2011 年 8 月 8 日，东营市河口区机构编制委员会下发通知（东河编办发〔2011〕33 号），设立东营市河口区方志馆，在区地方史志办公室挂牌子。2014 年底，河口区史志办公室内设综合室、编审督导室，人员编制 7 人，其中管理人员 3 人，专业技术人员 4 人；实有工作人员 6 人，其中主任 1 人，副主任 2 人。领导职数为办公室配主任（馆长）1 名、副主任（副馆长）2 名。

（潘春芳）

【垦利县党史史志办公室】 1983 年 3 月，设立垦利县县志编纂委员会及办公室，为副科级事业单位，隶属县政府办公室领导。1993 年 10 月，垦利县县乡机构改革，县志办公室与党史资料征集研究委员会办公室合并，成立垦利县党史史志办公室，为正科级事业单位，归口县委办公室，设综合室、编辑室两个内设股级机构，编制 8 人。2008 年 12 月，成为参照公务员管理的事业单位。根据工作需要，2011 年新增编制 1 人。2013 年 3 月，县编制委员会办公室批准增设内部机构县方志馆（挂县党史馆牌子），增加编制 2 人，设馆长 1 名。2014 年，核减编制 1 人。至 2014 年底，内设综合室、编辑室、县方志馆（挂县党史馆牌子）3 个股级机构，编制 10 人，领导职数 3 名，实有工作人员 9 人，其中主任 1 人，副主任 2 人。

（陈学慧　刘艳芳）

【利津县史志办公室】 1983 年 1 月 25 日，中共利津县委行文公布成立利津县地方史志编纂委员会(利发〔83〕4 号文件)，一并成立县地方史志编委会常设办事机构利津县史志办公室，明确为县政府的直属部门，正科级事业单位，编制 6 人。至 2014 年底，利津县史志办编制 6 人，实有在编人员 4 人,聘用人员 3 名。其中，主任 1 人，副主任 1 人，工作人员 2 人。

（王曰华）

【广饶县史志办公室】 1982 年 1 月 15 日，广饶县地方史志编纂委员会办公室成立。2014年7月2日，根据《关于部分事业单位隶属关系调整的通知》（广编发〔2014〕31号）文件规定，将地方史志编纂委员会办公室调整为县政府直属、县政府办公室代管的正科级事业单位，编制7人，人员结构为管理人员3名，专业技术人员4名；配备主任1名、副主任2名；内设综合室、方志馆2个股级机构，各配备股级负责人1名；经费形式为财政拨款。2014年8月23日，根据《关于县地方史志编纂委员会办公室更名的通知》（广编发〔2014〕38号）文件规定，将县地方史志编纂委员会办公室更名为县史志办公室。至2014底，实有人员9人，其中管理人员3人（主任1人，副主任2人），工作人员4人（股级2人，一般工作人员2人。

（彭建新　董　军）

烟台市史志机构与队伍

【烟台市地方史志办公室】 烟台市地方史志办公室为市政府办公室直属正处级事业单位，成立于1983年1月。设秘书科、史志科、年鉴科（对外挂烟台市人民政府办公室年鉴编辑部牌子）、方志馆（科级，对外挂烟台市方志史料陈列馆牌子）、市情资料科，编制17人，实有16人，参照公务员管理。正处级干部3人，副处级干部3人，正科级干部8人，副科级干部1人，司机1人。研究生学历4人，大学学历8人，大专学历3人，中专学历1人。

（烟台市史志办）

【烟台市芝罘区地方史志办公室】 2001年12月22日，设立芝罘区地方史志办公室，为正科级全额拨款事业单位，与芝罘区档案馆合署办公。2003年2月20日，与区档案馆合署办公的中共烟台市芝罘区委党史研究室、芝罘区地方史志办公室独立设置，一个机构两个牌子，为正科级全额拨款事业单位，由区委办公室、区政府办公室管理，以区委办公室管理为主。2008年，根据有关规定，列入参照《中华人民共和国公务员法》管理事业单位。2003年8月，

设立综合科，2010年4月，增设方志馆，均为区委党史研究室、区地方史志办公室的股级内部机构。截至2014年底，机构名称、性质、管理单位、级别和内设科室未变，人员编制6人，在编在岗人员5人，在编离岗人员1人，劳务派遣人员2人，长期聘用人员6人，在编人员中硕士研究生学历1人，本科学历5人。

（芝罘区史志办）

【烟台市福山区史志办公室】 烟台市福山区史志办公室工作机构性质为财政全额拨款事业单位，管理单位为区政府办公室，级别为副科级；定编8人，在编1人，聘用人员2人。其中，在编行政管理人员1人，学历为大学本科；聘用2人均为大专，其中1人为副高职级。

（福山区史志办）

【烟台市牟平区史志工作办公室】 1993年11月10日，在全县机关机构改革中，牟平县志办公室撤销，职能移交牟平县档案馆。牟平县档案馆内部增设史志科。1995年1月牟平撤县设区后，牟平区档案馆依旧下设史志科。2012年10月，烟牟编办〔2012〕44号文件规定：设立烟台市牟平区档案馆，挂烟台市牟平区档案局、中共烟台市牟平区委党史研究室、烟台市牟平区史志工作办公室牌子。牟平区档案局（馆）局现为正科级全额拨款事业单位。2014年，史志科有工作人员2名，本科学历1人，专科学历1人；编辑1人，副编审1人。

（牟平区史志办）

【烟台市莱山区史志办公室】 莱山区史志办公室隶属于区政府办公室，为副科级全额拨款事业单位，管理人员编制1人，技术人员编制2人，外聘2人。领导职数为主任1人，副科级。

（莱山区史志办）

【龙口市史志办公室】 龙口市史志办公室是龙口市人民政府办公室内设机构，属于副科级事业单位，定编5人，在编3人。专业技术编辑2名，学历均为本科以上。

（龙口市史志办）

【莱阳市史志办公室】 莱阳史志办公室属全额拨款副科级事业单位，内设4个科室（馆）：编审科、编辑科、行政科、方志馆。有工作人员11人，其中在编人员10人，借调至市政府办公室2人，借调至烟台2人，借调1人。在编人员设主任1人、副主任2人、科长（馆长）4人；有高级职称1人、中级职称3人。

（莱阳市史志办）

【莱州市史志办公室】 2014年，莱州市史志办公室为市政府办公室领导的正科级财政拨款事业单位，核定事业编制3名，均为专业技术人员编制，配备主任或副主任1名。2009年，经市机构编制委员会研究决定，将市委党史研究室、市史志办公室机构设置调整为市委党史研究室与市史志办公室合署，隶属市委办公室、市政府办公室，以市委办公室管理为主，经费财政全额预算管理，编制20名，其中主任1名，副主任2名，工勤1名。市政府办公室副主任兼史志办公室主任（正科级）。市委党史研究室副主任主持市史志办公室日常工作，在职编辑1名，返聘编辑4名。

（莱州市史志办）

【蓬莱市史志编纂科】 蓬莱市政府办公室史志编纂科隶属蓬莱市政府办公室，股级，与市旅游发展研究所（副科级事业单位）合署，编制4人，在编2人。其中，行政编制1人，本科学历，公务员；事业编制1人，本科学历，副高。

（蓬莱市史志办）

【招远市地方史志办公室】 招远市地方史志办公室成立于1982年，始称招远县志办公室，1992年撤县设市后改称招远市史志办公室，2001年12月改称招远市地方史志办公室，属市政府直属独立的事业单位。至2014年底，在编人员10人，其中高级技术职称3人，中级职称2人。办公室内设行政科、编辑一科、编辑二科和方志馆4个科室，副科级干部2人，股级干部6人。

（招远市史志办）

【栖霞市地方史志办公室】 栖霞市地方史志编纂办公室成立于2002年4月，为副科级全额拨款事业单位，归口栖霞市政府办公室管理，编制5人，实有3人。另外聘请人员1名。

（栖霞市史志办）

【海阳市党史方志办公室】 海阳市党史方志办公室为参照《中华人民共和国公务员法》管理的事业单位，正科级。编制13人，在编11人。在编人员中，参公人员10人，工勤人员1人；研究生1人，本科8人（学士3人），专科1人，高中1人；正科级2人，副科级3人，科员5人，工勤1人。

（海阳市党史方志办）

【长岛县地方史志办公室】 长岛县地方史志办公室成立于1980年，编制3人，有工作人员4人，其中副高级职称1人，初级职称1人，2014年事业单位考录1人，外聘人员1人。

（长岛县史志办）

潍坊市史志机构与队伍

【潍坊市地方史志办公室】 潍坊市地方史志办公室是参照公务员法管理的公益一类事业单位，隶属于潍坊市人民政府办公室。1982年1月，潍坊地区地方史志编纂委员会办公室成立，为副县级规格。1983年9月，潍坊地区改为潍坊市。1986年4月，潍坊市地方史志编纂委员会办公室调整为正县级规格。1997年6月，改为潍坊市地方史志办公室，调整为副县级规格，编制15人。1997年8月成立下属事业单位潍坊市情资料馆，编制5人。2008年4月，潍坊市情资料馆并入市地方史志办公室，改为市情资料科。2008年6月，潍坊市地方史志办公室划为潍坊市市直参照公务员法管理事业单位。2009年10月，潍坊市地方史志办公室规格由副县级调整为正县级。2010年10月，增设方志管理科。2014年4月，编制人数压缩为19人；12月，单位类别划为公益一类事业单位。2014年底，潍坊市地方史志办公室编制19人，下设5个科，分别为秘书科、年鉴科、

基层业务科、市情资料科、方志管理科；设主任1人，副主任2人，科长5人，副科长3人，主任科员2人，副主任科员2人。年末实有在职在编人员21人，其中主任1人，副主任2人，调研员1人，副调研员3人，科长3人，副科长3人，主任科员2人，副主任科员2人，科员3人，工勤1人。在职在编人员中，研究生以上学历2人，本科学历19人。

（程森枝　林荣军）

【潍坊市潍城区史志办公室】 潍城区史志办公室是全额拨款事业单位，隶属潍城区政府办公室管理，正科级规格。定编12人，在编9人。本科8人，中专1人。其中正科级1人，副科级3人。

【潍坊市寒亭区史志办公室】 寒亭区史志办公室，隶属于寒亭区人民政府办公室，正科级全额拨款事业单位。编制4人，设高级专业技术岗位1人，中级专业技术岗位2人，初级专业技术岗位1人。目前，寒亭区史志办在编4人，聘用2人。现在编人员中，管理岗位3人，工勤岗位1人；本科2人，专科2人。

【潍坊市坊子区史志办公室】 坊子区史志办公室为正科级全额拨款事业单位，定编5人，实有工作人员3人。

【潍坊市奎文区史志办公室】 1994年奎文区成立时，区政府办公室设立史志办公室职能，并安排专人负责此项工作。1996年4月区政府办公室设副科级行政单位史志科。2002年3月，确定区政府史志办公室为正科级全额事业单位，隶属区政府办公室，设置史志办公室主任1名，副主任1名，编制3人（奎政办发〔2002〕2号），实有6人。2012年成立志鉴科和区情资料科。奎文区史志办公室为正科级全额事业单位，隶属奎文区政府办公室，设置编制14人，实际在编9人，其中主任1名，副主任1名，志鉴科和区情资料科科长各1名，科员7人；在编人员中，硕士研究生学历2人，本科7人。

【青州市史志办公室】 青州市史志办公

室为全额预算管理的事业单位，正科级规格，编制7人，隶属青州市政府办公室，负责青州市地方史志工作。

【诸城市史志办公室】 诸城市史志办公室为全额预算管理的事业单位，正科级规格，编制9人，隶属诸城市政府办公室，负责诸城市地方史志工作。

【寿光市史志办公室】 寿光市史志办公室，隶属寿光市人民政府办公室，为正科级事业单位，定编5人，其中领导职数一正一副，科员3人。

【安丘市史志办公室】 安丘市史志办公室隶属于安丘市人民政府办公室，为正科级公益一类事业单位。编制7人，实有工作人员5人。其中管理人员2人，专业技术人员3人，均为大学及以上学历。

【高密市史志办公室】 1982年9月设高密县地方史志编纂委员会办公室，为副科级事业单位。1993年11月，经中共高密县委、高密县人民政府批准撤销县史志办公室，相关工作由县档案馆承担。1997年1月，经高密市编委批准，市政府办公室内设史志办公室，为副科级。2002年3月，高密市编委批准成立高密市史志办公室，隶属市政府办公室，为正科级全额预算管理事业单位，编制3人。

【昌邑市史志办公室】 1982年2月，成立昌邑县志编纂委员会，4月设立县志办公室，隶属县政府办公室，为正科级单位。1992年9月，县地方史志编纂委员会办公室与县委党史资料征集研究委员会合并，组成县委史志办公室，为正科级事业单位。县政府办公室成立史志科，承担史志工作任务。2002年10月，昌邑市重新设立史志办公室，为正科级事业单位，隶属于市政府办公室，编制5人。

【临朐县史志办公室】 临朐县史志办公室为全额拨款正科级事业单位，编制6人。

【昌乐县地方史志办公室】 昌乐县地方史志办公室是昌乐县政府办公室下属正科级事业单位，设主任1名（正科级）、副主任1名（副科级）；定编7人，在编11人，其中管理人员8人、工勤人员3人，学历方面：硕士研究生2人、大学7人、中专2人。

（程森枝　林荣军）

济宁市史志机构与队伍

【济宁市地方史志办公室】 1981年12月，原济宁地委决定，成立济宁地区地方史志编纂领导小组。1982年初，组建领导小组办事机构，成立了济宁地区史志办公室，为全额拨款正县级事业单位。1983年10月，济宁地改市后，机构随之更名为济宁市史志办公室。1997年4月，更名为济宁市地方史志办公室，降格为副县级事业单位，隶属市政府办公室领导。2008年7月，市地方史志办公室纳入参照公务员法管理事业单位。2014年事业单位机构分类改革，仍保留原机构

性质，人员编制缩减1人。目前，市地方史志办公室核定机构编制14人，实有在职人员13人（干部11人，工勤人员2人），领导班子为1正2副。办公室内设人事秘书科（市情资料管理科与之合署）、编研指导科、年鉴工作科3个科室。

（陆　波　孟昭华　郭赟燕）

【济宁市任城区史志办公室】　任城区史志办公室为政府序列全额拨款正科级事业单位，与任城区委党史研究室合署办公，在职人员20人，主任1人，副主任5人。任城区史志办公室内设秘书科、编辑科、资料科（方志馆）、征集科，编制13人，在编4人，其中事业管理人员3人（正科级1人、副科级1人、科员1人），专业技术人员1人。

（黄　静　刘　强）

【济宁市兖州区史志办公室】　济宁市兖州区史志办公室，为正科级全额预算管理事业单位，隶属于济宁市兖州区政府办公室，编制6人，现有4人，其中主任1人，副主任1人，科员1人，工勤人员1人。

（陈　勇　杨北城）

【曲阜市史志办公室】　1982年2月，成立曲阜县地方史志编纂委员会，6月组建县志办公室，为临时机构，人员多从各单位借调或临时聘用。1984年5月，县志办公室正式列入政府工作部门，定编14人。在编及借、聘人员最多时达到22人。县志办公室内设编辑组、行政组、资料室。1986年曲阜撤县改市，县史志办公室改称为市史志办公室。1993年12月，市史志办公室并入市政府办公室，为市政府办公室内设科室，人员减至2人。1997年6月，市史志办公室重新升格为全额拨款正科级事业单位，隶属于市政府办公室管理，定编4人。2014年，曲阜市史志办公室为全额拨款正科级事业单位，隶属于曲阜市政府办公室管理，定编4人，实有4人。其中，副高级职称1人，中级职称2人，副科级干部1人；学历方面为硕士研究生1人，本科2人，专科1人。另聘用3人。

（米玉红　翟盛军　孟宪方）

【邹城市史志办公室】 邹城市史志办公室为股级事业单位，属邹城市人民政府办公室管理。2014年，邹城市史志办实有工作人员1人。

（周广志　孟庆文）

【微山县地方史志办公室】 微山县地方史志办公室为全额事业单位，正科级，在编人员13人。其中专业技术人员5人；大专5人，大学7人，研究生1人；正科4人，副科2人。

（张西海　李　艳　闫红梅）

【鱼台县地方史志办公室】 鱼台县地方史志办公室为正科级事业单位，在职工作人员6人,其中,主任1人,副主任2人；中级职称1人；科级1人，副科级2人；大学文化6人。

（杨景春　李　明　刘宝超）

【金乡县地方史志办公室】 金乡县地方史志编纂委员会办公室为正科级行政单位，隶属于金乡县人民政府办公室。人员编制由金乡县人民政府办公室统一调配。

（周　契　许文洁）

【嘉祥县史志办公室】 根据县委、县政府《关于嘉祥县人民政府机构改革的实施意见》(嘉发〔2010〕15号)，设立嘉祥县史志办公室，为县政府办公室内设股级科室。2014年嘉祥县史志办公室有工作人员1名，具体负责史志工作。

（赵小现）

【汶上县县志办公室】 汶上县县志编纂委员会办公室是正科级事业单位，内设综合科、编辑科，人员编制9人。

（王建议）

【泗水县地方史志办公室】 泗水县地方史志编纂委员会办公室为正科级全额事业单位，属泗水县人民政府办公室管理。内设人秘科、志鉴科、编研科。泗水县史志办定编8人，2014年在编7人，在编事业管理人员7人，拥有大专及以上学历人员7人，拥有学士学位2人，正科级1人，副科级3人。

（李　莉）

【梁山县地方史志办公室】 1982年2月，梁山县县志编纂委员会及办公室成立，配正式工作人员1人，属临时机构；1984年4月，梁山县志编纂委员会办公室（简称县志办）列编为副科级事业单位，编制10人，隶属梁山县政府；1985年，有主任、副主任各1人，其他工作人员4人；1992年县志办升格为正科级事业单位，隶属关系不变；1993年12月，县志办撤销，其职能划归县政府办公室；1994年2月，梁山县政府办公室设立史志科，为股级行政单位；2006年5月，县政府办公室撤销史志科，设立梁山县地方史志办公室，为副科级事业单位，设主任、副主任、科员各1人，实际在编2人，隶属县政府办公室。至2014年，借调2人、分配1人、聘1人，实际在岗5人。根据领导变化情况，县政府曾先后于1994年、1996年调整并公布梁山县志编纂委员会及办公室成员。2012年，为启动第二轮修志工作，梁山县地方史志编纂委员会及办公室成立。

（刘传镇）

泰安市史志机构与队伍

【泰安市地方史志办公室】 2014年，泰安市有市、县（市、区）史志工作机构7个，即泰安市史志办和泰山区史志办、岱岳区史志办、新泰市史志办、肥城市史志办、宁阳县史志办、东平县史志办。泰安市地方史志办公室为泰安市政府直属一级事业单位，属参照公务员管理单位，内设科室4个，即人秘科、编审科、年鉴工作科、市情信息科（市情研究中心），下设1个正科级事业单位——泰安市方志馆；定编13人，实有在岗人员14人，其中领导班子成员4人、调研员1人、副调研员1人、正科级7人、副科级1人；在职干部硕士研究生1人，本科11人，大专1人。6个县（市、区）史志办均为独立一级事业单位，除新泰市为独立的史志办外，其他5个县（市、区）史志办同党史办合署，定编45人，实有工作人员50人，其中正科级10人、副科级25人、科员及以下15人；在职干部本科35人，大专15人。

（袁立轩）

【泰安市泰山区史志办公室】 泰山区史志办公室与区委党史办公室合署办公，为全额拨款一级事业单位，归口区委组织部管理，编制5人。2014年实有工作人员6名，其中：大学学历3名、大专学历2名、高中学历1名；科级3人、股级3人。

（刘玉朴）

【泰安市岱岳区党史史志工作办公室】 2003年5月，岱岳区把区政府史志办公室和区委党史办公室合并，成立岱岳区党史史志工作办公室，一级单位，编制6人，2004年1月正式办公。2008年确定为参照公务员管理的事业单位。至2014年，岱岳区党史史志工作办公室有在职人员7人，编制6人。7人中，大学学历5人，专科2人，正科2人，副科5人。

（张洪谱）

【新泰市史志办公室】 1984年5月新泰、新汶合并后，经泰安地区编制委员会批准，设置新泰市党史资料征集研究和地方史志编纂委员会，下设党史委和史志办两个事业单位。1984年10月，史志办单列为二级事业单位，编制8人，1991年6月升格为正科级事业单位，内设秘书科、编辑科。2009年，新泰地方史志编纂委员会办公室成为具有政府行政职能、参照公务员法管理的事业单位。至2014年底，新泰史志办公室实有在编人员11人(在岗9人),其中正科级3人，副科级5人，科员3人，全部为大专以上学历，2人具有中级技术职称，长期聘用编务人员2名，并根据工作需要，不定期聘用新泰地方文史学者、离岗和退休老同志等参与志鉴图书的编纂。

（杨　洋）

【肥城市地方史志办公室】 1981年，成立肥城县志编纂委员会，下设办公室，担负资料征集和县志的编纂任务。至1987年，肥城县志编纂委员会更迭4次。1988年，肥城县志编纂委员会下设办公室，归政府序列。1992年肥城撤县改市，2003年，市地方史志编纂委员会办公室与市委党史资料征集研究委员会办公室合署办公，一个机构两块牌子，一级全额事业单位。内设史志编纂、党史征研、秘书3个科，定编12人。2004年6月，易名为市委党史征集研究办公室，加挂市地方史志办公室的牌子。至2007年，有工作人员9人。2014年，编制缩减为11人，实有工作人员9人，其中本科学历6人，大专学历3人。

（庄惠丽　郝　航）

【宁阳县党史史志办公室】 1960年，中共宁阳县委主持成立地方史志编纂委员会。1982年10月，宁阳县地方史志编纂委员会再次成立，下设史志办公室，为临时机构。1984年5月，县直机关机构改革，县委、县政府决定，史志办公室作为县政府的一个工作部门，正式列入编制，为县副局级事业单位。1989年12月，史志办升为县局级事业单位，仍隶属县人民政府。1993年11月，县乡机构改革，史志办与地名办公室合并，称史志地名办公室，为二级事业单位，隶属县民政局领导。2002年1月，宁阳县史志办与党史办合并，成立宁阳县党史史志办公室，由县委办公室、县政府办公室管理，以县政府办公室管理为主，确定单位事业编制6人，机关工勤人员编制1人，配备主任1人，副主任2人。2004年3月明确为正局级事业单位，内设党史科、地方志科、秘书科。2008年7月，县党史史志办公室确立为参照公务员管理的事业单位。截至2014年底，宁阳县党史史志办公室有编制7人，其中研究生1人，大学学历5人，大专学历1人。聘用司机及编辑共2人。

（赵先法　侯胜男）

【东平县党史史志办公室】 1981年6月，东平县成立县志编纂委员会，所属办公室为县政府二级事业单位。1984年5月升格为一级事业单位。1993年7月，成立东平县党史委员会，党史委办公室与县志办合并为县史志办公室，与县档案局合署办公，列县委序列。2000年8月，县史志办公室与县档案局机构分设。2006年8月，成立县委党史办公室，与县史志办合署，由县委、县政府共同管理。内设人秘科、党史征研科、史志编研科、革命纪念设施管理科四个科室。2009年，东平县党史史志办公室被批准纳入参照公务员管理范围，定编8人。2014年底，在职人员10人，其中主任1人，副主任3人，副主任科员1人，科长1人；另聘用司机1人、退休人员6人。

（李姗姗　杜　梅）

威海市史志机构与队伍

【威海市地方史志办公室】 威海市地方史志办公室（以下简称威海市史志办）成立于1988年5月，为正科级事业单位，编制5人，科级领导职数2人。1997年3月，升格为正县级事业单位，编制总额10人，配备正副主任各1人，内设综合科、史志科、年鉴科，隶属威海市政府办公室领导。2008年7月，威海市史志办被确定为参照公务员管理的事业单位。至2014年底，威海市史志办内设综合科、史志科（增挂威海市方志馆的牌子）、年鉴科（与地情科合署）；定编10人，实有工作人员15人。其中，主任1人，副主任3人，副调研员2人，正科4人，主任科员2人，副科1人，副主任科员1人，科员1人。大学学历13人，硕士研究生学历2人。

（陶晓红）

【威海市环翠区地方史志办公室】 中共威海市环翠区委党史资料征集研究委员会（威海市环翠区地方史志办公室），是参照国家公务员管理的正科级事业单位，下设党史科、史志科2个科室，根据《威海市环翠区区级党政机构改革实施意见》（威环发〔2002〕3号）文件精神，挂环翠区地方史志办公室牌子。事业编制6人，工勤人员编制1人，编制总额7人。至年末，在编人员7人，其中正科级2人、副科级2人、主任科员2人，科员及以下1人；按照学历划分，本科学历5人、大专学历2人。聘用2人。

（刘威华）

【威海市文登区地方史志办公室】 文登区地方史志办公室（简称区史志办），是区政府办公室管理的实行职称工资制的正科级事业单位。设综合科、编纂科、资料科、年鉴科，定编8人，实有工作人员8人，其中副高级职称4人、中级职称2人、初级职称1人、高级工1人；有7人具有大学本科学历。

（高燕妮）

【荣成市地方史志办公室】 1994年，市编办设立中共荣成市委党史资料征集研究委员会、荣成市地方史志编纂委员会办公室。“中共荣成市委党史资料征集研究委员会”规格为正科级，“荣成市地方史志编纂委员会办公室”规格为副科级，两个机构实行合署办公，列全民所有制事业单位，经费由财政全额拨款。2004年8月依照国家公务员管理，执行职级工资标准，2008年参照公务法管理。内设科室：办公室、征集科、编研科。2002年5月，按“三定规定”事业编制8人，工勤编制1人，编制总额9人，2014年4月机构编制压缩，事业编制由9人减至8人，同年调入1人，考录1人，其中大学本科学历7人，高中学历1人。现编制已满。主任1名，副主任2名。

（连业功　姜　潇）

【乳山市党史市志办公室】 1981年7月，乳山县县志办公室成立，为副科级事业单位，由县政府管理。1992年12月26日乳山县编制委员会发布关于成立“乳山县党史县志办公室”的通知（乳编发〔1992〕101号文件），决定将中共乳山县委党史征集研究委员会与乳山县县志编纂委员会办公室合并成立乳山县党史县志办公室，定编16人，为正科级事业单位，由县委、县政府管理。1993年7月，乳山县撤县设市，乳山县党史县志办公室更名乳山市党史市志办公室。1994年1月2日，核定编制12人。2008年9月，批准实行参照公务员法管理。2014年4月28日，编制数压缩1人，为11人。2002年1月22日，内设党史研究科、志鉴编纂科。截至2014年底，有正科1人，副科4人，科员5人；本科4人，大专4人，中专1人，高中1人；副高级职称1人，中级职称1人。

（王　浩）

日照市史志机构与队伍

【日照市地方史志办公室】 日照市地方史志机构成立于1983年1月，当时还是日照县，名称是日照县志编纂委员会办公室，隶属于县志编纂委员会领导，副科级事业单位。1989年6月日照升格为地级市后，1990年2月单位升格为正科级，改名为市地方史志编纂委员会办公室。1996年升格为副处级，改名为市地方史志办公室，隶属市政府办公室领导。内设秘书科、业务指导科（挂年鉴编辑部牌子）。2008年7月，调整为参照公务员管理的副处级事业单位。2011年12月30日，经市编办批准，成立方志馆，属内设科室。随着第二轮修志的启动，日照市史志办公室2013年、2014年分别招聘两名工作人员，同时经过市领导同意，聘用7名修志人员。至2014年底共有正式工作人员9人，其中主任1人，副调研员1人，副主任1人（科级），主任科员1人，科级领导职数3人（副科

级)，内设科室3个。聘用人员9人。硕士研究生2人，大学本科学历6人，大专学历1人。

（丁海燕　李洪战　于兴玲）

【日照市东港区区委党史研究室】 2013年4月，经东港区编委批准，东港区委党史研究室与区史志办公室合署办公，称区委党史研究室，机构单独设立，为正科级参公管理事业单位。东港区委党史研究室内设综合科、征研科、宣教科3个股级科室；班子成员为1正1副；核定使用参公管理事业单位编制2人，事业编制4人；现有人员4人，其中专科1人，本科2人，硕士研究生1人。

（丁海燕　李洪战　于兴玲）

【日照市岚山区史志办公室】 1993年岚山工委、办事处成立后，史志工作由工委、办事处办公室负责。2005年5月区委办公室、区政府办公室分设，在区政府办公室内设史志办公室。2006年史志办升格为副科级单位，编制5人。2012年4月27日，岚山区委、区政府决定成立岚山区地方史志编纂委员会，办公室设在区史志办。2014年12月31日，岚山区史志办实有工作人员5人。其中本科3人，专科1人，外聘人员1人。

（丁海燕　李洪战　范芳丽）

【五莲县党史（史志）办公室】 五莲县志编纂委员会办公室成立于1982年7月，为副科级事业单位；1993年12月撤销，职能并入县政府办公室。1996年6月成立五莲县史志办公室，为副科级事业单位，与五莲县党史办公室合署办公。2003年11月县史志办和县党史办由副科级升格为正科级，合署办公，一套班子，挂两块牌子，独立办公，独立核算，定编7人，班子成员为1正2副。2005年5月设秘书科、业务科两个股级科室。2008年9月，为参照公务员法管理的正科级事业单位。截至2014年底，县党史（史志）办公室在编7人，聘用人员3人。在编人员中，参公管理6人，工勤人员1人；大学文化6人，高中文化1人。

（丁海燕　李洪战　范芳丽）

【莒县地方史志办公室】 莒县史志编纂委员会办公室1982年设立，原为副科级事业单位，1989年1月升格为正科级，1998年12月更名为莒县地方史志办公室，与县委党史研究室合署办公。截至2014年底，该单位应有编制9人，实有在编在岗人员9人，聘用人员6人。其中，在编在岗人员正科级2人，副科级3人，科员3人，机关工勤1人。中专1人，专科3人，本科6人。

（丁海燕　李洪战　范芳丽）

莱芜市史志机构与队伍

【莱芜市地方史志办公室】 莱芜市地方史志办公室为参照公务员法管理的正县级事业单位，隶属莱芜市人民政府管理。设秘书科、方志科、年鉴科、地情资料科4个科室。编制13人，实有干部职工10人。莱芜市下辖莱城、钢城两个行政区，两区都设立了史志工作管理机构。

（亓军华　刘少波　高　涛）

【莱芜市莱城区党史史志办公室】 莱城区党史史志办公室为参照公务员法管理的正科级事业单位，隶属中共莱城区委、区政府双重管理，党史、史志合署一套班子，设编辑科、宣教联络科2个科室，编制6人，实有6人。

（亓军华　刘少波　高　涛）

【莱芜市钢城区地方史志办公室】 钢城区地方史志办公室与中共钢城区委党史研究室合署办公，一个机构、两块牌子，为参照公务员法管理的正科级事业单位，隶属中共钢城区委、区政府双重管理，设秘书科、党史科、史志科3个科室，编制8人，实有8人。

（亓军华　刘少波　高　涛）

临沂市史志机构与队伍

【临沂市地方史志办公室】 临沂市地方史志办公室成立于1982年7月，为市政府直属正县级事业单位，内设秘书科、市志编审科、年鉴工作科，编制12人，下属临沂市方志馆1个正科级事业单位，编制3人。临沂市地方史志办公室机关事业编制12人，配主任1名、副主任2名，科级领导职数4名（含机关党支部专职副书记1名）。至2014年底，有工作人员18人，其中有行政管理人员12人，工勤人员2人，聘用3人，借用1人。研究生学历4人，本科学历7人，专科学历4人。临沂市方志馆编制3人，配馆长1名。至2014年底，有工作人员2人，其中专业技术人员2人，均具有中级专业技术职称。研究生学历2人。

临沂市各区、县史志工作机构情况统计表

县（区）	规　格	编制（人）	隶属关系	内设科室
兰山区史志办	正科级事业单位	9	兰山区政府	人秘科、年鉴科、编审科、综合科、区情科
罗庄区史志办	正科级事业单位	5	罗庄区政府办公室	综合科
河东区史志办	正科级事业单位	7	河东区政府办公室	综合科
郯城县史志办	正科级事业单位	10	郯城县政府	综合科、年鉴科、地情科
兰陵县史志办	正科级事业单位	8	兰陵县政府	综合科

续表

县（区）	规　格	编制（人）	隶属关系	内设科室
沂水县史志办	正科级事业单位	12	沂水县政府	人秘科、志书编纂科、年鉴科、方志馆、开发利用服务科
沂南县史志办	正科级事业单位	13	沂南县政府	人秘科、县志科、年鉴科
平邑县史志办	正科级事业单位	10	平邑县政府	综合科、年鉴科、编审指导科
费县史志办	正科级事业单位	5	费县县政府	综合科
蒙阴县史志办	正科级事业单位	5	蒙阴县政府	综合科、史志年鉴科
莒南县史志办	正科级事业单位	12	莒南县政府	人秘科、编审科、地情资料科
临沭县史志办	正科级事业单位	6	临沭县政府	综合业务科、志鉴指导科

临沂市各区、县史志工作人员情况统计表

项目 种类	定编	在编	聘用	在编人员情况									
				行政管理人员			专业技术人员			学历学位情况			
				正科级	副科级	科员及以下	高级	中级	初级及以下	硕士	本科	大专	高中以下
兰山区史志办		9		1	2	6				1	8		
罗庄区史志办	5	5		1	1	3					5		
河东区史志办	7	18		1	2	15					5	4	9
郯城县史志办	10	7		1	2	2	1		1	1	6		
兰陵县史志办	8	11		3	3	5				2	4	5	
沂水县史志办	12	12		1	2	1	4	4	1	1	9	1	1
沂南县史志办	13	15		3	4		1	7	1	2	8		
平邑县史志办	10	6	1	1	2	3		1		1	4	1	1
费县史志办	5	6		2	1	2	1			1	5		
蒙阴县史志办	5	8	3	1	4		1	1	1		6	2	
莒南县史志办	12	11	2	1	1	5	1	1			11		
临沭县史志办	6	6		1	2		1	1	1		6		

（杜　帅）

德州市史志机构与队伍

【德州市地方史志办公室】 1981年1月，根据山东省政府〔1981〕169号文件精神，为搞好德州地方志编纂工作，成立德州地区地方史志委员会，委员会下设办公室。1984年9月1日，根据地区编制委员会文件精神，确定人员编制15人，事业编制，内设秘书科、资料科、编辑科。1997年6月，根据德政办发〔1997〕51号三定方案，德州市地方史志办公室为市政府办公室领导的正县级事业单位，编制11人，内设秘书科、指导科、编辑科。2001年5月，市政府办公室三定方案，编制7人，设置秘书科、业务科。2008年5月，被列为全市第一批37个参照公务员法管理事业单位之一。2008年7月，经市机构编制委员会批准，编制由7人增加到12人，科室由2个增加到4个（秘书科、业务科、年鉴工作科、方志资料馆）。2014年，市史志办编制11人，内设秘书科、地方志工作科、年鉴科、市情信息科4个科室和机关党支部。从2008年至2013年，通过公务员招考5人（硕士研究生2人），聘请5名特约编辑，不断充实年轻有为的史志队伍。

（王立云）

【德州市德城区史志办公室】 德城区史志办公室属正科级事业部门，政府办公室序列。1981年10月成立，时名德州市地方史志办公室。1995年5月，撤县级德州市，设县级德城区，更名。定编6人。截至2014年底，在编7人，在岗4人。主任1人，副主任（正科级）1人，副科级干部1人，科员1人；大学学历2人，大专学历1人，高中学历1人。

（郭立功）

【德州市陵城区史志办公室】 2014年，陵城区史志办公室隶属政府办，正科级科室，事业编制。定编5人，在编3人。行政管理人员1人，专业技术人员2人。

本科1人、专科2人。副科1人。

（刘秀芝　王志浩）

【乐陵市党史史志办公室】 乐陵市党史史志办公室是参照公务员法管理的事业单位，正科级，隶属于中共乐陵市委、乐陵市人民政府，现有在职人员7人，有主任1人、副主任2人，1名公务员、3名参公人员、3名事业管理人员，3人具有大学学历，4人具有大专学历。

（宋秀利　李　鹏）

【禹城市史志办公室】 禹城市史志办公室属市政府设置单独核算的正科级事业单位，设主任1名，副主任1名，科员5人，均在编。

（王　凯）

【宁津县史志办公室】 宁津县史志办公室属正科级事业单位，现有工作人员2名。

（李　群）

【庆云县地方史志办公室】 庆云县地方史志办公室，隶属政府办公室，属正科级单位，现有工作人员3人。

（张洪敏）

【临邑县史志办公室】 临邑县史志办公室隶属县人民政府，正科级事业单位。内设办公室、史志编辑股、党史编辑股。主要职能是承担本行政区域内地方史志的组织编辑、管理和服务工作。有主任1名，副主任3名，科长1名。

（陈德波）

【齐河县地方史志办公室】 齐河县地方史志办公室是齐河县人民政府办公室下辖的参公管理正科级事业单位，定编2人，聘用1人，借用1人；其中行政管理人员2人。

（刘　勇）

【平原县史志办公室】 平原县史志办公室隶属县政府办公室，属行政内设机构，正科级单位，有主任1名，副主任2名，科员1名，均在编。

（王　辉）

【夏津县史志办公室】 夏津县史志办公室隶属政府办公室，正科级事业单位。2014年，定编为5人，实际在编4人。聘用人员4人。行政管理人员2人，专业技术人员6人。学历1人本科、3人大专、3人中专、1人高中。副高级职称1人，中级职称6人，初级职称1人。正科1人，副科2人。

（栗心利）

【武城县党史史志办公室】 武城县党史史志办公室为参照公务员法管理正科级事业单位。定编14人，在编9人（其中领导班子3人，一般干部2人，离岗人员4人）。本科4人，专科1人。

（张　君）

聊城市史志机构与队伍

【聊城市地方史志办公室】 聊城市史志办为县级全额财政拨款的参公管理事业单位，是独立的一级法人单位。内设秘书科、年鉴科、编务科、业务指导科、资料科等5个科室，承担编写聊城史志及聊城年鉴，指导区（市）和市直部门编撰史志，收集聊城境域地情资料等职能。编制17人，现有在职在岗工作人员12人，其中正科级人员9名，副科级人员2名，科员1名。

（闫　冬）

【聊城市东昌府区史志办公室】 2014年东昌府区史志办公室现有在编在职人员7人，本科6人，专科1人。在编行政管理人员2人，正科1人、副科1人、专业技术人员5人。

（杨　静　管振芹　白　雪　李　敏）

【临清市史志办公室】 2014年全市机构改革中，临清市史志办公室有编制8人，在职5人，其中主任1人，副主任1人，工作人员3人，离岗3人。中级职称1人、副高级职称1人。

（方玉群　宁柳云）

【阳谷县史志办公室】 阳谷县史志办公室是独立的财政全额拨款事业单位，编制4人，现有6名行政管理人员，其中5人为大学学历，1人为大专学历；正科1人，副科1人，科员4人。

（曹　淼）

【莘县史志办公室】 1982年2月，莘县地方史志编纂委员会成立，下设办公室，为正科级事业单位，归属县政府办公室。编纂委员会设主任、副主任、委员，由县政府及有关部门主要领导人组成，因人事变更成员多次调整。史志办公室成立初期，与县地名办公室和职工教育办公室合署办公。1986年独立办公，陆续增配人员，修志工作逐步走上正轨。至

2014年底，在职人员4人。

（赵艳霞）

【茌平县史志办公室】 茌平县史志办公室是独立的财政全额拨款事业单位，编制4人，现有7名在编的行政管理人员，其中5人为大学学历，2人为大专学历；现有正科级1人，副科级1人，科员4人。

（尉环环）

【东阿县地方史志办公室】 1982年，县地方史志编纂委员会成立，下设办公室，列政府序列，为正科级事业单位。主要负责征集、研究地方志资料，编辑地方志书，指导县直单位、各乡镇、村开展地方志编纂工作。2014年有工作人员5人，其中主任1人，副主任2人，科员2人。

（张　斌）

【冠县史志办公室】 冠县史志办公室为正科级全额事业单位，行政隶属于县政府办公室；编制7人，聘用1人。现有副高级（副编审），专业技术人员1名，中级（编辑）技术人员2名。在职人员均为本科以上学历，现有正科1名，副科1名，科员1名。

（崔海坡）

【高唐县地方史志办公室】 1982年7月高唐县成立地方史志编纂委员会，下设办公室，办公室为正科级事业单位，列政府序列，归口县政府办公室。2015年有工作人员6名，其中中级职称4人。地方史志编纂委员会分别于1982年、1985年、1993年、1998年、2003年、2005年、2008年、2012年进行了多次调整。

（唐艳红）

滨州市史志机构与队伍

【滨州市地方史志办公室】 滨州市地方史志办公室为市直属正处级事业单位，参照公务员管理。核定编制12人，实际在编13人，其中行政管理人员12人，工勤1人。研究生学历3人，大学学历7人，专科学历2人，中专1人；县区史志办均

为全额事业单位，5县2区共有编制35人，在编35人，其中硕士1人，大学29人，专科4人，中专1人。副高级以上职称7人、中级7人、初级5人。设秘书科（市情资料科、志书管理科与其合署）、志书编纂指导科、年鉴编纂指导科。

（田希婷）

【滨州市滨城区史志办公室】 2014年10月，滨城区史志办公室与党史委由合署办公改为分署办公，为正科级全额事业单位，隶属区政府办公室管理；编制3人，在编在岗3人，在编行政管理人员2人（主任1名，副主任1名），副编审2人（包括副主任1名），均为本科学历。

（刘桂珍）

【滨州市沾化区地方史志办公室】 滨州市沾化区地方史志编纂委员会办公室为正科级事业单位，归口区政府办公室，实行全额预算管理，编制5人，设主任1人，副主任1人。2014年，区史志办有主任1人、副主任1人、工作人员3人。其中大学学历4人，大专学历1人；副高级职称2人，中级2人，管理人员1人。

（张爱芹）

【惠民县史志办公室】 惠民县史志办公室为县政府办公室管理的全额财政拨款的事业单位。有主任1名（副科级），科员4名。2014年10月，按照滨州市编办《关于调整惠民县地方史志编纂委员会办公室领导职数的批复》（滨编办〔2014〕161号）文件要求，县史志办应配备主任1名（正科级）、副主任1名（副科级）。至2014年底，县史志办有行政管理人员4名，专业技术人员1名（中级），领导职数空缺。

（刘宝乾）

【阳信县地方史志办公室】 阳信县地方史志办公室是正科级全额事业单位，属阳信县人民政府主管；定编6人，在编在岗6人。在编行政管理人员3人，其中正科级1人，副科级2人，初级专业技术人员3人。学历均为大学。

（周立辉）

【无棣县地方史志办公室】 无棣县地方史志办公室是正科级全额事业单位，属无棣县人民政府主管。编辑4人，在岗6人。其中主任1人，副主任1人；副高级职称1人、中级2人。

（刘长雨）

【博兴县地方史志办公室】 博兴县地方史志办公室是正科级事业单位，编制7人，在编7人。2014年底，在编7人具体情况是：主任1人、副主任1人、副高级职称1人、中级2人、初级1人、高级工1人。

（博兴县史志办）

【邹平县地方史志办公室】 邹平县地方史志编纂委员会办公室隶属县政府办公室，正科局级事业单位，编制3人。至2014年底，在职人员4人（邹平县地方史志编纂委员会办公室主任由中共邹平县委党史研究室主任兼任）。其中，在编干部3人，工勤人员1人。史志办主任属在编行政管理人员，正科局级。在职4人全部具有大学学历，其中1人具有学士学位。

（王青山）

菏泽市史志机构与队伍

【菏泽市地方史志办公室】 菏泽市地方史志办公室为参照公务员法管理的正县级事业单位，所属事业单位菏泽市方志馆为全额拨款的正科级事业单位。菏泽市史志办事业编制14名（全额拨款），所属事业单位市方志馆事业编制3名(全额拨款)。菏泽市史志办实有人员12人，所属事业单位市方志馆实有人员2人。菏泽市史志办内设5个科室：秘书科、编辑科、年鉴科、县志指导科、资料科（根据市编办核定：秘书科4人2职，编辑科3人2职，资料科3人2职，年鉴科2人1职，县志指导科配备科长或副科长1人）。2014年菏泽市史志办配备主任1名，副主任2名，副调研员1名，科长5名，主任科员1名，副主任科员1名，科员1名，试用期人员1名。菏泽市方志馆专业技术人员2人，职称分别为正高级编审和初级。菏泽市史志办（包括菏泽市方志馆）研究生学历1人，大学本科学历13人，大学专科学历1人。获得学士学位7人，硕士学位3人。

（陈 娅）

【菏泽市牡丹区史志办公室】 牡丹区史志办公室为正科级机关事业单位；定编人数7人，在编10人；在编事业管理人员2人，专业技术人员8人；大学本科学历7人，大专学历1人，中专1人，高中1人；正科级1人，副科级3人，科员1人。

（王 茹 李曙皞）

【曹县地方志办公室】 曹县地方志编纂委员会办公室为正科级事业单位，定编11人，内设编辑室、秘书股。2014年，在编在岗14人，其中：正科级1人，副科级3人；副高级职称3人，中级职称1人，初级职称1人；学士学位1人，大学学历10人；管理人员6人，专业技术人员5人，工勤人员3人。聘用3人。

（董梁英 刘 茹）

【单县地方史志办公室】 单县地方史志编纂委员会办公室是县政府直辖的正科级行政性事业单位，编制7人。2014年实有在编人员6人，其中有主任1人，工作人员5人。从学历上分，有本科学历4人，专科学历1人，中技学历1人。

（窦颖瑞）

【成武县史志办公室】 成武县史志办公室是县政府直属事业单位，行政级别正科，定编5人，内设办公室、年鉴股、地情资料股。现有工作人员5人，1名在编行政管理人员，4名专业技术人员，均为大学本科学历，1名高级职称，2名中级职称，1名助理职称。

（杨海涛）

【巨野县地方史志办公室】 巨野县地方史志办公室是隶属县政府的正科级事业单位，编制5人，在岗5人，全部为大学本科。内设办公室、方志科、年鉴科。正科1人，副科1人。

（王　瑞）

【郓城县史志办公室】 郓城县地方史志编纂委员会办公室是隶属县政府的正科级事业单位，内设办公室、编辑科，编制8人。2014年在编人员4人，其中，副主任（副编审）1人，专业技术人员3人（副编审2人，编辑1人），本科学历3人，专科学历1人。

（王志良　刘兆全）

【鄄城县史志办公室】 鄄城县史志编纂委员会办公室为全额预算管理事业单位，机构规格为正科级单位。核定编制7人，在岗8人，其中，行政管理人员3人，专业技术人员5人。专业技术人员中1人为研究生学历；4人为大学学历。副高级2人，中级2人，初级1人。

（孙凤春）

【定陶县史志办公室】 定陶县史志办公室为正科级全额事业单位，隶属县政府办公室管理。编制7人，实有6人，其中，专业技术人员3人，大学1人，专科5人，副高职称1人，中级1人，初级1人。

（李文存　朱向勇　吴　芳）

【东明县史志办公室】 东明县史志编纂委员会成立于1981年11月，下设办公室，为副科级事业单位，隶属县政府办公室管理。1986年10月，县史志办公室升格为正科级事业单位，隶属关系不变。2014年，东明县史志办公室有编制5人，在职人员5人。其中本科4人，专科1人；正科1人，科员2人，专业技术人员1人，新招聘本科毕业生1人。

（任东方）

责任编校：张　亚

史志人物

张敬忠　男，1949年9月生，江苏省徐州市人，中共党员。1981年12月毕业于山东大学历史系，获历史学学士学位。翌年1月接受组织分配到山东省地方史志办公室工作。此后历任山东省地方志办公室年鉴编辑部副主任、年鉴工作处处长、人事秘书处处长、省地方史志办公室副主任、编审等职务。曾担任山东省年鉴学会副会长兼秘书长、山东省档案学会副会长等社会职务。2009年10月退休。

在参加山东省地方史志工作28年间，先后参与了《山东省志资料》（8卷本）《山东省志·大事记》（3卷本）《山东省志·人物志》（3卷本）《山东风物大全》《山东各地概况》等地方史志成果的编纂工作；参与并主导了《山东年鉴》（1987—1989/1995—1998卷）、《山东省历史文化村镇》（17卷本）、《山东省新编地方志提要》（2卷本）、《山东省历史地图集》（8卷本）等重要地方文献的编纂工作。参与并主导了《山东省地方志工作条例》的制定和山东省地情资料库网站的建设工作。先后在《中国地方志》等中央和省级刊物发表论文10余篇，对新编地方志体例的变革、地方志工作条例的制定、地方史志数据库和网站建设等课题进行了有益的探讨。在1994～2004年间，主导了山东省地方史志办公室属下的数个经济实体的创办和经营工作，为山东省史志办公室职工宿舍、山东省方志馆等基础设施的建设筹集了宝贵的资金，推动了史志事业的发展。

2009年10月退休后，仍受聘参与山东省地方史志办公室、山东省政协文史资料委员会等单位的学术研究工作。

（省史志办）

王文恒　男，1949年10月生，荣成市人。1982年1月由山东大学历史系毕业，分配至山东省地方史志办公室工作。历任编辑、副编审、编审，市县志编纂指导处副处长、省志编审处副处长、市县志编纂指导处处长，省地方史志办公室副主任。2009年10月退休，现任山东省地方史志学会副会长。

参加工作近30年，一直从事地方志编纂业务指导工作，经历了山东省新编地方志工作的全过程，参与了第一轮和第二轮修志的组织发动、培训指导、评议审查等各项工作。为省内各级史志机构的建立和健全付出了艰辛劳动，在修志队伍业务建设上做了大量工作。曾参与制订中国地方志协会在第一轮修志时颁发的《新编地方志工作条例》和《县志基本篇目》；参与制定了山东省关于新编地方志工作的一些基本规定、制度和要求，如第一轮山东省志编纂方案、山东省续修新方志纲要、第二轮市县志出版印刷规范、基层志编纂规定等。

注意方志业务理论的研究和探讨。在省级以上刊物上发表论文十几篇。曾任《山东省志》副总纂,《志与鉴》副主编、主编,《山东史志》主编。参与编写的《山东各地概况》《山东城市与城市建设》《方志学基础教程》,分别获得1987年、1989年、2001年山东省社会科学优秀成果二等奖。在日常业务指导工作上,肯下苦功夫,每次参加业务指导活动,都作好充分准备。自参加工作以来,参与评议和审查的省志分志、市县区志、专业志,乡镇村志等100多部,每一次评议或审读,都写出完整的审读记录和书面评审意见,几十年如一日,从不马虎,赢得省内同行的好评。

参加工作以来,多次被评为山东省史志办公室先进工作者;2001年被评为山东省史志系统称进个人;2005年3月受省政府办公厅、省人事厅联合表彰,记二等功;2005年10月,被评为全国方志先进工作者。

(省史志办)

温洪镭 男,1950年生人,祖籍天津,中共党员。1970年参加工作,1982年开始从事史志工作,2010年退休。退休前,担任山东省粮食史志编纂办公室主任、《齐鲁粮食》编辑部主任、山东省粮食经济学会秘书长、山东省粮食行业协会秘书长等职务;现仍为《山东省志·粮食志》主编。

在第一轮修志中,参与了《山东省志·粮食志》篇目设计、资料搜集、资料整理、志稿撰写、编辑出版等全部工作,做到了善始善终、圆满完成。同时,还与同志们一起整理资料,编辑了共200余万字的《山东革命根据地粮食史料选编》(三辑)和《粮食史料选编》(十三辑)。

在第二轮修志中,一方面加强组织协调,调动有关单位、人员的修志积极性;另一方面还身体力行,承担了《山东省志·粮食志》的篇目设计、初稿和评议稿的成稿等工作,使整个工作按部就班地顺利进行。

在史志研究方面,不仅多次在省里召开的有关研讨会(班)上谈观点、谈认识,还在有关史志刊物上发表论文十余篇。在研究粮食工作、为续修粮食志做好积淀方面,于粮食经济类刊物上发表了众多的文章。其中,主持《齐鲁粮食》刊物工作后撰写的卷首语和有关稿件就近200篇;2000年撰写的《关于21世纪初花生发展战略研究的报告》,更被评为了全国粮食经济优秀论文一等奖,多家报刊进行了刊发。另外,正式出版参与撰稿的书籍有:《实用文史大全》、《省志编撰学》、《中华传统文化粹典》、《毛泽东言语词典》、《中华成语故事》、《齐鲁新志春秋.志惠》等。

1990年和2005年两次被山东省地方史志编纂委员会表彰为“山东省地方史志工作先进工作者”;2011年在山东省人民政府办公厅表彰的“齐鲁新方志奖”中,被评为先进个人。

(省粮食局)

于清泉 男,1956年1月生,山东省济南市人。中共党员,正高级编审职称,大学汉语言文学本科专业。1976年分配到山东省梆子剧团,1987年2月调入山东省文化厅史志办公室工作。现任山东省文化厅史志办公室主任,《山东省志·文化志》执行副主编。曾任山东省地方志学会理事。

从事文化史志编纂工作30年来,

担任《文化志》编辑、责任编辑、执行副主编，组织并参与首部《文化志》编纂和第二轮《文化志》续修工作，先后提出、制定《文化志》编纂工作一系列规划、方案和措施，推动建立和完善了全省文化系统省、市、县三级修志网络。主持编辑《文化艺术志资料汇编》38本1000多万字，撰写《文化志》部分篇章,在《新文化史料》《齐鲁文史》《宣传月报》《戏剧丛刊》《音乐杂志》等国家级和省级刊物上发表了几十篇有关文化史志、文化党史及各艺术门类专题研究等方面的论文、著述、评论和综述等。主编《胶东革命文化论文集》及参与编写、编辑的《晋冀鲁豫边区文艺史》《难忘的历程》《闪光的业绩》《晋冀鲁豫边区文艺大事记》《晋冀鲁豫边区文艺人物录》等荣获文化部“史料征编优秀成果奖”。

在文化史志编研工作中，能够把修志理论与各文化艺术门类的发展规律结合起来，制定出较科学的“篇目”以及具体编写方案和实施步骤，还经常根据编写工作需要提出一些创新思路和建议，对确保编写质量起到了重要作用。多次被评为全省文化系统史志工作先进工作者，1992年被授予全省地方志系统先进工作者，1995年被国家文化部授予全国文化史料征集工作先进工作者，2005年被评为全省史志工作先进个人，2011年6月，被省政府办公厅授予“齐鲁新方志奖”先进个人称号。

（省文化厅）

郭建群　男，1963年1月生，济南市人。中共党员。1984年7月毕业于山东师范大学地理系，分配至济南第十一中学任教，1989年1月调入济南市史志办公室。历任济南年鉴编辑部副主任（年鉴处副处长），市志处调研员、处长，年鉴处处长，市志编审处处长。2013年4月起，任济南市史志办公室副巡视员。为全省史志系统修志业务专家咨询组成员。

自调入济南市史志办公室以来，一直从事《济南年鉴》和《济南市志》的编辑工作。在《济南年鉴》编辑工作中，负责年鉴框架结构的调整修订以及文字部分的编辑和统编工作。《济南年鉴》在全国年鉴研究会、中国地方志指导小组办公室和山东省年鉴学会组织的历次年鉴优秀成果评比中，均获高等次奖。在第一轮修志工作中，负责《济南市志》（1997年版）中“化学工业”篇的编辑和“政区 自然环境 人口”卷的统编工作。在第二轮修志工作中，主持制订了《济南市志（1986—2010)》编纂工作实施方案和框架结构、编审要则、行文规范等系列规定。协调参与了《济南泉水志》《济南金融志》等编辑工作，以及对县（市）区志和镇村志的编纂指导工作。任副巡视员后，分管地方志编纂工作，带领市志编审处的同志奋力拼搏，在时间紧、任务重、人手少的情况下，按照市史志办的统一部署，认真组织调度《济南市志》各承编单位，落实撰稿任务，加强对其业务指导，提高志稿撰写质量；创新工作方式，采取外聘修志专家参与编纂、向社会购买服务、专业课题承包等多种工作方式，在保证《济南市志》编纂质量的前提下，加快了编纂进度。

（济南市史志办）

段祥泰　男，1954 年生，济宁市人，中共党员。硕士研究生学历。1985 年毕业后分配到青岛市史志办公室工作，历任秘书、编辑、副处长、处长，2001 年任副巡视员。1996 年被山东省人事厅、山东省地方史志办公室记三等功。

先后负责《青岛史志》的创刊和编辑。参与《青岛外商投资指南》编纂、出版，任副主编。参与首轮《青岛市志》和第二轮《青岛市志》总体框架、篇目的制定。1994 年起，作为《青岛市志》副总编，负责首轮《青岛市志》69 卷分志的总纂、终审以及出版，直至 2002 年全部完成。2002 年起，作为责任主编、副主编，先后主持、组织参与《崂山志》《青岛文物志》《青岛优秀建筑志》《青岛古树名木志》《青岛奥帆赛志》的编纂、出版。2012 年起，作为责任主编，主持、组织精编《青岛市志》编纂，组织参与第二轮《青岛市志》编纂。

2009 年起，担任山东省地方史志专家咨询组成员，参与终审各级省级重点志书 30 余部。30 年来，先后发表论文 10 余篇。其中《正确处理好续修新志中继承和创新的关系》获 2011 年度山东省修志理论文章评比一等奖。

（青岛市史志办）

张新清　男，1965 年 4 月生，潍坊市人。2007 年 12 月任博山区政协副主席，2008 年 12 月任博山区史志办主任。

主要史志工作贡献：一是积极组织人力，多方筹集资金，扎实推进全区第二轮修志工作，使 110 万字的《博山区志（1986—2002）》顺利出版，圆满完成第二轮修志任务；二是按照省、市“每年一鉴，资政存史”的要求，重新启动年鉴编纂工作，现已正式出版《博山年鉴（2007—2008）》《博山年鉴（2010）》《博山年鉴（2011）》《博山年鉴（2012）》《博山年鉴（2013）》《博山年鉴（2014）》，实现了一年一鉴，其中《博山年鉴（2007—2008）》在山东省开发利用档案信息资源成果评选中获得三等奖。《博山年鉴（2014）》在第五届全省优秀年鉴评选活动中荣获综合类特等奖，受到区委、区政府的表彰奖励和社会各界的肯定。三是完成了《博山区大事记》(1948—2008)、《博山鼻烟壶》《博山山水》的编纂工作，对地域文化的挖掘、传承和弘扬作出了积极贡献，进一步提升了史志工作的社会影响；四是旧志整理工作，几年来先后出版了《续修博山县志（校勘本)》《博山乡土教本（校勘本)》《颜山杂记（校勘本)》和《颜神镇志（校勘本)》《博山县志（校勘本)》，繁体字改简体字、加注标点符号，并对原志书存在的部分错误进行校正等。其中《续修博山县志》一书获得全省“八个一”评选提名奖。五是以国务院《地方志工作条例》《山东省地方史志工作条例》和《淄博市地方史志工作条例》为指导，起草拟订了《博山区地方史志工作暂行办法》，并于 2010 年 11 月 16 日经区政府研究同意，以博政发〔2010〕48 号文件形式正式印发。《办法》全文共 21 条，是博山区首部也是淄博市第一部有关地方史志工作的区县级政府规范性文件。

通过认真扎实有效的工作，博山区史志办连续五年均被博山区政府表彰为“先进单位”、被市史志办表彰为“全市史志工作先进单位”。多次受到省、市史志办和区委、区政府的表扬和肯定，特别是在山东省“齐鲁新方志奖”评选中，

《博山区志（1986—2002）》被评为十本优秀志书之一；《续修博山县志（校勘本）》被评为优秀读志用志成果。2014年3月10日，省政府办公厅、省人力资源社会保障厅、省公务员局联合印发《关于表彰全省史志工作先进集体和先进个人的通报》，博山区史志办主任张新清荣获“全省史志工作先进个人”荣誉称号。

（淄博市史志办）

杨　慧　女，1976年2月生，单县人，中共党员。1999年5月在枣庄市地方史志办公室工作，现任业务指导科科长。

参加工作十余年来，一直从事地方志、地方年鉴编研工作。参与第二轮社会主义新方志《枣庄市志（1986—2005）》的编修工作，现该书已接近出版。连续参与15卷《枣庄年鉴》的编辑出版工作，被山东省年鉴学会评为优秀年鉴编辑。参加指导的续修县志、专业志、区（市）年鉴、部门年鉴达10余部。先后撰写多篇业务理论文章，其中《试论年鉴彩页的主题化表现》在“济钢杯”全省优秀年鉴论文评选中，荣获特等奖；《浅析志书的目设置中常见的几个问题》获全省修志理论优秀论文三等奖；《从〈丰南县续志〉谈附文的运用》获山东省史志系统学习优秀志书活动总决赛二等奖。

参加工作以来，先后获得多项省、市级奖励。2007年，受市政府嘉奖；2012年被授予市直机关优秀共产党员称号；2014年被评为山东省史志工作先进个人，记二等功。

（枣庄市史志办）

李德辉　男，1954年2月生，黑龙江省拜泉县人。1970参加工作，中共党员，大学文化，编审。

1989年调入东营市史志办以来，一直从事编辑业务，历任编辑、编辑科科长。在27年史志编辑工作中，参与东营市史志办40余部重要史志著作的编纂。其中主编《东营市志》，获东营市社科特别奖和山东省新编地方志优秀成果奖一等奖。执行主编《东营图志》，获山东省优秀史志成果奖——优秀基层志。主编的《黄河口风物》广受好评。为基层修志辅导讲课50余次，指导和主审市直30多部部门志的编纂出版，指导和促进市属区县志、乡镇志和基层单位修志，为全市基层修志大发展做出贡献。为山东省史志系统修志业务专家咨询组成员，参与省外及山东省各市县区政府志书评审30多部。在省级以上发表专业论文20余篇，其中在国家级核心刊物发表论文5篇，获省史志办优秀论文特等奖4篇。先后被省人事厅和省史志编委会记二等功和三等功各一次。2014年退休后，仍被单位返聘，承担新一轮《东营市志》的篇目设计和部分内容的编辑业务。

（东营市史志办）

吕福堂　男，1946年10月生，中共党员。1970年复旦大学中文系毕业留校任教。1976年6月至1984年9月在北京鲁迅研究室从事鲁迅研究工作。1984年9月至1995年5月，在烟台市史志办公室从事地方志工作。1995年5月至1998年6月，在烟台市图书馆工作。先后任副馆长、馆长。1998年6月调回烟台市史志办公室，任副主任。2006

年10月退休。

该同志在北京鲁迅研究室工作期间，任鲁迅手稿组组长，组织编辑《鲁迅手稿全集》，由文物出版社出版。发现、整理发表鲁迅佚文和鲁迅书信手稿，编辑出版鲁迅佚著《岭表录异》《鲁迅致许广平书简》。在国家级报刊上发表鲁迅研究文章数十篇。第一轮修志工作中，该同志担任市志科科长，同时任《烟台市志》副主编，参与《烟台市志》编纂的全过程，发挥骨干作用。同时参与烟台所辖县市区志稿的评议评审，提出具体评审意见。参与烟台市直有关部门、行业志稿的讨论、定稿，其中一部分公开出版，一部分内部印刷，为全市积累保存了一大批珍贵的历史资料。第二轮修志工作以来，参与全市地方志的组织工作，制订工作计划，起草文件和领导讲话稿，筹备有关会议，指导部门、行业志稿编纂，培训修志人员，对推进全市史志工作的顺利开展发挥积极作用。2006年10月退休后，继续工作在史志岗位上，被聘为第二轮编修《烟台市志》主编。2008年5月被山东省史志办公室聘请为“全省史志系统修志业务专家咨询组”成员，参与全省范围新编地方志书的评审。

从1990年起，先后担任《烟台年鉴》副主编、主编，参与编纂历年《烟台年鉴》，共16卷（册）。2001年正值《烟台年鉴》出版10周年之际，烟台市史志办与烟台电视台联合推出长达20多分钟的电视专题片《辉煌的业绩，历史的写照》，该同志担负电视专题片的脚本撰稿任务。所撰写的史志论文，分别在省、市、《中国地方志》杂志发表。2012年—2013年，参与烟台市政府新闻办公室组织的10集电视纪录片《烟台开埠》的撰稿工作，由中央电视台摄制，分别在中央电视台、山东电视台、烟台电视台播放。自1986年以来，该同志多次被评为省、市史志工作先进个人，其中2001年获市政府办公室嘉奖，2004年、2005年先后两次获市政府办公室三等功奖励，2001年获山东省政府办公厅和省人力资源社会保障厅三等功奖励，2005年获省政府办公厅和省人力资源社会保障厅二等功奖励。

（烟台市史志办）

杜书乐　男，1935年2月生，高密市人，中共党员，副编审职称。1952年1月参加工作，1984年4月从潍坊市政府办公室调到潍坊市地方史志办公室工作，任市地方史志办公室主任兼主编，现已退休。

在潍坊市史志办工作期间，主持编修潍坊市首部社会主义新方志《潍坊市志》的前期工作，主持编辑出版了《潍坊市情》《潍坊市历史地图集》《潍坊概况》等地方志丛书。参加指导和评审县志、部门专业志及村志5部数百万字。20世纪80年代在北京社会函授大学方志系学习3年，被评为“优秀学员”；1989年在北京中国人民大学方志班学习。注重地方志理论研究，加强自身学习，购买了多种方志理论书籍，潜心研究《中国地方志》通讯。举办《潍坊史志通讯》期刊10余期，并将此作为方志理论研究的平台，组织全市史志工作者开展方志理论研究，先后在省以上史志刊物发表论文10余篇。

为了搞好前志的“补遗”工作，2006年利用市档案馆查阅文化大革命时期的大量文献，参加撰写了《昌潍地区文化大革命纪略》等材料。退休后，一直关心支持地方志工作，笔耕不辍，多次为潍坊市及各县（市、区）史志办方志骨干培训班授课，为培养方志人才做了大量的工作。2007年，编写了《怎样编写县志概述》；2008年，编写了《新方志编纂百问》等史志工具与理论著作。2015年编辑出版《潍坊市八年抗战史料汇编》一书，为纪念抗日战争和世界反法西斯战争胜利70周年提供历史信息，为市志“补遗”提供相关资料。

（潍坊市史志办）

邵鸿志　男，1965年1月生，济宁市人。1984年7月在济宁市地方史志办公室参加工作。1991年1月加入中国共产党。1992年7月曲阜师范大学在职本科毕业。2008年4月任市地方史志办公室副主任。

1991以来，先后10次因年度考核优秀被评为市直机关先进工作者；2次被评为市直机关优秀共产党员；1992年被评为全市农村社会主义教育先进个人、2003年被评为全市抗击“非典”先进个人，受到市委、市政府表彰；1996年被评为全省史志系统先进工作者，荣记二等功，受到省人事厅、省史志办联合表彰；2010年12月，被中国地方志指导小组办公室授予全国方志系统先进工作者。2013年6月，被山东省地方史志办公室吸收为全省史志系统修志业务专家咨询组成员。

多年来，先后参与编辑出版《济宁市志》《济宁山水志》，主编《济宁年鉴》（2009—2012）、《当代济宁概览》等书籍；修订完善了《济宁市志（1991—2010）》篇目，启动并指导编纂工作；参与了《第十届中国艺术节志》及《济南市志》《淄博市志》《莱芜市志》《邹城市志》《鱼台县志》《金乡县志》等10余部第二轮志书审稿；在《中国地方志》《方志研究》《民俗研究》《山东史志》《齐鲁晚报》《济宁日报》等报刊发表业务论文、地情文章多篇。其中，《第二轮修志应重视和加强非物质文化遗产的收录》（《中国地方志》2007年第6期）在山东省史志系统首届“八个一”优秀评比活动中获入围奖，2008年在济宁市第18次优秀社科成果评比中荣获二等奖，2011年在山东省地方志工作30周年“齐鲁新方志”奖评比活动中获优秀论文奖。

（济宁市史志办）

高兴学　男，1959年9月生，莱芜市人，中共党员，大专文化。1975年9月参加工作，2008年12月任泰安市地方史志办公室党组成员、纪检组长。

1987年1月，该同志由昆明军区空军后勤部干教队转业到泰安市地方史志办公室。历任年鉴资料科副科长、年鉴工作科科长、志书编审科科长、机关党总支副书记，副调研员。2001年12月至2004年1月期间，挂职肥城市王瓜店镇党委副书记、副镇长。2008年12月至2014年9月，负责纪检工作，指导全市基层志书编纂；2014年9月至今主要负责纪检、市情研究会工作，分管市情信息科。

该同志爱岗敬业，认真履行职责，勤奋务实。自1989以来，先后参与编纂《泰安地区志》《泰安市志》《徂徕山志》共计80余万字；指导、评审县

（市）志及基层志30余部；参与编辑《泰安年鉴》1至11卷，共计300余万字。并担任《泰安市志》《徂徕山志》《泰安年鉴》（4至11卷）副主编。按照编辑规范要求较好地完成了任务。其中1999年卷年鉴获全国综合质量评比一等奖，条目编写一等奖，《泰安市志》获省评比一等奖。2000年主编《泰安风物》40余万字。

由于工作成绩优异，个人表现突出，1988年、1998年、2003年被市直机关工委评为优秀共产党员，1998年被市直机关考评委记功一次，2004年被省政府办公厅、省人力资源社会保障厅评为全省史志工作先进个人，记三等功一次，2008年被市直机关工委评为优秀人民公仆。

（泰安市史志办）

毕吉玲　女，1957年2月生，威海市人，中共党员，大学学历。1975年8月参加工作，1997年6月任威海市地方史志办公室副主任（主持工作），2005年6月任威海市地方史志办公室主任，2014年11月任威海市地方史志办公室调研员。

多年来，该同志始终以强烈的事业心和责任感，带领全体同志锐意进取、开拓创新，推动威海史志工作“志、鉴、库、馆和开发利用”全面发展，各项工作取得优异成绩。全力推进第二轮修志工作，审核出版区志2部，任《威海市志》主编，完成480万字的终审稿，创刊《威海年鉴》，主编出版18卷，先后获得省综合特等奖10次、全国综合特等奖、一等奖11次。在全省率先建成地情资料库、地情网站，总数据库8000余万字，为社会各界了解威海提供了“窗口”。围绕市委、市政府中心工作，完成5个村的帮扶任务；积极开展志书“六进”活动，年赠书1000余册；编纂出版地情书10余本；整理出版旧志5本，为威海经济、社会发展提供了智力支撑，做出积极贡献。

威海市地方史志办公室先后被授予威海市“市级机关先进单位”“市级文明单位”“全省史志工作先进集体”、全省“八个一优秀”史志工作单位、“全省史志工作先进单位”等称号，该同志2001年、2005年和2009年连续3次被山东省政府办公厅、省人力资源社会保障厅表彰为“全省地方史志工作先进个人”，并记二等功，2005年获“全国方志先进工作者”称号。2010年获“全国地方志系统先进工作者”称号。

（威海市史志办）

李世恩　男，1963年5月生，莒南县人，大学文化程度，中共党员，现任日照市地方史志办公室主任。2014年3月被省政府办公厅、省人力资源社会保障厅和省公务员局联合表彰，并记二等功。

自2012年7月份担任日照市地方史志办公室主任以来，带领史志办全体人员，团结拼搏，开拓创新，积极作为，真抓实干，使日照市的史志工作焕然一新，各项工作都取得长足发展，多次得到市委、市政府主要领导和分管市领导的赞赏和肯定，也得到省史志办有关领导的称赞和肯定，给予很高的评价。

第二轮《日照市志》的编修工作，曾于2002年启动，由于种种原因，此项工作进展缓慢。上任后，积极向市领导汇报，争取领导支持，引起了市委、市政府主要领导和分管市领导的重视，分别作出重要批示并召开市政府常务会议研究第二轮修志工作，连续两年写入政府工作报告。为了更好地启动第二轮《日照市志》的编修工作，带领全员靠上，迅速行动，从每一个细节做起，无论从篇目和框架的设置，到遴选专家学者等都亲力亲为，充分发挥了带头人的作用。同时亲自主持编写每年的《日照年鉴》，从2013卷开始，对框架进行了大调整，从版式、内容到栏目设置都进行了创新和改版，增加人文和文化元素，一改往年严肃的面孔，充分发挥服务于经济社会的信息载体作用。

该同志多次向市领导请示汇报，使日照市方志馆建设取得突破性进展，目前，市政府已批复将市图书馆内1400平方米场地作为方志馆馆舍。指导专人做好地情网站的建设、维护和更新工作。网站页面丰富多彩，设有“走进日照、影音日照、聚焦日照、史志动态”等19个栏目，具有很高的指导性和理论性。主编出版《日照市简明市情资料手册》，这是一本全面反映日照历史文化、风土民情和经济社会发展的“百科全书”。出版发行后，深得党政干部、社会各界人士和广大市民的喜爱，在社会上引起了非常大的反响。

（日照市史志办）

刘少波 男，1965年11月生，莱芜市莱城区人，中共党员，副编审，省委党校大学。1984年7月参加工作，1996年2月调入莱芜市莱城区党史史志办公室。现任莱芜市莱城区党史史志办公室副主任、《莱城年鉴》执行主编。

进入区党史史志办20年来，一直从事地方志编研工作，历任《莱城区志》副主编（执行主编）、《莱城年鉴》执行主编。参与编写《中共莱城区组织史资料》（副主编）、《中共莱城区历史大事记》（副主编）、《永不风化的历史》（副主编）、《莱城区历史文化概览》（副主编）等书籍的编写工作；编辑出版《莱城区志》《莱城年鉴》等大型资料书籍，被评为山东省优秀志书、山东省第五届优秀年鉴综合特等奖；参加了《钢城区志》《张家洼街道志》《唐王许村志》等续修志书的评审工作；培训基层修志人员；指导镇街、村（居），区直部门及企事业单位铺开了修志工作。

进入史志系统以来，认真学习方志理论，勤勤恳恳、任劳任怨地谋划筹划史志工作。注重创新方式方法，讲求工作效果效率，在全市率先完成了第二轮区志编修任务，率先启动了区级综合年鉴的编纂工作。莱城区党史史志办公室多次被省政府办公厅、省人力资源和社会保障厅授予“全省史志工作先进集体”，被省政府办公厅授予“齐鲁新方志奖先进单位”。刘少波同志多次被评为莱城区机关优秀共产党员、莱芜市地方志工作先进个人，2001年3月被山东省史志编纂委员会评为“全省史志工作先进个人”，2014年3月被省政府办公厅、省人力资源社会保障厅、省公务员局评为“全省史志工作先进个人”，记三等功。

（莱芜市史志办）

张明诗 男，1929年生，郓城县人。1948年参加工作，1949年加入中国共产党，1982年起历任临沂地区史志办公室副主任、主任、副主编，1991年离休。

1982年底临沂地区史志办公室成立，张明诗即主持工作，带领全办干部职工认真学习有关地方志的基本知识，拟定地区志篇目初稿，遂即开展资料搜集。同时着力推动地直部门专业志的编辑工作，先后主持举办两期方志研讨班，培训了52个单位的70多名业务骨干。随后又通过登门督促指导、开小型专业研讨会等形式，推动各单位专业志的进展，丰富了临沂地区志的资料来源。同时，对各县区志的编辑工作进行认真督促、指导。从拟定县志篇目，到志稿的修订，全程参与讨论指导。在张明诗的带领下，全体同志团结奋进，共同努力，1990年，临沂史志办公室被省史志办公室评为山东省地方史志工作先进集体。

1991年离休以后，张明诗继续从事修志工作，起草了历史沿革初稿，初编军事、劳动、科技篇目志稿，参与讨论、修订了大事记。先后对临沭、蒙阴、费县、沂南、沂水、平邑、苍山、莒南、临沂市（县）和日照市莒县的志稿进行了全文阅读，分别写出书面材料，在志稿评议会上提出修改意见。参与了临沭、蒙阴、费县、沂南4部志稿的复审。此外，参与初审修改了临沂地区水利志、供销志、交通志、劳动志和蒙阴县供销志、沂水县教育志志稿的审核修改。

（临沂市史志办）

郝德禄　男，1943年11月生，齐河县人，大专学历，中共党员。1968年参加工作，曾任齐河县革命委员会政治部报道组、组织组干事，县委办公室副主任。1984年2月，任县委常委、办公室主任。1992年12月，任县委副书记。1995年3月，任县人大常委会党组书记、副主任。1996年3月至2003年1月，任县人大常委会党组书记、主任。2010年，任德州市史志系统修志业务专家组成员，2011年5月，任齐河县地方志丛书指导评审验收小组组长，齐河县地方志丛书评审主审。曾主编《齐河县志（1840—1985）》《中国共产党山东省齐河县组织史资料（1924—1987）》《中共齐河县党史大事记（1924—1987）》《齐河县情（1986—1990）》《齐河县情（1991—1995）》《齐河投资环境研究》。退休后，主编《齐河县志（1986—2008）》《清康熙 民国〈齐河县志〉校注汇编》《齐河风云录》《齐河县农村简志》《齐河年鉴（2009—2010）》《齐河年鉴2011》《齐河年鉴2012》《齐河年鉴2013》《齐河年鉴2014》《郝秋岩志》《左宝贵志》《齐河县抗日战争志》等。著有《岁月集》《四方集》《花甲集》《杖国集》。

1971年6月，被德州地区授予“模范通讯员”称号。1990年、1991年、1992年，被县委、县政府各记大功1次。1991年10月，被山东省委组织史资料编辑领导小组授予“先进个人”称号。1994年，被山东省委、省政府授予“全省计划生育工作先进工作者”称号。1995年6月，被县委授予“优秀党务工作者”“廉洁勤政先进个人”称号。2008年，被山东省政府办公厅、人事厅授予“2005—2008年全省史志工作先进个人”称号，记三等功奖励。2010年12月，被中国地方志指导小组授予“全国方志系统先进工作者”称号。

2011年6月，获“齐鲁新方志奖先进个人”称号。2013年6月，获德州市“五好”离退休干部党员称号。2014年12月，被德州市地方志编纂委员会授予“特殊贡献奖”。

（德州市史志办）

齐保柱 男，聊城市史志办原主任，是全省史志系统有较高声誉、有较大影响的学科带头人，是山东省出版系列高级技术职称评审委员会会员，同时还是全国傅斯年研究会理事、山东省第一届年鉴学会常务理事、山东省地方志学会常务理事，治学严谨，学识渊博。多年来，编纂出版了多部服务聊城经济建设的、有一定影响的书籍，主编出版了《聊城风物》《东昌史话》《聊城地区志》《聊城经济开发区志》《聊城年鉴》等10部志类及地情书籍。独立编纂出版了《东昌古今备览》《聊摄仕宦录》等专著，参编了《山东风物大全》《山东风景名胜辞典》2部，通编通审《阳谷县志》《聊城市志》等7部县市区志，在刊物上发表文章50余篇，专业论文由国家一级出版社采用，并被多家刊物所转载。1990年以来，正式出版、刊发的书籍、文章约计达1800万余字。1987年、1997年两次被聊城市（地）直机关工（党）委评为“优秀共产党员”，2011年山东省政府办公厅通报表彰为“史志事业作出突出贡献的先进个人”，2012年，山东省政府办公厅通报表彰“为史志事业作出突出贡献的先进个人”；2012年，荣获“聊城市社会科学突出贡献奖”，并颁发社会科学优秀成果奖证书及奖金。

（聊城市史志办）

吕宪章 男，1932年10月生，滨州市滨城区人。中共党员，副编审。1948年参加革命工作，曾任滨县里则区、城关区粮库会计，区政府文书，县计划委员会科员，县农机厂生产科长，县汽修厂厂长，县地名办公室主任等职，1982年兼任滨县史志办公室副主任，1987年任滨州市史志办公室副主任，1993年12月离职休养，2001年12月因病去世。

吕宪章自幼聪慧，好读书，酷爱文史。青年时期即留意地方史料，民俗和掌故，注意搜集各种历史传说，是地方知名文化人。1982年底，滨县地方史志办公室成立，被聘为《滨县志》主编。1987年，滨县、滨州市合并，任《滨州市志》主编。为编志搜集资料和整理地方文献，他先后主编出版了《滨县姓氏志》《滨县风俗志》《滨县概况》《滨县地名志》《滨州市生物志》《滨州市地名志》。在编写这些地方文献时，他亲自审定条目，去伪存真，鉴别资料，修改文字，力求精益求精。特别是《滨州市地名志》出版印刷期间，他在天津一住就是一个月，天天泡在印刷厂，对文字、资料进行最后的认真校改。其中《滨州市地名志》《滨州市生物志》获惠民地区社会科学优秀成果奖。晚年，吕宪章担任《滨州市志》主编，从策划到确定全书的体例，从资料搜集到编纂、审定，都付出了大量心血。

（滨州市史志办）

卞文成 男，1938年11月生，成武县人。1959年参加工作，1961年加入中国共产党。从事初高中语文教学多年，70年代初调做文秘工作，80年代初由县文化局长调任史志办主任，主编《成武县志》。1987年被评为副编审职称。1993年退居二线。

主编《成武县志》（由齐鲁书社1992年出版，获山东省优秀志书二等奖）、《成武县概况》（收入《山东各地概况》山东人民出版社出版）、《成武年鉴》（1987年至1992年，6卷，内部印发行）。参编《方志编纂学》（撰写四章，王复兴主编，济南出版社1989年出版）。应邀参加对潍坊、桓台、金乡等十余部市县志稿的评审，对奉贤、青州等十多部志书写有评论文章。

在省以上刊物发表理论评论文章60余篇，有十余篇被收入各种文集。内容除探讨各专志编写方法外，涉及方志文体、文风、语言、逻辑、政治性和时代经济等方面。代表性论文有：《论志书的语体》（《山东史志丛刊》1987年第二期）、《论志书的文献性》（《山东史志丛刊》1988年第二期）、《论逻辑划分在志书中的运用》（《中国地方志》1992年第三期）、《方志语言》（《方志编纂学》）、《读青州市志议志书文风》（《史志文萃》1990年第四期）、《以社会主义初级阶段的理论为依据，正确记述历史的误区》（《山东史志丛刊》1988年第三期，获菏泽地区社会科学优秀成果二等奖）、《新编志书政治部类必须加强》（《山东史志丛刊》1990年第三期）、《论新编志书的党性原则》（河北地方志1990年第五期，获山东省方志成果三等奖）《论方志学研究的时代精神》（方志研究1994年第三期，《中国地理》1994、12转载）《专业技术职务聘任制必须进一步完善》（《华东科技管理》1989第十一期）等。

方志编纂和理论研究成果受到社会关注，获得各种荣誉。1986年、1987年至1989年、1992年被评为山东省方志系统先进工作者；县委、县政府给予记大功和晋升一级工资的奖励，并评为县第一批科技拔尖人才。已被载入《中国当代方志学者词典》和《中国当代历史学学者词典》。

（菏泽市史志办）

责任编校：张　亚

附　录

法规规章

地方志工作条例

（2006 年 5 月 18 日　中华人民共和国国务院令第 467 号）

第一条　为了继承和发扬中华民族优秀文化传统，全面、客观、系统地编纂地方志，科学、合理地开发利用地方志，发挥地方志在促进经济社会发展中的作用，制定本条例。

第二条　中华人民共和国境内地方志的组织编纂、管理、开发利用工作，适用本条例。

第三条　本条例所称地方志，包括地方志书、地方综合年鉴。

地方志书，是指全面系统地记述本行政区域自然、政治、经济、文化和社会的历史与现状的资料性文献。

地方综合年鉴，是指系统记述本行政区域自然、政治、经济、文化、社会等方面情况的年度资料性文献。

地方志分为：省（自治区、直辖市）编纂的地方志，设区的市（自治州）编纂的地方志，县（自治县、不设区的市、市辖区）编纂的地方志。

第四条　县级以上地方人民政府应当加强对本行政区域地方志工作的领导。地方志工作所需经费列入本级财政预算。

第五条　国家地方志工作指导机构统筹规划、组织协调、督促指导全国地方志工作。

县级以上地方人民政府负责地方志工作的机构主管本行政区域的地方志工作，履行下列职责：

（一）组织、指导、督促和检查地方志工作；

（二）拟定地方志工作规划和编纂方案；

（三）组织编纂地方志书、地方综合年鉴；

（四）搜集、保存地方志文献和资料，组织整理旧志，推动方志理论研究；

（五）组织开发利用地方志资源。

第六条　编纂地方志应当做到存真求实，确保质量，全面、客观地记述本行政区域自然、政治、经济、文化和社会的历史与现状。

第七条　省、自治区、直辖市人民政府制定本行政区域地方志编纂的总体工作规划（以下简称规划），并报国家地方志工作指导机构备案。

第八条　以县级以上行政区域名称冠名的地方志书、地方综合年鉴，分别由本级人民政府负责地方志工作的机构按照规划组织编纂，其他组织和个人不得编纂。

第九条　编纂地方志应当吸收有关

方面的专家、学者参加。地方志编纂人员实行专兼职相结合，专职编纂人员应当具备相应的专业知识。

第十条 地方志书每20年左右编修一次。每一轮地方志书编修工作完成后，负责地方志工作的机构在编纂地方综合年鉴、搜集资料以及向社会提供咨询服务的同时，启动新一轮地方志书的续修工作。

第十一条 县级以上地方人民政府负责地方志工作的机构可以向机关、社会团体、企业事业单位、其他组织以及个人征集有关地方志资料，有关单位和个人应当提供支持。负责地方志工作的机构可以对有关资料进行查阅、摘抄、复制，但涉及国家秘密、商业秘密和个人隐私以及不符合档案开放条件的除外。

地方志资料所有人或者持有人提供有关资料，可以获得适当报酬。地方志资料所有人或者持有人不得故意提供虚假资料。

第十二条 以县级以上行政区域名称冠名、列入规划的地方志书经审查验收，方可以公开出版。

对地方志书进行审查验收，应当组织有关保密、档案、历史、法律、经济、军事等方面的专家参加，重点审查地方志书的内容是否符合宪法和保密、档案等法律、法规的规定，是否全面、客观地反映本行政区域自然、政治、经济、文化和社会的历史与现状。

对地方志书进行审查验收的主体、程序等由省、自治区、直辖市人民政府规定。

第十三条 以县级以上行政区域名称冠名的地方综合年鉴，经本级人民政府或者其确定的部门批准，方可以公开出版。

第十四条 地方志应当在出版后3个月内报送上级人民政府负责地方志工作的机构备案。

在地方志编纂过程中收集到的文字资料、图表、照片、音像资料、实物等以及形成的地方志文稿，由本级人民政府负责地方志工作的机构指定专职人员集中统一管理，妥善保存，不得损毁；修志工作完成后，应当依法移交本级国家档案馆或者方志馆保存、管理，个人不得据为己有或者出租、出让、转借。

第十五条 以县级以上行政区域名称冠名的地方志书、地方综合年鉴为职务作品，依照《中华人民共和国著作权法》第十六条第二款的规定，其著作权由组织编纂的负责地方志工作的机构享有，参与编纂的人员享有署名权。

第十六条 地方志工作应当为地方经济社会的全面发展服务。县级以上地方人民政府负责地方志工作的机构应当积极开拓社会用志途径，可以通过建设资料库、网站等方式，加强地方志工作的信息化建设。公民、法人和其他组织可以利用上述资料库、网站查阅、摘抄地方志。

第十七条 县级以上地方人民政府对在地方志工作中作出突出成绩和贡献的单位、个人，给予表彰和奖励。

第十八条 违反本条例规定，擅自编纂出版以县级以上行政区域名称冠名的地方志书、地方综合年鉴的，由县级以上地方人民政府负责地方志工作的机构提请本级人民政府出版行政部门依法查处。

第十九条 违反本条例规定，未经审查验收、批准将地方志文稿交付出版，或者地方志存在违反宪法、法律、法规规定内容的，由上级人民政府或者本级人民政府责令采取相应措施予以纠正，并视情节追究有关单位和个人的责任；构成犯罪的，依法追究刑事责任。

第二十条　负责地方志工作的机构的工作人员违反本条例第十四条第二款规定的，由其所在单位责令改正，依法给予处分。

第二十一条　编纂地方志涉及军事内容的，还应当遵守中央军委关于军事志编纂的有关规定。

国务院部门志书的编纂，参照本条例的相关规定执行。

第二十二条　本条例自公布之日起施行。

山东省地方史志工作条例

（2005年9月29日山东省人民第十届代表大会常务委员会第十六次会议通过）

第一条　为了继承和发扬中华民族优秀文化传统，客观记载区域地情，系统积累、保存地方史志文献，服务经济建设和社会发展，结合本省实际，制定本条例。

第二条　本省行政区域内地方史志的组织编纂、管理和服务工作，适用本条例。

本条例所称地方史志是指各级各类志书、年鉴及相关地情文献。

第三条　编纂地方史志应当遵循存真求实的原则，全面客观地反映当地自然与社会的历史和现状。

第四条　县级以上人民政府应当加强对地方史志工作的领导，将地方史志工作纳入国民经济和社会发展计划，所需经费列入同级财政预算。

第五条　县级以上人民政府史志工作机构主管本行政区域内的地方史志工作，具体承担下列任务：

（一）规划、协调地方史志工作；

（二）制定地方史志编纂业务规范；

（三）组织、检查、指导地方史志编纂工作；

（四）编纂、审查、验收有关地方史志稿件；

（五）征集、整理、保存地方史志文献，开展地方史志学术研究；

（六）宣传、推广地方史志成果，开展地情研究，建设地情文献库和地情文献网站，为公众读志用志提供服务；

（七）同级人民政府和上级业务部门交办的其他事项。

第六条　从事地方史志编纂业务的人员应当具备相应的专业知识和学术水平。

地方史志编纂工作应当吸收社会各界专家、学者参加。

第七条　以县级以上行政区划冠名的地方志、地方综合年鉴、综合地情文献，由同级人民政府史志工作机构按照规划组织编纂，其他组织和个人不得编纂出版。

第八条　省、设区的市、县（市、区）三级志书二十年左右编修一次，编纂任务由省人民政府统一部署。

第九条　人民政府史志工作机构可以向机关、社会团体、企业事业单位和其他组织以及公民征集有关地方史志资料，有关单位和公民应当为其提供便利。地方史志编纂机构可以对资料内容进行查阅、摘抄、复制。涉及国家秘密、商业秘密和个人隐私以及不符合档案开放条件的除外。

地方史志资料所有人或者持有人不得故意提供虚假资料。

第十条 为执行本单位的地方史志编写任务或 者利用本单位的物质技术条件收集、积累的地方史志资料，应当按照有关规定归档管理，任何人不得损毁或者据为己有。

第十一条 设区的市、县（市、区）人民政府史志工作机构应当根据全省地方史志工作规划，制定本行政区域的志书编纂方案，报上一级人民政府史志工作机构批准后实施。

第十二条 承担省、设区的市、县（市、区）三级志书编写任务的部门、企业事业单位和其他组织应当根据地方史志工作规划，明确相关编写单位或者编写人员，拟定编写方案报同级人民政府史志工作机构批准后实施。

第十三条 省、设区的市、县（市、区）三级志书志稿实行分级申报、审查、验收制度。

省志报省地方史志编纂委员会审定，经省人民政府批准后出版。

设区的市、县（市、区）的志书报上一级地方史志编纂委员会审定，经同级人民政府批准后出版。

县（市、区）志报省人民政府史志工作机构备案。

第十四条 以县级以上行政区划冠名的地方综合年鉴由同级人民政府史志工作机构组织编纂，经同级人民政府批准后出版。

以县级以上行政区划冠名的综合地情文献由同级人民政府史志工作机构组织编纂。

第十五条 有关组织和单位可以自行组织编纂本条例第十三条、第十四条规定以外的志书、年鉴或者其他地情文献。编纂单位应当按照隶属关系或者注册登记关系报人民政府史志工作机构备案。

第十六条 承担地方史志编纂任务的部门和行业组织，可以根据地方史志工作规划对其管理单位的地方史志编写工作进行督导。

第十七条 编纂单位应当在地方史志出版后三十日内向当地和上级人民政府史志工作机构报送样书和电子文本。以县级以上行政区划冠名的地方志、地方综合年鉴、综合地情文献在编纂过程中形成的档案资料，应当移交同级国家综合档案馆保管。

第十八条 地方史志文献应当向社会公开，地情文献库应当向公众开放。

单位和个人可以免费利用地情文献库和地情文献网站查阅、摘抄地方史志文献。

第十九条 违反本条例，有下列行为之一的，由县级以上人民政府史志工作机构按照管理权限责令其停止违法行为，限期改正；逾期不改的，由其所在单位或者有关行政部门依法给予行政处分或者纪律处分：

（一）擅自编纂出版以县级以上行政区划冠名的地方志、地方综合年鉴或者综合地情文献的；

（二）损毁单位所有或者持有的地方史志资料或者将其据为己有的；

（三）地方史志资料所有人或者持有人故意提供虚假资料的；

（四）未经审查、验收、批准将地方史志交付出版的；

（五）无故拖延、拒绝提供地方史志资料或者承担编写任务的；

（六）拒绝向上级人民政府史志工作机构报送地方史志文献的。有前款第（一）、（二）项行为，造成重大损失或者恶劣影响的，人民政府史志工作机构、地方史志资料所有或者持有单位和相关部门可以依法向人民法院提起诉讼。

第二十条　本条例自 2005 年 12 月 1 日起施行。

重要文件

地方志书质量规定

（中指组字〔2008〕3 号）

第一章　总　则

第一条　为了继承和发扬中华民族优秀文化传统，全面、客观、系统地编纂地方志书，确保质量，根据《地方志工作条例》和国家关于出版管理的法律、法规，制定本规定。

第二条　本规定所称地方志书（以下简称“志书”），是指省（自治区、直辖市）、设区的市（自治州）、县（自治县、不设区的市、市辖区）编纂的志书。

第三条　志书质量的总体要求：观点正确，体例严谨，内容全面，特色鲜明，记述准确，资料翔实，表达通顺，文风端正，印制规范。

第四条　本规定凡涉及国家法律、法规和有关标准的内容，以现行法律、法规和有关标准为准。

第二章　观　点

第五条　以马克思列宁主义、毛泽东思想、邓小平理论和“三个代表”重要思想为指导，全面贯彻落实科学发展观，坚持辩证唯物主义和历史唯物主义的立场、观点和方法。

第六条　记述社会主义时期的内容，应体现社会主义时代精神风貌，全面反映发展中国特色社会主义事业的历程和成绩，正确反映历史发展中的曲折和问题。

第七条　志书不得含有下列内容：反对宪法确定的基本原则的；危害国家统一、主权和领土完整的；泄露国家秘密、危害国家安全或者损害国家荣誉和利益的；煽动民族仇恨、民族歧视，破坏民族团结，或者侵害民族风俗、习惯的；宣扬邪教、迷信、赌博、暴力的；侮辱或者诽谤他人，侵害他人合法权益的；危害社会公德或者民族优秀文化传统的；法律、法规和国家规定禁止的其他内容的。

涉及国家安全、社会稳定等重大问题，法律、法规及政策未作规定的，经由有关部门审查把关，正确把握记述尺度。

第三章　体　例

第八条　坚持志体。横排门类，纵述史实，述而不论。体例科学、规范、严谨，适合内容记述的要求。

第九条　凡例关于编纂志书的指导思想、原则、时空范围、体裁、人物收录标准、资料来源、行文规范、特殊问题处理等要求，清楚明确。

第十条　志书名称以下限时的本行政区域名称冠名。其中，市辖区志书在本行政区域名称前冠以上一级行政区域名称，如“××市××区志”。

续修志书名称标明上下限年份，如“××县志（××××—××××）”。

第十一条　体裁运用得当，以志为主。

（一）述

根据志种和内容层次的不同，合理设置，概述事物发展全貌和特点等。

（二）记

大事记选录大事得当，重要事项不漏，时间、地点、人物（单位）、结果等要素齐备。

专记设置因事制宜，选题严格，数量适度。

编后记重点反映修志始末。

（三）志

门类设置合理。纵述史实把握事物的发端、变化和现状，不缺失主要事物、事物的主要方面和事物发展的重要阶段。

（四）传

立传人物为在本行政区域有重大影响者，以及本籍人物在外地有重大影响者。

（五）图、照

图、照注重典型性、资料性，从不同角度反映变化的情况。

卷首插图包括本行政区域位置图、地形图、行政区划图、交通图等。地图采用国家测绘部门和有关部门绘制或者审定的。重要地理信息数据采用测绘部门公布的法定数据。

照片无广告色彩。除人物传、人物简介外，无个人标准像。

（六）表

设计合理，要素齐全，内容准确，不与正文简单重复。

（七）录

附录的原始文献、补遗考订等资料具有重要存史价值。

（八）索引

分类标准统一，名称概念清楚，提炼的标目符合主题原意，附缀正文页码准确。

第十二条　篇目设置符合“事以类聚”、“类为一志”的基本要求，科学分类与现实社会分工（现行管理体制）、全志整体性与分志相对独立性的关系处理妥当。

整体布局合理，结构严谨，归属得当，层次分明，排列有序。类目的升格或降格，使用适当。

标题简明准确，题文相符，同一门类各级标题不重复。

第四章　内　容

第十三条　内容反映本行政区域内自然、政治、经济、文化、社会的历史和现状。

根据各地实际分类，记述内容大致涵盖以下方面：

（一）建置、自然环境、资源、人口等；

（二）城乡建设、环境保护、交通、邮电信息、公用事业等；

（三）农业、工业、建筑业、服务业、经济管理等；

（四）中国共产党、人民代表大会、人民政府、政治协商会议、民主党派、群众组织、公安司法、军事等；

（五）教育、科学技术、文化艺术、新闻出版、广播影视、卫生和计划生育、体育等；

（六）人民生活、人事和劳动社会保障、民政、民族、宗教、风俗、方言等；

（七）人物。

第十四条　内容完整，横不缺要项，纵不断主线；详略得当，重点突出；反映事物基本特征，记述有深度。

第五章　记　述

第十五条　区域界限明确。以本行政区域为记述范围，越境不书。交代背景，反映与本行政区域外的横向对比、联系等，不视为越境而书。

第十六条　时间界限明确，不随意突破志书的上限和下限，严格控制上溯或下延。

续修志书处理好与前志的衔接，注意对前志的拾遗补缺、订讹正误。

第十七条　记述事物、事件和人物，寓观点于记述之中。述体中的必要议论适度，不空泛。

第十八条　志书中同一名称、事实、数据、时间、度量衡、术语的表述，前后一致。

第十九条　内容记述不机械重复。交叉记述的事物，从不同的角度记述，或此详彼略，或用互见法。

第二十条　生不立传。在人物传、人物简介、人物表以外记述人物，以事系人、人随事出。记述人物准确、客观、公允。

第二十一条　人物传记述传主的生卒年月、籍贯（出生地）、主要经历、典型事迹、个性特征、社会评价等。人物简介略记人物履历及主要事迹，不面面俱到。人物表要素不缺。

第二十二条　图的制作规范，要素齐全，包括必要的图题、图例和注记。

照片主题明确，图像清晰，注明时间、地点、事物、需要说明的人物的位置及时任职务等。

第六章　资　料

第二十三条　资料真实、准确。

资料经过鉴别、考证、核实，时间、地点、人物（单位）、事实、数据等准确。

有歧义但不可或缺的资料，多说并存。

第二十四条　资料全面、系统。

自然、政治、经济、文化、社会、人物等方面的资料齐全。

反映事物发生、发展过程的资料连贯、系统。

人、事、物，时间、地点、事件经过等要素齐备。

第二十五条　资料具有代表性、权威性。

注重使用原始资料。

第七章　行　文

第二十六条　使用规范的现代语体文记述，不用总结报告、新闻报道、文学作品、教科书、论文等写法。

第二十七条　行文严谨、朴实、简洁、流畅。除引文和特殊情况外，以第三人称记述，不用第一人称。

第二十八条　使用规范汉字，用词概念准确，符合现代汉语语法规范。

使用口语、方言、土语、俗语适当；不滥用时态助词；慎用评价词语；不用模糊、空泛词句。

时间、空间概念表述准确具体，指代明确。

第二十九条　无知识性和常识性错误。不乱改科学定律、理论概念、政治术语、历史典籍、名家名言的提法和内涵等。

第三十条　各种组织、机构、法律法规、文件、会议等专有名称使用全称。使用简称的，在适当地方括注于全称之后。简称概念准确规范，不产生歧义。

第三十一条　不同时期的国家、团体、机构、职务等名称，均用当时名称。历史朝代名称使用规范的通称，以新版《现代汉语词典》附录的中国历代纪元表为准。

第三十二条　今地名使用各级政府审定的标准地名。

历史地名使用当时名称，括注志书下限时名称。

涉及其他行政区域地名的，其行政隶属关系明确。

第三十三条　跨区域的山脉、河流、湖泊、水库、公路、铁路、航线、文物、名胜古迹、重大事件等，其名称和数据以国家有关部门公布的为准。

第三十四条　人物直书姓名，不冠褒贬词语，不在姓名后加身份词；必须说明身份的，首次出现时在姓名前冠以职务（职称）。

第三十五条　译名准确。外国国名和常见的地名、人名、党派、政府机构、报刊等译名，以新华通讯社译名为准。新华通讯社没有译名的，首次使用译名时括注外文全称。

第三十六条　生物、矿物名称，使用学名。记述自然资源涉及本地生物名称的，首次出现时采用二名法，括注本地俗名。

第三十七条　表格包括表序、表题、表体和必要的表注等。表题的时间、范围、主体内容和表格性质等要素齐全。全书表格样式、编号统一。

第三十八条　文中图统一编号。

第三十九条　统计数据的使用，符合国家统计法律、法规的有关规定，数据的定义、含义、统计口径和计算方法等清楚、准确，不错用、滥用。

统计数据以国家统计部门公布的法定数据为准。统计部门没有统计的，采用业务主管部门的统计数据。

第四十条　注释符合学术规范，便于查找原文。注释形式全书统一。

引文和重要资料注明出处。

第四十一条　数字、量和单位、标点符号的使用规范、统一，符合国家有关标准的规定。

第八章　出　版

第四十二条　出版，符合国家关于出版管理法律、法规及相关规定的要求。

第四十三条　民族自治地方用本民族语言文字出版的志书，符合国家关于民族语言文字出版物管理的规定。

第四十四条　出版制作以电子为介质的志书，符合国家关于电子出版物管理的规定。

第四十五条　印制，符合国家关于印刷业管理、音像制品管理的规定。

第四十六条　版面格式规范，符合国家有关技术标准和规定，装帧美观、大方。分册出版的志书，整体设计统一，形成系列。

封面书名采用印刷体，不用个人题签。

第四十七条　采用16开本（889×1194毫米），文字横排。

第四十八条　编辑校对符合国家关于图书质量管理的规定。全书差错率不超过万分之一。

第九章　附　则

第四十九条　各省（自治区、直辖市）地方志工作机构可根据本规定，结合本地实际，制定实施细则。

第五十条　本规定由中国地方志指导小组及其办公室负责解释。

地方综合年鉴编纂出版规定（试行）

（2012 年 7 月 13 日中国地方志指导小组四届三次会议通过）

第一章　总　则

第一条　为了规范地方综合年鉴编纂出版，提高质量，发挥地方综合年鉴在促进经济社会发展中的作用，根据国务院《地方志工作条例》，制定本规定。

第二条　本规定所称地方综合年鉴，是指系统记述本行政区域自然、政治、经济、文化、社会等方面情况的年度资料性文献。

第三条　本规定适用于以县级以上（含县级）行政区域名称冠名的地方综合年鉴（以下简称“年鉴”）。

第四条　年鉴编纂出版坚持以马克思列宁主义、毛泽东思想、邓小平理论和“三个代表”重要思想为指导，全面贯彻落实科学发展观。

第五条　年鉴编纂出版应遵守国家关于保密、著作权、出版、广告等方面的法律、法规或规章，遵守党和国家关于民族、宗教和对外关系等方面的法规或政策，维护国家利益、民族团结和社会稳定。

第六条　年鉴编纂出版应做到：观点正确，框架科学，资料翔实，记述准确，编写规范，编辑出版符合国家标准。

第二章　框　架

第七条　年鉴框架应涵盖年度内本行政区域的基本情况。

第八条　年鉴框架应做到：分类科学，层次清晰，领属得当，编排有序。

第九条　年鉴框架应突出年度特点和地方特色。

第十条　年鉴框架应相对稳定，同时依据年度特点和事物变化情况作适当调整，以体现稳定和创新的有机统一。

第十一条　年鉴分类可参照国民经济行业分类标准，并结合社会实际分工和本行政区域特点进行。

第十二条　年鉴框架各层次标题应简洁、准确、规范。

第三章　资　料

第十三条　年鉴主要辑录反映本行政区域自然、政治、经济、文化、社会等方面的基本情况，以及与本行政区域密切相关的资料。

第十四条　年鉴主要辑录年度性资料，一般不上溯下延。

第十五条　年鉴资料应突出时代性、年度性和地方性，具有为现实服务的价值和存史的价值。

第十六条　年鉴资料应具有连续性和可比性，能正确反映事物发展的脉络和轨迹。

第十七条　年鉴资料应真实，人名、地名、时间、事实、数据、图片、引文等应准确。

第十八条　年鉴采用的数据应以统计部门提供的为准，未列入统计范围的，以业务主管部门的为准。数据不一致时，应加以说明。

第十九条　年鉴编纂单位应拓宽资料搜集渠道，资料除依靠各供稿单位提供外，还要通过查阅档案、报刊和提炼网络信息，以及调查访问等方式进行搜集。

第四章 内 容

第二十条　年鉴内容应存真求实，客观反映经济社会发展中取得的成绩和存在的问题。

第二十一条　年鉴内容记述应综合运用多种形式，其主要形式是条目，条目分为综合性条目和单一性条目等类型。

第二十二条　条目。条目编写应做到：

（一）选题选材注重有效性、完整性和新颖、准确、系统。

（二）综合性条目反映年度内各个领域发展变化的总体情况和主要特点，具有高度的概括性；单一性条目一事一条，基本要素齐全。

（三）信息含量大，避免空洞无物和简单重复。

（四）坚持述而不论，寓观点于记述之中。

（五）标题中心词突出，题文相符。

（六）条目排列有序。

第二十三条　大事记。选录大事要得当，做到重要事项不漏，记述要素齐备。可将编年体和纪事本末体相结合。

第二十四条　图片。图片选用注重典型性、资料性，突出反映重大事件、重要成果和热点问题。

图片要清晰、美观；文字说明应简洁、准确、要素齐全。

地图选用和绘制应遵守国家关于地图管理的法规和有关规定、办法。

第二十五条　表。表格包括表题、表体以及必要的表注等。

表格内容要准确，设计要规范。

第二十六条　附录。附录内容应具有参考性、实用性和便览性。

第二十七条　其他形式。年度内具有特殊意义的资料可采用特载、特辑、专文、专记或其他形式集中汇辑。

第二十八条　人物记述可采用简介、名录、表等形式，入鉴人物应严格掌握标准，人物记述应做到客观、准确、公允。

第二十九条　年鉴应设编辑说明，主要介绍年鉴编纂的指导思想、记述的时空范围、栏目的设置情况、资料的来源等事项。

第三十条　年鉴具有工具书性质，应有完备的检索系统。

年鉴应编制中文、英文目录；中文目录详至条目。

索引应提供丰富的检索信息，名称概念清晰，标目符合主题原意，标引准确。

第三十一条　年鉴内容记述应减少交叉重复，多处记述同一事物的应各有侧重。

第三十二条　年鉴使用记叙文、说明文等文体，文风要朴实，记述要流畅。

第三十三条　年鉴使用规范、统一的简称和缩略语，名称、时间、地点、事实、数据、计量单位、术语等的表述前后要一致。

第五章 出 版

第三十四条　年鉴编纂应建立健全审读、审核和校对制度，以确保质量。

第三十五条　语言文字、标点符号、汉语拼音、数字、计量单位使用和索引编制、图片选用等，应符合国家有关法律、法规和规章、规定。

第三十六条　编辑校对应符合国家出版物质量管理的规定，差错率不超过万分之一。

第三十七条　封面设计应庄重大方，年鉴名称、卷号要醒目。

第三十八条　版式设计应疏密得当，留白页少，字体、字号选择要既能区别结构层次，又有较好的视觉效果。

第三十九条　版权页刊载版本记录应完整。

第四十条　采用16开本（889×1194毫米），文字横排。

第四十一条　印刷、装帧应符合国家出版物质量标准。

第四十二条　制作出版电子版年鉴，应遵守国家关于电子出版物管理的规定。

第四十三条　年鉴应逐年编纂，做到在出版年度的上半年内出版。

第六章　附　则

第四十四条　各省、自治区、直辖市地方志工作机构可根据本规定，结合本地区实际，制定实施细则。

第四十五条　专业年鉴可参照本规定执行。

第四十六条　本规定由中国地方志指导小组办公室负责解释。

山东省地方史志事业“十二五”发展规划

（鲁史志编发〔2010〕6号）

地方史志事业是社会主义先进文化的重要组成部分，是各级政府的基础性文化工作。“十一五”时期，在省委、省政府的正确领导和社会各界的关心支持下，全省史志事业实现了又好又快发展。第二轮修志稳步推进，编纂出版省志分志8部，市级志书1部，县级志书32部，许多行业、部门和乡镇、村都开展了修志工作；建立健全了志书编纂质量控制体系和质量管理规章制度；组织开展了“地方志书编纂质量年”活动和“学习优秀志书”活动；加强了修志理论研究和修志队伍建设，志书编纂质量不断提高。各级各类年鉴发展到193种，数量和质量均居全国前列，《山东年鉴》荣获全国最高奖项。全面完成省、市、县三级地情资料库和地情网站建设任务，并实现了互联互通、资源共享。新建成13家市级、95家县级方志馆（室），全省馆藏数量达到16万多种（册）；创办了全国地方志系统第一家专题博物馆山东省史志博物馆。读志用志和史志资源开发利用成果丰硕，编制完成《山东省历史地图集》（上卷），编辑出版《资政文集》、《山东便民手册》、《山东省历史文化村镇》等地情资料。《山东省地方史志工作条例》颁布实施，全省史志事业发展进入依法修志的新阶段。

到“十一五”末，全省初步建立起与国民经济和社会发展相适应的史志事业体系，形成志、鉴、库、馆、开发服务“五业并举、整体推进”的史志工作格局，基本完成地方文献、地情资料、区域研究及课题咨询“三个中心”建设的主体目标。在工作实践中积累形成了“山东经验、山东模式”：坚持创新，勇于探索，为史志事业发展不断注入新的活力和动力；坚持把为党委、政府中心工作服务作为史志工作的生命线，以服务谋发展，以有为促有位；加强史志工作法规和制度化建设，积极推进依法修志，以法制建设推动史志事业健康发展；坚持以方志编纂为主业，不断提高志书编纂质量；坚持以“三个中心”建设为目标，积极拓展史志工作领域，实现史志事业全面、协调、可持续发展。总体来看，全省史志事业发展已经站在一个新的历史起点上，展现出前所未有的大好局面。

“十二五”时期，是我国全面建设小康社会的关键时期，也是我省全面完成第二轮修志任务的关键时期。为促进和指导全省史志事业未来五年的科学发展，根据第四次全国地方志工作会议精神和《山东省国民经济和社会发展第十二个五年规划纲要》的要求，结合我省实际，特制定本规划。

一、指导思想和基本原则

（一）指导思想

高举中国特色社会主义伟大旗帜，深入贯彻落实科学发展观，坚持以邓小平理论和“三个代表”重要思想为指导，以《地方志工作条例》《山东省地方史志工作条例》为准绳，以科学发展为主题，以续修新志为抓手，紧紧围绕省委、省政府的中心工作，全面推进志、鉴、库、馆、开发服务五业并举、协调发展，为经济文化强省建设提供精神动力、信息服务和智力支持。

（二）基本原则

1. 坚持先进文化方向。把史志事业发展纳入文化建设范畴，把握时代发展特点，着力提升史志事业发展的核心竞争力，提高为社会主义核心价值体系建设服务的能力。

2. 坚持改革创新。进一步解放思想、与时俱进，创新思维方式，创新工作思路，创新工作方法，正确把握发展规律，积极探索新时期史志事业发展的新途径。

3. 坚持质量第一。正确处理质量和进度的关系，严格把好质量关口，把精品意识贯穿到修志工作的全过程和各个环节，把第二轮志书修成经世致用的名志佳作。

4. 坚持修用并举。围绕全省经济建设和社会发展大局，积极开展史志资源的开发利用和史志成果的转化，拓宽用志领域，创新用志手段，形成修用结合、良性互动机制。

5. 坚持科技进步。充分利用现代科技手段，加快推进信息化建设进程，实现编史修志由传统方式向现代化方式的转变，提高工作效率，提高志类产品质量。

二、主要任务

（一）扎实推进第二轮修志

1. 加快编纂进度。省志分志编纂、评议 60 部，总纂 50 部，出版 40 部；市级志书编纂、评议 10 部，审查验收、出版 8 部；县级志书编纂、评议 70 部，审查验收、出版 60 部。2011 年，完成《山东省汶川特大地震救助援建志》、《中华人民共和国第十一届运动会志》编纂任务。加大对尚未启动二轮修志的地方和单位的督导，确保全省“一盘棋”。加强对部门、行业和乡镇村志编写的业务指导，确保志书质量。抓好资料年报工作，为志鉴编纂奠定资料基础。

2. 提高编纂质量。在抓好现有志书质量管理规章制度落实的同时，健全完善保障志书编纂质量的体制和机制。进一步完善全省重点志书编纂管理办法，实行动态管理，建立进出机制，确保重点志书质量。省、市、县三级每年要有一定数量的志书进入国家志书出版精品工程，争取在全国第二轮志书质量评比中位居前列。

3. 加强理论研究。及时总结推广二轮修志的新经验、新做法，用不断发展创新的理论成果来指导志书编纂质量的提高。充分发挥各级地方志学会等学术团体的作用，定期举办理论研讨会、业务讲座等，奖励优秀理论研究成果，确保每年在《中国地方志》发表理论文章的数量稳中有升，逐步形成一批在全国地方志系统有分量的理论成果，造就一批在全国地方志系统有影响的学术带头人，为二轮修志深入开展和志书质量提高提供理论支撑。

（二）继续抓好地方年鉴编纂

逐年编辑出版《山东年鉴》和市级综合年鉴，鼓励和推动县级史志部门编辑出版综合年鉴，依法正确引导其他专业年鉴的健康发展。围绕提高年鉴编辑质量，加强全省年鉴编辑出版的业务指导和质量管理，进一步创新编辑理念，完善框架设计，彰显年度特色，提高年鉴有效信息含量。以《山东年鉴》品牌为龙头，带动、打造一批年鉴品牌。尚未出版年鉴的县（市、区）要尽快启动年鉴工作，并将年鉴编纂列入史志部门的经常性工作。

（三）加快推动信息化建设

以市、县两级史志机构为重点，全面提高现有数据库、地情网站的质量。根据史志工作的最新发展和党委、政府及社会各界的需要及时调整栏目，充实内容，提高入库上网资料的数量和质量，增强信息资料的真实性、时效性和网站的实用性、吸引力。加大对全省信息化建设的业务培训力度，提高现有人员的专业素质。积极参与全省文化信息资源共享工程，参与全国地方志系统网络化建设，切实抓好全国“一网两库”建设在我省的试点工作，做好相关软件开发和硬件配备工作。

（四）加强各级方志馆建设

认真贯彻《关于加快方志馆建设的若干意见》，全面完成省、市、县三级史志机构建立方志馆（室）的目标。有条件的省直部门和单位也要适时建立方志馆(室)。结合史志资料年报制度的实施，加快地情资料的收集和积累，形成有关单位上缴、本系统交换和多种渠道采购的“三结合”资料收集模式。进一步发挥省史志博物馆的作用，在深入探索史志文献、文物文化内涵的基础上搞好收藏和展示，同时做好对文献、文物的保护工作。开发史志资料管理系统软件，实现各类资料管理电子化，提高资料管理利用水平；建设数字化方志馆和数字化史志博物馆。进一步强化各级方志馆和省史志博物馆地情教育、国情教育和爱国爱乡教育的社会功能，充分发挥公共文化服务平台的作用。

（五）加快史志资源开发利用

1. 加快修志成果转化。按照修用并举的原则，结合志书编纂，认真总结经济社会发展的经验教训，探索发展规律，为党委、政府提供决策参考和智力服务。引导社会各界对史志资源的开发利用，开展简志编写和地情研究，加快修志成果转化；围绕经济社会发展大局开展重大课题研究，以大课题、大项目带动读志用志水平的提高。

2. 开展旧志整理和开发利用。成立

领导机构，培训有关人员，制定全省旧志整理规划和实施方案，统筹各市、县选题，系统有序地加以推进。加大对全省旧志收集力度，对旧志资源进行普查；根据版本情况，进行影印、校勘、标点、译注或汇编合刊、分类整理资料汇编，边整理边开发，为二轮修志提供史料，为领导决策、科研、旅游和宣传家乡服务。

3．完成《山东省历史地图集》等有关项目的编纂工作。围绕《山东省历史地图集》（下卷）的编制，积极开展山东近现代地方史、区域史专题研究，在此基础上完成《山东省历史地图集》有关项目的编制工作，取得一批与之相关的研究成果，推动区域研究的深入开展。在充分调研论证的基础上，全面启动并力争完成《山东大百科全书》编纂任务。

三、保障措施

（一）切实加强组织领导。坚持和完善“党委领导、政府主持”的领导体制，把史志工作列入各级政府的重要议事日程，纳入当地经济社会发展规划，真正做到领导、机构、经费、队伍、条件到位。积极探索新形势下落实“一纳入、五到位”的新途径、新方法，尤其要确保随着财政收入增长对史志事业发展投入逐年有所增加。省直部门要单独设立账户，用于史志工作经费的收支管理。各级史志机构要及时向党委、政府和有关领导汇报工作，争取理解和支持，确保完成各项任务。

（二）认真贯彻两个《条例》。各级史志部门要牢固树立依法修志的观念，切实提高依法行政的能力和水平，认真履行《地方志工作条例》和《山东省地方史志工作条例》赋予的各项职责，全方位地开展地方史志的编纂、管理和服务工作。要根据新形势的要求，进一步完善全省史志事业法制化、制度化体系，各市、县（市、区）政府要择机制定出台关于史志工作的政府规章，逐步健全完善与两个《条例》相配套的法规制度和实施细则，为全省史志事业发展提供法律依据和制度保障。适时开展史志行政执法检查，依法纠正违法行为，保障史志事业健康发展。

（三）加大组织协调力度。各级史志部门要加强组织协调，调动基层修志单位的积极性，争取社会各界力量的支持，努力营造众手修志的社会氛围。各承编单位要树立全省“一盘棋”的思想，从大局出发，服从工作安排，形成工作合力，共同完成地方史志编纂任务。要加强业务指导，完善指导体系，搞好业务技能培训，热情指导部门志、行业志、企业志、院校志、乡镇志、村志等志书编纂，帮助解决修志工作中的疑难问题。继续开展全省史志系统“八个一优秀”评选、学习优秀志书活动，继续对修志理论研究成果和在《中国地方志》发表论文进行表彰奖励，创造公平、竞争、择优的环境，营造干事创业、创先争优的氛围。

（四）加强修志队伍建设。各级要按照国家和省两个《条例》的要求，理顺史志机构的领导体制和工作关系。按照德才兼备的条件配备好史志机构的领导班子。按照政治强、业务精、作风硬的标准充实史志工作队伍。已经完成第二轮修志任务的市、县（市、区）史志部门和省志承编单位要把资料年报工作牢牢抓在手上，做到机构不撤，人员不减，确保全省史志机构整体稳定。实施人才培养五年规划，与知名高校合作办学、脱产培训，重点培养300名修志业务骨干。充分发挥各级地方志学会、修志业务专家咨询组和社会各界有关专家、学者的作用，积极吸纳社会力量参与修志业务。

（五）加强工作督促检查。各级史志部门要认真贯彻本规划精神，结合各自实际，制定实施方案和年度计划，认真抓好分解落实，确保规划所提各项目标任务落到实处。实行修志工作责任制和督查督办制度，加强对规划落实和执行情况的督促检查，按年度组织对各市、县（市、区）史志工作情况进行考核评估，并按《地方志工作条例》和《山东省地方史志工作条例》的有关规定给予奖励或惩处。

山东省志书质量管理规定

（鲁史志办发〔2014〕6号）

第一章　总　则

第一条　为提高全省二轮志书编修质量，更好地发挥志书“存史、资治、教化”作用，根据国务院《地方志工作条例》《山东省地方史志工作条例》、中国地方志指导小组《地方志书质量规定》和国家关于出版管理的法律、法规，制定本规定。

第二条　本规定适用于山东省行政区域内志书的质量管理。行业志、部门志、专业志、乡镇村志可参照执行。

第二章　志书质量标准

第三条　观点正确

（一）必须以马克思列宁主义、毛泽东思想、邓小平理论、“三个代表”重要思想、科学发展观为指导，坚持辩证唯物主义和历史唯物主义的立场、观点和方法。

（二）坚持党的基本理论、基本路线、基本纲领、基本经验，实事求是地反映发展中国特色社会主义事业的历程和成绩。

（三）坚持依法修志。严格遵守国家法律法规，认真贯彻执行国务院《地方志工作条例》和《山东省地方史志工作条例》。

（四）严格保守国家秘密，准确把握政策尺度。记述涉及到国家主权、保密、民族、宗教、政法、军事、外事、统一战线等方面的内容，要审慎处理，志稿形成后，必须经有关部门审查把关，严格履行审查验收程序，注意把好政治关、保密关、重大史实关。

第四条　结构严谨，体例完备

（一）整体布局科学合理，容量、排列、层次、标题和升降格等问题处理恰当，体现事物的整体性和各门类之间的相互关系。

（二）篇目设置遵循“事以类聚”“类为一志”的基本要求，做到分类合理，归属得当，层次分明，符合事物发展的逻辑关系。坚持横排门类，纵述史实。

（三）体裁运用得当，以志为主，综合运用述、记、志、传、图、表、录、索引等多种体裁。

第五条　内容全面，资料翔实

（一）自然、政治、经济、文化、社会、人物等各方面内容齐全，连贯、系统地反映事物发生、发展的过程。

（二）加强对资料的收集和整理力度，做好资料的鉴别和筛选工作，避免失实和前后矛盾。入志资料必须确保真实准确、全面系统，并具有代表性和权威性。

（三）内容横不缺要项，纵不断主线，详略得当，重点突出，反映事物发展的规律性。

（四）合理运用表格和图照资料，与文字相辅相成，相得益彰。

（五）准确把握记述角度，处理好内容的交叉、重复关系。

第六条 记述准确，特色鲜明

（一）全面反映本行政区域内自然、政治、经济、文化、社会的历史与现状，重点把握事物的发端、变化和现状，不缺失主要事物、事物的主要方面和事物发展的重要阶段。

（二）坚持实事求是、述而不论、生不立传的基本原则。

（三）记述有深度，不简单堆积资料，体现出编辑的加工能力，反映事物的基本特征，做到思想性、科学性和资料性的统一，为社会提供信史。

（四）突出时代特征、专业特点和地方特色，体现与时俱进和创新精神。

（五）区域界限和时间界限明确。以本行政区域为记述的地理范围，越境不书；不随意突破时间断限，严格控制上溯和下延。续修志书要处理好与前志的衔接，并注意对前志的拾遗补缺、订正错讹。

（六）所用数据以统计部门提供的数据为准；统计部门没有的，以主管部门统计数字为准。所用地图资料以测绘部门的公开资料为准。其他如史料、人名、地名、年代、引文等，务必准确无误。

第七条 表达通顺，文风端正

（一）使用规范的现代语体文，杜绝口语、文言、半文言。

（二）行文严谨朴实，简洁流畅。

（三）文字、数字、计量和单位、标点符号的使用要规范、统一。

（四）常用词语以最新版本的《现代汉语词典》为准。特定名称的使用规范、统一，不任意简写。

（五）书写格式自左向右横排，使用标准简化字。

（六）行文符合国家有关标准的规定。

第八条 印制规范

（一）严格执行审批制度及备案程序，符合国家关于出版管理的法律、法规及相关规定的要求。

（二）具备国家正式出版书号。

（三）版面格式规范，印刷清晰，装帧精美。

（四）全书差错率不超过万分之一。

第三章 志书质量检查管理

第九条 志书质量管理范围，既包括编纂过程的各个环节，也包括编纂成书质量。

第十条 制定篇目。篇目设置应合乎科学分类和社会分工实际，标题要准确、精练，同一门类各级标题不重复。续修志书要注意与前志篇目的衔接，并力求创新。省志分志、市志篇目报省地方史志编纂委员会审查批准、备案；县（市、区）志篇目报市地方史志编纂委员会审查批准，报省地方史志编纂委员会备案。

第十一条 搜集考订资料。搜集资料要全面、系统，横不缺要项，纵不断主线。资料使用要经过鉴别、考证、核实，时间、地点、人物、事实、数据真实、准确。考证过的原始资料应做好存档工作。

第十二条　编写资料长编。将考订核实过的资料，依据志书的篇目要求，按时间顺序或资料的内在逻辑关系科学编排，编辑成篇。资料长编的编写步骤主要包括梳理资料、修订篇目、排列资料、编写长编等。资料是志书的基础，要扎实做好资料长编工作，为志书撰写打下坚实的基础。

第十三条　编写初稿。由主编主持，在资料长编的基础上，拟订具体的初稿编写提纲，制定初稿写作标准，明确分工，责任到人。编写过程中，主编应做好调度工作。

第十四条　志稿评议。初稿完成后，承编单位要召开由有关领导、专家、史志工作者参加的评稿会，听取修改意见和建议。评议志稿实行责任负责制。评议人员要认真阅读志稿，写出书面评议意见。志书评议稿要提前45个工作日送交审稿人员，按照时间服从质量的原则，合理安排会议时间。省志分志的志稿评议会由承编单位组织召开，市级志稿评议会由省地方史志办公室组织召开，县级志稿评议会由市级史志工作机构组织召开。

第十五条　志稿修改。由主编主持，梳理评议意见和建议，集思广益，制定修改方案，形成修改意见，修改人员要认真落实。省志分志评议后修改至少3个月，市县级志稿原则上评议结束后一年内不准出版。

第十六条　完成送审稿。初稿修改完成后，送主编统稿，形成送审稿，报上一级地方史志编纂委员会审定。主编的主要任务是总揽全志，调理章节，理顺门类，联结上下，剔除重复，核准观点，润色词语。

第十七条　上报的送审稿应符合齐、清、定的要求。齐，即志稿各要素齐全，正文（包括文中的表格、随文图片及其编号、文字说明等）完整；清，即志稿清楚整洁，按照统一标准排定版式；定，即志稿的文字、图片、表格等所有内容都经核实、确定，不留疑问。

第十八条　审查验收。省志分志由省地方史志编纂委员会审查验收，报省政府批准出版。市志报省地方史志编纂委员会审查验收，由市人民政府批准出版；县（市、区）志报市地方史志编纂委员审查验收，由县（市、区）人民政府批准出版。各级审核单位要认真填写审核意见，须负责人签字，并加盖公章。

第十九条　志书备案。志书出版后1个月内向省地方史志办公室报送样书和电子文本。

第四章　奖励与处罚

第二十条　获“全省优秀史志成果奖”的志书，由省地方史志办公室在全省范围内宣传推广其经验和做法，并给予精神和物质奖励。

第二十一条　质量不合格的志稿，上级地方史志编纂委员会有权驳回重修；有严重质量问题、不经审批擅自出版的志书，同级政府史志工作机构按照管理权限依法查处，造成重大损失或者恶劣影响的，依法向人民法院提起诉讼。

关于调整续修《山东省志（1986—2005）》志目设置与分工的通知

（鲁史志编发〔2014〕2号）

省志各承编单位：

2001年7月，省委办公厅、省政府办公厅转发的《山东省续修新方志工作纲要》公布了《续修〈山东省志〉志目与分工表》，明确《山东省志）》续修任务为编纂分志83卷。13年来，各承编单位按照志目分工，扎扎实实地开展工作，取得了良好成效。但是，随着形势的发展和工作变化，原有志目分工与实际情况出现了较大差异，主要是：与首轮《山东省志》衔接设立的个别续修志目，实际工作中没有对应的承编单位或部门；部分承编单位因机构改革、职能调整、行业萎缩等，无力承担编修任务，需要合并部分志目；因承编单位职能和机构名称变化，需要重新明确承编单位；根据按照事业发展情况，需要增设新志目。

鉴于以上情况，为推动续修《山东省志》编纂工作有序开展，确保按时完成编纂任务，经广泛调研和征求意见，确定对《山东省志》志目设置与分工适当作合并、增设、完善等调整，调整后的《山东省志》共设计74部分志（少数民族志、宗教志分别统计），具体调整方案见附件。

希望各牵头单位、承编单位按照调整后的志目与分工，切实履行职责，抓好落实，确保按时完成修志任务。

附件：《山东省志（1986—2005)》志目与分工表（调整后）

山东省地方史志编纂委员会

2014年3月26日

附件：

《山东省志（1986—2005）》志目与分工表（调整后）

名　　称	牵头单位	承编单位
序言・凡例・目录		省地方史志办公室
大事记		省地方史志办公室
国土资源志（上、下）		省国土资源厅
气象志		省气象局
地震志		省地震局
*中国共产党志(上、下)	省委办公厅	省委办公厅、组织部、宣传部、统战部、政策研究室、党史研究室
民主党派工商联志	省委统战部	省委统战部，各民主党派、省工商联
工会志		省总工会
共青团志		团省委
妇联志		省妇联

续表

名　　称	牵头单位	承编单位
＊政权志（上、下）	省政府办公厅	省政府办公厅、省人大常委会办公厅、省政协办公厅、省人力资源社会保障厅
＊民政志		省民政厅
外事志		省外办
＊公安志		省公安厅
＊司法志	省委政法委	省委政法委、省法院、省检察院、省司法厅、省监狱管理局
＊军事志	省军区	省军区、省人防办
农业志	省农业厅	省农业厅、省农业机械管理局、省畜牧兽医局
＊林业志		省林业厅
海洋与渔业志		省海洋与渔业厅
水利志		省水利厅
＊铁路志	济南铁路局	济南铁路局、省地方铁路局、中铁十四局、济南机车车辆厂、青岛四方车辆研究所
＊黄河志		山东黄河河务局
交通志	省交通运输厅	省交通运输厅、民航山东监管局
＊海事志	山东海事局	山东海事局，中国船级社青岛分社，天津海事局青岛航标处、烟台航标处
邮政志	省邮政局	省邮政局、省邮政公司
电信志	省通信管理局	省通信管理局、省电信公司、中国移动山东公司、中国联通山东分公司
工业志（上、中、下）		省石油化学工业协会、省机械工业协会、省纺织工业协会、省建材工业协会、省国防科工办、省轻工业协会、省轻工业集体企业联社、省中小企业局、省丝绸公司
电力工业志		山东电力工业集团公司
煤炭工业志		省煤炭工业局
＊石油工业志	胜利石油管理局	胜利石油管理局、东濮油田
冶金工业志		省冶金工业总公司
＊黄金工业志		山东黄金集团有限公司
信息产业志		省经济和信息化委
盐业志		省盐务局

续表

名　称	牵头单位	承编单位
*烟草志		省烟草公司
建设志	省住房和城乡建设厅	省住房和城乡建设厅、省建筑工程管理局
环境保护志		省环保厅
测绘志	省国土资源厅	省国土资源厅、省测绘地理信息局
供销合作社志		省供销合作社
粮食志		省粮食局
外经贸志		省商务厅
海关志		青岛海关
*财政志		省财政厅
*税务志（上、下）	省国税局	省国税局、省地税局
金融志	中国人民银行济南分行	中国人民银行济南分行、省农业银行、省工商银行、省建设银行、中国银行山东省分行、农业发展银行山东省分行、国家开发银行济南分行、交通银行济南分行、中信银行、华夏银行、招商银行、投资银行、光大银行、省信托投资公司
证券志	山东证监局	山东证监局、齐鲁证券有限公司
*保险志	山东保监局	中国人民保险公司山东分公司、中国人寿保险公司山东分公司、中国平安保险公司山东分公司、中国太平洋保险公司济南分公司
*发展计划志		省发展改革委
工业综合管理志		省经济和信息化委
统计志		省统计局
*审计志		省审计局
物价志		省物价局
*质量技术监督志		省质监局
*工商行政管理志		省工商局
出入境检验检疫志		山东检验检疫局
科学技术志	省科技厅	省科技厅、省科协
社会科学志	省社科规划办	省社科规划办、省社科院、省社科联
体育志		省体育局

续表

名　称	牵头单位	承编单位
卫生志	省卫生和计生委	省卫生和计生委、省食品药品监管局
教育志		省教育厅
文化志	省文化厅	省文化厅、省文联、省作协
文物志	省文化厅	省文化厅、省文物局
广播电视志		省新闻出版广电局
出版志	省新闻出版广电局	省新闻出版广电局、山东传媒出版股份有限公司
报业志	省新闻出版广电局	省新闻出版广电局、大众报业集团
劳动和社会保障志		省人力资源社会保障厅
人口志		省卫生和计生委
少数民族志　宗教志		省民委（宗教局）
侨务志		省侨办
民俗志	省委宣传部	省委宣传部、省社科联、山东大学
旅游志		省旅游局
档案志		省档案局
人物志	省委组织部	省委组织部、省地方史志办公室

说明：带“*”的分志已出版发行。

关于印发《全省第二轮修志倒排工期计划表》的通知

（鲁史志办发〔2014〕2号）

各市、县（市、区）史志办公室，省志各承编单位：

根据省政府领导要求，最近，我们对全省第二轮修志进展情况进行了汇总统计，在此基础上制定了倒排工期计划表，设定了完成时限，现印发给你们，请认真遵照执行。已经列入编纂出版计划的，要精心组织，科学调度，扎实稳妥地推进工作；尚未启动二轮修志的，务必在今年上半年召开启动会议，全面开展工作，确保到2018年全面完成省政府确定的第二轮修志任务。我办将加强监督检查，定期通报进度，对于工作不力的地方和单位，将提请省政府进行政务督查。

山东省地方史志办公室

2014年3月14日

全省第二轮修志倒排工期计划表

<table>
<tr><th colspan="2">志书名称</th><th>承编单位</th><th>拟出版时间</th></tr>
<tr><td colspan="2">《劳动保障志》</td><td>省人力资源和社会保障厅</td><td>2014.5</td></tr>
<tr><td colspan="2">《地震志》</td><td>省地震局</td><td>2014.7</td></tr>
<tr><td colspan="2">《农业志》</td><td>省农业厅</td><td>2014.8</td></tr>
<tr><td colspan="2">《外事志》</td><td>省外办</td><td>2014.10</td></tr>
<tr><td colspan="2">《档案志》</td><td>省档案局</td><td>2014.11</td></tr>
<tr><td colspan="2">《人口志》</td><td>省卫生和计划生育委员会</td><td>2014.11</td></tr>
<tr><td colspan="2">《广播电视志》</td><td>省新闻出版广电局</td><td>2014.11</td></tr>
<tr><td colspan="2">《民主党派工商联志》</td><td>省委统战部</td><td>2014.12</td></tr>
<tr><td colspan="2">《国土资源志》</td><td>省国土资源厅</td><td>2014.12</td></tr>
<tr><td rowspan="3">《工业志》（上）</td><td>机械篇</td><td>省机械协会</td><td rowspan="3">2014.12</td></tr>
<tr><td>纺织篇</td><td>省纺织协会</td></tr>
<tr><td>一轻工业篇</td><td>省轻工协会</td></tr>
<tr><td colspan="2">《工会志》</td><td>省总工会</td><td>2015.4</td></tr>
<tr><td colspan="2">《盐业志》</td><td>省盐务局</td><td>2015.3</td></tr>
<tr><td colspan="2">《民俗志》</td><td>省社科联</td><td>2015.7</td></tr>
<tr><td colspan="2">《交通志》</td><td>省交通厅</td><td>2015.8</td></tr>
<tr><td colspan="2">《电力工业志》</td><td>国电山东省分公司</td><td>2015.9</td></tr>
<tr><td colspan="2">《统计志》</td><td>省统计局</td><td>2015.8</td></tr>
<tr><td colspan="2">《物价志》</td><td>省物价局</td><td>2015.7</td></tr>
<tr><td colspan="2">《证券志》</td><td>山东证监局</td><td>2015.10</td></tr>
<tr><td colspan="2">《旅游志》</td><td>省旅游局</td><td>2015.12</td></tr>
<tr><td colspan="2">《测绘志》</td><td>省国土资源厅</td><td>2015.12</td></tr>
<tr><td colspan="2">《冶金工业志》</td><td>省冶金工业总公司</td><td>2016.1</td></tr>
<tr><td colspan="2">《出入境检验检疫志》</td><td>山东检验检疫局</td><td>2016.2</td></tr>
</table>

续表

<table>
<tr><th colspan="2">志书名称</th><th>承编单位</th><th>拟出版时间</th></tr>
<tr><td colspan="2">《金融志》</td><td>人行济南分行</td><td>2016.2</td></tr>
<tr><td colspan="2">《工业综合管理志》</td><td>省经信委</td><td>2016.4</td></tr>
<tr><td colspan="2">《粮食志》</td><td>省粮食局</td><td>2016.6</td></tr>
<tr><td colspan="2">《海关志》</td><td>青岛海关</td><td>2016.3</td></tr>
<tr><td colspan="2">《水利志》</td><td>省水利厅</td><td>2016.9</td></tr>
<tr><td colspan="2">《环境保护志》</td><td>省环保厅</td><td>2016.7</td></tr>
<tr><td colspan="2">《电信志》</td><td>省通信管理局</td><td>2016.4</td></tr>
<tr><td colspan="2">《邮政志》</td><td>省邮政公司</td><td>2016.8</td></tr>
<tr><td colspan="2">《气象志》</td><td>省气象局</td><td>2016.10</td></tr>
<tr><td colspan="2">《卫生志》</td><td>省卫生和计划生育委员会</td><td>2016.11</td></tr>
<tr><td colspan="2">《体育志》</td><td>省体育局</td><td>2016.10</td></tr>
<tr><td rowspan="3">《工业志》（中）</td><td>二轻工业篇</td><td>省轻工集体联社</td><td rowspan="3">2016.9</td></tr>
<tr><td>建材篇</td><td>省建材协会</td></tr>
<tr><td>丝绸篇</td><td>省丝绸公司</td></tr>
<tr><td colspan="2">《报业志》</td><td>大众报业集团</td><td>2016.7</td></tr>
<tr><td colspan="2">《共青团志》</td><td>团省委</td><td>2017.9</td></tr>
<tr><td colspan="2">《出版志》</td><td>山东传媒出版有限公司</td><td>2017.2</td></tr>
<tr><td colspan="2">《海洋与渔业志》</td><td>省海洋与渔业厅</td><td>2017.3</td></tr>
<tr><td colspan="2">《信息产业志》</td><td>省经信委</td><td>2017.3</td></tr>
<tr><td colspan="2">《建设志》</td><td>省住建厅</td><td>2017.4</td></tr>
<tr><td colspan="2">《文物志》</td><td>省文物局</td><td>2017.5</td></tr>
<tr><td colspan="2">《外经贸志》</td><td>省商务厅</td><td>2017.9</td></tr>
<tr><td colspan="2">《少数民族志》</td><td>省民委（宗教局）</td><td>2017.11</td></tr>
<tr><td colspan="2">《宗教志》</td><td>省民委（宗教局）</td><td>2017.11</td></tr>
<tr><td colspan="2">《科技志》</td><td>省科技厅</td><td>2017.12</td></tr>
<tr><td colspan="2">《教育志》</td><td>省教育厅</td><td>2017.12</td></tr>
</table>

续表

志书名称		承编单位	拟出版时间
《工业志》(下)	国防科工篇	省国防科工办	2017.7
	中小企业篇	省中小企业局	
	石化工业篇	省石油化工协会	
《文化志》		省文化厅	2018.3
《社会科学志》		省社科规划办	2018.5
《妇联志》		省妇联	2018.5
《供销合作社志》		省供销社	2018.7
《煤炭工业志》		省煤炭工业局	2018.9
《人物志》		省委组织部 省史志办	2018.12
《侨务志》		省侨办	2018.10
《大事记》		省地方史志办公室	2018.8
《目录凡例》		省地方史志办公室	2018.12
《济南市志》教科卫体册		济南市史志办	2014.12
《济南市志》组织机构与人物册		济南市史志办	2014.12
《济南市志》综合经济与管理册		济南市史志办	2015.9
《济南市志》城市发展与基础设施建设册		济南市史志办	2015.10
《济南市志》政治册		济南市史志办	2016.8
《济南市志》文化与社会册		济南市史志办	2016.12
《济南市志》工业与农业册		济南市史志办	2017.5
《济南市志》金融与商贸册		济南市史志办	2018.8
《济南市市中区志》		济南市市中区史志办	2018.12
《历下区志》		济南市历下区史志办	2015.12
《槐荫区志》		济南市槐荫区史志办	2018.12
《天桥区志》		济南市天桥区史志办	2015.12
《历城区志》		济南市历城区史志办	2014.11
《长清区志》		济南市长清区史志办	2014.12

续表

志书名称	承编单位	拟出版时间
《济阳县志》	济阳县史志办	2015.9
《商河县志》	商河县史志办	2017.12
《青岛市志》经济卷（上）、经济卷（中）、社会卷	青岛市史志办	2015.12
《胶州市志》	胶州市史志办	2017.12
《胶南市志》	胶南市史志办	2016.12
《市南区志》	青岛市市南区史志办	2015.12
《市北区志》	青岛市市北区史志办	2017.12
《四方区志》	青岛市四方区史志办	2017.12
《枣庄市志》	枣庄市史志办	2015.7
《薛城区志》	枣庄市薛城区史志办	2018.12
《峄城区志》	枣庄市峄城区史志办	2016.7
《台儿庄区志》	枣庄市台儿庄区史志办	2018.12
《滕州市志》	滕州市史志办	2018.12
《东营市志》	东营市史志办	2017.12
《烟台市志》	烟台市史志办	2015.12
《芝罘区志》	烟台市芝罘区史志办	2015.12
《福山区志》	烟台市福山区史志办	2015.12
《莱州市志》	莱州市史志办	2016.12
《莱阳市志》	莱阳市史志办	2014.12
《海阳市志》	海阳市史志办	2018.12
《长岛县志》	长岛县史志办	2015.12
《潍坊市志》	潍坊市史志办	2016.12
《潍城区志》	潍坊市潍城区史志办	2016.12
《寒亭区志》	潍坊市寒亭区史志办	2014.12
《青州市志》	青州市史志办	2016.10
《寿光市志》	寿光市史志办	2014.12
《安丘市志》	安丘市史志办	2015.10

续表

志书名称	承编单位	拟出版时间
《高密市志》	高密市史志办	2014.8
《昌邑市志》	昌邑市史志办	2015.10
《济宁市志》	济宁市史志办	2016.12
《济宁市市中区志》	济宁市市中区史志办	2016.12
《任城区志》	济宁市任城区史志办	2014.6
《兖州市志》	兖州市史志办	2018.12
《曲阜市志》	曲阜市史志办	2018.12
《汶上县志》	汶上县史志办	2015.12
《金乡县志》	金乡县史志办	2014.12
《梁山县志》	梁山县史志办	2015.8
《岱岳区志》	泰安市岱岳区史志办	2015.12
《威海市志》	威海市史志办	2015.12
《乳山市志》	乳山市史志办	2018.12
《文登市志》	文登市史志办	2018.12
《荣成市志》	荣成市史志办	2018.12
《日照市志》	日照市史志办	2017.6
《莒县志》	莒县史志办	2015.12
《岚山区志》	日照市岚山区史志办	2014.9
《莱芜市志》	莱芜市史志办	2014.12
《钢城区志》	莱芜市钢城区史志办	2014.12
《临沂市志》（3卷）	临沂市史志办	2014.12 2015.12 2016.12
《兰山区志》	临沂市兰山区史志办	2016.12
《临沭县志》	临沭县史志办	2014.6
《郯城县志》	郯城县史志办	2015.7
《苍山县志》	苍山县史志办	2015.10
《费县志》	费县史志办	2015.5
《平邑县志》	平邑县史志办	2017.6

续表

志书名称	承编单位	拟出版时间
《蒙阴县志》	蒙阴县史志办	2017.4
《罗庄区志》	临沂市罗庄区史志办	2016.12
《河东区志》	临沂市河东区史志办	2016.6
《德州市志》	德州市史志办	2016.9
《禹城市志》	禹城市史志办	2014.12
《武城县志》	武城县史志办	2016.12
《聊城市志》	聊城市史志办	2017.12
《莘县志》	莘县史志办	2014.6
《冠县志》	冠县史志办	2014.10
《邹平县志》	邹平县史志办	2015.1
《博兴县志》	博兴县史志办	2015.2
《惠民县志》	惠民县史志办	2015.12
《阳信县志》	阳信县史志办	2018.12
《菏泽市志》	菏泽市史志办	2015.11
《单县志》	单县史志办	2016.6
《巨野县志》	巨野县史志办	2014.11
《鄄城县志》	鄄城县史志办	2016.12
《定陶县志》	定陶县史志办	2016.9

山东省市县级志书审查验收规定

（鲁史志办发〔2014〕6号）

第一条　为规范二轮市县级志书审查验收工作，确保志书质量，根据国务院《地方志工作条例》《山东省地方史志工作条例》和中国地方志指导小组《地方志书质量规定》等法规规定，制定本规定。

第二条　本规定适用于山东省行政区域内以县级以上行政区域名称冠名、列入省政府修志工作规划的市县级志书的审查验收。

第三条　志书审查验收实行分级把关、分级负责的原则。市县级志书分别报上一级地方史志编纂委员会审定，经同级人民政府批准后出版。省地方史志编纂委员会有权改变或者撤销市地方史志编纂委员会不适当的决定。

第四条　志书报送审查验收前应召开评议会，市级志书由省地方史志办公室组织，县级志书由市级史志工作机构组织，组织有关专家和知情人士对志书进行认真评议。

第五条　审查验收标准

(一)观点正确。以马克思列宁主义、毛泽东思想、邓小平理论、“三个代表”重要思想、科学发展观为指导，坚持辩证唯物主义和历史唯物主义的立场、观点和方法;坚持党的基本理论、基本路线、基本纲领、基本经验，实事求是地反映发展中国特色社会主义事业的历程和成绩；坚持依法修志，严格保守国家秘密，准确把握政策尺度,把好政治关、保密关、重大史实关。

（二）结构严谨，体例完备。整体布局科学合理，体现事物的整体性和各门类之间的相互关系；篇目设置分类合理，归属得当，层次分明，符合事物发展的逻辑关系；体裁运用得当，以志为主，综合运用述、记、志、传、图、表、录、索引等多种体裁。

（三）内容全面，资料翔实。内容横不缺要项，纵不断主线，自然、政治、经济、文化、社会、人物等各方面内容齐全，连贯系统地反映事物发生、发展的过程；详略得当，重点突出，揭示事物发展变化的规律；资料真实准确、全面系统，具有代表性和权威性。

（四）记述准确，特色鲜明。坚持实事求是、述而不论、生不立传的原则；越境不书，不随意突破时间断限，严格控制上溯和下延；记述有深度，不简单堆积资料，做到思想性、科学性和资料性的统一;时代特征突出、地方特色鲜明;续志与前志的衔接、交叉重复内容处理得当。

（五）表达通顺，文风端正。使用规范的现代语体文，行文严谨朴实，简洁流畅；文字、数字、计量和单位、标点符号的使用规范、统一。书写格式自左向右横排，使用标准简化字，常用词语以最新版本的《现代汉语词典》为准，特定名称的使用规范、统一，不任意简写。

（六）印制规范。严格执行审批制度及备案程序，符合国家关于出版管理的法律、法规及相关规定的要求，具备国家正式出版书号，版面格式规范，印刷清晰，装帧精美，全书差错率不超过万分之一。

第六条　审查验收程序

（一）市县级地方史志编纂委员分别向上一级地方史志编纂委员会提交申请，并认真填写《山东省市县级志书审查验收意见书》,按照具体要求逐项签署意见，并盖章签字，一式三份，上级史志工作机构存档两份。

（二）上报送审的志书需纸质版五份、电子版一份，并达到齐、清、定的要求。齐，即志稿各要素齐全，正文（包括文中的表格、随文图片及其编号、文字说明等）完整；清，即志稿清楚整洁，按照统一标准排定版式；定，即志稿的文字、图片、表格等所有内容都经核实、确定，不留疑问。

（三）审稿单位须认真审读志稿，形成书面的审改意见，对质量合格的志稿，经审稿单位主要负责人签字并加盖公章，一并返回送审单位；对不合格的志稿，退回送审单位修改，经重新审查合格后再办理验收手续。

（四）志书编纂单位根据审查验收意见修改后的定稿（含图片）在交付出版前须报上一级史志工作机构备案。

（五）市级志书由市地方史志编纂委员会报省地方史志编纂委员会审查验收；

验收合格后，经市人民政府批准后出版。

（六）县级志书由县（市、区）地方史志编纂委员会报市地方史志编纂委员会审查验收，验收合格后，经县（市、区）人民政府批准后出版，并报省地方史志办公室备案。

（七）志书编纂单位应当在志书出版后30日内向上级史志工作机构报送样书和电子文本。县（市、区）志出版后30日内，认真填写《山东省县（市、区）志出版备案表》，连同样书和电子文本一并上报省地方史志办公室备案。

附件：

1. 山东省市县级志书审查验收意见书

2. 山东省县（市、区）志出版备案表

关于做好乡镇村志编修工作的意见

（鲁史志办发〔2014〕1号）

各市、县（市、区）地方史志编纂委员会：

为深入贯彻国务院《地方志工作条例》和《山东省地方史志工作条例》，进一步传承和弘扬农村基层文化，更好地服务农村深化改革大局，推进经济文化强省建设，现就做好乡镇村志编修工作提出如下意见。

一、充分认识做好乡镇村志编修工作的重要意义

乡镇村志是地方志书的重要组成部分，是省、市、县三级志书的延伸和补充。做好乡镇村志编修工作，具有重要的现实意义和深远的历史意义。第一，乡镇村志全面反映乡村地理、历史、经济、风俗、文化、教育、物产、人物等状况，追溯乡村历史渊源，总结乡村发展经验教训，有利于发挥志书的历史价值、文化价值和学术价值。第二，乡镇村志系统梳理总结乡镇、村庄发展历史和改革历程，既是对历史文化的整理保存，又是对当前深化改革的借鉴，有利于从前人的奋斗历程中汲取能量，承上启下，继往开来，争取更大业绩。第三，乡镇村志以最基层行政单位为记述对象，汇集乡村文化资源，展现地域文化特色，贴近群众生产生活，乡土气息浓郁，有利于激发人民群众热爱家乡、建设家园的热情。第四，乡镇村志真实记录农耕文明和聚落文化，同省、市、县三级志书一样，是修志工作的重要组成部分，也是社会各界了解、宣传、服务基层的重要窗口，有利于发挥志书记述历史、传承文明、服务当代、垂鉴后世的作用。近年来，我省许多地方启动了乡镇村志编修工作，有的已正式出版，但总体看存在工作进展不平衡、个别志书质量不高等问题。各级史志机构要抓住当前实施“乡村记忆工程”、加快新型城镇化和新农村建设、全面深化农村改革的有利时机，以高度的政治责任感和历史使命感，加强组织领导，明确目标任务，加大工作措施，切实做好乡镇村志编修工作。

二、指导思想和基本原则

乡镇村志编修工作，要坚持以邓小平理论、“三个代表”重要思想、科学发展观为指导，深入学习贯彻习近平总书记系列讲话精神，坚持辩证唯物主义和历史唯物主义的立场、观点和方法，坚持思想性、资料性、科学性的有机统一，全面客观地反映乡村地理、历史、经济、物产、文化、教育、风俗、人物等方面的历史与现状，存真求实，通鉴后世，

为加快经济文化强省建设，促进社会主义文化大发展大繁荣作出贡献。总的要求是，鼓励所有的乡镇、村开展修志工作，鼓励有条件的市、县统一开展本行政区域内的乡镇修志、村村修志工作，争取到 2018 年全省所有有条件的乡镇、村全部完成修志任务。基本原则是：

（一）依法修志。严格遵守国务院《地方志工作条例》、《山东省地方史志工作条例》及各市、县（市、区）制定出台的史志工作规范性文件。

（二）质量第一。认真贯彻中国地方志指导小组《地方志书质量规定》、《关于第二轮地方志书编纂的若干意见》及国家和省有关出版印刷规定。

（三）因地制宜。量力而行、尽力而为，先易后难、先点后面，以乡带村、以点带面，有计划、有步骤地稳妥实施。

（四）修用并举。搞好修志成果应用，拓宽用志领域，创新用志手段，形成修用结合、良性互动机制。

三、工作程序

编修乡镇村志主要依靠乡镇、村集体力量，各市、县（市、区）史志机构是本行政区域内乡镇村志编修工作的行为主体，具体负责组织发动、统筹规划、业务指导、审查备案等项工作。

（一）组织发动。市级史志机构要依据修志工作规划，按照本意见，结合实际，制定本行政区域内编修乡镇村志的意见。县级史志机构要在保证二轮修志和地方综合年鉴编纂等主体业务的前提下，确定本行政区域内乡镇村志编修工作的总体思路和实施步骤。充分利用电视、报纸等媒体，广泛宣传开展乡镇村志编修工作的重要意义，争取乡镇、村领导和广大基层群众的理解、支持，为开展工作创造良好的外部环境。

（二）统筹规划。县级史志机构要在市级史志机构的指导下，制定辖区内乡镇村志编修规划和编纂工作方案，明确编纂工作的指导思想、编纂任务、编纂体例、编纂形式、行文规范、工作步骤和工作要求，有计划地推进工作。要充分发挥条件成熟的乡镇、村的示范带动效应，迅速抢救面临合村并居、整体拆迁的乡村文化资源，对暂时不具备条件的，要提前做好基础性资料的搜集、整理工作。

（三）业务指导。市、县（市、区）史志机构要做好乡镇村志编写班子的组建、编写人员培训及志书篇目设置、志稿审查、印刷发行等方面的工作。编纂过程中，要选派业务骨干靠上工作，从篇目制定、资料搜集、资料长编、志稿审读等方面给予指导，注重发挥村民、党员干部、退休教师等“本土专家”的力量，鼓励借助大学生村官、高等院校、文化社团等外部力量，集众家之长，保障乡镇村志的编修质量。有条件的地方可就志书的内容与形式作出统一规定。

（四）审查备案。县级史志机构是乡镇村志编修工作的监管主体，乡镇村志的编修要在乡镇村同级党组织的领导下实施，经县级地方史志编纂委员会批准后方可出版。志书出版后 1 个月内报市史志机构备案，每年年底市史志机构将本年度出版的乡镇村志整理汇总，报省史志办备案。审查过程中，要及时发现、解决乡镇村志编修工作中的问题，尤其对民族、宗教、军事、计划生育等敏感事项，要严格把关，正确引导，使志书真正做到可读、可信、可用、可存。

四、保障措施

乡镇村志编修工作涉及面广、时间

跨度大、政策性强，要坚持党委领导、政府主持、地方史志编委会组织实施、专家参与的工作机制，上下联动、各方支持，科学规划、分步实施，建立健全保障体系。

（一）加强组织领导。市、县（市、区）史志机构要积极争取地方政府支持，为乡镇村志编修提供必要的人力、物力、财力支持。切实发挥乡镇、村的积极性，条件成熟的可成立乡镇村志编修指导小组或修志业务专家咨询组，加强对乡镇村志编修工作的领导和指导，健全完善乡镇村志编修体制和机制。

（二）拓宽经费来源。市、县（市、区）史志机构要积极引导，大胆实践，积极争取财政支持，有条件的可采取以奖代补的方式鼓励编修乡镇村志。也可采取政府适当投入、村庄自助或集资、民营企业家赞助、引进社会资金等多种方式筹措资金，为志书编修提供必需的经费保障。

（三）加强业务培训。市、县（市、区）史志机构要采取有力措施，加快培养乡镇村志编修人才。要把乡镇村志编修人员纳入业务培训范围。针对乡镇村志编修过程中遇到的热点难点问题，合理安排本级史志系统专家授课指导，为乡镇村志编修提供理论支撑，促进编修人员整体素质提高。要拓宽交流平台，依托《山东史志》、山东省情网站、方志理论研讨会、志稿评议会等，促进乡镇村志编修人员总结经验、交流研讨、共同提高。

（四）加大考核力度。省史志办将乡镇村志纳入山东省优秀史志成果奖评选范围，对优秀乡镇村志予以通报表彰和奖励。同时，将乡镇村志编修情况和志书质量作为对市、县（市、区）史志工作考核的重要内容。市、县（市、区）史志机构也要加大对乡镇村志编修情况的考核和奖励力度。

山东省年鉴编纂业务管理办法（试行）

（鲁史志编发〔2008〕5号）

第一章　总　则

第一条　为建立健全我省年鉴工作管理机制，使年鉴工作逐步走上法制化轨道，做到依法办鉴、以法管鉴，促进全省年鉴事业健康有序发展，依据国务院《地方志工作条例》、《山东省地方史志工作条例》及有关政策法规，特制定本办法。

本办法适用于山东省行政区域内各级各类年鉴。

第二章　管理原则和范畴

第二条　各级各类年鉴编纂实行分级管理的原则。全省年鉴编纂管理由山东省地方史志办公室组织实施，市地方史志办公室对市属各类年鉴负有指导与管理职责。

第三条　年鉴编纂业务管理包括：年鉴编纂资格管理和年鉴编纂质量管理。

第三章　编纂资格管理

第四条　省、市、县（市、区）三级综合年鉴由同级政府主办或主管，地方史志机构承编。部门、行业和企业年鉴由本部门、行业和企业确定适应年鉴编纂工作的承编单位。

第五条　各级各类年鉴须配备与年鉴编纂工作相适应的专职业务人员。

第六条　省、市、县（市、区）三级综合年鉴编纂机构须有专用的办公场所、必备的办公设施。编纂、出版经费由同级财政保障。

第七条 部门、行业和企业年鉴由同级政府地方史志机构统一规划、组织、协调和指导。

第八条 中央驻鲁行业、企业及省属企业年鉴编纂资格，参照市级综合年鉴标准认定。

第九条 市综合年鉴、省属部门（行业、专业）年鉴、省属企业年鉴编纂资格由省地方史志办公室考察认定。中央驻鲁行业、企业年鉴编纂资格由其主管单位考察认定，报省地方史志办公室备案。市属部门（行业、专业）年鉴编纂资格由市地方史志办公室考察认定，报省地方史志办公室备案。

第十条 省内已出版的各级各类年鉴（包括刊号、书号、准印号），按本办法的有关标准和程序，对编纂机构编纂资格进行考察认定，合格者由省地方史志办公室颁发《年鉴编纂资格证书》，不合格者要暂停编纂业务，按标准进行调整和完善，获取《年鉴编纂资格证书》后方可继续开展年鉴编纂业务。

新创办年鉴单位，须事先申领《年鉴编纂资格证书》，未取得证书的单位不得开展年鉴编纂工作。

第十一条 年鉴主办单位须每两年进行一次资格证书年检。

第十二条 省地方史志办公室定期对年鉴主编（执行）进行业务考核。

第四章 编纂质量管理

第十三条 省及各市地方史志办公室须设立负有年鉴质量管理职责的年鉴工作处（科、室），由分管领导主持，指导和督促各年鉴编纂机构制定和实施质量保证措施。

第十四条 各年鉴编纂机构要制定内部质量管理制度，建立健全质量管理和质量保证体系，将年鉴质量管理落实到编纂、出版、发行的全过程。年鉴稿件实行三审制度，发稿达到“齐、清、定”要求，出版过程实行“三校一读”校对责任制，对胶片、样书、成品要进行严格质量检查。

第十五条 各年鉴主办单位要加强出版后的年鉴审读，于每年度1月31日前报上年度所出版年鉴的质量审读报告。市属各类年鉴报市地方史志办公室，抄报省地方史志办公室；市综合年鉴，省级专业年鉴，中央驻鲁行业、企业年鉴报省地方史志办公室。

第十六条 各级各类年鉴在出版后的1个月内，报省地方史志办公室10册样书，以备抽审。

第十七条 省及市地方史志办公室年鉴工作处（科、室）要成立年鉴质量检查小组，每年对属内年鉴进行抽审，写出审读报告，并对不合格的年鉴提出处理意见，通报主办单位。

第十八条 省及市地方史志办公室对所属各级各类年鉴负有业务指导责任。应不定期举办业务培训班、主编研讨班，或以巡回检查、重点授课等形式进行业务指导，提高年鉴队伍的资质水平。

第十九条 每两年以省政府办公厅名义举办一次全省优秀年鉴评奖活动。

第五章 奖励与处罚

第二十条 对一贯注重年鉴质量工作的编纂单位和个人，各级年鉴主办单位及主管机关可以结合质量检查工作给予表彰和物质奖励。

第二十一条　经检查为质量不合格的年鉴，须采取技术处理或改正重印。省地方史志办公室、主管机关要给予通报批评或处罚。

第二十二条　对造成年鉴重大质量问题及不合格的责任者，其年终考核应定为不称职；对连续质量问题严重的责任者，要调整其工作岗位。主办单位对年鉴内容发生的严重错误和其他重大问题，要承担领导责任。

第六章　附则

第二十三条　本办法由山东省地方史志办公室负责解释。

山东省地情网站管理规定

（鲁史志办发〔2008〕6号）

第一章　总　则

第一条　为加强山东省地情网站管理，充分发挥地情网站服务社会、发展经济的作用，依据《中华人民共和国计算机信息系统安全保护条例》《计算机信息网络安全保护管理办法》国务院《地方志工作条例》《山东省地方史志工作条例》等有关法律法规，结合全省史志工作实际，制定本规定。

第二条　山东省地情网站包括省、市、县（市、区）三级史志机构的地情网站，为全省史志系统对外交流的官方网站，由当地人民政府主管、史志部门主办。

第三条　山东省地情网站坚持“统筹规划，统一标准，互联互通，资源共享，便捷畅通，安全高效”的建设原则，坚持“大众化的专业网站，专业化的大众网站”的办站理念。

第二章　网站机构及人员管理

第四条　山东省地方史志办公室负责全省地情网站的总体规划、建设开发和监督管理。省、市、县（市、区）三级地情网站的建设、开发、管理，由同级史志机构组织实施。

第五条　省、市、县（市、区）史志机构要明确分管领导，设立相应的工作部门、网站管理员。

第三章　网站栏目及内容设置

第六条　地情网站内容发布必须严格遵守国家及有关部门颁布的法律和行政法规。

第七条　各级地情网站内必须建设以志书、年鉴等数字化地情资料为主体内容的资料库，统一安装山东省地情信息系统管理软件，确保与本系统内其他地情资料库互联互通，资源共享。

第八条　地情网站栏目设置、内容组织要紧紧围绕当地党委、政府中心工作，体现服务发展、服务社会的要求。

第九条　地情网站内容应包括当地政府机构和史志机构的基本信息，地域性资料，历史人文资料，出版的志书、年鉴及其他志类产品。

第十条　地情网站内容必须真实、权威。文字、图表的质量应达到国家图书出版质量标准。

第四章　网络设备管理

第十一条　网络设备含服务器、交换机、路由器、计算机和打印机等。

第十二条　各级地情网站网络设备的维护和保养由本部门网站管理员负责，

确保网络设备安全、高效运行。

第十三条 工作人员严禁浏览不良网站和下载不良信息，不得随意删除系统文件和应用软件，不得安装与工作无关的软件，不得运行来历不明的程序。

第五章 网站信息及备份管理

第十四条 上网信息实行分工协作、专人管理，“谁发布，谁负责”的原则，必须经过上传者、分管领导、主要领导三级把关。

第十五条 网站管理员要定期对网站信息进行检查、充实和调整，防止出现错误、缺失、滞后等问题。

第十六条 未经分管领导和网站管理员同意，任何人不得擅自增加、删除或修改网站信息。

第十七条 网站管理员负责网站的运行状态，及时监控、封堵、清除网上有害信息。

第十八条 随时备份工作中产生的有价值的数字化资料，网页文件，资料库标引文件等；备份文件应保存在专用硬盘并及时刻录光盘，光盘要求每半年复制一次。

第十九条 定期对地情网站信息进行全面检查。年底主办单位要对各自网站信息进行统计整理，每年12月10日前上报山东省情网。

第六章 网站安全及保密管理

第二十条 严格遵守“涉密微机不上网，上网微机不涉密”的要求；双网隔离型计算机在外网状态下不得处理、存储、传输内部办公信息；设备使用人应定期升级所用微机的防病毒软件和系统补丁；对开通网络管理权限的用户进行经常性的安全教育和检查，严格保守权限秘密，口令权限控制在尽量小的范围内，严防黑客窃取破坏数据或进行非法操作。

第二十一条 各单位主要负责同志作为本单位网站保密工作第一责任人，分管领导和网站管理员负责上网信息的保密检查。管理员自主掌握域名所有权及地址映射，按时对域名续费；定期对网络进行安全检查，防止病毒入侵；工作用电子邮箱专人管理，公用电子邮箱不得在互联网上发布，网站主页对外电子邮箱须做技术保护处理，严禁使用电子邮箱传递涉密信息和文件。

第二十二条 严格遵守防火、防盗、防雷制度，确保网络运行正常，响应迅速，不受攻击篡改。机房建设管理要严格执行国家有关规定；托管的服务器要做好远程管理维护，自行管理的服务器要有数据备份、恢复措施。

第二十三条 处理内部办公信息的软盘、U盘、移动硬盘等移动存储介质应妥善保存，不得遗失或交无关人员使用。设备变更、维修前，设备使用人需在备份有关内容后做彻底清理。

第二十四条 任何单位和个人不得从事下列危害网站安全的活动：

窃取网站管理账户及口令；

未经允许，对网站功能进行删除、修改或者增加；

未经允许，对网站中存储、处理或者传输的数据和应用程序进行删除、修改或者增加；

通过互联网或局域网恶意攻击网站；

利用网站从事与网站身份不符的活动。

关于加快方志馆建设的若干意见

（鲁史志编发〔2009〕3号）

各市、县（市、区）地方史志编纂委员会：

为深入贯彻落实国务院《地方志工作条例》、《山东省地方史志工作条例》和第四次全国地方志工作会议精神，促进全省地方史志系统志、鉴、库、馆、开发服务等项工作全面、协调、可持续发展，现就加快方志馆建设提出如下意见。

一、充分认识加快方志馆建设的重要意义

方志馆是指省、市、县三级地方史志机构所属的地方文献收藏单位。建设好各级方志馆，对于妥善收藏、保护、开发、利用地方文化资源，构建完善的公共文化服务体系，满足人民群众日益增长的文化需求，打造山东历史文化品牌，具有重要的意义。国务院《地方志工作条例》和《山东省地方史志工作条例》明确规定，建设各级方志馆，搜集、保存地方志文献和资料，为公众读志用志开展服务，是各级地方史志机构的重要职责。第四次全国地方志工作会议要求，各级方志工作机构要妥善管理、充分利用各种地方文献的宝贵资源，做好各种文献的分类、整理和归档工作，配备专门人员，把这些无价之宝保存在方志馆、地情文献中心。全省文化建设工作会议指出，推动社会主义文化大发展大繁荣，实现由文化资源大省向文化强省的跨越，要重点抓好“文化载体建设工程”，加快推进基层文化阵地建设，加强历史文化资源和遗产保护。各级地方史志机构要站在推进社会主义文化大发展大繁荣、促进经济文化强省建设的高度，充分认识加快方志馆建设的重要意义，抓住当前各级政府加大文化基础设施建设投入的机遇，以高度的政治责任感和历史使命感，加强组织领导，加大工作力度，加快工作步伐，集中力量搞好方志馆建设。

二、明确方志馆建设的目标要求

坚持高起点规划，高标准建设，高效能管理，按照集中建设与分步实施相结合的原则，明确以下目标要求：

1．省市县三级方志馆，原则上都要建有固定的独立馆舍。除基本书库外，还要有借阅库、阅览室等场所。与文化馆、图书馆等文化设施合建的，要一套设施，两块牌子，机构分开，业务分工，独立运作。

2．配置足够数量的书架、书橱和用于图书管理、借阅的附属设施，配备计算机、扫描仪、复印机、照相机等电子资料处理系统，以及防虫、火、鼠、盗、潮等设备与器材。

3．配备一专多能的复合型人才，既具备地方志专业知识，又熟悉图书馆专业技能，能熟练掌握计算机、数据库和互联网操作技术。要视工作需要设置采编、阅览、文献复制、专题研究、咨询等业务岗位。

4．省级方志馆馆藏不少于10000种，市级方志馆不少于1000种，县级方志馆不少于500种，并逐年有所填充。

5．2010年底，有条件的市县都要建成方志馆，市级方志馆面积不小于200平方米，县级方志馆不小于50平方

米。2015 年底，全省三级方志馆全部建成，市级方志馆面积不小于 1000 平方米，县级方志馆不小于 200 平方米。

三、着力提高方志馆管理水平

1．建立健全制度。建立健全书库安全管理、借阅阅览以及出版物购买、征集、交换、呈缴等项规章制度，逐步实现规范化管理。

2．丰富馆藏内容。各级地方史志机构出版各类文献资料后，要及时向上级方志馆和当地方志馆免费缴送样本。各级方志馆要对缴送样本的范围、数量、时间、负责人等作出相应的规定，制定相应的奖惩措施。要注重收藏各类历史著作、期刊及工具书等相关资料，不断扩大图片、音像、数字化等其他介质资料的收藏。

3．突出馆藏特色。馆藏内容要以本地资料、近现代资料为主，同时收藏与本地相关的其他地区的资料。资料收集要突出专业特点，主要包括各地各类地方志书、地方年鉴、地情文献、方志理论著作、方志提要、方志目录、旧方志等，逐步形成专业化、特色化、系列化的馆藏结构。

4．积极开展服务。要挂牌对外开展外借、阅览、复制、展览、书讯、索引、资料摘编、咨询等项服务，同时，开展文献开发服务，如编制各类目录、资料汇编、索引，开展旧志整理等。

5．计算机手段管理。要使用专业的图书管理软件，对馆藏资料进行分类、编目、检索和调阅。创建数据库，实现与各级地情网站的链接，建设数字方志馆和网上方志馆。

6．扩大对外交流。及时掌握最新资料动态和图书情报，与本地图书馆、档案馆、博物馆、新闻媒体、出版机构等实现信息资源共享。

四、切实加强对方志馆建设的领导

1．要积极争取各级政府把方志馆建设作为公共文化设施建设的重要内容，纳入国民经济和社会发展规划，抓紧开工建设；各级财政部门将方志馆建设、管理、开展服务所需经费列入财政预算，并逐年追加预算；各级人事部门对方志馆机构建设和人才配备给予支持，将方志馆作为各级地方史志机构的正式序列工作部门，配备专门的人员编制。原则要求，市级方志馆有专门机构，县级方志馆有专门人员。

2．各级地方史志机构要把方志馆建设纳入重要工作日程，明确分管领导，成立专门班子，狠抓任务落实。要积极争取当地党委、政府及有关部门的支持，千方百计筹措资金，确保完成建设任务。

3．加强对方志馆建设的工作考核。省地方史志办公室要对市县两级方志馆建设情况定期调度和督促检查，适时提请省政府对考核情况进行通报。对建设速度快、管理水平高、开发服务好的，要给予适当的奖励和鼓励。

责任编校：郭　敏

索 引

说明：

1. 本索引为综合性主题索引。
2. 索引款目按汉语拼音字母（同音字按声调）顺序排列。表格在其款目后注明“表”。
3. 款目后的阿拉伯数字表示内容所在的页码，数字后的字母 a、b 分别表示版面区域。
4. 同一主题的内容在文中多处出现的，在其款目后用不同的页码标明。
5. 对特载、附录等栏目不作索引。

A

安丘古志集成 141a
安丘市地情资料搜集 311a
安丘市方志馆 264b
安丘市情网 238a
安丘市史志办公室 372a
安丘市志 92a

B

八角村志 112b
北关镇志 116b
毕吉玲 397a
卞文成 400b
滨城年鉴 192a
滨城区情网 246a
滨州百家诗歌词曲 300a
滨州杜氏家族故事 301a
滨州简明通志 84a
滨州简明图志 131b
滨州年鉴 171b
滨州市滨城区方志馆 277a
滨州市滨城区史志办公室 387a
滨州市地方史志办公室 386a
滨州市地情书编写与出版 300b
滨州市法制化建设 354a
滨州市方志馆 276b
滨州市各区县史志工作法制化建设情况（表） 354
滨州市史志工作 56a
滨州市史志机构与队伍 386
滨州市信息化建设 223a
滨州市沾化区地方史志办公室 387a
滨州市沾化区方志馆 277a
博山旧志集成 136b
博山年鉴 180a
博山区情网 233b
博山山水 288a
博兴县地方史志办公室 387b
博兴县情网 247a

C

沧海桑田黄河口 290a

苍山年鉴 189b
苍山县志 98b
曹口村志 117a
曹县地方志办公室 388b
曹县年鉴 192b
曹县县情网 247b
曹县志 100a
草庙子镇志 115b
柴德杰 316b
昌乐县地方史志办公室 372b
昌乐县情网 239a
昌邑市情网 238b
昌邑市史志办公室 372b
昌邑市志 93b
长岛县地方史志办公室 370b
常林集团志 123b
长清区情网 230a
长清区志 87a
成武年鉴 192b
成武县情网 247b
成武县史志办公室 389a
城阳年鉴 178a
城阳区“区情知识进课堂” 306b
城阳人物专辑 285a
城阳纵横 338a
茌平县方志家谱馆 275b
茌平县史志办公室 386a
重修莒志 146b
徂徕山志 95a
崔家村志 113a

D

大石·龙泉村志 106a
大事记（2014） 17
岱岳区情网 241a
党的群众路线档案展览图册 283a
“党史·国史”教育图片展 310a
党史史志进社区 305a
档案纪实·人物篇 284a
德城区情网 244a
德州概览 298b
德州年鉴 171a
德州年鉴简明手册 298b
德州市德城区史志办公室 383b
德州市地方史志办公室 383a
德州市地情书编写与出版 298a
德州市法制化建设 352a
德州市方志馆 273a
德州市各县（市、区）史志工作法制化建设情况（表） 353
德州市旧志整理与出版 147b
德州市陵城区史志办公室 383b
德州市史志工作 53a
德州市史志机构与队伍 383
德州市信息化建设 222b
德州市志 83a
德州统计年鉴 208b
德州往事 298a
第二届中国沂山文化节 311b
地方志资源开发与利用 279
地情书编写与出版 279
第十届中国艺术节志 126a
第五届全省优秀年鉴评奖 326b、327a
雕龙嘴村志 106a
定陶县情网 248b
定陶县史志办公室 389b
定陶县乡村志 117b
东阿人物 300a
东阿县地方史志办公室 386a
东阿县方志馆 276a
东昌府区情手册 300a
东昌府区人民代表大会志 125b
东陈村志 107b

东港党史网 242a
东韩村志 105b
东流亭社区志 106b
东明年鉴 193b
东明县情网 248b
东明县史志办公室 389b
东明县统计年鉴 209b
东平县党史史志办公室 376b
东平县方志馆 266b
东平县情网 241b
东平县乡镇村志编纂与出版 115a
东疏镇志 115a
东现东村志 112b
东营年鉴 165b
东营区年鉴 183a
东营区情网 235b
东营区统计年鉴 205a
东营市地方史志学会 323a
东营市地情书编写与出版 289a
东营市第一、第二轮志书编纂
　出版情况（表） 90
东营市东营区地方史志办公室 367a
东营市东营区地情书编写与出版 289b
东营市东营区方志馆 259b
东营市法制化建设 345a
东营市方志馆 257b
东营市各区县史志工作法制化
　建设情况（表） 345
东营市河口区地方史志办公室 367a
东营市河口区方志馆 260a
东营市旧志整理与出版 138a
东营市史志办公室 366a
东营市史志工作 40b
东营市史志机构与队伍 366
东营市县级志书出版概况 90a
东营市乡镇村志编纂与出版 108b
东营市信息化建设 219a
东营市已出版村（居）志情况（表）110
东营市已出版乡镇（街道）志
　情况（表） 109
东营市在编村（居）志情况（表） 111
东营市在编乡镇（街道）志
　情况（表） 109
东营市政协志 119a
东营市部门志 117a
东营市志 78a
东营统计年鉴 205a
东营图志出版 129a
东宅子头社区志 106b
东镇沂山志 113a
读志用志 312b
杜书乐 395b
段祥泰 393a

F

法制化建设 340
方志馆建设 249
坊子区情网 237b
肥城地方税务志 122a
肥城交通年鉴 207b
肥城市地方史志办公室 376a
肥城市方志馆 266a
肥城市情网 241a
肥城市统计年鉴 207b
肥城市乡镇村志编纂与出版 113b
肥城市专业（部门、行业）志 117
肥城市专业志 121b
《废铎呓》点校译释 295b
费县方志馆 272b
费县年鉴 190a
费县志 98b
分水岭村史 104a

G

钢城年鉴 188b
钢城区情网 243b
高家村志 106b
高密市情网 238b
高密市史志办公室 372a
高密市志 93a
高青年鉴 181a
高青统计年鉴 204b
高青县方志馆 256b
高青县情网 234a
高青县史志办公室 364a
高唐县地方史志办公室 386b
高唐县方志馆 276b
高兴学 396b
各市史志工作 36
工作机构与队伍 356
谷牧 313b
古县神韵 316b
冠县方志馆 276a
冠县史志办公室 386b
广饶旧志集成（点校本） 138a
广饶历史文化通鉴 291a
广饶年鉴 185a
广饶农村商业银行志 121a
广饶统计年鉴 205b
广饶县方志馆 261a
广饶县旧志整理与出版 138a
广饶县情网 236b
广饶县史志办公室 367b
广饶县史志“采风” 309a
郭建群 392a
郭寿生纪念图文集 291b

H

海阳市党史方志办公室 370b
寒亭区情网 237a
寒亭区志 92a
郝德禄 399a
河北省枣强县政协移民研究会 308b
河口街道新建村志 112a
河口年鉴 183b
河口农村商业银行志 120b
河口区大事记 290a
河口区地方史志志 120b
河口区情网 235b
河口统计年鉴 205b
菏泽年鉴 172a
菏泽市地方史志办公室 388a
菏泽市地情书编写与出版 301b
菏泽市法制化建设 355a
菏泽市方志馆 277b
菏泽市各县（区）方志馆（室）建设情况（表） 278
菏泽市各县区史志工作法制化建设情况（表） 355
菏泽市旧志整理与出版 153b
菏泽市牡丹区史志办公室 388b
菏泽市史志工作 56b
菏泽市史志机构与队伍 388
菏泽市县级志书编纂与出版 99b
菏泽市乡镇村志编纂与出版 116b
菏泽市信息化建设 223b
菏泽市志 84a
华阳村志 106a
槐荫区情网 229b
环翠年鉴 186b
环翠区大事记 294b
环翠区情网 241b

环翠要事月报 295a
桓台年鉴 181a
桓台县方志馆 256b
桓台县情网 234a
桓台县史志办公室 364a
黄岛年鉴 177b
惠民县情网 247a
惠民县史志办公室 387a

J

即墨古今 338b
即墨年鉴 178b
即墨市村落姓氏概况 285b
即墨市海洋与海岛志 129a
即墨市谱牒研究会 322b
即墨掌故 285a
济钢年鉴 201b
济南历代著述考 281a、281b
济南年鉴 163a
济南史志 335b
济南市长清区方志馆 252b
济南市长清区史志办公室 360b
济南市地情书编写与出版 281a
济南市法制化建设 341a
济南市方志馆 252a
济南市各县（市、区）史志工作法制化建设情况（表） 342
济南市槐荫区村庄概览 282a
济南市槐荫区方志室 252b
济南市槐荫区史志办公室 360a
济南市旧志整理与出版 134a
济南市历城区史志办公室 360a
济南市历下区方志室 252a
济南市历下区史志办公室 359b
济南市史志办公室 359a
济南市史志工作 36a
济南市史志机构与队伍 359
济南市市中区史志办公室 359b
济南市天桥区史志办公室 360a
济南市县（市）、区修志业务培训会议 85a
济南市信息化建设 217a
济南市志 75a
济南市志第六册 75b、76a
济南市志第七册 76a
济南市中区情网 229b
济南铁路局年鉴 200a
济宁年鉴 167b
济宁人力资源和社会保障年鉴 206b
济宁市地方史志办公室 372a
济宁市地情书编写与出版 293a
济宁市法制化建设 347a
济宁市方志馆 264b
济宁市各县（市、区）史志工作法制化建设情况（表） 347
济宁市旧志整理与出版 142b
济宁市理论研讨及业务培训 329b
济宁市任城区方志馆 264b
济宁市任城区史志办公室 373a
济宁市史志工作 44b
济宁市史志机构与队伍 372
济宁市县级志书编纂与出版 94a
济宁市县级志书出版概况（表） 94
济宁市信息化建设 220b
济宁市兖州区史志办公室 373b
济宁市志 79a
济宁市中区志 94a
济阳艾氏族谱 282b
济阳县情网 230b
济阳县史志办公室 361a
纪念周村开埠110周年书画摄影展 307a
记忆中的市北 283b
嘉祥县情网 240a

嘉祥县史志办公室 374a
江家土寨村志 106a
胶东烽火 309b
胶东红色人物志 291a
胶东战事 286b
胶州年鉴 178b
街道社区志编纂与出版 102
金乡县地方史志办公室 374a
金乡县情网 240a
旧《滨州志》 152b
旧志整理与出版 132
莒南年鉴 190a
莒南县方志馆 272b
莒县地方史志办公室 380a
莒县方志馆 269b
莒县县情网 243a
莒县志 97a
巨野村镇志 117b
巨野年鉴 193a
巨野县地方史志办公室 389a
巨野县情网 248a
巨野县志 100b
鄄城年鉴 193a
鄄城县地情网 248a
鄄城县史志办公室 389b
鄄城县志 101b

K

康熙《费县志》 147a
抗战胜利 70 周年 308a
垦利年鉴 184b
垦利县党史史志办公室 367b
垦利县方志馆 260b
垦利县情网 236a
垦利县油区志 121b
奎文区情网 238a

L

莱城年鉴 188a
莱城区情网 243a
莱城区统计年鉴 208b
莱钢年鉴 202a
莱芜年鉴 170a
莱芜市地方史志办公室 380a
莱芜市地情书编写与出版 296b
莱芜市法制化建设 350a
莱芜市方志馆 270a
莱芜市钢城区地方史志办公室 380b
莱芜市钢城区方志馆 270a
莱芜市钢城区志 97b
莱芜市各区地方史志工作管理办法颁布情况（表） 350
莱芜市旧志整理与出版 145a
莱芜市莱城区党史史志办公室 380a
莱芜市年鉴学会 324a
莱芜市史志工作 50a
莱芜市史志机构与队伍 380
莱芜市乡镇村志编纂概况 116a
莱芜市信息化建设 222a
莱芜市志 80b
莱芜市专业（部门、行业）志 123a
莱芜统计年鉴 208a
莱西年鉴 179a
莱阳市史志办公室 369b
莱阳市志 91b
莱州市史志办公室 369b
兰山年鉴 189a
岚山区情网 242b
崂山春秋 338a
崂山方志文化系列丛书 284a、284b
崂山年鉴 177b
崂山区成立 20 周年图片展 306a

崂山区图志·青岛国际啤酒节卷 128a
崂山志校注 135a
乐陵年鉴 190b
乐陵市党史史志办公室 384a
乐陵市情网 244a
李沧年鉴 178a
李德辉 394b
理论文章与著述 330
理论研讨 328
李世恩 397b
历城区情网 229b
历城区志 86b
利津旧志 140a
利津年鉴 184b
利津史略 290b
利津统计年鉴 205b
利津县城市管理志 121a
利津县地情书编写与出版 290b
利津县方志室 261a
利津县旧志整理与出版 140a
利津县理论著述 332a
利津县情网 236a
利津县史志办公室 367b
历史文化进课堂 305b
历下年鉴 176a
历下区情网 229a
历下区志 85b
莲花山志 130b
梁山县地方史志办公室 374b
梁山县方志馆 265b
梁山县情网 240b
聊城地方史研究 299b
聊城年鉴 171a
聊城市地方史志办公室 385a
聊城市地情书编写与出版 299b
聊城市东昌府区方志馆 274a
聊城市东昌府区史志办公室 385a
聊城市法制化建设 353a
聊城市方志馆 274a
聊城市各县（市、区）地情网站建设情况（表） 246
聊城市各县（市、区）史志工作法制化建设情况（表） 353
聊城市旧志整理与出版 149a
聊城市史志工作 54b
聊城市史志机构与队伍 385
聊城市信息化建设 223a
聊城市续志理论研讨会 330b
聊城市志 83b
聊城统计年鉴 209a
林家村志 107b
临清市方志馆 274b
临清市史志办公室 385a
临朐县情网 238b
临朐县史志办公室 372b
临朐县志 93b
临朐姓氏志 130a
临沭年鉴 190b
临沭县志 98a
临沂年鉴 170a
临沂市地方史志办公室 381a
临沂市地方志学会 324b
临沂市地情书编写与出版 297a
临沂市法制化建设 350a
临沂市方志馆 270b
临沂市各区、县地情网站建设情况（表） 243
临沂市各区、县史志工作法制化建设情况（表） 351
临沂市各区、县史志工作机构情况统计（表） 381
临沂市各区、县史志工作人员情况统计（表） 382
临沂市各县区志编纂与出版 97b

临沂市河东区方志馆　271b
临沂市旧志整理与出版　146a
临沂市兰山区方志馆　271a
临沂市理论研讨及业务培训　330a
临沂市罗庄区方志馆　271b
临沂市史志工作　51a
临沂市史志机构与队伍　381
临沂市望族文化研究会　325a
临沂市乡镇村志编纂概况　116a
临沂市信息化建设　222a
临沂市志　81b
临沂特色志编纂概况　131b
临沂县志　146a
临邑县方志馆　273b
临邑县教育志　124a
临邑县情网　244b
临邑县史志办公室　384a
临淄年鉴　180b
临淄区情网　233b
陵城区情网　244a
岭西村志　105b
刘少波　398a
柳下惠志　131a
龙口市史志办公室　369b
鲁矿集团年鉴　208b
吕福堂　394b
吕宪章　400b

M

蒙阴县方志馆　272b
蒙阴县人民医院志　123a
民国二十三年《东阿县志》　151a
民国二十三年《续修东阿县志》　151a
民国《高唐县志稿》　152a
民国《无棣县志》　153b
民国《续修平原县志》点校本　148a
明嘉靖《莱芜县志》（影印本）出版　145b
明清郓城县志（点校本）　155b
明万历三十七年《冠县志》　149a
明正德十年《莘县志》　150a
牡丹区区情网　247b
牟平县志（1936年版）　140b

N

宁津县情网　244b
宁津县史志办公室　384a
宁阳县党史史志办公室　376b
宁阳县方志馆　266b
宁阳县情网　241b
宁阳县乡镇村志编纂与出版　114a
宁阳县专业（部门、行业）志　122b
宁阳县专业（部门、行业）志编纂与出版概况（表）　122
宁阳镇志　114b

O

欧阳中石　126b、280a、302a
欧阳中石“中华文化与逻辑”讲座　303a
欧阳中石“中华文化与书法”讲座　303b
欧阳中石书中华美德古训展　304b

P

蓬莱市史志编纂科　370a
蓬莱市志　91a
平度年鉴　179
评奖活动　325
平阴县方志室　253b
平阴县旧志整理　134b
平阴县平阴镇街志　104b

平阴县情网 230b
平阴县史志办公室 360b
平原县情网 245a
平原县审计志 125a
平原县史志办公室 384b

Q

期刊出版 334
栖霞市地方史志办公室 370b
齐保柱 400a
齐河年鉴 191a
齐河县地方史志办公室 384b
齐河县方志馆 273b
齐河县广播电视志 124b
齐河县环境保护志 124b
齐河县粮食志 124b
齐河县民政志 124b
齐河县农业志 124b
齐河县情网 245a
齐河县人口和计划生育志 124a
齐河县卫生志 124b
齐鲁历史名人传略 279a
乔方辉 317b
青岛经济技术开发区图志 128b
青岛科技大学年鉴 203b
青岛年鉴 164a
青岛市地方志工作人员情况
统计（表） 362
青岛市地情书编写与出版 282b
青岛市法制化建设 342a
青岛市方志馆 254b
青岛市各区（市）地情网站
建设情况（表） 231
青岛市各区（市）方志馆
建设情况（表） 254
青岛市各区市史志工作法制化
建设情况（表） 343
青岛市各区市志编纂出版情况（表） 88
青岛市旧志整理与出版 135a
青岛市旧志整理与出版情况（表） 135
青岛市崂山区方志馆 255a
青岛市史志办公室 361a
青岛市史志工作 37b
青岛市史志机构与队伍 361
青岛市特色志出版概况 126b
青岛市特色志出版情况（表） 127
青岛市县级志书编纂与出版 88b
青岛市乡镇村志编纂与出版 105a
青岛市信息化建设 217b
青岛市志 76b
青岛市志各卷编纂出版
情况统计（表） 76
清道光九年《东阿县志》 150b
清光绪版《泗水县志》 142b
清光绪《冠县乡土志》（下册） 149b
清光绪《冠县志》 149b
清光绪三十二年《东阿县乡土志》 151a
清光绪三十二年《高唐州乡土志》 152a
清光绪十二年《日照旧志》点注 144b
清光绪十一年《新修菏泽县志》 154b
清嘉庆和民国《庆云县志》 148a
清康熙《海丰县志》 153b
清康熙三十七年《冠县志》 149b
清康熙十二年《高唐州志》 151b
清康熙四十七年版《巨野县志》 154b
清康熙五十四年《东阿县志》 151b
清乾隆《博山县志（校勘本）》 136b
清乾隆二十一年《曹州府志》 153b
清乾隆《平原县志》 148a
清乾隆《峄县志》（点注本） 137b
清宣统《海丰乡土志抄存》 153b
清雍正《莒州志》整理点校 144b

青州市方志馆 263b
青州市情网 238a
青州市史志办公室 371b
庆云县地方史志办公室 384a
庆云县情网 244b
曲阜师范大学年鉴 202b
曲阜市方志馆 264b
曲阜市情网 239b
曲阜市史志办公室 373b
曲阜市志 95a
全省方志理论研讨会 328a
全省史志工作 33

R

任城区情网 239a
任城区志 94a
日照年鉴 169a
日照市地方史志办公室 378a
日照市地情书编写与出版 296a
日照市东港区区委党史研究室 379a
日照市法制化建设 349a
日照市方志馆 268b
日照市各区（市）史志工作法制化建设情况（表） 349
日照市旧志整理与出版 144a
日照市岚山区史志办公室 379a
日照市岚山区志 96b
日照市史志工作 49a
日照市史志机构与队伍 378
日照市乡镇村志编纂概况 115b
日照市信息化建设 221b
日照市志 80a
荣成籍著名人物 295b
荣成市地方史志办公室 378a
荣成市方志馆 267b
荣成市情网 242a
荣成市志 95b
乳山籍人物 296a
乳山年鉴 187b
乳山市党史市志办公室 378b
乳山市方志馆 268a
乳山市情博览 296a
乳山市情网 242a
乳山市统计年鉴 208a
乳山市志 96a
乳山寻根 314b
乳山英文市情网 212b

S

山东档案年鉴 194b
山东地税年鉴 197b
山东工会年鉴 199a
山东广播电视年鉴 198a
山东国土资源年鉴 196a
山东建设年鉴 196b
山东交通学院年鉴 203b
山东教育年鉴 194b
山东金融年鉴 199b
山东科技年鉴 195a
山东理工大学年鉴 203a
山东年鉴 158a、159a
山东农业大学年鉴 203a
山东人力资源和社会保障年鉴 195b
山东商务年鉴 197a
山东社会科学年鉴 199b
山东省地方史志办公室 356
山东省地方志学会 319a
山东省地方志学会第四届会员代表大会 321b
山东省方志馆 249b
山东省历史地图集 279b
山东省年鉴学会 320a

山东省年鉴学会第五届会员代表大会 322a
山东省情网 213a、214a、216b
山东省史志工作法规体系 340a
山东省优秀史志成果奖 325a
山东省志 63b
山东省志·保险志 69a
山东省志编纂若干业务规定 63a
山东省志编纂通则 63a
山东省志·测绘志 67a
山东省志·大事记 67b
山东省志·档案志 71a
山东省志·地震志 70a
山东省志·电力工作志 68a
山东省志·工会志 65a
山东省志·工业志 64a
山东省志·工业志·一轻工业篇 66a
山东省志·国土资源志 73a
山东省志·交通志 65b
山东省志·劳动和社会保障志 69b
山东省志·民主党派工商联志 71b
山东省志·农业志 72b
山东省志·人口和计划生育志 73b
山东省志书质量管理规定 63a
山东省志·外事志 63a、70b
山东省志·物价志 68b
山东省志行文规定 63a
山东省志·盐业志 65a
山东省志志稿审查验收规定 63a
山东史志 334b
山东水利年鉴 197a
山东统计年鉴 198b
山东通志（宣统版） 304a
山钢年鉴 201a
山亭年鉴 182b
山亭区地情网 235a
单县地方史志办公室 389a
单县县情网 247b
单县志 101a
商都亳研究 301b
商河县方志馆 253b
商河县情网 230b
商河县史志办公室 361a
商河县志 87b
邵鸿志 396a
莘县方志馆 275a
莘县史志办公室 385b
省史志办机关建设 36b
省志编纂 59a
省志编纂与出版 59
胜利油田年鉴 200b
石特年鉴 208a
石油纵横 337a
史鉴 336a
史志理论文章 333a、333b、334a
史志人物 390
市北年鉴 177a
市北区大事记 283b
市南年鉴 176b
市志编纂与出版 74
寿光市方志馆 264a
寿光市情网 238a
寿光市史志办公室 372a
寿光市志 92a
泗水年鉴 186a
泗水县地方史志办公室 374b
泗水县方志馆 265a
泗水县情网 240b

T

台儿庄年鉴 182a
台儿庄区情网 235a
泰安年鉴 168a、294a

泰安市岱岳区党史史志工作办公室 375b
泰安市岱岳区方志室 266a
泰安市岱岳区志 95b
泰安市地方史志办公室 375a
泰安市地情书编写与出版 293b
泰安市法制化建设 347a
泰安市方志馆 265b
泰安市各县（市、区）史志工作法制化建设情况（表） 348
泰安市旧志整理与出版 143b
泰安市史志工作 46a
泰安市史志机构与队伍 375
泰安市市情研究会 323b
泰安市泰山区方志馆 266a
泰安市泰山区史志办公室 375b
泰安市信息化建设 220b
泰安统计年鉴 207a
"泰山地方党组织发展史"历史图片展 312a
泰山区情网 240b
郯城县方志馆 271b
郯城县志 146b
特色志编纂与出版 125
滕县乡土志（清光绪三十三年） 137a
滕州年鉴 182b
滕州市情网 235a
滕州市史志办公室 365b
天南地北高青人 288a
天桥年鉴 176bb
天桥区情网 229b
天桥区志 86a

W

王文恒 390b
威海火炬高技术产业开发区志 96b
威海火炬高技术开发区方志馆 268b
威海经济技术开发区方志馆 268b
威海经济技术开发区年鉴 187b
威海临港区民俗志 131b
威海年鉴 168b
威海市地方史志办公室 377a
威海市地方史志学会 323b
威海市地情书编写与出版 294b
威海市法制化建设 348a
威海市方志馆 267a
威海市各区（市）史志工作法制化建设情况（表） 349
威海市环翠区地方史志办公室 377b
威海市环翠区方志馆 267a
威海市旧志整理与出版 144a
威海市史志工作 47a
威海市史志机构与队伍 377
威海市文登区地方史志办公室 377b
威海市文登区方志馆 267b
威海市信息化建设 221a
威海市志 79b
威海市专业志编纂情况 123a
微山县财政税务年鉴 207a
微山县地方史志办公室 374a
微山县情网 240a
微山县摄影大赛 311b
潍城区情网 237a
潍坊年鉴 167a、293a
潍坊人居环境志 130a
潍坊人物年鉴 206a
潍坊市地方史志办公室 370a
潍坊市地情书编写与出版 292b
潍坊市法制化建设 346a
潍坊市方志馆 263a
潍坊市坊子区方志馆 263b
潍坊市坊子区史志办公室 371b
潍坊市各县（市、区）史志工作法制化建设情况（表） 346

潍坊市寒亭区方志馆 263b
潍坊市寒亭区史志办公室 371a
潍坊市旧志整理与出版 141a
潍坊市奎文区史志办公室 371b
潍坊市理论研讨 329b
潍坊市史志工作 42b
潍坊市史志机构与队伍 370
潍坊市潍城区史志办公室 371a
潍坊市信息化建设 220a
潍县民俗史料 293a
温洪镭 391a
文登年鉴 187a
文登区情网 242a
文登市志 95b
汶上县旧志集成 143a
汶上县情网 240b
汶上县县志办公室 374a
无棣年鉴 192a
无棣县地方史志办公室 387b
无棣县情网 247a
吴家村志 108a
武城县党史史志办公室 384b
武城县情网 245b
武城县志 99a
五莲党史（史志）网 242b
五莲年鉴 188a
五莲县党史（史志）办公室 379b
五莲县方志馆 269a

X

惜福镇街道志 105b
西孙村志 108a
夏津历史文化概览 299a
夏津县情网 245b
夏津县史志办公室 384b
咸丰版《滨州志》 153a
县级志书编纂与出版 85
乡镇村志编纂与出版 102
乡镇村志、街道社区志出版情况统计（表） 102
向阳山抗战志 131a
向中小学赠送志书 316a
小庄社区志 107a
新泰市情网 241a
新泰市史志办公室 376a
续补冠县志 99b
续修《薛城区志》工作动员暨培训会议 89b
薛城区情网 234b
学会活动 319
学术交流与活动 319

Y

烟台大事记 337b
烟台经济技术开发区志 91b
烟台开埠 309b
烟台美食 291b
烟台年鉴 166b
烟台市地方史志办公室 368a
烟台市地方史志学会 323a
烟台市地情书编写与出版 291a
烟台市法制化建设 345a
烟台市方志馆 262a
烟台市福山区史志办公室 369a
烟台市各县（市、区）地情网站建设情况统计（表） 237
烟台市各县（市、区）方志馆建设情况统计（表） 262
烟台市各县（市、区）史志工作管理办法颁布情况（表） 345
烟台市旧志整理与出版 140b
烟台市莱山区史志办公室 369a

烟台市莱山区统计年鉴 206a
烟台市牟平区史志工作办公室 369a
烟台市史志工作 41b
烟台市史志机构与队伍 368
烟台市县级志书编纂与出版 90a
烟台市信息化建设 220a
烟台市芝罘区地方史志办公室 368b
烟台市志 78b
兖州区情网 239b
阳谷县方志馆 275a
阳谷县史志办公室 385b
杨慧 394a
杨家村社区志 107a
阳信县地方史志办公室 387b
阳信县方志馆 277a
阳信县情网 247a
沂蒙革命根据地志 297b
沂蒙史志 337b
“沂蒙史志”微信 212a
沂南年鉴 189a
沂南县方志馆 272b
沂水年鉴 189b
沂水县方志馆 272a
沂源统计年鉴 205a
沂源县方志馆 256b
沂源县情网 234a
沂源县史志办公室 364b
沂源县为现实服务 307b
峄城区情网 235a
峄城区志 89a
义和镇志 112a
影像淄川 287b
影印清宣统版《山东通志》 133a
友谊村志 113b
于清泉 391b
鱼台县地方史志办公室 374a
鱼台县方志馆 265b
鱼台县情网 240a
禹城市方志馆 273b
禹城市情网 244b
禹城市史志办公室 384a
禹城市志 99a
郓城历史陈列馆布展 318b
郓城县情网 248a
郓城县史志办公室 389a

Z

枣庄年鉴 165a
枣庄市地方史志办公室 364a
枣庄市地情书编写与出版 288b
枣庄市法制化建设 344a
枣庄市方志馆 257a
枣庄市各区市史志工作法制化建设情况（表） 344
枣庄市旧志整理与出版 137a
枣庄市山亭区史志办公室 365b
枣庄市史志工作 39b
枣庄市史志机构与队伍 364
枣庄市市中区方志馆 257b
枣庄市市中区史志办公室 364b
枣庄市台儿庄区方室 257b
枣庄市台儿庄区史志办公室 365a
枣庄市信息化建设 218b
枣庄市薛城区史志办公室 365a
枣庄市峄城区史志办公室 365a
枣庄市志 77a
枣庄市中年鉴 181b
枣庄市中区情网 234b
沾化区情网 246b
张店区情网 233a
张敬钟 390a
张明诗 398b
张秋镇志 116b

章丘市方志馆 253a
章丘市情网 230a
章丘市史志办公室 360b
张新清 393a
招远市地方史志办公室 370a
赵官镇志 116b
整理影印《重修莒志》 145a
芝罘历史文化丛刊 338b
芝罘史海撷英 292a
志书编纂与出版 59
志书“六进”活动 313a
中共定陶年鉴 209b
中共莱城区历史大事记 297a
中共山东年鉴 194a
中共威海环翠历史 295a
中共潍城年鉴 206b
中共淄博年鉴 204a
中国地方志 330a
周村年鉴 180b
周村区情网 233b
周村史志 338b
周村统计年鉴 204b
朱庄村志 114a
诸城市方志馆 264a
诸城市旧志整理情况 141b
诸城市情网 238a
诸城市史志办公室 372a
祝阿镇志 116a
专业（部门、行业）志 117
淄博财政年鉴 204a
淄博年鉴 164b
淄博史志 336a
淄博市博山区地方史志办公室 363b
淄博市地方史志办公室 362a
淄博市地方史志办公室学术交流 329b
淄博市地情书编写与出版 287a
淄博市法制建设 343a
淄博市方志馆 255b
淄博市各区县史志工作法制化
建设情况（表） 344
淄博市旧志整理与出版 136a
淄博市临淄区史志办公室 363b
淄博市情手册 287a
淄博市史志工作 39a
淄博市史志机构与队伍 362
淄博市县级志书编纂与出版 89a
淄博市信息化建设 218a
淄博市张店区史志办公室 363a
淄博市镇村志出版概况 107b
淄博市周村区史志办公室 364a
淄博市淄川区方志馆 256a
淄博市淄川区史志办公室 363a
淄川年鉴 179b
淄川区情网 233a
邹城市方志馆 265b
邹城市情网 239b
邹城市史志办公室 374a
邹平县地方史志办公室 387b
邹平县方志馆 277b
邹平县情网 247b
族系图绘制 316a